Naturland Deutschland

Naturland Deutschland

Herausgegeben von
Hans Bibelriether

Freizeitführer Nationalparke und Naturlandschaften

Kosmos

Grundlayout und Umschlaggestaltung von Atelier Jürgen Reichert, Stuttgart. Verwendete Fotos auf der Umschlagvorderseite und -rückseite: IFA-Bilderteam, München.

Mit 561 Farbfotos (siehe Bildnachweis Seite 448) sowie 79 farbigen Landkarten von Kartographie Huber, München.

Bildlegenden
Seite 2:
Abendstimmung im Nationalpark Bayerischer Wald
Seite 11:
Sächsische Schweiz: Blick vom Gleitmannshorn in den Kleinen Zschand
Seiten 12/13:
Osterseen südlich des Starnberger Sees
Seite 16:
Wanderdünen auf Amrum

Die Deutsche Bibliothek –
CIP Einheitsaufnahme

Naturland Deutschland : Freizeitführer, Nationalparke und Naturlandschaften / hrsg. von Hans Bibelriether. –
Stuttgart :
Franckh-Kosmos, 1997
ISBN 3-440-07207-X
NE: Bibelriether, Hans (Hrsg.)

ISBN 3-440-07207-X
Projektleitung: Jutta Hamberger, München
Redaktionsleitung: Dr. Karl-Heinz Ludwig, München
Produktion und Koordination: Dr. Reitter & Partner Verlag GmbH, Vaterstetten
Bildredaktion: Dr. Karl-Heinz Ludwig, München
Layout und Gestaltung: Bernd Walser Buchproduktion, München
Printed in Great Britain/Imprimé en Grande-Bretagne
Satz: Dr. Reitter & Partner Verlag GmbH, Vaterstetten
Druck: Butler & Tanner Ltd., Frome

Inhalt

Saar • Pfälzerwald • Hunsrück • Eifel

Teutoburger Wald • Weserbergland • Hessisches Bergland

Westerwald • Bergisches Land • Sauerland

Vogelsberg • Rhön • Spessart

Thüringer Wald • Thüringer Becken

Harz • Harzvorland

Mittlere und untere Elbe

Sächsisches Bergland

Zwischen Ems und Weser

Schaalsee-Landschaft

Zwischen Elbe und Weser

Nordseeküste

Anhang

Zum Geleit

Es mag überraschend klingen, daß am Ende dieses Jahrhunderts, in dem die natürliche Umwelt wie nie zuvor in der Geschichte geschädigt wurde, auch in unserem Land eine reelle Chance für die Entstehung neuer wildwachsender Naturgebiete besteht. Gute Voraussetzungen bieten dafür vor allem die zwölf Nationalparke. In ihnen darf entsprechend internationalen Regeln inzwischen zumindest auf Teilflächen Natur wieder Natur sein. Dies macht Hoffnung, auch wenn nicht zu bestreiten ist, daß Deutschland heute praktisch bis in die entlegensten Winkel kultiviert, zivilisiert oder denaturiert ist. Von der einst natürlichen Vielfalt existieren nur noch kärglich Reste.

Was verlorenging, wird jedoch immer mehr Menschen bewußt. Die in der Vergangenheit als wertlos betrachtete wilde Natur wird zum bevorzugten Erlebnisraum, der Ausflug in die Wildnis zu einer Art Volksbewegung. In dem Maß, wie das Natürliche im alltäglichen Umfeld der Menschen zu mißhandelten Resten verkümmert, wächst die Sehnsucht nach Naturerlebnissen vor allem in den Städten. Immer mehr Mitbürger suchen in der Freizeit die Nähe zur Natur.

Für sie alle wurde dieses Buch geschrieben. Mehr als fünfzig Fachleute zeigen Wege in wertvolle Schutzgebiete, zu den Überresten ursprünglicher Natur, aber auch zu neuen Naturlandschaften zwischen den Alpen und der Küste. Sie bringen ihnen deren Schönheit, Verletzlichkeit und Schutzbedürftigkeit nahe.

Das Buch möchte mithelfen, daß wir Menschen wieder ursprüngliche Natur erleben können, ohne daß diese noch weiter zerstört wird, und das Bewußtsein zu wecken für die Schönheit und den Wert der heimischen Naturgebiete. Es will aber auch Mitstreiter gewinnen, um besseren Schutz durchzusetzen.

Deutschland hat ein reiches Naturerbe. Es lohnt sich noch immer, ja heute erst recht, sich dafür einzusetzen, daß die vorhandenen Reste sorgfältiger geschützt werden als bisher und neue Wildnisgebiete entstehen können. Auch unsere Kinder und Kindeskinder sollen noch die Möglichkeit haben, Abwechslungsreichtum, Vielfalt und Schönheit der heimischen Natur erleben zu können.

Dr. Hans Bibelriether

Naturlandschaften in Deutschland

Naturlandschaft: das Wort weckt Vorstellungen von Gebieten, in denen nur die Gesetze der Natur herrschen, von ungebändigten Flüssen, weglosen Mooren und riesigen Wäldern, in denen Pflanzen und Tiere zusammenleben, ohne daß der Mensch nutzend, lenkend oder zerstörend eingreift.

Wer solche Landschaften heute noch in Deutschland erleben will, braucht Zeit und Ausdauer. Und er muß weit gehen. Es gibt davon kaum mehr als ein paar kärgliche Reste mit extremen Klima- und Bodenbedingungen in wirtschaftlich uninteressanten Gebieten: jenseits der Baumgrenze in den Fels- und Eisregionen der Alpen, im von Ebbe und Flut geprägten Wattenmeer oder in ein paar abgelegenen Naturwaldresten, unzugänglichen Hochmooren oder Wildflußlandschaften. Seit einiger Zeit entstehen sie in den Nationalparken wieder neu, und zwar dort, wo der Mensch Nutzung und Pflege einstellt, sich Schritt für Schritt aus der kultivierten Landschaft zurückzieht und die Natur wieder Natur sein läßt.

Wertlose wilde Natur

Die großflächige Naturzerstörung in unserem dicht besiedelten, hochindustrialisierten, bis in den letzten Winkel erschlossenen Land hat zwei wesentliche Ursachen.

Jahrhundertelang haben unsere Vorfahren mit ihren Händen und der Muskelkraft ihrer Haustiere aus den einstigen Naturlandschaften abwechslungsreiche, vielfältige Kulturlandschaften geschaffen. Riesige Waldflächen wurden gerodet und in Äcker, Wiesen und Weiden verwandelt. Später kam die Entwässerung der Moore hinzu, und schließlich führte die Modernisierung der Landwirtschaft mit Maschinen- und Chemikalieneinsatz zu weitgehender Nivellierung und Zerstörung. Das ist die eine Ursache.

Die andere liegt in der Tatsache, daß bis in jüngste Zeit der Natur, den wildlebenden Pflanzen und Tieren in unserem Denken kein von ihrem Nutzen für den Menschen unabhängiger Eigenwert zugebilligt wurde.

Dafür sind vor allem zwei Gründe verantwortlich. Zum einen ist nach christlich-jüdischem Verständnis der Mensch die Krone der Schöpfung. Die Mitgeschöpfe des Menschen gelten zwar auch als Bestandteil der Schöpfung, stehen aber außerhalb des christlichen Wertesystems. Der Satz aus der Genesis „Machet euch die Erde untertan“ wurde einseitig und verkürzt gedeutet und in der so verkürzten Form konsequent befolgt. Der eigentliche biblische Auftrag an den Menschen, als Treuhänder des Schöpfers die Erde „zu bebauen und zu bewahren“, hingegen wurde weitgehend ignoriert.

Ein zweiter Grund liegt in der Trennung von Naturwissenschaft und Ethik, die in der Epoche der Aufklärung vor rund 200 Jahren begann. Die Natur wurde seither mechanistisch erklärt, also als Maschine betrachtet, die man beliebig beherrschen und zudem ständig verbessern kann – und muß: „künstliches“ Leben als letzte Konsequenz.

Der Mensch trat somit nicht nur räumlich, sondern auch geistig in Distanz zur Natur. Er suchte seinen Standpunkt außerhalb der Natur und verlor somit den natürlichen Bezug. Er entwickelte eine überhebliche, gefühllose und rücksichtslose Haltung, die ihn zu der Überzeugung führte, daß er im Umgang mit der Natur nicht nur alles kann, sondern auch alles darf.

Erst seit etwa zwanzig Jahren beginnt sich in Deutschland diese Einstellung zu ändern. Die Deutsche Katholische Bischofskonferenz veröffentlichte im Jahr 1980 eine Denkschrift mit dem Titel „Zukunft der

◁ **Abwechslungsreiche bäuerliche Kulturlandschaften wie hier im westlichen Mittelfranken sind in Deutschland kaum erhalten geblieben.**

▷ Der Drachenfels am Rhein ist das älteste deutsche Naturschutzgebiet.

Schöpfung – Zukunft der Menschheit". Darin steht der für die damalige Zeit sensationelle Satz: „Das Lebendige soll leben können, nicht nur um der Nützlichkeit für den Menschen willen, sondern um der Fülle, um der Schönheit der Schöpfung willen, einfach um zu leben und da zu sein."
Auch wenn Albert Schweitzers Einsicht von immer mehr Menschen geteilt wird, wonach wir „Leben sind, das leben will und umgeben sind von Leben, das auch leben will", und Pflanzen und Tieren in Naturschutzgebieten ein eigenständiges Lebensrecht zugebilligt wird: an den gesetzlichen Grundlagen für den Naturschutz hat sich trotzdem bis heute nichts geändert. Der Schutz der Natur „an sich" ist nach wie vor nicht gesetzlich verankert, und so gilt rechtlich noch immer, was zum Beispiel im Bayerischen Naturschutzgesetz von 1973, Artikel 6 nachzulesen ist: „Die ordnungsgemäße land-, forst- und fischereiwirtschaftliche Bodennutzung ist nicht als Eingriff in Natur und Landschaft anzusehen ..."
Wie wir denken, so reden wir auch. Lästige Pflanzen und Tiere werden noch immer als „Unkraut" oder „Ungeziefer" bezeichnet, nicht nutzbares Land als „Unland" oder „Ödland". Jäger und Fischer nennen Eichelhäher, Krähen oder Elstern „Raubzeug", Fische, die sich nicht verwerten lassen, „Fischunkraut". Und es ist noch nicht sehr lange her, daß aus Forstkulturen sogenannte „Unhölzer" wie Birke, Espe und Vogelbeere systematisch beseitigt wurden. Das Wort „Naturerbe" kommt in keinem deutschen Lexikon vor. Ursprüngliche Natur hat als Erbe keinen Wert. Wir konzentrieren uns auf den Schutz des Kulturerbes.

Anfänge des Naturschutzes – Arten- und Biotopschutz

Die Tatsache, daß der Natur bis in jüngste Zeit kein Eigenwert zugebilligt wird, läßt sich auch nicht dadurch widerlegen, daß schon seit Mitte des 19. Jahrhunderts in Deutschland Naturschutz betrieben wird. Das älteste Naturschutzgebiet Deutschlands, der Drachenfels am Rhein südlich von Bonn, wurde 1826 durch Ankauf vor der Nutzung als Steinbruch bewahrt. 1852 wurde im Harz die Teufelsmauer bei Thale als „seltene Naturmerkwürdigkeit" vor dem Abbau geschützt.
Die Wurzeln des Naturschutzes liegen in der Romantik. Das Motiv war damals allerdings nicht der Eigenwert der Natur, sondern das Interesse des Menschen an romantischen,

schönen, interessanten oder wissenschaftlich wertvollen Naturerscheinungen. Landschaftliche Schönheiten, die die Phantasie beflügelten, wie alte Bäume, Felsbastionen oder in Märchen und Liedern besungene Landschaften, wurden seit damals unter Schutz gestellt. Ziel war es dabei, das Bild dieser Naturerscheinungen unzerstört zu erhalten. Um Artenschutz oder Biotopschutz ging es noch nicht.

Gegen Ende des vorigen Jahrhunderts richtete sich der Blick einzelner wie auch der kleinerer Gruppen dann zunächst auf besonders attraktive oder seltene Pflanzen- und Tierarten. 1875 wurde der „Deutsche Verein zum Schutz der Vogelwelt" gegründet, wenige Jahre später das „Reichsvogelschutzgesetz" erlassen. Um die Jahrhundertwende nahm sich die Heimatschutzbewegung des Naturschutzes an. Der Berliner Musikprofessor Ernst Rudorff, ein Pionier der Heimatschutzbewegung, prägte 1888 den Begriff Naturschutz. Eine wesentliche Aufgabe des Heimatschutzes wurde darin gesehen, traditionelle, als schön empfundene Landschaftsbilder zu erhalten. Das wiederum führte konsequent zum Kulturlandschaftsschutz, der bis in die jüngste Zeit den deutschen Naturschutz dominiert.

Daß man keine Schwäne schießt, keine Kraniche, keinen Weißstorch und keine Nachtigall, war von Vogelschützern leicht durchzusetzen. Mit anderen Arten dauerte es länger. In den zwanziger und dreißiger Jahren dieses Jahrhunderts wurde die Liste der geschützten Spezies um weitere Pflanzen-, Vogel- und andere Wirbeltierarten erweitert. Dabei spielte die Frage der Nützlich- oder Schädlichkeit eine wichtige Rolle neben der Attraktivität, der Seltenheit und anderen Kriterien, die im nachhinein manchmal schwer nachvollziehbar sind. Daß es besonders lange dauerte, bis zum Beispiel Adler oder andere „Raubvögel" nicht mehr geschossen werden durften, erklärt der damals weit verbreitete und heute noch an Stammtischen anzutreffende Beuteneid der zweibeinigen Jäger.

Erst nach dem Zweiten Weltkrieg wurden Biotopschutz und Ökosystemschutz modern. Zwar waren schon früher da und dort kleine Urwaldreste oder Hochmoorgebiete in ihrer Ursprünglichkeit geschützt worden, aber weniger, um sie als Lebensraum für bestimmte, spezialisierte Tier- und Pflanzenarten zu erhalten, sondern eher, um aus ihnen eine Art Naturmuseum zu machen. Es herrschte die Vorstellung, daß diese Flächen sich mehr oder weniger unverändert auf Dauer erhalten ließen oder selbst erhalten würden.

Mit der Zunahme der Gefährdung einzelner Arten durch die rasante

Alte Feldbäume sind wertvolle Kulturdenkmäler. Nur wenige haben die Intensivierung und Chemisierung der Landwirtschaft der letzten Jahrzehnte überlebt.

Modernisierung vor allem der Landwirtschaft nach dem Zweiten Weltkrieg, aber auch mit zunehmendem Wissen über die Gesetzmäßigkeiten, nach denen sich einzelne Arten entwickeln und in ihrem Bestand zu- oder bis zum Aussterben abnehmen, wurde deutlich, daß Arten nicht ohne Schutz ihres Lebensraums erhalten werden können. Der geschützte Lebensraum, das Biotop, mußte oder sollte so groß sein, daß sich dort ein lebensfähiger Bestand halten konnte, zum Beispiel der einer Orchideenart – dafür reichen kleine Flächen aus – oder einer Vogelart, für die schon größere Flächen notwendig sind. Mit dieser Zielsetzung wurden zahlreiche Naturschutzgebiete geschaffen – je größer, um so mehr von vornherein belastet durch Ausnahmeregelungen, welche das Schutzziel beeinträchtigen.

Kulturlandschaft – ein statisches Ziel

Aber auch dieses Schutzziel gründete sich auf einer statischen Vorstellung von der Natur. Bestimmte Arten, in einer bestimmten Verteilung, die sich zum Beispiel als Folge bestimmter Landnutzungsformen ansiedeln und ausbreiten konnten, sollten auf bestimmten Flächen erhalten bleiben. Dazu waren aktive Pflegemaßnahmen erforderlich. Ein charakteristisches Beispiel ist der Schutz der Lüneburger Heide. Wenn dort nicht ständig Heidschnucken in ausreichender Zahl weideten, würde es nur wenige Jahre dauern, bis die gesamte Heidelandschaft von Birken überwachsen wäre. Überspitzt könnte man sagen, es wird Naturschutz gegen die Natur betrieben. Bis in die Gegenwart blieb die Verteilung der Pflanzen- und Tierarten in unserem Lande außerhalb der Siedlungsgebiete durch die Elemente und Strukturen der Kulturlandschaften bestimmt. Eine feste Vorstellung von Vorkommen und Verteilung bestimmter Arten und das Ziel, diese zu erhalten, mündet deshalb nahtlos in das Ziel, Kulturlandschaften aus Naturschutzgründen zu schützen.

Die oft beschworene Artenvielfalt der Kulturlandschaft, die den reichen Strukturen mit Feld und Wald, Hecken und Steinwällen, Tümpeln, Feuchtwiesen, Bächen und Ufergehölz zu verdanken war, ging jedoch seit Mitte dieses Jahrhunderts verloren. Nicht nur die letzten großflächigen Naturlandschaftsreste, auch die einst so harmonischen Kulturlandschaften wurden ausgeräumt, begradigt, her- und hingerichtet, und sind inzwischen weitge-

▷ **Die ständige Beweidung durch Heidschnucken verjüngt das Heidekraut und verhindert den Aufwuchs von Birken- und Kiefernsämlingen in der Lüneburger Heide.**

hend zur „Zivilisationslandschaft“ oder „Agrarsteppe“ verkommen.

Als 1956 in Deutschland eine Kampagne zur Schaffung von Naturparken gestartet wurde, hatte sie zum Ziel, reizvolle, abwechslungsreiche Kulturlandschaften vor allem als Erholungsgebiete für die Bewohner der Ballungsräume zu sichern. Naturparke aber ließen ganz selbstverständlich auch Land- und Forstwirtschaft uneingeschränkt weiter zu, Jagd und Fischerei wurden nicht reglementiert. Einen Beitrag zum Naturschutz konnten sie deshalb kaum oder gar nicht leisten. Naturparke sind weder Naturschutzgebiete noch Naturlandschaften.

Bis vor kurzem war damit der Naturschutz in Deutschland rein anthropozentrisch, also auf den Menschen bezogen. Natürliche Entwicklung als Zielsetzung war ihm fremd. Das Fixiertsein vieler Naturschützer auf – je nach Interessenlage – ganz bestimmte Raritäten verstellte den Blick auf das Ganze und behinderte die Einsicht, daß in der Natur nichts statisch, nichts stabil, sondern alles ständig im Fluß ist, wie schon Heraklit wußte. Verdrängt oder ignoriert wurde die Tatsache, daß sich seit Jahrmillionen dynamische Entwicklungen vollziehen. Auch heute noch wirken Hitze und Trockenheit, Klimaveränderungen, Stürme und natürlich entstehende Waldbrände, aber auch Massenvermehrungen von Insekten unkontrollierbar und selbst auf naturnahe Wirtschaftswälder oft dramatisch verändernd.

Hinzu kam, daß in den fünfziger und sechziger Jahren der Berufsstand der Landschaftsarchitekten seinen Aufschwung nahm, die – wie schon das Wort verrät – am aktiven Pflegen und Gestalten von Natur und Landschaft interessiert waren, nicht aber an einer freien, ungeregelten, ungeordneten Entwicklung von Lebensgemeinschaften. Nach gängigem Sprachgebrauch „versteppt“, „verwildert“, „verheidet“, „verkommt“ die Landschaft, wenn der Mensch nicht mehr eingreift, und Land brach liegen zu lassen ist eine „Sünde“.

Die Erarbeitung der „Roten Listen“ gefährdeter Tier- und Pflanzenarten wurde ebenfalls, zumindest teilweise, durch dieses Denken beeinflußt. So war der Bezugspunkt für manche Rote-Liste-Arten ihr Vorkommen und ihre Verbreitung Ende letzten oder Anfang dieses Jahrhunderts. Diese spiegelten aber nicht selten die Auswirkungen jahrhundertelanger Land- und Forstwirtschaft wider. In den degenerierten Kiefernwäldern Mittelfrankens oder der Oberpfalz bei-

Der Naturpark Altmühltal ist ein Musterbeispiel für eine zur Zivilisationslandschaft verkommene Kulturlandschaft.

spielsweise war die Heidelerche weit verbreitet. Ihr damaliges Vorkommen wurde zum Bezugspunkt gewählt. So wurde erst vor kurzem im Fachbeirat eines großen deutschen Naturschutzverbandes ernsthaft darüber diskutiert, ob man in solchen Wäldern nicht wieder Kahlschläge durchführen sollte, damit Heidelerche und Ziegenmelker eine Zukunft hätten.

Ein neues Naturschutzziel

Selbstverständlich muß der Artenschutz auch künftig eine zentrale Aufgabe bleiben. Es ist ein Grundziel des Naturschutzes, alle einheimischen Tier- und Pflanzenarten in lebensfähigen Populationen zu erhalten. Daneben muß auf einem Teil der Landesfläche aber auch der Schutz der dynamischen Prozesse in natürlichen Lebensgemeinschaften, wie sie in Naturlandschaften ständig ablaufen, als Aufgabe des Naturschutzes durchgesetzt werden. Erst mit der Errichtung des ersten deutschen Naturparks im Jahre 1969, des Nationalparks Bayerischer Wald, rückte die Bedeutung dieser neuen Aufgabe allmählich ins Bewußtsein. Ein Jahrzehnt dauerte es, bis sich die Einsicht durchzusetzen begann, daß auch in unserem Land das weltweit bereits seit langem anerkannte Naturschutzziel gesetzlich verankert werden müsse: Schutz ursprünglicher Naturlandschaften ohne lenkende oder pflegende Eingriffe des Menschen.

In Nationalparken, aber auch in der Mehrzahl vor allem der größeren Naturschutzgebiete muß es heute das Ziel sein, die Natur so zu schützen, wie sie ist, und nicht, wie wir sie gerne hätten. Refugien müssen geschaffen werden, in denen Pflanzen und Tiere entstehen, nach den Gesetzen der Natur leben und sterben können. Dabei sind die großen attraktiven Tierarten nicht wertvoller als die unscheinbaren kleinen. Schon Goethe wußte: „Auch Flöhe und Wanzen gehören zum Ganzen."

Es geht um den Schutz wildwachsender, ursprünglicher Natur. Es geht um den Schutz der Reste alter ebenso wie um das Entstehenlassen neuer Naturlandschaften, neuer Wildnisgebiete. Heute ist dieses Naturschutzziel unumstritten, auch wenn nach einer Statistik aus dem Jahr 1994 tatsächlich erst 0,51 Prozent der deutschen Landfläche der natürlichen Entwicklung überlassen bleiben. Bund und Länder sind gefordert, geeignete Teile ihres Grundbesitzes – zum Beispiel auf freiwerdenden Truppenübungsplätzen oder in naturnahen Staatswaldflächen – diesem Ziel zu widmen.

Unterstützt wird diese Absicht von immer mehr Mitbürgern, die in den Städten wohnen und nicht mehr durch die traditionellen Kulturlandschaft geprägt wurden. Immer mehr wollen ursprüngliche Natur erleben, in die der Mensch nicht eingreift, in der kein Gift gespritzt wird und keine Motorsäge lärmt. Möglicherweise gefördert durch Erlebnisse auf Urlaubsreisen in fernen Ländern, verstärkt sich der Ruf nach wilder Natur, nach „Urnatur", nach „Urwald", nach „Wildnis". Fernsehfilme und Bücher über „Letzte Paradiese" mögen ebenfalls dazu beitragen.

Beispiele aus der jüngsten Zeit zeigen, daß auch in Mitteleuropa vielfältige, abwechslungsreiche, schöne Naturlandschaften dort wieder entstehen, wo sich der Mensch freiwillig oder gezwungenermaßen aus der Landnutzung zurückzieht. Der ehemalige „Todesstreifen" an der innerdeutschen Grenze oder die einst landwirtschaftlich genutzten Fluren um die Dörfer des Böhmerwaldes, aus denen 1945 die deutsche Bevölkerung vertrieben wurde, beweisen dies eindringlich. Als Folge jahrzehntelangen Nichtstuns sind dort abwechslungsreiche, vielfältige natürliche Lebensgemeinschaften entstanden, Wälder zumeist – wie in weiten Teilen des Böhmerwaldes Birkenwälder – von anrührender Schönheit.

Wo es um umfassenden Schutz der dynamischen Abläufe und der von Klima oder Witterung gesteuerten und beeinflußten Prozesse geht, sind ebenso große Flächen erforderlich, wie dort, wo Veränderungen natürlicher und naturnaher Lebensgemeinschaften durch wechselnde Konkurrenz und zyklische Entwicklung der Bestandsgröße von Arten bedingt sind. Nur dort sind solche Abläufe – Prozesse, Sukzessionen, dynamische Entwicklungen – ungestört möglich, wo die verschiedenen Lebensgemeinschaften oder Ökosysteme genügend Platz haben, ohne zerstückelt, beschnitten oder massiv von außerhalb beeinflußt zu werden.

Vor diesem Hintergrund ist es folgerichtig, daß das gesamte deutsche Wattenmeer, dieser einzigartige Lebensraum an der Nordseeküste mit über 500 000 Hektar, von drei Bundesländern in drei Nationalparken geschützt wird. Meeresschutzgebiete haben keine präzise festlegbaren ökologischen Grenzen. Und in den Ökosystemen des Hochgebirges wäre es Etikettenschwindel, wollte man lediglich ein paar tausend Hektar oberhalb der Baumgrenze als Nationalpark ausweisen. Auch Wälder sind großräumige Ökosysteme, ob es sich um nördliche Nadelwälder oder um Waldökosysteme in europäischen Mittelgebirgen handelt. Deshalb können auch sie als Naturerscheinung nur in großflächigen Nationalparken oder Naturschutzgebieten angemessen geschützt werden. Wäre der älteste Nationalpark der Erde, der Yellowstone Nationalpark, nicht über 900 000 Hektar groß, so wäre der Lebensraum für viele seiner Tier- und Pflanzenarten ohne Ausweich- und Ausgleichsmöglich-

◁ Der Einsatz von Chemikalien in der modernen Landwirtschaft hat früher so häufige Arten wie Klatschmohn, Kornblume oder Kornrade an den Rand des Aussterbens gebracht.

keiten innerhalb seiner Grenzen zerstört worden, als im Sommer 1988 ein Drittel seiner Fläche abbrannte. Verständlicherweise lassen sich Mindestflächen für das einzelne Schutzgebiet oder für Schutzgebiete allgemein nur schwer exakt bestimmen. Klima, Boden und Himmelsrichtung, die sich ständig ändernde Witterung, Stürme oder Feuer sind in ihrem Zusammenwirken weder präzise zu erkennen noch vorherzusehen. Deshalb müssen Nationalparke, die ihren Naturschutzauftrag angemessen erfüllen sollen, möglichst groß sein. Auch in Europa sollten sie, wo sie – beispielsweise aufgrund der Besitzverhältnisse – überhaupt noch möglich sind, im Idealfall mehrere zehntausend Hektar umfassen.

Naturräume in Deutschland

Europa, zerklüftet, von Gebirgen durchzogen und durch Meere gegliedert, weist zwischen Atlantik und Ural, zwischen Polarkreis und Sizilien einen ungewöhnlichen Reichtum an Landschaftsformen und Lebensgemeinschaften auf – und Deutschland liegt im Zentrum dieses Erdteils.
Die Naturräume Deutschlands sind abwechslungsreich und vielfältig. Hochgebirge, Ebenen und Hügelländer gibt es hier, Seenlandschaften und Küsten. Bestimmt werden sie durch Klima und Boden, Wasser und Wald. Ihr Erscheinungsbild wird unverwechselbar geprägt von der geologischen Ausgangslage, durch die Temperaturen und vor allem durch die Menge der Niederschläge. Sie reichen von den Meeres- und Küstenlandschaften der Nord- und Ostsee über die während der Eiszeit gestalteten Ebenen und hügeligen Moränenlandschaften Nord- und Ostdeutschlands zu den waldreichen Mittelgebirgen, den Schichtstufenlandschaften in der Mitte

◁ Natürlicher Birkenwald entstand nach 1945 im Böhmerwald auf ehemaligem Siedlungsgebiet.

▷ Solche Verbotsschilder sind kaum geeignet, Besucher zu einem positiven Verhalten in der Natur zu veranlassen.

Deutschlands und den reich gegliederten Landschaften des Alpenvorlandes bis hin zu den waldfreien Gebieten des Hochgebirges.

Grob läßt sich Deutschland in den eiszeitlich geprägten Norden, den Gürtel der Mittelgebirge und den eiszeitlich geprägten Süden gliedern. Die Vegetation, von Natur aus in weiten Gebieten Wald, wird vor allem durch Wärme und Feuchtigkeit, aber auch durch die Bodenverhältnisse und vom Relief bestimmt. In den mehr atlantisch geprägten Gegenden Nordwestdeutschlands und der Mittelgebirge dominieren Rotbuchenwälder unterschiedlicher Zusammensetzung. Die wärmeren, trockeneren Gegenden, in denen heute Wein angebaut wird, waren früher großenteils von Eichenmischwäldern bedeckt. In den höheren, kühleren Lagen der Mittelgebirge geraten Laubbäume an die Grenze ihres Lebensraums. Hier herrschen Fichtenwälder oder Bergmischwälder aus Fichte, Weißtanne und Rot-Buche vor, wie beispielsweise im Schwarzwald oder im Bayerischen Wald. In den Alpen kommt die Lärche hinzu. Höher hinauf wachsen nur noch Latschen, wie die kriechende Form der Bergkiefer genannt wird, und schließlich, jenseits der Baumgrenze, Zwergsträucher und andere widerstandsfähige Bodenpflanzen, die vor allem die alpine Mattenregion bestimmen.

Die Kiefer, in Deutschlands Wäldern heute weit verbreitet, dominierte ursprünglich vor allem auf nährstoffarmen Böden. Eine Folgeerscheinung der Vergletscherung während der letzten Eiszeit, die erst vor zehntausend Jahren zu Ende ging, sind die Seenlandschaften Oberbayerns und Oberschwabens, aber auch Brandenburgs und Mecklenburg-Vorpommerns. In Nordostdeutschland sind diese Landschaften ursprünglicher erhalten geblieben als im Westen und Süden. Noch stärker verändert wurden die Flüsse, sowohl in Nord- als auch in Süddeutschland. Die ursprünglichen, flußbegleitenden Auwälder, die einst regelmäßig mehrmals im Jahr überschwemmt wurden, sind bis auf winzige Reste verschwunden. Schon im letzten Jahrhundert wurde erfolgreich damit begonnen, den Oberrhein zu begradigen und einzudeichen. Ähnliches gilt für die einst großflächigen Moorgebiete Norddeutschlands, aber auch Oberbayerns, die seit Ende letzten Jahrhunderts nahezu vollständig entwässert und in landwirtschaftliche Nutzflächen umgewandelt wurden.

Schutzgebiete ohne Schutz

Um die kärglichen Reste der einstigen Naturlandschaften zu erhalten, wurden in den letzten Jahrzehnten zahlreiche Naturschutzgebiete eingerichtet. Ihre Qualität ist größtenteils wenig befriedigend. Die Ursachen sind vielfältig. In den meisten großen Naturschutzgebieten ist die uneingeschränkte forstwirtschaftliche und jagdliche Nutzung erlaubt. Nicht selten wird sogar landwirtschaftliche Nutzung betrieben. Vor allem aber kümmert sich vor Ort niemand um diese Schutzgebiete. Für

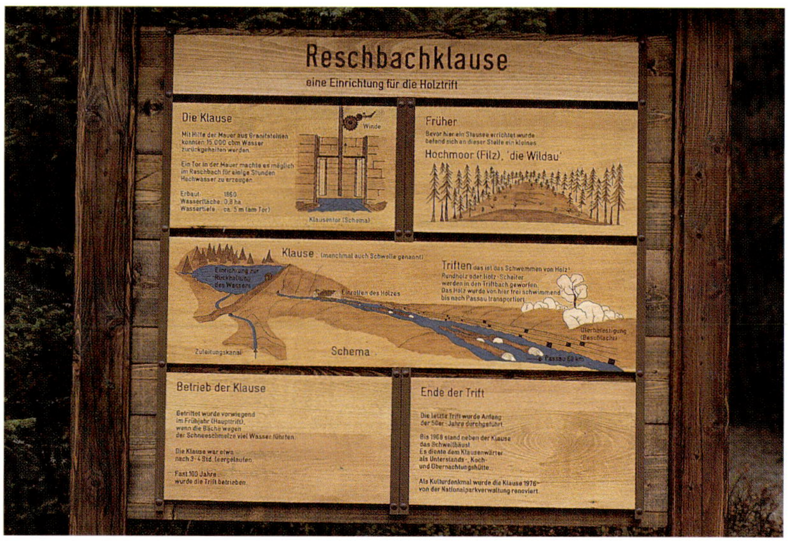

▷▷ Es sollte selbstverständlich sein, daß in Schutzgebieten qualitativ hochwertige, informative und gut gestaltete Informationstafeln aufgestellt werden.

den Naturschutz sind die Bundesländer zuständig. Das Naturschutzrahmengesetz des Bundes bietet zu viel Spielraum. Ausgewiesene Schutzgebiete sind oft durch so viele Ausnahmeregelungen belastet, daß sie ihren Schutzzweck nicht oder nur unzureichend erfüllen können.

Mit der Erklärung zum Naturschutzgebiet zieht der Staat sich zurück und überläßt die Pflege und Betreuung in der Regel privaten Naturschutzorganisationen, die weder das Geld noch das Personal haben, um eine ausreichende Überwachung oder Betreuung zu übernehmen. So gibt es im Unterschied zu fast allen anderen europäischen Ländern bis heute im bundesdeutschen Naturschutz keine hauptamtlichen Naturwächter. Aufgabe solcher „Ranger“ ist es einerseits als Ansprechpartner für die immer zahlreicher werdenden Besucher in den Schutzgebieten präsent zu sein und sich andererseits um die Einhaltung der Schutzbestimmungen zu kümmern.

In der letzten Zeit ist die Auseinandersetzung um den Einsatz von „Rangern“ in deutschen Schutzgebieten erneut entbrannt. Aufbauend auf den Beispielen des Auslands und positiven Erfahrungen in den älteren deutschen Nationalparken hat die Deutsche Sektion der Föderation der Natur- und Nationalparke Europas (FÖNAD) die Initiative ergriffen, um den Beruf des Schutzgebietsbetreuers auch in Deutschland einzuführen. Bislang ist es noch nicht gelungen, dafür eine bundesweit gültige Rechtsgrundlage zu schaffen. Nationalparke und Biosphärenreservate gingen mit gutem Beispiel voran. Hier sind seit einigen Jahren zunehmend hauptamtliche „Ranger“ im Einsatz. In den Naturschutzgebieten aber fehlen sie. Das führt dann dazu, daß so wertvolle Naturschutzgebiete wie einzelne Maare in der Eifel an Sonntagen von Ausflüglern überlaufen und die Ufer zertrampelt werden, ohne daß sich jemand darum kümmert oder dafür verantwortlich fühlt. Andernorts ist die Situation kaum besser.

Zu dem gedankenlosen, in der Wirkung zerstörerischen Umgang mit der Natur trägt auch bei, daß in den meisten deutschen Naturschutzgebieten brauchbare Informationen fehlen. Beispielsweise gibt es kaum didaktisch gut gestaltete Informationstafeln über die Natur des jeweiligen Schutzgebietes und ihre Gefährdung, und ebensowenig gut sichtba-

Vor allem in empfindlichen Gebieten sollten Holzstege gebaut werden, um die Besucher auf den Wegen zu halten und Trittschäden zu vermeiden.

Noch immer werden Elstern, Krähen und Eichelhäher abgeschossen, da sie bei vielen Jägern als „Raubzeug" gelten.

re und lesbare Hinweise für Besucher, wie sie sich verhalten sollten. Auf einer Rundreise durch deutsche Naturschutzgebiete begegnet man in aller Regel billigen, schlecht gestalteten, meist bereits beschädigten Tafeln, die weder die erwünschten fachlichen Informationen bieten noch pädagogisch oder erzieherisch wirken können.

Besonders bedauerlich ist diese Nichtbeachtung der Besucher von Naturschutzgebieten auch deshalb, weil das Interesse am Naturerleben und an der Begegnung mit ursprünglicher Natur wächst. Immer mehr Besucher suchen auch Informationen und Erklärungen und sind grundsätzlich daran interessiert, die Natur zu schützen und nicht zu zerstören. Die wenigsten Schäden werden absichtlich hervorgerufen, meist wissen die Gäste gar nicht, was sie tun und welche Folgen ihr Tun hat. Dort, wo „Ranger" im Einsatz sind, hat sich gezeigt, daß auch bei steigenden Besucherzahlen der Umfang der Zerstörungen nicht zunimmt, sondern eher zurückgeht, weil sich die Mehrzahl der Besucher, entsprechend aufgeklärt, naturschonend verhält.

Ein ähnlich trauriges Kapitel ist die Erschließung zumindest der größeren Naturschutzgebiete für Besucher. Allzu lange haben allzu viele Naturschützer geglaubt, sie könnten die Naturschutzgebiete geheimhalten und sie allenfalls für sich selbst als Erlebnisreservate nutzen. Dieser Versuch ist gescheitert. Es gibt kaum ein Fremdenverkehrsgebiet, in dem

nicht mit den Naturschönheiten der Region einschließlich der Naturschutzgebiete geworben wird. Dazu dienen Naturführer, Bücher, Faltblätter und Ähnliches in großer Zahl, wo nachzulesen ist, welche Naturschönheiten wo zu bewundern sind.
Eine andere Strategie hat da mehr Erfolg: Naturschutzgebiete sollten nach sorgfältiger Planung und Prüfung der möglichen Auswirkungen konsequent so erschlossen werden, daß der Naturschutzzweck nicht beeinträchtigt wird, die Menschen aber diese Natur auch erleben können und nicht das Gefühl haben, ausgesperrt zu sein. Eine optimale Infrastruktur führt zu einer entsprechenden Besucherlenkung – zum Beispiel dazu, daß die Leute auf den Wegen bleiben, obwohl in den meisten Naturschutzgebieten nicht einmal ein Wegegebot besteht.
Bei kleinen Naturschutzgebieten mag es sinnvoll sein, sie allenfalls am Rande zu berühren, bei großen reicht dies nicht aus. Es ist phantasielos, wenn die Besucher zum Beispiel kilometerweit durch einen dichten Auwald geführt werden, ohne daß ihnen die Möglichkeit geboten wird, die nur wenige Meter entfernten offenen Zonen – etwa ein Feuchtgebiet oder ein Schilffeld – zumindest sehen zu können. Ein paar Meter Steg mit einer Aussichtsplattform sind das mindeste, was hier erforderlich wäre.
Die völlig unzureichende Besucherbetreuung und -lenkung in den meisten Naturschutzgebieten führt (neben den in allzu vielen Fällen zugelassenen schädlichen landwirtschaftlichen, forstlichen, jagdlichen Nutzungen oder dem Sportfischen) dazu, daß Qualität und Naturausstattung vieler Naturschutzgebiete ständig abnehmen. Untersuchungen haben ergeben, daß Naturschutzgebiete bereits wenige Jahre nach Errichtung in ihrer ursprünglichen Qualität stark gelitten haben.

Die Natur braucht Sie!

Zum Schluß eine dringende Bitte an alle Naturfreunde, die während ihrer Freizeit die ursprünglichen Naturgebiete in unserem Land besuchen wollen, an alle Leser dieses Buches: Melden Sie sich zu Wort, wenn Sie draußen im Land, in Naturschutzgebieten zwischen der Nordsee und den Alpen – egal wo – feststellen, daß die Natur Schaden leidet. Wenden Sie sich an die jeweils für den Naturschutz zuständige Behörde oder melden Sie sich in den Medien zu Wort, wenn Sie in Nationalparken, Biosphärenreservaten oder anderen Naturschutzgebieten

- schädigende Forstwirtschaft, landwirtschaftliche Nutzung oder Jagdausübung feststellen,
- heruntergekommene Einrichtungen und/oder schlechte Informationen antreffen,
- Zerstörungen durch rücksichtslose Besucher beobachten oder
- fach- und sachkundige Betreuung vermissen.

Machen Sie Vorschläge für Verbesserungen der Informationseinrichtungen, Aussichtspunkte, Wegeführungen. Daß man keinen Abfall wegwirft, nicht lärmt, keine Hunde frei laufen läßt und in Schutzgebieten auf den für Besucher freigegebenen Wegen bleibt, weiß inzwischen die große Mehrheit aller Naturfreunde und verhält sich entsprechend. Sprechen Sie deshalb persönlich Besucher in Schutzgebieten an, die durch falsches oder rücksichtsloses Verhalten der Natur schaden.
Die Natur braucht Sie! – Vielleicht gelingt es, genügend Mitstreiter zu finden, so daß die für die Schutzgebiete Verantwortlichen reagieren müssen. Wir alle tragen Mitverantwortung und sind Miteigentümer aller in öffentlichem Besitz befindlichen Flächen, insbesondere der Staatswälder, in denen die weit überwiegende Zahl aller Naturschutzgebiete liegt.
Deutschland hat ein reiches Naturerbe. Es lohnt sich noch immer, ja heute erst recht, sich dafür einzusetzen, daß die noch vorhandenen Reste sorgfältiger geschützt werden als bisher und neue Naturwildnis entstehen kann. Auch unsere Kinder und Kindeskinder sollen noch die Möglichkeit haben, Abwechslungsreichtum, Vielfalt und Schönheit der heimischen Natur erleben zu können.

Hans Bibelriether

Dargestellte Gebiete auf einen Blick

Nationalparke

Biosphärenreservate

Andere Gebiete

Abkürzungen

NP = Nationalpark
BSR = Biosphärenreservat

NP und BSR Schleswig-Holsteinisches Wattenmeer
Helgoland
NP und BSR Hamburgisches Wattenmeer
NP und BSR Niedersächsisches Wattenmeer
Schleswig-Holstein
Ostsee-K.
Kiel
Nord-
Elbe
NP Vorpommersche Boddenlandschaft
NP Jasmund
BSR Südost-Rügen
Mecklenburg-Vorpommern
Usedom
Peenetal-Landschaft
Duvenstedter Brook
Hamburg
Schwerin
Schaalsee-Landschaft
NP Müritz
Heuckenlock
Nossentiner-Schwinzer Heide
BSR Schorfheide-Chorin
Lüneburger Heide
Bremen
Stechlinsee
Havel
NP Unteres Odertal
Oder
Hannoversches Wendland
Brandenburgische Elbtalaue
Niedersachsen
Ems
Weser
Diepholzer Moorniederung mit Neustädter Moor
Dümmer
Mittellandk.
Steinhuder Meer
Aller
Elbe-Seitenkanal
Drömling
Brandenburg
Märkische Schweiz
Berlin
Potsdam
Sachsen-Anhalt
Gildehauser Venn
Heiliges Meer
Hannover
Magdeburg
Nordrhein-Westfalen
Rhein
Externsteine
NP Harz
NP Hochharz
BSR Mittlere Elbe
BSR Spreewald
Spree
Bruchhauser Steine
Bodetal
Selketal
Urwald Sababurg
BSR Oberlausitzer Heide- und Teichlandschaft
Düsseldorf
Kellerwald
Meißner
Thüringen
Saale
Dresden
Hainich
Erfurt
Sachsen
Westerwälder Seenplatte
Hessen
Siebengebirge
BSR Vessertal
NP Sächsische Schweiz
Ahrschleife
Hoher Vogelsberg
BSR Rhön
Werra
Laacher See
Rheinland-Pfalz
Teuschnitzaue
Hohes Venn
Eifelmaare
Höllental
Mosel
Wiesbaden
Fichtelseemoor
Mainz
Main
Rohrberg und Metzgergraben-Krone
Luisenburg u. Kösseine
Kühkopf/Knoblochsaue
BSR Naturpark Pfälzerwald
Waldnaabtal
Tropfsteinhöhlen in Franken
Saarschleife bei Orscholz
Main-Donau-K.
Saar
Neckar
Saarbrücken
Bayern
Pfahl
Altmühl
Rastatter Rheinaue
NP und BSR Bayerischer Wald
Stuttgart
Kaltes Feld
Weltenburger Enge
Isarmündung
Ilztal
Schliffkopf
Donau
Lech
Isar
Baden-Württemberg
Inn
Kaiserstuhl
Obere Donau
Federsee
Iller
Feldberg
Wurzacher Ried
München
Taubergießen
Wutachschlucht
Ammersee-Südufer
Isarauen
Salzach
Schluchsee
Osterseen
Chiemsee
Eggstätter Seenplatte
Wollmatinger Ried
Bodensee
Murnauer Moos
Gottesacker
Oytal
NP und BSR Berchtesgaden

Nationalpark und Biosphärenreservat Berchtesgaden

Im Banne des Watzmann

Im äußersten Südosten Deutschlands liegt Berchtesgaden. 700 Jahre lang konnte das kleine Land als eigenständiger Klosterbesitz seine Geschichte selbst bestimmen. Seit 1810 gehört es zu Bayern, seit 1910 beherbergt es eines der ältesten Schutzgebiete der Alpen – erst Pflanzenschonbezirk, dann Naturschutzgebiet, schließlich Nationalpark und Biosphärenreservat.

Genau genommen ist es eine Übertreibung. Das Auge mag jedoch jenen Eindruck vermitteln, den man der Landschaft um Watzmann und Königssee nachsagt: Berchtesgaden sei höher als breit. Lange Zeit – jedenfalls für mitteleuropäische Verhältnisse – konnte sich hier die Wildnis halten. Ein Chronist aus der Gründungszeit des Augustiner Chorherrnstifts zu Beginn des 12. Jahrhunderts hinterließ folgende Beschreibung: Eine furchterregende Wildnis, bedeckt von ewigem Eis und Schnee und von undurchdringlichen Wäldern, in denen wilde Tiere hausen. Sogar von einer Drachenbrut ist die Rede. Als einige Jahrhunderte später Alexander von Humboldt 1797/98 den Ort besuchte, soll er gesagt haben, Berchtesgaden gehöre zu den schönsten Landschaften der Erde.

Eine so charakterisierte Bergregion mußte jenen Leuten ins Auge fallen, die um die Wende vom 19. zum 20. Jahrhundert nach schutzwürdigen Gebieten in den Alpen suchten. In den alpinen Vereinen war man bereits damals zu der Erkenntnis gelangt, daß nach ihrer Erschließung nunmehr dem Schutz der Alpen eine erhöhte Aufmerksamkeit zu widmen war. Anlaß waren vor allem der Rückgang oder das Verschwinden einiger größerer Wildtierarten wie Auer- und Steinwild, Luchs, Bär, Steinadler und Bartgeier – aber auch der dank des aufkommenden Alpentourismus zunehmend schwunghafte Handel mit alpinen Blütenpflanzen.

Damals wurde Berchtesgaden mit dem ersten Nationalpark der Erde in Verbindung gebracht, dem 1872 eingerichteten Yellowstone National Park im Westen der USA. In der 1898 erschienenen Neuauflage des Reiseberichts „Aus dem Berchtesgadener Land“ von Heinrich Noe wird der Autor mit dem Satz zitiert: „Berchtesgaden ist der Yellowstone Park der Deutschen Alpen.“

Kurzprofil

Der Nationalpark Berchtesgaden ist eines der ältesten Schutzgebiete der Alpen.

Verordnungsgeber/Träger:	Freistaat Bayern; federführend: Bayerisches Staatsministerium für Landesentwicklung und Umweltfragen
Gegründet:	Nationalpark 1978, Biosphärenreservat 1990
Fläche:	Nationalpark 21 000 Hektar, Biosphärenreservat 46 000 Hektar
Saison:	ganzjährig, Wege und Steige im Winter nur beschränkt begehbar
Besucher:	Schiffahrt am Königssee ca. 800 000 Passagiere jährlich, Wanderer 300 000 bis 400 000 jährlich
Wanderwege:	Nationalpark ca. 190 km, Biosphärenreservat ca. 400 km

Der älteste der amerikanischen Nationalparke war zunächst auch Vorbild für die Initiatoren des ersten Berchtesgadener Schutzgebietes. Der Jahresbericht 1908 des kurz zuvor gegründeten „Vereins zum Schutze und zur Pflege der Alpenpflanzen" (heute „Verein zum Schutz der Bergwelt") schwärmt, daß in ihm „kein Schuß fallen, kein Stein vom andern genommen, kein Zweig umgeknickt, keine Pflanze ausgerissen, kein Tier getötet werden darf.“

Sehr bildhaft und eindrucksvoll umschrieben ist damit die Kernidee eines Nationalparks: Die Natur soll innerhalb seiner Grenzen sich selbst und ihrer eigenständigen Entwicklung überlassen werden.

Die vorgesehene Schutzgebietsfläche lag jedoch im Hofjagdgebiet der Bayerischen Könige. Die Jagd einzustellen wäre undenkbar gewesen, und so widmete man das erste, 1910 errichtete Berchtesgadener Schutzgebiet den alpinen Blüten-

◁
Die klassische Watzmann-Kulisse: rechts der Große, links der Kleine Watzmann und dazwischen die „Kinder“

pflanzen, was denn auch in seinem Namen „Pflanzenschonbezirk Berchtesgadener Alpen" zum Ausdruck kam.

1921 wurde es von etwa 8600 Hektar auf rund 20 000 Hektar erweitert und zugleich in „Naturschutzgebiet Königssee" umbenannt. 1978 trat schließlich der knapp 21 000 Hektar große Nationalpark Berchtesgaden die Nachfolge an. Zusammen mit dem etwa 25 000 Hektar großen Vorfeld bildete er den Alpenpark Berchtesgaden. Nationalpark und Vorfeld sind seit 1990 von der UNESCO als Biosphärenreservat anerkannt. Gegen Ende unseres Jahrhunderts erhält somit die Nationalparkidee in Berchtesgaden, nachdem sie rund siebzig Jahre hatte keimen dürfen, eine neue, diesmal echte Chance, verwirklicht zu werden. Die Voraussetzungen dafür sind nicht schlecht, denn ein gutes Stück Wildnis war durch Pflanzenschonbezirk und Naturschutzgebiet bewahrt, und manches Erschließungsvorhaben abgewehrt worden. Auf nicht wenigen Flächen war die forst- und

▷▷ **Alpenveilchen in ihrem natürlichen Bestand in der Almbach-Klamm**

Da muß man hin

- ☐ Königssee mit St. Bartholomä und Salet–Obersee
- ☐ Jennergipfel (Seilbahn)
- ☐ Salzburger Hochthron (Seilbahn)
- ☐ Wimbachtal
- ☐ Klausbachtal–Bindalm
- ☐ Schellenberger Eishöhle am Untersberg

◁◁ **Postkartenidyll: St. Bartholomä am Königssee, dahinter erhebt sich die Ostwand des Watzmann.**

almwirtschaftliche Nutzung infolge mangelnder Rentabilität eingestellt worden. Mit einigen weitblickenden Entscheidungen begegnete man Gefahren, die andernorts zu massiven ökologischen Problemen führten. Der Einsatz von Elektrobooten schon ab 1909, also etwa seit Bestehen des Schutzgebietes, sowie der Bau einer Abwasserleitung durch den Königssee (1989) erhielten dem See seine Trinkwasserqualität trotz der weit über eine halbe Million Besucher im Jahr.

Aber auch die Natur selbst schützt sich bis heute wirksam gegen menschliche Eingriffe. Hoch aufgetürmte Felsen und steile Bergflanken erschweren den Zugang. Die Macht der Felsstürze, der bei Gewittergüssen anschwellenden Bergbäche und der stetig sich talauswärts bewegenden Schuttströme ist weder zu bremsen noch zu steuern.

Nicht ohne Skepsis begleitet manch einer den Rückzug des Menschen aus ehemaligen Wirtschaftswäldern, in denen auch heute noch mit Gewinn das Holz geschlagen werden könnte. Nicht geräumter Windwurf und unterlassene Bekämpfung des Borkenkäfers werden als Existenzgefährdung des Waldes und Rückfall in jene Wildnis gesehen, die der Chronist zu Zeiten der Klostergründung am Beginn des 12. Jahrhunderts schaudernd beschrieben hatte. Bis dahin hatte der Wald seit dem Ende der Eiszeit ohne menschliche Hilfe etwa zehntausend Jahre überlebt, auch wenn sich sowohl in ihm selbst als auch an seiner hochalpinen Grenze erhebliche Veränderungen vollzogen. Es ist der stete Kreislauf von Verjüngen, Wachsen, Reifen, Fruchten, Zerfallen und erneuter Verjüngung, der ein Ökosystem am Leben hält. Es ist die Erfahrung ursprünglicher Natur, die wir verloren haben und die wir versuchen sollten, wiederzugewinnen. Die Gelegenheit hierzu bieten die Naturwälder unserer Nationalparke.

In mindestens drei Vierteln eines jeden Nationalparks soll nach den neuesten, weltweit gültigen Richtlinien die Natur sich selbst überlassen bleiben. Dieser Bereich bildet zugleich die Kernzone des Biosphärenreservats. Auf dem Rest der Schutzgebietsfläche können traditionelle, naturverträgliche Nutzungen fortdauern. Im Nationalpark Berchtesgaden sind dies vor allem die Almwirtschaft und die Fischerei durch ei-

Alpensalamander sind kleiner als ihre Verwandten, die Feuersalamander, und leben in Höhen bis zu 3000 m.

nen Berufsfischer am Königssee sowie korrigierende Eingriffe in durch Holznutzung veränderte Forste und in die Rot-, Gams- und Rehwildbestände. Dieser Bereich ist die Pflegezone des Biosphärenreservats.

Das besiedelte Vorfeld des Nationalparks ist geprägt von bäuerlicher Kulturlandschaft. Die hier und in den umliegenden Bergwäldern betriebene Landnutzung orientiert sich seit Generationen am Prinzip der Nachhaltigkeit, also an dauerhafter Naturverträglichkeit. Als „perpetuierliche Holzversorgung" bezeichnet, taucht dieses Nutzungskonzept für die Berchtesgadener Wälder erstmals bereits in einer Forstordnung von 1602 auf – also nahezu vierhundert Jahre, bevor 1992 „Nachhaltigkeit" zum Schlagwort der UNO-Umweltkonferenz von Rio de Janeiro wurde. Eine solche Tradition bildet in Theorie und Praxis eine gute Grundlage

▷▷▷ **Die Silberwurz ist eine Charakterpflanze der Späteiszeit.**

für jenen als Entwicklungszone bezeichneten Bereich des Biosphärenreservats, in dem beispielhaft gezeigt werden soll, wie unsere Erde bewirtschaftet werden kann, ohne sie zu zerstören. Vordringliche Aufgabe ist es, das aus der traditionellen Landnutzung stammende Prinzip der Nachhaltigkeit auch auf andere Bereiche der Wirtschaft zu übertragen. Besonders im Verkehrswesen sind positive Ansätze erkennbar.

▷ **Besonders beliebt bei Kindern sind Wanderungen in Begleitung der geduldigen Haflingern.**

Flora und Fauna im Nationalpark

Typische Bäume und Sträucher:

Zirbe (fünfnadelige Kiefer), Spirke, Lärche, Fichte, Buche, Tanne, Bergahorn, Vogelbeere, Mehlbeere, Latsche, Felsenbirne, Grünerle.

Charakteristische Blütenpflanzen:

Enziane, Aurikeln, verschiedene Orchideenarten, Edelweiß, Alpenrose, Schneerose, Alpenveilchen, Türkenbund, Silberwurz.

Charakteristische Tiere:

Gams-, Rot- und Steinwild, Murmeltier, Alpenbock, Schneehase; Steinadler, Auer-, Birk- und Schneehuhn, Bergmolch, Alpensalamander, Kreuzotter; Apollofalter.

Der Nationalpark im Überblick

Auf der Landkarte erscheint Berchtesgaden als Anhängsel im südöstlichsten Eck Deutschlands. Bei einigermaßen geradem Grenzverlauf würde es zu Österreich beziehungsweise zum Land Salzburg gehören, von dem es umgeben ist: Nur ein enger Korridor im Nordwesten, durch den eine Bahnstrecke und zwei Straßen verlaufen, bildet über die Kreisstadt Bad Reichenhall die Verbindung zum Freistaat Bayern. Eine weitere wichtige Straße führt Richtung Nordosten nach Salzburg, dem bisher „heimlichen", seit Einrichtung der „Eu-Regio Salzburg–Berchtesgadener Land–Traunstein" auch offiziellen kulturellen Zentrum der gesamten Region.

Die Abgeschiedenheit des Talkessels Berchtesgaden war wohl einer der Gründe für die Selbständigkeit, die der ehemalige Klosterbesitz seit seiner Gründung Anfang des 12. Jahrhunderts bis zur Säkularisation im Jahre 1803 genoß. Seit 1559 hatte der Stiftspropst Sitz und Stimme im Deutschen Reichstag – es soll auch heute noch Berchtesgadener geben, die von einer vergleichbaren Unabhängigkeit träumen.

Egal aus welcher Himmelsrichtung man in den Berchtesgadener Talkessel gelangt, der Watzmann mit seinem 2713 Meter hohen Hauptgipfel beherrscht stets die Kulisse. Je nachdem, welche Route man wählt, geraten auch seine nicht minder mächtigen Nachbarn ins Blickfeld. Wenn man von Salzburg her über Marktschellenberg anfährt, erhebt sich östlich des Watzmann der Hohe Göll (2522 Meter); nähert man sich Berchtesgaden, liegt zwischen beiden am Horizont das Steinerne Meer, überragt von der bereits im Salzburgischen liegenden Schönfeldspitze (2653 Meter).

Wenn man mit Bahn oder Auto über Bad Reichenhall in Richtung Bischofswiesen anreist, erscheint kurz nach dem Paß Hallthurm westlich des Watzmann der Hochkalter (2606 Meter) mit dem Blaueisgletscher, dem nördlichsten Gletscher der Alpen. Von beiden Zufahrten aus zeigt der Watzmann sein bekanntes Profil, das als versteinerte Herrscherfamilie gedeutet wird: rechts der Große Watzmann (der Mann), links der Kleine Watzmann (die Frau) und dazwischen die sieben „Kinder".

Zwischen den beiden Zufahrten aus Salzburg bzw. Bad Reichenhall liegt der Untersberg, der mit bewaldetem Hang nach Bischofswiesen, mit stellenweise senkrechten Felswänden hingegen nach Marktschellenberg abfällt. Die Namen der Hauptgipfel – Salzburger und Berchtesgadener Hochthron – machen deutlich, daß sich Salzburg und Berchtesgaden den Untersberg teilen.

Wer auf der Alpenstraße aus Richtung Schneizlreuth und Unterjettenberg kommt, erreicht bald nach dem

◁ **Blick auf die Ostflanke des Watzmann; tief unten liegt der Königssee.**

▷
Eine Spirke, die genügsame, aufrecht wachsende Bergkiefer, im Limbachtal

Paß am Wachterl den Parkplatz in der Nähe des Taubensees. Von hier aus fällt der Blick auf die Westflanke des Großen Watzmann, die am oberen Rand von dem in Nord-Süd-Richtung verlaufenden Watzmanngrat begrenzt wird. Zu erkennen sind von hier aus die drei Gipfel des Großen Watzmann: das Hocheck (2651 Meter) am Nordende des Grates, gefolgt von der Mittelspitze (2713 Meter) und der Südspitze (2711 Meter). Genau südlich vom Parkplatz liegt der Hochkalter mit dem Blaueisgletscher. Bereits bei der Fahrt hinauf zum Wachterl begleiten einen rechts die nördlichen Steilabfälle der Reiteralm. Ihre ebenso jähe Ostflanke tut sich auf, sobald man vom Taubensee die Alpenstraße nach Ramsau hinunterfährt. Den Kranz der Gebirgsstöcke rund um Berchtesgaden schließt nach Westen hin zwischen den Pässen Wachterl und Hallthurm das Lattengebirge. Ebene Flächen sind in Berchtesgaden eine Rarität. Den größten Anteil daran hält die Gemeinde Schönau am Königssee.

Der graue Fels weist die Berchtesgadener Alpen, die jenseits der Grenze Salzburger Kalkhochalpen genannt werden, als Teil der Nördlichen Kalkalpen aus. Kalke und Dolomite der Trias sind ihre wichtigsten Gesteine. Ihre chemische und physikalische Verwitterung hinterläßt nur minimale Rückstände. Die Böden bestehen folglich aus kalkigem oder dolomitischem Muttergestein und darüberliegenden, mehr oder weniger hohen Humusauflagen, die bis in die Gesteinsklüfte eindringen.

Wer im Frühjahr oder Herbst anreist und den ersten beziehungsweise letzten Schnee in den höheren Lagen erlebt, während unten im Tal bereits saftiges Grün vorherrscht, der ahnt, wie dicht die Klimazonen hier übereinanderliegen. Auf etwa 2000 Höhenmetern ist in diesem Gebiet zusammengedrängt, was sich sonst zwischen Alpenvorland und Nördlichem Polarkreis in der Fläche ausbreitet.

Entsprechend vielfältig sind Flora und Fauna. Eiche und Zirbe verdeutlichen exemplarisch, wie groß der Spielraum allein bei den Baumarten ist. Festgestellt wurden bisher: 2000 Pilzarten, 1000 Arten der Blüten- und Farnpflanzen, 640 Flechtenarten, 400 Moosarten, 80 Vogelarten, 55 Säugetierarten, 15 Fischarten, 8 Arten von Lurchen und 7 Arten von Kriechtieren.

Die Bäche und Flüsse aus dem Berchtesgadener Becken fließen in Richtung Salzburg. In Berchtesgaden vereinigen sich die Ramsauer, die Bischofswieser und die Königsseer Ache. Als Berchtesgadener Ache fließt sie dann weiter über Marktschellenberg, die mit 480 Metern Höhe niedrigste Stelle des Biosphärenreservats Berchtesgaden, überquert bald danach die Landesgrenze und mündet kurz vor Salzburg in die Salzach.

Am Bergbach ist immer etwas los

Ohne Wasser gäbe es die Berchtesgadener Alpen nicht. Das mag überraschen, denn der Anteil an Wasserflächen – Seen, Bäche und Flüsse – beträgt nur etwa 1 Prozent. In einem frühen Abschnitt der Erdgeschichte, vor 220 bis 60 Millionen Jahren, war das anders, denn was heute 2000 Meter und mehr in die Höhe ragt, wurde damals in einem großen „Mittelmeer" namens Tethys zwischen Afrika und Europa abgelagert.
Wer Gesteine und Felsen entlang der Wanderwege und den sie begleitenden Bächen genauer betrachtet, entdeckt immer wieder Reste von Lebewesen, die auf den ehemals maritimen Lebensraum hinweisen. Zu ihnen gehören die Megalodonten, deren Schalen im Gestein Muster wie Kuh- oder Hirschtritte hinterlassen. Korallen und Ammoniten sind weitere mit bloßem Auge erkennbare Überreste von Meerestieren. Unter der Lupe lassen die Gesteine viele weitere Spuren von Lebewesen der Urzeit erkennen.
Vor etwa 60 Millionen Jahren gerieten die Kontinente wieder verstärkt in Bewegung. Sie drückten die zwischen ihnen liegenden Ablagerungen in die Höhe und verschoben sie – im Falle der Alpen in Richtung Norden. In das neu entstandene Bergland grub das abfließende Wasser Bach- und Flußläufe ein. Während der Eiszeiten hobelten die Gletscher die vorgezeichneten Rinnen und Täler aus. Nach dem Abtauen des Eises vor etwa zehntausend Jahren übernahmen die Bäche und Flüsse dann erneut die Herrschaft.
Seither sorgen sie dafür, daß im und am Wasser alles in Bewegung bleibt: am steilen Hang und in der engen Klamm tosend und donnernd, an flachen Stellen leise plätschernd. Mancherorts und nach längeren Regenpausen verschwindet das Wasser im Untergrund. Schneeschmelze und sommerliche Gewittergüsse lassen die Bäche wieder anschwellen. Ufer mitsamt Bäumen werden weggerissen, Wurzeln werden bloßgelegt, gewaltige Geschiebemassen werden bewegt und irgendwo wieder abgelagert. Selten findet man dieselbe Situation vor, wenn man nach einer Weile an dieselbe Stelle eines Bergbachs zurückkehrt. Nicht alle Lebewesen, ob Pflanzen oder Tiere, sind dieser bewegten Welt angepaßt, doch manche finden dort ihren speziellen Lebensraum.

Die Felsregionen oberhalb der Waldgrenze sind der Lebensraum des Alpensteinbocks.

Die Wasseramsel verrät sich mit ihrem schrillen Pfeifton. Spuren im Schnee zeigen, daß Maus, Fuchs und Marder sowie Hirsch, Reh und Gams die Ufer sogar im Winter gerne besuchen. Wen wundert es da, daß Bergbäche der bevorzugte Erlebnisraum für Kinder sind. Hier gibt es viel zu entdecken, hier können sie spielerisch ins Naturgeschehen eingreifen: da ein Rinnsal verlegen, dort einen kleinen Steindamm bauen. Mit ihren eigenen Kräften können Kinder dieses Ökosystem nicht zerstören. Gerade am Bergbach erfahren sie vielmehr, daß Naturkräfte langfristig mächtiger sind als Menschenwerk und daß man sie am besten nutzen kann, indem man mit ihnen und nicht gegen sie arbeitet – eine unschätzbare Erfahrung fürs Leben.

◁◁◁ Kalkgesteine dominieren in den Berchtesgadener Alpen, und Pflanzen wachsen selbst in den kleinsten Felsspalten.

Wandern im Nationalpark

Zu Fuß unterwegs zu sein, ist mehr als bloße Fortbewegung. Gewiß hat auch der Wanderer meist ein Ziel, doch nichts macht den Weg so zum Erlebnis wie das Gehen. Fern der Reiz- und Informationsflut, der wir im Alltag ausgesetzt sind, läßt das Gehen in der Natur den Gedanken freien Lauf. Es bietet die Chance zur Selbstfindung und zum Gespräch mit Begleitern oder anderen Wanderfreunden. Gehen bedarf keiner „landschaftsfressenden" Einrichtungen. Wege für Fußgänger sind in aller Regel problemlos in die Natur einzubinden. Wanderer auf den angebotenen Wegen erscheinen den Wildtieren als gewohnte, gefahrlose Mitgeschöpfe und lassen sie den ihnen erträglichen Abstand selbst

wählen. Vom markierten Weg aus hat man daher bei etwas Erfahrung die besten Möglichkeiten, Wildtiere in Ruhe zu beobachten.

Etwa 400 Kilometer Wanderwege und Bergsteige (davon 190 Kilometer im Nationalpark) stehen im Biosphärenreservat Berchtesgaden zur Verfügung. Es gibt ein reiches Angebot an Literatur: für anspruchsvolle Klettertouren bis zu Vorschlägen für geruhsame Wanderungen. Die drei Haupttäler des Nationalparks sind ideale Wandergebiete für Genießer und Familien mit Kindern. Nachfolgend sind zunächst drei Routen am Königssee beschrieben; Route 4 führt ins Wimbach-, Route 5 ins Klausbachtal.

Route 1: *Der Malerwinkelrundweg*

An zwei nicht zu verfehlenden Stellen kann man den Malerwinkelrundweg beginnen: am Schiffsanleger am Nordufer des Königssees oder bei der Talstation der Jennerbahn. Beginnen wir am Schiffsanleger. An ihm angekommen folgt man dem Weg entlang der Schiffshütten am Ostufer. Vor der Schranke am Ende der Fahrstraße führt der Fußweg hinter den letzten Gebäuden langsam ansteigend in den Laubwald. Der Blick auf den See wird nun durch eine Geländekuppe kurz unterbrochen, öffnet sich bald darauf wieder und läßt durch die Bäume hindurch auf dem gegenüberliegenden Ufer die senkrecht in den See hinabfallende Falkensteiner Wand erkennen. Nach einer kurzen, nahezu ebenen Wegstrecke erreicht man den Malerwinkel. Die landschaftliche Szenerie, die sich von hier Richtung Süden

Berg-Unterkunftshäuser

Hoher Göll und Hagengebirge

Purtscheller Haus, 1692 m, am Eckerfirst nördlich Hoher Göll, Tel. 08652/2420. (Geöffnet im Sommer)
Stahlhaus, 1728 m, am Torrener Joch zwischen Hohem Brett und Schneibstein, unmittelbar jenseits der Grenze auf österreichischem Boden, Tel. 08652/3596. (Ganzjährig geöffnet)
Schneibsteinhaus, 1668 m, auf der Königsbergalm am Fuß des Schneibstein, Tel. 08652/2596. (Ganzjährig geöffnet)
Gotzenalm, 1685 m, auf der gleichnamigen Alm, Tel. 08652/3642. (Geöffnet im Sommer)

Steinernes Meer

Wasseralm, 1416 m, in der Röth, Selbstversorgerhütte, Telefon über DAV-Sektion Berchtesgaden: 08652/2207.
Kärlingerhaus, 1630 m, am Funtensee, Tel. 08652/2995. (Geöffnet im Sommer, Winterraum)
Riemannhaus, 2177 m, an der Südkante des Steinernen Meer in Österreich oberhalb Maria Alm gelegen, Tel. Österreich 06582/3300. (Geöffnet im Sommer)
Ingolstädter Haus, 2119 m, südlich des Großen Hundstod in Österreich gelegen, Tel. Österreich 06582/8353. (Geöffnet im Sommer)

Watzmann

Watzmannhaus, 1928 m, auf der Watzmann-Nordseite gelegen, Tel. 08652/1310. (Geöffnet im Sommer, Winterraum)
Wimbachgrieshütte, 1327 m, am Südfuß des Watzmann im oberen Wimbachtal gelegen, Tel. 08657/344, -657. (Geöffnet im Sommer)

Hochkalter

Blaueishütte, 1680 m, im Blaueiskar gelegen, Tel. 08651/271, -546. (Geöffnet im Sommer)

Reiteralm

Neue Traunsteiner Hütte, 1570 m, auf dem Reiteralmplateau unmittelbar an der österreichischen Grenze liegend, Tel. 08651/1752. (Geöffnet im Sommer, Winterraum)

Untersberg

Stöhrhaus, 1894 m, Nähe Berchtesgadener Hochthron gelegen, Tel. 08652/7233. (Geöffnet im Sommer, Winterraum)
Toni-Lenz-Hütte, 1551 m, am Ostabfall des Untersberg unterhalb des Salzburger Hochthrons gelegen, Tel. 01611/815987. (Geöffnet im Sommer)
Tagesgaststätten (im Sommer und Herbst geöffnet) sind: Königsbachalm, Gaststätte Salet, Gaststätte St. Bartholomä, Kührointhaus und Wimbachschloß. Sämtliche Almhütten sind während der Weidezeit geöffnet.

über den Königssee nach St. Bartholomä auftut, ist schon oft von Künstlerhand festgehalten worden. Der Weg führt über einige Serpentinen durch Bergmischwald, der immer wieder den Blick zum See freigibt, hinauf zu einer Anhöhe. Von dort geht es bei mäßigem Gefälle weiter im Wald zur Talstation der Jennerbahn.

i Länge 4 km; 110 Höhenmeter; 1 Stunde 30 Minuten reine Gehzeit.

Route 2: Eisfeld und Eiskapelle

Von der Schiffsanlegestelle in St. Bartholomä führt der Weg vorbei an Kirche und Gasthaus zum Waldrand und biegt dort nach dem letzten Gebäude links ab. Durch den Wald erreicht man den Eisbach, überquert eine Brücke und steht am jenseitigen Ufer vor der kleinen Kirche Johannes und Paul. Nun geht es mäßig steil durch den Wald bergauf, bis wieder eine nahezu ebene Wegstrecke erreicht wird. Der Wald beiderseits des Weges bekommt mehr und mehr Urwaldcharakter, öffnet sich schließlich und gibt den Blick frei auf die Watzmann-Ostwand sowie die nach links anschließenden Hachelwände. Der Krüppelwuchs der Bäume, die Schuttrinnen Richtung Eisbach und der Zustand von Brücken und Weg lassen auch bei schönem Wetter ahnen, daß hier Schneeschmelze, heftige Regengüsse und Lawinen immer wieder zu Veränderungen im Gelände und an der Vegetation führen. Bei stärkerer Wasserführung des Eisbaches kann der Zugang zum Eisfeld abgeschnitten sein. Die gewölbte Eishöhle am Austritt des Baches führt den Namen „Eiskapelle“. Weder die Höhle noch ihre Überdachung dürfen betreten werden: wegen der Einbruchgefahr wäre dies lebensgefährlich! Es empfiehlt sich, an sicherer Stelle zu verweilen, um den Eindruck urgewaltiger, unbeherrschbarer Natur auf sich wirken zu lassen. Zurück auf dem gleichem Weg.

i Länge (hin und zurück) 5 km; 230 Höhenmeter; 2 Stunden 30 Minuten reine Gehzeit.

Route 3: Am Obersee zur Fischunkelalm

Von der Bootsanlegestelle am Südufer des Königssees führt der Weg

◁◁◁ **Birkhühner sind in Deutschland nur noch in wenigen Gebieten heimisch.**

◁ **Bergbäche sind vor allem im Winter von besonderem Reiz.**

◁◁◁◁ **Urwaldresten begegnet man auf dem Weg zur Eiskapelle und Watzmann-Ostwand.**

über die Saletalm vorbei an der unmittelbar am Weg liegenden Gastwirtschaft zum Obersee. Diese Landverbindung zwischen Kaunerwand und Sagereckerwand trennt den Königssee vom Obersee. Sie ist eine Endmoräne des Königsseegletschers, der sich vor etwa zehntausend Jahren zurückgezogen hat. Später wurde sie von Felsstürzen überdeckt. Den Horizont über dem Obersee beherrschen die Teufelshörner (2361 Meter). Dort oben ist das Steinwild besonders zahlreich. Der Steig weiter zur Fischunkelalm verläuft zunächst entlang des Oberseeufers. Im Schutz der im Wasser liegenden Bäume stehen nicht selten mächtige Hechte. Die senkrecht ins Wasser stürzenden Felsen zwingen nach einigen hundert Metern den Steig etwa 50 Meter über Stufen in die Höhe. Talseitig ist hier ein Geländer aus Stahlseilen angebracht. Stufen führen danach wieder hinunter ans Ufer und zur Fischunkelalm, einem Musterbeispiel traditioneller Almwirtschaft. Dazu gehören eine Pinzgauer Rinderherde, ein historisches Almgebäude und die Betreuung und Behirtung durch Almpersonal während des gesamten Almsommers. Zurück auf dem gleichen Weg.

i Zum Obersee: Länge (hin und zurück) 2 km; 45 Min. reine Gehzeit; zur Fischunkelalm: Länge (hin und zurück) 5 km; 50 Höhenmeter; 2 Std. 30 Min. reine Gehzeit.

Untersberg mit dem Berchtesgadener Hochthron im Herbst

Route 4: Wanderung in die Späteiszeit

Zwischen Watzmann im Osten und Hochkalter im Westen liegt das Wimbachtal. Der Wimbach mündet am Ostende der Ortschaft Ramsau in die Ramsauer Ache. In unmittelbarer Nähe liegt die Wimbachbrücke (Bushaltestelle), über die man von

Kultur und Museen

Schloßmuseum Berchtesgaden

Kunstsammlungen, Waffenkammern mit Prunkrüstung und Porzellansammlung, Rosengarten mit Rundblick auf die Stadt und die sie umgebenden Berge. Besichtigung nur mit Führung (ca. 1 Std.). Schloßplatz 2, 83471 Berchtesgaden, Tel. 08652/2085. (Einlaß 10–12 und 14–16 Uhr; geöffnet Ostersonntag bis 30. September So–Fr, auch feiertags; 1. Oktober bis Ostersamstag Mo–Fr, nicht an Feiertagen)

Heimatmuseum Berchtesgaden

Im Schloß Adelsheim wird Berchtesgadener Volks- und Handwerkskunst gezeigt: Holzspielzeug, Spanschachteln, Christbaumschmuck, Drechslerarbeiten; dazu unter anderem Trachten, Marionetten und sakrale Kunst. Schroffenbergallee 6, 83471 Berchtesgaden, Tel. 08652/4410. (Geöffnet Di–So 10–16 Uhr, 15 Uhr Führung; Museumsladen geöffnet Mo–Sa 10–16 Uhr)

◁◁ Panoramablick über den Königssee mit der Halbinsel St. Bartholomä und der Saletalm am Südufer

der Alpenstraße abbiegend den Wimbachparkplatz erreicht, wo sich eine Informationsstelle des Nationalparks befindet. Von hier aus geht es westlich des Wimbachs zunächst über eine schmale Teerstraße in etwa zehn Minuten hinauf zum Wimbachlehen. Nun weiter auf einem geschotterten Fahrweg: Nach fünf Minuten Gehzeit führt links ein Fußweg durch die Wimbachklamm, der kurz danach wieder auf den Fahrweg trifft. Der Fahrweg bleibt bei leichter Steigung westlich des Wimbachs, dessen oberflächiger Wasserlauf an der Staumauer verschwindet. Dahinter beherrscht ein Schuttstrom unterschiedlicher Breite den Talboden. Nachschub erhält er vor allem aus dem Dolomitgestein der Palfenhörner und der Rotleitenschneid, die das Wimbachtal im Süden begrenzen. Material liefern aber auch die steilen Flanken von Watzmann und Hochkalter.

Im Wimbachtal kann man erleben, daß selbst Hochgebirge nichts Festes, nichts Dauerhaftes sind. Schneeschmelze und sommerliche Gewittergüsse halten den Schuttstrom, von den Einheimischen „das Gries" genannt, in Bewegung. Gelegentlich zwingen die Wassermassen auch zur Umkehr. Ein dauerhafter Kampf herrscht zwischen den talauswärts kriechenden Geröllmassen und der Vegetation, die darauf Fuß zu fassen versucht.

An manchen Stellen können sich erste genügsame Pflanzen mit tiefgehendem Wurzelwerk festsetzen. Bleibt der Schutt längere Zeit in Ruhe, haben sogar Waldbäume eine Chance. Die aufrecht wachsende Bergkiefer, auch Spirke genannt, findet im Gries häufig den ihr zusagenden Standort. Sicher ist jedoch auch sie nicht. Weggerissene Böschungen oder Geröllverlagerungen in den Wald hinein lassen nichts endgültig werden. Wenn im Frühjahr in den Rinnen und Mulden noch Schnee- und Eisreste liegen, dazwischen aber bereits die Silberwurz als Charakterpflanze der Späteiszeit blüht, fühlt man sich um zehntausend Jahre zurückversetzt.

Auf dem Weg liegen das im Sommer und um die Jahreswende bewirtschaftete Wimbachschloß, ein Jagdhaus aus der Hofjagdzeit, und im Bereich des Talschlusses die Wimbachgrieshütte, die während der Öffnungszeit im Sommer auch Übernachtungsmöglichkeiten bietet. Zurück auf dem gleichen Weg.

An den langen Fühlern und der auffallenden Zeichnung erkennt man den seltenen Alpenbockkäfer.

i Bis Wimbachschloß: Länge (hin und zurück) 8 km; 300 Höhenmeter; 2 Stunden reine Gehzeit; bis Wimbachgrieshütte: Länge (hin und zurück) 16 km; 700 Höhenmeter; 5 Stunden reine Gehzeit.
✕ Im Sommer Einkehrmöglichkeit in Wimbachschloß und Wimbachgrieshütte.

Route 5: Am Klausbach entlang zur Alm

▷▷ Türkenbund wächst bevorzugt in Buchenwäldern, aber auch auf Bergwiesen bis in große Höhen.

Dieses Tal hat viele Namen. Manche nennen es Hirschbichltal, nach dem Hirschbichlpaß an der Grenze zu Österreich. Für andere ist der Hintersee oder der gleichnamige Ortsteil der Gemeinde Ramsau namensgebend, sie sprechen vom Hinterseer Tal. Geläufig ist die Bezeichnung Klausbachtal für den Bach, der das Tal durchzieht. Der Klausbach diente einst der Holztrift, das heißt dem Holztransport auf dem Wasserweg. Für diesen Zweck war im Oberlauf zwischen Engertholzstube und Engertalm ein Staudamm mit Schleusentor – Klause genannt – errichtet und der Bach im Unterlauf durch Seitendämme kanalisiert worden. Der nördliche, flache und breite Talboden heißt Grundübelau. Vom Klausbach erhielt auch die Informationsstelle des Nationalparks am Eingang

Aktivitäten für Kinder und Jugendliche

Während der Ferien trifft sich der „Watzmannkinder-Club" jeden Dienstag und Donnerstag von 13 bis 17 Uhr im neuen Berchtesgadener Erlebnisbad „Watzmann-Therme". Das Freizeitprogramm umfaßt Abenteuercamps, Wanderungen (teilweise mit Haflingerpferden), eine Kinder-Berg-Olympiade, Kinderschwimmfeste und vieles mehr. Kinder und Jugendliche zwischen 6 und 16 Jahren können kostenlos Mitglied werden, und zweimal im Jahr erscheint eine Clubzeitung (Tel. 08652/967-201 und -202). Unter dem Motto „Natur mit allen Sinnen erleben" organisiert die Nationalparkverwaltung außerdem ein jährliches Wanderprogramm.

des Tales ihren Namen. Der Parkplatz der Informationsstelle Klausbachhaus ist der Ausgangspunkt dieser Route.
Durch das Klausbachtal führt eine für den allgemeinen Verkehr gesperrte, schmale Teerstraße, auf der im Som-

▷ Das sichernde Murmeltier gibt einen warnenden Pfeifton von sich.

Praktische Informationen

Auskünfte

Nationalparkverwaltung, Doktorberg 6, 83471 Berchtesgaden, Tel. 08652/96860, Fax 08652/968640.
Nationalpark-Haus Berchtesgaden, Franziskanerplatz 7, 83471 Berchtesgaden, Tel. 08652/64343.
Nationalpark-Informationsstelle Königssee, im Alten Bahnhof Königssee, Seestraße, 83471 Schönau am Königssee, Tel. 08652/62222.
Nationalpark-Informationsstelle Wimbachbrücke, am Parkplatz Wimbachbrücke, Wimbachweg 2, 83486 Ramsau.
Nationalpark-Informationsstelle Klausbachhaus, Hirschbichlstraße 26, 83486 Ramsau, Tel. 08657/1431.
Nationalpark-Informationsstelle St. Bartholomä (im Umbau).

Unterkunft und andere praktische Adressen

Kurdirektion des Berchtesgadener Landes, Königsseer Str. 2, 83471 Berchtesgaden, Tel. 08652/9670, Fax 08652/6330.

◁ **Die Nationalpark-Informationsstelle Klausbachhaus in Hintersee am Eingang zum Klausbachtal**

Bergschule Berchtesgadener Land, Heinz Zembsch, Silbergstraße 25, 83489 Strub bei Berchtesgaden, Tel. 08652/5371, -2420.
Berchtesgadener Bergbahn AG, Jennerbahnstraße, 83471 Schönau am Königssee, Tel. 08652/95810.
Outdoor Club Berchtesgaden GmbH, Ludwig-Ganghofer-Str. 201/2, 83471 Berchtesgaden, Tel. 08652/5001.
Schiffahrt Königssee, Seestr. 55, 83471 Schönau am Königssee, Tel. 08652/96360.
Deutscher Alpenverein, Sektion Berchtesgaden, Maximilianstr. 1, 83471 Berchtesgaden, Tel. und Fax 08652/2207.
Jugendherberge Berchtesgaden, Gebirgsjägerstr. 52, 83489 Bischofswiesen/Strub, Tel. 08652/2190.
Verein Berchtesgadener und Salzburger Hüttenwirte, Postfach 5, 83484 Ramsau, Tel. 08657/554 oder -343, Fax -714.

mer bis zur Engertholzstube ein Linienbus verkehrt. Im Winter ist sie bis zur Rotwild-Schaufütterung geräumt. Hier verlief einst eine wichtige Salzstraße nach Süden. Kurz nach dem Parkplatz zweigt von der Teerstraße links ein Wanderweg ab. Er nähert sich dem Klausbach und begleitet diesen, ihn einige Male mit Brücken überquerend, bis zur Bindalm und zum Hirschbichlpaß.

Der lichte Weidewald in der Grundübelau schmückt sich im Frühjahr mit farbenfroher Blütenpracht. Das Blau der Enziane, das Rosarot der Mehlprimeln und das Weiß der Silberwurz sind die dominierenden Farben. Zwischen Engertholzstube und Bindalm erschwerten schon immer felsendurchsetzte Blockströme und steil zum Klausbach abfallende Hänge die Holznutzung. Dort ist bis auf unsere Tage ein Wald erhalten geblieben, der den Eindruck eines Urwaldes aufkommen läßt.

Ein weiterer wichtiger Bestandteil des Tales sind die Almen. Die Ragertalm liegt noch im Bereich der Grundübelau und ist vom Wanderweg aus über eine den Klausbach überquerende Brücke in etwa zehn Minuten zu erreichen. Die Bindalm am Südende des Tales beherbergt ein Ensemble an historischen Almgebäuden, die unterschiedliche Formen Berchtesgadener Almgebäude einschließlich der ursprünglichen Form des „Rundumkasers" zeigen. Das Tal wird umrahmt von der Bergkulisse des Hochkalters im Osten und der Reiteralm im Westen. Zurück geht es auf dem gleichen Weg oder auf der Teerstraße.

i Länge (hin und zurück) bis Hirschbichlpaß 13 km; 350 Höhenmeter; 4 Stunden reine Gehzeit.

✕ Gasthaus am Hirschbichlpaß im Sommer geöffnet.

Zierl

Eggstätter Seenplatte mit Seeoner Seen und der Mündung der Tiroler Achen

Rund um das bayerische Meer

Der Chiemsee, Bayerns größter See, gehört mit den ihn umgebenden Gewässern und dem Mündungsdelta der Tiroler Achen zu den schönsten Gebieten Europas. Die Seen und Moore dieser Voralpenlandschaft bieten vielen seltenen Brutvögeln Lebensraum.

Zwischen den großen Flüssen Inn und Salzach, rund siebzig Kilometer südöstlich von München, liegt der Chiemsee mit den ihn umgebenden Feuchtgebieten. Ökologisch besonders wertvoll sind die Mündung der Tiroler Achen, die Eggstätt-Hemhofer Seenplatte und die Seeoner Seen. Alle drei Gebiete bilden zusammen mit dem Chiemsee das Herz des Chiemgaus, dessen Landschaft eiszeitlich geprägt ist.

Nach der Eiszeit setzte erst vor 15 000 Jahren die letzte Schmelze ein. Von den Zentralalpen her schoben sich zu dieser Zeit die Gletscher ins Vorland und stießen aneinander. Durch das gewaltige Vor- und Rückwärtsgeschiebe der etwa einen Kilometer dicken Eiszungen bildeten sich die für den Chiemgau typischen Hügel, Rippen, Senken und Rinnen. So entstand ein Landschaftsbild, wo aus einer sanften Seen- und Moorlandschaft abrupt die Voralpen aufsteigen.

Mündung der Tiroler Achen

Das Ramsar-Gebiet Chiemsee, das sich über eine Fläche von 7950 Hektar erstreckt, gehört zu den größten seiner Art in Deutschland. Es bietet einer Vielzahl von wertvollen Brutvögeln beste Lebensbedingungen. Zu diesen zoologischen Raritäten zählen Schwarzhalstaucher, Kolbenente, Schellente und Gänsesäger sowie Rohrweihe, Großer Brachvogel, Flußuferläufer und Wachtelkönig, des weiteren Tüpfelsumpfhuhn und Blaukehlchen. Mit zwischen 20 000 und 30 000 Wasservögeln, die alljährlich registriert werden, gehört der Chiemsee zu den bedeutenden Rastgebieten Deutschlands. Unter den winterlichen Gästen befinden sich seltene Taucher, Enten und Säger. Seit Jahren überwintern hier auch zwei bis drei Seeadler.

Kurzprofil

Rund um den Chiemsee erstrecken sich drei für den Vogel- und Pflanzenschutz wertvolle Naturschutzgebiete.

Verordnungsgeber:	Regierung von Oberbayern
Ausgewiesen:	1986 (Mündung der Tiroler Achen) 1982 (Eggstätt-Hemhofer Seenplatte) 1984 (Seeoner Seen)
Fläche:	1250 ha (Mündung der Tiroler Achen) 1000 ha (Eggstätt-Hemhofer Seenplatte) 138,4 ha (Seeoner Seen)
Saison:	ganzjährig
Wanderwege:	ca. 65 km in allen drei Gebieten

◁
Das Naturschutzgebiet „Mündung der Tiroler Achen" – hier aus der Vogelperspektive – ist eines der bedeutendsten deutschen Brut- und Rastgebiete für Wasservögel.

◁◁◁◁
Die etwa taubengroße Zwergrohrdommel lebt versteckt und ist hauptsächlich ein Dämmerungsvogel.

Seltene Brutvögel und durchziehende Watvögel bevorzugen besonders das Mündungsdelta der Tiroler Achen am Südostrand des Chiemsees. Um dieses Refugium nicht zu gefährden, wurde hier die Kernzone des Naturschutzgebietes „Mündung der Tiroler Achen" ausgewiesen. Sie darf weder betreten noch vom Gewässer her befahren werden. Das Naturschutzgebiet mit seinen ausgedehnten Ufern, Auwäldern und Feuchtgebieten erstreckt sich vom Chiemsee bis zum Nordrand des Osterbuchbergs östlich der Ortschaft Übersee.

Eggstätt-Hemhofer Seenplatte und Seeoner Seen

Die Seenlandschaft der Eggstätt-Hemhofer Seenplatte entstand, als eiszeitliche Gletscher zusammenstießen und durch den Aufprall große Eisklötze abbrachen. Nach dem Abschmelzen der Klötze entstanden tiefe Mulden, die sich mit Wasser füllten.
Unmittelbar nach der Eiszeit gehörten diese Gebiete noch zum heutigen Chiemsee. Zusammen mit den Seeoner Seen weiter nordöstlich umfaßt die Eggstätt-Hemhofer Seenplatte etwa dreißig Gewässer und ist damit Bayerns seenreichste Land-

◁
Wie andere Orchideen auch kann das Männliche Knabenkraut nicht ohne seinen Wurzelpilz existieren, mit dem es in einem innigen Lebensbündnis steht.

Flora und Fauna im Chiemsee-Gebiet

Charakteristische Pflanzen

Fieberklee, Lungenenzian, Sommerdrehwurz, Sumpfknabenkraut, Gelbe Teichrose, Sibirische Schwertlilie (größtes Vorkommen in Deutschland im Grabenstätter Moos), Sumpf-Reitgras, Schlankes Wollgras, Schlenken-Segge, Zierliches Wollgras, Kleine Seerose, Armleuchteralgen (zehn Arten), Laichkräuter (14 Arten).

Typische Fische

See- und Bachforelle, Hecht, Perlfisch, Renke, Blaufelchen, Mairenke, Nase, Schied, Rapfen, Schlammpeitzger, Wels (Waller), Rutte.

Charakteristische Vögel und andere Tiere

Haubentaucher, Schwarzhalstaucher, Zwergrohrdommel, Knäkente, Höckerschwan, Tüpfelsumpfhuhn, Wachtelkönig, Flußregenpfeifer, Bekassine, Brachvogel, Drosselrohrsänger, Blaukehlchen, Kormoran, Gelbbauchunke, Laubfrosch, Ringelnatter.

schaft. Am größten sind der Langbürgner See und der Hartsee. Beide haben eine Fläche von rund 100 Hektar und sind bis zu 40 Meter tief. Die anderen Seen sind meist flache Moorseen in allen Phasen der Moorbildung und Verlandung. Seit dem Jahr 1982 ist die Eggstätt-Hemhofer Seenplatte Naturschutzgebiet. Bei Einheimischen wie Besuchern gehören die innerhalb dieses Gebietes ausgewiesenen Badeplätze zu den beliebtesten in Deutschland.

Da keiner der Seen bedeutende oberirdische Zuflüsse hat, kommt den Unterwasserquellen besondere Bedeutung zu. Diese Quellen lassen sich bei beginnender Vereisung lokalisieren: Über ihnen friert der See später zu. Ein bedeutender Quelltopf befindet sich im Brunnensee, der zu den Seeoner Seen gehört. Er ist sogar im klaren Wasser sichtbar.

Extrem empfindliche Lebensräume der Region sind die Torfmoos-Schwingrasen: schwimmende Pflanzenteppiche, die äußerst trittempfindlich sind. Die verschiedenen Stadien der Moorentwicklung lassen sich besonders schön auf dem Weg vom Schloßsee zum Kesselsee beobachten, der vorbei am Einbessee und am Kautsee weiter nach Stephanskirchen führt.

Ein ganz anderes Bild bieten die Seen östlich und nordöstlich von Eggstätt. Sie liegen am Rand des Weitmooses, sind sehr flach und mit breiten Schilfgürteln umgeben. Der größte von ihnen ist der Eschenauer See, der nur drei Meter tief wird. Leider sind die sich an den Schilfgürtel anschließenden Streuwiesen hier fast verschwunden; Aufforstung, intensive Beweidung oder Verbuschung sind die Ursachen. Gerade bei den Weitmoosseen konnten Ornithologen noch Mitte der sechziger Jahre den Rotschenkel, den Großen Brachvogel und die Bekassine als

▷ **Im Schloß Hartmannsberg am Schloßsee finden mehrmals im Jahr Kunstausstellungen und Konzerte statt.**

Praktische Informationen

Adressen und Auskünfte

Landesbund für Vogelschutz, Dr. Michael Lohmann, Kampenwandstraße 10, 83209 Prien, Tel. 08051/61775.
Landesbund für Vogelschutz, Viehausen 2, 83308 Trostberg, Tel. 08621/2430.
Bund Naturschutz, Güterhallenstraße 2, 83278 Traunstein, Tel. 0861/12297.

Anreise

Mündung der Tiroler Achen: Mit dem Auto auf der A 8 (München–Salzburg) bis Ausfahrt Übersee/Feldwies oder Grabenstätt. Mit der Bahn bis Übersee.
Eggstätt-Hemhofer Seenplatte: Mit dem Auto auf der A 8 bis Ausfahrt Prien; über Prien nach Eggstätt und dort zum Parkplatz am Hartsee. Mit der Bahn bis Bad Endorf, dann mit dem Bus nach Eggstätt. Generell ist die Anreise mit dem Auto empfehlenswert.

◁◁
Bei starkem Wellengang macht der Chiemsee seinem Beinamen „bayerisches Meer“ alle Ehre.

Brutvögel beobachten. Sogar der Wiedehopf zog hier noch seine Jungen auf.
Eine besonders gut untersuchte Tiergruppe dieses Gebietes sind die Libellen. So wurden im Bereich der Eggstätter und Seeoner Seen 43 der insgesamt 80 in Deutschland vorkommenden Arten gefunden. Zu den ganz seltenen und bedrohten Spezies gehören dabei die Hochmoor-Mosaikjungfer und die Arktische Smaragdlibelle.
Da die Fische der Seen seit alters intensiv genutzt werden, ist die Zahl der im Chiemsee und seiner Umgebung vorkommenden Arten bemerkenswert: 33 Arten sind eindeutig nachgewiesen. Davon gilt eine Art, die Mairenke, als vom Aussterben bedroht, sieben weitere als stark gefährdet. Es bleibt zu hoffen, daß die derzeit beobachtete Verbesserung der Wasserqualität anhält und sich die gefährdeten Bestände erholen können.

Unterkunft

Auskunft: Verkehrsamt Übersee, Feldwieser Straße 27, 83236 Übersee, Tel. 08642/295, Fax 08642/6214.
Verkehrsamt Grabenstätt, 83355 Grabenstätt, Tel. 08661/9887-31, Fax 08661/9887-40.
Verkehrsamt Eggstätt, Obinger Straße 7, 83125 Eggstätt, Tel. 08056/1500, Fax 08056/1422.
Verkehrsamt Seeon, Weinbergstraße 6, 83370 Seeon, Tel. 08624/2155, Fax 08624/2784.
Jugendzeltplätze in Traunstein, Schützing, Chieming; Jugendherberge in Hemhof.

Führungen

Geführte Wanderungen durch den Naturpavillon Übersee (Tel. 08642/1551). Vogelkundliche Führungen bietet der Landesbund für Vogelschutz in den Gemeinden Prien und Grabenstätt an.

Wandern im Chiemsee-Gebiet

Die Naturschutzgebiete am Chiemsee sind – ebenso wie das Umland – mit ausgezeichneten Wander- und Radwanderwegen ausgestattet. Als Ausgangspunkt für Wanderungen im Naturschutzgebiet Eggstätt-Hemhofer Seenplatte sind die Parkplätze beim Schloß Hartmannsberg, am Nordwestrand von Eggstätt und im Ort Stephanskirchen zu empfehlen. Bei den Seeoner Seen empfiehlt sich, den großen Parkplatz am Kloster Seeon in Anspruch zu nehmen.

Route: Mündung der Tiroler Achen

Von Norden gelangt man auf dem Chiemsee-Rundweg von Unterhochstätt über Hagenau in die Hirschauer Bucht, wo man von einer kleinen Uferwiese freie Sicht auf die Bucht und die Schwemmbänke des Achendeltas hat. Von hier kann man entweder in Richtung Grabenstätt weitergehen oder über die Tiroler Achen weiter nach Westen in Richtung Übersee oder zur Halbinsel Lachsgang wandern. Von Übersee aus gibt es zahlreiche Wanderwege zur Halbinsel Lachsgang nördlich der Ortschaft Baumgarten. Besonders empfehlenswert ist die Route von Seetal in Richtung Chiemsee entlang des Chiemseeufers zurück bis zum Strandbad Übersee. Von diesem Weg hat man auch einen sehr schönen Blick in die wasserseitige Kernzone des Schutzgebietes und auf die Mündung der Tiroler Achen. Achtung: Im gesamten Naturschutzgebiet dürfen die öffentlichen Wege und markierten Wanderpfade nicht verlassen werden.

◁
Der Höckerschwan, einer der schwersten Flieger, ist auf dem Wasser die Würde und Anmut selbst.

i Länge der Strecke 6–30 km; je nach Routenwahl 2–8 Stunden Gehzeit.

Dietzen

Die Isarauen bei Schäftlarn

Vor den Toren der heimlichen Hauptstadt

Wild, dynamisch und nicht ungefährdet: in der urwüchsigen Flußlandschaft der Isar südlich von München, zwischen Kiesbänken und Kiefernwäldern, müssen seltene Vögel und Orchideen mit erholungsbedürftigen Großstädtern auskommen.

Wenn man von den Nagelfluhfelsen bei Icking nach Süden schaut, ist kaum vorstellbar, daß man sich nur wenige Kilometer vor den Toren Münchens befindet: Vor einem erstreckt sich eine ausgedehnte, wilde Flußlandschaft, wie man sie außerhalb der Alpen kein zweites Mal findet. An der unverbauten Isar wechseln sich naturbelassene Bäche mit Altarmen und Quellgebieten, abbrechende Ufer mit Kiesbänken und Auwäldern ab. Die Kiesbänke und Mulden des Isarflußbettes verändern sich mit jedem Hochwasser und geben der Landschaft so ihre malerische Urwüchsigkeit.

Gesäumt wird die Isar von Auenlandschaften in allen natürlichen Entwicklungsstufen, von der spärlichen Vegetation auf Sand und Kies bis zu Schneeheide-Kiefernwäldern mit ihrer orchideenreichen Krautschicht.

Das Naturschutzgebiet Isarauen umfaßt den Fluß und seine Ufer von der Isarbrücke nahe dem Kloster Schäftlarn bis zu einem Punkt knapp 2,5 Kilometer unterhalb des Bad Tölzer Kraftwerkes. Es gehört zu den ältesten in Bayern: Schon 1912 wurde auf damals 730 Hektar Fläche ein Schutzgebiet ausgewiesen, umgeben von einem Pflanzenschonbezirk von 3155 Hektar.

Hier finden sich die angestammten Brutplätze von Flußseeschwalbe, Flußregenpfeifer und Flußuferläufer, von Eisvogel und Uferschwalbe – alle in ihrer Existenz stark bedroht.

So löste sich auf der Pupplinger Vogelinsel 1981 die letzte Kolonie von Flußseeschwalben an der Isar auf, vermutlich wegen der allmählich zuwachsenden Hauptkiesfläche. Ab 1983 konnte die Kolonie auf einem Nistfloß einige Kilometer flußabwärts wieder aufgebaut werden. Derzeit wird versucht, die Flußseeschwalben erneut auf die Pupplinger Vogelinsel umzusiedeln.

Auch zwei besonders gefährdete Arten, der Flußregenpfeifer und der Flußuferläufer, kommen im Naturschutzgebiet zwischen Schäftlarn und Bad Tölz vor. Während der Flußregenpfeifer auf nackten Kiesflächen sein Gelege ausbrütet, bevorzugt der Flußuferläufer die höheren und schon etwas bewachsenen Stellen. Sein Bestand in diesem Gebiet gilt als einer der bedeutendsten Bayerns.

Die wilde Isarlandschaft ist nicht ungefährdet. Besonders gravierend:

Kurzprofil

Die Isarauen südlich von München sind eines der ältesten Naturschutzgebiete Bayerns.

Verordnungsgeber:	Regierung von Oberbayern
Ausgewiesen:	1912, zuletzt erweitert 1986
Fläche:	1663 ha
Saison:	ganzjährig

Flora und Fauna in den Isarauen

Typische Pflanzen

Kiefer, Weide, Tamariske, Wacholder, Schneeheide, viele Orchideenarten.

Charakteristische Vögel

Gänsesäger, Flußregenpfeifer, Flußuferläufer, Eisvogel, Wasseramsel.

Praktische Informationen

Adressen und Auskünfte

Landesbund für Vogelschutz, Geschäftsstelle, Kapellenweg 8, 82057 Icking, Tel. 08178/5763.
Heribert Zintl, Großherzogin Maria Anna Weg 16a, 83661 Lenggries, Tel. 08042/2448. Führungen durch den Landesbund für Vogelschutz.

Anreise

Von der A 95 München–Garmisch-P. führt die Abfahrt Wolfratshausen unmittelbar

die Wasserableitung im oberen Isartal sowie der Bau des Sylvensteinspeichers und des Kraftwerkes Bad Tölz. Hierdurch wurde die natürliche Dynamik der Isar massiv gestört. Die vom Fluß bewegten Steine und Gesteinsbrocken (das „Geschiebe") wurden zurückgehalten und das Flußbett unnatürlich vertieft. Heute versuchen die zuständigen Behörden, der Isar ein größeres Maß an natürlicher Dynamik zurückzugeben. Seit jeher wurde das Gebiet auch durch Ausflügler massiv gestört. Zu

◁ In den Auen und auf den Kiesbänken der Isar haben seltene Vögel ihre angestammten Brutplätze.

◁◁◁ Der etwa lerchengroße Flußuferläufer hat unter allen Wasserläufern die niedrigsten Beine und den kürzesten Schnabel.

Beginn der achtziger Jahre konnte man an schönen Sommertagen bis zu 20 000 Besucher zählen. Durch Trampelpfade und wilde Müllplätze, durch Lagerfeuer, Fäkalien und wildes Parken entstand unermeßlicher Schaden an der Vegetation. Die Tierwelt wurde durch Badende, Boots- und Motorradfahrer, Reiter, Angler und die zahlreichen Isarfeste ständig beunruhigt.

Durch ein Wegegebot hofft man jetzt, die Störung der Pflanzen- und Tierwelt einzuschränken. Die als Vogelschutzbereich gekennzeichneten Flächen bei Puppling und Gartenberg können von Mitte März bis August nicht betreten werden; im übrigen Schutzgebiet darf man vom 15. März bis 15. Oktober die öffentlichen Straßen und markierten Wege nicht verlassen. Vom Landkreis werden zwei hauptamtliche „Ranger" und die Naturschutzwacht zur Überwachung und Betreuung des Gebietes eingesetzt.

Wandern in den Isarauen

Beobachten ohne zu stören: das ist von den vorhandenen, mit einem gelben Punkt markierten Wegen aus durchaus möglich. Das Geschehen auf den Vogelbrutinseln Puppling und Ascholding/Gartenberg kann sowohl vom östlichen als auch vom westlichen Isarufer unterhalb der Pupplinger Brücke aus verfolgt werden.

Weitere Möglichkeiten zur Beobachtung hat man in Ascholding vom Zugang über die Reismühle und den Geretsried-Gartenberg, über Pfade, die vom Isardamm abzweigen. Ein Fernglas sollte man allerdings nicht vergessen.

Dietzen

◁◁ Die Schneeheide ist eine der typischen Pflanzen des Voralpenlandes.

zum Gebiet. Aus München mit der S-Bahn bis Wolfratshausen oder mit dem Auto über die B 11; Parkmöglichkeiten in Wolfratshausen, Puppling, Ascholding und Geretsried. Mit dem Rad kann das Gebiet vor allem auf der Ostseite der Isar erkundet werden.

Unterkunft

In Wolfratshausen und den umliegenden Orten Puppling, Ascholding und Geretsried.

Das Ammersee-Südufer

Top-Adresse für den Vogelzug

Das Südufer des Ammersees gehört für Zugvögel aus Nordeuropa zu den ersten Adressen. Bis zu 20 000 von ihnen bietet es alljährlich im Herbst und Frühjahr Nahrung und Quartier. Aber auch einheimische Vögel nutzen die feuchte Oase zur Brut und Aufzucht ihrer Jungen.

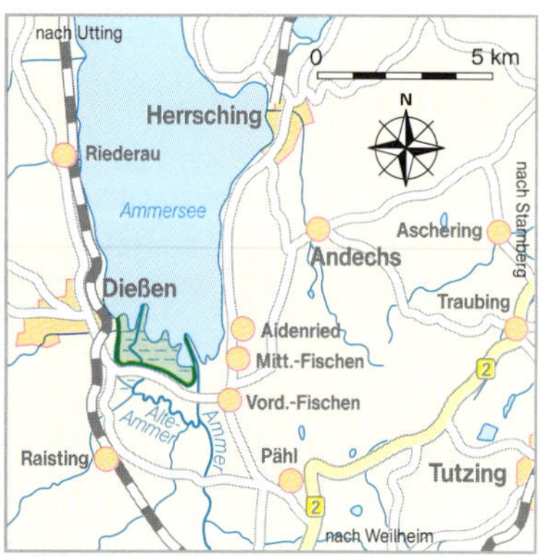

Der Ammersee liegt dreißig Kilometer südwestlich von München. Nur sein Südufer gehört noch ganz der Natur. Hier liegt wie eine feuchte Oase in einer vielgestaltigen Kulturlandschaft die „Vogelfreistätte Ammersee-Südufer".

Der drittgrößte bayerische See ist für den internationalen Vogelzug von großem Wert. Von Juli bis November und von Februar bis April teilen die heimischen Vögel das Gebiet mit Gästen aus Nord- und Osteuropa, ja zum Teil aus Sibirien. Viele Vogelarten überwintern hier auch zwischen November und Februar, bis es sie wieder in ihre Heimat in Nord- und Osteuropa zurückzieht.

Die bevorzugten Lebensräume sind die Flachwasserzonen am Ostufer, in der Stegener Bucht und am Südufer. Hier versammeln sich Tausende von Reiherenten aus Skandinavien, die in den flachen Buchten nach Nahrung tauchen. Weite Seeflächen wurden daher als Ruhezonen ausgewiesen. Große Tauchvögel wie Haubentaucher, Seetaucher, Sterntaucher und Kormoran kann man aber auch im offenen, tiefen Wasser der Seemitte antreffen.

Das Mündungsgebiet der Neuen Ammer am Südufer des Ammersees gehört heute zu den am besten dokumentierten Vogelzentren Deutschlands. Bis 1985 erhöhte sich die Zahl der beobachteten Vogelarten auf 290. Die Neue Ammer schafft hier durch mitgebrachte Schwebstoffe ständig neue Kies- und Schlammflächen – Anziehungspunkt für viele Vögel, die hier ideale Nahrungsgründe und Aufzuchträume finden.

Während das Delta der Neuen Ammer sich immer mehr in den Ammersee hineinfrißt und damit neue Lebensräume schafft, wird der Ammersee selbst immer sauberer und enthält weniger Nährstoffe. Reiherenten und Bleßhühner finden weniger Nahrung als früher. Ihre einst riesige Zahl ging daher stark zurück.

Kurzprofil

Das Naturschutzgebiet Ammersee-Südufer ist ein international bedeutendes Feuchtgebiet.

Verordnungsgeber:	Regierung von Oberbayern als Höhere Naturschutzbehörde
Ausgewiesen:	1979
Fläche:	499 Hektar (Ammersee: 4760 Hektar)
Saison:	ganzjährig

Um die vom Aussterben bedrohte Flußseeschwalbe wieder anzusiedeln, wurden ein Nistfloß ausgebracht und eine Kiesinsel angelegt –

Praktische Informationen

Adressen und Auskünfte

Schutzgemeinschaft Ammersee-Süd, Wastl-Witt-Straße 7, 80689 München.
Bund Naturschutz in Bayern, Kirchenstraße 88, 81675 München.
Ornithologische Gesellschaft in Bayern, Landsberger Straße 57, 82266 Inning/Stegen, Tel. 08143/8808.
Auskünfte erhält man bei den Landratsämtern. Informationen zu Führungen von der Schutzgemeinschaft Ammersee-Süd.

Anreise

Mit der Bahn bis Dießen oder Raisting, von dort aus weiter zu Fuß.

heute brüten wieder einige Flußseeschwalben im Naturschutzgebiet. Wie Kieselsteine liegen die Eier des Flußregenpfeifers auf den Kiesbänken. Die wenigen unbewachsenen Kies- und Sandbänke sind sein Brutrevier, in dem er keine Störung verträgt. Um den Haubentaucher sollten besonders Wassersportler einen großen Bogen machen: unser stattlichster einheimischer Taucher brütet am Rande des Schilfs auf schwimmenden Nestern. Herausragende Vertreterin der Pflanzenwelt ist die Sibirische Schwertlilie, die mit ihren schönen tiefblauen Blüten im Mai zu bestaunen ist.

Große Sorgen bereitet das Schilf: Sein Bestand im Wasser ging am Westufer von 96 auf 36 Hektar zurück. Damit wurde nicht nur die Selbstreinigungskraft des Wassers stark gemindert, es gingen auch Brut- und Lebensräume verloren. Heute wird versucht, das Schilf wieder anzusiedeln und seine Fläche wasserseitig zu vergrößern.

Die Schutzsituation hat sich nach der Ausweisung des Naturschutzgebietes langsam gebessert. Mitglieder der Bayerischen Naturschutzwacht betreuen das Gebiet.

Unterkunft

Ausgezeichnete Unterkünfte und Gaststätten findet man in den umliegenden Ortschaften Fischen, Raisting, Pähl und Dießen. In Dießen befindet sich auch ein Campingplatz.

Auskünfte

Fremdenverkehrsverband Ammersee/Lech, 86899 Landsberg, Tel. 08191/47177.
Verkehrsamt Dießen, Mühlstraße 4a, 86911 Dießen am Ammersee, Tel. 08807/1048, Fax 08807/4459.

Wandern am Ammersee-Südufer

Entlang der Straße von Fischen nach Dießen durchquert der Wanderweg 21 (Rund um den Ammersee) das Schutzgebiet; die anderen Wege sind nicht als Wanderwege ausgewiesen. Während des Frühjahrsdurchzuges (Februar bis April) kann man auf den überschwemmten Wiesen Kampfläufer, Goldregenpfeifer, Regenbrachvögel, Uferschnepfen und andere Watvögel beobachten. Vom 1. März bis 31. August dürfen die Wege nicht verlassen werden. Hunde sind anzuleinen. Von den Dämmen an der Neuen Ammer kann der größte Teil der hier vorkommenden Vogelarten beobachtet werden. Da ihre Mündung im Winter nie zufriert, sammeln sich hier Wasservögel wie Enten, Säger und Kormorane. Um die Vogelwelt im Winter zu erkunden, eignet sich auch das Ostufer des Sees, vor allem die Dampferstege bei den Ortschaften.

Dietzen

◁◁ **Am Ammersee-Südufer konnten bereits 290 Vogelarten beobachtet werden.**

Der Wachtelkönig, auch Wiesenralle genannt, rennt wieselflink auf angetretenen Wechsel durch die Wiesen.

Flora und Fauna am Ammersee-Südufer

Typische Pflanze

Sibirische Schwertlilie.

Charakteristische Brutvögel

Schwarzhalstaucher, Zwergtaucher, Schnatterente, Tafelente, Reiherente, Schwarzmilan, Wasserralle, Wachtelkönig, Kiebitz, Flußregenpfeifer, Bekassine, Lachmöwe, Flußseeschwalbe, Rohrschwirl, Schilfrohrsänger, Teichrohrsänger, Drosselrohrsänger, Blaukehlchen, Pirol.

Typische Gastvögel

Haubentaucher, Schwarzhalstaucher, Kormoran, Graureiher, Höckerschwan, Krickente, Spießente, Löffelente, Kolbenente, Samtente, Schellente, Gänsesäger, Kornweihe, Goldregenpfeifer, Bekassine, Uferschnepfe, Wasserläufer, Rotschenkel, Grünschenkel, Bruchwasserläufer, Flußuferläufer, Alpenstrandläufer, Kampfläufer.

◁◁◁◁ **Die blau blühende Sibirische Schwertlilie gedeiht auf sumpfigem Grasland.**

Die Osterseen

Wo Hochmoore „Filze" heißen

Ein Relikt der letzten Eiszeit ist das Gebiet der Osterseen südlich von München. Aus geschmolzenen Gletscherresten entstanden, bieten die Hochmoore und Wasserflächen dieses an skandinavische Landschaften erinnernden Gebietes vor allem wirbellosen Tieren wertvollen Lebensraum.

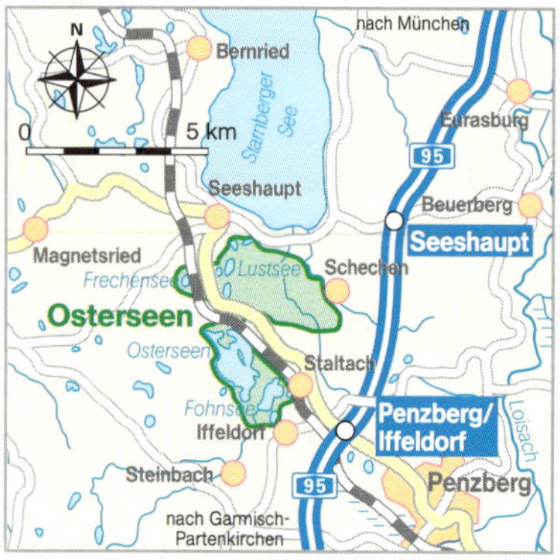

Die Osterseen liegen etwa 35 Kilometer von München entfernt zwischen Iffeldorf und Seeshaupt am Südufer des Starnberger Sees. Der Große Ostersee und die anderen größeren Seen prägen den westlichen und südlichen Teil dieses einmaligen Feuchtgebietes. Nördlich der Bahnlinie Penzberg–Starnberg erstrecken sich dagegen urwüchsige Hochmoore – auf bayerisch „Filze" genannt – wie das Osterseefilz, das Weitfilz und das Schechenfilz. Besonders schön ist das Weitfilz, ein Moorgebiet mit teilweise intakten Hochmooren und höchst schutzwürdigen Feuchtwiesen.

Das Gebiet der Osterseen ist – wie nur ganz wenige Gewässer und Feuchtgebiete im Alpen- und Voralpenraum – in einem sehr urwüchsigen, naturnahen Zustand. Es beherbergt Lebewesen, die andernorts die Listen der vom Aussterben bedrohten Tiere und Pflanzen anführen.

Die etwa zehn Quadratkilometer große Seenplatte mit ihren Rieden und Mooren entstand durch zahlreiche „Toteisinseln", Gletscherreste, die nach dem Schmelzen beim Rückgang der jüngsten Vergletscherung Mulden hinterließen.

Die Osterseen werden vor allem durch Bäche und Grundwasser gefüllt. Besonders wichtig sind die vielen Quelltrichter, die den Seen in ihren Becken und an den Ufern Grundwasser zuführen. Sie erreichen am West- und Südostufer des Großen Ostersees Durchmesser von über zehn Metern. Ihr smaragdgrünes Wasser verleiht der Landschaft eine besondere Schönheit.

Die 21 Seen bilden eine von Süden nach Norden verlaufende Kette und sind mit Ausnahme des Frechensees durch natürliche Fließgewässer oder Gräben verbunden. Der Waschsee im Süden liegt mit 594 Metern um zehn Meter höher als der Starnberger See, in den das Gesamtsystem entwässert wird.

Kurzprofil

Das Naturschutzgebiet Osterseen umfaßt 21 kleinere Seen.

Verordnungsgeber:	Regierung von Oberbayern
Ausgewiesen:	1981
Fläche:	1086 ha
Saison:	Frühjahr bis Herbst
Wanderwege:	ca. 70 km, mit Randwegen

Die Seenkette läßt sich in drei Gruppen unterteilen. Die südliche, unmittelbar bei Iffeldorf gelegene Gruppe umfaßt Seen mit einer Fläche von 0,9 bis 21 Hektar; der größte ist der über 23 Meter tiefe Fohnsee. Bedauerlicherweise leidet besonders diese Seengruppe unter zivilisationsbedingter Überdüngung.

Praktische Informationen

Adressen und Auskünfte

Fremdenverkehrsverband Iffeldorf, Hofmark, 82393 Iffeldorf, Tel. 08856/3746.
Gemeindeverwaltung Iffeldorf, Hofmark 9, 82393 Iffeldorf, Tel. 08856/2800.
Gemeindeverwaltung Seeshaupt, Weilheimer Straße 1-3, 82404 Seeshaupt, Tel. 08801/907113.
Von den Gemeinden Iffeldorf und Seeshaupt wird für die Besucher der Osterseen eine Informationsschrift herausgegeben.

Anreise

Mit der Bahn nach Seeshaupt oder Iffeldorf (Bahnhof Staltach), von hier weiter zu Fuß. Mit dem Auto auf der A 95 bis

Flora und Fauna im Gebiet der Osterseen

Typische Pflanzen

Moorkiefer (Spirke), Faulbaum, Schneeheide, verschiedene Enzianarten und Knabenkräuter, blaue und gelbe Schwertlilie, Fieberklee, Händelwurz.

Charakteristische Tiere

Besondere Fischarten:
Laube, Karausche, Bitterling, Gründling.
Lurche und Kriechtiere:
Bergmolch, Gelbbauchunke, Laubfrosch, Grasfrosch, Ringelnatter, Zauneidechse, Kreuzotter.
Wirbellose Tiere:
Köcherfliegen (52 Arten), Libellen (39 Arten), Wasserkäfer (81 Arten), Wasserschnecken (24 Arten), Muscheln (11 Arten).

Der zentrale See, der Große Ostersee, umfaßt 119 Hektar und ist fast 30 Meter tief. Hier gibt es keine Siedlungen. Die kleineren Nebenseen sind besonders an ihren Ufern sehr flach. Wegen seiner außerordentlichen Schönheit und der Nähe zum Großraum München wird das gesamte Gebiet von Ausflüglern stark frequentiert. Die nördlichen Seeshaupter Seen haben – mit Ausnahme des Frechensees – eine Fläche von 0,3 bis 7,5 Hektar und sind durchschnittlich zwischen knapp 5 und 18 Metern tief. Dieser nördlichste Teil ist am geringsten belastet. Hier liegt der Lustsee, der als einziger gänzlich unbelasteter See der Osterseenplatte gilt. Die hohe Wasserqualität verdankt er seiner Lage ganz im Norden sowie der erheblichen Zufuhr von Quellwasser.

Zur Tierwelt der Osterseen zählen vor allem bei den Wirbellosen besonders schutzwürdige Arten. So konnten im Osterseengebiet insgesamt 163 Zuckmückenarten aus sechs Familien nachgewiesen werden; einige davon sind äußerst selten.

Südlich der Osterseen erheben sich die Gipfel der Alpen.

◁◁◁
Der Schwalbenwurz-Enzian gehört zu den vollkommen geschützten Arten.

◁◁◁◁
Die Königslibelle ist nur eine von 39 an den Osterseen nachgewiesenen Libellenarten.

Wandern an den Osterseen

Die Besucher werden gebeten, sich an die Naturschutzbestimmungen zu halten: Baden ist nur an eigens gekennzeichneten Stellen erlaubt, Bootsfahrten lediglich in einem mit Bojen abgegrenzten Teil des Fohnsees. In der Zeit vom 1. März bis 31. August dürfen die Wege des ausgezeichneten Wegnetzes nicht verlassen werden. Hunde sind anzuleinen.

Neben den Fernwanderwegen „Prälatenweg“ (Steingaden–Kochel) und dem „König-Ludwig-Weg“ befinden sich im Gebiet acht markierte Rundwanderwege von 4 bis 13 Kilometern Länge, die allesamt empfohlen werden können. Für den 8 Kilometer langen Großen Ostersee-Rundweg (Nr.7 in der Informationsschrift der Gemeinden) braucht der Wanderer etwa 2 bis 3 Stunden.

Dietzen

Abfahrt Penzberg. Parkplätze gibt es in Seeshaupt und Iffeldorf (Ortsrand) sowie an der Straße von Seeshaupt nach Penzberg.

Unterkunft

Ausgezeichnete Unterkünfte findet man in den Orten Seeshaupt und Iffeldorf sowie in Privatquartieren. Campingplätze am Staltacher See und am Fohnsee bei Iffeldorf.

Mit dem Rad

Für Radfahrer ist der Rundweg von Seeshaupt über Schechen, Sanimoor, Gut Staltach, Iffeldorf, Steinbach, Gröben, Oberlauterbach, Ellman und zurück nach Seeshaupt zu empfehlen.

Das Murnauer Moos

Moorlandschaft mit Alpenblick

Das Murnauer Moos südlich des Staffelsees ist das größte und vielleicht schönste voralpine Moorgebiet Bayerns. Seltene Vögel und Pflanzen haben hier ihre Heimat – doch selbst dieser wertvolle, unter Naturschutz stehende Lebensraum ist Gefährdungen ausgesetzt.

Das Murnauer Moos liegt etwa 65 Kilometer südwestlich von München am Alpennordrand. Es erstreckt sich südlich des Marktes Murnau, die Autobahn München–Garmisch-Partenkirchen bildet im Osten seine Grenze. Seine Gesamtfläche beträgt 4200 Hektar; etwas über die Hälfte davon ist in seiner Mitte als Naturschutzgebiet ausgewiesen. Mit seinem Mosaik ungenutzter oder wenig genutzter Hoch-, Nieder- und Übergangsmoore sowie vielen zurückhaltend genutzten Wiesen und Weiden zählt es zu den bedeutenden Moorgebieten Mitteleuropas.

Auch wenn die reinen Hochmoore mit offenen „Schlenken" (Wasserrinnen) und kleinen Moorseen nur noch etwa zehn Prozent des Murnauer Mooses bilden, prägen sie zusammen mit den etwas trockeneren „Spirkenfilzen" das Landschaftsbild. „Filz" ist der örtliche Name für Hochmoor. Spirken, die auch Latschen genannt werden, sind busch- oder baumförmig wachsende Bergkiefern. Sie kommen hier in zum Teil sehr dichten Beständen vor. In ihrem Schutz wachsen Rausch-, Heidel-, Preisel- und Moosbeeren in wechselnder Zusammensetzung.

Die schönsten Hochmoorflächen befinden sich im mittleren und nordwestlichen Teil des Mooses, das fast ganz zum Naturschutzgebiet zählt. Auf diesen Flächen kommen vor allem Baumpieper, Fitis, Buchfink, Zilpzalp, Wiesenpieper und Braunkehlchen vor. Während die ersten vier

Kurzprofil

Das Murnauer Moos im Voralpengebiet ist etwa zur Hälfte als Naturschutzgebiet ausgewiesen.

Verordnungsgeber:	Regierung von Oberbayern
Ausgewiesen:	1980
Fläche:	2355 ha
Saison:	Frühjahr bis Herbst
Wanderwege:	ca. 26 km

◁
Zum Greifen nahe vom Murnauer Moos: die Kette der Alpen

genannten Arten häufig zu sehen sind, sind die beiden letzten stark vom Aussterben bedroht.

Besonders wichtige Lebensräume für Vögel sind die Nieder- und Übergangsmoore, die wesentlich von den Grundwasserverhältnissen geprägt sind. Unter den hier zu beobachtenden Arten finden sich Rohrammer, Wiesenpieper, Fitis, Buchfink, Feldschwirl, Mönchsgrasmücke, Teichrohrsänger, Zilpzalp und Bekassine. Von diesen ist besonders die Bekassine gefährdet. Ihr Überleben hängt im wesentlichen von der Erhaltung dieses Moortyps ab. Im Murnauer Moos bilden die feuchten bis sehr nassen Moore einen großen, zusammenhängenden Komplex im Nordosten. Nur etwa dreißig Prozent ihrer Gesamtfläche liegen innerhalb des Naturschutzgebietes.

Ein besonderer Lebensraum ist die Streuwiese, die einmal im Jahr gemäht wird, und die sich unmittelbar an die Riede und Schilfflächen anschließt. Hier kommen vor allem der Große Brachvogel und der Kiebitz vor, beides inzwischen hochgradig bedrohte Arten.

Zwei Drittel der insgesamt 113 Vogelarten im Murnauer Moos brüten auch hier. Im Vergleich mit dem Umland ist dies ein besonders hoher Wert. Außerdem wurden bisher 58 Gastvogelarten registriert. Im Winter wird das Murnauer Moos nur von ganz wenigen Vogelarten bewohnt.

Durch die jahrzehntelange Nutzung des Gebietes sind wertvolle Teile des Moores verlorengegangen und damit auch eine Reihe von Vogel-

◁◁◁◁
Die Spirken oder Latschen haben keine Pfahlwurzel, durchfilzten dafür aber den Grund weithin mit ihren Wurzeln.

◁
Eine Bergeidechse genießt ihr Sonnenbad.

▷ Das drosselgroße Tüpfelsumpfhuhn ist ein tüchtiger Insektenvertilger.

arten aus dem Murnauer Moos verschwunden. Dazu zählen Rohrdommel, Gänsesäger und Birkhuhn sowie Kranich, Rotschenkel, Eisvogel und Drosselrohrsänger. Andererseits sind neue Arten gekommen: Höckerschwan, Reiherente, Wachtel und Schwarzkehlchen, aber auch Rohrschwirl, Kolkrabe und Birkenzeisig sind jetzt regelmäßige Brutvögel. Zwei weitere Neuankömmlinge sind Girlitz und Karmingimpel.

Flora und Fauna im Murnauer Moos

Typische Bäume und Sträucher

Moorkiefer (Spirke), Schwarzerle, verschiedene Enzianarten und Knabenkräuter, Blaue und Gelbe Schwertlilie, Fieberklee, Händelwurz, Sumpfwurz, Tausendgüldenkraut.

Charakteristische Tiere

Zwergtaucher, Großer Brachvogel, Feldlerche, Wiesenpieper, Baumpieper, Waldohreule, Mäusebussard, Turmfalke, Baumfalke, Raubwürger, Rohrschwirl, Feldschwirl, Kiebitz, Krickente, Tüpfelsumpfhuhn, Wasserralle, Teichrohrsänger, Bekassine, Laubfrosch, Gelbbauchunke, Grasfrosch, Erdkröte, Ringelnatter, Kreuzotter, Zauneidechse, Bergeidechse.

Schon 1925 hatte der Vogelkundler Hans Stadler einen Antrag auf Schutz des Murnauer Mooses gestellt, doch erst 1980 wurde – nach langer Diskussion – das Naturschutzgebiet in seiner heutigen Größe ausgewiesen. Zu dieser Zeit war dieser einmalige Lebensraum durch Abbau von Torf und Gestein, Trockenlegung von Feuchtflächen, Freizeiteinrichtungen, Wege- und Straßenbau sowie den Bau der Autobahn bereits in weiten Teilen zerstört oder beeinträchtigt

Derzeit wird ein Pflege- und Entwicklungsplan aufgestellt, der die künftige Nutzung des Gebietes regeln soll. Leider sind bis heute Torf- und Gesteinsabbau, intensive Beweidung des Grünlandes, Belastungen durch Abwässer und massive Störungen durch Freizeitsportler zu beklagen. Vor allem verfügt das Schutzgebiet noch nicht über eine wirksame Besucherlenkung und Betreuung.

Nachbar Staffelsee

In unmittelbarer Nachbarschaft des Naturschutzgebietes liegen der Staffelsee und die Staffelseemoore, die zusammen mit dem Murnauer Moos genannt werden müssen, zumal sie eine ähnliche Entstehungs- und Nutzungsgeschichte haben. Auch diese Flächen sind Lebensraum bedrohter Vogelarten wie dem Braunkehlchen und Heimat für viele dem Aussterben nahe Pflanzen.

Zu den besonders gefährdeten Insektenarten zählen Adamslibelle, Blattbauch und Blaugrüne Mosaikjungfer. Bei den Pflanzen sind Echte Schlüsselblume, Helmknabenkraut und Stengelloser Enzian zu nennen. Eine Rarität sind die großen Bestände der Sibirischen Schwertlilie.

Ungefähr 135 Hektar des Westteils der Staffelseemoore sind als „Wiesenbrütergebiet“ geschützt, das in der Zeit vom 1. März bis 15. Oktober nicht betreten werden darf. Damit

Kultur und Museen

Murnau

Im Schloßmuseum sind unter anderem Werke der Expressionistin Gabriele Münter und der Künstlergruppe „Blauer Reiter“ zu sehen, ferner Hinterglasbilder (Sammlung Udo Dammert) und Exponate zur Murnauer Landschaft, zum Murnauer Moos, Gewerbe und Hausgewerbe der Region. (Schloßhof 4–5; geöffnet Di–So 10–17 Uhr)

Praktische Informationen

Adressen und Auskünfte

Landratsamt Garmisch-Partenkirchen, Untere Naturschutzbehörde, Olympiastraße 10, 82467 Garmisch-Partenkirchen, Tel. 08821/7511.
Institut für Vogelkunde, Gsteigstraße 43, 82467 Garmisch-Partenkirchen, Tel. 08821/2330.

Anreise

Mit der Bahn nach Murnau und von hier weiter zu Fuß.
Empfehlenswert ist die Anreise mit dem Auto; Parkplätze bei Eschenlohe, Aschau, Westried, an der Bundesstraße 2 Nähe Fügsee und Nähe Haarsee.

◁◁◁ **Die Echte Sumpfwurz, eine Orchidee, wächst auf feuchten Wiesen.**

soll dieses Verlandungsgebiet als ungestörtes Brut-, Nahrungs- und Aufzuchtbiotop wiesenbrütender Vogelarten erhalten werden. Durch diese Regelung soll auch der empfindliche Bewuchs der Moorböden vor Beschädigung geschützt und das Ufer mit seinen Röhricht- und Schwimmblattzonen als Rückzugsgebiet bedrohter Tier- und Pflanzenarten bewahrt werden.

◁ **Von besonderem Reiz: das Murnauer Moos im Rauhreif**

Wandern im Murnauer Moos

Da am Rande des Murnauer Mooses viele Straßen und Wege verlaufen, lassen sich bereits von dort aus eine Fülle von Beobachtungen machen. Besonders lohnend ist die Straße von Eschenlohe im Süden des Gebietes bis nach Aschau am Westrand. Interessante Beobachtungen sind aber auch im Osten von der Bundesstraße 2 (Murnau–Eschenlohe) aus möglich. Für Fußwanderungen geeignet ist die – für den öffentlichen Verkehr gesperrte – kleine Straße von Weghaus quer durchs Moos bis zur Straße Eschenlohe–Aschau. Diese Straße sollte man jedoch nur am Wochenende benutzen, denn an Werktagen ist hier leider starker LKW-Verkehr vom Steinbruch her. Das Besondere an der Route ist, daß man auf ihr alle Moorformen durchquert und erlebt. Am besten läßt sich die Natur des Murnauer Mooses jedoch unbestreitbar zu Fuß oder mit dem Rad auf den ausgewiesenen Wanderwegen kennenlernen. Besonders empfehlenswert sind der Weg von Ramsach entlang des Flusses Ramsach nach Aschau und die äußerst malerische Route, die durch das Lange Filz nach Westried führt. Auf dieser ansprechenden Wanderung wird man mit einer herrlichen Aussicht auf den mittleren Teil des Murnauer Mooses belohnt. Zudem bietet sich ein grandioser Blick auf die nahegelegenen Alpen. Der Weg von Murnau nach Grafenaschau hat eine Länge von etwa elf Kilometern. Ein weiterer Rundweg führt über Schwaiganger, Hechendorf und Weichs.

Dietzen

Unterkunft

Ausgezeichnete Unterkünfte und Gaststätten gibt es in Grafenaschau, Eschenlohe und Murnau.
Auskunft: Tourist-Information, Kohlgruber Straße 1, 82418 Murnau am Staffelsee, Tel. 08841/614111.

Mit dem Rad

Für Radfahrer sind folgende Wege empfehlenswert: entlang der Ramsach von Ramsach nach Aschau; durchs Lange Filz nach Westried; Rundweg über Schwaiganger, Hechendorf, Weichs.

Nationalpark Bayerischer Wald

Zurück zum Urwald

An Bayerns Grenze mit Böhmen, auf Gneis und Granit wuchert Mitteleuropas größter „Urwald" vor sich hin: der Nationalpark Bayerischer Wald. Jeglicher Verzicht auf Eingriffe in die Natur ist hier seit mehr als 25 Jahren Prinzip. Auf diese Weise entsteht eine einzigartige Naturlandschaft und zugleich ein Refugium für eine Vielzahl seltener Tiere und Pflanzen.

Inmitten des weitläufigen Waldgebirges, das als „Böhmerwald" in Literatur und Geschichte einging, liegt der 1970 gegründete und eröffnete Nationalpark Bayerischer Wald. Diese etwa 13 000 Hektar große Waldfläche gehört dem Freistaat Bayern und ist – ganz im Sinne des modernen Naturschutzgedankens – völlig der natürlichen Entwicklung überlassen. Sie ist keine Kulturlandschaft mit Hecken, Wiesen und Feldern, kein Stück gebändigte, gepflegte, gestriegelte Natur, sondern ein in seiner Ursprünglichkeit wohl einmaliges Stück Wald, eine bewußt ungepflegte Wildnis.

Nach internationalem Verständnis bedeutet Naturschutz in einem Nationalpark, auf Eingriffe zu verzichten und die Natur sich selbst zu überlassen. Wird ein Gebiet zum Nationalpark erklärt, muß früher oder später jegliche Art von Nutzung durch den Menschen unterbleiben, egal ob mit der Motorsäge oder dem Jagdgewehr.

Die für manchen Besucher verblüffende Folge eines solch strengen Naturschutzkonzeptes wurde zum Beispiel 1983 nach einem schweren Gewittersturm deutlich, der in wenigen Minuten 90 000 Kubikmeter wertvollen Stammholzes zu Boden warf. Da in dem damals schon über 6000 Hektar großen Kerngebiet des Nationalparks bereits jeder Eingriff untersagt war, blieb das Holz so im Wald liegen, wie es der Sturm umgeworfen hatte. Das Ergebnis: meterhoch kreuz und quer übereinanderliegende Stämme, gewaltige Wurzelteller – eine undurchdringliche Wildnis, in der neues Leben entsteht. Da es in Mitteleuropa keine echten Urwälder mehr gibt, erfolgte die Einrichtung des Nationalparks in der Absicht, Naturwälder wieder erstehen zu lassen: Wald, in dessen Wachsen, Werden und Vergehen keine nutzende oder pflegende Menschenhand eingreift.

◁ Urwald im Nationalpark – auf 10 000 Hektar darf die Natur wieder Natur sein.

Einst bedeckten riesige Urwälder unser Land. Bäume wuchsen über Jahrzehnte und Jahrhunderte zu Riesen heran, starben, brachen zusammen, vermoderten und boten neuen Pflanzen Keimbett und Nahrung. In natürlichen Wäldern vollzieht sich ein ebenso vollkommener wie komplexer Kreislauf. Aus sterbender Materie wächst neues Leben, das sich nicht in Schädlinge und Nützlinge scheiden läßt. Rund 10,5 Millionen Hektar Wald gibt es in der Bundesrepublik Deutschland: Kommunalwald, Privatwald und staatliche Forsten. In allen Wirtschaftswäldern ist es sinnvoll und notwendig, Bäume zu schlagen, bevor sie überaltern oder an Holzwert verlieren, wobei Neuanpflanzung oder natürliche Verjüngung den Bestand für künftige Generationen sichern sollen. Wenige Prozente der gesamten Waldfläche aber sollten vollkommen der Natur überlassen bleiben.

▷ **Der Ungarische Enzian kommt auf mageren Bergwiesen und Lichtungen gar nicht so selten vor.**

Museum der Urnatur

1911 wurde zum ersten Mal über die Schaffung eines Nationalparks im Bayerischen Wald nachgedacht. Es sollte noch fast sechzig Jahre bis zu seiner Verwirklichung dauern. Weil unser Land ein Waldland ist und weil die wenigen, meist nur winzigen deutschen Naturschutzgebiete keine Vorstellung mehr von der Naturerscheinung Wald zu vermitteln vermögen, war es 1970 eine historische Entscheidung, ein großes, relativ naturbelassenes Waldareal als Nationalpark Bayerischer Wald von der Nutzung auszunehmen, um es im Laufe der Zeit wieder zu Urwald werden zu lassen.

Kurzprofil

Der Nationalpark Bayerischer Wald ist der älteste deutsche Nationalpark.

Träger:	Bayerisches Staatsministerium für Ernährung, Landwirtschaft und Forsten
Gegründet:	1970
Fläche:	ca.13 000 Hektar (davon 10 000 Hektar völlig der natürlichen Entwicklung überlassen)
Saison:	ganzjährig
Besucher:	1,2 Milllionen jährlich
Wanderwege:	ca. 200 km

▷ **Nach 150 Jahren Wiederansiedlung gelungen: Es gibt wieder freilebende Luchse im Bayerischen Wald.**

Ein solcher Wald ist ein Ort der Erkenntnis, ein Museum, das sich selber baut. Er ist zugleich lebendige Forschungsanstalt und Asyl für viele Pflanzen und Tiere, die in wirtschaftlich genutzten Wäldern keine Überlebenschance mehr haben. Und schließlich bietet er naturliebenden Menschen die Möglichkeit, ein Stück Urnatur zu erfahren.

Manche Tiere leben – so paradox es klingen mag – vom Verfall: Je mehr totes Holz vorhanden ist, je mächtiger die alten Bäume, je wilder die Pflanzengesellschaft aus Baumgreisen, Jungbäumen, Unterholz und Dickicht zusammenwächst, desto größer wird die Vielfalt der Arten und desto besser werden die Chancen für jene Spezialisten unter den Tie-

◁ Im Nationalpark entspringen ein Dutzend Wildbäche wie der Große Schwarzbach.

ren, die sich in einer monotonen, verarmten Waldumwelt schlecht oder gar nicht zurechtfinden.

Doch die Anziehungskraft einer echten Naturlandschaft ist nicht auf Tiere beschränkt. Längst ist der Nationalpark Bayerischer Wald zu einem beliebten Ausflugsziel für Naturfreunde geworden – ein Widerspruch, möchte man meinen, zum radikalen Konzept der Schonung der Natur. Tatsächlich ermöglicht es die Größe des Areals, die Besucherströme auf markierten Wegen so zu lenken, daß die Belastungen selbst im Hochsommer auf wenige ausgewählte Bereiche beschränkt bleiben. Nach anfänglicher Skepsis hat sich die Region mit dem Konzept eines Urwaldes ohne ökonomische Nutzung angefreundet, denn der Wirtschaft hilft er schon: Der Nationalpark hat dem angrenzenden Landkreis Freyung-Grafenau beträchtlichen Fremdenverkehr beschert. Zudem hat der Nationalpark international großes Ansehen gewonnen: Er wird in der „UN-Liste für Nationalparke und vergleichbare Schutzgebiete" geführt und erhielt vom Europarat das sogenannte „Europadiplom" der Kategorie A für streng geschützte Gebiete von europäischer Bedeutung. Er gilt als Modell für Nationalparke in Europa.

Gefahr droht dem Nationalpark vor allem durch die Luftverschmutzung, die nicht an seinen Grenzen haltmacht. Die letzte Inventur hat ergeben, daß bereits mehr als die Hälfte des Baumbestands durch Schadstoffe aus der Luft mehr oder weniger stark geschädigt ist. Bedroht sind besonders die Kammlagen des Gebirges mit ihren eindrucksvollen, seit Jahrtausenden ungestört wachsenden Fichtenwäldern. Begünstigt durch extreme Hitzeperioden in den letzten Jahren hat der Borkenkäfer inzwischen großflächig geschwächte alte Fichtenwälder abgetötet. Ein neuer junger Wald wächst heran.

Flora und Fauna im Bayerischen Wald

Typische Bäume und Sträucher

Fichte, Weißtanne, Rotbuche, Bergahorn, Spitzahorn, Bergulme (Hanglagen); Schwarzerle, Moor- und Hängebirke (Moore und Tallagen); Salweide, Roter Holunder (Lichtungen); Vogelbeere (in allen Lagen); Heckenkirsche, Himbeere, Brombeere, Heidelbeere, Rauschbeere, Preiselbeere.

Charakteristische Blütenpflanzen

Ungarischer Enzian (Bergwiesen und lichte Waldteile); Soldanelle, Siebenstern (Bergfichtenwald); Waldmeister (Buchenwald); Knabenkräuter (Stattliches, Geflecktes, Breitblättriges, Große Händelwurz, Holunder-Knabenkraut (an feuchten Plätzen); Österreichische Gemswurz, Alpenmilchlattich, Waldgeißbart, Eisenhut (an Bächen); Arnika, Weiße Pestwurz, Kleines und Großes Zweiblatt.

Charakteristische Tiere

Luchs, Fischotter, Fuchs, Dachs, Hirsch, Reh, Wildschwein, Baummarder, Auerhuhn, Haselhuhn, Sperlings-, Habichts- und Rauhfußkauz, Kolkrabe, Schwarzstorch, Baumfalke, Schwarz- und Dreizehenspecht.

Nach der Nationalparkverordnung sind alle Pflanzen im Park geschützt: Pflücken ist verboten.
Im Nationalparkladen kann man jedoch in begrenztem Umfang geschützte Pflanzen kaufen.

Der Nationalpark im Überblick

Ein Urwaldparadies mit Besuchernischen

Der Nationalpark Bayerischer Wald erstreckt sich zwischen 700 und 1450 Metern Höhe vom Gebiet des Rachel (1453 m) im Nordwesten entlang der tschechischen Grenze über den Lusen (1373 m) nach Finsterau im Osten. Ein Teil von Mitteleuropas größtem zusammenhängenden Waldgebiet kann hier besichtigt werden: ein Tier- und Pflanzenparadies mit Mooren, Bächen, Berggipfeln und spektakulären Felsformationen. Während der Wald über 1150 Metern und in den kalten Talauen ausschließlich aus Fichten besteht, wächst an den Hängen ein Mischwald aus Fichten, Tannen, Buchen, Berg- und Spitzahorn sowie den seltenen Bergulmen und Sommerlinden oder Eschen. Typisch sind Hochmoore (Filze) mit ihren Moorbirken und Bergkiefern sowie Wildbäche wie der Große und Kleine Schwarzbach.

Die Winter im Nationalpark sind lang. An manchen Stellen kann vom Oktober bis in den Juni Schnee liegen. Das Klima im Nationalpark ist feuchtkühl, die Tallagen sind selbst im August nicht sicher vor Frostnächten.
Der Nationalpark ist zu jeder Jahreszeit schön – zu Beginn der Blütezeit im Mai, im Hochsommer, im Herbst, wenn rauhe Winde über die Wipfel brausen, und im Winter, wenn der Schnee manchmal meterhoch auf der Landschaft lastet.

50 Meter hohe Fichten und Tannen

Die Mittelgebirgslandschaft des Nationalparks Bayerischer Wald soll sich frei und ungezähmt von Menschenhand entwickeln können. Außer in einer 500 m breiten Randzone zum benachbarten Privatwald erfahren die Wälder keinerlei Eingriffe – weder Pflege noch Nutzung. Aus dem Wald wird so allmählich wieder Urwald und die Bäume – vor allem Fichten und Tannen – können über fünfzig Meter hoch werden. Und wenn sie vom Sturm gefällt oder vom Borkenkäfer befallen werden, darf aus den vermodernden Stämmen der gefallenen Riesen neues Leben entstehen.

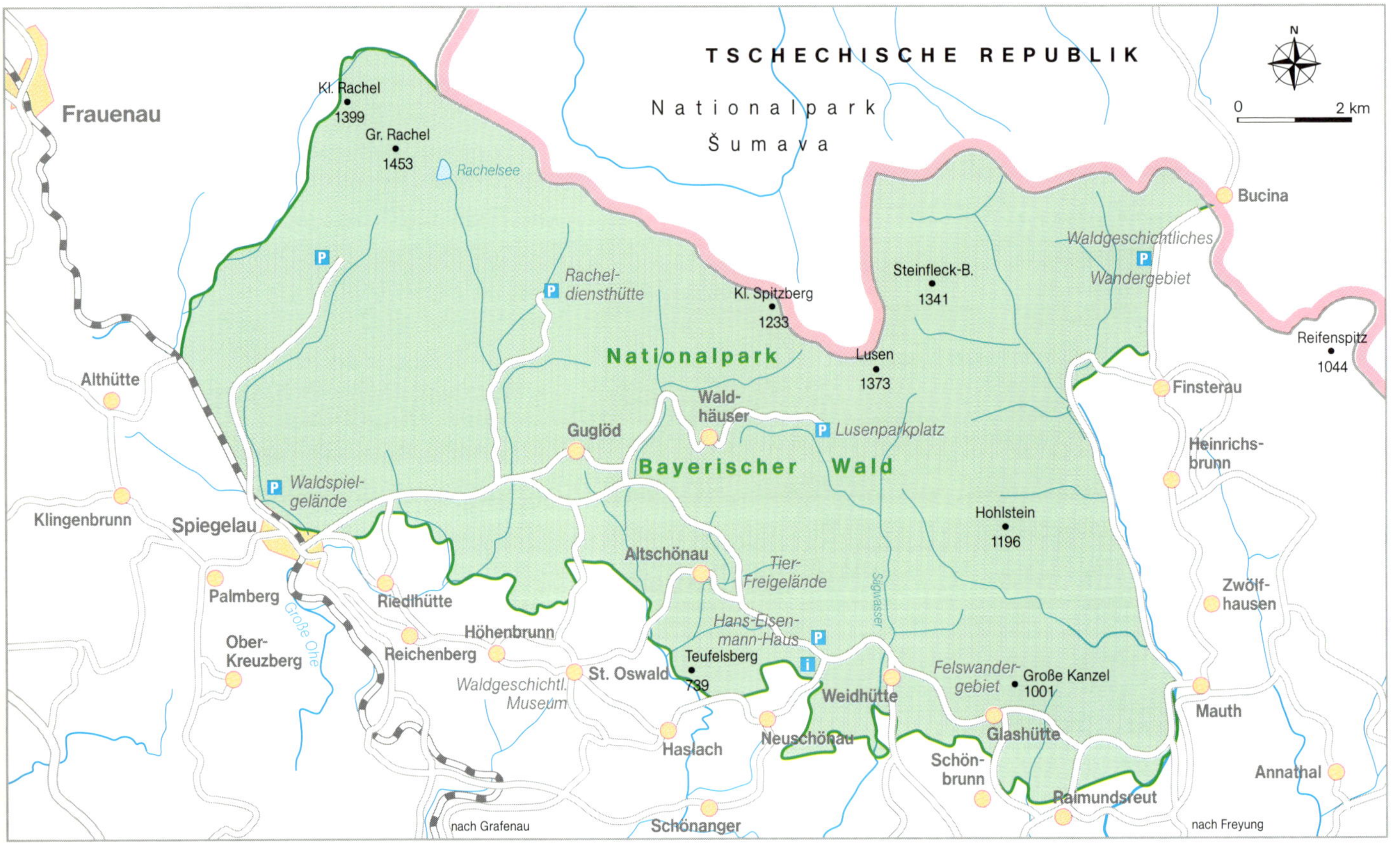

Nationalpark Bayerischer Wald

Da muß man hin

- ☐ Bärengehege des Tierfreigeländes
- ☐ Lusengipfelkreuz mit Blick nach Böhmen
- ☐ Felswandergebiet und Große Kanzel
- ☐ Rachelsee mit „Urwaldtour"
- ☐ Schachten bei Buchenau

Dunkelgrüne Fichten und Tannen bilden zusammen mit lichtgrünen Buchen dichte, dunkle Wälder rund um den während der letzten Eiszeit entstandenen Rachelsee, um den sich manche Sage rankt. Informationstafeln geben Erläuterungen zur geologischen und klimatischen Entstehungsgeschichte des Gebietes um den See und erklären Aufbau und Zusammensetzung des Naturwaldes. Bizarre Gesteinsformationen lassen sich im Felswandergebiet erkunden, während man im waldgeschichtlichen Wandergebiet kulturhistorische Entdeckungen machen kann wie die zur Holztrift aufgestauten Klausen.

Im Gebiet des Nationalparks leben über 30 Säugetier- und 120 Vogelarten. Nicht wenige sind noch immer gefährdet oder waren schon ausgestorben, ehe man sie – wie Luchs, Kolkrabe und Habichtskauz – erfolgreich wiederansiedelte.

Weil im Urwald zwar die faszinierende Pflanzenwelt gut zu beobachten ist, die Fauna aber nicht im selben Maße, hat man in der Nähe des Nationalparkhauses ein Tierfreigelände angelegt. Hier sind in den Gehegen und Volieren mehr als dreißig zum Teil ausgestorbene heimische Wildtier- und Vogelarten zu sehen. Der Eintritt ist frei.

◁ **Der Winter im Nationalpark ist kalt und schneereich. Die Fichten in den Kammlagen müssen dann enorme Lasten tragen.**

Jedes Jahr kommen 1,2 Mio. Besucher

Die „Lebensgemeinschaft Wald" im Nationalpark Bayerischer Wald ist keine geschlossene Gesellschaft. Alljährlich kommen etwa 1,2 Millionen Besucher, denn das Gebiet ist gut erreichbar: im Süden von den Gemeinden Spiegelau, St. Oswald-Riedhütte, Neuschönau und Hohenau, im Osten von Mauth und Finsterau. Die Wandergebiete und Weiler im Innern des Parks sind durch die Nationalparkstraße und zahlreiche Parkplätze sowie im Westteil durch im Halbstundentakt fahrende Busse erschlossen, die auch die Stichstraßen in den Park bedienen. Im Nordosten geht das Waldgebirgs-Terrain nahtlos in den tschechischen Nationalpark Böhmerwald (Národni Park Šumava) über.

Eindrucksvoll ist das Wurzelwerk einer Stelzenfichte am Wanderweg zwischen Waldhäuser und Fredenbrücke.

Wolf, Bär, Luchs und Co.

Das 200 Hektar große Tierfreigelände ist für viele Besucher die Hauptattraktion des Nationalparks. Ob Rothirsch, Gänsegeier, Steinmarder, Wildschwein oder Braunbär – alle 13 Säugetier- und 19 Vogelarten, die hier zu sehen sind, waren einmal oder sind noch oder wieder im Bayerischen Wald heimisch. Die einzelnen Gehege des Tierfreigeländes sind oft mehrere Hektar groß und so angelegt, daß sie ein artgerechtes, arttypisches Leben in der Freiheit des Waldes ermöglichen.

Man erkundet das Tierfreigelände zu Fuß durch Bergmisch- und Aufichtenwald entlang Bächen und Feuchtarealen auf einem sieben Kilometer langen Rundweg. Ausgangspunkt ist das Hans-Eisenmann-Haus bei Neuschönau oder der Pkw- und Busparkplatz Altschönau. Die normale Gehzeit beträgt zwei bis drei Stunden. Abkürzungen sind möglich und sind auf Orientierungstafeln angezeigt: vom Hans-Eisenmann-Haus zu Wisent, Luchs, Wolf und zurück – vorbei an Schwarzstorch, Kolkrabe und Auerhahn – braucht man nur halb so lang.

Die Wege sind nicht beschwerlich. Wenn es nicht gerade regnet oder vereist ist, können große Strecken sogar mit Kinderwagen oder im Rollstuhl befahren werden. Von Aussichtsterrassen oder überdachten Kanzeln aus lassen sich die Tiere beobachten, ohne sie zu stören. Zu den seltensten und gefährdetsten Arten, die hier zu sehen sind – wenn sie nicht gerade ruhen oder sich verborgen halten –, gehören u. a. Biber, Luchs, Schwarzstorch, Auerhuhn, Sperlingskauz und Rauhfußkauz.

Um den Auerhuhn-Bestand zu schützen, wurden im Nationalpark Anfang der achtziger Jahre spezielle Wildschutzgebiete ausgewiesen. Eindrucksvolle Beispiele für eine geglückte Wiederansiedlung im Bayerischen Wald sind Habichtskauz, Kolkrabe und Luchs.

Diese Wildkatze war in diesem Gebiet schon seit 150 Jahren ausgerottet, als es vor einigen Jahren im angrenzenden Böhmerwald gelang, sie in kleiner Population freilebend wieder heimisch zu machen. Heute leben bereits wieder mehrere Dutzend Luchse diesseits und jenseits der Landesgrenze. Im Freigelände sind sie in den wärmeren Monaten oft beim vormittäglichen Sonnenbad zu beobachten. Im späten Frühjahr sind meist Luchs-Junge zu sehen.

Hans-Eisenmann-Haus

Ein Tip nicht nur für Regentage ist das 1982 erbaute Hans-Eisenmann-Haus, die »Informationszentrale« beim Nationalpark-Eingang Neuschönau. Das breite Angebot reicht von naturkundlichen Filmvorführungen (Besuchergruppen können Programme vorbestellen) über Tonbildschauen in der »Black Box«, einem Computer-Informationsprogramm zum verborgenen Leben im Wald und einer Bibliothek bis zu einem Erlebnisraum, der unter dem Motto »Greifen und Begreifen« zur individuellen Beschäftigung mit Naturmaterialien einlädt. Hier kann man an Fichtenzapfen riechen oder Hölzer befühlen. In den Dauerausstellungen im Erdgeschoß sind bis zur Decke reichende Baumstämme zu sehen, und man kann z. B. erfahren, daß es in einer Handvoll gesunden Waldbodens mehr Lebewesen gibt als Menschen auf der Erde. Regelmäßig stellen auch Künstler aus, die sich mit dem Thema »Natur« auseinandersetzen. Geöffnet täglich von 9-17 Uhr; vom 1. Novemberwochenende bis 25. Dezember geschlossen.

Pflanzen- und Gesteinsfreigelände.

Rund um das Hans-Eisenmann-Haus erstreckt sich der 300 Hektar große botanische Garten mit 400 der insgesamt 450 auf dem Gebiet des Nationalparks vorkommenden Pflanzenarten. 100 Meter südlich liegt das geologische Freigelände. Am Wegrand sind polierte und geschliffene Gesteinsblöcke aufgereiht, anhand deren unterschiedlicher MIneral- und Kristallstruktur sich die verschiedenen Gneis- und Granitarten bestimmen lassen.

▷ **Fast ein bißchen unheimlich: die Wölfe im winterlichen Gehege**

◁
Sind Braunbären eitel? Dieses Exemplar im Tierfreigelände scheint ganz in sein eigenes Antlitz versunken.

Bärenstark: Die Besuchertribüne am Gehege der Braunbären

Eine für viele besonders beliebte Stelle des Nationalparks ist das zum Teil von einer Besuchertribüne umgebene Bärengehege, in dem eine Familie von Braunbären lebt. Man erreicht es am einfachsten zu Fuß vom Parkplatz Altschönau in etwa 15 Minuten.

Wisente, einst die größten Säugetiere im Bayer- und Böhmerwald, gibt es schon seit Jahrhunderten nicht mehr in freier Wildbahn. Sie sind von der Besucherterrasse aus besonders gut nachmittags zu beobachten.

Schlagzeilen machten 1976 die Wölfe, als acht von ihnen aus ihrem Gehege ausbrachen. Einer wurde erst zwei Jahre später von einem Jäger bei Grafenau erschossen.

Viele Tiere sind besonders gut im Winter zu beobachten, wenn ihnen das Blätterkleid der Laubbäume keine Tarnung bietet. In den Morgenstunden und am frühen Abend sind die Tiere in Bewegung und die Beobachtungsmöglichkeiten daher grundsätzlich am besten.

◁
Die tagsüber aktiven Fischotter bekommt man in ihrem Gehege weitaus häufiger zu sehen als Dachse oder Biber.

◁◁
Für das vom Aussterben bedrohte Auerhuhn sind vor allem im Winter absolute Ruhebereiche notwendig.

Wandern im Nationalpark

200 Kilometer Wanderwege führen durch Waldwildnis, bizarre Felsformationen und Moore, über Steige und Gipfel, vorbei an Wildbächen und ehrwürdigen Natur- und Kulturdenkmälern.

Aktivitäten für Kinder und Jugendliche

Neben dem Tierfreigelände ist das 40 Hektar große Waldspielgelände bei Spiegelau die wohl größte Attraktion. Auf dem Walderlebnispfad kann man tatsächlich mit allen Sinnen die Natur erleben und vielfältige und spannende Einblicke in das komplizierte Gefüge eines Naturwaldes gewinnen.Das Arboretum informiert über Wirtschaftswälder sowie über Baum- und Straucharten. Außerdem gibt es eine Wiese mit Spielgeräten für kleine Kinder und Plätze für Abenteuerspiele (Parkplatz »Waldspielplatz« am nördlichen Ortsrand von Spiegelau; zur Spielwiese und zu den Kaulquappenteichen ist es vom Parkplatz Hüttenberg aus kürzer. Parkplatz für den Naturerlebnispfad: Trossel). Im Jugendwaldheim bei Schönbrunn am Südrand des Nationalparks können Schulklassen oder Jugendgruppen von bis zu 40 Kindern ein paar Tage wohnen und den Park bei »Walderlebnistagen« und Projektwochen kennenlernen. Das Jugendzeltlager kann – mit Aufsicht – kostenlos benutzt werden, sofern sich die Gruppe an einem praktischen Einsatz im Nationalpark beteiligt (Anmeldung: Tel. 08552/9600-0).

▷ **Dieser älteste der Grenzsteine am Markfleckl (von 1692) markierte das einstige Dreiländereck zwischen Bayern, Böhmen und dem Bistum Passau.**

Die 23 Rundwanderwege im Nationalpark sind mit Bayerwaldtieren auf viereckigem gelben Grund markiert, die über 20 Wanderlinien, die den Nationalpark berühren, mit Pflanzensymbolen auf weißem Grund. Daneben gibt es „Horizontalsteige" in den Wäldertiefen und historische Pfade, genannt „Goldene Steige".

Im Winter sind manche Straßen vollständig gesperrt, die Gipfel gar nicht oder nur unter erschwerten Bedingungen erreichbar. Über die richtigen Routen zu jeder Jahreszeit informieren Wander-Broschüren, die bei den Verkehrsämtern und im Nationalparkhaus erhältlich sind.

Route 1: Zwei Tage für alle Höhepunkte

Die Hauptwanderlinie durch den Nationalpark führt vom Bahnhof Klingenbrunn im Nordwesten (Parkplatz Flanitzebene) vorbei an allen wichtigen Besuchereinrichtungen (Waldspielgelände, Tierfreigelände, Felswandergebiet, Waldgeschichtliches Wandergebiet) sowie den Weilern Guglöd und Sagwassersäge nach Finsterau im Nordosten. Um Natur und Attraktionen entlang des Weges richtig erleben zu können, sollte man dafür mindestens zwei Tage rechnen (Übernachtung in Neuschönau).

i Die Strecke ist 41 km lang, überwindet ca. 1000 Höhenmeter und erfordert ca. 8 Stunden reine Gehzeit (Markierung Baumgruppe).
✕ Klingenbrunn, Neuhütte, Spiegelau, Guglöd

Route 2: Felsen, Wurzeln, seltene Vögel

Im südöstlichen Teil des Nationalparks liegt rund um die Kleine Kanzel (1010 m) bei Mauth das Felswandergebiet (820-1010 m). Besonders beeindruckend sind hier die bizarren Felsgebilde. Es bietet Besuchern, die nicht bis in die Kammlagen steigen wollen oder können, die Möglichkeit, auf einem malerischen Pfad mit lohnenswerten Aussichtspunkten auf Lusen- und Rachelmassiv verhältnismäßig unbeschwerlich ursprünglichen Bergwald zu erleben. Nach Buchen- und Fichtenwald auf den ersten paar hundert Metern lichtet sich der Wald und die bizarren, oft von Wurzelwerk überwucherten Felsbastionen aus Gneis nehmen zu. Besonders attraktiv sind die zerklüfteten Felsen unterhalb der Kuppe der Kleinen Kanzel. Das Felswandergebiet eignet sich auch zur Beobachtung seltener Vogelarten wie Haselhuhn, Dreizehenspecht oder Sperlingskauz.

i Rundweg über Lindenstein und Kleine Kanzel durchs Felswandergebiet (Markierung Haselhahn); Länge 3 km, ca. 1 Stunde Gehzeit; Schutzhütte unter der Kl. Kanzel; Start und Ziel Parkplatz Felswandergebiet an der Nationalparkstraße. Es gibt mehrere Abkürzungen.

Route 3: Kahlkopf mit Baumkranz: der Lusen

Unzählige Granitblöcke bedecken den Gipfel des Lusen im Osten des Nationalparks. Das letzte Stück von Westen her führt die „Himmelsleiter" hinauf, eine steile Steintreppe. Weil in der Eiszeit weichere Gesteinsschichten verwitterten und darüber liegende härtere Schichten nur zerbrachen, ist der charakteristische Kahlkopf aus vielen kleinen Felsen entstanden. Die Bäume finden nicht ausreichend Grund, um über die

i Über den Tummelplatz zum Lusen und zurück durchs Reschbachtal (Markierungen Grünes Dreieck, Soldanelle und Baumgruppe); Länge 18,5 km, 600 Höhenmeter, 5-6 Stunden reine Gehzeit. Der „Lusenparkplatz" auf 1111 Metern Höhe verheißt auch weniger wanderfesten Zeitgenossen Gipfelglück: Er ist – außer im Winter – mit Pkw und Bus erreichbar. Für die 4,2 km zum Gipfel und zurück (Markierung Luchs) braucht man von hier nur etwa 1 Stunde 45 Minuten.

✕ Lusenschutzhaus direkt unter der Kuppe (Hauptsaison durchgehend geöffnet; Nebensaison unregelmäßig, im Winter nur an Feiertagen).

◁◁ **Der Lusengipfel zählt zu den markantesten und beliebtesten Ausflugzielen im Bayerischen Wald.**

Kuppe zu wachsen – und das, obwohl der Lusen mit 1373 Metern noch deutlich unter der Baumgrenze liegt. Nur die Vogelbeeren wachsen ein paar Meter weiter hinauf.

Der Weg zum Lusen vom Rastplatz Sandriegel bei Mauth und zurück braucht seine Zeit, ist dafür jedoch der abwechslungsreichste Pfad auf einen Nationalpark-Gipfel. Im Winter ist er nicht geräumt, weshalb es sich empfiehlt, Skistöcke mitzunehmen. Am Weg liegen ein Moor, schöne Aufichtenwälder am Steinbach, bis zu 200 Jahre alte Baumgreise, das Naturdenkmal „Großalmayerschloß" (eine Felsbastion, zu der ein kurzer, markierter Abstecher führt), die Steinbachklause und die nicht mehr bewirtschaftete ehemalige Forsthütte Tummelplatz mit einem historischen Backofen. Beim Abstieg über den Finsterauer Lusensteig, bei dem man am Marktfleck mit mehreren Grenzsteinen – der älteste datiert aus dem Jahr 1692 – am einstigen „Dreiländereck" des Kurfürstentums Bayern und des Königreichs Böhmen sowie des Fürstbistums Passau, am Kleinen Schwarzbach und am Waldrastplatz Oberes Reschbachtal vorbeikommt (Parkplatz; hier kann man auch starten), ist unbedingt das Wegegebot zu beachten: links und rechts des Weges liegt Kerngebiet.

Kultur & Museen

Finsterau

7 Hektar großes Freilichtmuseum mit historischen Gebäuden aus dem Bayerischen Wald, einer Gaststätte usw. (Geöffnet täglich – außer Mo – Januar bis April 12-16 Uhr; Mai bis September 9-18 Uhr; 1.-15. Oktober 9-16 Uhr, 16.-31.Oktober 12-16 Uhr)

Freyung

Das Jagd- und Fischereimuseum im Schloß Wolfstein informiert seit 1989 auch über die Schädigung von Fauna und Flora durch menschliche Eingriffe. (Geöffnet Di-So 10-17 Uhr, Anfang November bis 25. Dezember geschlossen)

Frauenau

Glasmuseum mit einer Sammlung bayerischer und böhmischer Glaskunst des 17. bis 20. Jahrhunderts. (Geöffnet 20. Dezember bis 14. Mai 10-16 Uhr; 15. Mai bis Ende Oktober 9-17 Uhr)

St.Oswald-Riedlhütte

Waldgeschichtliches Museum (vom Nationalpark verwaltet). Über die Tradition der Waldnutzung und das Leben der Waldarbeiter im Bayerischen Wald. (Geöffnet Mitte Dezember bis Ende Oktober 9-17 Uhr)

Route 4: Panorama mit Wald und Wasser: der Rachel

Die Halbtagestour von der Rachel-Diensthütte (865 m; Pkw- und Busparkplatz) zum idyllischen, nicht mit dem Auto erreichbaren Rachelsee gehört zu den beliebtesten Wander-

Kerngebiet

Mit Ausnahme einer 300 Meter breiten Randzone zu benachbarten Privatwäldern wird der Wald im Nationalpark völlig der natürlichen Entwicklung überlassen. Es werden weder Folgen von Windwürfen beseitigt noch Borkenkäfer bekämpft. Auf diese Weise entsteht eine Naturwaldwildnis, die in Deutschland nicht ihresgleichen hat. 6400 Hektar des Parkgebietes, das »Kerngebiet«, sind zusätzlich mit einem Wegegebot belegt. Die Besucher dürfen hier ganzjährig nur die markierten Wege benutzen, zwischen 1. Juli und 15. November auch alle übrigen Wege und Wandersteige der amtlichen topographischen Karte des Bayerischen Landesvermessungsamtes.

routen des Bayerischen Waldes – obwohl man aus Naturschutzgründen im See nicht baden darf. Wanderer können rund um den 1071 Meter hoch gelegenen, tiefen und dunklen Waldsee aus der Eiszeit einen Blick in urwaldähnliche Vegetation werfen. Seit Jahrzehnten ist hier der Wald sich selbst, Windwurf und dem Borkenkäfer überlassen. Es ist somit der geeignetste Ort für einen „Urwald-Lehrpfad“ (am Rachelsee-Ostufer). Der See ist vom Parkplatz aus problemlos in einer Stunde erreichbar. Der Weg führt durch Bergmischwald vorbei an mächtigen, uralten Tannen und Fichten sowie einigen aus Nordamerika eingeführten Douglasien. Seit vor 25 Jahren das Zelten und Baden verboten wurde, hat sich in der regenerierten Vegetation am Seeufer die Krickente wieder angesiedelt. Eine weitere halbe Stunde dauert es vom See zur Felsenkanzel auf 1146 Metern Höhe (Abstieg zum Parkplatz an der Rachel-Diensthütte auf einem anderen Weg: weitere 30 Minuten).

i Rundweg von der Rachel-Diensthütte zum Rachelsee und zur Felsenkanzel (Markierung Specht): Länge 6,4 km; 300 Höhenmeter; 2 Stunden reine Gehzeit.

Route 5: Herrlicher Weitblick über Gipfellandschaften

Zum Rachel, dem höchsten Gipfel des Nationalparks (1453 m), startet man entweder zu Fuß über den „Rachelsteig“ am Bahnhof Klingenbrunn oder bequemer vom Busparkplatz am Gfäll (950 m; 7 km von Spiegelau). Die zehn Kilometer lange Gipfeltour (Markierung Auerhahn) ist ein tagesfüllendes Programm, wenn man nicht nur wandern, sondern auch einkehren und schöne Plätze genießen möchte. Der Weg ist steinig und streckenweise sehr steil. In der Gipfelregion ist es auch an schönen Tagen empfindlich kalt. Schnee liegt zuweilen bis in den Frühsommer. Im Winter ist der Aufstieg nicht empfehlenswert. Wer den Rundweg im Uhrzeigersinn wählt, kann gegen Mittag auf 1360 Metern Höhe das im Sommer bewirtschaftete Waldschmidthaus im Bergfichtenwald erreichen. Auf den letzten Metern vor dem Gipfelkreuz wird fast die Baumgrenze erreicht, die Fichten werden von Latschengebüsch und Vogelbeergesträuch abgelöst. Vom kaum bewaldeten Gipfel aus hat man das Panorama der Berge des nördlichen (Osser, Großer Arber, Brotjacklriegl) und südlichen Bayerischen Waldes (Lusen, Dreisessel) vor sich, außerdem einen unverstellten Weitblick in den Böhmerwald. Der Abstieg bringt ein wunderschönes Fotomotiv: die Rachelkapelle (1212 m) mit Blick auf die „Urwald-

▷▷▷ Der zahlreichen vermoderten Stämme wegen ist der Nationalpark ein Paradies für baumbesiedelte Pilze. Sie haben eine wichtige Funktion bei der Zersetzung des toten Holzes.

▷ Waldarbeiter in der ersten Hälfte unseres Jahrhunderts bei der Holztrift. Von 1581 bis zum Zweiten Weltkrieg wurde das Holz auf diese Weise aus dem Bayerischen Wald abtransportiert.

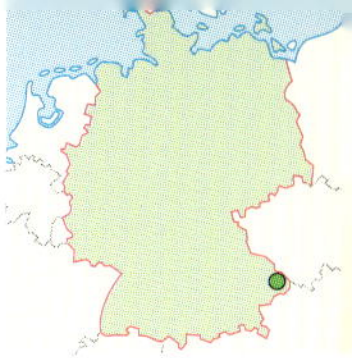

◁ **Ein Steinmeer, auf dem kein Baum mehr Halt findet, ist die kahle Kuppe des 1373 Meter hohen Lusen.**

riesen" der Rachelseewand. Am Rückweg erklären Informationstafeln unter anderem die Entstehung des Sees aus dem Rachelgletscher.

ℹ Rundweg vom Gfäll-Parkplatz zum Rachel-Gipfel (Markierung Auerhahn): Länge 9,5 km; 400 Höhenmeter; 4 Stunden reine Gehzeit.
✕ Waldschmidthaus am Gipfelfuß (nur im Sommerhalbjahr bewirtschaftet; begrenzte Übernachtungsmöglichkeit nach Voranmeldung)

Route 6: Auf den Spuren der Vergangenheit

Im Waldgeschichtlichen Wandergebiet im Nordosten des Parkareals (man erreicht die Parkplätze Wistlberg, Jägerwiese, Muckenloch und Schwellberg von Finsterau aus) ist heute ebenfalls jede forstwirtschaftliche Nutzung eingestellt. Den Besuchern werden hier Spuren früherer Waldnutzung gezeigt. Entlang mehrerer Lehrpfade in einem Rundwegenetz (zwischen ein und vier Stunden Gehzeit) trifft der Wanderer auf zahlreiche Gebäude und Einrichtungen der Holzwirtschaft, von der die Menschen des Bayerischen Waldes einst fast ausschließlich lebten: Klausen, zu denen das Holz im Winter auf Handschlitten transportiert wurde, sowie Triftkanäle, über die es im Frühjahr weitergeleitet wurde. Ein zweistündiger Wanderweg (Start an der Bushaltestelle Schwellgraben; Markierung Kauz) führt u. a. zum Siebensteinkopf (1263 m), zu Schlittenziehbahnen, auf denen früher das Holz aus dem Wald gebracht wurde, und zum Kulturdenkmal Reschbachklause von 1860, dem größten künstlichen Stausee für die Holztrift, den es im gesamten Gebiet des Bayerischen Waldes gibt.

ℹ Weiterer Rundweg vom Parkplatz Wistlberg durch das Waldgeschichtliche Wandergebiet (Markierung Wasseramsel): Länge 8,2 km, 250 Höhenmeter, 3 Stunden reine Gehzeit.

Route 7: Holzweg im Hochmoor

Vom Rasthof Filzwald (Parkplatz), den man von Riedlhütte aus erreicht, geht es durch einen Wald aus Fichten, Tannen und Buchen bergab an der Schutzhütte Filzwald vorbei über die Straße ins Hochmoor Großer Filz. Ab hier gilt Wegegebot. Das Innere des Hochmoors ist geschützt. Zum Teil quert man auf Holzstegen das Moor, in dem Heidel- und Rauschbeeren, Bärlapp, Torfmoospolster und vor allem Spicken und Latschen vorkommen, die aufrechten bzw. kriechenden Formen der Bergkiefer – der einzigen Baumart, die unmittel-

Unser Tip: Der Seelensteig

Nationalparke sind Besuchern zu öffnen, die ursprünglicher Natur begegnen, sie erleben und sich daran erfreuen wollen – soweit es der Naturschutz erlaubt. Um dies auch in schwer zugänglichen Waldgebieten zu ermöglichen, wurde 1995 im Westteil des Nationalparks ein typisches Bergmischwaldgebiet, in dem vor 25 Jahren jede Nutzung eingestellt wurde, durch einen 1,3 km langen Holzsteg erschlossen. Vom Steg aus bieten sich Einblicke in einen Wald, den Windwurf und Borkenkäferbefall tiefgreifend verändert haben, so daß sichtbar wird, welch vielfältiges Entstehen, Wachsen und Vergehen sich dort vollzieht. Die Texte auf den Informationstafeln stammen von Horst Stern, ergänzt durch Zitate aus der Literatur. Damit auch die Seele etwas davon hat, sollte man sich für den »Seelensteig« mindestens eine Stunde Zeit nehmen (zu erreichen von Spiegelau aus mit dem Bus zur Haltestelle „Seelensteig").

bar auf dem nährstoffarmen Moorboden gedeiht. Sehenswert auf dem Spazierqanq, der an der Bushaltestelle Diensthüttenstraße und entlang der Nationalparkstraße zurück zum Parkplatz Filzwald führt, sind außer der Flora ein ehemaliger Triftkanal – über ihn wurde das Holz noch um 1900 in die Große Ohe nach Riedlhütte, dann nach Grafenau und schließlich zur Ilz transportiert – und der große Aussichtsturm aus Holz, von dem aus man das Hochmoor gut überblicken kann.

i Rundwanderweg durch den Filzwald zum Hochmoor Großer Filz (Markierungen Margerite und Baumgruppe): Länge 2,7 km; ca. 1 Stunde reine Gehzeit.

Route 8: Typisch Bayerwald und Schachten

Im für 1997 vorgesehenen Erweiterungsgebiet des Nationalparks liegen die berühmten Schachten, ehemalige Weideflächen in über 1000 Metern Höhe. Poetisch könnte man sie als „offene Inseln im Waldmeer der Kammlagen" bezeichnen. Die erste wurde 1613, kurz vor dem Dreißigjährigen Krieg, für die Landwirtschaft gerodet. Noch vor fünfzig Jahren grasten auf den Waldweiden Rinder und Ziegen. Der Anmarsch zum Kohlschachten und von dort

▷ Einen Baum zu umfassen kann mehr als bloßes Anschauen von Stärke und Alter spüren lassen.

Praktische Informationen

Adressen und Auskünfte

Nationalparkverwaltung, Freyungstraße 2, 83552 Grafenau, Tel. 08552/9600-0; Zweckverband der Nationalparkgemeinden Bayerischer Wald, Kaiserstraße 13, 94556 Neuschönau, Tel. 08558/1676; Hans-Eisenmann-Haus, Böhmstraße 35, 94556 Neuschönau, Tel. 08558/1300. Die Zeitschrift *Nationalpark* erscheint vierteljährlich im Morsak Verlag; im Nationalparkladen im Hans-Eisenmann-Haus gibt es Bücher, Wanderkarten und Pflanzen zu kaufen.

Anreise

Mit der Bahn bis Plattling und Zwiesel, gute Verbindung; ab Zwiesel mehrmals täglich Züge nach Spiegelau (auch Bus). Mit dem Auto über die BAB 3 (Regensburg, Deggendorf, Richtung Passau) oder die BAB 92 (München, Landshut, Deggendorf, dann Richtung Passau) nach Ostbayern – Ausfahrt Hengersberg, weiter die B85 Richtung Grafenau; auf der »Ostmarkstraße« über Weiden, Cham und Viechtach.

Führungen

Kostenlos, ca. 1300 jedes Jahr (außer November und Dezember).

Einrichtungen für Behinderte

Behindertentoiletten im Hans-Eisenmann-Haus; im Tierfreigelände ist der Weg zum Wolfs- und Bärengehege – außer bei Glatteis – für Rollstuhlfahrer gut geeignet (Parkplätze Hans-Eisenmann-Haus oder Altschönau).

Unterkunft

Innerhalb des Parks Jugendherbergen »Ameishof« und »Lindenhof« (Waldhäuser); Pensionen und Privat-Unterkünfte gibt es in allen Nationalpark-Gemeinden.

weiter zum Hochschachten dauert von Buchenau aus mindestens 1 Stunde 45 Minuten. Im Herbst ist der landschaftliche Reiz der Schachten am größten. Man sollte aber einen Tag mit klarer Sicht wählen, denn allein schon die prachtvollen Ausblicke auf die gelb leuchtenden Ahorne und die weißen Nebeldecken über den Tälern sind die Wanderung wert. Von der Ortsmitte in Buchenau geht es über Forststraßen stetig bergauf, bis in 1160 Metern Höhe am Kohlschachten das Plateau erreicht ist. Unmittelbar am Rand wird der Boden feucht, doch das reizvolle Hochmoor läßt sich auf einem Holzsteg überqueren, der bis zum Latschensee führt, einem kleinen Moorsee. Kurz darauf erreicht der Pfad den Hochschachten und den Großen Schachten – auch sie bieten Begegnungen mit uralten Baumgestalten. Von dort aus lohnt sich ein eineinhalbstündiger Abstecher zum „Alm"-Schachten. Der Rückweg vom Großen Schachten führt wieder über Forststraßen.

i Wanderung von Buchenau zum Hochschachten: Länge ca. 6 km; ca. 300 Höhenmeter; Gehzeit 4 bis 5 Stunden (ohne Alm), davon 3 Stunden An- und Abmarsch zum Plateau.

Blick über die Grenze: Nationalpark Böhmerwald

Immer wieder einmal ist die Rede von einem deutsch-tschechischen Nationalpark, denn jenseits der Grenze schließt unmittelbar an den Nationalpark Bayerischer Wald der 1991 gegründete tschechischen Nationalpark Böhmerwald (Národni Park Šumava) mit der Vidra-Schlucht und dem Kubany-Urwald an. Zusammen bilden sie das größte Waldschutzgebiet Mitteleuropas. Seit 1992 bringen zwischen Juni und Oktober zwölfmal täglich Elektrobusse Nationalpark-Besucher von Finsterau nach Bucina (Buchwald) und zurück: Von dort können Wandertouren im Nationalpark Böhmerwald unternommen werden.

Zur Moldau-Quelle (Pramen Vitavy) z. B. sind es ab Bucina etwa sieben Kilometer – der zweistündige Hin- und Rückweg führt auf der grün markierten Straße nach Kvilda, bis nach 200 Metern links ein rotmarkierter Weg abzweigt. Am einzigen übriggebliebenen Haus von Buchwald vorbei geht es durch einen Fichtenwald bis zur von Moor und Urwald umgebenen Moldau-Quelle in 1172 Metern Höhe.

Bibelriether/Hosch

Uralte Ahorne und Buchen sind charakteristisch für die Schachten (Bergweiden) des Bayerischen Waldes.

Camping

Finsterau (Gemeinde Mauth, nur im Sommer) und Klingenbrunn (Spiegelau, ganzjährig); Jugendzeltplatz der Nationalparkverwaltung bei Neuschönau. Im Nationalpark selbst dürfen keine Wohnmobile oder Zelte aufgestellt werden.

Gaststätten

In allen Nationalpark-Gemeinden; innerhalb des Parks Nationalpark-Wirtshaus beim Hans-Eisenmann-Haus (Imbiß), Einkehrmöglichkeiten in Neuhütte, Guglöd, Waldhäuser und Altschönau; zur Saison sind das Waldschmidthaus auf dem Weg zum Rachel-Gipfel, Rachel-Diensthütte und Lusen-Schutzhaus bewirtschaftet.

Busverkehr

Um den Nationalpark von Pkw-Verkehr möglichst frei zu halten gibt es von 15. Mai bis 15. Oktober (täglich ab 8 Uhr halbstündlich) einen Bus-Shuttle-Dienst zu den verschiedenen Haltestellen im Parkgebiet.

Mit dem Rad

Gut markiertes Radwegenetz aus den umliegenden Gemeinden in den Nationalpark (Radfahrer-Pauschalen werden angeboten); innerhalb des Parks 60 km Streckennetz auf Forststraßen – Information und Radwegekarte mit Tourenvorschlägen über Zweckverband oder Nationalparkverwaltung erhältlich.

Loipen und Skiwanderwege

Startpunkte in Riedlhütte, Spiegelau, St. Oswald, Rosenau, Altschönau, Neuschönau, Mauth, Finsterau, Waldhäuser und am Parkplatz Diensthüttenstraße. Besonders schöner Skiwanderweg: von Riedlhütte entlang der Großen Ohe an den Rand des Moorgebietes Großer Filz. Loipenpläne bei Verkehrsämtern und im Nationalpark-Winterprospekt.

Das Ilztal

Wildfluß mit weichem Wasser

Die Ilz verbindet die Lebensräume in den Hochlagen des Inneren Bayerischen Waldes und im Donautal. Sie durchfließt eine erlebnisreiche, in weiten Teilen geschützte Tallandschaft.

Die Ilz ist einer der letzten weitgehend naturnahen Mittelgebirgsflüsse in Deutschland. Ihren Ursprung nimmt sie im Rachelsee im Nationalpark Bayerischer Wald. Der keltische Name Ilz ist aber nur von der Mündung in Passau bis vierzig Kilometer flußaufwärts ins Eberhardsreuther Becken gebräuchlich. Hier spaltet sich der Fluß in die Kleine, die Große und die Mitternacher Ohe auf. Auf halber Strecke nimmt die Obere Ilz die Wolfsteiner Ohe auf und wird zur unteren Ilz.

Das Wasser der Ilz ist besonders kalkarm, da im Einzugsbereich Granite und Gneise vorherrschen. Diese Hartgesteine bestimmen auch die Talgestalt mit nur schmaler Aue und steilen Hängen – landschaftliche Gegebenheiten, die eine Besiedelung des Ilztales erschweren. Die weniger steilen Hanglagen und die regelmäßig überfluteten Talauen werden traditionell als Grünland genutzt.

Bedingt durch diese vielgestaltigen, zum Teil ganz gegensätzlichen Standorte sind das Ilztal und der Fluß selbst deutlich artenreicher als das umliegende Bergland. Typisch für die Ilz sind Fischarten wie Bachforelle, Äsche oder Barbe. Sogar der Huchen kommt hier noch vor. An den Steinbrocken im Flußlauf sitzen Flußnapfschnecken, und zwischen dem Geröll leben Larven etlicher Arten von Köcher-, Stein- und Eintagsfliegen. Gelegentlich findet man Schalen der heute sehr seltenen

Kurzprofil

Zwei Naturschutzgebiete entlang der Ilz sollen die Dynamik des Wildflusses und die weithin naturnahe Tallandschaft bewahren.

NSG Ilz am Dießenstein:	ausgewiesen 1981; 4,3 ha (nach Erweiterung zum NSG Obere Ilz ca. 380 ha 1997)
NSG Halser Ilzschleifen:	ausgewiesen 1993; ca. 91,5 ha
Verordnungsgeber:	Regierung von Niederbayern
Saison:	ganzjährig
Besucher:	ca. 50 000 jährlich
Wanderwege:	ca. 70 km

Flora und Fauna im Ilztal

In der Ilz

Wasserstern, Einfacher Igelkolben, Fieberquellmoos.
Bachforelle, Äsche, Nase, Barbe, Koppe, Huchen, Flußnapfschnecke, Flußperlmuschel, Larven div. Stein-, Köcher- und Eintagsfliegenarten.

Uferbereich

Bruch- und Aschweide, Bergtraubenkirsche, Grau- und Schwarzerle; Straußfarn, Gescheckter Eisenhut, Banatersegge. Gemswurz, Wildes Silberblatt, Alpenheckenrose.
Wasseramsel, Eisvogel, Fischotter, Ringelnatter.

Wiesen

Großer Wiesenknopf, Waldstorchschnabel, Schwarze Teufelskralle.

Waldsäume

Weiches Lungenkraut, Waldgamander, Adlerfarn.
Zauneidechse, Warzenbeißer.

Wälder

Großblütiger Fingerhut, Pfirsichblättrige Glockenblume, Frühlingsplatterbse.
Gefleckter Feuersalamander (an Quellrinnsalen).

Felsen

Engelsüß, Nordischer Strichfarn, Schwefelflechte, Leuchtmoos.

◁ Das Luftbild zeigt die untere Engstelle des Talmäanders bei Passau mit der Ruine Hals und dem Halser Wehr.

Flußperlmuschel. Die Wasseramsel trifft man dagegen stets an der Ilz an, häufig auch den Eisvogel.
Die Pflanzenwelt des Ilztales beeindruckt ebenfalls mit ihrer Artenvielfalt. Wo verwilderte Gartenpflanzen wie Indisches Springkraut oder Schlitzblättriger Sonnenhut die einheimische Flora noch nicht verdrängt haben, wachsen im Uferbereich Straußfarn und Gescheckter Eisenhut. Unter sie mischen sich Bergpflanzen wie Alpenheckenrose oder Platanenblättriger Hahnenfuß. Auf den Hängen herrschen sonnenseitig winterlindenreiche Eichen-Hainbuchenwälder vor, bei schattenseitiger Ausrichtung Bergmischwälder aus Rot-Buche, Fichte und Tanne. An den Unterhängen und an Hangeinschnitten wächst eine an Kräuterarten reiche Laubwaldflora.
Den wohl interessantesten Ausschnitt des Ilztales bietet dank des Zusammentreffens geologischer, ökologischer und kulturhistorischer Besonderheiten das Naturschutzgebiet Halser Ilzschleifen. An einer Bruchlinie der Erdkruste entstand hier ein eindrucksvoller doppelter Talmäander mit zwei Engstellen. In der unteren liegt der heutige Passauer Stadtteil Hals sowie die Ruine der gleichnamigen Burg, in der oberen der Rest der Burg Reschenstein. Wärmeliebende Pflanzen und Tiere, wie Schwarzwerdender Geißklee und Schlingnatter haben hier ihren Schwerpunkt.
Das kleine Naturschutzgebiet Ilz am Dießenstein beschränkt sich auf den wildesten Ilzabschnitt. Es soll künftig in einem Naturschutzgebiet Obere Ilz aufgehen, das neben 18 Kilo-

▷▷▷ Der giftige und streng geschützte Gescheckte Eisenhut ist eine charakteristische Sommerstaude der Ufergehölze.

▷▷▷ Ein ständiger Bewohner der Ilzufer ist die Wasseramsel.

▷ Ein Blick über das Ilzkerbtal unterhalb Schneidermühl mit seinen buchenreichen Hangmischwäldern

Praktische Informationen

Adressen und Auskünfte

Verkehrsamt Passau, Rathausplatz bzw. Bahnhofstr., 94032 Passau, Tel. 0851/955980; Verkehrsamt Grafenau, Rathausgasse 1, 94481 Grafenau, Tel. 08552/42743.

Anreise

Mit der Bahn bis Passau, von dort mit dem Bus in die Anliegergemeinden (Hutthurm, Ruderting, Tittling, Perlesreut und andere).
Mit dem Auro über die A 3, Abfahrt Passau Nord; die Ilzanliegergemeinden werden durch die parallel zum Ilztal verlaufende B 85 (westlich) und B 12 (östlich) verbunden.

metern Flußlauf die Talgründe und naturnahe Hangbereiche umfaßt.

Wandern an der Ilz

Fast auf der gesamten Strecke wird der Fluß zumindest einseitig von einem Weg begleitet. Der Main-Donau-Fernwanderweg und der Pandurensteig (Markierung: Krummsäbel) führen von Passau durch das Ilztal und weiter Richtung Oberpfalz. An der unteren Ilz führt ein Fluß-Lehrpfad entlang, an dem Holztafeln wichtige Informationen zu Natur und Geschichte vermitteln. Aus dem vielfältigen Angebot seien nachfolgend zwei Wanderwege ausgewählt.

Route 1: Schlingenwanderung im NSG Halser Ilzschleifen

Ausgangspunkt ist das Hofbauerngut bei Hals (Parkplatz westlich des Anwesens), bei Anreise mit dem Bus der Marktplatz. Vom Hofbauerngut führt der Weg über das Wehr des Halser Kraftwerks zum Marktplatz und links hinauf zur Burgruine Hals. Man steigt dann wieder hinab zum Marktplatz und zur Ilz, geht auf dem Perlfischerweg flußaufwärts und auf dem Wanderweg Nr. 11 vorbei an der nach Hochstein führenden Straßenbrücke. Über den Stockbauersteg gelangt man auf das linke (östliche) Ilzufer, schließlich durch den Triftstollen zum Beginn der oberen Ilzschleife und auf den Steg, der auf den Pfeilern der ehemaligen Triftsperre erbaut wurde. Von hier führt der Weg zurück zum oberen Stollenanfang, den steilen Steig hinauf und rechts auf den Höhenrücken mit den Resten der Burg Reschenstein. Auf dem Wanderweg Nr. 23 geht man südwärts zwischen Feldern hinab zum Ausgangspunkt.

i Die Strecke ist etwa 3,5 km lang und erfordert eine reine Gehzeit von ca. 1 Std. 15 Min.

Route 2: Im Herzen des Ilztales

Ausgangspunkt ist Fürsteneck zwischen Tittling und Röhrnbach. Ein Fußsteig führt vom Schloß Fürsteneck durch den Hangwald hinab zur Wolfsteiner Ohe und weiter zu deren Mündung. Nördlich davon überquert man die Ilz auf einem Steg und geht am rechten (westlichen) Ufer aufwärts bis zur Querstraße. Dieser folgt man über die Ilz und weiter zur Schrottenbaummühle. Der Rückweg verläuft auf der linken Talseite abwärts, zuletzt wie der Hinweg.

i Die Strecke ist etwa 7 km lang und erfordert eine reine Gehzeit von ca. 2 Stunden.

Zahlheimer

An den Ilzufern gibt es einen natürlichen Bestand des auch als Gartenpflanze beliebten, geschützten Straußfarnes.

◁ Der Gefleckte Feuersalamander hält sich bevorzugt an Quellrinnsalen in den Wäldern des Ilztales auf.

Unterkunft

Reiches Angebot in den umliegenden Gemeinden; Jugendherbergen in Passau (Veste Oberhaus, Tel. 0851/41351) und Saldenburg (Schloß, Tel. 08504/1655).

Camping

Zeltplätze bei Passau (Tel. 0851/41457 und 08546/633) und bei der Schrottenbaummühle (Tel. 08555/1739).

Busverkehr

Der Stadtbus Passau verkehrt mit Linie 4 Richtung Hochstein nach Hals.
RBO-Busse bedienen mehrmals täglich ab Hauptbahnhof Passau die Strecke nach Waldkirchen bzw. Freyung mit Halt in Kalteneck und zum Teil auch in Fischhaus.

Die Isarmündung

Zweistrom-land für Liebhaber

Wo sich Donau und Isar vermählen, erstreckt sich eine der bedeutendsten deutschen Aulandschaften. Naturnahe, durch frühere Nutzung geprägte Flächen bilden ein vielgestaltiges Gefüge von Lebensräumen.

Der Auencharakter von Flüssen kann sehr unterschiedlich sein – bei Isar und Donau ist das trotz der geographischen Nähe der Fall. Die Isar wies ursprünglich Geschiebereichtum und hohes Gefälle auf. Dies bewirkte eine Aufspaltung in mehrere Arme, die ihre Lage bei jedem größeren Hochwasser änderten. Dabei entstanden auch grobkörnige Ablagerungen, die später kaum mehr überflutet wurden und sich so zu Trokkenstandorten entwickelten. Sie konnten als Wald- und Weideland genutzt werden. Die Donau dagegen verhält sich zwischen Regensburg und Vilshofen wie ein Tieflandstrom, der bei Verlagerungen seines Laufs Altwasser zurückläßt. Die Ablagerungen in den Auen sind vielfach feinkörniger. Wechselfeuchte Auwiesen nehmen in der traditionellen Kulturlandschaft den ersten Platz ein.

Im fächerförmigen Mündungsgebiet der Isar (ab Niederpöring, etwa 14 Kilometer Luftlinie oberhalb der Mündung) blieben beide Flüsse von weitergehenden Ausbaumaßnahmen verschont, so daß der Großteil des Auwaldes nach wie vor bei Hochwasser überflutet wird, also eine intakte Aue darstellt. In diesem Bereich treffen aber nicht nur die donau- und isareigenen Artengemeinschaften zusammen, sondern es kommen hier mit Glanzwolfsmilch und Becherglocke auch Arten vor, die in Deutschland sonst an beiden Flüssen fehlen.

Kurzprofil

Die Naturschutzgebiete umfassen die wertvollsten Feuchtgebiete der Isarmündung.

Verordnungsgeber/Träger:	Regierung von Niederbayern
Gegründet:	NSG Isarmündung, 1990, 808 ha NSG Staatshaufen, 1983, 59,5 ha NSG Altlaufsenke zwischen Äußerem Mühlgraben und Kühmoos, 1985, 0,8 ha NSG Isaraltwasser bei Neutiefenweg, 1984, ca. 37 ha
Saison:	April bis Oktober
Besucher:	ca. 20 000 jährlich
Wanderwege:	ca. 30 km

Der heutige Auwaldgürtel nimmt den Streifen ein, innerhalb dessen die Isar bis zur 1898 abgeschlossenen Korrektur immer wieder ihren Lauf verlegte. Die vor dem Ersten Weltkrieg errichteten Hochwasserdeiche teilen ihn in Längsrichtung. Silberweidenreiche Weichholzauen beschränken sich weitgehend auf das bis einen Kilometer breite Deichvorland. In der Hartholzaue gedeihen hauptsächlich Eschen; Pflanzungen aus Hybrid- und Balsampappeln nehmen große Flächen ein. Im Hochsommer blüht in den halbschattigen Ufer-Hochstaudenfluren vielerorts das Flußgreiskraut, eine typische Stromtalpflanze.

Die wilde Aulandschaft der Isar wie auch das Vorland der Donau werden von zahlreichen Altwassern durchzogen – großen Altarmen, grundwasserdurchströmten schmalen Gießen, Flachweihern und periodisch austrocknenden Tümpeln. Übermannshohe Brennesseln und Scharen von Stechmücken schrecken im Sommer viele Besucher ab. Scheue, störempfindliche Vögel profitieren davon. So brüten hier Schwarzmilan

und Rohrweihe, zeitweise auch der Purpurreiher. Weißsterniges Blaukehlchen, Moor- und Springfrosch haben in den Auen überaus bedeutende Vorkommen, ebenso sehr seltene Wasserschnecken- und Wasserkäferarten. Auch der Biber ist in den Naturschutzgebieten wieder heimisch geworden. Zugvögel nutzen das Gebiet als wichtige Rast- und Auftankstation, und viele Wasservögel überwintern an den Flüssen und Altwassern. In der hochwassergeschützten Randzone des Auwaldgürtels befinden sich feuchte Streuwiesen mit Pfeifengras, Kantenlauch und Sumpfplatterbse. Trockenstandorte mit blumenreichen Magerrasen stellen Höhepunkte in der rechtsseitigen Stromlandschaft dar. Der flußfernere Bereich wird heute bei Hochwasser durch ein System von Binnenentwässerungsgräben über Schöpfwerke entwässert. Damit ist ohne besonderes Risiko Ackerbau möglich geworden. Er hat die früher vorherrschende Grünlandnutzung weitgehend verdrängt.

Wandern im Mündungsgebiet der Isar

Die Stromlandschaft bietet zahlreiche Möglichkeiten für Wanderungen. Nachfolgend werden drei Rundwege näher vorgestellt.

◁◁
Die Rohrweihe brütet in den undurchdringlichen Uferbereichen der Altwasser.

◁◁◁◁◁
Neben anderen Schmetterlingsarten bevölkert auch der Schwalbenschwanz Waldsaum und Magerrasen.

Direkt an der Isarmündung: links die Isar, rechts die Donau

Route 1
Vielgestaltige Auenwelt

Anfahrt: Mit dem Auto von Fischerdorf kommend südlich der Isarbrücke in die Isarstraße abbiegen, nach etwa zwei Kilometern, vorbei am Schöpfwerk Saubach, unter der Autobahnbrücke parken.

Der Wanderweg führt von hier am Hochwasserdeich südwärts, der, wo er nach Süden abschwenkt, vom Donau- zum Isardeich wird. Im Hinterland liegen Au- und Streuwiesen. Weiter südlich geht es auf einem Querweg nach links durch die Weidenaue zum Altwasser, bei niedrigem Wasserstand durch eine Furt bis zur Isar. Man nimmt denselben Weg zum Deich zurück, geht auf der Deichkrone weiter südwärts und überquert die Schwaig-Isar. Wo sich das Altwasser auf der linken Seite vom Deich entfernt, zweigt der Weg nach Westen in den Wald ab. Man nutzt die erste Möglichkeit, um nach links auf eine Lichtung mit Feucht- und Streuwiesen zu gelangen. Durch eine artenreiche Hartholzaue geht es nach Scheuer, dort an der Straßenkreuzung rechts, schließlich auf einem Steg über die Schwaig-Isar nach Altholz. Später gelangt man auf einer Fahrstraße über die Alte Isar erneut ins Naturschutzgebiet und zurück zum Ausgangspunkt.

ℹ Rundweg von der Parkmöglichkeit unter der Autobahnbrücke nahe dem Schöpfwerk Saubach bis Altholz; Länge ca. 9 km; ca. 2 Stunden reine Gehzeit.
✕ In Altholz

Flora und Fauna im Mündungsgebiet der Isar

Auwälder und Ufer-Hochstaudenfluren

Mandel- und Lavendelweide, Schwarzpappel, Feld- und Flatterulme, Pimpernuß, Zimtrose, Seidelbast, Flußgreiskraut, Nesselseide, Hühnerbiß, Blauer Eisenhut, Wunderveilchen, Leberblümchen, Frühlingsknotenblume, Blaustern, Winterschachtelhalm.
Breitflügelfledermaus, Weißsterniges Blaukehlchen, Schwarzmilan, Rohrweihe, Purpur- und Graureiher, Schlagschwirl, Mittel- und Kleinspecht, Ringelnatter.

Altwasser oder Gräben

Gelbe Teichrose, Teichlinse, Wasserfeder, Wasserkresse, Froschbiß, Tannenwedel, Ufersegge.
Biber, Moor- und Springfrosch, Krick-, Knäk- und Schnatterente, Eisvogel, Zierliche Tellerschnecke, Kroatischer Runzelwasserkäfer, verschiedene Prachtlibellen.

Streu- oder Auwiesen

Sumpfherzblatt, Prachtnelke, Sibirische Schwertlilie, Langblättriger Ehrenpreis, Lungenenzian, Sumpfwolfsmilch, Gelbe Wiesenraute, Blaues und Rohr-Pfeifengras.
Bekassine, Kiebitz, Große Sumpfschrecke, Ameisenbläuling.

Trockenere Magerrasen, Waldsäume

Berghaarstrang, Duftlauch, Ästige Graslilie, Dunkle Akelei, Helm-Knabenkraut, Glanzwolfsmilch, Zierliche Sommerwurz, Schweizer Moosfarn.
Zauneidechse, Schwalbenschwanz, Silbergrüner Bläuling und Heidegrashüpfer.

▷▷ **Auch das Helm-Knabenkraut findet sich an trockenen und Magerstandorten.**

Route 2:
Zum Altwasserblick

Ausgangspunkt ist der Parkplatz westlich des Gasthauses „Zur Grafenmühle" an der Straße Sammern–

Praktische Informationen

Adressen und Auskünfte

Landratsamt Deggendorf, Herrenstr. 18, 94469 Deggendorf, Tel. 0991/3100-291;
Kultur- und Verkehrsamt Deggendorf, Tel. 0991/2960-169;
Verkehrsbüro der Stadt Plattling, Tel. 09931/70865;
Gemeinde Moos, Tel. 09938/95020;
Spezielle Informationseinrichtungen zum Isarmündungsgebiet sollen demnächst beim Gasthaus „Zur Grafenmühle" geschaffen werden.

Anreise

Mit der Bahn bis Plattling, von dort mit verschiedenen Buslinien in die umliegenden Orte (Altholz, Fischerdorf, Kühmoos,

Isarmünd. Von hier geht man auf der Straße über den Mühlkanal, dann auf dessen linker, nördlicher Seite immer westwärts und schließlich auf den Hochwasserdeich. Nach Vereinigung mit einem anderen Deichabschnitt kommt man links zur sogenannten Doppelschleuse (Altwasser mit Teichrosen). Ab hier führt der Weg entlang der Deichkrone in nordöstlicher Richtung und nach etwa 300 Metern hinab ins Isarvorland. Ein reizvoller Blick auf die Altwasserlandschaft bietet sich an dieser Stelle. Man geht zurück, überquert nun den Deich, folgt einem Fahrweg am Waldrand, überschreitet die Mühlkanalbrücke und gelangt durch den Wald zurück zum Parkplatz.

i Rundweg vom Parkplatz westlich des Gasthauses „Zur Grafenmühle" durch die Altwasserlandschaft; Länge ca. 3,5 km; ca. 45 Min. reine Gehzeit.
✕ Gasthaus „Zur Grafenmühle" (mit Biergarten)

Route 3: Bei den hundert Tagwerken

◁◁ **Unterster Abschnitt der Schwaig-Isar: Den Altwassern im Einflußbereich der Donau fehlt das Schilfsröhricht.**

Von Maxmühle aus geht man entlang der Fahrstraße Richtung Isarmünd. Kurz vor Straßenkilometer 5,5 (Hinweistafel) nimmt man den rechts hinabführenden Feldweg und folgt dann dem Waldrand nordwärts. Nach 200 Metern erreicht man Halbtrocken- und wechselfeuchte Pfeifengrasrasen. Hier gedeiht neben vielen anderen Blühpflanzen die Sibirische Schwertlilie. Ein Grasweg führt südwärts bis zum Mühlkanaldeich und durch den Wald zurück nach Maxmühle.

i Rundweg von Maxmühle zu den Magerstandorten „Bei den hundert Tagwerken"; Länge 2 km; ca. 30 Min.reine Gehzeit. Gasthaus „Zur Grafenmühle"

Zahlheimer

Moos, Schiltorn). Mit dem Auto über die A 92, Abfahrt Plattling Nord oder Plattling West.

Unterkunft

Schloßwirtschaft Moos (Tel. 09938/229); in Plattling u.a. Bahnhofshotel Liebl (Tel. 09931/2415), Preysinghof (Tel. 09931/2436), Hotel/Gasthof Zur Grünen Isar (Tel. 09931/2417); zahlreiche Möglichkeiten in Deggendorf. Es gibt keine Jugendherberge in der Nähe.

Mit dem Rad

Rechtsseitig ausgeschilderter Isartal-Radwanderweg über Moos bis zur Donaufähre Niederaltaich. In den Naturschutzgebieten herrscht Radfahrverbot.

◁ **Wieder eingebürgert ist der Biber im Naturschutzgebiet.**

Der Bayerische Pfahl

Narbe im Herzen des Bayerwaldes

Der 150 Kilometer lange Pfahl ist eine weltweit einmalige geologische Erscheinung. Mit seinen Quarzfels-Kämmen setzt er besondere landschaftliche Akzente. Die sonnenseitigen Grate sind Lebensraum wärmebedürftiger Pflanzen und Tiere.

Der sich von Nordwest nach Südost erstreckende Bayerische Pfahl, im Volksmund auch Teufelsmauer genannt, reicht von Schwarzenfeld an der Naab in der Oberpfalz bis nach Oberösterreich und scheidet den Vorderen vom Inneren Bayerischen Wald. Seine Entstehung begann vor mehr als 200 Millionen Jahren, als hier die Erdkruste wiederholt aufbrach und durch Scherbewegungen eine mehr oder weniger breite Zone sogenannter Pfahlschiefer erzeugte. Die für den Pfahl vielerorts charakteristischen Quarzgänge ragen im typischen Fall als helle Kämme steil aus der Mitte der unauffälligen Pfahlschieferzone – daher auch der Name Pfahl: „der Fahle".

Dort, wo Quarzaufragungen die kalten Ostwinde abhalten, fühlen sich zahlreiche wärmeliebende Tierarten wohl. So haben Schlingnatter und bestimmte Ameisen-, Spinnen- und Heuschreckenarten auf der Sonnenseite inselartige Vorkommen. Das Quarzgestein verwittert zu sauren, nährstoffarmen Böden, die nur wenigen Farn- und Blütenpflanzen zusagen. Auf den Felskämmen wachsen Krüppelkiefern, Wacholder und Heidekraut, auf Felsflächen verschiedene Silikatflechten. An sonnigen Rohbodenstellen lassen sich die Trichter von Ameisenlöwen und lebhafte Sandlaufkäfer entdecken.

Kurzprofil

Mehrere Naturschutzgebiete (NSG) entlang des Bayerischen Pfahl bewahren die geologisch einzigartige Landschaft mit ihrer Tier- und Pflanzenwelt.

Verordnungsgeber/Träger:	Regierung von Niederbayern
Gegründet:	NSG Pfahl, 1939, 180 ha NSG Moosbacher Pfahl, 1939, 12,1 ha NSG Großer Pfahl und Pfahlriegel St.-Antonius-Pfahl, 1939, 24,2 ha NSG Hofpfahl, 1939, 16 ha NSG Pfahl bei der Ruine Weißenstein, 1940, 6,0 ha
Saison:	ganzjährig
Besucher:	ca. 100 000 jährlich
Wanderwege:	100 km

Früher wurden viele Pfahlbereiche beweidet. Resten der „Pfahlheide" – meist heidekrautreiche Borstgrasrasen – begegnet man immer wieder. Zauneidechse und Kreuzotter halten sich hier gerne auf. In den ersten Jahrzehnten des 20. Jahrhunderts

Praktische Informationen

Adressen und Auskünfte

Kur- und Verkehrsamt Viechtach (Tel. 09942/1661); Touristeninformation Cham (Tel. 09971/4933). Verkehrsämter: Prackenbach (Tel. 09942/8573), Regen (Tel. 09921/2929), Zandt (Tel. 09944/780), Patersdorf (Tel. 09923/2201), Teisnach (Tel. 09923/562) oder Geiersthal (Tel. 09923/2053). Gäste-Information „Naturpark Oberer Bayerischer Wald": Landratsamt Cham (Tel. 09971/78266), Landratsamt Regen (Tel. 09921/601217).

Anreise

Mit der Bahn über Plattling, Richtung Bayerisch Eisenstein bis Regen (oder nur bis Gotteszell und weiter mit dem Bus

Flora und Fauna am Bayerischen Pfahl

Typische Pflanzen

Waldkiefer mit Kiefernmistel, Wacholder, Öhrchenweide, Waldweidenröschen, Echte Goldrute, Heidelbeere, Drahtschmiele, Rotstengel- und Zypressenschlafmoos (im Wald); Heidenelke, Heidekraut, Sandglöckchen, Borstgras, Dreizahn (auf offenen Stellen).

Charakteristische Tiere

Schlingnatter, Kreuzotter, Zauneidechse, Schwarzköpfige Schmalbrustameise, Gefleckte Keulenschrecke, Bastardsandlaufkäfer, Ameisenjungfer (Larvenform: Ameisenlöwe).

gewann die Verarbeitung von Pfahlquarz zu Straßenschotter Bedeutung. Hiervon zeugen heute noch zum Teil ausgedehnte Abbaugruben. Da die Gefahr bestand, daß selbst die markantesten Pfahlaufragungen wie der Große Pfahl westlich von Viechtach Steinbruchbetrieben zum Opfer fallen könnten, wurden diese Bereiche bereits 1940 als Naturschutzgebiete ausgewiesen.

Richtung Viechtach), oder von Schwandorf nach Cham, Richtung Furth im Wald. Mit dem Auto von Regensburg auf der B 16 nach Roding und weiter auf der B 85; über die A 93, Ausfahrt Schwandorf und weiter auf der B 85; von der A 3 ab Ausfahrt Straubing auf der B 20 oder ab Ausfahrt Deggendorf auf der B 11 bzw. ab Ausfahrt Passau Nord auf der B 85.

Unterkunft

Informationen über Hotels und Pensionen bei den genannten Verkehrsämtern.

Busverkehr

Ab Straubing Linien nach Cham und Viechtach, von Cham mit der Linie Richtung Lam nach Zandt. Entlang des Pfahl mit der Linie Viechtach–Regen–Zwiesel.

Wandern am Pfahl

Der Pfahl Wanderweg bietet ein nahezu vollständiges Programm aller Erscheinungsformen des Pfahl und vereint die Mehrzahl seiner Sehenswürdigkeiten zwischen Thierlstein in

der Oberpfalz (tiefstgelegener Abschnitt) und Weißenstein in Niederbayern (höchster Punkt). Er ist ein Teilstück des Pandurensteiges, 60 Kilometer lang und mit einem grünen Dreieck markiert.

Ausgangspunkt ist der Parkplatz an der B 85 zwischen Roding und Cham östlich von Thierlstein (Zufahrt nur in Richtung Cham gestattet), Endpunkt der Parkplatz nordöstlich der Ruine Weißenstein.

Großer Rundweg: Beim wildesten der Fahlgesichter

Eine erlebnisreiche Wanderung bietet der als solcher ausgeschilderte „Große Rundweg“ am Großen Pfahl. Ausgangspunkt ist der Parkplatz an der B 85 westlich von Viechtach. Der Weg verläuft am südlichen Fuß des Quarzkammes aufwärts (hier zugleich als Pfahl Wanderweg) und auf seiner Nordseite bzw. im Bereich der ehemaligen Quarzgrube abwärts zurück. Tafeln informieren über Geologie, Pflanzen- und Tierwelt

sowie den einstigen Steinbruchbetrieb.

ℹ Rundweg vom Parkplatz an der B 85 westlich von Viechtach in die „wilde“ Pfahllandschaft; Länge ca. 3 km; ca. 1 Stunde reine Gehzeit.

Zahlheimer

◁◁◁◁◁ **Die unter Naturschutz stehende Heidenelke ziert im Sommer magere Raine am Pfahl.**

Am höchsten Abschnitt des Pfahl liegen Ruine und Ort Weißenstein.

◁ **Auf der geschützten Sonnenseite kann sich auch im höheren Bergland die wärmebedürftige Zauneidechse behaupten.**

Tropfsteinhöhlen in Franken

Leben in der Unterwelt

Der Jura hat vor etwa 180 Millionen Jahren in der Fränkischen Schweiz und in der Fränkischen Alb eindrucksvolle Spuren hinterlassen. Unzählige versteinerte Tiere und Pflanzen zeugen von einem einst riesigen Meer. Die weißen Kalkfelsen der heutigen Alb bildeten den Meeresgrund. Durch Erosion entstanden faszinierende Tropfsteinhöhlen.

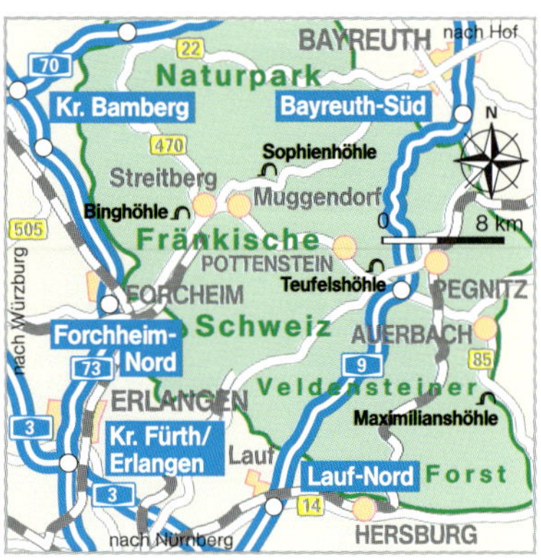

Wenn Wasser durch dicke Kalkschichten sickert, nimmt es Kalk auf. Tropft diese Kalklösung dann von Höhlendecken herab, verdunstet das Wasser und es bilden sich Tropfsteine, in den Tropfsteinhöhlen als Stalaktiten (Deckenzapfen) nach unten und vom Boden aufwärts als Stalagmiten nach oben. Beide können sich in phantastischen Formen zu Säulen, Vorhängen oder Kaskaden vereinigen. Erstaunlich, daß in dieser unwirklichen, geheimnisvoll märchenhaften Welt Lebewesen existieren können.

Für grüne Pflanzen, die zum Wachsen Licht brauchen, scheidet die Höhlenfinsternis als Lebensraum aus. Nur im Eingangsbereich kommen Moose und Farne mit dem noch spärlich einfallenden Licht zurecht. Beim Leuchtmoos wirken Zellen wie Sammellinsen und können den geringen Lichteinfall so verstärken, daß er für den Aufbau organischer Substanz ausreicht.

Das einsickernde Wasser ist nicht nur mit Kalk angereichert, es führt auch Stoffe mit, die von abgestorbenen Pflanzen stammen. Davon lebende Pilze und Bakterien dienen wiederum Höhlentieren als Nahrung. In unseren Höhlen sind es vor allem kleine Milben, Asseln, Krebse, Spinnen und Käfer, die am Höhlenboden, den Wänden oder im Gewässer ihr karges Dasein fristen. Lebensnotwendig für alle ist die hohe Luftfeuchtigkeit.

Die Höhlenspinne Meta menardi hält sich gern im Eingangsbereich auf. Dort webt sie auf der Jagd nach Pilz- und Stechmücken ihre Netze. Die Eikokons der etwa zwei Zentimeter großen Spinne hängen an einem Gespinstfaden wie kleine Kugeln von

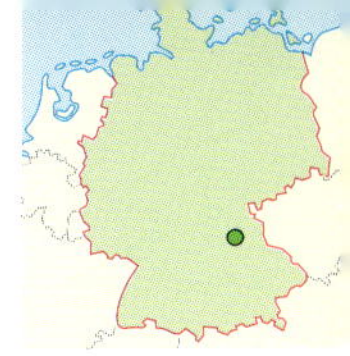

der Höhlendecke herab. Neben den ständigen Höhlenbewohnern tauchen regelmäßig Gäste zum Überwintern auf: Spinnen, Mücken und Weberknechte, die Schmetterlinge Wegdornspanner und Zimteule sowie Fledermäuse.

Fledermäuse können in unseren Breiten die kalte Jahreszeit nicht aktiv überstehen. Als Überlebensstrategie haben sie den Winterschlaf entwickelt. Das im Herbst als Energiereserve angesetzte Speicherfett muß für die Tiere als Vorrat bis zum nächsten Frühjahr reichen.

Zum Winterschlaf gerüstete Fledermäuse beziehen dann ihre arttypischen Quartiere. Diese müssen dunkel, zugfrei und frostsicher sein sowie eine gleichmäßige Temperatur und eine hohe Luftfeuchtigkeit aufweisen. Höhlen erfüllen diese Bedingungen in idealer Weise: Von den 22 einheimischen Fledermausarten überwintern 17 bevorzugt oder ausschließlich in Höhlen.

Einzeln oder in großen Gruppen, in Ritzen verborgen oder freihängend verbringen sie den Winter. Alle Lebensfunktionen sind auf ein Minimum reduziert und der Umgebungstemperatur angepaßt. Zwar werden die Winterschläfer durch ihre „innere“ Uhr immer wieder wach, um die Blase zu entleeren, zu trinken, den Hangplatz zu wechseln oder sogar sich zu paaren. Störungen sind für die Tiere jedoch tödliches Gift. Durch das Aufscheuchen verbrauchen sie Energiereserven, die ihnen am Ende des Winters fehlen. Viele Fledermausarten sind ortstreu, und einmal angenommene Quartiere werden über viele Generationen immer wieder aufgesucht. Bleiben die Tiere aus, ist dies ein ernstes Zeichen ihrer Gefährdung.

Auf Höhlentouren sollte man sich stets der Empfindlichkeiten dieser faszinierenden Unterwelt und ihrer Bewohner bewußt sein. Den Naturfreunden werden in der höhlenreichen Frankenalb daher nur solche Höhlen empfohlen, bei denen der Besuch im Einklang mit den Naturschätzen möglich ist.

Wandern in der Unterwelt

Maximiliansgrotte

Über Neuhaus a.d. Pegnitz ist der Weg zu einer der größten deutschen Schauhöhlen ausgeschildert, benannt nach dem bayerischen Kurfürsten Maximilian II. (1662 –1726). Vom Ort Krottensee führt eine kleine Straße zum Waldparkplatz an der Gaststätte Grottenhof. Hier ist der Ausgangspunkt für die halbstündige Führung durch die 70 Meter tiefe und 1,2 Kilometer lange Höhle mit vielen Hallen und engen Verbindungsgängen.

Zu sehen sind die „Orgelgrotte“, der „Kristallpalast“, die „Schatzkammer“, der „Leisnerdom“, ein unterirdischer See und der 5,5 Meter hohe „Eisberg“, einer der größten Tropfsteine in Deutschland. Auf der Suche nach Gold wurde die Maximiliansgrotte 1597 zum ersten Mal betreten, aber erst ab 1852 erforscht.

i Führungen: Karfreitag bis Oktober; werktags 9–12 Uhr und 13.30–17 Uhr, sonn- und feiertags 9–18 Uhr; Tel. 09156/434.

Teufelshöhle

Sie liegt zwei Kilometer südlich von Pottenstein im Steilhang des Weiherbachtals. Hinter der Ortschaft Weihersberg führt die B 470 hinunter. Direkt hinter der Schüttersmühle lenkt ein Schild zum Parkplatz an der Teufelshöhle. Bis 1922 kannte man nur das 70 Meter tiefe Teufelsloch. Unter einer Felsterrasse steigt man zu dem 60 Meter hohen und 30 Meter breiten Höhleneingang auf.

In der Teufelshöhle können „Kerzensaal“, „Barbarossadom“, „Kristallgrotte, „Orgel“ und „Riesensaal“ mit bemerkenswert schönen Sintern wie Kerzenstalagmiten, Fahnen, Stalaktiten und Excentriques besichtigt werden. Während der Eiszeiten suchten Menschen und Tiere hier Unterschlupf. Davon zeugt ein vollständi-

◁◁◁◁ Ihre landschaftlichen Reize versteckt die Fränkische Schweiz nicht nur unter Tage: hier der Ort Pottenstein mit Burg.

◁ Die eiszeitlichen Ablagerungen in der Teufelshöhle lassen sich am besten im Rahmen einer Führung erkunden.

◁ Die Höhlenspinne hält sich bevorzugt im Eingangsbereich auf, wo ihr leicht Mücken ins Netz gehen.

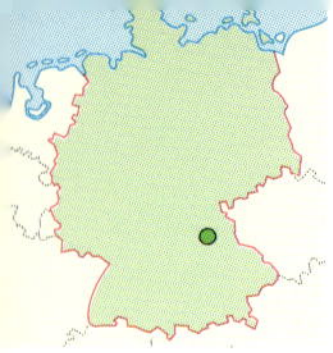

ges Höhlenbärenskelett, zusammengesetzt aus zahlreichen Resten dieser eiszeitlichen Tiere.

i Besuchsmöglichkeit: Karwoche bis Ende Oktober täglich 9–17 Uhr; nachmittags 40minütige Führungen; November bis 26. Dezember und 7. Januar bis zur Karwoche Di u. Sa 10–12 Uhr; 27. Dezember bis 7. Januar täglich 13.30–15.30 Uhr. Weitere Auskunft: Städtisches Verkehrsbüro Pottenstein, Tel. 09243/833.

▷▷ **Eine Zimt- oder Zackeneule überwintert am Kokon der Höhlenspinne.**

Rosenmüllerhöhle

Die erste für den Fremdenverkehr erschlossene Höhle der Fränkischen Schweiz wurde 1893 von Professor Rosenmüller entdeckt und untersucht. Ausgangspunkt für eine Besichtigung ist die Ortsmitte von Muggendorf. Der 15minütige ausgeschilderte Weg zur Höhle führt zuerst bergauf, dann auf halber Höhe als schmaler Pfad zu den Felsen mit dem Höhleneingang. Auf markierten Wanderwegen bis zu 23 Kilometer Länge läßt sich die nähere Umgebung erkunden.

i Es gibt keine Führungen; daher unbedingt Taschenlampe mitnehmen.

Binghöhle

Sie wurde erst 1905 von Ignaz Bing aus Nürnberg entdeckt. Sie unterscheidet sich von den anderen Höhlen der Fränkischen Schweiz durch ihr Gestein. Als einzige liegt sie in den mehr oder weniger horizontal gelagerten Schichten des Weißen Juras und birgt besonders große und reine Tropfsteine. Sie gilt als typisches Beispiel für eine heute trockenliegende ehemalige Flußhöhle.

Von Streitberg aus ist der Weg bis zur Binghöhle ausgeschildert. Man steigt von der Ortsmitte (Parkplatz außerhalb des Dorfes) in fünf Minuten zum Eingang auf. Er zieht sich schlangenförmig durch den Berg und bewahrte die für turbulent fließendes Wasser typischen Fließfacetten an den Wänden. In der „Venusgrotte" lehnen Säulen alter Sintergenerationen wie zum Abtransport an der Wand, während neue Säulen auf den alten Basen aufwachsen.

Nach der Rückkehr ans Tageslicht lohnt sich noch der 15minütige Abstecher zur Ruine Streitberg mit herrlichem Blick über das Wiesenttal.

i Besuchsmöglichkeit: 15. März bis 10. November täglich 9–17 Uhr; im Winterhalbjahr Führungen nur nach Anmeldung beim Verkehrsamt Muggendorf/Streitberg, Tel. 09196/717346.

Flora und Fauna in den Tropfsteinhöhlen

Typische Pflanzen

Braunstieliger und Grünstieliger Streifenfarn, Zerbrechlicher Blasenfarn, Stinkender Storchschnabel oder Ruprechtskraut (im Eingangsbereich); Pilze (im Innern).

Charakteristische Tiere

Höhlenassel, Höhlenflohkrebs, Springschwänze, Höhlenspinne, Wegdornspanner, Zimt- bzw. Zackeneule, Stechmücken, Weberknechte. Fledermäuse: Großes Mausohr, Große Hufeisennase, Kleine Bartfledermaus, Bechsteinfledermaus, Braunes Langohr.

Sophienhöhle

Im malerischen Ailsbachtal, nahe der Burg Rabenstein, liegt eine der größten Klufthöhlen Deutschlands. Man erreicht sie vom Parkplatz an der Burg über einen kurzen Waldweg. Die Sophienhöhle ist insgesamt 435 Meter lang; davon sind 112 Meter in der Länge und 50 Meter in der Breite begehbar. Tropfsteinbildungen wie „Türkische Stadt", „Steinerner Wasserfall" oder „Großer Adler" tragen ihre phantasievollen Namen zu Recht. Knochen von Höhlenbär, Riesenhirsch und Mammut sind in Höhle und Burg ausgestellt. Ihren Namen erhielt die Höhle nach Sophie, der Schwiegertochter des damaligen Schloßbesitzers Graf Schönborn, dessen Gärtner 1832 den zwischenzeitlich vergessenen Naturschatz wiederentdeckte.

i Besuchsmöglichkeit: 1. April bis 31. Oktober täglich 10–17 Uhr; 20minütige Führungen; November bis März nach Anmeldung unter Tel. 09202/200 oder 1244.

Praktische Informationen

Naturparks

Naturpark Fränkische Schweiz-Veldensteiner Forst im Norden; Naturpark Altmühltal im Süden

Adressen und Auskünfte

Bayerischer Tourismusverband, Prinzregentenstr. 18, 80538 München, Tel. 089/2123970; Tourismusverband Franken, Postfach 810269, 90247 Nürnberg, Tel. 0911/264202; Tourismuszentrale Fränkische Schweiz, Oberes Tor 1, 91320 Ebermannstadt, Tel. 09194/797779; Verein Naturpark Fränkische Schweiz – Veldensteiner Forst, e.V., Forchheimer Str. 1, 91278 Pottenstein; Informationszentrum Naturpark Altmühltal, Notre Dame 1, 85072 Eichstätt, Tel. 08421/6733, geöffnet: Ostern bis 31. Oktober Mo-Sa von 9-17 Uhr, So/Feiertags 10-17 Uhr. Im

Großes Schulerloch

Ein echter Höhepunkt ist das Große Schulerloch, die einzige große Schauhöhle im Naturpark Altmühltal. Seit mehr als 200 Jahren ist die 420 Meter lange Tropfsteinhöhle mit ihren wunderschönen Räumen und Sinterbildungen Objekt wissenschaftlicher Forschungen. Im linken Steilhang des unteren Altmühltals bei Oberau, etwa vier Kilometer westlich von Kelheim gelegen, barg das Große Schulerloch neben anderen Höhlen so reiche Spuren eiszeitlicher Menschen, daß man die Landschaft schon mit der französischen Dordogne verglichen hat.

Im benachbarten verschlossenen Kleinen Schulerloch fand man 1937 Felsgravuren, die ein hirschähnliches Tier zeigen und eine Runenschrift aus dem 6. bis 8. Jahrhundert, die als „Brigitte liebt Sebrade“, also eine frühe Liebesinschrift, gedeutet wird. Ob die Tierdarstellung wirklich in die Altsteinzeit gehört und damit die erste eiszeitliche Felszeichnung in Deutschland wäre, läßt sich beim heutigen Forschungsstand nicht genau sagen.

◁ **Nicht nur eine einzigartige Schauhöhle, sondern auch idyllische Bootsfahrten auf der Altmühl bietet Essing seinen Besuchern.**

Aus den Funden im Großen Schulerloch folgerten Wissenschaftler, daß die Höhle nicht ganzjährig bewohnt war. Die große Zahl gefundener Rentierknochen legt den Schluß nahe, daß das Große Schulerloch den Neandertalern vor 50 000 bis 35 000 Jahren gleichsam als „Jagdsitz“ diente, wenn die Rentierherden über das Altmühltal und andere Donauzuflüsse zu den Sommerweiden oder Wintereinständen wanderten.

Zahlreiche Bären-, Hyänen- und Löwenknochen zeigen auch, daß die großen Raubtiere den Menschen der Frühzeit den Unterschlupf immer wieder streitig machten. Gerätefunde aus der älteren Bronzezeit um 1700 v. Chr. deuten auf eine Nutzung der Höhle als Keramikdepot. Viele Fundstücke sind im Höhlenhaus am heutigen Höhleneingang zu besichtigen.

Unter sachkundiger und engagierter Führung durch die Höhlenbesitzer, Familie Gruber, erfährt man viel über die Geschichte des Großen Schulerlochs. „Wohnstätte“, „Tempelraum“, „Gebirgslandschaft“, „Turm zu Babel“, die „Spirale“, „Wasserfall“ und Sinterbecken sind die Höhepunkte.

Zum Schutz der überwinternden Fledermäuse bleibt das Große Schulerloch ab Anfang November bis Mitte März geschlossen. Der Name Schulerloch könnte von „Schuller“, einer altertümlichen Bezeichnung für Räuber abgeleitet sein.

Eine Gänsehaut kann man schon bekommen, wenn man die Flugbahn einer Großen Hufeisennase kreuzt.

Andere vermuten, daß es hier eine Druidenschule gab.

Die Tropfsteinhöhle liegt 1,5 Kilometer hinter Essing. Im Weiler Oberau steht direkt an der Straße das Hinweisschild zur Höhle. Vom Parkplatz führt der 15minütige Fußweg über 50 Höhenmeter durch einen Laubwald mit Aussichtspunkten (Naturschutzgebiet) bis zum Höhleneingang unter einem Pavillon.

i Besuchsmöglichkeit: Führungen täglich halbstündlich ab 16. März von 13–16 Uhr; ab 23. März von 10–16 Uhr; ab 26. April von 10 –17 Uhr; ab 15. September von 10–16 Uhr; Gruppen: ab 23. März ab 9 Uhr und nach Vereinbarung; Tel. 09441/3277, Fax 09441/21211.

Richarz

Informationszentrum: Ausstellungen zu Natur, Kultur, Freizeit; Naturerlebnisraum; Filmvorführungen; Konzerte; geführte Wanderungen; Seminare; Biotopgarten; Servicezentrum (mit Zimmervermittlung); Verkauf von Literatur und Karten; u.a. kostenlos erhältlich: Faltblatt über 32 Lehrpfade im Naturpark Altmühltal; Jahresprogramm zu Naturerlebnis-Aktivitäten und Wanderungen im Naturpark.

Personenschiffahrt im Altmühl- und Donautal

Auskunft: Tel. 09441/5858, 3402, 7299, 2487 u. 3201; Fax 09441/4980

Mit dem Rad

Zahlreiche Radwanderwege, u.a. 200 km Gunzenhausen-Kehlheim; an vielen Orten Fahrradverleih (auch an den Bahnhöfen Dollnstein, Donauwörth, Eichstätt, Gunzenhausen, Solnhofen, Treuchtlingen, Weißenburg)

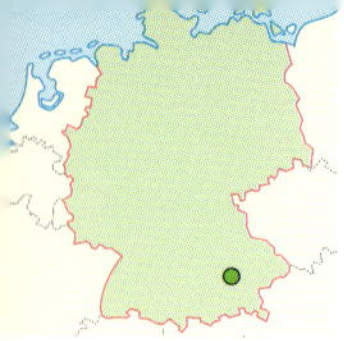

Die Weltenburger Enge

Ein Geschichtsbuch der Natur

Der Donaudurchbruch zwischen Weltenburg und Kelheim ist ein Naturwunder, das jeden Besucher tief beeindruckt. Das Gebiet vermittelt aber nicht nur ein lebendiges Bild der Erdgeschichte. Es ist auch besonders reich an kulturhistorischen Zeugnissen.

In der Weltenburger Enge liegen erlebbare Naturgeschichte und kulturhistorischer Reichtum dicht neben einander. Letzterer reicht von Funden aus der Jungsteinzeit über keltische Wälle, römische Kastelle und frühmittelalterliche Befestigungsanlagen bis zu Denkmälern aus Mittelalter und Neuzeit.

Unmittelbar hinter dem malerisch gelegenen Kloster Weltenburg, Bayerns ältestem Kloster, durchbricht die Donau den Jura – vorbei an bizarren Steinfelsen und turmhohen Steilwänden. In der Weltenburger Enge hat der Fluß eine einzigartige Formation von Riffschuttkalken „aufgeschlossen". Diese Kelheimer Kalke mit ihrem außerordentlichen Reichtum an Fossilien öffnen uns gleichsam das Geschichtsbuch der Natur. Wer darin lesen kann, erfährt, daß diese wildromantische Landschaft keineswegs das Werk des heutigen Flusses ist.

Die Donau durchfließt die Enge „erst" seit dem Ende der Rißeiszeit vor ungefähr 180 000 Jahren. Geschaffen hat das gewaltigste Durchbruchstal Deutschlands ein Nebenfluß der Ur-Donau, dessen Wasser sich im Laufe vieler Jahrtausende ihren Weg durch den Jurakalk gebahnt hatten. Doch weil sich die Fränkische Alb seit dem Tertiär im Westen und Nordwesten wie ein Pult hebt, hat sich die Donau in einer der größten Flußverlegungen Mitteleuropas aus dem Unteren Altmühltal heraus und mit einem Vierzig-Kilometer-Schlenker über das Wellheimer Trockental in das „gemachte Bett" der Weltenburger Enge gelegt.

Trotz – oder besser wegen – der „Enge" ist die Donau in ihrer Dynamik verhältnismäßig ungestört, denn im Durchbruch herrschen unterschiedliche Strömungsgeschwindigkeiten und Tiefen. Das rechtsseitige Ufer ist einer der letzten noch unverbauten Abschnitte im gesamten Donauverlauf. Die freistehenden Felsbastionen sind daher nicht nur landschaftlich von besonderem Reiz, sondern auch wichtige Rückzugsgebiete für viele schutzwürdige Arten und Lebensgemeinschaften.

Auf den Klippen und Felsfluren wachsen eine ganze Reihe seltener Pflanzen wie ein Habichtskraut oder die Österreichische Rauke, die während der nacheiszeitlichen Wärmezeit aus südlichen und südöstlichen Gebieten einwanderten. „Hän-

Kurzprofil

Naturschutzgebiet Weltenburger Enge

Verordnungsgeber/Träger:	Regierung von Niederbayern / Lkr. Kelheim
Ausgewiesen:	1970
Fläche:	570 ha
Saison:	ganzjährig
Besucher:	ca. 600 000 jährlich
Wanderwege:	mit Umkreis rund 200 km

Flora und Fauna in der Weltenburger Enge

Typische Pflanzen

Wolfs-Eisenhut, Silberdistel, Weißes und Rotes Waldvögelein, Zwergmispel, Alpenveilchen, Seidelbast, Christrose, Diptam, Wilde Malve, Hirschzunge, Kiefernmistel.

Charakteristische Tiere

Schwarz-, Grün-, Grau-, Bunt- und Kleinspecht (Wälder); Uhu, Wanderfalke (Felsen).

Praktische Informationen

Adressen und Auskünfte

Landkreis Kelheim, Schloßweg 3, 93309 Kelheim, Tel. 09441/207125 oder 09441/207213.

Anreise

Mit der Bahn bis Saal a.d. Donau, von dort weiter mit dem Bus bis Kelheim.

Kloster Weltenburg

Die herrliche Lage des Klosters Weltenburg besaß schon immer große Anziehungskraft - nicht erst für heutige Besucher. Bereits Kelten und Römer hatten am Frauenberg oberhalb des heutigen Klosters Heiligtümer errichtet. Der Überlieferung nach entstand hier um 617 ein iro-schottisches Missionskloster, das unter Bonifatius (gest. 754) mit Unterstützung durch Herzog Tassilo III. von Baiern in ein Benediktinerkloster umgewandelt wurde.
Nach einem wechselhaften Schicksal erlebte die kleine Abtei zu Anfang des 18. Jahrhunderts eine Blütezeit: Unter Abt Maurus Bächl (1716 bis 1739) wurde die Klosteranlage vollständig neu errichtet. Krönung der barocken Anlage ist die von Cosmas Damian und Egid Quirin Asam zwischen 1717 und 1743 gebaute und ausgestattete Klosterkirche. Es war die erste gemeinsame Arbeit der beiden Brüder. 1803 durch die Säkularisation aufgehoben, wurde die Abtei 1842 neu gegründet. Außer der Architektur und Lage des Klosters schätzen Besucher freilich auch das dunkle Bier der seit 1050 bestehenden Klosterbrauerei.

gengeblieben" sind auch eiszeitliche Reliktpflanzen wie die Aurikel, die sich bis heute hier halten. Unter den tierischen Bewohnern der Felsbastionen fallen Uhu und Wanderfalke als Vertreter seltener und gefährdeter Vogelarten auf.
Neben Felsen und Fluß bestimmen dichte Mischwälder in ihrer natürlichen Gestalt das Bild des Naturschutzgebietes. Sie bedecken neunzig Prozent der Landfläche und enthalten alles, was der Jura an Wäldern zu bieten hat: von schuttreichen

◁◁ **Der geschützte Wanderfalke residiert in den Felsbastionen am rechten Ufer der Donau.**

Hang- und Schluchtwäldern bis hin zu ausgedehnten Rotbuchenwäldern.
Die 570 Hektar umfassende Weltenburger Enge ist seit 1970 Naturschutzgebiet. 1995 wurde zudem das 375 Hektar große Naturschutzgebiet Hischberg und Altmühlleiten ausgewiesen. Damit wurden weitere natürliche Bestände aller im Gebiet Südliche Frankenalb vorkommenden Waldgesellschaften gesichert.

Wandern in der Weltenburger Enge

Dank ihres Reichtums an Natur- und Kulturschätzen an einem der ältesten Siedlungsplätze Europas ist die Weltenburger Enge ein begehrtes und vielbesuchtes Erholungsgebiet. Leider aber haben Freizeitaktivitäten – von Bootstouren über Klettern bis zum Mountain-Biking – bereits erhebliche Schäden angerichtet. Ein lebendiges Buch der Erd- und Menschheitsgeschichte ist jedoch viel zu kostbar, um als Sportgerät mißbraucht zu werden. Wenn nach uns noch andere Generationen die Weltenburger Enge bestaunen sollen, ist von allen Besuchern mehr Rücksichtnahme zu fordern.
Beschilderte Wanderwege, Informationstafeln, Broschüren und geplante Informationspavillons helfen bei der Orientierung im Naturschutzgebiet. Günstige Ausgangspunkte für Wanderungen sind die Parkplätze in Weltenburg und Michelsburg oder die Schiffsanlegestelle Donau in Kelheim. In Stausacker kann man mit einer Autofähre, von Kloster Weltenburg mit einer Kahnfähre übersetzen. Eine Schiffahrt durch das grandiose Durchbruchstal dauert etwa eine halbe Stunde.
Für die beschilderten Rundwanderwege muß man entsprechende Zeit mitbringen. Gutes Schuhwerk ist für längere Wanderungen unbedingt notwendig. Ein besonders eindrucksvoller Blick auf die Enge bietet sich im Tal auf der rechten Donauseite beim Kloster Weltenburg sowie von einer Aussichtsplattform hoch oben auf der linken Seite. Zu empfehlen ist auch der 14 Kilometer lange archäologische Wanderpfad „Weltenburger Enge", der in einer Tagestour erwandert werden kann.
Kulturinteressierte sollten sich das Archäologische Museum in Kelheim nicht entgehen lassen. Zur Einkehr lädt die Klosterschänke mit ihrem schattigen Biergarten ein.

Richarz

Blick über den Donaudurchbruch und auf die barocke Klosterkirche der Gebrüder Asam

Mit dem Auto bis Kelheim oder Weltenburg.

Kultur und Museen

Archäologisches Museum Kelheim, geöffnet bis 3. November, Di – So von 10 –16 Uhr; Gruppenführungen nach Anmeldung, Tel. 09441/10492 u. 10409.

Obere Donau

Junger Fluß und weißer Fels

Zwischen Tuttlingen und Sigmaringen stellt sich der jungen Donau ein gewaltiges Hindernis entgegen: An der Südseite der Schwäbischen Alb muß sie sich auf 25 Kilometern Länge einen Weg durch das Gebirge bahnen. Das Ergebnis, der Donaudurchbruch, ist eine der schönsten Landschaften Süddeutschlands.

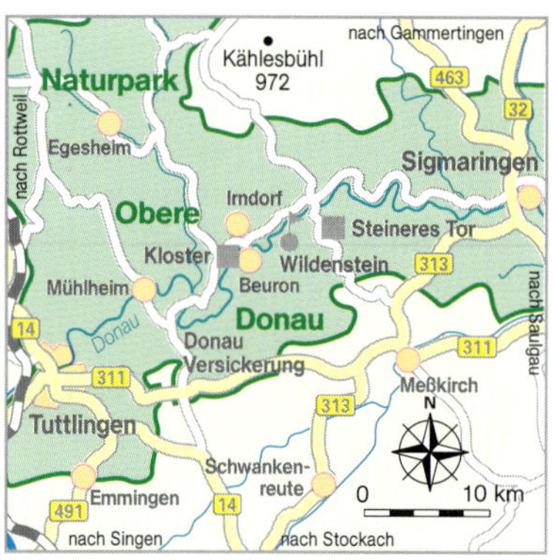

Offiziell liegt der „Donau-Ursprung" im Schloßpark von Donaueschingen, direkt neben dem Fürstenbergischen Schloß. Nimmt man es genau, hat die Donau hier aber schon längst ihre Kinderstube verlassen, denn die Schwarzwälder Quellflüsse Brigach und Breg sind in Donaueschingen bereits stattliche, wasserreiche Bäche. Im weiteren Verlauf ist die junge Donau ein munteres kleines Flüßchen, was sich allerdings bei Immendingen ändert: dort befinden sich die ersten Versickerungsstellen. Durch Spalten im Jurakalk wird das Wasser unterirdisch zur 20 Kilometer entfernten und 150 Meter tiefer liegenden Achquelle unweit des Bodensees abgeleitet.

In Tuttlingen haben Nebenbäche das Donaubett wieder aufgefüllt, doch kurz danach versinkt auch dieses Wasser wieder im Untergrund, um ebenfalls der Achquelle und damit dem Rhein zuzufließen. In manchen Sommern ist das Donaubett vollkommen trocken; die Versickerungsstellen sind dann im Kiesbett gut sichtbar. Um Fridingen ändert auch das bis dahin wenig eingeschnittene Donautal seinen Charakter. Schon bei Mühlheim werden die Talflanken höher: Wenige Kilometer weiter hat sich des Tal verengt und windet sich fortan als Schlucht durch eine großartige Felskulisse.

Kurzprofil

Der Naturpark Obere Donau umfaßt das Donautal mit einigen Seitentälern von Tuttlingen bis über Sigmaringen hinaus.

Träger:	rund 50 Gemeinden aus vier Landkreisen, der Schwäbische Albverein, Naturschutzorganisationen und Vertreter der Land- und Forstwirtschaft
Gegründet:	1985
Fläche:	ca. 85 000 Hektar
Saison:	ganzjährig
Wanderwege:	ca. 2200 km, dazu Radwege und 200 km Loipen

Dieser Wechsel der Talform hängt zusammen mit der Schrägstellung der gesamten Schwäbischen Alb im Tertiär. Die Anhebung der Albtafel zwang die Donau damals, sich in die Juraschichten einzugraben, konnte sie doch ihr bereits angelegtes Bett nicht in Richtung Bodensee verlassen. So entstand der Donaudurchbruch zwischen den Kreisstädten Tuttlingen und Sigmaringen.

◁ Panoramablick vom Eichfelsen donauabwärts mit Burg Werenwag auf der linken Seite

◁◁ Zu den Frühlingsboten an den Südhängen gehören auch die Wald-Schlüsselblumen.

◁◁◁◁ Ein Zilpzalp mit seinen Jungen im typischen kugelförmigen Nest

Das leuchtend hellgraue, fast weiße Gestein an den steilen Talflanken ist Weißer Jura. Bis 140 Meter hoch ragen die Felsen über die Talsohle auf, umrahmt von Buchenwäldern und Schluchtwäldern in den wenigen, scharf eingeschnittenen kleinen Seitentälern.

Diese Felsen des Donautals haben ihre eigene Geschichte. Die meist waagerechten Weißjura-Schichten, wie man sie an Straßenböschungen oder in Steinbrüchen sieht, wurden vor etwa 150 Millionen Jahren am Grunde des Jura-Meeres abgelagert. In diesem warmen und flachen Meer gediehen auch Kalk- und Kieselschwämme, die sich zu mächtigen Schwammriffen auftürmten. Zwischen den Riffen lagerte sich der Schlamm schichtenweise ab.

Später hob sich die Alb, fiel trocken, und ihre Deckschichten wurden abgetragen: so bildete sich die heutige Oberflächengestalt. Die früheren Riffe wurden dabei „herauspräpariert“, denn sie sind widerstandsfähiger als

die geschichteten Kalke und stehen daher bis heute als senkrechte Felsen an den Talrändern, während zwischen ihnen die Erosion längst Steilböschungen geschaffen hat.

Bei näherer Betrachtung kann man an einigen Felsen deutlich die Struktur der Kieselschwämme erkennen In den geschichteten Kalken lassen sich dagegen eine Vielzahl von Versteinerungen ausmachen, wenn auch der Fund von vollständigen Ammonitengehäusen oder Belemniten („Donnerkeilen“) selten ist. Die Talhänge und Seitentäler des Donautals sind mit Laubmischwald bewachsen, in denen die Rot-Buche vorherrscht. Daher ist der Herbst mit seiner Laubfärbung die beliebteste Wanderzeit. Nur die Talaue und die Kalkfelsen tragen kein Waldkleid. An den steilen Südhängen trifft man auf lichte, wärmeliebende Wälder, in denen krüppelhafte Eichen und die Mehlbeere dominieren.

Diese Wälder, mosaikartig in offene Felsbildungen und Trockenrasen übergehend, bilden die am üppigsten bewachsenen Gebiete im Donautal. Ein bunter Flor aus Stauden, niederen Kräutern, Gräsern, Moosen und stellenweise ausschließlich Flechten kennzeichnen diese „Steppenheiden“. Küchenschelle, Federgras und Pfingstnelke gedeihen hier, ebenso verschiedene Orchideenarten. Daß diese Pflanzen gegen Tritt empfindlich sind und deshalb die Wege nicht verlassen werden dürfen, versteht sich von selbst.

Erstes Ziel der meisten Besucher und damit zentraler Anziehungspunkt des Donautals zwischen Tuttlingen und Sigmaringen ist das ehrwürdige Benediktinerkloster Beuron. In einer Talschlinge inmitten der Felskulisse gelegen, ist das Kloster eine vielbesuchte Attraktion, das seiner Architektur, den Klosterkonzerten oder einfach seiner Lage wegen gerne besucht wird.

Im wenige hundert Meter vom Kloster entfernten alten Bahnhofsgebäude befindet sich das Naturschutzzentrum, in dem eine Ausstellung über den Naturraum Donautal eingerichtet wurde. Seminare, geführte Wanderungen, Naturerlebnistage und andere Aktivitäten gehören zum Programm des Zentrums.

Es kann nicht verwundern, daß ein Gebiet wie das Donautal von Ausflüglern stark frequentiert wird. An vielen Stellen mußten daher in den letzten Jahren Felsköpfe gesperrt

▷ Die Rote Lichtnelke mit ihren bis zu 80 cm hohen Stengeln liebt feuchten Grund.

und Wanderwege verlegt werden, um der gefährdeten Tier- und Pflanzenwelt die Lebensräume zu erhalten. Das Klettern hat an den Felsen deutliche Spuren hinterlassen, bevor 1996 eine lange umstrittene Beschränkung eingeführt wurde.

Das Tal ist von einer vor allem an Wochenenden vielbefahrenen Straße durchzogen. Ausgenommen vom Autoverkehr ist die große Schlinge bei Fridingen. Manch einer mag bedauern, nicht auch dieses Talstück zwischen Mühlheim und Kloster Beuron befahren zu können – für das Donautal aber ist es ein Segen. Doch auch unterhalb des Klosters Beuron gibt es Wege, auf denen man die paradiesische Gegend erwandern kann, ohne ständig Motorengeräusch zu hören.

Wandern an der Oberen Donau

Die wesentlichen Merkmale des Donautals würden sich auf einer Fahrt vom Kloster Beuron in Richtung Sigmaringen selbst dem eiligen Besucher erschließen. Mit dem Fahrrad lassen sich die vielen idyllischen Ecken jedoch wesentlich besser „erfahren". Noch mehr Genuß wird freilich der Wanderer haben, der aus dem dichten und gut gekennzeichneten Wanderwegenetz des Schwäbischen Albvereins eine Strecke rechts oder links des Tales auswählt. Auch wenn es seit dem Bau durchgehender Radwege vor einigen Jahren mehrere Brücken gibt, muß man eine Wanderung noch immer nach den möglichen Donauübergängen planen. Nicht überall gelingt ein Durchkommen entlang des Flüßchens, oft muß man zur Höhe aufsteigen, was zwar lohnend und reizvoll, aber auch anstrengend ist. Gutes, stabiles Schuhwerk ist auf jeden Fall anzuraten.

Einer der schönsten Punkte des ganzen Tales ist der leicht zugängliche Knopfmacherfels am höchstem Punkt der Straße zwischen Fridingen und Kloster Beuron (Parkplatz ist ausgeschildert). In wenigen Minuten gelangt man von hier auf einen gut abgesicherten Felsvorsprung und steht plötzlich wie auf einem Balkon hoch über dem Tal.

Route 1: *Vom Kloster Beuron nach Fridingen*

Direkt vom Parkplatz des Klosters aus führt ein nahezu ebener, befestigter Spazierweg zunächst entlang der Klostermauer und dann an der Donau talaufwärts. Nach etwa 500 Metern lohnt sich ein seitlicher Abstecher nach links ins Liebfrauental. Dort befindet sich eine Lourdes-Grotte unter schattigem, feuchtem Fels. Das Haupttal weiter aufwärts gelangt man nach etwa drei Kilometern hinter der ersten Flußschleife zum Jägerhaus. Wer hier noch nicht

Praktische Informationen

Adressen und Auskünfte:

Naturparkverein Obere Donau, Beuron, Tel. 07466/92800; das Naturschutzzentrum Beuron ist unter derselben Nummer erreichbar. Als Wanderkarte empfiehlt sich die topographische Karte 1:50 000 „Naturpark Obere Donau" des Landesvermessungsamtes (erhältlich im Buchhandel, ISBN 3-89021-492-4) mit Wander- und Radwanderwegen, Freizeiteinrichtungen und Sehenswürdigkeiten.

umkehren möchte, erreicht nach weiteren 800 Metern den Standort der ehemaligen Bronner Mühle, die von einem Erdrutsch verschüttet wurde. Das Stauwehr – ein beliebter Rastplatz direkt am Fluß – ist noch vorhanden. Beeindruckend ist der Weg weiter talauf: der Stiegelesfels (Naturschutzgebiet) baut sich mächtig vor dem Wanderer auf. Von der Ziegelhütte geht es dann auf markiertem Weg über einen Sattel in das sehenswerte Städtchen Fridingen. Mit einem Linienbus (vorher in Beuron nach dem Fahrplan erkundigen) gelangt man von Fridingen zum Kloster zurück.

ℹ Länge 8 km; 3 Stunden Gehzeit (einfacher Weg).
✕ Einkehrmöglichkeit im Jägerhaus und in Fridingen.

Route 2: Wildenstein und Finstertal

Wanderungen von Kloster Beuron talabwärts sind etwas anstrengender. Die „klassische" Route führt vom Bahnhof Beuron über den Peters- und den Paulsfelsen zur Burg Wildenstein, einer der bekanntesten und romantischsten Jugendherbergen. Den markierten Wegen der Hangkante folgend und schließlich absteigend erreicht man Hausen und die Donaubrücke. Dort geht es gleich wieder steil bergauf zum Schloß Hausen und zur Burg Werenwag, die beide wie Felsennester hoch über der Donau sitzen.
Nun führt der Weg wieder flußaufwärts. Das Finstertal überquerend, das seinem Namen gegen Abend alle Ehre macht, erreicht man den Eichfelsen, den vielleicht schönsten Aussichtsfelsen des Donautals: Wie gemalt liegt das Tal zu Füßen, Werenwag zur linken und Wildenstein gegenüber. Beuron wird verdeckt durch den Felsklotz des Rauhen Steins, auf den der weitere Weg führt und wo ein Wanderheim des Schwäbischen Albvereins zur Rast oder zur Übernachtung einlädt. Von hier aus geht es steil bergab nach Beuron zum Ausgangspunkt.

ℹ Länge ca. 16 km; 6–7 Stunden Gehzeit.
✕ Einkehrmöglichkeit in Hausen.

◁◁◁ **Burg Werenwag oberhalb der Donau, ist eine der vielen wehrhaften Felsbastionen der Region.**

Route 3: Auf den Schaufelsen

Eines der schönsten Ziele im östlichen Teil des Donautales ist der Schaufelsen. Als Ausgangspunkt empfiehlt sich einer der Parkplätze im Tal bei Neidingen oder der Neumühle (zwischen Hausen und Thiergarten). Da es an beiden Stellen Donaubrücken gibt, eignet sich das Gebiet auch zur Rundwanderung. Von beiden Parkplätzen gelangt man auf gut markierten, steilen Wanderpfaden auf die Höhe. Von Neidingen aus erreicht man das Naturfreundehaus Donautal. Den Hangkantenweg entlang geht es dann bis zum Schaufelsen, der tatsächlich eine weite „Schau" ins Donautal bei Hausen bietet.

ℹ Länge 6 km; 3 Stunden Gehzeit.
✕ Einkehrmöglichkeiten in Neidingen, Neumühle, Steighöfe.

Wolf

Das „Leichtgewicht" Haselmaus findet sogar auf Blättern und an den Zweigen des Haselstrauches Halt.

Fauna und Flora im Naturpark Obere Donau

Typische Pflanzen

Felsennelke, Schwalbenwurz, Felsenbirne (Felsflora); Küchenschelle, Federgras, Pfingstnelke, Waldschlüsselblume (Übergang vom Fels zu Trockenwäldern); Flutender Hahnenfuß, Schwanenblume (in der Donau); Igelkolben, Wasserschwertlilie (am Ufer).

Charakteristische Tiere

Turm- und Wanderfalke, Uhu, Eichelhäher, Braunkehlchen, Zilpzalp, Bussard, Habicht; zahlreiche Kleinsäuger wie Igel, Hasel- und Waldmaus oder Schläfer.

Anreise

Mit dem Auto über die A 81 und B 311 bis Tuttlingen, zischen hier und Sigmaringen verläuft die Landstraße L 277 durch fast das ganze Donautal.

Unterkunft

In Sigmaringen, Tuttlingen und Beuron, alle Kategorien. Wanderheim des Schwäbischen Albvereins „Rauher Stein" bei Irndorf, Tel. 07466/276.

Das Kalte Feld

Mosaik auf kleinstem Raum

Eine der schönsten Gegenden der Schwäbischen Alb ist das Kalte Feld. Bei rauhem Wetter macht es seinem Namen alle Ehre – bei Sonnenschein hingegen lassen sich seine Wiesen und Wacholderheiden auch in Hemdsärmeln genießen.

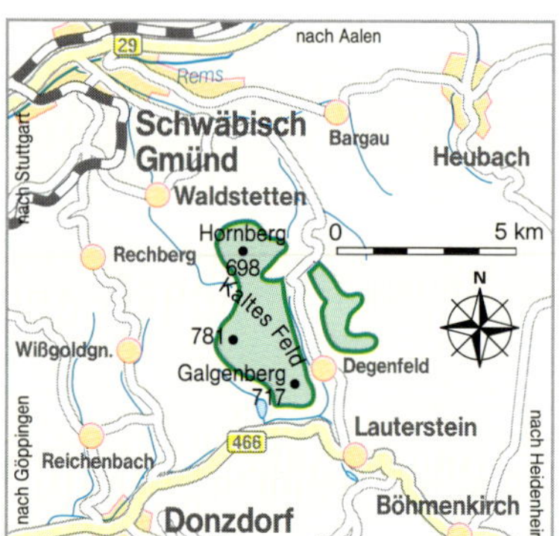

Das Kalte Feld ist eine Hochfläche südöstlich von Schwäbisch Gmünd am Rande der Schwäbischen Alb. Gemeinsam mit dem Hornberg im Norden und dem südlichen Galgenberg ist es eines der jüngsten deutschen Naturschutzgebiete.

Idyllische Wege, Lichtungen und Felder: Ein Ferientag auf dem Kalten Feld kann traumhaft schön sein. Doch wenn das Wetter nicht mitspielt, macht der Ort seinem Namen alle Ehre, denn Wind, Regen und Schnee ist dieses Bergmassiv von allen Seiten her ausgesetzt.

Gegen Norden fällt der Rand des Gebirgszuges, der „Albtrauf", zum Vorland hin rund 200 Meter tief ab, auf allen anderen Seiten ist das Gebiet von Tälern umgeben: Im Süden und Osten hat sich das Lautertal tief eingegraben, und im Westen trennt das landschaftlich reizvolle Christental das Kalte Feld vom Hauptmassiv der Alb ab.

Geologisch prägt der Weißjura das Gebiet – sowohl an den Steilhängen, wo das anstehende Kalkgestein überall sichtbar ist, als auch auf der Hochfläche, wo auf allen Wegen und unter der dünnen Ackerkrume die weißen Brocken zum Vorschein kommen.

Das Besondere am Kalten Feld ist seine abwechslungsreiche Vegetation, Folge unterschiedlicher Methoden der Bewirtschaftung: Wälder, Hecken und Wacholderheiden, Äcker und Wiesen verzahnen sich auf der welligen Hochfläche wie ein Mosaik. Die typischen „Lesesteinwälle", die unter den Hecken sichtbar sind, haben die Bauern über Jahrzehnte aufgeschichtet bei ihrem Bemühen, die kargen Äcker einigermaßen steinfrei zu bekommen. Die Steilhänge wurden bis vor hundert Jahren nahezu ausnahmslos als Schafweide genutzt. Heute sind diese Heiden von einem dichten Geflecht aus Wacholdern und aufkommenden Gehölzen bedeckt.

Kurzprofil

Das Naturschutzgebiet Kaltes Feld liegt unfern von Schwäbisch Gmünd am Rande der Schwäbischen Alb.

Träger:	Regierungspräsidium Stuttgart
Gegründet:	1995
Fläche:	635 Hektar
Saison:	ganzjährig
Wanderwege:	ca. 50 km

Flora und Fauna auf dem Kalten Feld

Typische Sträucher

Wacholder, Schlehe, Hartriegel, Heckenrose.

Charakteristische Blütenpflanzen

verschiedene Orchideenarten (auf Halbtrockenrasen); Deutscher Enzian, Gefranster Enzian (blüht im Frühherbst); Silberdistel, Kugelblume, Knabenkraut.

Typische Schmetterlingsarten

Großer Perlmuttfalter, Schwalbenschwanz, Schachbrettfalter.

Typische Vögel

Neuntöter, Baumpieper, Mönchs- und Dorngrasmücke (in Hecken).

Praktische Informationen

Adressen und Auskünfte

Bezirksstelle für Naturschutz und Landschaftspflege, Ruppmannstraße 21, 70565 Stuttgart, Tel. 0711/9043438. Empfehlenswert ist die über den Buchhandel erhältliche Wanderkarte 1:50 000 des Landesvermessungsamtes Baden-Württemberg, Blatt 15 (Göppingen-Geislingen).

Anreise

Die beliebtesten Wanderparkplätze befinden sich im Nordosten am Flugplatz Hornberg und in Degenfeld (beide mit dem Auto erreichbar über Schwäbisch Gmünd oder Lauterstein), im Westen

◁◁ **Malerisch unter einer Linde steht „das Reiterleskappele".**

Seiner Nähe zu Stuttgart wegen ist das Kalte Feld von alters her ein beliebtes Erholungsgebiet. Mehrere alte Skihütten und Vereinsheime befinden sich dort, ebenso zwei Skilifte, die aber nur unregelmäßig in Betrieb sind. Im Nordosten und etwas tiefer liegt der Segelflugplatz Hornberg, ebenfalls eine vielbesuchte Attraktion. Im Sommer wie im Winter ist Saison auf dem Kalten Feld – Hochsaison aber ist im Herbst, wenn sich das Laub färbt.

Eine Wanderung über das Kalte Feld führt den Spaziergänger durch ganz unterschiedliche Landschaften. Die meisten erleben diese Vielfalt unbewußt, empfinden die Abwechslung aber als Idylle. Alle paar hundert Meter wechselt der Landschaftscharakter entlang des Weges: Aus dem Laubmischwald tritt man auf eine Heide mit lockerstehenden Wacholdern, die später von verstreuten Äckern und Wiesen abgelöst wird. Nach einer weiteren Wegstrecke durch ausgedehnte Heckenzüge steht man unvermittelt auf einem Aussichtsfels an der Steilkante, von dem sich ein weiter Blick über das Albvorland ins Remstal bietet.

vor allem bei Tannweiler (Anfahrt auf schmaler Nebenstraße über Waldstetten und Weilerstoffel). Radfahren ist wenig empfehlenswert, denn die Steigungen sind erheblich.

Unterkunft

Franz-Keller-Haus und Knörzerhaus sind Wanderheime und bieten einfache Übernachtungsgelegenheiten; rechtzeitige Voranmeldung ist erforderlich (für das Franz-Keller-Haus: Tel. 07171/82013). Ausflugsgaststätten gibt es in allen Gemeinden und Ortschaften rund um das Kalte Feld.

◁◁ **Der Neuntöter hat die Gewohnheit, seine Beutetiere auf Dornen zu spießen, denn seine Füße sind zu schwach, um seine Opfer festzuhalten.**

Wandern auf dem Kalten Feld

Um es gleich zu sagen: Mit dem Auto kann man nicht aufs Kalte Feld gelangen. An seinem Rand aber gibt es genügend gut ausgeschilderte Wanderparkplätze. Das Wegenetz des Schwäbischen Albvereins ist bestens beschildert; in den Wanderhütten liegt zudem ein Faltblatt mit Wander- und Naturschutzhinweisen aus.

Routenvorschlag: Vom Reiterleskapelle zum Knörzerhaus

Der schönste Aufstieg aufs Kalte Feld ist der im Nordwesten von Tannweiler aus: Malerisch unter einer Linde steht am „Paß" zum Christental das Reiterleskapelle (jedermann sagt hier „das Kapelle"). Von da aus geht es durch Wacholderheide und Wald steil bergauf. Dem Albtrauf folgt der Weg zu zwei Wanderhütten inmitten weiter Wacholderheiden, dem Franz-Keller-Haus – hier liegt mit 780 Metern der höchste Punkt des Gebietes – und dem Knörzerhaus. Hier kann man unter verschiedenen Routen wählen, z.B. am Südrand des Kalten Feldes zurück nach Tannweiler.

◁ **Der deutsche Enzian ist eine Charakterpflanze des Kalten Feldes.**

i Länge 10 km, ca. 3 Stunden Gehzeit. Eine Tagestour kann zusätzlich den Galgenberg und das Christental einbeziehen, Weg und Gehzeit verdoppeln sich dann.

✕ Franz-Keller-Haus und Knörzerhaus sind an Sonntagen bewirtschaftet.

Wolf

Das Waldnaabtal

Wollsäcke und Kammerwagen

Auch Bayern hat seinen Pfälzer Wald: den Oberpfälzer Wald. Wo sich die Waldnaab durch sein Gestein geschnitten hat, entstand ein romantisches Tal mit malerischen Hängen und Felsen – manche davon haben ihre eigene Geschichte.

Immer wieder wundern sich Besucher, daß es an der Ostgrenze Bayerns, weitab von der Rheinpfalz, eine Oberpfalz gibt. Dies hat einen historischen Grund: Beide Pfalzen gehörten vom Mittelalter bis 1945 politisch zusammen. Das höher gelegene Gebiet wurde seit 1837 amtlich Oberpfalz genannt.

Inmitten des Oberpfälzer Waldes liegt bei Windisch-Eschenbach das Naturschutzgebiet Waldnaabtal. In seiner Nähe wird seit Mitte der achtziger Jahre das „Kontinentale Tiefbohrungsprogramm der Bundesrepublik Deutschland" durchgeführt. Es dient der Untersuchung der Erdkruste, denn man vermutet, daß hier die Grenze der alten Kontinentschollen Ur-Europa und Ur-Afrika verläuft.

Geologisch ähnelt die Entstehung des Oberpfälzer Waldes der des Frankenwaldes und des Fichtelgebirges. Alle drei sind dem „alten Gebirge" zuzuordnen. Als es sich in der Karbonzeit hob, also vor 270 Millionen Jahren, drang Magma durch Spalten und Risse in das abgelagerte Gestein und erkaltete. Diese Einschlüsse („Intrusionen") liegen heute größtenteils frei, da die aufliegenden Gesteinsschichten im Laufe der Jahrmillionen durch Wasser, Wind und Klima abgetragen wurden. Reste der abgetragenen Schichten sind heute noch zu finden. Allerdings haben im Zuge der Gebirgsbildung Druck und Hitze bewirkt, daß sich auch neue Minerale bildeten.

Die höchsten Erhebungen des Gebirgszuges sind der Gibacht bei Waldmünchen (938 m) und der Entenbühl bei der „Silberhütte" (908 m). Das Klima ist je nach Höhenlage sehr unterschiedlich. Rauhes Klima herrscht im höher gelegenen Bergland, mild ist es dagegen in den Tälern von Naab und Altmühl.

Die Waldnaab floß vor der Gebirgsbildung in der Karbonzeit vermutlich ebenso in Mäandern, wie sie sich heute noch flußabwärts zwischen Tirschenreuth und Falkenberg dahinschlängelt. Nach der Hebung des Gebirges arbeitete sie dieser Bewegung entgegen und schnitt sich tief ins Granitgestein. So behielt sie ihren Lauf bei, und es entstand eine enge, in das Gestein gesägte Schlucht mit vielen Felsgebilden – ein sogenanntes Durchbruchstal.

Die hohen Granitfelsen an den Talwänden sind durch Verwitterung rund geworden. Ihrem Aussehen

Kurzprofil

Das Naturschutzgebiet Waldnaabtal liegt im Oberpfälzer Wald nahe der deutsch-tschechischen Grenze.

Verordnungsgeber:	Regierungsbezirk Oberpfalz
Ausgewiesen:	1950
Fläche:	183 ha
Saison:	Frühjahr bis Herbst
Wanderwege:	ca. 20 km

Praktische Informationen

Adressen und Auskünfte

Oberpfälzer Waldverein, Bürgermeister-Prechtel-Straße 31, 92637 Weiden, Tel. 0961/36451.

Anreise

Mit dem Auto über die A 93, Ausfahrt Windisch-Eschenbach und Falkenberg.

Flora und Fauna im Waldnaabtal

Typische Bäume und Sträucher

Schwarzerle, Traubenkirsche, Winterlinde, Schwarze Heckenkirsche (am Ufer); Schwärzender Ginster (an den Hängen).

Charakteristische Blütenpflanzen

Waldrispengras, Waldskabiose, Hainmiere, Bittersüßer Nachtschatten, Bunter Eisenhut (am Ufer); Waldreitgras, Schneeheide, Arnika (an den Hängen); Siebenstern, Waldwachtelweizen (im Schatten).

Charakteristische Tiere

Rauhfußkauz, Sperlingskauz, Uhu, Eisvogel, Wasseramsel, Flußperlmuschel, Gemeine Flußmuschel.

nach nennt man sie auch „Wollsäcke". Um einzelne Felsgebilde wie den „Kammerwagen" und die „Gletschermühle" ranken sich seltsame Sagen. So soll der „Kammerwagen" entstanden sein, weil ein Kutscher wegen des unwegsamen Terrains eine Verwünschung ausstieß, die sogleich in Erfüllung ging: Der Wagen mitsamt Insassen wurde augenblicklich zu Stein.

Bis Mitte des 19. Jahrhunderts sorgten Schafherden dafür, daß sich an den Hängen des Tales nur eine artenarme Heidevegetation entwickeln konnte. Nach Einstellung der Beweidung wurde mit Fichten aufgeforstet. Reste der Falkenberger Heide sind aber bis heute erhalten und wurden unter Schutz gestellt.

An den steilen Berghängen sind Waldreitgras, Schneeheide, Arnika und Schwärzender Ginster, an schattigen Stellen Siebenstern und Waldwachtelweizen zu finden.

In den Tälern wächst zum Teil naturnaher Auwald mit Schwarzerlen, Traubenkirschen, Winterlinden, Hainmiere, Bittersüßem Nachtschatten und Wasserschwertlilie. Sogar Pflanzen wie die stachellose Alpenheckenrose, die Schwarze Heckenkirsche und die Waldskabiose sind anzutreffen.

Bemerkenswerte Vogelarten dieses Gebietes sind der Rauhfußkauz, der Sperlingskauz, der Uhu, der Eisvogel und die Wasseramsel.

Charakteristisch sind die Kleingewässer und Feuchtgebiete, die den Verlauf der Waldnaab begleiten. In einigen dieser Biotope kommen noch Restbestände der Flußperlmuschel sowie der streng geschützten

Gemeinen Flußmuschel vor. Auch als Nahrungsgebiet für den Weißstorch haben diese Feuchtgebiete große Bedeutung.

Im Waldnaabtal findet eine große Fülle von Tier- und Pflanzenarten unterschiedlichster Standortansprüche ihren Lebensraum. Aus Sicht der Naturschützer wäre es daher wünschenswert, die Zahl der Wanderwege zu verringern oder zumindest den Kanubetrieb einzuschränken.

Unterkunft

Pensionen in Tirschenreuth, Jugendherberge und Campingplatz in Tannenlohe.
Auskunft beim Fremdenverkehrsverein Tirschenreuth, Maximilianplatz 35, 95643 Tirschenreuth, Tel. 09631/60914.

Wandern im Waldnaabtal

◁◁◁◁ **Der Sperlingskauz jagt am Tag Vögel und in der Nacht Mäuse.**

An beiden Ufern der Waldnaab kann man die Schönheit und Romantik dieses Tales genießen. Der östlich verlaufende Weg läßt sich sehr leicht

Das Bett der Waldnaab ist voll von glattgewaschenen Granitfelsen.

erwandern, hier wird man auch gelegentlich von Radfahrern überholt.

Am westlichen Ufer führt der Weg über Steigungen und Treppen und ist ein wenig schwieriger zu begehen. Allerdings zeigt sich das Tal gerade hier von seiner wilden und besonders eindrucksvollen Seite.

◁◁ **Die Traubenkirsche ist ein Kuhstall der Ameisen: Die Unterseite ihrer Blätter wimmelt von grauen Blattläusen, die von den Ameisen gemolken werden.**

i Länge des Uferwegs von Falkenberg nach Windisch-Eschenbach/Johannistal (einfach) 10 km; 200 Höhenmeter; 3–4 Stunden Gehzeit. In Windisch-Eschenbach kann in der Nähe der Tiefbohrung ein Geologischer Lehrpfad mit Infostelle besucht werden.

✕ Gaststätte „Blockhütte" auf halbem Weg

Förster / Habel / Oelmann / Willigalla

Das Fichtelseemoor

Fleischfresser im Paradies

Eingekeilt zwischen den höchsten Gipfeln des Fichtelgebirges liegt das Naturwaldreservat Fichtelseemoor. Dichter glaubten hier den Garten Eden mit seinen vier Flüssen gefunden zu haben. Doch nicht alles, was im Moor wächst, ist friedlich.

Das Fichtelgebirge liegt im Knotenpunkt der südöstlichen Mittelgebirge Deutschlands. Hufeisenförmig verbindet es den Thüringer Wald mit dem Frankenwald und beide wiederum mit dem Oberpfälzer und dem Bayerischen Wald.

Vom Namen des Gebirges läßt sich auf die vorherrschende Baumart schließen: die Fichte. Allerdings wurden die reinen Fichtenforste erst aus wirtschaftlichen Gründen angepflanzt. Früher wuchsen hier auch Buche und Tanne. Die Fichte liefert im Vergleich zu anderen Baumarten

schneller leicht zu verarbeitendes Holz. Außerdem ist Fichtenholz leichter als Tannenholz, so daß es leicht geflößt werden kann.

Buckelige Höhenrücken, weitgespannte Flächen und tief eingeschnittene Kerbtäler verleihen dem Fichtelgebirge seinen typischen Mittelgebirgscharakter. Die dominierende Gesteinsart, der Granit, ist großenteils bereits verwittert. So entstanden die typischen Felsformen der Gipfelregion, die „Wollsäcke".

Zwischen Schneeberg und Ochsenkopf, den mit 1052 und 1024 Metern höchsten Gipfeln des Fichtelgebirges, liegt in 770 Metern Höhe das 45 Hektar große Fichtelseemoor. Es entstand aufgrund des feuchten, kühlen Klimas. Die durchschnittliche

Kurzprofil

Der Fichtelsee und das angrenzende Moor bilden zusammen das Naturwaldreservat Fichtelseemoor.

Verordnungsgeber:	Regierung von Oberfranken
Ausgewiesen:	Naturschutzgebiet seit 1940, gültige Verordnung von 1982
Fläche:	139 ha
Saison:	Mai bis Oktober, Dezember bis März

Jahrestemperatur liegt hier zwischen 4,5 und 6 Grad Celsius, der Niederschlag bei über 1200 Millimetern pro Jahr.

Wie von den meisten Hochmooren Deutschlands sind auch von diesem nur noch Reste vorhanden, da viel abgetorft wurde – im Fichtelseemoor seit 1860. Man verwendete den Torf als Brennmaterial für die eisenverarbeitende Industrie und für den Hausbrand. Nach 1947 wurde der Abbau eingestellt, die Moorflächen konnten sich in Teilen wieder entwickeln. Die Mächtigkeit der Torfschicht beträgt heute fünf bis sechs Meter.

Hauptverantwortlich für die Entstehung von Hochmooren sind die Torfmoose. Die Seelohe, wie das Moor im Volksmund heißt, weist sämtliche

Praktische Informationen

Adressen und Auskünfte

Fichtelgebirgsverein, St.-August-Straße 6, 95028 Hof, Tel. 09281/2531.
Verein Naturpark Fichtelgebirge, Landratsamt, Jean-Paul-Straße 9, 95632 Wunsiedel, Tel. 09232/800.
Als Karte empfiehlt sich die Fritsch-Wanderkarte Nr. 52.

Anreise

Mit der Bahn bis Bayreuth, Wunsiedel oder Marktredwitz, weiter per Busverkehr. Mit dem Auto auf der A 9 bis Abfahrt

charakteristischen Hochmoorarten auf, wie Rauschbeere, Gewöhnliche Moosbeere, Scheidiges Wollgras und den Rundblättrigen Sonnentau, der zu den fleischfressenden Pflanzen zählt. Bereits Johann Wolfgang von Goethe untersuchte die Lebensweise dieser faszinierenden Pflanze und stellte fest, daß sie sich der Nährstoffarmut des Bodens wegen von Insekten ernährt.

Eine Besonderheit des Moores sind die geschützten Restbestände der Spirke, die sich von der Waldkiefer durch ihre kegelförmige Krone von düster-schwarzgrüner Färbung unterscheidet. Einige dieser Bäume sind über 300 Jahre alt. Natürliche Vorkommen der Spirke gibt es in Oberfranken nur in der Seelohe. Sie wächst auf nassen, nährstoffarmen sauren Böden und ist durch Torfabbau und Trockenlegung stark gefährdet.

An moorbewohnenden Tierarten sind die Höllenotter (eine Kreuzotterart) und die Waldeidechse anzutreffen. Der Hochmoorgelbling ist inzwischen verschwunden.

Künstlich entstanden ist der Fichtelsee. Bereits um 1650 wurde ein Damm errichtet, um den Hochöfen und Hammerwerken an der oberen Fichtelnaab den Betrieb der Wasserräder zu ermöglichen. Dieser alte Damm wurde 1934 erneuert. Als 1984 Risse auftraten, wurde er neu gebaut und damit der Fichtelsee von 4 auf 10 Hektar vergrößert.

Auch wenn heute bekannt ist, daß der Fichtelsee ein von Menschen geschaffenes Gewässer ist, so galt lange Zeit das Fichtelgebirge mit dem See in seiner Mitte als „das Teutsche Paradeiß“. Die Quellen der vier im Fichtelgebirge entspringenden Flüsse Main, Eger, Naab und Saale wurden dichterisch in den Fichtelsee verlegt, so daß er der Beschreibung des Paradieses in der Genesis glich: Ein Strom entspringt in Eden zur Bewässerung des Gartens und teilt sich danach in vier Arme.

Flora und Fauna am Fichtelseemoor

Typische Pflanzen

Rundblättriger Sonnentau, Scheidiges Wollgras, Preiselbeere, Schwarzbeere, Heidelbeere, Rauschbeere, Rosmarinheide, Torfmoose, Haarmützenmoos (im Moor); Spirke, Fichte (in den Verlandungsbereichen).

Charakteristische Tiere

Nordluchs, Waldeidechse, Höllenotter, Bergmolch.

Bayreuth Nord (nach Warmensteinach und Fichtelberg) oder Abfahrt Bad Berneck (auf der B 303 nach Marktredwitz und Wunsiedel). Auf der A 93 bis Abfahrt Marktredwitz, weiter auf der B 303.

Unterkunft

Auskunft bei der Tourist Information Fichtelgebirge, Bayreuther Straße 4, 95686 Fichtelberg, Tel. 09272/6255 und 09272/6452, Fax 09272/439. Jugendherberegen in Warmensteinach, Marktredwitz und Wunsiedel, Schullandheim in Weißenstadt.

◁ **Der Fichtelsee wurde von Menschen geschaffen.**

◁◁◁◁ **Rundblättriger Sonnentau bei einer „Fleischmahlzeit“**

Route 1: Vom Parkplatz Seehaus zum Ochsenkopf

Vom Parkplatz Seehaus, zentral an der Fichtelgebirgsstraße (B303) gelegen, führt eine Vielzahl an Wanderwegen durch das Fichtelgebirge. Diese Route leitet uns, an den Quellen des Weißen Mains und der Naab vorbei, zum zweithöchsten Gipfel des Gebirges, dem Ochsenkopf, und dem Fichtelseemoor in seiner Talmulde.

i Rundwanderweg; Länge 7 km; 3 Stunden Gehzeit.

Route 2: Vom Silberhaus zum Fichtelsee

Diese Tour beginnt am „Silberhaus“, einer beliebten Gaststätte an der B 303, wenige hundert Meter östlich des Abzweigs nach Nagel. Sie führt über den südlichen Ausläufer des Schneebergs zum Fichtelsee.

i Rundwanderweg; Länge 12 km; 4 Stunden Gehzeit.

Förster / Habel / Oelmann / Willigalla

Kösseine und Luisenburg

Luchse auf Granit

Bizarre Gesteinsformen, in Jahrmillionen durch Verwitterung entstanden, auf den Gipfeln des östlichen Fichtelgebirges: für die Kösseine hat sich schon Goethe interessiert. Heute ist sogar der Luchs hier wieder heimisch.

Schon von weitem erblickt der Besucher des Fichtelgebirges den Doppelgipfel der Großen und Kleinen Kösseine. Die Große Kösseine ist mit 939 Metern die dritthöchste Erhebung des Fichtelgebirges. Von diesem schönen Aussichtsberg aus läßt sich die Hufeisenform des Fichtelgebirges mit seiner inneren Hochfläche gut erkennen. An klaren Tagen kann man in der Ferne das Erzgebirge, den Döbraberg im Frankenwald oder auch den Hohen Bogen im Bayerischen Wald sehen.

Der Name Kösseine, im 8. Jahrhundert erstmals erwähnt, ist slawischen Ursprungs. Heute tragen ihn zugleich ein Bach, ein Ort und ein Berggebiet, doch wahrscheinlich wurden Ort und Berg, wie früher üblich, nach dem Bach benannt. Kösseine bedeutet vermutlich „Ziegenbach". Tatsächlich finden sich in seiner Nähe drei Berge, deren Name mit „Geiß-" beginnen.

Um die Kösseine entstehen zu lassen, mußten Gesteinsschichten von mehreren Kilometern Mächtigkeit im Laufe von Jahrmillionen verwittern. Gesteinsablagerungen aus der Zeit vor 550 Millionen Jahren, dem Kambrium, wurden vor 270 Millionen Jahren, in der Karbonzeit, durch gewaltige Kräfte aufgefaltet. In dieses Faltengebirge drangen dann glühendflüssige Schmelzen ein, die durch Abkühlung schließlich zu Gestein erstarrten.

Kurzprofil

Das Naturschutzgebiet "Gipfel der Kösseine" und die Luisenburg liegen im östlichen Fichtelgebirge.

Verordnungsgeber:	Regierungspräsidium Ansbach, heute zuständig Regierung von Oberfranken
Ausgewiesen:	1940
Fläche:	15,8 ha
Saison:	Mai bis Oktober, Dezember bis März

Die Kösseine ist eine solche abgekühlte Schmelze. Im Laufe der folgenden Jahrmillionen verwitterten nämlich die Gesteinsschichten an der Oberfläche, so daß der Felsblock heute zu einem großen Teil freiliegt. Er besteht aus Granit, einem silikatreichen Tiefengestein. Ein Teil seines Randes, der Kösseine-Granit, ist bläulich gefärbt und wird gern als Baustoff verwendet.

Der Gipfel der Kösseine gleicht einem Meer aus Steinen. Dieses sogenannte „Blockmeer" verdankt seine Entstehung ebenfalls der Verwitterung. Die Verwitterung greift zuerst Risse innerhalb der Gesteins-

◁
Das Blockmeer am Gipfel der Kösseine

schichten an, wodurch Gesteinsblöcke entstehen. Im weiteren Verlauf werden diese abgerundet und rutschen oder stürzen von ihrer Auflage ab. Dies geschah vor allem im warmen, feuchten Klima des Tertiär vor 60 Millionen Jahren.

Mit dem Beginn der Eiszeit vor 20 000 Jahren vergletscherten im Norden und in den Alpen große Flächen. Im Fichtelgebirge herrschte zwar Dauerfrost, es war aber nicht mit Eis bedeckt. So konnte der Frost die Felsen sprengen und die Verwitterung weitertreiben. An sonnigen Stellen taute der Boden auf, und ganze Meere aus Gesteinsblöcken gerieten auf der weichen Unterlage, den „Fließerden", in Bewegung.

Heute dienen die Blockmeere als Rückzugsraum für den Luchs, der seit 1994 wieder dauernd im Fichtelgebirge nachgewiesen werden kann. Besonders beeindruckend ist das Blockmeer auf der „Platte", einem Nachbargipfel der Kösseine.

Leider zeigen sich auf der Kösseine zugleich aber auch exemplarisch die Umweltschäden am Hochlagenwald des Fichtelgebirges.

Felsenlabyrinth und Freilichtbühne

Zum Massiv der Kösseine zählt auch die Luisenburg, ein Felsenlabyrinth westlich von Wunsiedel. Bevor sie 1805 nach der preußischen Königin Luise umbenannt wurde, trug sie den Namen Luxburg. Ursprünglicher Namensgeber war wahrscheinlich der Luchs, der, wie historische Quellen belegen, früher in diesem schwer zugänglichen Felsengewirr beheimatet war.

So ist überliefert, daß die Bewohner von Sichersreuth im Jahr 1710 in ihrem verschneiten Dorf die Fährten einer „Raubkatze" ausmachten. Auch weckte damals ein Bauer beim Holzmachen im Wald einen schlafenden Luchs, der sich daraufhin fauchend bemerkbar machte. Da die Region der heutigen Luisenburg für diese Tiere ein hervorragendes Rückzugsgebiet war, werden sie wohl bis in die Mitte des 18. Jahrhunderts hier gelebt haben, als der Luchs im Fichtelgebirge ausgerottet wurde.

◁
Die Eberesche gehört zu den Kernobstgewächsen. Ihre roten Beeren werden von Vögeln gern verzehrt und heißen daher auch „Vogelbeeren".

Aber nicht nur Wildtiere schätzten in der Vergangenheit die Sicherheit dieser natürlichen Festung: Bevor das Fichtelgebirge im Hochmittelalter flächenhaft besiedelt wurde, gab es hier schon „Straßensicherungs-

◁◁◁◁
Die hinteren Läufe des Luchs stehen höher als die vorderen: sie geben ihm die Kraft im Sprung auf die Beute.

▷ Im Felsenlabyrinth der Luisenburg

burgen", von denen aus die Handelswege kontrolliert werden konnten. Die Standorte dieser Burgen bilden heute teilweise den Kern von Ortschaften. So führte auch unmittelbar östlich des Felsenlabyrinths eine mittelalterliche Paßstraße aus dem innneren Fichtelgebirge nach Süden. Eine der an ihr gelegenen Festungen war die Luxburg.

Ihre Ritter waren Dienstleute, sogenannte „Ministerialen", eines im fernen Nürnberg residierenden Lehnsherrn. Bis um 1300 lebten sie von den Abgaben der auf den Burggütern im Tal arbeitenden Bauern. Zudem wurde von vorbeiziehenden Kaufleuten Zoll kassiert. Die Agrarkrise des frühen 14. Jahrhunderts verminderte die Einnahmen aus der Landwirtschaft – und das hatte Folgen: Die Ritter sahen sich gezwungen, ihre Straßenzölle eigenmächtig zu erhöhen und schließlich gewaltsam einzufordern. So wurden sie als „Raubritter" zu einer ernsten Bedrohung des Handels. Kriegsleute aus der reichsfreien Stadt Eger, einer von den Übergriffen betroffenen Handelsstadt, sollen im 14. Jahrhundert die lange als uneinnehmbar geltende Burg durch eine List erobert und zerstört haben.

Die Natur hat in diesem Gebiet eine Fülle von eigenartigen Schluchten, Felsdurchschlupfen, Grotten und Halbhöhlen geschaffen, wie sie nur selten zu finden sind.

In der frühen Neuzeit führte man ihre Entstehung auf Erdbeben und Vulkanismus zurück. Johann Wolfgang von Goethe fand nach eingehenden Beobachtungen jedoch eine andere Erklärung, die er im Jahr 1785 bei seinem Besuch des Felsenlabyrinths bestätigen konnte: Er erkannte, daß Verwitterung und Abrutschung für die seltsamen Formen verantwortlich sind. Bei Goethes zweitem Besuch im Jahr 1820 war die Luisenburg bereits völlig verändert. Sie war kultiviert worden und stellt seitdem einen gut besuchten touristischen Anziehungspunkt im Fichtelgebirge dar.

Die Wandlung zum Erholungsgebiet ist nicht zuletzt einem Schülerfest zu verdanken, denn die Schüler der Lateinschule zu Wunsiedel sammelten schon im Mittelalter auf dem Weidegebiet der Luxburg Wacholdersträuße zum Ausräuchern der Schulräume. Alljährlich am 13. Juli, dem Margarethentag, veranstalteten sie dort ein Fest mit Gesang, Wettspielen und Aufführungen. 1788 veranstalteten die Honoratioren der Gegend zur Erinnerung an die alten Schülerfeste zusammen mit den Gästen des Alexanderbades kleine Sommerfeste beim „Margarethenstein". Dies führte schließlich zur Kultivierung der Luisenburg: Um eine

Flora und Fauna im Gebiet der Kösseine

Typische Pflanzen

Flechten, Bärlappe, Vogelbeere, Bergulme.

Charakteristische Tiere

Luchs, Rothirsch, Schwarzspecht, Großer Breitkäfer.

Praktische Informationen

Adressen und Auskünfte

Fichtelgebirgsverein, St.-August-Straße 6, 95028 Hof, Tel. 09281/2531.
Verein Naturpark Fichtelgebirge, Landratsamt, Jean-Paul-Straße 9, 95632 Wunsiedel, Tel. 09232/800.
Als Karte empfiehlt sich die Fritsch-Wanderkarte Nr. 52.

Unterkunft

Auskunft bei der Tourist Information Fichtelgebirge, Bayreuther Straße 4, 95686 Fichtelberg, Tel. 09272/6255 und -6452, Fax 09272/439.
Jugendherberegen in Warmensteinach, Marktredwitz und Wunsiedel, Schullandheim in Weißenstadt.

◁◁ Diese Zeichnung aus dem vorigen Jahrhundert zeigt den Felsen „Helgoland" besser als jede Fotografie es heute könnte.

parkähnliche Anlage zu schaffen, legte man Sümpfe trocken, sprengte Felsen und ebnete Schluchten ein. 1890 verfaßte dann der Wunsiedeler Professor Ludwig Hacker sein Festspiel „Die Losburg", das auf der Naturbühne Luisenburg erstaufgeführt wurde. Damit begannen die Luisenburg-Festspiele.
Heute hat sich das Bild der Luisenburg erneut geändert; der natürliche Bewuchs konnte sich wieder ausbreiten. Eine örtliche Besonderheit ist das Leuchtmoos, das zu den Laubmoosen gehört. Der goldgrüne Leuchtreflex entsteht durch die besondere Anordnung der Chlorophyllkörner in den Zellen des Vorkeimes. Das Leuchten ist nur im Halbschatten zu sehen. Einst war das Moos in dichten Teppichen in weiten Gebieten des Labyrinthes zu finden. Weil es gern als Souvenir mitgenommen wurde, obwohl sein Leuchteffekt vom Standort abhängig ist, wächst es nur noch in wenigen Schluchten.

◁ Bärlappe zählen zu den farnartigen Gewächsen und haben meist kriechende Stengel. Der Tannenbärlapp verdankt seinen Namen seinen nadelförmigen Blättern.

Wandern im Kösseine-Massiv

Route 1: Der Weg durch das Labyrinth

Bei einem Besuch des Fichtelgebirges führt kein Weg am Felsenlabyrinth vorbei. Die scheinbare Undurchdringlichkeit und die beeindruckenden Größenverhältnisse der Schluchten, Grotten und bizarren Felsen sind mit den Mitteln der Fotografie nicht einmal annähernd wiederzugeben. Um das Labyrinth zu besichtigen, ist eine Eintrittskarte erforderlich; der Erwerb der Broschüre zu den einzelnen Felspartien lohnt sich. Nach dem Kassenhäuschen weisen blaue und rote Pfeile den Weg.

i Rundwanderweg; Länge 2 km; 150 Höhenmeter; 2 Stunden Gehzeit. Markierung: blaue Pfeile bergauf, rote Pfeile bergab.

Route 2: Felsengipfel und der „blaue Stein"

Dieser Wanderweg führt den Höhenweg entlang, an Haberstein oder Burgstein vorbei, zum Kösseine-Gipfel. Nach einer Rast im Unterkunftshaus des Fichtelgebirgsvereins geht es der Steinwaldmarkierung nach talwärts. Am Weg liegt ein Steinbruch, in dem der blaue Kösseine-Granit abgebaut wird.

i Rundwanderweg; Länge 11 km; ca. 3 Stunden Gehzeit. Markierung des Höhenwegs: weißes H auf rotem Grund; des Steinwaldwegs: rot-weißer Balken.

Förster / Habel / Oelmann / Willigalla

Anreise

Mit der Bahn bis Bayreuth, Wunsiedel oder Marktredwitz, weiter per Bus.
Mit dem Auto auf der A 9 bis Abfahrt Bayreuth Nord (nach Warmensteinach und Fichtelberg) oder Abfahrt Bad Berneck (auf der B 303 nach Marktredwitz und Wunsiedel). Auf der A 93 bis Abfahrt Marktredwitz, weiter auf der B 303.

Gaststätten

Luisenburg: Gaststätten Waldlust und Jägerstübchen, Städtische Luisenburg-Gaststätte. Kösseine: Gaststätte und Unterkunftshaus des Fichtelgebirgsvereins auf dem Gipfel.

Das Höllental

Fußtritt des Teufels

Der Begegnung eines wackeren Köhlers mit dem Herrn der Unterwelt soll das romantische Höllental seine Entstehung verdanken. Geologen ziehen aus den Basalten und erstarrten Magmaklumpen in diesem Teil des Frankenwaldes freilich andere Schlüsse.

Der Frankenwald, die „grüne Krone Bayerns", liegt an der Landesgrenze zu Thüringen. Eine Hochfläche mit tief eingeschnittenen Tälern prägt das Bild seiner Landschaft. Vor dem Eingriff des Menschen wuchs hier ein Mischwald aus Buchen und Tannen. Durch die Nutzung als Waldweide im Mittelalter und forstwirtschaftliche Ausbeutung während der folgenden Jahrhunderte besteht der Wald heute weitgehend aus Fichten. Im nördlichen Teil des Frankenwaldes schnitt sich bei Bad Steben die Selbitz 100 bis 200 Meter tief in das umgebende Gestein. Wer ihr wildromantisches Tal durchwandert, dem wird es nicht schwerfallen, der Sage Glauben zu schenken, die sich um die Entstehung des Tales rankt. Danach hat in alten Zeiten ein Köhler hier haltmachen müssen, weil seine Pferde nicht weiterwollten. Als er nach der Ursache suchte, sprach ihn der Teufel an. Doch geistesgegenwärtig rief der Köhler die Namen „Josef, Maria und Jesus!" und schlug drei Kreuze in die Luft. Der Teufel stampfte daraufhin derart fest auf, daß sich an dieser Stelle eine Schlucht auftat: das Höllental.

Die Wissenschaft hat freilich eine andere Deutung: Vor 400 Millionen Jahren, im Devon, bedeckte ein Meer das Gebiet des heutigen Frankenwaldes. Auf seinem Grund brachen Vulkane aus, was zur Bildung von „Kissenlaven" führte, kissenähnlichen Magmaklumpen, deren Form auf das plötzliche Erkalten der heißen Lava unter Wasser zurückzuführen ist. Waren im Magmabrei Dampfblasen eingeschlossen, wurden diese nach dem Erkalten in den folgenden Jahrmillionen meist durch Minerale wie Kalkspat und Quarz ausgefüllt. Diese Erscheinung wird „Mandelstein" genannt und ist im Höllental zu finden. Ansonsten besteht das Tal aus „Diabasgestein", einer Art Basalt, der hier eine grünliche Farbe aufweist. Wegen des hohen Eisen- und Schwefelgehaltes des Gesteins gibt es hier auch Mineralquellen. Botanisch ist das Gebiet ebenfalls etwas Besonderes. Im Gegensatz zu den tonig-lehmigen

Kurzprofil

Im Naturschutzgebiet Höllental im Eichensteiner Wald durchschneidet die Selbitz das grünliche Basaltgestein des Frankenwaldes.

Verordnungsgeber:	Regierungspräsidium Ansbach, heute zuständig Regierung von Oberfranken
Ausgewiesen:	1940
Fläche:	14,9 ha; Erweiterung geplant
Saison:	Frühjahr bis Herbst
Besucher:	ca. 50 000 jährlich
Wanderwege:	ca. 40 km

Praktische Informationen

Adressen und Auskünfte

Naturpark Frankenwald, Güterstraße 18, 96137 Kronach, Tel. 09261/60150. Infozentrum des Naturparks Frankenwald, Bahnhof Blechschmidtenhammer (täglich 10–17 Uhr). Zu empfehlen ist die Fritsch-Wanderkarte Nr. 51 (Frankenwald).

Anreise

Mit dem Auto auf der A 9, Ausfahrten Berg/Bad Steben und Naila; auf der B 173 bis Naila, von hier aus nach Marxgrün/Hölle.

Flora und Fauna im Höllental

Typische Pflanzen

Pfingstnelke, Türkenbund, Geißklee, Salomonspiegel (auf Kalk); Schwarzerle, Salweide (am Ufer); Linde, Spitzahorn, Nesselblättrige Glockenblume, Waldwicke (Mischwald an Hängen); Mauerpfeffer, Weiße Fetthenne, Waldreitgras, Federgras (auf Felsen und Blockhalden)

Charakteristische Tiere

Weißrückenspecht, Schwarzspecht, Rauhfußkauz, Schlingnatter

Böden des übrigen Frankenwaldes gibt es hier kalkhaltige Böden und somit eine kalkliebende Flora. Ihre Vertreter sind Seidelbast, Pfingstnelke, Salomonsiegel, Gelber Fingerhut und Türkenbund.

Auf den Grobschutthalden im Gebiet der Gipfel „Hirschsprung" und „König David" sind durch die sonnige Hanglage wärmeliebende Pflanzen begünstigt. Sie gelten als westlichste Vorkommen der Steppen Südosteuropas. Charakterpflanzen sind das zierliche Federgras, das blasse Habichtskraut und der Geißklee.

Die Wälder bestehen bislang noch größtenteils aus Fichten. Sie sollen allmählich entfernt werden. Möglicherweise wird sich in ferner Zukunft die natürliche Vegetation wieder einfinden: an den Hängen Buchenwald, in der Selbitzaue Erlen-Auwald.

Die vielfältige Flora und Fauna der Region wird leider noch nicht ausreichend geschützt. Nur kleine Teilgebiete sind als Naturschutzgebiet ausgewiesen; eine Vergrößerung des Schutzgebietes ist sehr wünschenswert.

Unterkunft

Auskunft bei den Gemeindeverwaltungen Lichtenberg, Bad Steben und Naila sowie bei der Tourist-Information Frankenwald, Amtsgerichtsstraße 21, 96317 Kronach.

Gaststätten

Es gibt mehrere Gaststätten in Hölle, Blechschmidtenhammer und Lichtenberg.

◁ Blick ins Höllental vom Gipfel „König David" aus

Wandern im Höllental

Viele, zum Teil parallel verlaufende Wanderwege, durchziehen das Höllental. Ihre Zahl soll verringert werden, da ein Großteil der Besucher sich in diesem undurchschaubaren Wegenetz nicht zurechtfindet und die Wege den Lebensraum empfindlicher Tierarten durchqueren.

Route 1: Durch den Höllengrund

Dieser Wanderweg führt ab Hölle und Blechschmidtenhammer an beiden Ufern der Selbitz entlang. Wer genau hinschaut, kann einen hölzernen Hirsch auf einem Felsvorsprung, dem „Hirschsprung" erkennen. Vom Jungfernsteg, einer der beiden Brücken, bietet sich ein schöner Ausblick auf die Selbitz.

i Bequemer Rundwanderweg; Länge 9 km; 30 Höhenmeter; 3 Stunden Gehzeit.

Route 2: Auf und ab am Felsenpfad

Auch hier sind die Ausgangspunkte Hölle und Blechschmidtenhammer. Kletterkünste sind zwar nicht erforderlich, doch sind die steilen Auf- und Abstiege nicht zu unterschätzen. Senkrechte Felswände zu beiden Seiten des Weges und der Anblick der „Kissenlaven" entschädigen für die Anstrengung.

i Rundwanderweg; Länge 7 km; 150 Höhenmeter (zum Teil Sicherung); 3 Stunden Gehzeit. Feste Schuhe sind erforderlich.

◁◁◁◁ Anders als die Ringelnatter, die Eier legt, ist die ungiftige Glatt- oder Schlingnatter lebendgebärend.

Route 3: Besuch bei „König David"

Auf den Wasserrohren des Kraftwerks führt dieser Weg durch das Höllental. Aber keine Angst, die Rohre sind gut ummantelt und gepflastert, so daß man bequem wandert. Vom Parkplatz Einsiedel aus folgt man der Beschilderung zum Berggipfel „König David". Von hier aus hat man eine wunderschöne Aussicht über das gesamte Tal.

i Länge 5 km; 100 Höhenmeter; 1 Stunde 30 Minuten Gehzeit. Markierung V.

Förster / Habel / Oelmann / Willigalla

Teuschnitzaue, Dober- und Kremnitztal mit Gehrenwald

Bunte Wiesen, dunkle Wälder

Wem gehört der Gehrenwald? Jahrhundertelange Streitereien um seinen Besitz führten zu einer Form der Bewirtschaftung, die heute die Zustimmung der Naturschützer findet: In den flußnahen Auen der Teuschnitz haben Orchideen, brütende Vögel und seltene Schmetterlinge ihr Refugium.

Im nordwestlichen Zipfel des Frankenwaldes durchqueren die Flüsse Kremnitz, Dober und Teuschnitz seine Hochfläche. Sie vereinigen sich schließlich gemeinsam mit der Grümpel zur Kronach. Die Täler von Kremnitz, Dober und Teuschnitz sind sogenannte Kerbtäler, die entstehen, wenn sich Flüsse tief in das Gestein einschneiden. Kerbtäler sind typisch für den Frankenwald, wo sich durch die starke Erosion der Flüsse V-förmige Täler fast ohne Talboden bildeten. Die Hänge konnten sich durch Abrutschungen allerdings oft wieder verflachen.

In den drei Tälern, die größtenteils als Grünland genutzt werden, siedeln landschaftstypische Tier- und Pflanzenarten. Bekassine, Braunkehlchen und Wiesenpieper brüten in den

Wiesen am Oberlauf der Teuschnitz. Der Neuntöter hingegen verbirgt seine Nester in Feldgehölzen auf den Hochflächen. Eine Eigenart dieses Vogels ist es, seine Beutetiere auf Dornen zu spießen.

Neben diesen gefährdeten Vogelarten kommen in den Auwiesen der Teuschnitz auch seltene Pflanzen vor. Orchideen, zum Beispiel das Breitblättrige Knabenkraut, können hier ebenso bewundert werden wie die Perückenflockenblume oder das Blutauge. Der Lebensraum beherbergt außerdem seltene Schmetterlingsarten wie den Mädesüß-Perlmutterfalter, das Wiesenvögelchen und den Dukatenfalter.

In der Teuschnitzaue wird seit einigen Jahren ein Pilotprojekt durchgeführt, in dem versucht wird, die Erhaltung gefährdeter Arten mit den Interessen der Landwirtschaft zu vereinbaren. Nachdem die Verbreitung der gefährdeten Pflanzen- und Tierarten

Kurzprofil

Die Teuschnitzaue ist ein eigenes Landschaftsschutzgebiet; Dober- und Kremnitztal mit Gehrenwald liegen im Landschaftsschutzgebiet Frankenwald. Beide Schutzgebiete gehören zum Naturpark Frankenwald.

Landschaftsschutzgebiet „Teuschnitzaue"

Verordnungsgeber:	Landkreis Kronach
Ausgewiesen:	1986
Fläche:	90 ha
Saison:	ganzjährig,
Wanderwege:	2,5 km (Naturpfad) im Winter Loipen

Landschaftsschutzgebiet „Frankenwald"

Verordnungsgeber:	Regierung von Oberfranken
Ausgewiesen:	1984
Fläche:	44 000 ha
Saison:	Frühjahr bis Herbst
Wanderwege:	20 km im beschriebenen Gebiet der Dober und Kremnitz mit dem Gehrenwald
Besucher des gesamten Gebietes:	ca. 5 000 jährlich

Praktische Informationen

Adressen und Auskünfte

Ökologische Bildungsstätte Oberfranken, Wasserschloß Mitwitz, Unteres Schloß, 96268 Mitwitz, Tel. 09266/8252.
Naturpark Frankenwald, Güterstraße 18, 96317 Kronach, Tel. 09261/678242.
Informationszentrum des Naturparks Frankenwald, Bahnhofstraße 9, 96349 Steinwiesen, Tel. 09262/7655.

Anreise

Mit der Bahn bis Kronach, von hier aus

ermittelt worden war, wurden für die einzelnen Wiesen Mähtermine zwischen Juli und September festgelegt. Dabei wurden beispielsweise das Nahrungsangebot für die Wiesenbrüter und die Blütezeiten der Pflanzen einbezogen. Das Naturschutzzentrum in Mitwitz betreut das Projekt seit 1989 – mit Erfolg, denn seither haben sich die Bestände fast aller gefährdeter Arten erhöht.

Östlich von Teuschnitz, durch die Dober und die Kremnitz begrenzt, liegt ein 554 Hektar großes Waldgebiet, der Gehrenwald. Nachdem die Kirche dieses Waldgebiet im Jahre 1390 den Bürgern der Gemeinde Teuschnitz geschenkt hatte, war es immer wieder mit der Nachbargemeinde zum Streit um die Besitzrechte gekommen. Dieser Konflikt wurde erst im 17. Jahrhundert zugunsten der Teuschnitzer beendet. Danach wurden sich aber die Teuschnitzer untereinander nicht einig, so daß der Wald im Jahre 1807 in insgesamt 118 gleich große Stücke aufgeteilt wurde, die jeder nach Belieben bewirtschaften konnte.

Durch diese Aufteilung in kleine Flächen und die private Bewirtschaftung konnte sich ein sogenannter Plenterwald entwickeln. Bei dieser Waldnutzung werden nur einzelne Bäume gefällt und Kahlschläge vermieden. So kann sich der Waldbestand natürlich verjüngen und es entsteht ein strukturreicher Wald mit Bäumen unterschiedlichen Alters – aus Naturschutzsicht die ideale Nutzungsform.

Die Bewirtschaftung eines Plenterwaldes fördert vor allem Baumarten wie Weißtanne, Fichte oder Buche, die auch Schatten vertragen. Deshalb findet man im „Gehrn“, wie er von den Teuschnitzern genannt wird, trotz einiger Aufforstungen mit Fichten noch einen hohen Anteil an Tannen, und im Unterwuchs einige Buchen. Unter natürlichen Bedingungen würden diese Arten den Waldbewuchs bilden.

Flora und Fauna im Landschaftsschutzgebiet:

Typische Pflanzen

Breitblättriges Knabenkraut, Mannsknabenkraut, Mückenhändelwurz, Mädesüß, Perückenflockenblume, Arnika, Teufelsabbiß, Teufelskralle, Bärwurz (auf den Wiesen der Auen); Fieberklee, Blutauge (in den feuchteren Auenbereichen).

Charakteristische Tiere

Schwarzstorch, Bekassine, Braunkehlchen, Wiesenpieper (auf den Wiesen der Auen); Neuntöter (in Feldgehölzen); Großer Schillerfalter, Dukatenfalter, Mädesüß-Perlmutterfalter, Rostbraunes Wiesenvögelchen (Schmetterlinge der Auwiesen).

Busverbindung nach Teuschnitz.
Mit dem Auto von Kronach auf der B 85 bis Pressig-Förtschendorf, von hier rechts ab nach Teuschnitz.

Unterkunft

Auskunft bei der Tourist-Information Frankenwald, Amtsgerichtsstraße 21, 96317 Kronach, Tel. 09261/60150.
Der nächste Campingplatz liegt an der B 173 hinter Kronach (Richtung Hof).

◁
Das Teuschnitztal bei Marienroth

◁◁◁◁
Mädesüß-Perlmutterfalter auf einer Bärwurz

Wandern im Frankenwald

Route 1: Durch die Teuschnitzaue

Ziel und Ausgangspunkt ist der Sportplatz bei Teuschnitz. Durch die Wiesen der Teuschnitzaue führt der Weg an Wald und Bergwiesen, Hochstaudenfluren, Teichen und Bächen entlang. In einem am Ausgangspunkt erhältlichen Heftchen werden Pflanzen und Tiere sowie Maßnahmen des Naturschutzes und der Landschaftspflege erklärt.

i Rundwanderweg mit Naturlehrpfad; Länge 2,5 km; 1 Stunde 30 Minuten Gehzeit.

Route 2: Blühende Wiesen, dunkle Wälder

Ab der Effelter Mühle führt dieser Weg durch das Dobertal mit seinen Orchideenwiesen bis zur Mündung der Dober in die Kremnitz. Im Kremnitztal wandert man bachaufwärts vorbei an artenreichen Wiesen und Fichtenforsten bis zur Gaststätte Finkenmühle. Von hier geht es durch den Gehrenwald zurück.

i Rundwanderweg; Länge 9 km; 150 Höhenmeter; 2 Stunden 30 Minuten Gehzeit.

Förster / Habel / Oelmann / Willigalla

Das Wollmatinger Ried

Schneggli-sand im Bodensee

Am Bodensee liegen bedeutende Oasen der Natur: allen voran das Wollmatinger Ried. Das Schutzgebiet westlich von Konstanz ist ein bedeutender Lebensraum für Wasservögel, geprägt von Flachwasser, Schilf und Riedwiesen – und von den jährlichen Schwankungen des Wasserspiegels.

Seine wahre Größe zeigte der Bodensee erst bei der Neuvermessung von 1990. Die Wasserfläche beträgt insgesamt 571,5 Quadratkilometer und ist damit rund 30 Quadratkilometer größer als bisher angenommen; seine größte Tiefe beträgt 254 Meter. Das große Seebecken füllt der Obersee, der mit dem fast fjordartigen Überlinger See eine Einheit bildet. Der dritte Seeteil, der Untersee, bedeckt eine Fläche von 71,5 Quadratkilometern.

Der Bodensee wird aus einem überwiegend alpinen Einzugsgebiet von über 10 000 Quadratkilometern gespeist. Das meiste Wasser fließt im Frühsommer über den Alpenrhein seewärts, wenn bei steigenden Temperaturen auch in den Hochalpen alle Niederschläge ins Tal gelangen. Dagegen bilden sich im Winter in den Bergen mächtige Schnee- und Eisdepots, so daß der Bodensee nur wenig Wasser erhält. Sein Wasserspiegel schwankt daher je nach Jahreszeit um rund zwei Meter – ein Wechsel, dem sich die Pflanzen der Uferzone auf hervorragende Weise angepaßt haben.

In der Vergangenheit wurde geplant, den Ausfluß des Bodensees durch ein Stauwehr zu regulieren, um den Seespiegel ständig auf einem für die Schiffahrt und die Wasserwirtschaft nützlichen Niveau zu halten. Glücklicherweise wurden die Pläne verworfen. Das Bodenseewasser darf sich weiterhin nach Belieben ausbreiten und durch den Rhein abfließen. Stauseen in den Alpen, Hochwasserdämme und Ufermauern setzen dem ohnehin Grenzen.

In vielem unterscheidet sich der Untersee vom übrigen Bodensee. Mit seinen ausgedehnten Flachwasserzonen, seinen Buchten, der Insel Reichenau und der Halbinsel Mettnau ist er ein Flachsee. Der Südteil des Untersees wird vom Rhein durchströmt. Dieses Zusammentreffen von Fluß und See führt im Ermatinger Becken zu einer reizvollen Kombination: Hier hat sich der Rhein ein stabiles Bett durch das Flachwasser gegraben. Auch bei Frost bleibt diese Rheinrinne mit der angrenzenden Seichtwasserzone lange Zeit eisfrei. In anderen Teilen des Untersees dagegen, wie etwa dem windgeschützten Gnadensee, bildet sich bei andauernder Kälte rasch eine Eisdecke. Andererseits erwärmen sich die Stillwasserbuchten im Frühjahr schneller.

Kurzprofil

Das Naturschutzgebiet Wollmatinger Ried–Untersee–Gnadensee ist das bedeutendste Naturreservat in der deutschen Bodenseeregion.

Betreuung:	Naturschutzbund Deutschland, Landesverband Baden-Württemberg im Auftrag des Landes Baden-Württemberg
Gegründet:	1930
Fläche:	757 Hektar (Gesamtfläche der vom NABU betreuten Schutzgebiete am Untersee: 1753 Hektar)
Saison:	ganzjährig

Das Leben im See spielt sich vor allem in der Flachwasserzone ab. Hier besiedelt eine große Zahl von Wasserpflanzen den Seeboden, soweit das Sonnenlicht in die Tiefe dringt. Wie empfindliche Meßinstrumente reagieren die Pflanzen auf Umweltveränderungen. Gewaltige Mengen Grünalgen und Laichkräuter zeigten in den siebziger Jahren die Phosphorbelastung durch Waschmittel an. Nach dem konsequenten Bau von Kläranlagen beleben heute wieder große Unterwasserwiesen aus Armleuchteralgen die Flachwasserzone, und die nährstoffzehrenden Laichkräuter und Grünalgen sind auf dem Rückzug.

Diese gravierenden Veränderungen wirkten sich auch auf die Tiere aus, zum Beispiel auf die eingeschleppten Dreikantmuscheln oder die als Speisefische geschätzten Bodenseefelchen und Flußbarsche. Der reich gedeckte Tisch wiederum zog eine wachsende Zahl von Wasservögeln an, deren Appetit sich vor allem auf Wasserpflanzen, Muscheln und Fische konzentriert. Pro Saison holt die winterliche Gästeschar von 250 000 bis 300 000 Enten, Tauchern und Bläßhühnern deutlich mehr als 30 000 Tonnen Biomasse (Pflanzen und Tiere) aus dem See und trägt zur Stabilisierung des ökologischen Gleichgewichts bei. Diese wichtige Leistung der Wasservögel wird oft übersehen. Mit Sicherheit werden in Zukunft im wieder nährstoffärmeren Bodensee weniger Wasserpflanzen, weniger Muscheln, weniger Fische und weniger Vögel leben.

◁ „Nasse Füße" machen dem Bodensee-Vergißmeinnicht nichts aus.

◁ Luftaufnahme des Wollmatinger Rieds mit der Insel Reichenau

Geschützte Riedlandschaft

Das Naturschutzgebiet Wollmatinger Ried–Untersee–Gnadensee, größte natürliche Uferlandschaft am Untersee, beginnt gleich westlich der Stadt Konstanz. Von Seerhein und Untersee begrenzt, präsentiert sich hier eine für Mitteleuropa einzigartige amphibische Landschaft. Engagierten Naturschützern und aufgeschlossenen Gemeindevertretern ist es zu verdanken, daß die Uferlandschaft bereits in den dreißiger Jahren unter Schutz gestellt wurde.

Herkömmliche Nutzungsformen wie die Streuwiesenmahd verloren in den Wirtschaftswunderjahren rasch an Bedeutung. Im einstigen Bauerndorf Wollmatingen zog das städtische Leben ein, und auf der Insel Reichenau florierte der Gemüsean-

◁◁◁◁ Ein Bartmeisen-Männchen turnt auf dem Weg zum Nest geschickt durch das Schilf.

▷ Pflanzen und Tiere im Wollmatinger Ried haben sich dem jahreszeitlich bedingten Wechsel des Wasserstandes angepaßt.

▷▷▷▷ Ein Baustein des Wollmatinger Rieds: Schnegglisand mit Schneckenhaus

bau und verdrängte die Viehhaltung. Damit wäre beinahe das Schicksal der Riedwiesen besiegelt gewesen. Bisher war das Pfeifengras der Wiesen ein begehrter Artikel, weil es als Einstreu für die Viehställe gebraucht wurde. Erst im Oktober, wenn das Pfeifengras die gewünschte Strohqualität hat, fuhren die Bauern die Ernte der Riedwiesen ein.

Die späte Ernte begünstigte eine Lebensgemeinschaft, die sich vom Frühjahr bis zum Herbst ungestört entfalten konnte. Mehl-Primel und Sibirische Schwertlilie, Knabenkräuter, Sumpfwurz und Lungen-Enzian, aber auch Kiebitz, Bekassine und viele bunte Falter fühlten sich in den Wiesen wohl. Leider ist ein Großteil dieser Flächen inzwischen anderen Interessen gewichen, sei es einer intensiveren landwirtschaftlichen Nutzung oder der Umwandlung in Bauland. Um so erfreulicher ist es, daß jetzt neue Wege zur Erhaltung und Nutzung der Streuwiesen begangen werden. Mit staatlicher Unterstützung mähen Landwirte und Naturschutzbund regelmäßig die schützenswerten Wiesen. Die Gemüsegärtner der Insel Reichenau verwenden das natürliche Material

▷ Die Sumpf-Siegwurz wird in der Region auch Sumpfgladiole genannt.

Flora und Fauna im Wollmatinger Ried

Typische Bäume und Sträucher

Silberweide, Schwarzpappel (oft Pyramidenpappel), Zitterpappel, Stieleiche, Hängebirke, Purpur- und Grauweide, Schneeball, Faulbaum, Kreuzdorn, Schwarzerle, Kratzbeere.

Charakteristische Blütenpflanzen

Sibirische Schwertlilie, Wasser-Schwertlilie, Bodensee-Vergißmeinnicht, Lungen-Enzian, Wohlriechender Lauch, Sumpf-Siegwurz, Sumpfwurz, Fleischrotes Knabenkraut, Mädesüß, Blutweiderich, Schilfrohr, Steif-Segge, Pfeifengras.

Bemerkenswerte Vogelarten

Haubentaucher, Schwarzhalstaucher, Kormoran, Graureiher, Singschwan, Kolbenente, Großer Brachvogel, Weißkopfmöwe, Lachmöwe, Flußseeschwalbe, Drosselrohrsänger, Teichrohrsänger, Bartmeise, Rohrammer.

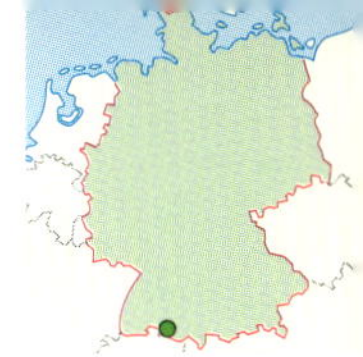

gerne zur Verbesserung der Böden oder als Mulchschicht. Ein anderer Teil des Mähguts wird in einem Kompostwerk dem Biomüll zugesetzt.

Der Pflege- und Entwicklungsplan für das Wollmatinger Ried sieht auch vor, daß beträchtliche Teile der einstigen Streuwiesen der natürlichen Entwicklung überlassen werden. Faulbaum und Kreuzdorn, Schneeball und Grauweide sowie andere Sträucher breiten sich in diesen Bereichen rasch aus. Nach und nach setzen sich je nach Standort auch Silberweiden, Birken, Stieleichen oder Zitterpappeln durch: ein Naturwald entsteht.

Merkwürdig muten die krummwüchsigen Waldkiefern mitten im Wollmatinger Ried an. Sie wurzeln auf leicht erhöhten Plätzen, vor allem auf den Strandwällen, die das Ried wie trockene Inseln durchziehen. Kieselgroße Kalkknollen bilden das Material, aus denen die Strandwälle bestehen. „Schnegglisand" nennen die Seeanwohner diese leichten Kalkgebilde, die vom Wellenschlag des Sees ans Land gespült und zu kleinen Wällen zusammengeschoben wurden. Den Kern der weichen Kalkknollen bilden oft Gehäuse von Wasserschnecken, daher die volkstümliche Bezeichnung.

Blaualgen sind die eigentlichen Verursacher; sie sondern bei der Photosynthese (dem Aufbau von Stärke und Zucker unter Sonnenlicht) Kalk ins Wasser ab. Schichtenweise umschließt eine Kalkkruste dann allmählich Schneckenhäuser und andere feste Teilchen, die sich im Wasser befinden.

Ohne Zweifel verdankt das Wollmatinger Ried seine heutige Oberflächengestalt vor allem dem Schnegglisand, der damit als stärkster Verlandungsfaktor gelten kann. Auf den Strandwällen überraschen uns neben Kiefern auch Sonnenröschen, Thymian, Heide-Segge, Ästige Graslilie, ja sogar Küchenschelle und Frühlings-Enzian – ein bemerkenswerter Kontrast zu den Pflanzenarten der feuchten Umgebung. Der Boden der Strandwälle bleibt stets trocken, weil der Regen durch die locker geschichteten Kalkknollen rasch versickert und wegen der großen Zwischenräume kein Bodenwasser nach oben steigen kann.

Der Straßendamm zur Insel Reichenau durchschneidet den breiten Schilfsaum des Wollmatinger Rieds und bietet Einblick in den Lebensraum Schilf, der die Wasserwechselzone des Untersees beherrscht. Zu den auffälligen Bewohnern der Schilfzone zählen die Vögel: Im Mai sind aus dem Röhricht die Stimmen von Teich- und Drosselrohrsänger zu hören, und am Schilfrand schwimmen Hauben- und Schwarzhalstaucher sowie Kolbenenten und andere Wasservögel.

Während die Brutvögel im Juni und Juli noch mit der Aufzucht der Jungen beschäftigt sind, treffen bereits zunehmend fremde Wasservögel ein, die den Schilfgürtel und die Flachwasserzone des Wollmatinger Rieds als Mauserstation schätzen. Bei der Schwingenmauser sind die Schwimmvögel ungefähr einen Monat lang flugunfähig, bis die neuen Federn nachgewachsen sind. In dieser Zeit benötigen sie geschützte und nahrungsreiche Plätze.

◁ **Bei zurückgehendem Nährstoffanteil wird es in Zukunft im Bodensee weniger Dreikantmuscheln geben.**

Naturschutzzentren am Untersee

NABU-Naturschutzzentrum Wollmatinger Ried

Im Bahnhof Reichenau. Dauerausstellung mit Tonbildschau, Büchern und Informationsmaterial. Ein kleiner Naturgarten liegt vor dem Zentrum. Man kann sich hier auch Fahrräder leihen: Als Ziele sind bequem zu erreichende Beobachtungsplätze an der Peripherie des Schutzgebiets geeignet, etwa bei Hegne oder auf der Insel Reichenau. Der NABU bietet von hier aus regelmäßig Riedwanderungen und andere Veranstaltungen an. NABU-Naturschutzzentrum Wollmatinger Ried, Kindlebildstraße 87, 78479 Reichenau, Tel. 07531/78870, Fax 07531/72383. (Geöffnet ganzjährig Mo–Fr 9–12 und 14–17 Uhr, von April bis September außerdem Sa, So und feiertags 13–-17 Uhr)

NABU-Naturschutzhaus Mettnau

Ausstellung über die Lebensräume der Halbinsel Mettnau mit ihren Tieren und Pflanzen. Der Mettnauturm bietet das ganze Jahr über lohnende Ausblicke. Besonders für Vogelbeobachter ist die Plattform am Ententeich im Frühjahr lohnend. NABU-Naturschutzhaus Mettnau, Floerickeweg 2a, 78315 Radolfzell, Tel. 07732/12339, Fax 07732/13860. (Geöffnet März bis Oktober Sa, So, feiertags 14–18 Uhr)

BUND-Naturschutzzentrum Möggingen

Der Besuch empfiehlt sich bei einem Abstecher zum idyllischen Mindelsee, der seit 1938 Naturschutzgebiet und für seine herbstlichen Reiherentenscharen bekannt ist. Die Termine der Führungen zum Mindelsee sind hier zu erfragen. BUND-Naturschutzzentrum Möggingen, Mühlbachstr. 2, 78315 Radolfzell-Möggingen, Tel. 07732/15070, Fax 07732/150777. (Geöffnet Mo–Fr 9–12 und 14–17 Uhr)

Kultur und Museen

Insel Mainau

Barockschloß mit Park der vier Jahreszeiten, Arboretum und Schmetterlingshaus; im Informationszentrum „Lichtblicke im Gärtnerturm" (Natur und Kultur am Bodensee) ist eine Multivisionsschau zu sehen. (Geöffnet täglich 10–17 Uhr, Multivision bis 16.30 Uhr)

Insel Reichenau

Drei romanische Kirchen, darunter die ehemalige Klosterkirche mit Schatzkammer sowie ein Heimatmuseum, in dem unter anderem Weinbau, Fischerei und Naturkunde behandelt werden. (Heimatmuseum geöffnet von Mai bis September, Di–So 15–17 Uhr)

Unteruhldingen

Das Freilichtmuseum zeigt drei rekonstruierte Dorfanlagen mit Pfahlbauten aus der Stein- und Bronzezeit. (Geöffnet April bis September täglich 8–18 Uhr, Oktober täglich 9–17 Uhr, März bis November Sa, So, feiertags 9–17 Uhr)

Das Schilf und seine Ränder sind vom Hochsommer bis in den Winter hinein von einer magischen Anziehungskraft für Zehntausende nordischer Wasservögel, die auf dem Zug hier rasten oder bereits ihr Winterquartier am Untersee beziehen. Allein im Bereich des Naturschutzgebiets Wollmatinger Ried–Untersee–Gnadensee versammeln sich im Oktober und November über 40 000 Schwimmvögel.

Zum Hauptkontingent des bunten Artenspektrums gehören neben Tafelenten und Bläßhühnern auch Schnatterenten und Krickenten. Eine große Gruppe von Singschwänen überwintert hier, ebenso regelmäßig treffen mehr als hundert Große Brachvögel ein. Günstige Beobachtungsmöglichkeiten sind gegen Ende des Jahres nicht auf die Naturschutzgebiete beschränkt; auch von öffentlichen Uferwegen aus läßt sich vieles entdecken, z.B. rund um die Insel Reichenau oder auf der Halbinsel Höri bis zum Schweizer Städtchen Stein am Rhein.

Wanderungen und Ausflüge

Das Naturschutzgebiet selbst ist zum größten Teil für die Öffentlichkeit gesperrt. Mit Führungen auf festgelegter Route und in begrenzter Gruppengröße bietet der Naturschutzbund Deutschland jedoch interessierten Besuchern die Möglichkeit das Wollmatinger Ried kennenzulernen. Fast drei Stunden dauert eine große Riedführung auf einem etwa fünf Kilometer langen Rundkurs.

Naturerlebnis Untersee – eine Rundfahrt mit Schiff und Bahn

Einmal in der Woche ist ein Naturkenner mit an Bord, wenn das Kursschiff von Radolfzell nach Konstanz über den Untersee fährt. Wissenswertes über den See, die Gefährdung und den Schutz der Umwelt, aber auch über die Besiedelung und Nutzung der Seelandschaft wird in unterhaltsamer Weise geboten. Vorbei an den Halbinseln Höri und Mettnau geht die Fahrt hinüber zur Insel Reichenau. Ab Ermatingen hält sich

▷ Kolbenenten sind regelmäßige Sommergäste am Schilfrand.

Praktische Informationen

Adressen und Auskünfte

Naturschutzzentrum Wollmatinger Ried, Kindlebildstraße 87, 78479 Reichenau, Tel. 07531/78870, Fax 07531/72383.
Naturschutzzentrum Eriskirch, Bahnhofstraße 24, 88097 Eriskirch, Tel. 07541/81888, Fax 07541/81899.
Bodensee-Stiftung, Internationale Stiftung für Natur und Kultur, Paradiesstraße 13, 78462 Konstanz, Tel. 07531/90980, Fax 07531/909877.
„Natur am See" ist eine empfehlenswerte Freizeitkarte für Bodenseefreunde (Maßstab 1:75 000, mit Begleitheft; ISBN 3-9803350-6-2). Über alle Bahn-, Bus- und Schiffslinien im Bodenseeraum informiert der „Regiofahrplan Bodensee", der gegen eine Schutzgebühr an Bahnhöfen erhältlich ist.

Anreise

Mit dem Zug bis Radolfzell oder Konstanz, mit dem Stadtexpreß „Seehas" im Halbstundentakt zu den Stationen Reichenau (Naturschutzzentrum) oder Wollmatingen; außerdem mit dem Stadtbus. Mit dem Auto über die A 81 und die B 33 Richtung Konstanz, Wegweiser Naturschutzzentrum Wollmatinger Ried oder Kläranlage Konstanz (Treffpunkt für Führungen).
Zur Halbinsel Mettnau: bis Radolfzell, weiter mit dem Stadtbus (Linie 5) zur Mettnau. Zum Eriskircher Ried: mit dem

◁ **Die Riedlandschaft bei Hochwasser**

Zug bis Friedrichshafen, dort umsteigen nach Eriskirch. Mit dem Auto über die B 31 (Friedrichshafen–Lindau).

Führungen

Die Naturschutzzentren bieten vor allem im Sommerhalbjahr naturkundliche Führungen an (meist gegen Unkostenbeitrag). Nach Vereinbarung sind auch Führungen für Behinderte möglich.

Unterkunft

Tourist Information Konstanz, Bahnhofplatz 13, 78462 Konstanz, Tel. 07531/133030, Fax 07531/133060. Verkehrsbüro Reichenau, Ergat 5, 78479 Reichenau, Tel. 07534/92070, Fax 07534/920777. Verkehrsamt Radolfzell, 78315 Radolfzell, Tel. 07732/3800, Fax 07732/81400. Verkehrsamt Eriskirch, Schussenstraße 18, 88097 Eriskirch, Tel. 07541/970822, Fax 07541/82205.

Mit dem Rad

Der rund 300 km lange „Bodensee-Radwanderweg" ist ein zeitweise stark frequentierter Rundwanderweg. Karten und Reiseführer für Radwanderer sind im Fachhandel erhältlich. Informationen: Tourismusverband Bodensee–Oberschwaben, Schützenstraße 8, 78462 Konstanz, Tel. 07531/90940, Fax 07531/909494.

das Schiff streng an die schmale Rheinrinne, die das Ermatinger Becken durchzieht. Bald ist das Naturschutzgebiet Wollmatinger Ried mit seiner breiten Flachwasserzone und den vielen Wasservögeln zu sehen. Vor Gottlieben wird die Mündung des Seerheins erreicht: Die Seefahrt wird zur Flußfahrt. Am nördlichen Rheinufer zieht sich der Schilfsaum des Wollmatinger Rieds bis zum Stadtrand von Konstanz hin. Wenn das Schiff im Konstanzer Hafen angelegt hat, kann die Rückfahrt nach Radolfzell auf der Schiene mit dem Stadtexpreß „Seehas" erfolgen. Wer das Naturschutzzentrum Wollmatinger Ried besuchen möchte, unterbricht die Fahrt bei der Station Reichenau.

i Dauer ca. 4 Stunden. Auskunft: Bodensee-Schiffsbetriebe, Hafenstraße 6, 78462 Konstanz, Tel. 07531/281398, Fax 07531/281373.

Jakoby

◁◁ **Ein streng geschützter Bewohner der Riedwiesen ist der Lungen-Enzian.**

Ein blaues Wunder

Die Irisblüte im Eriskircher Ried östlich von Friedrichshafen gehört zu den Höhepunkten des Naturjahrs am Bodensee. Zwischen Mitte Mai und Mitte Juni bietet sich im Naturschutzgebiet von öffentlichen Wegen aus die reizvolle Begegnung mit dem Blütenwunder der Sibirischen Schwertlilie. Die blau-violetten Blüten sind rasch vergängliche Schönheiten, aber ständig öffnen sich weitere dieser grazilen Gebilde. Das Naturschutzzentrum Eriskirch bietet Führungen an.

Das Federseeried

Von Schilfwäldern umgeben

Ein Vogelparadies der besonderen Art ist das Naturschutzgebiet Federsee in Oberschwaben. Die eindrucksvolle Moorlandschaft wartet aber auch mit botanischen Raritäten wie dem Karlszepter auf.

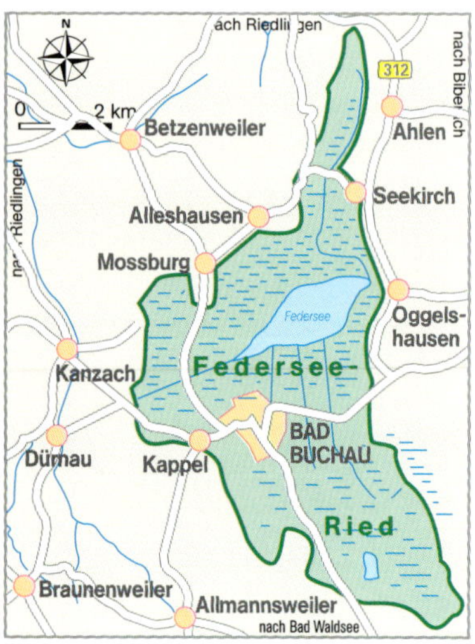

Als sich vor rund 11 000 Jahren die Gletscher aus Oberschwaben zurückzogen, hinterließen sie in der abwechslungsreichen Hügellandschaft eine Vielzahl kleinerer und größerer Seen. Die meist flachen Gewässer verlandeten im Lauf der Jahrtausende, und an ihrer Stelle entwickelten sich Moore. Der größte dieser Seen, der ursprünglich rund 3000 Hektar große Federsee, blieb als einziger bis heute erhalten.

Schon früh begannen die Bemühungen zum Schutz dieser großartigen Riedlandschaft. Bereits 1911 schuf der Bund für Vogelschutz, heute Naturschutzbund Deutschland (NABU), durch den Erwerb von Flächen ein erstes Reservat. Derzeit sind im Federseeried 1940 Hektar als Natur- und 260 Hektar als Landschaftsschutzgebiet ausgewiesen.

Der 1,4 Quadratkilometer große Federsee ist umsäumt von riesigen, undurchdringlichen Schilfwäldern. Daran schließen sich auf rund 1500 Hektar weitläufige Feucht- und Naßwiesen an. Urwüchsige Moor-Bruchwälder sowie Hochmoorreste und Torfstiche gehören ebenfalls zu den charakteristischen Lebensräumen des Federseerieds. Die Vielgestaltigkeit der Biotope und der optimale Schutz bedingen einen großen Reichtum an Tieren und Pflanzen. Besonders bekannt ist das Gebiet für seine Vogelwelt. 265 Vogelarten

Kurzprofil

Das Federseeried ist mit 3300 Hektar das größte Moor im Südwesten Deutschlands.

Träger:	Eigentümer sind auf umfangreichen Flächen das Land Baden-Württemberg, der Naturschutzbund Deutschland (NABU) und die umliegenden Gemeinden; große Flächen sind auch in Privatbesitz. Die Betreuung erfolgt durch den NABU.
Gegründet:	1911
Fläche:	1940 ha Natur- und 260 ha Landschaftsschutzgebiete
Saison:	ganzjährig; Schwerpunkt März-Oktober
Besucher:	ca. 100 000 jährlich
Wanderwege:	ca. 125 km

Praktische Informationen

Adressen und Auskünfte

NABU-Naturschutzzentrum Federsee, Federseeweg 6, 88422 Bad Buchau, Tel. 07582/1566, Fax 07582/1778.
Federseemuseum (Vorgeschichte), August-Gröber-Platz, 88422 Bad Buchau, Tel. und Fax 07582/8350.
Städt. Verkehrsamt Bad Buchau, Marktplatz 2, 88422 Bad Buchau, Tel. 07582/80810, Fax 07582/523; hier erhältlich: Prospekt und Unterkunftsverzeichnis, Wanderkarte mit Begleitheft, Veranstaltungsprogramme des NABU-Naturschutzzentrums sowie des Federseemuseums.

◁◁ Das Schilf als Lebensraum bietet zahlreichen Arten Nahrung und Schutz.

wurden bis heute beobachtet, von denen 107 regelmäßig brüten. Für viele Sumpf- und Wasservögel ist das Federseeried ein wichtiges Rast- und Winterquartier. Mehr als 600 Pflanzenarten sind hier heimisch, und die Zahl der vorkommenden Insekten, Spinnen und anderen Kleintiere geht in die Tausende. Eine ganze Anzahl an Tieren und Pflanzen hat im Federseemoor die bedeutendsten Bestände in Baden-Württemberg, beispielsweise Bartmeise, Braunkehlchen, Rohrweihe sowie Fleischfarbenes Knabenkraut, Zungenhahnenfuß und Kammfarn. Besonderheiten sind verschiedene Eiszeitrelikte, wie das Karlszepter oder die seltene Uralameise. Diese heute vor allem in der arktischen Tundra vorkommenden Pflanzen und Tiere haben in der tundraartigen Moorlandschaft des Federseerieds von der Eiszeit bis in unsere Zeit überlebt.

Wandern im Federseeried

Ein 1,5 Kilometer langer Holzsteg (mit Info-Stand) führt durch das Moor zum See. Ein mit Hinweistafeln ausgestatteter Fußweg erschließt den Moorurwald des sog. „Banngebietes Staudacher". Auf einem 16 Kilometer langen Rundweg umwandert man das Naturschutzgebiet Federsee. Weitere Wanderwege führen in andere interessante Teile des Gebietes, wie in die Naturschutzgebiete Südliches Federseeried, Riedschachen und Blinder See. Ausgangspunkt ist jeweils der Parkplatz beim Federseemuseum in Bad Buchau. Alle Wege eignen sich auch bestens für Radtouren, da kaum Steigungen auftreten.

Auch dieser rufende Wasserfrosch ist am Federsee heimisch.

Einstein

Anreise

Mit der Bahn bis Bad Schussenried bzw. Aulendorf, von dort mit dem Bahnbus bis Bad Buchau. Eine Buslinie führt auch direkt von Stuttgart nach Bad Buchau. Mit dem Auto über die A 8, Abfahrt Ulm West, B 30 in Richtung Friedrichshafen, bei Biberach nach Bad Buchau abbiegen.

Führungen

Ganzjähriges Führungsprogramm des NABU-Naturschutzzentrums. Gruppen können auch separate Führungen vereinbaren.

Flora und Fauna im Federseeried

See und Röhricht

Bittersüßer Nachtschatten, Wasserschierling, Teichampfer, Wolfstrapp, Zungenhahnenfuß.
Wasserspitzmaus, Bartmeise, Rohrschwirl, Rohrweihe, Teich- und Schilfrohrsänger, Wasserralle.

Seggenriede und Feuchtwiesen

Baldrian, Blutauge, Engelwurz, Knabenkräuter, Prachtnelke, Sumpfhaarstrang, Sumpfherzblatt, Sumpfläusekraut, Trollblume, Wundersegge.
Zwergspitzmaus, Braunkehlchen, Bekassine, Dorngrasmücke, Großer Brachvogel, Feldschwirl, Weißstorch, Wiesenpieper.

Moorwälder

Moorbirke, Waldkiefer, Grauweide, Faulbaum. Mönchsgrasmücke, Schwarz- und Rotmilan, Waldohreule, Weidenmeise, Zilpzalp.

Übergangs- und Hochmoore, Torfstiche

Karlszepter, Moosbeere, Rosmarinheide, Rundblättriger Sonnentau, Strauchbirke, Teufelsabbiß, Scheidiges Wollgras.
Kreuzotter, Waldeidechse, Baumpieper.

Das Wurzacher Ried

Vom Eise befreit

Ein Kleinod unter den Moorlandschaften Mitteleuropas ist das Naturschutzgebiet Wurzacher Ried nördlich von Bad Wurzach. Hier wurde ein Stück nacheiszeitlicher Urlandschaft bewahrt, ein Rückzugsgebiet für viele gefährdete Pflanzen und Tiere.

Intakte Hochmoorflächen, wie sie das Wurzacher Ried bietet, sind selten geworden. Mit einer Ausdehnung von rund 1800 Hektar gehört es zu den größten Naturschutzgebieten Baden-Württembergs. Seine Entstehungsgeschichte reicht bis in die Rißeiszeit zurück. Mächtige Eiszungen des Rheingletschers formten vor mehr als 150 000 Jahren das Wurzacher Becken, in dem sich dann vor rund 20 000 Jahren in der ausklingenden Würmeiszeit das Schmelzwasser des abtauenden Gletschers zu einem großen See aufstaute. Mit der einsetzenden Klimaerwärmung vor etwa 10 000 Jahren kehrte Leben in die vom Eis befreite Landschaft zurück. Die Überreste von Algen, Röhricht und Schwimmblattpflanzen ließen den Gletschersee zum Niedermoor verlanden.

Auf diesem Untergrund breiteten nun Torfmoose ihren Teppich aus, der über den Grundwasserspiegel hinauswuchs und gewölbte Torfpolster bildete – das Hochmoor war geboren.

Die wurzellosen Torfmoose sind wahre Lebenskünstler: Sie kommen ausschließlich mit Regenwasser und den darin gelösten Nährstoffen aus. In besonderen Speicherzellen saugen sie das Regenwasser wie ein Schwamm auf, entziehen ihm Nährsalze und säuern dabei das gespeicherte Wasser an.

Hochmoore sind daher sehr nährstoffarme, saure und nasse Lebensräume, die nur von ausgemachten Spezialisten unter den Pflanzen besiedelt werden können, wie dem Wollgras oder dem „fleischfressenden" Sonnentau.

Rund um diese Hochmoorschilde erstrecken sich ausgedehnte Niedermoorbereiche. Diese befinden sich im Einflußbereich des Grundwassers und sind deshalb nährstoffreicher. Die Lebensbedingungen für Pflanzen und die damit einhergehende Tierwelt sind hier günstiger.

Kurzprofil

Das Wurzacher Ried nördlich von Bad Wurzach gilt als größte zusammenhängende, intakte Hochmoorfläche in Mitteleuropa.
Die Betreuung erfolgt durch das Naturschutzzentrum Bad Wurzach.

Ausgewiesen:	1959
Heutige Fläche:	1812 Hektar
Saison:	ganzjährig
Wanderwege:	ca. 20 km

Zwischen Hoch- und Niedermoor sind Übergangsformen unterschiedlichster Ausprägung vorhanden. Sie bestimmen den besonderen Wert des Wurzacher Riedes. So sind über 700 bedrohte Pflanzen- und weit über 1000 Tierarten in dieser Moorlandschaft heimisch. Gelegentlich vernimmt man das „Meckern" der Bekassine oder den flötenden Ruf des Brachvogels – ein Erlebnis für jeden Naturfreund.

Bereits im Jahre 1959 wurde ein Großteil des Wurzacher Riedes als Naturschutzgebiet ausgewiesen und

Praktische Informationen

Adressen und Auskünfte

Naturschutzzentrum Bad Wurzach, Rosengarten 1, 88410 Bad Wurzach, Tel. 07564/93120, Fax 07564/931222; Angebot: Video- und Tonbildschau, Vorträge, Sonderausstellungen, Seminare, Kinder- und Ferienprogramm (z.B. „Klassenzimmer im Ried"), Broschüren; Dauerausstellung „Lebensraum Moor". (Geöffnet Mo, Mi, Fr 10–12 Uhr, Mo–Do 14–17 Uhr, So und feiertags 14–17 Uhr; Eintritt: frei)

Städtische Kurverwaltung, Mühltorstr. 1, 88410 Bad Wurzach, Tel. 07564/302150, Fax 07564/302154; Verkehrsprospekt mit Informationen zu Sehenswürdigkeiten, Ausflugszielen, Unterkünften und Gaststätten.

◁ Ausgedehnte Birkenbruchwälder prägen die urwüchsige Moorlandschaft.

◁◁◁ Ein Relikt der Eiszeit ist der sehr selten gewordene Hochmoorgelbling.

1996 auf die heutige Größe erweitert. Leider ist das Gebiet aufgrund vielfältiger Nutzungsansprüche noch immer erheblichen Belastungen ausgesetzt. Deshalb hat man eine umfassende Schutzkonzeption erarbeitet. Ihr Schwerpunkt liegt in der Erhaltung und Rückführung der zentralen Hoch- und Niedermoorbereiche in ungestörte, sich selbst entwickelnde Ökosysteme. Von der erfolgreichen Durchführung dieser Maßnahmen hängt es ab, ob die Besucher sich auch in Zukunft von der melancholisch anmutenden Stimmung dieser einmaligen Moorlandschaft verzaubern lassen können.

Wandern im Wurzacher Ried

Eine Vielzahl attraktiver Wanderwege erschließt dem Besucher das Gebiet. Die Wege sind ausgewiesen und beschildert. Es sind verschiedene Wanderparkplätze vorhanden, auf denen Übersichtstafeln stehen.

Weisser

Ein Winzling formt Landschaften: Torfmoose sind die Baumeister der Moore.

Anreise

Mit der Bahn bis Aulendorf, Biberach oder Leutkirch, von dort mit dem Bus weiter bis Bad Wurzach.
Mit dem PKW über die A 8, Abfahrt Ulm West, B 30 Richtung Friedrichshafen, ab Oberessendorf B 465 bis Bad Wurzach; oder über die A 7 bzw. A 96, jeweils Abfahrt Leutkirch-West, Richtung Bad Wurzach.

Führungen

Ganzjährig für Gruppen ab 10 Personen (3 DM pro Person), Dauer etwa 2 Stunden. Terminvereinbarungen im Naturschutzzentrum.

Behinderte

Ein Teil der Wege ist ganzjährig für Rollstuhlfahrer befahrbar.

Flora und Fauna im Wurzacher Ried

Typische Pflanzen

Bergkiefer, Torfmoos, Rauschbeere, Wollgras, Sonnentau, Sumpfrosmarin, Heidekraut (Hochmoorbereich); Birken, Weiden, Fettkraut, Fieberklee, Mehlprimel, Sumpfstendelwurz, Teufelsabbiß, verschiedene Süß- und Sauergräser (Niedermoorbereich).

Charakteristische Tiere

Bekassine, Brachvogel, Wasser-, Gras- und Moorfrosch, Ringelnatter, Kreuzotter, Moorbläuling, Hochmoorgelbling, Torfmosaikjungfer, Jagdspinne.

Rohrmooser Tal und Gottesacker

Wo Gams und Hirsch sich guten Morgen sagen

Das Gottesacker-Plateau nordwestlich des Hohen Ifen ist die einzige Karstregion des Allgäus – ein grenzüberschreitendes Naturschutzgebiet von wildromantischer Abgeschiedenheit.

Ein größerer Gegensatz zwischen zwei benachbarten Tälern läßt sich kaum denken: das übererschlossene Kleinwalsertal mit Bergbahnen und Spielbank einerseits, und das nördlich davon gelegene, einsame Rohrmooser Tal mit nur einem Wirtshaus andererseits, wo im Sommer ungleich mehr Kühe leben als Menschen. Es ist bis heute eine reizvolle Einöde geblieben, weil es seit Beginn des 16. Jahrhunderts den schwäbischen Grafen von Wolfegg und Waldburg gehört. Ihnen war es gelungen, das Alpgut Rohrmoos immer wieder zu vergrößern, so daß ihr Besitz um die letzte Jahrhundertwende rund 4200 Hektar betrug. Die Alpwirtschaft besorgten Abhängige, das Interesse der hohen Herren richtete sich auf eine ungestörte Jagd. Die weitläufigen Jagdgründe in Wald und Fels beherbergen vor allem Rot- und Gamswild. Zur Brunftzeit im Spätherbst hallen die abgeschiedenen Bergwälder und Alpweiden vom Röhren der Hirsche wider.

Die hier wie im übrigen Oberallgäu einst heimischen Steinadler wurden im 19. Jahrhundert vorsätzlich ausgerottet, ihre Jäger als Volkshelden gefeiert. 1899 brüteten die letzten Adler im Oytal. Heute fliegen sie wieder - auch im Rohrmooser Tal.

Im Gegensatz zu allen Seitentälern des Oberstdorfer Talkessels endet das Rohrmooser Tal nicht im Gebirge. Eine schmale Straße führt von Rohrmoos zum moorigen Talscheitel. Zuvor zweigt nach Norden ein unscheinbarer Trittpfad durch feuchten Grund in den Bergwald des Gatterschwang ab. Hier findet sich der Wanderer schnell in märchenhaft einsamem Gebiet wieder, wenn er die steilen Serpentinen zur verfallenen Gatteralp wählt. In 1120 m Höhe neigt sich die Rohrmooser Talstraße sanft nach Westen. Hier scheiden sich die Wasser Mitteleuropas: Gegen Osten sammelt die Starzlach ihre Seitenbäche zur Reise durch die Breitach, Iller und Donau ins Schwarze Meer; gegen Westen quillt der Rubach aus dem Moos, verbreitert sich zum Schönbach und schickt sein Wasser durch die Schluchten der Subersach, die Bregenzer Ache,

Kurzprofil

Rohrmooser Tal und Gottesacker-Plateau

Verordnungsgeber/Träger:	Regierung von Schwaben
Landeigentümer:	z.T. die Grafen von Wolfegg und Waldburg
Gegründet:	Ausweisung 1964 (Naturschutzgebiet Hoher Ifen)
Saison:	ganzjährig

Flora und Fauna im Rohrmooser Tal und auf dem Gottesacker

Typische Pflanzen

Aurikel, Mehlprimel, Sonnentau, Schwalbenwurz-, Stengelloser Gelber und Purpur-Enzian, Alpenrose, Berganemone, Silberdistel, Blauer und Gelber Eisenhut.

Charakteristische Tiere

Gams-, Rot- und Rehwild, Auerwild, Steinadler, Murmeltier (im Bereich des Gottesacker).

Praktische Informationen

Auskünfte und Adressen

Kurverwaltung Oberstdorf,
Am Marktplatz 7, 87561 Oberstdorf,
Tel. 08322/7000, Fax 08322/700236.

Anreise

Mit dem Auto über die B 12 südlich vor Oberstdorf in Richtung Tiefenbach. Nach dem Restaurant „Jägerwinkel" im Ortsteil Ferlewang ist eine Mautgebühr zu entrichten (Automat). Eine schmale Straße führt auf die rund 1000 m hoch gelegene Rohrmooser Talebene am Fuße der

◁◁◁ Von Frühling bis Herbst blühen hier verschiedene Enzianarten.

◁ Über den Häusern von Rohrmoos steigt der Gatterkopf aus einsamen Wäldern und Matten empor.

den Bodensee und schließlich den Rhein in die Nordsee.

Einen gewaltigen Eindruck macht der Blick gegen Norden auf die sich über dem Bergwald auftürmenden Gottesackerwände. Beim Gottesacker-Plateau handelt es sich um eine wilde, unwegsame Karstregion, in der man Gefahr läuft, sich zu verirren, wenn man den markierten Weg verläßt, oder in einen der vielen Schächte zu stürzen. Die Überquerung des Gottesackers vom Hahnenköpfle zur Scharte mit Abstieg durchs Mahdtal ist unter günstigen Bedingungen ungefährlich und heute dank des Sessellifts zur Ifenhütte keine Gewalttour mehr.

Wandern im Rohrmooser Tal und auf dem Gottesacker

Die empfohlene Rundwanderung für Bergerfahrene folgt keinem durchweg markierten Pfad; eine Gebietskarte (z.B. Wanderkarte Oberstdorf 1 : 30 000) ist daher erforderlich.

Aufstieg auf markiertem Weg, ab der Rohrmooser Straße vor der Wasserscheide nach Norden; anfangs wie zum Hörnlepaß, dann auf schmalem Fußsteig in Serpentinen über einen geröllreichen Hochstaudenhang und unterhalb des zerklüfteten Gatterkopf (1659 m) zum grasigen Sattel. (Von hier ist der Abstieg entlang des Gatterbachs ins Kleinwalsertal möglich.) Ein schwach markierter Pfad zweigt rechts ab nach Westen, hinauf durch die Ausläufer der Unteren Gottesackerwände und über deren Höhe (1848 m), dann hinab zum Windecksattel über dem Mahdtal. Der hier wieder gut erkennbare Weg führt zwischen Torkopf und Mitteleck-Rücken zur Scharte in knapp 2000 m Höhe, dem Tor zum Gottesacker-Plateau. Man verläßt diesen Weg, noch bevor er ansteigt, und folgt auf zeitweise undeutlichen Trittspuren dem kleinen Bach, der durch das Hochtal hinab zur Lochmoos-Alpe (1605 m) fließt. Von hier aus steigt man erst auf einem Alpweg in felsigem Gelände, vorbei an der verfallenen Kessler Alp, später durch Bergwald ins Rohrmooser Tal ab.

Mit mächtigen Schwingen bremst das Steinadlerweibchen seinen Flug vor dem Horst ab.

i Rundwanderweg; Länge ca. 16 km; 800 Höhenmeter; 6-7 Stunden reine Gehzeit.

Steinbach

Schattwald-Alpe. Am Berggasthaus hinter der ältesten Holzkapelle Deutschlands endet die Fahrerlaubnis.
Zu Fuß erreicht man Rohrmoos bequem über den Oberallgäuer Rundwanderweg, wenn man kurz hinter der Mautstelle rechts hangaufwärts steigt (Gehzeit etwa 1 Stunde).

Unterkunft

Berggasthaus Rohrmoos,
87561 Oberstdorf, Tel. 08322/4417
(im November geschlossen).

Oytal mit Wildenfeld

Im Herzen der Allgäuer Alpen

Am Ursprung der Iller gelegen, ist Oberstdorf im Oberallgäu an drei Seiten von Bergen umgeben. Fächerartig öffnen sich von hier eine Reihe malerischer, weitgehend autofreier Täler. Eines von ihnen ist das Oytal.

Auf vergleichsweise kleinem Raum entfalten sich im Oberallgäu überaus reizvolle Landschaftsformen, die in den nördlichen Alpen ihresgleichen suchen. Ein liebliches, hügeliges Voralpenland aus Wiesen, Wald und Gewässern steigert sich gegen den hochalpinen Süden zu weit über die Baumgrenze hinaus mit Gras bedeckten Bergformationen. Im Oberallgäu entwickelte sich mit rund 600 Hütten das bedeutendste alpwirtschaftliche Gebiet des deutschen Alpenraumes. Die meist malerisch gelegenen Hütten dienen bis heute der Sommerweide der Rinder, allerdings jetzt hauptsächlich des Jungviehs. Milch, Butter und Käse bekommen die Bergwanderer dort aber trotzdem. Oberhalb der grünen Matten erhebt sich schroffer Fels. Wer den berühmten „Heilbronner Weg" geht, überquert südöstlich der Gipfel von Mädelegabel und Trettachspitze sogar Sommerschnee.

Das Oytal erschließt auch dem nicht berggeübten Wanderer mit wenig Aufwand die alpine Natur. Den unterschiedlichen Gesteinsformationen im Einzugsgebiet dieses Hochtales entspricht der Artenreichtum der Alpenpflanzen. Die Allgäuer Alpen sind blumenreicher als die übrigen Regionen der Kalkalpen, begünstigt durch wasserführende, oft tiefgründige und mineralreiche Böden unterhalb der Felsregion auf Kalk mit Mergel und Quarz. Die Gesteine sind, auch wenn sie aus verschiedenen Erdzeitaltern stammen, marinen Ursprungs. Allerdings wurden die Schichtfolgen vielfach bewegt, umgewandelt, gefaltet und verschoben. So entstand der Dreiklang aus grünen Wiesen und Matten, beweglichem Gesteinsschutt der Kare und jäh aufragenden Wänden mit scharfen Graten aus nacktem Fels. Doch auch hier kann es reich blühen – besonders dort, wo Wasser rieselt.

Die vielgestaltige Pflanzendecke ermöglicht ein artenreiches Tierleben. So findet der Wanderer noch viele Käfer und Schmetterlinge auf den extensiv genutzten Weiden. Zahlreiche Vögel beleben Bachaue und Bergwald, selbst die seltenen Rauhfußhühner kann man hier beobachten. Mit Glück entdeckt man vielleicht einen Mauerläufer im Fels. Gamswild dagegen ist häufig zu se-

Kurzprofil

Das Oytal liegt im Naturschutzgebiet Allgäuer Hochalpen.

Verordnungsgeber/Träger:	Regierung von Schwaben
Gegründet:	Ausweisung 1992 (Naturschutzgebiet Allgäuer Hochalpen)
Fläche:	20 724 ha (Naturschutzgebiet Allgäuer Hochalpen)
Saison:	ganzjährig
Wanderwege:	um Oberstdorf ca. 200 km, ca. 110 km im Winter geräumt

Flora und Fauna im Oytal

Typische Pflanzen

Aurikel, Mehlprimel, Schwalbenwurz-, Stengelloser, Gelber und Purpur-Enzian, Alpenrose, Berganemone, Kohlröschen und andere Orchideen, Gemswurz, Silberdistel, Türkenbund, Blauer und Gelber Eisenhut.

Charakteristische Tiere

Murmeltier, Gams-, Rot- und Rehwild, Bergdohle, Schneefink, Schneehuhn, Steinadler, Rauhfußhuhn.

Praktische Informationen

Auskünfte und Adressen

Kurverwaltung Oberstdorf,
Am Marktplatz 7, 87561 Oberstdorf,
Tel. 08322/7000, Fax 08322/700236.

hen, neuerdings auch das erfolgreich eingebürgerte Steinwild.
Eingriffe des Menschen führen auch im Oberallgäu zu ernsthaften Störungen im Naturhaushalt. Vielerorts ist der Bergwald in Gefahr. Für den Wintersport geschlagene Schneisen sowie Pistenbetrieb im Bereich der Bergbahnen und der Bau von Skiliften bewirken schleichende Schäden. Erosion könnte innerhalb weniger Jahrzehnte zerstören, was die Natur in Jahrmillionen geschaffen hat. Große Teile der Oberstdorfer Seitentäler und seiner Berge wurden daher unter Schutz gestellt.

◁ Die hochalpine Kulisse über dem Oytal reicht vom Himmelhorn (links) über die schroffen Grate der Wilden-Gruppe bis zu den Ausläufern der Höfats.

Wandern durchs Oytal zur Käseralp

Der Fahrweg ab der Mühlenbrücke in Oberstdorf führt in Kehren neben den Schattenbergschanzen hangaufwärts, zieht dann nach Süden um den Kühberg und biegt oberhalb von Gruben nach Osten ins Oytal ein. Man kann bis hierher auch den Fußweg an der Trettach, dann am Oybach benutzen. Hierzu geht man gleich nach der Mühlenbrücke rechts und nimmt nach der Abzweigung zum Christlesee den links über einen Steg führenden Dr.-Hohenadl-Weg bis zur Fahrstraße. Sie führt als idyllische Bergahorn-Allee geradewegs auf das Oytalhaus in 1009 Metern Höhe zu. Wer weder gehen noch mit dem Rad fahren möchte, kann einen zweispännigen Stellwagen bis zum Berggasthof benutzen.

Das U-förmige Oytal gibt den Blick frei auf ein beeindruckendes Bergpanorama: Links schwingt sich der Rädlergrat zum Himmelhorn (2211 m) und weiter zum Schneck (2258 m), rechts ragen die vier Gipfel des Höfats (2258 m) auf. In der Mitte über dem Wildenfeld erkennt man den Großen (2379 m) und Kleinen Wilden (2306 m).
Vom Oytalhaus aus zieht der Wanderweg über die Untere Gutenalp (1048 m) in weiten Kehren hinauf zum Stuibenfall bis zur Käseralp (1400 m). Auf einer Terrasse hoch über der Käseralp liegt der smaragdgrüne Eissee (1826 m).

i Länge etwa 11 km; 600 Höhenmeter; 3 Stunden reine Gehzeit.

Steinbach

◁◁◁ Die Edelweißbestände der Höfatsgipfel sind nur dem geübten Bergwanderer zugänglich.

◁◁ Gamsrudel – hier Geißen und Kitze – kann der Bergwanderer oft aus großer Nähe beobachten.

Anreise
Mit der Bahn über Immenstadt nach Oberstdorf (Endstation). Mit dem Auto über die B 12 nach Oberstdorf.

Die Rastatter Rheinaue

Alles ist in Fluß

Seit seiner Begradigung durch Oberst Tulla um 1870 ist der Rhein ein gebändigter Strom. Doch inmitten der Oberrheinischen Tiefebene gibt es südlich von Karlsruhe ein Naturschutzgebiet, das den ursprünglichen Reiz der einstigen Auenlandschaft bewahrt hat.

Was Heraklit mit seinem Ausspruch „Alles ist in Fluß" meinte, in der Rastatter Rheinaue springt es ins Auge: Hier herrscht ein ständiges Werden und Vergehen. Schlamm wird eingeschwemmt, mehrfach umgelagert, wieder ab- und fortgetragen, Weidenbüsche kommen auf, werden unterspült und schließlich umgerissen, wenn sie nicht ihres Alters wegen umstürzen und langsam vermodern. Bei Schwankungen des Wasserstands von bis zu fünf Metern sind oft weite Flächen der Aue überflutet; Treibholz und leider auch viel Zivilisationsmüll markieren, wenn das Hochwasser abgelaufen ist, die Ausdehnung der Flut. Altrheine, verlandete Altwasserarme oder „Schluten", trockengefallene Rinnen und Tümpel offenbaren die Kraft des Wassers.

Eine Auenlandschaft entsteht, wenn Flüsse ins Tiefland oder in eine breite Ebene eintreten wie der Rhein in

▷▷ **Rohrkolben sind selten geworden und daher streng geschützt.**

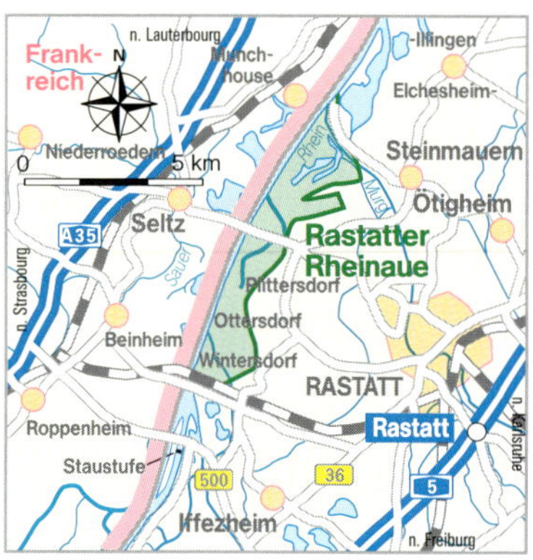

den Oberrheingraben. Dort lagern sie Steine und Erden ab, die bei Hochwasser ständig umgelagert werden. Ein mehr oder weniger regelmäßiger jährlicher Wechsel von Überflutung und Trockenfallen bestimmt das Aussehen sowie die Tier- und Pflanzenwelt einer Aue. Solche vom Menschen unbeeinflußte Auen gibt es in Mitteleuropa leider nur noch wenige.

Kurzprofil

Das Naturschutzgebiet Rastatter Rheinaue bewahrt ein Stück alter Auenlandschauft am Oberrhein.

Verordnungsgeber/Träger:	Regierungspräsidium Karlsruhe
Gegründet:	1984
Fläche:	ca. 850 Hektar
Saison:	ganzjährig
Wanderwege:	ca. 50 km

Die einstige Auenlandschaft des Oberrheins ist infolge der Begradigung des Flusses und des Ausbaus zur Schiffahrtsstraße durch Dämme, Stauwehre, Kraftwerke und Kanäle grundlegend verändert worden. Auch die Landschaft beiderseits des Flusses hat ihr Aussehen total verändert: Was irgendwie nutzbar war, wurde gerodet oder landwirtschaftlich genutzt, und die verbliebenen Wälder wurden an die neuen Wasserstände angepaßt. Kiesgruben durchlöchern heute die Wälder wie einen Schweizerkäse, Siedlungen, Gewerbebetriebe und Straßen sind

Flora und Fauna in der Rastatter Rheinaue

Typische Pflanzen

Wasserkresse, Knöterich, Weidenbüsche (auf trockenfallendem Schlamm und Kies); Wassernuß, Seekanne (in größeren Altwasserarmen); Silberweide, Grauerle, Schwarzpappel (in lang überfluteten Weichholzauen); Stieleiche, Flatterulme, Esche, Wildapfel, Wildbirne (in Hartholzauen).

Charakteristische Tiere

Graureiher, Weißstorch, Kormoran, viele Entenarten (darunter Stock-, Knäk-, Krick-, Löffel-, Tafel- und Reiherente), Pirol, Gelbspötter, alle Grasmückenarten (Garten-, Klapper- und Dorngrasmücke), Heckenbraunelle, Fasan, Rebhuhn; Feldhase (häufig), Igel, Kaninchen, Hermelin, viele Kleinsäuger wie Schläfer und Mäuse; zahlreiche Libellenarten.

weit in die einstige Überflutungsfläche vorgedrungen.
Was der Bevölkerung in der Regel Vorteile bringt, führt bei Hochwasser zur Katastrophe: Alle paar Jahre und immer häufiger heißt es „Land unter". Dann wird schnell der Ruf nach Schutzmaßnahmen weiter oben am Fluß laut – doch die sind alles andere als einfach. Die technischen Möglichkeiten sind weitgehend ausgereizt. Was bleibt, ist der konsequente Schutz der verbliebenen Auen und der Rückbau von Hochwasserdämmen, wo immer es die heutige Nutzung erlaubt.
Die tiefliegende Aue der Rheinebene bei Karlsruhe ist rund zehn Kilometer mer noch so stark vom Fluß geprägt, daß man ihm eine gewisse Naturnähe zusprechen kann.
Dies gilt vor allem für das Gebiet bei Rastatt. Nach dem Bau der Staustufe Iffezheim wurde hier flußabwärts auf einem rund zehn Kilometer langen Abschnitt des Rheins ein Uferstreifen dem natürlichen Wasserregime überlassen. Die Hochwasserdämme liegen einen Kilometer landeinwärts. So kam es, daß ein Stück Auenlandschaft – wenn auch wegen der Begradigung des Stroms stark verändert – erhalten geblieben ist.
Unter den Tieren und Pflanzen der Rastatter Rheinaue finden sich viele ausgesprochene „Auenspezialisten".

◁ **Wird die Gelbbauchunke an Land bedroht, wirft Sie sich auf den Rücken, um den Angreifer mit ihrer grellen Unterseite zu erschrecken.**

◁ **Die Schwankungen des Wasserstandes haben an den Ufern deutliche Spuren hinterlassen.**

breit. Zu drei Vierteln weist sie fast keine natürlichen Elemente mehr auf – schließlich ist die Oberrheinische Tiefebene stark besiedelt und einer der wichtigsten Wirtschaftsräume Süddeutschlands. Ein verhältnismäßig schmaler Streifen rechts und links des Flusses ist allerdings im-
Größere Altwasserarme beherbergen seltene Schwimmblattpflanzen wie die Seekanne oder die Wassernuß, die extreme Schwankungen des Wasserstands verkraften. An den Hochwasserdämmen herrschen dagegen recht trockene Standortverhältnisse, die dem Helmknabenkraut zusagen. Die rosafarbenen Blütenstände dieser Orchideenart mit den helmförmigen Einzelblüten leuchten im Mai aus dem Gras.
Unter den Baumarten überwiegen diejenigen, die „nasse Füße" vertragen – allen voran die Silberweide, deren Stamm bis zu 300 Tage im

▷▷ **Wildkaninchen sind auch schon tagsüber außerhalb ihrer Röhren und Kessel zu beobachten.**

Jahr im Wasser stehen kann. Während es die Silberweide an den nassesten Standorten aushält, werden etwas höhere Lagen vom Hartholz-Auwald eingenommen. Hier dominieren Eiche, Esche und Feldahorn. Feld- und Flatterulme hingegen sind infolge einer vom Ulmensplintkäfer übertragenen Krankheit nahezu völlig ausgestorben. Umso auffälliger sind die wenigen imposanten, alten Flatterulmen, die die Krankheit überstanden haben. Das Unterholz wird aus Pfaffenhütchen, Wasserschneeball, Weißdorn, Hartriegel und anderen Gehölzen gebildet, und Wilder Hopfen, Efeu und Waldreben können sich an lichteren Stellen zu einen regelrechten Urwald verdichten.

90 Brutvogelarten, unter ihnen als typischer Auwaldvogel der farbenprächtig gelbe Pirol, 45 Libellen- und 340 Schmetterlingsarten, belegen die Vielfalt des Lebens in der Aue, und daß zahlreiche Amphibienarten in den Altwassern und Tümpeln ihren Lebensraum haben, versteht sich fast von selbst.

Das Naturschutzgebiet hat freilich nicht nur Schönes zu bieten, sondern auch einen ehemaligen Kiesabbau im Norden (inzwischen vom Land Baden-Württemberg finanziell abgelöst), Sportplätze, Auffüllungen und andere Altlasten. Sie gilt es im Laufe der Zeit zu beseitigen.

Auch eine lange Zeit von rein ökonomischen Zielen bestimmte Forstwirtschaft läßt sich nicht von heute auf morgen umstellen, und so werden noch manche Jahre vergehen, bis die Pappelforste, die weite Teile des Gebietes bedecken, wieder von standortgerechten und naturnahen Waldformen abgelöst sein werden.

Wandern in der Rheinaue

Die lange Zeit unzugänglichen Auenlandschaften sind vielen Menschen fremd und unbekannt. Noch heute halten sie manche für langweilig und für Wanderungen ungeeignet. Wer jedoch unterschiedliche Vogelarten beobachten möchte, wer Freude daran hat, die Unterschiede im Waldbild zu studieren und vielleicht sogar die verschiedenen Weidenarten zu bestimmen, für den wird eine Wanderung in der Rastatter Rheinaue zum Erlebnis.

Vor allem an heißen, schwülen Sommertagen kann einem die Schnakenplage den Besuch des Naturschutzgebietes allerdings verleiden. Man sollte daher solche Tage möglichst meiden, sich zumindest aber –

Museen

Ottersdorf

Das „Riedmuseum" hat vor allem das frühere Leben am Rheinstrom zum Gegenstand. Ein Besuch lohnt sich: Geschichte, Natur und Nutzung der Fluß- und Auenlandschaft sind hervorragend dargestellt, ebenso die Geschichte der „Rektifikation" des Rheins durch Oberst Tulla zwischen 1850 und 1875. An einem 15 Quadratmeter großen Modell lassen sich verschiedene Wasserstände bis hin zum Katastrophenhochwasser simulieren; Am Kirchplatz 6-8, Tel. 07222/25592 (Führungen auf Anfrage).

Elchesheim-Illingen

Etwas nördlich des Schutzgebietes liegt in der Alten Kirche Illingen das Museum „Arbeit am Rhein". Es informiert vor allem über die früheren Erwerbszweige, Rheinstraße 34, Tel. 07245/930126.

Das Auen-Institut

Das Auen-Institut Rastatt des Worldwide Fund for Nature (WWF) ist eine Einrichtung zur Erforschung der Auen Mitteleuropas und zugleich ein Informationszentrum. Neben der Ausstellung ist eine verkleinerte „Modellaue" beim Haus besonders interessant: Hier läßt sich auf kleinem Raum beobachten, wie sich eine typische Aue bildet und verändert. Das Haus veranstaltet auch Führungen und Seminare. Es befindet sich in Rastatt direkt an der Murg, einige Kilometer vom Naturschutzgebiet entfernt (Anmeldung empfohlen unter Tel. 07222/32065).

Praktische Informationen

Auskünfte und Adressen

Das WWF-Auen-Institut (Josefstraße 1, 76437 Rastatt, Tel. 07222/32065) und das Umweltzentrum der Naturschutzverbände (Rappenstraße 12, 76437 Rastatt, Tel. 07222/30359) geben Informationen und vermitteln Führungen.

Auskünfte gibt auch die Bezirksstelle für Naturschutz (Kriegsstraße 5a, 76137 Karlsruhe, Tel. 0721/926-4351).

Zum Naturschutzgebiet gibt es ein informatives Faltblatt (deutsch/französisch) mit Gebietskarte. Es ist bei den obengenannten Stellen, bei Gemeindeverwaltungen und in verschiedenen Gaststätten erhältlich. Als Wanderkarte, die allerdings nicht die örtlichen Bezeichnungen enthält, empfiehlt sich die topographische

◁◁◁
Mit seiner breiten Unterlippe lädt der Wiesensalbei die Insekten zum Landen an.

trotz der Hitze – ausreichend bekleiden und ein Abwehrmittel mitnehmen.
Sehr zu empfehlen sind Radwanderungen besonders für Familien. Für Kanuten wurde ein Kanuwanderweg durch das Schutzgebiet markiert. Zum Beobachten der Vögel und des lebhaften Treibens auf dem Rhein ist die Mitnahme eines Fernglases dringend zu empfehlen.

Karte 1:50 000 des Landesvermessungsamtes, Blatt L 7114 Rastatt (ISBN 3-89021-333-2). Eine ausführliche Broschüre über das Schutzgebiet mit Naturführer erscheint Ende 1997.

Anreise

Rastatt ist gut angebundene Bahnstation; von dort in die Rieddörfer gibt es regelmäßige Busverbindungen.

Unterkunft

Herbergen aller Kategorien gibt es in Rastatt und in den Rieddörfern. Auskunft bei der Stadtinformation Rastatt, Marktplatz 1, 76437 Rastatt,
Tel. 07222/972462, Fax 07222/972180.

Einen Besuch der Rastatter Rheinaue beginnen Auto- oder Radfahrer am besten mit einer Fahrt von Plittersdorf zur Rheinfähre, die hinüber nach Seltz auf der französischen Seite des Rheins führt. Gleich am Ortsrand von Plittersdorf (Parkplatz) hat man einen herrlichen Blick auf einen Altrheinzug mit dem typischen Ufersaum und dem charakteristischen Waldbild des Auwaldes.
Nur 400 Meter weiter befindet sich an einer Sportplatzzufahrt ein Beobachtungspunkt, der den Einblick in eine der Kernzonen des Naturschutzgebietes gestattet: Der Auwald mit seinen mächtigen alten Silberweiden und die je nach Jahreszeit überflutete Aue, die Tümpel oder Rinnen bieten mit ihrem Bewuchs einen herrlichen Anblick. Ein weiterer Parkplatz befindet sich bei der Rheinfähre, wo man dem Fährbetrieb und der emsigen Rheinschiffahrt zuschauen kann. Die Stelle ist auch ein beliebter Ausgangspunkt für kürzere oder längere Spaziergänge entlang des Rheinufers.

Der Parkplatz am Ortsrand von Plittersdorf ist zugleich der beste Startplatz für Wanderungen in das Auengebiet. Ein beliebter Rad- und Wanderweg, auf dem man alle Nutzungsformen der Rastatter Rheinaue sehen kann, führt fünf Kilometer nach Süden zur Bahnbrücke und von da zwei Kilometer weiter zur Staustufe Iffezheim. In nördlicher Richtung verläuft der Radwanderweg ebenso reizvoll durch das Schutzgebiet zur Murg, die allerdings zwischen Dämmen verläuft und hier ein reiner „Kunstfluß" ist. Schließlich sollte man es nicht versäumen, die am Ostrand der Aue gelegenen „Rieddörfer" Wintersdorf, Ottersdorf und Plittersdorf zu besuchen, die früher als Fischerdörfer direkt am Ufer des breiten Stromes lagen.
Die Wanderwege sind markiert, und an mehreren Beobachtungspunkten wurden Erläuterungstafeln aufgestellt. Zur Orientierung ist die Gebietskarte der Naturschutzverwaltung zu empfehlen.

Wolf

Die Luftaufnahme des Gebiets Wintersdorf-Plittendorf läßt die Schädigungen durch menschliche Eingriffe erkennen.

Kühkopf-Knoblochsaue

Wo noch Nachtigallen schlagen

Im Naturschutzgebiet Kühkopf-Knoblochsaue westlich von Darmstadt nährt der Rhein mit seinen Altarmen einen weitläufigen Auwald. Er ist ein bedeutendes Rückzugsgebiet für eine Vielzahl von Vogelarten, aber auch Spezialisten unter den Pflanzen kann man hier entdecken.

Wer glaubt, der Name „Kühkopf" habe etwas mit Kühen zu tun, täuscht sich. Er leitet sich vielmehr von dem althochdeutschen Wort „Kunigskopf" für Königskopf her, womit der nordwestliche Bereich des königlichen Bannwaldes gemeint war, der von Riedstadt bis Lorsch und noch weiter reichte.

Ebenso wenig hat die „Knoblochsaue" etwas mit Knoblauch zu tun, obwohl es im Auwald zur Blütezeit des Bärlauchs intensiv danach duftet. Namengebend war vielmehr eine Familie Knobloch, der im 15. Jahrhundert weite Teile des Gebietes gehörten.

Während des Dreißigjährigen Krieges kämpften hier die Schweden gegen die Spanier. Die zwölf Meter hohe „Schwedensäule" erinnert noch heute daran. Damals waren die Rheinauen noch undurchdringliche Urwälder, in denen Gefahren aller Art lauerten. Der Rhein selbst war mit seinen Schlingen und Altarmen an die 300 Meter breit. Ausgedehnte Auwälder mit Rinnen und Schluten, Sümpfen und Tümpeln machten ein Durchkommen nahezu unmöglich. Der träge Fluß änderte des öfteren seinen Lauf, und so entstanden immer mehr Altarme, die allmählich verlandeten und in waldbestandene Niedermoore übergingen. Die Rheininsel Kühkopf entstand durch die Flußbegradigung in den Jahren 1828 und 1829 (Rheindurchstich).

Heute ist dieses Gebiet ein vielgestaltiges Mosaik aus weitgehend naturnahen Auwaldregionen und vom Menschen beeinflußten Bereichen.

Der Wechsel von Überflutung und Trockenfallen sowie ständige Umstrukturierung der flußnahen Lebensräume durch Erosion und Sedimentation sind Grundvoraussetzungen für die Vielgestaltigkeit der Kleinlebensräume im überfluteten Bereich. Je nach Ausprägung dieser ökologischen Nischen haben sich hier ganz spezielle Tier- und Pflanzenarten eingefunden. In den schwach strömenden Altwässern und Schluten bedecken ganze Teppiche von Schwimmblattpflanzen wie Wassernuß und Seekanne die Wasseroberfläche. Die Wassernuß, von der bereits in den jungsteinzeitlichen Siedlungen am Bodensee Überreste gefunden wurden, wird in Mitteleuropa immer seltener. Luftgefüllte Gewebe an den Blattstielen ermöglichen es ihr, auf der Wasseroberfläche zu schwimmen. Ihren Namen verdankt sie ihrer holzig anmutenden, zu drei Spitzen ausgeformten Schwimmfrucht. Andere freischwimmende Wasserpflanzen wie der Schwimmfarn liegen dank ih-

Kurzprofil

Das Naturschutzgebiet Kühkopf-Knoblochsaue ist eine der letzten zusammenhängenden Auenlandschaften entlang des Rheins.

Träger:	Eigentümer ist das Land Hessen
Gegründet:	1952
Fläche:	rund 2370 Hektar
Saison:	ganzjährig
Wander- und Radwege:	über 60 km

rer wasserabstoßenden, behaarten Schwimmblätter mit luftgefülltem Gewebe auf der Wasseroberfläche. Interessant ist das die ins Wasser gerichteten Blätter fadenförmig geteilt sind und durch diese untergetauchten Blätter Nährstoffe aufgenommen werden – wie bei anderen Pflanzen durch die Wurzeln.

Fällt das Ufer des Altrheins dann im Spätsommer trocken, bilden sich Schlammfluren, die bald über und über mit einem unscheinbaren, rosaweiß blühenden Braunwurzgewächs, dem Schlammkraut, bedeckt sind. Diese Pflanze kommt hier als Charakterart vor.

Im Übergang von feuchteren zu trockeneren Standorten lösen erst Röhricht- und Großseggenbestände die Schwimmblattgesellschaften ab. Ihnen folgt die Weichholzaue mit Weidengebüsch aus Mandel-, Korb- und Silberweide, anschließend die Hartholzaue mit Winterlinde, Berg- oder Spitzahorn.

Das Naturschutzgebiet Kühkopf-Knoblochsaue ist als Brut-, Nahrungs- und Überwinterungsregion einer Vielzahl von Vogelarten international bekannt. Schwarzhalstaucher und Gänsesäger, Wachtelkönig und Ziegenmelker – diese für den Vogelfreund so klangvollen Namen stehen stellvertretend für eine überaus artenreiche Vogelwelt. Haubentaucher, Stockente, Schwarzmilan ebenso wie Nachtigall, Blaukehlchen oder Weidenmeise, die hier in hoher Artendichte vorkommen, belegen die besondere Bedeutung des Gebietes. Die knorrigen alten Bäume der Hartholzaue, dichte Gebüsche und großflächige Röhrichtbestände sowie verschlammte Schlickufer ermöglichen es über 100 Vogelarten, hier zu brüten.

Ein günstiges Klima mit milden Wintern und relativ warmen Sommern trägt ebenfalls zum Bruterfolg bei. Der Schwarzmilan, der in Deutschland vom Aussterben bedroht ist,

◁ **Der Schwarzmilan ist das Symboltier des Naturschutzgebiets Kühkopf-Knoblochsaue.**

◁◁◁◁ **Der Blutweiderich bevorzug feuchte Standorte.**

◁ **Ein typischer Abschnitt des Rheinufers am Kühkopf**

▷ Das Schilf kann eine Höhe von 3 Metern erreichen und ist somit das größte einheimische Gras.

wurde sogar zum Symbolvogel des Naturschutzgebietes Kühkopf-Knoblochsaue – denn in keiner anderen Region Deutschlands brüten so viele Paare wie hier.

Die trockenfallenden Uferflächen bieten besonders während der Zugzeiten für Grün- und Rotschenkel sowie andere Watvögel einen reich gedeckten Tisch. Die Vielzahl von Insekten bildet nicht nur für Vögel, sondern auch für Kleinsäuger, Frösche, Fische und Spinnen eine wichtige Nahrungsgrundlage. Bis zu 40 000 geflügelte Arten Insekten ermittelten Fachleute in bestimmten Flachwasserzonen innerhalb eines Jahres. Auch die für viele Menschen lästigen Rheinschnaken befinden sich darunter – sie sind der beste Schutz für das Gebiet.

Flora und Fauna auf dem Kühkopf

Typische Pflanzen

Seekanne, Schwimmfarn, Wasserfeder, Wasserlinse, Wassernuß und Ähriges Tausendblatt (Schwimmpflanzengürtel); Sumpfschwertlilie, Sumpflabkraut, Rohrglanzgras, Igel-, Rohrkolben und Schilf (Röhrichtgürtel); Mandel-, Korb- und Silberweide (Weichholzaue); Eiche, Ulme, Esche, Winterlinde, Berg- oder Spitzahorn, Wildapfel und -birne, Pfaffenhütchen, Wilder Hopfen, Waldrebe, Bärlauch und Blaustern (Hartholzaue).

Charakteristische Tiere

Brutvögel wie Hauben- und Schwarzhalstaucher, Gänsesäger, Wachtelkönig, Kampfläufer, Nachtigall, Ziegenmelker und Schwarzmilan; Durchzügler wie Grün- und Rotschenkel. Erdkröte, Moorfrosch, Ringelnatter; Gründling, Nase, Karausche, Aland, Steinbeißer; ca. 1500 Käfer- und 24 Libellenarten, zahlreiche Köcherfliegen- und Schwebfliegenarten.

Wandern auf dem Kühkopf

Rechts des Rheins gibt es neun Parkplätze. Von dort gehen verschiedene Fuß- und Radwanderwege aus, die entsprechend gekennzeichnet sind. Zwei lohnende Rundwege werden im folgenden näher vorgestellt.

Route 1: Der Nachtigallenweg

Ausgangspunkt ist der Parkplatz Erfelder Fußgängersteg (Gemeinde Riedstadt, Ortsteil Erfelden). Auf letzterem überquert man den Altrhein und gelangt über einen Damm zum traditionellen Gasthaus im ehemaligen Forsthaus Kühkopf. Vorbei an Wiesen geht es hinein in einen Hartholzauwald mit großen, ein-

Praktische Informationen

Auskünfte und Adressen

Hessisches Forstamt Groß-Gerau, Robert-Koch-Str. 3, 64521 Groß-Gerau, Tel. 06152/81051.
Naturschutz-Informationszentrum Kühkopf/Knoblauchsaue, Hofgut Guntershausen, 64589 Stockstadt am Rhein, Tel. 06158/86980.

Anreise

Mit der Bahn bis Goddelau-Erfelden bzw. Stockstadt am Rhein. Mit dem Auto über die A 5, Abfahrt Darmstädter Kreuz, weiter

Die Schwebefliege ist eine der rund 40 000 geflügelten Insektenarten, die in den Flachwasserzonen im Jahreslauf ermittelt wurden.

drucksvollen Eichen und Eschen. Im Mai kann man hier dem Lied der Nachtigall lauschen, die sich im dichten Unterholz versteckt hält. Nach etwa zwei Kilometern geht der Auwald in eine weite Wiesenlandschaft über. Vorbei am Köppchesweiher gelangt man in einen weiteren, mit Waldrebe und Wildem Hopfen verhangenen Auwald. Der Weg führt weiter entlang des Naturreservats Reichertsinsel bis zum Hofgut der ehemaligen Staatsdomäne Guntershausen. Über die Stockstädter Brücke und einen Naturlehrpfad gelangt man zum Naturreservat Kisselswörth und von dort wieder zurück zum Erfelder Fußgängersteg, dem Ausgangspunkt der Wanderung.

i Rundweg vom Parkplatz Erfelder Fußgängersteg über die Naturreservate Reichertsinsel und Kisselswörth; Länge 7,5 km; ca. 2 Stunden 30 Minuten reine Gehzeit.

über Griesheim nach Goddelau und Stockstadt.

Führungen

Informationen erteilen das Hessische Forstamt Groß-Gerau und das Naturschutz-Informationszentrum Kühkopf/Knoblauchsaue.

Behinderte

Die Wege sind meist ganzjährig für Rollstuhlfahrer befahrbar.

Route 2: Der Haubentaucherweg

Dieser Rundweg ist der längste ausgewiesene Wanderweg im Schutzgebiet. Ausgangspunkt ist der Parkplatz Stockstädter Brücke. Von dort betritt man nach Überqueren des Stockstadt-Erfelder Altrheins die Rheininsel Kühkopf. In nördlicher Richtung gelangt man auf den Naturlehrpfad „Kisselswörth“, der die pfad „Karlswörth“ bietet vielfältige Informationen zu diesem Thema. Beim Naturreservat Krönkesinsel trifft man auf ausgedehnte Schilfflächen. Der Wanderweg verläuft nun etwa drei Kilometer parallel zum Rhein, um danach in nordöstlicher Richtung etwa 1,5 Kilometer dem Stockstadt-Erfelder Altrhein zu folgen. Feuchtwiesen sowie mit Obstbäumen und mächtigen Solitäreichen bestandene Wiesen des

Die Seekanne oder Sumpfrose gedeiht im ruhigen Wasser des Altrheins.

Hartholzaue mit ihren charakteristischen Baumarten vorstellt. Der Weg führt an mehreren Naturreservaten vorbei, wo der Besucher die typische Tier- und Pflanzenwelt von besonderen Beobachtungsständen aus erleben kann, beispielsweise vom Beobachtungsstand beim Naturreservat Schlappeswörth. Im weiteren Verlauf führt der Haubentaucherweg ins Innere des Auwaldes. Der 2,3 Kilometer lange Naturlehr-

Naturreservates Reichertsinsel säumen den Weg. Vorbei am Hofgut Guntershausen und am Naturschutz-Informationszentrum gelangt man wieder zur Stockstädter Brücke und zum nahegelegenen Parkplatz.

i Rundweg vom Parkplatz Stockstädter Brücke durch verschiedene Naturreservate; Länge 17 km; ca. 5 Stunden 30 Minuten reine Gehzeit.

Blessing

Taubergießen

Im Bett von Vater Rhein

Im Naturschutzgebiet Taubergießen nördlich von Freiburg im Breisgau gibt es noch Reste der einst ausgedehnten Rheinauen-Landschaft. Stille Wasserflächen wechseln hier mit schnellfließenden Bächen – eine Welt, die von Pflanzen wie Tieren besondere Überlebensstrategien fordert.

Die „Blinde Els“ ist eines der Hauptgewässer im Taubergießen. Libellen wie die Blaugrüne Mosaikjungfer surren hier blitzschnell über die klare Wasserfläche, um im nächsten Moment hubschrauberbgleich sekundenlang in der Luft zu stehen. Zwischen den Stengeln der Gelben Schwertlilie erscheint ein Teichhuhn, und der Ruf des Eisvogels durchdringt die Stille. Waldrebe und Wilder Hopfen verbinden Boden- und Strauchschichten mit den Stockwerken der Bäume, die im und am Wasser stehend Wasser und Land miteinander vernetzen.

Neben den klaren Stillwasserbereichen wird die Landschaft durch schnellfließende Au- oder Gießbäche geprägt. Diese „Gießen“, die dem Naturschutzgebiet seinen Namen gaben, werden vom Grundwasser aus den Quelltümpeln der Aue gespeist. Ihr Wasser ist daher kühl, sauerstoffreich und eher nährstoffarm. Spezialisten wie der Flutende Hahnenfuß oder der Nußfrüchtige Wasserstern haben sich diesen Gegebenheiten angepaßt und halten dem fließenden Wasser stand. Die Große Prachtlibelle und die Zweigestreifte Quelljungfer sind Charakterarten dieser Gießbäche.

Das stark verzweigte Wassernetz aus Altrheinarmen und Aubächen schließt kleine Inseln ein, auf denen

Kurzprofil

Das Naturschutzgebiet Taubergießen ist eine der letzten zusammenhängenden Auenlandschaften entlang des Rheins.

Träger:	Eigentümer ist das Land Baden-Württemberg
Gegründet:	1979 in seiner jetzigen Form; Schutzbemühungen schon seit 1933
Fläche:	1600 Hektar
Saison:	ganzjährig
Wanderwege:	ca. 25 km

Silberweiden und Grauerlen wachsen. In dieser Weichholzaue erinnern im Sommer nur noch verkrusteter Schlamm und vertrocknetes Geschwemmsel daran, daß die Bäume im Frühjahr gut anderthalb Meter überflutet waren.

Die Überschwemmungen können bis zu 170 Tage anhalten, manchmal sogar bis zu 300 Tage. Die vielen Vögel im Taubergießen haben sich darauf eingestellt: Haubentaucher bauen Schwimmnester, Schilfrohrsänger verankern ihre filigranen Nestkonstruktionen zwischen einzelnen Stengeln im Schilf, und Beutelmeisen hängen ihre napfförmigen Behausungen mit seitlicher Einflugöffnung hoch in die Äste der Weiden. Zahlreiche Vogelarten leben von In-

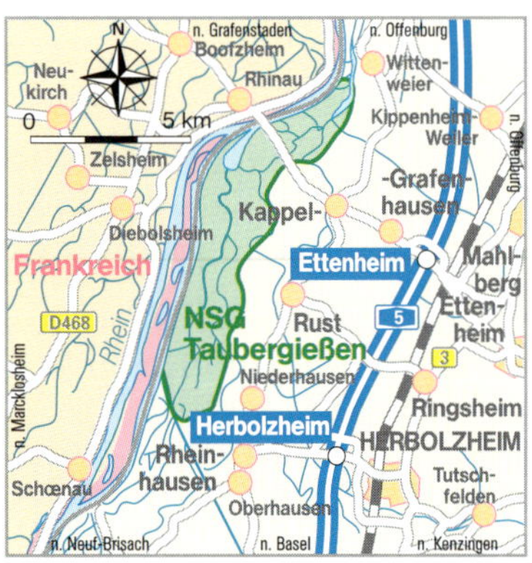

sekten – und davon gibt es genug. Diese reiche Nahrungsquelle lockt im Frühjahr und Herbst auch viele Zugvögel an, die in den rheinnahen Bereichen – vor allem in der Innenrheinmündung – rasten oder überwintern. Hier geben sich Schnatter- und Pfeifenten sowie Kormorane ein Stelldichein. Das Naturschutzgebiet Taubergießen bildet somit zusammen mit anderen Feuchtgebieten am Oberrhein eine wichtige Anlaufstelle während des Vogelzugs.

Laichschnüre mit mehreren tausend Eiern sind ein untrügliches Zeichen

am Oberrhein" oder „Letzte Wildnis in Mitteleuropa" locken pfiffige Werbestrategen wahre Massen von Besuchern ins Schutzgebiet. Die Folge ist beispielsweise, daß Motorboote und lärmende Touristen Reiherenten und Haubentaucher beim Brüten stören; die Krickente wurde bereits vertrieben.

Damit soll jetzt Schluß sein. Was am Feldberg bereits ganz gut funktioniert, soll nun auch im Naturschutzgebiet Taubergießen umgesetzt werden: ein neues Konzept zur Besucherlenkung. Es soll helfen, diese

◁◁
Das Drüsige und Indische Springkraut stammt aus dem westlichen Himalaya und kann erst seit etwa 50 Jahren als vollkommen eingebürgert gelten.

◁◁◁◁
Der Haubentaucher brütet fast regelmäßig auf einem schwimmenden Nest.

für die Anwesenheit von Kreuz- und Wechselkröten. In den von der Sonne erwärmten, seichten Gewässern verläuft die Entwicklung der Kröten im Wettlauf mit der Zeit. Einige Jungkröten schaffen es jedoch meist, in tieferes Wasser zu gelangen, bevor die Tümpel völlig austrocken.

Die reizvolle Auenlandschaft mag einen idyllischen Eindruck erwecken, doch das Bild von einer heilen Natur trügt: Mit Sprüchen wie „Amazonas letzten Reste einer einmaligen Auenlandschaft zu erhalten.

Auffallend sind auch die unterschiedlichen Wiesentypen im Taubergießen. Ein ausgeprägter Wechsel von Sand, Lehm, Schluff und

Gespenstisch wirken die toten Bäume bei Nebel in der Innerrheinmündung.

Flora und Fauna im Taubergießen

Typische Pflanzen

Weichholzaue: Bruch-, Purpur und Silberweide, Rohrglanzgras, Sumpflabkraut und Sumpfschwertlilie, Drüsiges Springkraut; Wasserpflanzen wie Ähriges Tausendblatt, Flutender Hahnenfuß, Schwimmfarn und Tannenwedel.
Hartholzaue: Esche, Feld- und Flatterulme, Hartriegel, Pfaffenhütchen, Schwarzer Holunder, Schwarzerle, Stieleiche; Bärlauch, Hoher Lerchensporn, Scharbockskraut, Waldgelbstern, Waldrebe, Wilder Hopfen.
Extensive Magerwiesen: Aufrechte Trespe, Knäuelgras, Hummel- und Bienenragwurz, Quendelblättriges Sandkraut, Gemeine Kugelblume, Kleiner Wiesenknopf, Wiesenklee, Berggamander; Pfeifengras, Rohrschwingel, Wasserminze, Knollige Kratzdistel, Sumpfkratzdistel (in feuchteren Bereichen).
Gedüngte Wiesen: Aufrechte Trespe, Glatthafer, Zittergras, Jakobsgreiskraut, Karthäusernelke und Hauhechel (trockenere Standorte); Wiesenbärenklau, Wiesenbocksbart, Wiesenpippau und Kuckuckslichtnelke (wechselfeuchte Standorte); Blutweiderich, Mädesüß, Sumpfkratzdistel und Sumpfschachtelhalm (feuchte Standorte).

Charakteristische Tiere

Pfeif-, Reiher- und Schnatterente, Kormoran, Teichhuhn, Haubentaucher, Schilfrohrsänger, Beutelmeise, Eisvogel; Kreuz- und Wechselkröte; Blaugrüne Mosaikjungfer, Große Prachtlibelle, Zweigestreifte Quelljungfer.

▷▷ Das Wechselkrötenmännchen ruft langanhaltend, trillernd und überraschend hell.

Schotter im Boden ist die Voraussetzung für diese Mannigfaltigkeit. Die Palette reicht von den Trockenrasen auf wasserdurchlässigen Rheinschottern bis hin zu den Pfeifengraswiesen feuchter Standorte. Beherrschendes Element der Wiesen ist die Aufrechte Trespe, die sich je nach standörtlichen Gegebenheiten mit anderen Arten vermischt.
Die kaum gedüngten Magerwiesen sind insbesondere reich an Orchideen. Im Frühsommer blühen hier Hummel- und Bienenragwurz, soweit das Auge reicht – ein Anblick, der nicht nur Botaniker und Fotografen begeistert. Als Gründe für die Artenvielfalt nennen Wissenschaftler die nur einmalige Mahd, fehlende Beweidung und gut durchfeuchtete Böden im Zusammenwirken mit dem milden Klima. So beträgt die Jahresdurchschnittstemperatur im benachbarten Colmar 10,7 Grad Celsius – die höchste in ganz Mitteleuropa.
Entdeckt man Steckbretter und teilweise verfallene Wassergräben, ist man einem weiteren Phänomen auf

▷ In der Weichholzaue gedeiht die gelbe Sumpfschwetlilie.

Praktische Informationen

Auskünfte und Adressen

Bezirksstelle für Naturschutz und Landschaftspflege Freiburg, Werderring 14, 79098 Freiburg, Tel. 0761/2080, Fax 0761/208-1916.
Landratsamt Emmendingen, Untere Naturschutzbehörde, Bahnhofstr. 2-4, 79312 Emmendingen, Tel. 0761/4510.

der Spur, handelt es sich dabei doch um kulturhistorische Zeugnisse einstiger Wiesenbewässerung. Das Frühjahrshochwasser wurde gezielt auf die Wiesen geleitet, um diese zu düngen. Die umliegenden Gemeinden erstellten dafür sogenannte Wasserpläne, die genau festlegten, wann und wo bewässert wurde.

Diese Art der Wiesenbewässerung hat in Mitteleuropa eine lange Tradition. Die frühesten Belege für diese Praxis stammen aus dem Anfang des 11. Jahrhunderts, wenngleich sich erst im 19. Jahrhundert der stetig wachsenden Bevölkerung wegen eine ausgefeilte Bewässerungstechnik entwickelte. Ab 1950 löste dann vielerorts Kunstdünger das nährstoffreiche Wasser ab.

Wandern im Taubergießen

Von den an das Naturschutzgebiet Taubergießen grenzenden Orten führen jeweils kleine Stichstraßen zu einem Parkplatz am Rande des Schutzgebietes. Von dort aus kann man bequem auf verschiedenen Rundwegen die Vielfalt der Auenlandschaft erleben.

Ein besonders empfehlenswerter Weg geht von der Gemeinde Rheinhausen-Niederhausen aus. In westlicher Richtung führt eine kleine Straße bis zum Schutzgebiet, wo der Wanderweg zunächst durch eine Hartholzaue führt, vorbei an Ulmen, Stieleichen und Eschen. Nach etwa einem Kilometer erreicht man den Hochwasserdamm, der seit der Rheinkorrektur die hinter dem Fluß liegenden Gemeinden vor Überschwemmungen schützt. Von hier an befindet sich der Wanderer im eigentlichen Überflutungsbereich. Das urwaldähnliche Dickicht aus Weiden, Waldrebe und Wildem Hopfen beiderseits des Weges wird immer dichter. Der Weg führt weiter über Aubäche und Wasserrinnen, vorbei an Tümpeln, die mit einem Teppich aus Wasserlinsen bedeckt sind. Nach wiederholtem Überqueren des Dammes gelangt man nach etwa anderthalb Kilometern zurück an den Ausgangspunkt.

i Rundweg von Rheinhausen-Niederhausen durch die Auenlandschaft; Länge ca. 5,5 km; rund 2 Stunden reine Gehzeit.

Blessing

◁ **Die Lianen der gemeinen Waldrebe verleihen dem Auwald einen dschungelartigen Charakter.**

Landratsamt Ortenaukreis,
Untere Naturschutzbehörde,
Badstr. 20, 77652 Offenburg,
Tel. 0781/8050.

Anreise

Mit dem Auto über die A 5, Abfahrt Ettenheim/Rust, weiter in Richtung Kappel-Grafenhausen.

Die Wutachschlucht

Schlucht der wilden Wasser

Die Wutachschlucht im südöstlichen Schwarzwald bietet ein beeindruckendes Naturschauspiel: Über 150 Meter tief hat sich hier der Fluß ins Gelände geschnitten und stürzt tosend zu Tal.

Der Wanderer, der über verschiedene Seitenschluchten in die eigentliche Wutachschlucht gelangen kann, findet sich dort in einer märchenhaften Umgebung wieder: Geheimnisvolle Felsspalten sind über und über mit Farnen bedeckt, und ganze Fluren von Pestwurz glitzern im Sonnenlicht. Das Rauschen der Wassermassen dröhnt förmlich in den Ohren. Mit etwas Glück kann man hier noch die Wasseramsel beobachten, den einzigen Singvogel, der schwimmend und tauchend seine Nahrung erbeutet – kaum zu glauben, daß diese einzigartige Naturlandschaft, die bereits seit 1939 Naturschutzgebiet ist, noch in den siebziger Jahren zur Energiegewinnung von einem Stausee überflutet und damit für immer zerstört

Kurzprofil

Das Naturschutzgebiet Wutachschlucht im südöstlichen Teil des Schwarzwaldes ist besonders für geologisch Interessierte ein lohnendes Ausflugsziel.

Träger:	**Eigentümer ist das Land Baden-Württemberg**
Gegründet:	**1939; neue Schutzverordnung seit 1989**
Fläche:	**950 Hektar**
Saison:	**Mai bis Oktober**

nichts anderes bedeutet als „wütendes Wasser".

Ein Blick zurück in die Erdgeschichte: Bis vor etwa 70 000 Jahren war die obere und mittlere Wutach ein Hauptquellfluß der Donau (Feldberg-

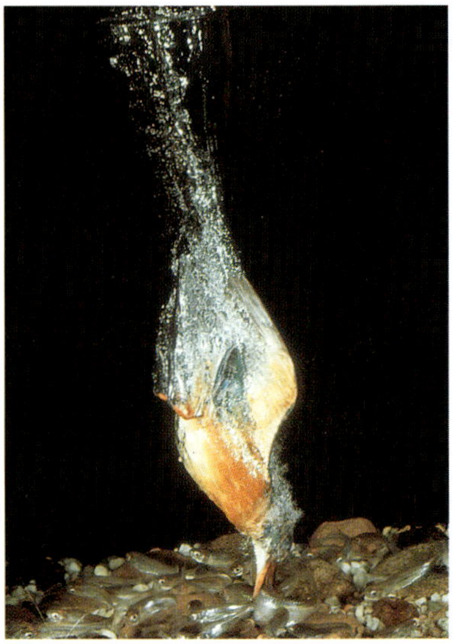

werden sollte. Der Ursprung des Flusses liegt im Feldberggebiet. Von der Quelle bis zur Mündung in den Rhein überwindet er auf einer Länge von etwa neunzig Kilometern einen Höhenunterschied von 530 Metern. Die eigentliche Schlucht ist 28 Kilometer lang.

Die Wutach durchfließt den Feld- und den Titisee und trägt bis zum Örtchen Kappel noch den Namen Gutach. Ab hier wird die „Gute Ach" jedoch zur Wutach, was

Praktische Informationen

Adressen und Auskünfte

Bezirksstelle für Naturschutz und Landschaftspflege, Werderring 14, 79098 Freiburg, Tel. 0761/2080.
Tourist-Informationszentrum, Schloßstr. 1, 79848 Bonndorf, Tel. 07703/7607.

Anreise

Mit der Bahn über Freiburg bzw. Tuttlingen bis Löffingen/Döggingen. Mit dem

donau), der den Gletschern des Feldbergs entsprang und mit geringem Gefälle der Donau zufloß. Dann brach der Fluß beim heutigen Achdorf aus seinem gewohnten Bett und wandte sich nach Süden dem 400 Meter tiefer gelegenen Rhein zu. Welche Kraft die Wassermassen besitzen, wird besonders in der Wutachschlucht deutlich, die in den letzten 70 000 Jahren – geologisch gesehen eine kurze Zeitspanne – entstanden ist, indem die Wutach gewaltige Geröllmassen ausräumte. Das Ergebnis ist die heutige Schlucht mit ihren steilen, oft senkrechten Felswänden.

Wandern in der Wutachschlucht

Die beste Wanderzeit ist Mai bis September; zu anderen Zeiten können die Wege teilweise überflutet und somit unpassierbar sein.

Route 1: Unterwegs zum Räuberschlößle

Der Weg beginnt am romantischen Natursteinviadukt zwischen Kappel und Neustadt. Man durchwandert die geologischen Schichten des Grundgebirges und des Buntsandsteins. Vorbei an einem 80 Meter hohen Felsklotz, dem „Räuberschlößle", gelangt man zum Gasthof

Flora und Fauna in der Wutachschlucht

Typische Pflanzen

Grau- und Bruchweide, Grauerle, Seifenkraut, Lerchensporn, Mädesüß, Waldziest, Pestwurz, Engelwurz und Maskendistel (Talsohle); Nördlicher Streifenfarn, Blasenfarn, Strichfarn, Fetthennensteinbrech (Felsen); Bergahorn, Esche, Sommerlinde, Bärlauch, Silberblatt, Hirschzunge und Gelappter Schildfarn (Schluchtwald).

Charakteristische Tiere

Fransenfledermaus, Mausohr, Große und Kleine Hufeisennase, Garten- und Siebenschläfer; Baumläufer, Eisvogel, Gebirgsstelze, Kleiber, Schwarzspecht, Wasseramsel, Bussard, Wanderfalke, Schwarz- und Rotmilan; Ringelnatter, Blindschleiche, Zauneidechse, Erdkröte, Grasfrosch, Feuersalamander, Berg- und Fadenmolch; Äsche, Forelle, Elritze.

Schattenmühle (Einkehr- und Übernachtungsmöglichkeit). Wer den Weg nicht zurücklaufen möchte, kann den Wanderbus (nur an Wochenenden) nehmen oder sich mit dem Auto abholen lassen.

ℹ Von Kappel zur Schattenmühle; Länge 11 km; ca. 3 Stunden reine Gehzeit.
✕ Gasthof Schattenmühle

Route 2: Durch die Schlucht

Auf diesem Weg wechseln schmale Saumpfade entlang 100 Meter hoher Muschelkalkwände und moorig-weiche Auwaldwege entlang des Flusses einander ab. Ausgangspunkt ist die Schattenmühle. Der Weg führt von hier über Bad Boll und die Schurhammermühle zur Wutachmühle. Für Einstiegsmöglichkeiten in die Wutachschlucht gibt es Seitenschluchten. Besonders geeignet sind dafür die Lotenbachschlucht an der Straße von Gündelwangen nach

◁◁◁◁
Der Eisvogel stürzt sich kopfüber in den Bach, packt sich einen Fisch und fliegt dann blitzschnell mit seiner Beute nach oben.

Nur 70 000 Jahre brauchte die Wutach, um diese Schlucht in den Fels zu sägen.

Bonndorf und die fast noch urtümlichere Gauchachschlucht südlich von Döggingen. An Wochenenden verkehrt ein Wanderbus, der die Besucher zum Ausgangspunkt zurückbringt.

ℹ Von der Schattenmühle über Bad Boll und die Schurhammermühle zur Wutachmühle; Länge ca. 13 km; ca. 4 Stunden, 30 Minuten reine Gehzeit.

◁◁
Das Mädesüß liebt feuchte Standorte und bevorzugt daher die Talsohle.

Auto über die A 81, Abfahrt Donaueschingen, weiter auf der B 31 in Richtung Titisee-Neustadt bis Döggingen.

Unterkunft

Pensionen und Gasthöfe in den Gemeinden Bonndorf, Döggingen, Gündelwangen, Mündingen und Reiselfingen. Campingplatz in Ewattingen.

Blessing

Der Feldberg

Hoher Berg im schwarzen Wald

Der Feldberg, die höchste Erhebung des Schwarzwaldes, und das umgebende Naturschutzgebiet sind von der Eiszeit geprägt. Daher läßt sich hier Erdgeschichte gleichsam im Zeitraffer erleben.

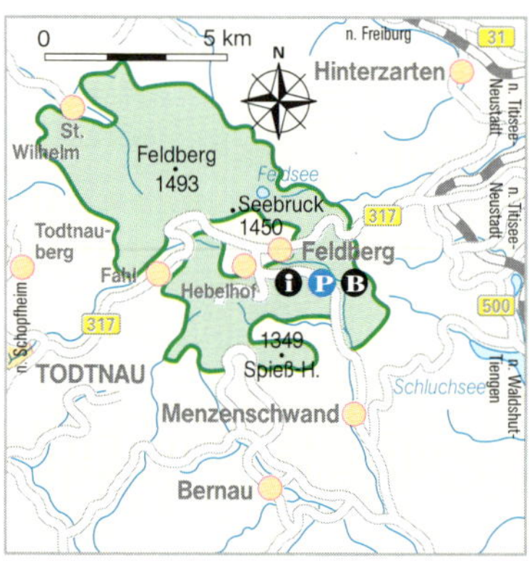

Die Gegend rund um den Feldberg hat viel zu bieten. Moore und Gebirgswälder wechseln hier mit Borstgrasweiden, auf denen Gelber Enzian, Bärwurz und Schweizer Löwenzahn gedeihen. Aber auch längst vergangene Zeiten sind hier allgegenwärtig: Der Eiszeit auf der Spur, entdeckt der aufmerksame Wanderer Kare und Karseen, Moore und Endmoränen, Gletscherschliffe und Rundhöcker – eiszeitliche Formenvielfalt auf engstem Raum, die ihresgleichen sucht.

Relikte aus der Eiszeit lassen sich auch in der Pflanzen- und Tierwelt finden. Woher viele Pflanzen ursprünglich stammen, verraten schon ihre Namen: „Alpen"troddelblume, „Alpen"helmkraut oder „Schweizer"

Löwenzahn – allesamt alpine Arten, die von der Eiszeit bis in unsere Tage in diesem rauhen Klima überlebt haben. Auch die Tiere haben sich mit den kargen Bedingungen abgefunden und entsprechend angepaßt. Kolkrabe und Wasserpieper, aber auch Auer- und Haselhuhn sind typische Hochlagenbewohner. Für die alpine Gebirgsschrecke ist das Feldberggebiet der einzige Lebensraum außerhalb der Alpen.

Doch diese Naturidylle hat auch ihre Schattenseiten. So sieht sich der Feldberg einem Massenansturm von Besuchern ausgesetzt, der nur mit einem ausgefeilten Schutzgebiets-

Kurzprofil

Der Feldberg (1493 m) im Schwarzwald, der höchste Berg der deutschen Mittelgebirge, liegt inmitten eines weitläufigen Naturschutzgebietes.

Träger:	Eigentümer ist das Land Baden-Württemberg
Gegründet:	1937
Fläche:	4200 Hektar
Saison:	ganzjährig
Besucher:	2 Millionen jährlich

und Besucherlenkungskonzept ohne größeren Schaden für die Natur bewältigt werden kann. Lange Zeit gefährdeten die zahllosen Wanderer die empfindliche Tier- und Pflanzenwelt in erheblichem Maße. Insbesondere Erosionsschäden durch Trittbelastungen auf den Borstgrasweiden, aber auch Störungen des Auerwildes durch Wanderer und Skifahrer abseits von Wegen und Loipen bedrohten das natürliche Gleichgewicht. Durch Wegegebote und deren Überwachung durch den „Ranger", aber auch durch gezielte Sperrung geschädigter Regionen brachen neue Zeiten an. Die Natur erobert sich nun nach und nach so manche Fläche zurück.

Praktische Informationen

Adressen und Auskünfte

Bezirksstelle für Naturschutz und Landschaftspflege Freiburg: Naturschutzinformation Feldberg, Paßhöhe 13, 79868 Feldberg, Tel. 07676/256, Fax 07676/250. Naturschutz-Informationsstelle des Schwarzwaldvereins: im Feldberger Hof, Am Seebuck, 79868 Feldberg, Tel. 07676/404, Fax 07676/405.

Anreise

Mit der Bahn bis Feldberg-Bärental und Altglashütten-Falkau, auch mit dem Interregio von Emden nach Feldberg. Mit dem Auto über die A 81, Abfahrt Donau-

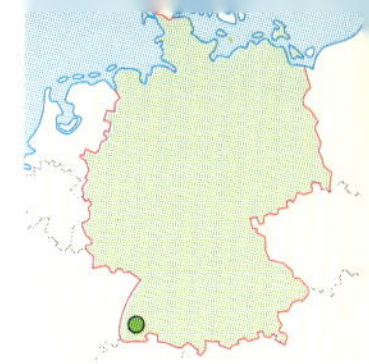

Wandern im Feldberggebiet

Im Naturschutzgebiet am Feldberg gibt es eine Fülle von Wanderrouten, darunter zwei Naturlehrpfade: den Naturlehrpfad „Am Rinken“ (Broschüre vom Schwarzwaldverein Hinterzarten herausgegeben) und den Naturlehrpfad „Bernau“ (Broschüre herausgegeben von der Gemeinde Bernau).
Zwei besonders lohnende Rundwege seien hier näher vorgestellt.

◁ **Das Tagpfauenauge verschläft den Winter als vollentwickelter Schmetterling.**

◁◁◁◁ **Die Blüte der stengellosen Silberdistel liegt dicht auf der stacheligen Blattrosette.**

Route 2: *Großer Feldberg-Rundweg*

Bei diesem Rundweg handelt es sich um eine regelrechte Hüttentour rund um den Feldberg. Die früher ausschließlich für die Viehwirtschaft genutzten Hütten – das Jungvieh verbrachte den Sommer auf den Hochweiden – haben heute alle gemütliche Gaststätten mit guter Küche. Vom Parkplatz beim Feldberger Hof erreicht man über das Militärsträßle nach etwa einem Kilometer die Abzweigung zur Todtnauer Hütte. Der Weg führt weiter über die St. Wilhelmer Hütte zur Zastler Hütte, die in einem Kar liegt. Biegt man nördlich der Hütte rechts ab, gelangt man zum Naturfreundehaus und bald darauf zur Baldenweger Hütte. Von hier geht es zum Rinken und dann zum Raimartihof. Schließlich führt der Weg am Feldsee vorbei zurück zum Feldberger Hof.

i Rundweg vom Feldberger Hof über verschiedene Hütten: Länge 15 km; ca. 280 Höhenmeter; ca. 4 Stunden 30 Minuten reine Gehzeit.

Flora und Fauna am Feldberg

Typische Pflanzen

Alpenhelm, Fettkraut, Blauer Sumpfstern, Traunsteiners Knabenkraut, verschiedene Seggen und Simsen (Nieder- oder Flachmoor); Sonnentau, Rosmarinheide, Moosbeere und Torfmoos (Hochmoor); Arnika, Bärwurz, Gelber Enzian, Scheuchzers Glockenblume, Schweizer Löwenzahn und Keulenbärlapp (Borstgrasweide); Hundsveilchen, Flügelginster und Silberdistel (Flügelginsterweide).

Charakteristische Tiere

Auer- und Haselhuhn, Kolkrabe, Wasserpiepér; Alpine Gebirgsschrecke, Mohrenfalter, Tagpfauenauge, Alpenblattkäfer.

Der Gipfel des Feldbergs im Winterkleid

eschingen, weiter auf der B 31 in Richtung Titisee-Neustadt, von dort auf der B 317 zum Feldberg.

Führungen

Die Bezirksstelle für Naturschutz und Landschaftspflege Freiburg, der Schwarzwaldverein sowie die Forstämter Schluchsee und St. Blasien bieten geführte Naturerlebniswanderungen an.

Busverkehr

Von Juli bis Oktober stehen den Besuchern Wanderbusse zur Verfügung. Informationen bei der Südbaden Bus GmbH, Tel. 0761/36172.

Route 1: *Seebuck-Rundweg*

Vom Parkplatz beim Feldberger Hof führt der Weg über das Militärsträßle und einen Schotterweg zum Bismarckdenkmal. Nach einem Ausblick nach Süden zu den Alpen und nach Nordosten zum Feldsee mit seinen steilen Karwänden folgt man dem mit einer roten Raute gekennzeichneten Weg bis zum Grüblesattel, von hier geht es über das Militärsträßle zurück zum Ausgangspunkt.

i Rundweg vom Feldberger Hof zum Grüblesattel: Länge 4,5 km; ca. 175 Höhenmeter; ca. 1 Stunde 30 Minuten reine Gehzeit.

Blessing

Der Kaiserstuhl

Sonnige Insel am Oberrhein

Einer Insel gleich überragt der Kaiserstuhl die Oberrheinische Tiefebene: ein Stück mediterraner Süden nördlich der Alpen.

Wie ein überdimensionierter, vor der imposanten Wand des Schwarzwaldes zurechtgerückter Sockel ruht der Kaiserstuhl inmitten der südlichen Oberrhein-Landschaft. Einer Gerichtsstätte Kaiser Ottos III., wie manche vermuten, aber auch der Hufeisenform der Gipfelkette könnte er seinen Namen verdanken.

In vieler Hinsicht hebt sich der Kaiserstuhl von den umliegenden Gebieten ab. Spürbar sind die klimatischen Besonderheiten: Im Hochsommer herrschen Temperaturen von bis zu 39 Grad Celsius; die Niederschläge – um die 600 Millimeter im Jahr – sind gering. Ihringen an der Südwestecke des Kaiserstuhl ist einer der wärmsten Orte Deutschlands. Der Kamm der Vogesen fängt offenbar den Einfluß des Atlantik ab, während durch die Burgundische Pforte milde mittelmeerische Luftströmungen einziehen können.

Der Kaiserstuhl liegt an der Kreuzung zweier erdbebenreicher Bruchliniensysteme der oberen Erdkruste: Eines zieht sich über das nahe Höllental und den Hegau zum Bodensee, das andere ist der zwischen Vogesen und Schwarzwald eingesunkene Oberrheingraben. Vor rund 20 Millionen Jahren stieg hier glutflüssiges Magma an die Oberfläche, entlud sich mit heftigen Eruptionen und türmte einen Schichtvulkan auf – den heutigen Kaiserstuhl. Er blieb, 350 Meter hoch, als verwitterte Ruine stehen. Neben dem Vulkanismus war hier aber auch die letzte Eiszeit an der Landschaftsbildung beteiligt. Während der Kaltzeiten trug der Wind staubfeinen, kalkhaltigen Löß herbei und setzte ihn im Windschatten der Vulkankuppen in Gestalt mächtiger Packlagen ab. Kalk verleiht diesem Löß nicht nur seine Porosität, die dem Pflanzenwachstum zugute kommt, sondern auch beachtliche Festigkeit, wie die berühmten Lößhohlwege bei Achkarren und Bickensohl belegen.

Kurzprofil

Im Bereich des Kaiserstuhl sind Badberg bei Vogtsburg, Büchsenberg bei Achkarren, Limberg bei Sachbach und Rheinhalde bei Burkheim besonders wertvolle Naturschutzgebiete.

Verordnungsgeber/Träger:	Obere Naturschutzbehörde (RP Freiburg)
Gegründet:	1969
Fläche:	42 ha
Saison:	Mai–Oktober
Besucher:	bis 10 000 jährlich
Wanderwege:	über 100 km

Weil diese Lößauflagerung so stabil ist, hat man sich an eine „tiefgreifende" Rebflurbereinigung gewagt: Teile der in Parzellen aufgesplitteten Kulturlandschaft wurden in maschinengerechte Groß-Produktionsflächen verwandelt. Andererseits sind am Kaiserstuhl gleich mehrere Naturschutzgebiete ausgewiesen.

Praktische Informationen

Adressen und Auskünfte

Touristik-Service Südlicher Schwarzwald/Kaiserstuhl/Tuniberg, Marktplatz 9, 79206 Breisach, Tel. 07667/83227, Fax /80718

Geradezu ein Mekka für Botaniker ist die Pflanzenwelt, denn auf dieser Wärmeinsel kommen etliche Arten vor, die sonst nur im westlichen Mittelmeergebiet oder im kontinentalen Südosten Europas gedeihen. Außer den Kaiserstuhl-Orchideen tragen auch Gehölze zum südlichen Flair bei, darunter Strauch-Kronwicke, Blasenstrauch oder Flaum-Eiche.

Mit besonderer Artenfülle überraschen die Trocken- und Halbtrockenrasen, die mäßigem Niederschlag, dafür aber hoher Sonneneinstrahlung ausgesetzt sind.

Besonders schön sind sie am Badberg im zentralen Kaiserstuhl. Welcher Belastung die Flora hier standhält, zeigen die sommerlichen Bodentemperaturen – sie können die 60-Grad-Marke übersteigen. Einem anderen Einfluß sind sie jedoch weit weniger gewachsen: der „erdrückenden“ Zuneigung begeisterter Fotografen. Auch wenn es schwerfällt sollten Naturfreunde die Trampelpfade, die zu den Stars der Gebietsflora führen, nicht noch erweitern. Auch mit einem Fernglas und einem Skizzenblock läßt sich botanisieren.

Natürlich profitieren vom Insektenreichtum des Gebietes auch viele Vogelarten. Im Rebland und sogar in den neu terrassierten Parzellen brüten Hänfling, Dorngrasmücke, Baumpieper und Schwarzkehlchen in erstaunlicher Dichte. Hin und wieder unternimmt sogar der exotische Bienenfresser einen Brutversuch im Vorfeld seines eigentlichen Verbreitungsgebietes.

◁◁◁
Zu den vielen Falterarten, die im Sommer den Kaiserstuhl beleben, gehört auch der Große Fuchs.

Lößterrassen bei Oberrottweil im westlichen Kaiserstuhl.

Flora und Fauna am Kaiserstuhl

Typische Pflanzen

Tauben-Skabiose, Blutroter Storchschnabel, Flügelginster, Wiesen-Salbei, Wundklee, Bocks-Riemenzunge, Diptam, Flaum-Eiche.

Charakteristische Tiere

Mauswiesel, Hänfling, Dorngrasmücke, Gartenrotschwanz, Baumpieper, Schwarzkehlchen, Segelfalter, Trauermantel, Großer Fuchs, Gottesanbeterin, Sandbienen, Grab- und Faltenwespen.

Anreise

Mit der Bahn bis Breisach;
Mit dem Auto: A 5 Ausfahrt Freiburg Nord Richtung Ihringen oder Süd Richtung Breisach.

Ein einzigartiges Kleinökosystem bilden die sonnenbeschienenen, bloßliegenden Lößwände. Auch wenn man zunächst nur ein paar eingetrocknete Blütenpflanzen, Moospolster oder Krustenflechten entdeckt: Die kahlen, vielfach durchlöcherten Wände sind gerade für Kleintiere außerordentlich attraktiv und entwickeln bei genauerem Hinsehen eine unglaubliche Dynamik. Sie sind deshalb besonders interessant.

Sandbienen richten Niststätten in selbst gegrabenen Gängen ein. Grabwespen treiben ihre Stollen in das Material, das sie zuvor mit Zikadenschaum eingeweicht haben. Faltenwespen tragen als Proviant für ihren Nachwuchs betäubte Rüsselkäfer ein, während andere sich auf Fliegenfang oder Spinnenjagd spezialisiert haben.

Wandern am Kaiserstuhl

Das gesamte Gebiet wird durch ein hervorragend betreutes Wegenetz des Schwarzwaldvereins erschlossen. Aus gut beschilderten Wegen und Teilstrecken – Hauptrouten mit Raute, Zugänge mit Punkten – kann man sich nach dem Baukastenprinzip Wanderrouten selbst zusammenstellen und sogar Rundwanderwege anlegen. Für eine erlebnisreiche Tageswanderung (etwa 15 Kilometer weit mit 300 Metern Höhenunterschied) empfiehlt sich die Route Bickensohl – Lößweg Eichgasse – Totenkopf (höchste Erhebung) – Oberbergen – Badberg (Naturlehrpfad) – Oberrottweil – Bickensohl.

Kremer

◁◁◁◁
Auch der Diptam ist aus südlichen Breiten zugewandert.

Der Schliffkopf

Sonnenbad über den Wolken

Eine Wanderung über die Hochfläche des Schliffkopf beweist: Der Blick über die Rheinebene auf die Vogesen oder, nach Osten hin, zur „blauen Mauer“ der Schwäbischen Alb gehört zum Schönsten, was der Schwarzwald zu bieten hat.

Ein langer Höhenrücken aus Buntsandstein erstreckt sich zwischen dem höchsten Berg des Nordschwarzwaldes, der Hornisgrinde (1164 Meter) und dem Ort Kniebis bei Freudenstadt. Sein höchster Punkt ist der 1055 Meter hohe Schliffkopf. Hier liegt eines der ältesten Naturschutzgebiete Baden-Württembergs.

Wer heute die höchsten Lagen des Schliffkopf-Gebietes besucht, sieht zwischen weiten, offenen Moorheiden, hier „Grinden“ genannt, Gruppen von Legföhren, junge Birken und einzelne Fichten. Das war nicht immer so. Ursprünglich mit Mischwald bedeckt, wurden die Schwarzwaldhöhen mit der Besiedlung der Täler zunehmend als Weideland genutzt. Man kann sich die Nutzung bis vor etwa hundert Jahren wie eine Almwirtschaft vorstellen. Die Höhenzüge, rund 450 Meter über den umgebenden Tälern gelegen, waren nahezu unzugänglich. Lediglich eine alte Paßstraße querte das Gebirge von Stuttgart über Freudenstadt und Kniebis ins Rheintal.

Mit dem Bau der Schwarzwaldhochstraße in den dreißiger Jahren war die Unzugänglichkeit zu Ende und mit ihr die Stille. Die Attraktionen des Nordschwarzwaldes, aufgereiht wie Perlen: im Norden die Hornisgrinde und der eindrucksvolle Mummelsee, ein Relikt der Eiszeit; dann, in südlicher Richtung, eine ganze Reihe von Wanderparkplätzen, der Ruhestein mit dem Naturschutzzentrum (ab Herbst 1997) und einer Skisprungschanze, das Schliffkopfhotel mit dem nahen Gipfel und – noch südlicher – die Alexanderschanze.

Die Flora am Schliffkopf

Fichte, Moor-Bergkiefer, Birken, Heidekraut, Rasenbinse, Pfeifengras, Borstgras, Rundblättriger Sonnentau, 17 Torfmoosarten.

Kurzprofil

Das Naturschutzgebiet Schliffkopf bedeckt einen der schönsten Höhenzüge des Nordschwarzwaldes.

Verordnungsgeber/Träger:	Regierungspräsidium Karlsruhe
Gegründet:	1938, im nördlichen Teil schon 1936
Fläche:	1387 Hektar
Saison:	ganzjährig
Wanderwege:	ca. 100 km

Praktische Informationen

Adressen und Auskünfte

Naturschutzzentrum „Ruhestein“, Tel. 07449/91020. Ein Informations-Faltblatt mit Karte ist dort und in den Gaststätten der Umgebung erhältlich.

Anreise

Das Naturschutzgebiet wird von Nord nach Süd von der Schwarzwaldhochstraße (B 500) durchzogen. Das Gebiet wird von „Freizeitbussen“ angefahren; an Ausflugssonntagen gibt es zusätzliche Busverbindungen aus den Talgemeinden. Wer mit dem Bus fahren möchte – was sich bei einer Streckenwanderung zur Rückfahrt durchaus anbietet –, sollte sich vorher genau erkundigen (zum Beispiel beim Landratsamt Freudenstadt,

Der einst unberührte Höhenzug ist zum beliebten Ausflugsziel, und Glanzpunkte wie der Mummelsee sind zu wahren Rummelplätzen geworden. Nur wenige hundert Meter abseits der Parkplätze jedoch kehrt Ruhe ein. Hier können Spaziergänger, aber auch zünftige Wanderer mit festem Schuhwerk auf ihre Kosten kommen.

Eine große Vielfalt der Pflanzenwelt ist auf dem kargen Buntsandstein nicht zu erwarten, dafür aber sind die Freiflächen mit Legföhren und den charakteristischen Polstern aus Rasenbinse, hier „Bocksergras" genannt, und Wollgras umso eindrucksvoller. Auch Pfeifengras, Moosbeere, Rosmarinheide und Sonnentau kann der aufmerksame Beobachter finden.

Im Oktober 1997 nimmt das Naturschutzzentrum „Ruhestein" seine Arbeit auf. Hier werden in Ausstellungen naturkundliche Informationen über den Nordschwarzwald gegeben, aber auch Lehrgänge und Seminare abgehalten und geführte Wanderungen angeboten. Das auffällige Haus befindet sich an der Schwarzwaldhochstraße, direkt an der Abzweigung nach Baiersbronn.

Tel. 07441/9200, oder den Gemeindeverwaltungen).

Unterkunft

Gaststätten und Herbergen jeglicher Kategorie gibt es entlang der Schwarzwaldhochstraße, in Kniebis und in Freudenstadt sowie in allen Talorten. Die Jugendherberge „Zuflucht" nahe der Straßenabzweigung nach Oppenau (mit den eindrucksvollen Resten der „Röschenschanze" von 1737 und einem Skihang in der Nähe) gehört zu den am meisten besuchten Jugendherbergen Deutschlands. Weitere Auskünfte: Kurverwaltung Baiersbronn, Tel. 07442/84140; Kurverwaltung Freudenstadt, Tel. 07441/8640.

◁ **Blick vom Gipfel des Schliffkopf auf die Vorbergzone und das Nebelmeer über der Rheinebene**

Wandern auf dem Schliffkopf

Der Schliffkopf läßt sich auf mehreren kleineren Spaziergängen oder mit einem einzigen Tagesmarsch auf dem Kamm des Höhenrückens erkunden. Dort wechseln sich dunkle Fichtenwälder und offene Grindenmoore ab. Vor allem im Herbst, wenn im Rheintal eine dicke Nebelschicht liegt und aufs Gemüt drückt, zieht es Wanderer und Spaziergänger auf die Höhe. Wie über den Wolken schwebt man dann auf dem Schliffkopf und kann die Sonne und die weite Aussicht genießen.

Die Wanderparkplätze entlang der Straße sind bestens ausgeschildert, an den größeren stehen Informationstafeln. Die Wanderwege sind vom Schwarzwaldverein hervorragend markiert. Neben dem Hauptweg auf der Höhe, der Teil des sogenannten „Westweges" durch den gesamten Schwarzwald ist, gibt es mehrere Abzweigungen in die Talgemeinden. Rings um den Schliffkopfgipfel ist ein Rundwanderweg ausgewiesen (Markierung: Kreis). Der Gipfel selbst mit Aussichtsplatte und Panorama-Tafel ist vom Schliffkopf-Hotel aus in etwa einer Viertelstunde erreichbar.

Im Winter herrscht an den Skihängen Hochbetrieb; zudem gibt es je nach Schneelage verschiedene Langlaufloipen.

Wanderer sollten daran denken, daß auf den Höhen des Nordschwarzwaldes ein ganz anderes Wetter herrscht als in der Umgebung. Oft hängt in den Tälern der Nebel, während oben die Sonne scheint, und manchmal ist es genau umgekehrt. Auch die Temperaturen sind wechselhaft; im Jahresdurchschnitt wird es nicht wärmer als sechs Grad Celsius. Auf jeden Fall ist für eine Wanderung neben gutem Schuhwerk Regenbekleidung und Kälteschutz empfehlenswert!

Wolf

◁◁◁◁ **Die Fauna am Schliffkopf ist nicht sehr artenreich. Spinnen aber gibt es auch hier.**

Die Rasenbinse gehört zu den Gewächsen, die selbst auf dem kargen Buntsandstein des Schliff-Kopf-Gebietes gedeihen.

Biosphärenreservat Naturpark Pfälzerwald

Grünes Meer auf rotem Fels

Bizarre Felsen aus Buntsandstein, schier endlose Wälder auf stark bewegtem Relief, eine alte Kulturlandschaft mit Burgen und vom Weinbau geprägten Dörfern: Der Pfälzerwald hat viele Facetten.

Im Süden des Landes Rheinland-Pfalz, an der Grenze zu Frankreich, liegt das wohl größte zusammenhängende Waldgebiet Deutschlands, das in den französischen Nordvogesen seine Fortsetzung findet: der Pfälzerwald. Zusammen mit einem Teil der Weinstraße, die ihm östlich vorgelagert ist, bildet er das Biosphärenreservat Naturpark Pfälzerwald, das insgesamt 1800 Quadratkilometer umfaßt.

Als wildromantisches Gebirge übte der Pfälzerwald auf naturverbundene Menschen schon immer eine starke Anziehungskraft aus. Den wahren Wert dieser großartigen Landschaft als Natur- und Erholungsraum erkannte man aber erst, als in den unmittelbar benachbarten Ballungsräumen an Rhein, Neckar und Saar die Industrialisierung stark voranschritt und die natürlichen Lebensräume immer weiter eingeengt wurden. So entwickelte sich der Gedanke, das Waldgebirge in seiner ursprünglichen Schönheit und landschaftlichen Geschlossenheit zu erhalten und vor schädlichen Einwirkungen zu schützen, es aber zugleich als Naherholungsgebiet für die Menschen offenzuhalten.

Um dieses Doppelkonzept – Naturschutz und Erholung – zu realisieren, mußte der stetig wachsende Besucherstrom so gelenkt werden, daß der wertvolle Naturraum nicht von Autos und anderen Errungenschaften der modernen Zivilisation überflutet wurde.

Der Pfälzerwald wurde deshalb bereits 1958 zu einem der ersten Naturparks Deutschlands erklärt. Er bietet ein buntes Mosaik aus Wäldern, Sandsteinfelsen, Wiesentälern, harmonisch in die Landschaft eingebundenen Dörfern, wertvollen Biotopen und nicht zuletzt eindrucksvollen Zeugnissen vergangener Jahrhunderte. Durch Zusammenschluß der beteiligten Gebietskörperschaften, des Bezirksverbands Pfalz sowie von Umweltverbänden und Wandervereinen wurde im Jahr 1982 der „Verein Naturpark Pfälzerwald" als eigenständiger Träger des Naturparks gebildet. Damit sollte das Gefühl der Verantwortung für die Landschaft in der Bevölkerung gestärkt und die Identifizierung mit dem Naturparkgedanken gefördert werden.

1984 wurden innerhalb des Naturparks insgesamt zehn sogenannte Kernzonen mit einer Fläche von 800 bis über 9000 Hektar ausgewiesen. Diese sind überwiegend bewaldet und haben nahezu den gleichen Status wie Naturschutzgebiete. Sie dienen als wichtige großräumige Refugien für die Tier und Pflanzenwelt. Neubauten und das Ausrichten von Veranstaltungen jeglicher Art sind hier grundsätzlich verboten.

Ihren bisherigen Höhepunkt fanden die jahrzehntelangen Bemühungen um Schutz und Pflege dieser Kulturlandschaft im Jahr 1992, als der Naturpark Pfälzerwald als Biosphärenreservat anerkannt wurde. Damit erfuhr der Naturpark eine deutliche Aufwertung: Er ist nun Baustein und Modellregion im Rahmen eines weltweiten UNESCO-Programms, „Der

Kurzprofil

Das Biosphärenreservat Naturpark Pfälzerwald ist das größte Festland-Biosphärenreservat Deutschlands.

Träger:	Verein Naturpark Pfälzerwald e.V.
Gegründet:	1958 (Naturpark), 1992 (Anerkennung als Biosphärenreservat)
Fläche:	179 800 Hektar
Saison:	Anfang April bis Anfang November
Besucher:	ca. 3 Millionen jährlich
Wanderwege:	ca. 7000 km
Radwege:	ca. 300 km
Reitwege:	ca. 600 km (markiert)

◁ Der Teufelstisch ist das Wahrzeichen des Pfälzerwaldes.

▷ Blick über den südlichen Pfälzerwald von Nothweiler in Richtung Dahn

Mensch und die Biosphäre – Mensch und lebendige Umwelt“, in dem neue Konzepte und Strategien für einen schonenden, zukunftsorientierten Umgang mit den natürlichen Ressourcen erprobt und beispielhaft umgesetzt werden sollen.

Die Anerkennung des Naturparks Pfälzerwald als Biosphärenreservat eröffnet auch grenzüberschreitende Perspektiven: Zusammen mit dem auf französischer Seite benachbarten Naturpark Nordvogesen, der schon seit 1989 Biosphärenreservat ist, soll das „Biosphärenreservat Pfälzerwald-Nordvogesen“ geschaffen werden. Es wird sich über 3010 Quadratkilometer erstrecken.

Wald, Fels und Wein

Der Pfälzerwald erstreckt sich über einen von zahlreichen Tälern zerfurchten, bis zu 500 Meter mächtigen Block aus Buntsandstein. Seine Ostseite überragt die Oberrheinische Tiefebene als kräftig herausge-

Da muß man hin

- ☐ Teufelstisch
- ☐ Drachenfels
- ☐ Besucherbergwerk Eisenerzgrube
- ☐ Nothweiler
- ☐ Burg Trifels
- ☐ Burg Berwartstein
- ☐ Hambacher Schloß
- ☐ Rietburg bei Edenkoben

◁ Der Drachenfels ist eine der berühmten Felsburgen im Süden des Pfälzerwaldes.

hobener Grabenrand. Hier erreicht der Pfälzerwald südwestlich von Neustadt an der Weinstraße in der Kalmit mit 673 Metern seine höchste Erhebung. Wer sich einen Eindruck von der Größe des Biosphärenreservats verschaffen möchte, der ersteigt am besten den Luitpoldturm bei Hermersbergerhof im inneren Pfälzerwald. Von hier aus bietet sich ein herrlicher Rundblick über die zahllosen bewaldeten Bergrücken, die den Betrachter an den Wellengang auf hoher See erinnern.

Während sich das Relief im nördlichen und mittleren Bereich des Biosphärenreservats in langgezogenen Rücken aufwölbt, wobei die massigen Bergstöcke von tiefen, V-förmigen Tälern zerschnitten werden, zeigt die Landschaft weiter südlich, im Wasgau, ein völlig anderes Bild: Sie wirkt hier fast lieblich und wird geprägt durch breite, weit ausgeräumte Täler mit harmonisch gewachsenen kleinen Dörfern, die von Kegelbergen, Felsentürmen und markanten Bergkämmen überragt werden.

Die Felsen des Wasgau stammen aus der sogenannten Trifelsschicht, der untersten Schicht des Mittleren Buntsandsteins. Ihre ausdrucksstarken Formen erinnern den Betrachter unwillkürlich an einige der großartigen Nationalparks Nordamerikas. Die Farben der Felsmassive wechseln dank des unterschiedlichen Anteils und Oxidationszustandes des eingelagerten Eisens: tagsüber erscheinen sie meist blaßgelb bis hellbraun, in der Abendsonne dagegen leuchtend rot. Oft von Burgen gekrönt, sind diese Felsen beliebte Ausflugsziele. Ihre Namen stammen aus alten Sagen der heimischen Bevölkerung, zum Beispiel Jungfernsprung, Braut und Bräutigam, Teufelsstein und Teufelstisch. Letzterer ist das Wahrzeichen des Pfälzerwalds – die Natur hat ihn so kühn konstruiert, daß sich der Träger des Naturparks 1986 veranlaßt sah,

◁ Beim Blick über den inneren Pfälzerwald erscheinen die bewaldeten Kuppen wie ein wogendes grünes Meer.

▷ Das Karlstal ist seiner besonderen Schönheit und Unberührtheit wegen bei Wanderern besonders beliebt.

durch statische Berechungen nachweisen zu lassen, daß dieser mächtige Felsen weiterhin gefahrlos besucht und erklettert werden kann.

An der Weinstraße machen die Weinberge mit ihren Hohlwegen, Terrassen und ihrem Rebenmeer, die Streuobstwiesen, die sich harmonisch in die Landschaft fügen, die Weindörfer und der Rand des bewaldeten Gebirges den besonderen Reiz der Landschaft aus. Nicht nur die heitere Gelassenheit der pfälzischen Bevölkerung, sondern auch eine submediterrane und mediterrane Pflanzenwelt sind Ausdruck einer ganz besonderen Gunst des Klimas: Neben dem Wein und der wärmeliebenden Eßkastanie wachsen hier Mandel-, vielerorts selbst Feigenbäume, die reife Früchte bringen, und in den Gärten gedeihen Kiwi-Früchte und Zitronen. Milde Winter, verhältnismäßig warme Sommer, föhnartiger Himmel bei Westwind und eine früh beginnende Blütezeit sorgen für eine üppige Ernte. Die Vegetationsperiode dauert hier immerhin bis zu 250 Tage im Jahr.

Das Zusammenspiel von warmem Klima und menschlichem Eingreifen hat an der Weinstraße interessante Pflanzengesellschaften hervorgebracht. So sind auf Kalkhügeln inmitten der Weinberge Halbtrocken- und Trockenrasen entstanden – letzte Refugien für gefährdete Pflanzenarten wie Küchenschelle, Kalkaster oder Franzenenzian.

Wald so weit das Auge reicht

Nahezu im gesamten Biosphärenreservat ist der Wald die eigentlich natürliche Vegetation. Er bedeckt heute noch fast 75 Prozent der Gesamtfläche des Gebiets. Seit Jahrhunderten ist er für die hier lebenden Menschen nicht nur Natur-, sondern auch Wirtschaftsraum. Höhe, Hangneigung und Lage waren entscheidend für die Wahl der Baumarten in den Forstbetrieben: Schattige Unterhänge wurden oft mit der ertragskräftigen Fichte bestockt, der überwiegende Anteil der süd- bis südwestexponierten Lagen hingegen trägt Kiefernwald. Auf feuchteren und nährstoffreicheren Standorten wurden Buchen angebaut. Die Plateaulagen und Osthänge des inneren Pfälzerwaldes bilden Schwerpunkte der Traubeneiche. Hier, im sogenannten „Millionenviertel“, wird bestes Furnierholz gewonnen.

Zur Aufforstung nach dem enormen Holzverbrauch in den Kriegs- und ersten Nachkriegsjahren hat man in den fünfziger und sechziger Jahren im Pfälzerwald verstärkt schnellwüchsige Baumarten wie Europäische Lärche und Douglasie angepflanzt. Das führte in manchen Teilen des heutigen Biosphärenreservats zu einem erheblichem Rückgang des Artenreichtums. Künftig sollen deshalb Buche und Eiche als natürliche, bestandsbildende Baumarten gefördert werden.

Auch die Kiefer kam im Pfälzerwald ursprünglich nur in geringer Zahl vor. Sie hatte sich auf einige wenige Extremstandorte wie Felskuppen zurückgezogen, wurde aber im Zuge der Wiederaufforstung des Pfälzerwaldes im 19. Jahrhundert großflächig angebaut, so daß sie sich teilweise zur dominierenden Baumart entwickelte. Am Ostrand des Gebirges beispielsweise nimmt sie nahezu siebzig Prozent der Fläche ein. In den letzten Jahrzehnten wird die Kiefer aber insbesondere in den tieferen und wärmeren Lagen nach und nach durch die Eßkastanie ersetzt, die auf tiefgründigen und frischen Böden schattiger Lagen wie auf den sonni-

Flora und Fauna im Pfälzerwald

Typische Pflanzen

Traubeneiche (Plateaulagen des inneren Pfälzerwaldes); Waldkiefer (trockene süd- und westexponierte Standorte); Buche, Douglasie, Europäische Lärche (Standorte mittlerer Wasser- und Nährstoffversorgung); Fichte (frische Tallagen); Eßkastanie (östlicher Gebirgsrand); Mandel, Weinrebe, Feige, Halbtrocken- und Trockenrasen mit Küchenschelle, Kalkaster und Franzenenzian (Weinstraße); Sumpfcalla, Zypressen-Flachbärlapp, Ästige Mondraute.

Charakteristische Tiere

Rothirsch, Reh, Wildschwein, Rotfuchs, Dachs, Marder, Iltis, Mauswiesel, Hermelin, Wildkatze, Luchs; Mausohr, Wanderfalke; Grüne Keiljungfer.

gen, trockenen Buntsandsteinhängen gedeiht. So zieht sich heute oberhalb der Rebfluren – teils in geschlossenen Beständen, teils mit Kiefern und Traubeneichen gemischt – ein Kastaniengürtel am Gebirgsrand entlang und sorgt für ein abwechslungsreiches Erscheinungsbild des Waldes.

Viele der heute auf mittleren bis besseren Standorten vorherrschenden Bestände im Biosphärenreservat zeigen, wie der Naturwald ursprünglich ausgesehen haben könnte: Dem dichten Grundbestand an Buchen sind Eichen, einige wenige Ebereschen und – an lichten Stellen – vereinzelt auch Birken beigemischt. Auf ungünstigen Standorten, vor allem am Haardtrand, wo die Buche anderen Baumarten gegenüber weniger konkurrenzfähig ist, ist der artenarme Traubeneichen-Birkenwald die natürliche Vegetationsform.

Wachsende Urwald-Inseln

Zur Erforschung der Naturwälder und der verschiedenen Waldgesellschaften wurden seit Mitte der sechziger Jahre insgesamt elf Naturwaldreservate eingerichtet. Auf diesen Arealen, die fast ausschließlich auf Staatswaldgebiet liegen, sollen die Pflanzen weitgehend unbeeinflußt vom Menschen heranwachsen und lediglich dem natürlichen Rhythmus von Wachstum und Zerfall unterliegen. So entstanden inmitten der bewirtschafteten Flächen kleine „Urwald-Inseln", deren größte bislang 12,7 Hektar umfaßt. Derzeit arbeitet man an einer großflächigen Erweiterung dieser Naturwaldreservate, die künftig als Kernzellen des Biosphärenreservats dem Schutz natürlicher bzw. naturnaher Ökosysteme dienen sollen.

Die Bäche des Pfälzerwaldes werden am Oberlauf von Bach-Eschen-Wäl-

◁◁ **Die zahlreichen Rehe im Reservat verursachen Förstern und Naturschützern einiges Kopfzerbrechen.**

◁ **Reichsfeste Trifels war Machtzentrum des Deutschen Reiches zur Zeit der Salier und Staufer. Von 1124 bis 1274 wurde hier der Reichsschatz aufbewahrt, und von 1192 bis 1294 wurde hier von Kaiser Heinrich VI. Richard Löwenherz festgehalten.**

dern und – wo die Talaue breiter wird und das Wasser langsamer fließt – von Erlen-Eschen-Auenwäldern sowie Erlenbruchwäldern gesäumt. An den von sauerstoffreichem Wasser durchsickerten Oberläufen gedeihen auch Bergahorn und Bergulme hervorragend. Wo solche Standorte zunächst als landwirtschaftliche Flächen genutzt worden waren, dann aber brachlagen, haben sich inzwischen Hochstaudengesellschaften entwickelt, sofern nicht mit Fichten aufgeforstet wurde. Den typischen Schluchtwald gibt es im Pfälzerwald

Blick ins Naturschutzgebiet „Pfälzerwoog"

nur noch an wenigen Stellen wie im Karlstal bei Trippstadt.

Im Kontrast zum dichten Wald tragen schattenreichere Wiesentäler immer wieder zur Gliederung und Belebung des Landschaftsbildes bei. Besonders im südlichen Teil des Pfälzerwaldes ist der Anteil der Wiesen relativ hoch. In ehemals landwirtschaftlich genutzten, jetzt jedoch brachliegenden Wiesentälern entwickelten sich vor allem im Wasgau wertvolle Feuchtgebiete und Ökosysteme mit einer vielfältigen Tier- und Pflanzenwelt. Das Spektrum der Lebensräume umfaßt hier Quellbereiche und Fließgewässer, Röhrichtbestände, seggen- und binsenreiche Naßwiesen, Stehgewässer mit Verlandungszonen sowie Übergänge von Flach- zu Zwischenmooren bis hin zu vereinzelten Hochmoorzellen.

▷▷▷ Die Sumpfcalla wächst in den Feuchtgebieten des Wasgau.

Gefährdetes Gleichgewicht

Verglichen mit der Pflanzenwelt ist die Fauna im Biosphärenreservat Pfälzerwald recht vielfältig, vor allem in den Wiesentälern des Wasgau, entlang der Bachläufe und im naturnahen Laub- und Mischwald. Als größtes Säugetier durchstreift hier der Rothirsch sein Revier – im Herbst, wenn die Brunft beginnt, kann man das Röhren der imposanten Tiere weithin hören. Des zum Teil beträchtlichen Schadens wegen, den sie durch das Schälen junger Bäume anrichten, wurde ihr Bestand jedoch gesetzlich begrenzt: In einem 18 700 Hektar großen Rotwild-Kerngebiet im inneren Pfälzerwald dürfen auf 200 Hektar höchstens drei Tiere leben, im 44 000 Hektar großen Randgebiet nur die Hälfte. Auch das Reh, das im Pfälzerwald zahlreich vorkommt, verursacht zum Teil nicht nur erhebliche Verbißschäden in den Forstkulturen, sondern auch eine sichtbare Artenverarmung. Vielerorts ist die Verjüngung der Bodenvegetation nur hinter Schutzzäunen möglich. Und dann sind da noch die schwergewichtigen Wildschweine, die meist nachts nach Eicheln, Wurzeln, Pilzen und Insekten suchen. Während der Kastanien- und Traubenreife im Herbst findet man am Gebirgsrand häufig die Spuren ihrer Futtersuche.

Von den Raubtieren sind Rotfuchs, Dachs, Marder, Iltis, Mauswiesel und Hermelin sowie die Wildkatze im Pfälzerwald heimisch, seit Beginn der neunziger Jahre sogar der Luchs, der aus den Nordvogesen wieder einwanderte. Auch der Wanderfalke, der in den letzten Jahrzehnten im Naturpark als ausgestorben

Kletter-Paradiese

Der Trifels-Sandstein des Wasgau bietet mit seinen Rissen, Bänken und Überhängen ideale Kletterbedingungen – zum Beispiel am 358 Meter hohen Asselstein gegenüber der Burg Trifels mit über dreißig verschiedenen Kletterwegen, am Trifels selbst (nur für Könner: Schwierigkeitsgrad 9!) oder an den stattlichen Felsmauern bei Busenberg und Dahn. Auch Mountain-Biker und Kanufahrer können sich im Naturpark Pfälzerwald sportlich betätigen – vorausgesetzt, sie tun dies rücksichtsvoll.

galt, brütet dank intensiver Schutzmaßnahmen wieder an den Felsen des Wasgau.
Eine große Besonderheit unter den zahlreichen Tierarten des Biosphärenreservats ist die seltene Zaunammer: Sie kommt in Deutschland ausschließlich am Übergang vom Pfälzerwald zur Weinstraße vor. Die früher häufigen Hasel- und Auerhühner sind dagegen seit den siebziger Jahren leider ausgestorben.

Wandern im Pfälzerwald

Die großen Flächen in sich geschlossener Wälder, die Rebenlandschaft mit ihrer Weinkultur, die bizarren Felsformationen des Buntsandsteins sowie die Wald- und Talwiesen mit den kleinen Seen und Wasserflächen des Biosphärenreservats halten ein breitgefächertes Angebot bereit für erholsame Spaziergänge und erlebnisreiche Wanderungen.
Eine Vielzahl von Waldparkplätzen, Schutzhütten, Aussichtstürmen und ein etwa 7000 Kilometer langes Netz gut markierter Wanderwege erleichtern die Entdeckungstouren. Unterwegs laden Naturfreundehäuser und die zahlreichen Hütten des Pfälzerwald-Vereins zur Einkehr ein, wobei neben den niedrigen Preisen vor allem die gesellige Atmosphäre und die Familienfreundlichkeit – Spielplätze gehören zur Grundausstattung – für einen angenehmen Aufenthalt sorgen.
Auch kulturhistorisch Interessierte kommen voll auf ihre Kosten: Etwa fünfzig eintrittsfrei zu besichtigende Burgen oder Burgruinen zeugen von der Bedeutung dieser Region zur Zeit der Salier und Staufer. Die meisten Kulturdenkmäler finden sich an der Weinstraße, am Haardtrand und im Wasgau. Dort kann man sich zudem auf einem der unzähligen Wein- und Dorffeste bei einem Schoppen guten Weines erholen.
Die nachfolgend beschriebenen Wanderungen sind gleichermaßen interessant für Natur- wie Kulturfreunde.

Route 1: Grenzüberschreitende Rundwanderung um den Maimont

Der Naturpark-Parkplatz „An der Schanze“, zwei Kilometer westlich von Schönau an der Kreisstraße nach Petersbächel gelegen, ist der Ausgangspunkt einer grenzüberschreitenden Wanderung, die in Zusammenarbeit der benachbarten Naturparks Pfälzerwald und Nordvogesen sowie des Pfälzerwald-Vereins und des Club Vosgien (Voge-

◁◁ **Das Pfalzmuseum für Naturkunde in Bad Dürkheim**

Kultur und Museen

Pfalzmuseum für Naturkunde

67098 Bad Dürkheim-Grethen, Hermann-Schäfer-Str. 17, Tel. 06322/9413-0, Fax 06322/9413-11. Das Pfalzmuseum dient als Informations- und Forschungszentrum für das Biosphärenreservat Naturpark Pfälzerwald. Auf 1400 qm Ausstellungsfläche wird dem Besucher auf anschauliche Weise Wissenswertes über die Natur in der Pfalz vermittelt. (Geöffnet Di-So 10-17 Uhr, Mi 10-20 Uhr)
Wald- und Heimatmuseum mit Gerberwerkstatt, 76866 Annweiler, Tel. 06346/2200 (Öffnungszeiten auf Anfrage).
Museum für Naturkunde, Handwerk und Waffentechnik, 66994 Dahn-Reichenbach, Tel. 06391/5067 (Geöffnet täglich; von Dezember bis Ende Februar geschlossen).
Waldarbeitmuseum und historische Wappenschmiede, 67471 Elmstein, Tel. 06328/234. (Geöffnet Mai bis Oktober Do-So).

Lebendiges Schuhmuseum

„Die Schuhfabrik“ , 76846 Hauenstein, Tel. 06391/40210 (Öffnungszeiten auf Anfrage).

Pfalzgalerie

Museumsplatz 1, 67657 Kaiserslautern, Tel. 0631/3647201 (Geöffnet täglich außer Montag).
Ein Besichtigungsziel für die ganze Familie ist das Besucherbergwerk Eisenerzgrube Nothweiler, Tel. 06391/5354. Führungen durch die unterirdischen Gänge werden von April bis Oktober abgehalten.

Die Burg Trifels

Wahrzeichen des Naturparks, ist mit Auto und Bus erreichbar. Sie verfügt über zahlreiche Parkplätze in der näheren Umgebung sowie über gastronomische Einrichtungen und ist (gegen Eintritt) ganzjährig zu besichtigen (Dezember geschlossen).

Die Burg Berwartstein

(Privatbesitz, heute noch bewohnt) ist ganzjährig geöffnet. Während des Sommerhalbjahres werden in der Burg Besucherführungen abgehalten (Burgschänke).

Das Hambacher Schloß

Symbol für den Freiheitswillen des deutschen Volkes, beherbergt eine ständige Ausstellung über das revolutionäre Hambacher Fest im Jahr 1832. (Geöffnet täglich vom 1. März bis 30. November)

Die Rietburg

mit Sesselbahn bei Edenkoben ist in Verbindung mit der Villa Ludwigshöhe ein wichtiges Besichtigungsziel am Gebirgsrand. Die Sesselbahn ist von Karfreitag bis 1. November ganztägig in Betrieb. Gaststätten und ein kleines Wildgehege befinden sich an den Berg- und Talstationen. Das Schloß Villa Ludwigshöhe liegt unterhalb der Rietburg.

▷ **Die auffallenden violetten Blüten der Küchenschelle findet man schon ab März auf trockenen Wiesen.**

senclub) ausgeschildert wurde. Ein breiter, geschotterter Waldweg führt bergan zum ersten Zwischenziel, der Ruine Blumenstein, die sich auf einem Felsklotz trutzig über dem Wasgau erhebt. Erbaut wurde sie um 1250 von den Grafen von Zweibrücken. Wie so viele pfälzische Burgen, wurde auch sie während des Bauernkrieges zerstört, um 1600 wiederaufgebaut und 1689 von den Franzosen schwer verwüstet zu werden. Nachdem sie um 1700 notdürftig erneuert worden war, überließ man sie später dem Verfall. Heute sind nur zwei in Fels gehauene Zisternen sowie die mächtige Schildmauer aus Buckelquadern erhalten.

Der Weg führt anschließend ohne nennenswerte Steigungen, aber mit herrlichen Ausblicken in die Gebirgslandschaft des Wasgau durch die Waldungen des Maimont. Nach 1,3 Kilometern erreicht man am Florenberger Hals in 350 Metern Höhe die französische Grenze. Anstatt sie zu überschreiten, folgt man dem Waldweg ins Tal hinunter, wobei schon nach wenigen Metern – in Höhe einer idyllisch gelegenen Jagdhütte mit Brunnen – eine imposante Ruine erscheint, die sich deutlich von der sie umgebenden Waldlandschaft abhebt. Es ist der sagenumwobene Wasigenstein, das nächste Etappenziel. Bis dahin hat man allerdings noch eine längere Wegstrecke vor sich. Unten im Tal erreicht man erneut die Grenze, die diesmal überschritten wird. Gleich danach gelangt man in einen Wiesengrund, in dem ein Bach entspringt, der schon nach wenigen Metern einige Weiher speist – der größte von ihnen ist der Kindelsweiher. Das zugewachsene Tal des Langenbachs hinuntergehend gelangt man nach nicht ganz einem Kilometer an die Kreuzung mit einem Wanderpfad, in den man nach links einbiegt. Etwa einen Kilometer weiter führt der Weg nach steilerem

▷▷ **Feigenbäume gedeihen dank des milden Klimas in den Dörfer an der Weinstraße.**

Aufstieg unverhofft in eine Kluft zwischen zwei Felstürmen, auf denen sich die mächtigen Reste des Wasigensteins erheben. Auf der ehemaligen Bitscher Grenzmark stehend, datiert er bis ins 12. Jahrhundert zurück. Bekannt wurde der Wasigenstein aber vor allem durch das Nibelungenlied, demzufolge der junge gotische Königssohn Walther hier gegen Gunther von Worms, Hagen von Tronje und die Burgunder gekämpft hat.

Der Rückweg erfolgt über einen geführten Wanderpfad bis zum „Col du Maimont" und von dort weiter zu einem keltischen Ringwall, der bis zum Gipfel des Maimonts reicht. Grabungen und archäologische Funde haben bewiesen, daß sowohl Kelten als auch Römer auf diesem Berg gesiedelt haben. Über einen schmalen, zum Teil gewundenen Pfad durch schattigen Wald erreicht man nach steilem Abstieg den sogenannten

Praktische Informationen

Adressen und Auskünfte

Verein Naturpark Pfälzerwald e.V., Hermann-Schäfer-Str. 15, 67089 Bad Dürkheim, Tel. 06322/95070, Fax 06322/950799.
Pfälzerwald-Verein Neustadt/Weinstraße, Tel. 06321/2200, Fax 06321/33879.
Geschäftsstelle der Naturfreunde, Hohenzollernstr. 14, 67063 Ludwigshafen, Tel. 0621/523191 Fax 0621/524634.
Fremdenverkehrsverband Pfalz, Landauer Str. 66, 67433 Neustadt/Weinstraße, Tel. 06321/39160.

Anreise

Mit der Bahn über Neustadt a. d. Weinstraße, Landau, Kaiserslautern, Pirmasens oder Bad Dürkheim. Letzteres ist über die Rhein-Haardtbahn direkt mit dem Ballungsraum Rhein-Neckar verbunden (Verkehrsverbund Rhein-Neckar).
Gern benutzt wird das „Kuckucksbähnel", eine historische Dampfeisenbahn, die während der Sommersaison an Sonntagen zwischen Neustadt a. d. Weinstraße und Elmstein im inneren Pfälzerwald pendelt.
Mit dem Auto aus Richtung Norden über die A 61, A 62, B 270, B 48, B 40 und B 271; aus Richtung Osten über die A 6, A 65, A 650, B 37, B 38, B 39, B 40 und B 427; aus Richtung Westen über die A 6, A 8, B 10 und B 40.

Führungen

Unter dem Motto „Ausflüge ohne Grenzen" wird in Zusammenarbeit der Naturparks Nordvogesen und Pfälzerwald jedes Jahr ein Veranstaltungskalender mit je sechzig geführten Wanderungen beiderseits der Grenze herausgegeben (von Mai bis Oktober). Außerdem bieten viele Fremdenverkehrsgemeinden geführte Gästewanderungen an.

Unterkunft

Im Biosphärenreservat gibt es eine Vielzahl von Übernachtungsmöglichkeiten. Neben Hotels, Pensionen und Privatunterkünften stehen insbesondere für

Wengelsbacher Hals. Nach etwa 2,5 Kilometern Talwanderung vorbei an mehreren Weihern gelangt man zurück zum Ausgangspunkt. In den Gaststätten von Schönau oder im elsässischen Wengelsbach kann man den Tag ausklingen lassen.

ℹ Rundweg vom Naturpark-Parkplatz „An der Schanze" über Ruine Blumenstein, Florenberger Hals, Kindelsweiher, Ruine Wasigenstein, den Keltischen Ringwall und den Wengelsbacher Hals zurück zum Parkplatz (Markierung schwarze 3 in orangefarbenem Kreis): Länge 8,5 km; ca. 250 Höhenmeter; 3-4 Stunden Gehzeit.

✕ Landhaus Michler und Landgasthaus Schuhmacher in Schönau oder Restaurant du Wasigenstein in Wengelsbach (Elsaß).

Jugend- und Wandergruppen 14 Naturfreundehäuser, 10 Wanderheime des Pfälzerwald-Vereins und 7 Jugendherbergen zur Verfügung. Nähere Auskünfte erhält man beim Verein Naturpark Pfälzerwald.

Camping

Wegen des überaus günstigen Klimas kann in keinem anderen deutschen Mittelgebirge so gut gezeltet werden wie im Pfälzerwald. 22 Jugendzeltplätze und 25 Campingplätze sind vorhanden.

Gaststätten

45 bewirtschaftete Wanderhütten des Pfälzerwald-Vereins und 14 Naturfreundehäuser bieten im Wald Einkehrmöglichkeiten. Ein Großteil der Hütten ist ganzjährig am Wochenende geöffnet. Auskunft erteilt die Geschäftsstelle des Pfälzerwald-Vereins in Neustadt sowie die Geschäftsstelle der Naturfreunde.

Mit dem Rad

Durch den Pfälzerwald und entlang der Weinstraße führen mehrere gut markierte Radwanderrouten. Einmal im Jahr, am letzten Sonntag im August, wird die gesamte Weinstraße für den Autoverkehr gesperrt und als Radweg freigegeben.

Kartenempfehlungen

Wander- und Erlebniskarte Naturpark Pfälzerwald, Maßstab 1:50 000, Pietruska Verlag Rülzheim.
Karte 1:25 000 des Landesvermessungsamtes Rheinland-Pfalz mit Wanderwegen, Blatt: Dahn und Umgebung mit elsässischem Grenzgebiet.
Karte 1:25 000 des Landesvermessungsamtes Rheinland-Pfalz mit Wanderwegen, Blatt: Bad Dürkheim und Umgebung.
Radwander- und Erlebniskarte Biosphärenreservat Pfälzerwald-Nordvogesen, Maßstab 1:100 000, Pietruska Verlag Rülzheim.
Wanderkarten des Landesvermessungsamts Rheinland-Pfalz in Koblenz, Maßstab 1:25 000.

◁ **Erker, Fachwerk, Giebel und Torbögen prägen das Bild der Ortschaften an der Weinstraße.**

Route 2: Rundwanderung vom Isenachweiher zum Rahnenhof

Diese Wanderung beginnt und endet am Parkplatz beim Isenachweiher, einem beliebten Naherholungsgebiet. Von einigen Fachleuten als der älteste Stausee Deutschlands bezeichnet, erfüllt der Isenachweiher heute die Funktion eines Wasserrückhaltebeckens – vor allem nach starken Niederschlägen, die im Pfälzerwald mitunter sehr heftig sein können. Der mit einem blau-weißen Strich markierte Wanderweg führt entlang des Weihers ins Tal der Isenach. An einer Wegegabelung folgt man dem langsam aber stetig durch das Tal aufwärts führenden Forstweg. Nach etwa 3,5 Kilometern kann man einen kurzen Abstecher nach links zum Isenachursprung machen (Hinweisschild beachten) und sich an der klaren, kalten Quelle erfrischen. Folgt man dem Talweg weiter, gelangt man schon bald zum sogenannten Rödelsbrunnen. Der Markierung (weiße 2 im roten Punkt) folgend, verläßt man nach etwa 300 Metern das Isenachtal und wandert auf einem steinigen Waldweg, vorbei am gefaßten Ebertsbrunnen, bergauf zu einer Ebene, auf der man nach etwa 1,5 Kilometern das Naturfreundehaus Rahnenhof erreicht, wo man gut rasten kann. Der Rückweg (Markierung weiße 3 im roten Punkt) führt durch das Frauental, dann steil bergauf bis zu einer Höhe von 360 Metern. Damit ist das beschwerlichste Stück der Wanderung geschafft. Von nun an folgt man der Markierung „blau-roter Strich" ins Isenachtal zurück zum Ausgangspunkt, wo man sich im Blockhaus am Isenachweiher stärken kann.

ℹ Rundweg vom Parkplatz beim Isenachweiher über Isenachtal, Isenachursprung, Rödelsbrunnen, Ebertsbrunnen, Naturfreundehaus Rahnenhof, Frauental und Isenachtal zum Isenachweiher (Markierungen: weiße 2 in rotem Punkt, weiße 3 in rotem Punkt, blau-roter und blau-weißer Strich des PWV): Länge ca. 12 km; ca. 150 Höhenmeter.
✕ Naturfreundehaus Rahnenhof, Hütte am Isenachweiher.

Dexheimer/Weiß

Die Große Saarschleife

Ein Fluß sucht seinen Weg

Im romantischen Engtal bei Orscholz und Mettlach macht die Saar auf ihrem Weg zur Mosel einen spektakulären Umweg. Im Laufe von Jahrmillionen ist hier eine großartige Landschaft aus Wasser, Wald und Gestein entstanden.

Der südwestliche Teil des Naturparks Saar-Hunsrück besitzt dank seines stark gegliederten Reliefs einen ganz eigenen Reiz. Hier erstreckt sich eine der größten Waldflächen Deutschlands in einem Gebiet, das geologisch durch den Gegensatz zwischen hartem Taunusquarzit und weichem Hunsrückschiefer charakterisiert ist. Beide Gesteinsarten entstanden im Devon, vor rund 400 Millionen Jahren.

Während die Ton- und Dachschiefer verwitterten und zerfielen, hielten die harten Quarzite der Erosion viel länger stand und überragen heute als mächtige Höhenrücken die Täler und Ebenen um bis zu 400 Meter.

Zu diesen „Härtlingsrücken" gehören der Idarwald und der Schwarzwälder Hochwald, der mit seinen Ausläufern über die Saar hinaus bis an die Obermosel reicht. Diese Höhenrücken sind regelmäßig von Nordost nach Südwest ausgerichtet. Im rechten Winkel dazu – also von Südost nach Nordwest – wurden sie schon in alter Zeit von Fluß- und Kerbtälern durchschnitten, wodurch ein Mittelgebirgsrelief entstand. Im Saargau verschwindet dieses unter jüngeren Schichten aus der Zeit des Rotliegend.

Ein Höhepunkt dieser Landschaft ist die Große Saarschleife. Vom etwa 200 Meter hoch über der Saar gelegenen Aussichtspunkt Cloef bei Orscholz bietet sich der beste Blick über die enge, etwa fünf Kilometer lange Flußschleife. Flußaufwärts zwischen Merzig und Besseringen fließt die Saar in einem weiten Tal durch Muschelkalk und Buntsandstein. Bei Dreisbach verengt sich das Tal – hier hat die Saar ihr Bett über eine Strecke von etwa zwei Kilometern von Südosten nach Nordwesten fast geradlinig in den harten Taunusquarzit geschnitten. Unterhalb des Aussichtspunktes biegt der Fluß um und fließt in genau entgegengesetzter Richtung. Bei Mettlach wendet

Kurzprofil

Innerhalb des Naturparks Saar-Hunsrück gelegen, bietet der Aussichtspunkt Cloef einen einmaligen Blick auf die große Flußschleife der Saar.

Verordnungsgeber/Träger:	der jeweils eingetragene Verein
Gegründet:	Rheinland-Pfalz-Anteil 1978; Saarland-Anteil 1982
Fläche:	1938 qkm (Gesamtgröße Naturpark Saar-Hunsrück)
Saison:	ganzjährig
Besucher:	ca. 2 Mio. jährlich
Wanderwege:	ca. 300 km (mit Umgebung)

Flora und Fauna an der Großen Saarschleife

Typische Pflanzen

Traubeneiche, Buche, Hainbuche, Bergahorn, Birke, Eberesche, Vogelkirsche, Stechpalme, Felsenbirne, vier Ragwurzarten (Orchideen), Atlantische Glockenheide, Moorglöckchen, Ardennen-Brombeere, Zierliche Fetthenne, Schuppenfarn, Hirschzungenfarn.

Charakteristische Tiere

Hirsch, Reh, Wildschwein, Fuchs, Dachs, Wildkatze, Marder, Wanderfalke, Uhu.

Praktische Informationen

Adressen und Auskünfte

Naturpark Saar-Hunsrück Rheinland-Pfalz e.V., Informationszentrum und Geschäftsstelle: Trierer Straße 51, 54 411 Hermeskeil, Tel. 06503/95172.
Naturpark Saar-Hunsrück Saarland e.V., Geschäftstelle im Rathaus, Kirchenweg 2, 66709 Weiskrichen, Tel. 06876-7237.
Saarschleife Touristik, Freiherr v. Stein-Straße 64, 66693 Mettlach, Tel. 06864-8034.

Anreise

Der Aussichtspunkt Cloef liegt im Landkreis Merzig-Wadern. Man erreicht ihn mit der Bahn über Mettlach (von dort Busverbindungen nach Orscholz), mit

⊲⊲⊲ **Kennzeichen des Uhu sind die abstehenden Federohren und die großen, orangeroten Augen.**

sich die Saar dann in Richtung Norden der Mosel zu.

Die Große Saarschleife ist kein Mäanderbogen. Wie aber kam sie dann zustande? Dazu muß man weit in die Vergangenheit zurückblicken. Nach der Variskischen Faltung vor etwa 340 Millionen Jahren bildete sich während der Steinkohlen- und Rotliegend-Erdzeitalter infolge von Hebungsprozessen ein erstes Relief heraus. Dieses ergab sich aus dem Verlauf der Quarzite, und aus dem senkrecht dazu ausgerichteten Hauptkluftsystem. So führte ein ehemaliges Tälchen vom Steinbach südlich der heutigen Cloef bis Dreisbach und bog dort nach Süden ab, ein zweites nahm seinen Weg parallel dazu, etwa von der Cloef in Richtung auf das heutige Mettlach zu. Der Abtragungsschutt aus diesen beiden kurzen, steilen Tälern wurde in das südöstlich gelegene Vorland transportiert.

Gegen Ende des Rotliegend, während der Buntsandstein- und Muschelkalk-Periode, wurde dieses Relief aufgefüllt, bis es vollständig überdeckt war. Erst bei der erneuten Hebung, die im Tertiär begann und sich bis heute fortsetzt, wurde das Gestein durch die Saar wieder abgetragen: Der Fluß spülte zunächst die weniger harten Deckschichten des Rotliegend und des Buntsandstein fort. Als er dann den Taunusquarzit erreichte und in die ehemalige Vorzeichnung der beiden genannten Tälchen geriet, blieb ihm kein Ausweg mehr: Er mußte sein Bett mühsam weiter in den harten Quarzit graben und die beiden Täler durch eine „scharfe Kurve" – die Große Saarschleife – miteinander verbinden. Durch die Tiefenerosion der jungen Saar wurde das ursprüngliche Relief der Steinkohlenzeit und des Rotliegend also teilweise wieder freigelegt. Die äußeren Hänge der Saarschleife sind schwindelerregend steil. Riesige Schuttfächer aus zerbrochenem Quarzitgestein ziehen sich an ihnen hinunter bis auf den Talboden. An der Innenseite der Biegung schließt der Fluß einen schmalen, vollständig bewaldeten Bergriegel ein. Dieser wurde schon in der Eisenzeit (500 bis 300 v. Chr.) besiedelt. Auf ihm ragt zwischen den Bäumen die Ruine der Burg Montclair auf, die trotz ihrer strategisch günstigen Position mehrmals zerstört wurde. Die Wälder der Saar-Hänge wurden früher zur Gewinnung von Holzkohle, Bau- und Brennholz genutzt, später entwickelte sich hier die sogenannte Niederwaldwirtschaft. Eichenrinde (Lohe) wurde getrocknet und zum Gerben von Tierhäuten verwendet. Heute stehen auf dem Geröll des Taunusquarzit kleine, urwüchsig-knorrige Eichen. Sie bilden jedoch keine geschlossenen Wälder, denn Geröllschuttkegel durchziehen die Steilhänge zur Saar, an denen sich ein vielfältiger Lebensraum entwickelte. Die geologischen Voraussetzungen und das subatlantische Klima ließen hier eine artenreiche, für das Saarland einmalige Lebensgemeinschaft entstehen.

Stets

Blick von der Cloef auf die Große Saarschleife

dem Auto über die A 8, Ausfahrt Merzig-Schwemlingen, weiter auf Landstraßen über Dreisbach und Nohn nach Orscholz zum Aussichtspunkt Cloef (etwa 11 km) oder von Trier über Konz, Saarburg, Freudenberg nach Weiten und weiter nach Orscholz (ca. 40 km).

Unterkunft

Hotels, Gasthöfe, Pensionen, Ferienhäuser und Ferienwohnungen in den umliegenden Orten; Jugendherberge in Dreisbach.

Camping

In Orscholz und Saarhölzbach gibt es Jugendzeltplätze.

Der Laacher See

Romanik in der Caldera

„Es lächelt der See, er ladet zum Bade" – der stille Laacher See verrät zunächst nichts von dem wahrhaft höllischen Geschehen bei seiner Entstehung am Ende der letzten Eiszeit.

Die Osteifel und ein Teil des Mittelrheinischen Beckens sind altes Vulkanland: Im Laufe der letzten 450 000 Jahre öffneten sich hier an die hundert Vulkanschlote und übersäten die Landschaft mit Asche- oder Schlackekegeln. Mit einer gigantischen Explosion im Gebiet des heutigen Laacher Sees – der größten Vulkankatastrophe Europas – erlebte die Region den vorerst letzten, jedoch furiosen „vulkanischen Akt". Das geschah vor rund 13 000 Jahren im Alleröd-Abschnitt der letzten Späteiszeit.

Den besten Eindruck von den weiträumigen Auswirkungen dieser Explosion gewinnt man vom 1927 erbauten Lydiaturm aus, der sich in der Nähe des Hotels Waldfrieden über dem Nordostufer des Sees erhebt. Der Turm bietet eine prachtvolle Rundsicht über den nahezu vollständig umwaldeten Laacher See, das größte natürliche Gewässer der nördlichen Mittelgebirgsregion.

Mehrere ältere Vulkankuppen – im Uhrzeigersinn von der Abtei: Thelenberg, Laacher Kopf, Veitskopf, Heidekopf und Krufter Ofen – bilden die Umwallung des Sees. Vor etwa 13 500 Jahren, als diese Kuppen bereits mehrere Jahrzehntausende alt waren, quollen innerhalb der Erdkruste erneut relativ leichte Gesteinsschmelzen auf und bildeten nur wenige Kilometer unter der Erdoberfläche einen Magmaherd, in dem der Gasdruck stark anstieg. Als einige kleinere Eruptionen im Gebiet des heutigen Mendig zu einer plötzlichen Verminderung des Drucks führten, ließ dies das glutflüssige Magma aufschäumen. Gewaltige Explosionen leerten den Herd, während in der Umgebung des Schlotes, der im Nordteil des heutigen Seebeckens lag, die Eruptionen hohe Wälle aufschütteten und das gesamte Neuwieder Becken mit einer meterhohen Bimsschicht überdeckten. Aschewolken rasten in der Umgebung des Schlotes dicht über dem Boden davon, schossen durch nahe Täler bis zum Rhein hinab und gossen das Brohltal mit einer besonders feinkörnigen, hier Traß genannten und bis sechzig Meter hohen Tuffschicht aus. Feine Aschen dieser Eruption wurden als millimeterdünne Lagen in Hochmoorschichten vom Ostsee-

Kurzprofil

Träger:	Obere Naturschutzbehörde (RP Koblenz)
Gegründet:	1926 (erweitert 1981)
Fläche:	2100 ha
Saison:	ganzjährig
Besucher:	1,5 Millionen jährlich
Wanderwege:	Uferrundweg 11 km, viele Anschlußwege und Alternativen (Radfahren verboten)
<u>Der Laacher See:</u>	
Größter Durchmesser:	2310 m
Größte Breite:	1920 m
Gesamtumfang:	7400 m
Wasserfläche:	332 ha
Seespiegel:	274,7 m ü. NN
Größte Wassertiefe:	51 m
Wassermenge:	ca. 1 Milliarde Kubikmeter

Praktische Informationen

Adressen und Auskünfte

Touristik-Service Ahr/Rhein/Eifel, Markt 11, 53474 Bad Neuenahr-Ahrweiler, Tel. 02641/97730, Fax 02641/977373.
Geopfad Vulkanpark Brohltal/Laacher See: Verbandsgemeindeverwaltung Brohltal, 56651 Niederzissen, Tel. 02636/9740410.

Anreise

Mit der Bahn nach Breisig, von dort mit dem Bus nach Maria Laach. Mit dem Auto über die A 62, Abfahrt Maria Laach; von der B 9 ab Brohl-Lützing.

raum bis zum Westalpenbogen gefunden.
Nach der Explosion brach die Erdkruste über dem entleerten Magmaherd in einer zwei mal drei Kilometer großen Einsturzsenke (Caldera) ein. So entstand der Laacher Kessel, in dem sich später durch zufließendes Grund- und Niederschlagswasser der Laacher See aufstaute. Er ist somit kein Eifelmaar und strenggenommen auch kein Krater-, sondern ein Caldera-See – der einzige Mitteleuropas.

Die Abtei Maria Laach

Fast alle Vulkangesteinsarten, die im Gebiet des Laacher Sees vorkommen, wurden an der berühmten Abteikirche verbaut, eines der großartigsten Zeugnisse der Romanik im Rheinland. Als im Jahr 1093 Benediktinermönche mit dem Bau der Abtei „Sancta Maria ad Lacum" (Heilige Maria am See) begannen, lag der Wasserspiegel noch um fünfzehn Meter höher als heute, die Basilika befand sich also tatsächlich direkt am Ufer. Nach starken Niederschlägen standen die Klostergebäude jedoch mehrfach unter Wasser, so daß sich der Abt Fulbert um 1150 gezwungen sah, einen 880 Meter langen Abzugsstollen durch die südliche Seeumwallung treiben zu lassen. Die jetzt von Weidegrünland, Ackerfluren und Obstplantagen bedeckten Flächen waren also ehemals Seeboden.

Museen

Deutsches Vulkanmuseum mit Mineraliensammlung und Felsenkeller (ehemaliger Untertageabbau von Basaltlava), von hier auch Zugang zum Geotop Wingertsbergwand (Abbauwand im Bimstagebau), Brauerstraße 5, 56743 Niedermendig; Anmeldung zu Vorträgen und Führungen: Tel. 02652/3482 u. 3654, Fax 02652/51983.
Naturkundemuseum St. Winfried, 10 Minuten westlich der Abtei Maria Laach; erreichbar über einen Steinkundlichen Lehrpfad mit technisch nutzbaren Gesteinen der Osteifel. (Geöffnet 9.30–18 Uhr)

Blick auf die von Vulkankuppen umgebene Kesselsenke des Laacher Sees

Flora und Fauna am Laacher See

Typische Pflanzen

Wald-Primel, Gelber Fingerhut, Schwarze Teufelskralle, Gefingerter Lerchensporn, Teichbinse, Schilf, Sumpf-Schwertlilie, Weiße Seerose.

Charakteristische Tiere

Reiherente, Graureiher, Sumpfrohrsänger, Drosselrohrsänger, Rohrammer, Rohrdommel, Grünfrosch, Ringelnatter, Grünfüßiges Teichhuhn, Kaisermantel, Trauermantel, Schwalbenschwanz, Blaue Azurjungfer.

Als einem der jüngsten Zeugnisse vulkanischer Vergangenheit kommt dem Laacher Seengebiet eine einzigartige naturkundliche und geologische Bedeutung zu. Zudem ist es auch aus ökologischer und biologischer Sicht außerordentlich wertvoll: In den Wäldern rund um den See leben insgesamt mehr als tausend verschiedene, darunter seltene und besonders geschützte Pflanzenarten. Auch rasten und brüten hier – von der Rohrammer bis zur Rohrdommel – zahlreiche bedrohte Vogelarten. Der Laacher See und der größte Teil seiner Umwallung sind daher schon seit langem als Naturschutzgebiet ausgewiesen.

Wandern am Laacher See

Ausgangspunkt vieler Wanderungen ist die Abtei Maria Laach, deren Basilika besichtigt werden kann. Der gut beschilderte, bequem erreichbare elf Kilometer lange Uferrundweg ist Bestandteil eines ausgedehnten, überwiegend vom Eifelverein betreuten Wegenetzes. Orientierungstafeln im Gelände erleichtern die Kombination mit anderen Strecken. Die Landschafts- und Vulkangeschichte des Sees erschließt sich am besten auf dem dreizehn Kilometer langen Geologischen Rundwanderweg, der am Hotel Waldfrieden beginnt und weitgehend mit dem Uferrundweg identisch ist. An den einzelnen Stationen der mit „L" bezeichneten Route erläutern ein Dutzend Schautafeln die interessantesten Details.

Kremer

Die Maare der Westeifel

Wo Feuer und Wasser sich trafen

Aus vulkanischen Sprenglöchern wurden kreisrunde Seen: In der Südwesteifel hat Vulcanus ganze Arbeit geleistet. Die Maare, die Dichter wie Maler beflügelt haben, sind besonders gelungene Werkstücke des Feuergottes.

Die Eifel mit ihren sanft gewellten oder geschwungenen Hochflächen hat eine bewegte vulkanische Geschichte. Das macht diese Landschaft nicht nur für Geologen interessant. Echte „Highlights" für Besucher sind die stillen, kreisrunden oder ovalen Maarseen. Sie überziehen die Westeifel – einen der landschaftlich schönsten Teilbereiche des Rheinischen Schiefergebirges – in wohlgeordneter Regelmäßigkeit von Südosten nach Nordwesten. Diese mit Wasser gefüllten vulkanischen Aussprengtrichter bilden, manchmal zusammen mit Aschekegeln, kleinere, räumlich eng zusammengehörende Ensembles.

Das Wort „Maar" geht auf das mittellateinische mare, Meer, zurück. Meist verbindet man mit dem Begriff nur die berühmten acht Maarseen, poetisch auch „Augen der Eifel" genannt. Doch zu den Eifelmaaren zählen auch die weniger spektakulären Trocken- und Feuchtmaare. Insgesamt ist die Westeifel mit rund sechzig Maarkesseln übersät. Sie sind es, die diesen Landstrich so einzigartig machen. Das Westeifeler Vulkanfeld stammt aus dem jüngsten Abschnitt der Erdgeschichte, dem Quartär. Im Verlauf dieser geologischen Epoche entstand es während der letzten 400 000 Jahre im Eiszeitalter, dem Pleistozän. Erst ganz zuletzt sind die Maare hinzugekommen. Es sind die jüngsten Vulkane nicht nur der Eifel, sondern ganz Mitteleuropas. Ihr Alter

Kurzprofil

Alle Maarseen und vermoorten Maare der Westeifel sind Naturschutzgebiete.

Träger:	Obere Naturschutzbehörde (RP Trier)
Gegründet:	1919/1935/1984
Gesamtfläche:	ca. 350 ha
Saison:	März bis Oktober
Besucher:	250 000 jährlich
Uferrundwege:	siehe Spalte „Umwallung" der Tabelle auf Seite 163

konnte man anhand der lückenlos in den Maartorfen schichtweise abgelagerten Blütenpollen recht genau bestimmen, da diese unter Luftabschluß im sauren Moorboden nicht verrotten konnten. Auch die verschiedenen fein gebänderten Bodenschichten der Maarseen waren bei der Altersbestimmung der Eifelmaare hilfreich. Das Ulmener Maar am Ostrand des Vulkanfeldes scheint vor rund 8500 Jahren – also nach dem Ende der Eiszeit – den Schlußpunkt gesetzt zu haben, denn seine Aschen überlagern die Auswürfe des Laacher Bims-Vulkans, dessen Ausbruch in der ausklingenden Späteiszeit vor 13 500 Jahren stattgefunden hatte.

Maare sind keine Kraterseen, wie der Laie vermuten könnte, sondern „kesselförmige Einsenkungen in nicht vulkanisches Gestein [...] von wenig erhabenen Rändern umgeben, die sie selbst gebildet" haben – so die Definition, die Alexander von Humboldt 1858 in seinem Monumentalwerk „Kosmos" für ein Eifelmaar gab. Sie ist lediglich um die Feststellung zu ergänzen, daß heftige Gaseruptionen die Maarkessel oder -trichter ausgeräumt haben. Damit lassen sich Maare klar von anderen vulkanischen Hohlformen unterscheiden, beispielsweise von schüsselförmigen Kratern im Schlotbe-

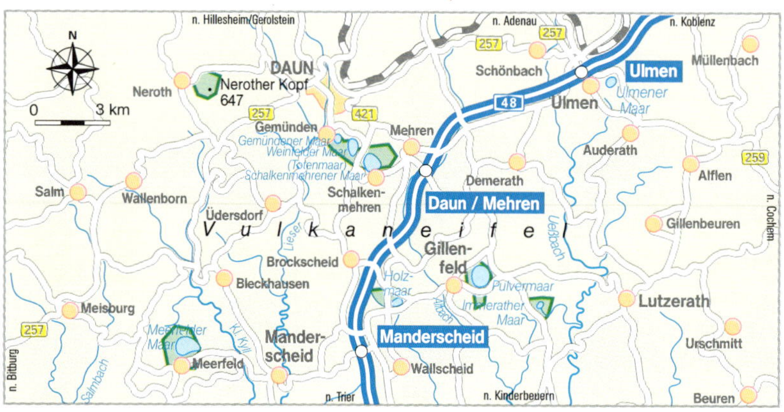

◁
Still und tief: das ganz von Wald umgebene Gemündener Maar gehört zu den acht „klassischen" Maaren der Eifel.

reich eines Vulkans oder von Kesselsenken (Calderen) wie dem Laacher See, die durch Einbrechen der Erdkruste über einem entleerten Magmaherd entstanden sind.

Erst vor rund zwanzig Jahren erkannte man, daß die Maare nicht auf vulkanische „Schlagwetter", also auf unterirdische Explosionen entzündlicher Gase zurückzuführen sind, sondern auf heftige Wasserdampfexplosionen. Um diese auszulösen, genügt der Kontakt des glutflüssigen Magmas mit versickerndem Oberflächenwasser. Sobald nämlich die gegensätzlichen „Elemente" unterirdisch miteinander in Berührung kommen, entwickelt sich heißer Wasserdampf. Sein Druck zerreißt und zertrümmert rundum das Gestein und preßt es mit großer Gewalt nach oben. Dabei entsteht ein Schlot, aus dem die Trümmer herausgeschleudert werden.

▷▷ Im Schilf am flachen Ufer der nährstoffreichen Maare wächst die Gelbe Schwertlilie.

Eifrig transportiert ein Bisam ein Blatt zu seinem Versteck.

Ob dieser Schlot zu einer einfachen Durchschlagsröhre wird oder sich zum Maarkessel weitet, hängt zum einen von der Wassermenge ab, die zum Magma gelangt, zum anderen von der Tiefe, in der Wasser und Feuer miteinander reagieren: Wenn lediglich kleinere Bäche oder Gewitterfluten von oben zulaufen, finden die Wasserdampfexplosionen nur in 30 bis 100 Metern Tiefe statt, also relativ nahe an der Erdoberfläche. Dabei entstehen Aussprengtrichter von höchstens einigen hundert Metern Durchmesser. Das Volumen der zerborstenen und ausgesprengten Gesteinstrümmer, die außen zu einem Rundwall aufgeschüttet werden, entspricht dabei ungefähr dem Rauminhalt des entstandenen Maartrichters. Zu diesem Maartyp gehören in der Eifel unter anderem Gemündener Maar, Weinfelder Maar, Ulmener Maar, Holzmaar, Dürres Maar sowie das kleinste der Eifelmaare, die Hitsche westlich von Gillenfeld, die heute lediglich als kleine Wiesensenke von nur sechzig Metern Durchmesser im Gelände auszumachen ist.

Wenn aber sehr wasserreiche Bäche durch Tuffschlote weit in die Erde eindringen, erfolgen die Explosionen in Tiefen von 300 bis 500 Metern ungleich heftiger. In diesen Fällen wird das Gestein bereits in der Explosionskammer zertrümmert, erst dann durch Spalten nach oben gepreßt und schließlich kilometerweit in die Umgebung geschleudert. In die jetzt hohle Explosionskammer brechen von oben große Schollen des Daches ein. Die Kessel dieses besonderen Maartyps verdanken ihre Entstehung also nicht nur der Aussprengung, sondern auch Einbrüchen und Versenkungen. Das Volumen der so entstandenen Hohlformen ist deshalb deutlich größer als das der ausgeworfenen Gesteinsmenge. Ein besonders eindrucksvolles Beispiel ist das Meerfelder Maar, das mit 1,5 mal 1,2 Kilometern den größten Maarkessel der Eifel darstellt. Zu diesem Maartyp gehören unter anderen der Dreiser Weiher (1,35 mal 1,2 km) und das westliche Schalkenmehrener Maar (1,3 mal 1 km).

Maarseen, Maarmoore, Trockenmaare

Die Westeifeler Landkarte verzeichnet mit Gemündener Maar, Holzmaar, Immerather Maar, Meerfelder Maar, Pulvermaar, Ulmener Maar (westliches) Schalkenmehrener Maar, und Weinfelder Maar (Totenmaar) insgesamt acht Maarseen. Sie sind dort entstanden, wo die Erup-

Flora und Fauna im Bereich der Eifelmaare

Typische Pflanzen

Nährstoffreiche Maarseen (westliches Schalkenmehrener Maar, Holzmaar, Meerfelder Maar): Schilf, Sumpf-Schachtelhalm, Blutweiderich, Schnabel-Segge, Wasser-Minze, Sumpf-Farn, Gelbe Schwertlilie; Weiße Seerose, Laichkraut, Wasser-Knöterich.
Nährstoffarme Maarseen (Pulvermaar, Weinfelder Maar): Armleuchteralgen und andere kleine Algenarten.
Maarmoore (östliches Schalkenmehrener Maar, Strohner Maar, Dürres Maar): Torfmoose, Rosmarinheide, Schnabelried, Wollgras.
Trockenmaarkessel: Besenginster, Karthäuser-Nelke, Kreuzblume, Wundklee, Schafgarbe, Feld-Thymian, Rundblättrige Glockenblume.

Charakteristische Tiere

Rohrammer, Sumpfrohrsänger, Bläß- und Wasserralle, Teichhuhn, Haubentaucher (nährstoffreiche Maarseen); Braunkehlchen, Wiesenpieper (Feuchtmoore); Neuntöter, Raubwürger (gebüschreiche Trockenhänge in der Maarumgebung); Zwerg- und Gänsesäger, Bruchwasserläufer, Kiebitz, Zwergtaucher, Kraniche (am Jungferweiher); Distelfalter, Mauswiesel, Iltis, Bisamratte, Großes Wiesel, Gelbhalsmaus, Igel.

◁ Während der westliche Teil des Schalkenmehrener Doppelmaars zu den großen Maarseen zählt, ist der östliche zum Maarmoor verlandet.

tion abflußlose Senken oder Trichter hinterließ, die sich mit Regen- oder Grundwasser füllten. Vermutlich haben diese Maargewässer kurz nach ihrer Entstehung ausgesehen wie die heutigen kleineren Seen Islands oder Nordfinnlands: wegen des damals herrschenden Klimas wohl insgesamt nicht üppig, aber in der kurzen Wärmeperiode des nacheiszeitlichen Sommers dennoch recht artenreich besiedelt.
Seen entstehen, Seen vergehen aber auch wieder. Von Sturzbächen eingeschwemmte Bodenteilchen füllen den Gewässergrund allmählich auf. Die Ufer werden seichter und damit besonders einladend für bestimmte Pflanzenarten. Charakteristische Pflanzengürtel lösen sich in typischer Folge ab: Röhrichte, Schwimmblattpflanzen und Pflanzen, die gänzlich auf Tauchstation gehen. Mit der Zeit schieben sich diese Pflanzengürtel immer weiter zur Seemitte vor: der Maarsee verlandet und entwickelt sich im Laufe von Jahrtausenden zum Maarmoor. Neben dem Dürren Maar und dem Strohner Maar sind Mürmesmaar oder das östliche Schalkenmehrener Maar Beispiele für die wenigen, zum Teil hochmoorartigen Feuchtmaare im Vulkanfeld der Westeifel.
Die weitaus meisten Aussprengtrichter der Westeifel sind jedoch Trockenmaare. Im Gelände erkennt man sie an ihrer charakteristischen Gestalt, auf der topographischen Karte am Höhenlinienverlauf. Um eine rundliche, von Acker- oder Grünland eingenommene Geländesenke eindeutig als Maar identifizieren zu können, sind jedoch umfangreiche geologische Untersuchungen erforderlich. Unter den Trockenmaaren befindet sich wohl auch eine Anzahl älterer Maarvulkane, denn nur einige Eifelmaare sind wie das Ulmener Maar nach der Eiszeit entstanden.
Die geologische Karte der Westeifel zeigt, daß die Maare nicht völlig regellos und schon gar nicht isoliert über die Landschaft verstreut sind. Vielmehr bilden sie Vulkanensembles, die sich von Südost nach Nordwest aneinanderreihen.

Dauner Maare

Sie sind die wohl bekannteste Maargruppe der Eifel. Zu ihnen zählen Gemündener, Weinfelder (Totenmaar) sowie das Schalkenmehrener Doppelmaar. Vom Parkplatz an der Straße Daun–Brockscheid oberhalb Schalkenmehren kann man gleich drei Maare überblicken: Vom Weinfelder Maar geht der Blick hinunter auf das Doppelmaar. Der Kessel des älteren östlichen Schalkenmehrener Maars wurde bei der Eruption des jüngeren, westlich gelegenen teilweise aufgefüllt und ist heute vermoort. Zwischen dem Schalkenmehrener Doppelmaar und dem eng benachbarten Weinfelder Maar verläuft ein nur 400 Meter breiter Steg aus devonischem Grundgebirge. Zum Ensemble dieser vier Maare gehört auch der Aschekegel des Mäuseberges zwischen Weinfelder und Gemündener Maar.

Gillenfelder Maare

Sie sind landschaftlich mindestens ebenso eindrucksvoll. Zentrum dieser Vulkangruppe ist das Pulvermaar, mit über 600 Metern Durchmesser der größte Maarsee der Eifel und mit 74 Metern das tiefste natürliche Binnengewässer Deutschlands

außerhalb der Alpen. Südöstlich des Pulvermaars liegen der Schlackenkegel Römerberg und das Strohner Maar, ein kleines Hochmoor und deshalb ein besonders empfindlicher Lebensraum. Nur wenige Kilometer westlich davon liegt das Holzmaar, das mit dem Dürren Maar und der Hitsche eine ähnliche Vulkanreihe bildet. Man berührt diese Gruppe, wenn man vom Pulvermaar zur Manderscheider Vulkangruppe fährt.

▷ **Die Flügel des Distelfalters haben eine Spannweite von bis zu fünf Zentimetern.**

Manderscheider Vulkane

Nach Querung des tief eingeschnittenen Liesertals mit den beiden malerischen Ruinen der Nieder- und der Oberburg und des ebenso tiefen Tals der Kleinen Kyll gelangt man westlich von Manderscheid zur Vulkangruppe des Mosenbergs, der aus vier zusammenhängenden Kratern besteht. Einer davon ist der vergleichsweise junge Schlackenbau des Windsbornvulkans, dessen Kraterrand sehr gut erhalten ist. Im Kraterboden häufte sich mit der Zeit organisches Material an und dichtete ihn nach unten ab. So konnte hier ausnahmsweise ein flacher See entstehen – der einzige Kratersee Mitteleuropas. Auch das nördlich anschließende Hinkels„maar“ bildet, wenn es nach der Schneeschmelze oder nach starken Regenperioden Wasser führt, zumindest kurzzeitig einen Kratersee. Beide Gewässer befinden sich nämlich über dem

▷▷ **Die blutroten Blütenblätter gaben dem Sumpf-Blutauge, einer Bewohnerin der Schilfrandzonen, ihren Namen.**

Schlotbereich ihres Vulkans in der schüsselförmigen Senke des ehemaligen Kraters, die deutlich über die vorvulkanische Landoberfläche herausgehoben ist.

Vom Mosenberg führt die Straße über Bettenfeld hinunter nach Meerfeld in den gleichnamigen Maarkessel, den mit über einem Kilometer Durchmesser größten des Westeifeler Vulkanfeldes. Im 19. Jahrhundert hat man den Wasserspiegel abgesenkt, um zusätzliche Nutzflächen zu gewinnen. Der Maarsee hat heute einen halbmondförmigen Umriß, weil der Schwemmfächer des Meerbachs den Kesselboden teilweise aufgefüllt hat.

Die Eifelmaare als Lebensraum

Am Beispiel der Dauner Maare hat August Thienemann um 1912 die bis heute weltweit gültige Seentypenlehre entwickelt, die Gewässer nach ihrem Nährstoffgehalt unterscheidet. Davon abhängig ist die Besiedelung mit Tieren und Pflanzen.

Die nährstoffreichen Maare mit flach einfallenden Ufern (zu diesem Typ gehören westliches Schalkenmehrener Maar, Holzmaar und Meerfelder Maar) sind von Schilfwäldchen umgeben, in denen auch zahlreiche weitere Pflanzen der Röhrichte und Hochstaudenflur wachsen – darunter Sumpf-Schachtelhalm, Blutweiderich, Schnabel-Segge, Wasser-Minze, Sumpf-Farn und Gelbe Schwertlilie. In der Freiwasserzone können sich Bestände der Weißen Seerosen, verschiedene Laichkraut-Arten und vor allem Wasser-Knöterich entfalten.

Den nährstoffarmen Maaren (Pulvermaar und Weinfelder Maar) hingegen fehlt ein üppiger Pflanzengürtel. Hier kommen – zum Teil erst in größerer Wassertiefe – nur wenige, mikroskopisch kleine Algenarten vor, darunter auch Wiesen mit seltenen Armleuchteralgen.

Die Maarmoore (östliches Schalkenmehrener Maar, Strohner Maar, Dürres Maar) sind von Torfmoosen, Rosmarinheide, Schnabelried, Wollgras und vielen anderen seltenen Hochmoorpflanzen besiedelt. Diese Feuchtmoore sind äußerst trittempfindlich und daher streng geschützt.

Auf den trockenen Hängen der Maarkessel kann sich der Besucher frei bewegen und die interessante Pflanzenwelt betrachten, ohne Schaden anzurichten. Zur Blütezeit im Frühsommer entfaltet sich hier der Besenginster besonders prächtig – er wird wegen seiner weithin leuchtenden Gesamterscheinung als „Eifelgold“ bezeichnet und ist eine „Zeigerpflanze“ für saure Verwitterungsböden. Kennzeichnend für diese trockenen Standorte sind aber auch kleinere Pflanzen wie Karthäu-

Praktische Informationen

Adressen und Auskünfte

Tourist-Information/Kurverwaltung Manderscheid, Kurhaus, 54531 Manderscheid, Tel. 06572/921549, Fax /92155.
Kur- und Verkehrsamt Daun, Leopoldstraße 5, 54550 Daun, Tel. 06592/939178.
Verkehrsbüro Gillenfeld, Brunnenstraße 13, 54558 Gillenfeld, Tel./Fax 06573/720.
Geozentrum Vulkaneifel, Leopoldstraße 9, 54550 Daun, Tel. 06592/985354, Fax /985355.
Hauptgeschäftsstelle des Eifelvereins, Stürtzstraße 2-6, 52349 Düren, Tel. 02421/13121, Fax /13764.

Die Maarseen im Zahlenvergleich

Maar	Wasserspiegel (m ü. NN)	Fläche (in 1000 m²)	Tiefe (m)	Umfang (m)	Durchmesser (m)	Umwallung (m)
Gemündener Maar	407	72	39	1100	325 x 310	204
Holzmaar	425	68	21	975	375 x 250	46
Immerather Maar	334	36	18	750	250 x 205	122
Meerfelder Maar	334	245	17	2010	750 x 450	212
Pulvermaar	412	360	74	2250	675 x 650	132
Schalkenmehrener Maar	420	216	21	1775	575 x 500	121
Ulmener Maar	420	53	37	925	325 x 225	105
Weinfelder Maar	483	168	51	1525	520 x 375	137

ser-Nelke, Kreuzblume, Wundklee, Schafgarbe, Feld-Thymian, Rundblättrige Glockenblume oder verschiedene Fetthennen-Arten. Viele Trockenmaarkessel werden als Acker- oder Weideland genutzt, andere sind auch von Restwäldern oder Aufforstungsflächen eingenommen. So ist beispielsweise das Gemündener Maar ganz von Wald umstellt.

So verschieden die Lebensräume in den Maarkesseln der Eifel für die Pflanzen sind, so breit gefächert und artenreich ist auch die Tierwelt. An und auf den nährstoffreichen Maarseen, die ein entsprechendes Nahrungsangebot bereithalten, findet sich zur Brutzeit die gesamte für Seen typische Vogelfauna ein. Rohrammern und Sumpfrohrsänger brüten im Stengelgewirr der Uferzonen. Bläßrallen, mehrere Entenarten, Wasserralle, Teichhuhn und Haubentaucher lassen sich auf der offenen Wasserfläche sehen. Braunkehlchen und Wiesenpieper bevorzugen das offene Land der Feuchtmoore, Neuntöter und Raubwürger die gebüschreichen Trockenhänge in der Maarumgebung.

Eine Besonderheit bildet der Jungferweiher in der Nachbarschaft des Ulmener Maares, der in einer – möglicherweise vulkanisch entstandenen – Senke aufgestaut wurde: Er ist im Frühjahr und Herbst Rastplatz für viele ziehende Vogelarten, darunter Zwerg- und Gänsesäger, Bruchwasserläufer, Kiebitz und Zwergtaucher. Auf dem angrenzenden Grünland halten sich auch gerne Kraniche auf, die bei ihrem jährlichen Zug den Eifelraum überqueren. An zwei Maaren kommt außerdem die Wasserspitzmaus vor.

Anreise

Mit dem Auto A 48 bis zur Abfahrt Daun/Mehren oder Manderscheid; mit der Bahn: viele Orte in der Nähe der Maare liegen an der Bahnstrecke Köln-Trier. Sie werden auch – zum Beispiel von Bitburg aus – regelmäßig mit Bussen angefahren.

Mit dem Rad

In Daun, Gerolstein, Manderscheid und anderen größeren Orten der Eifel kann man Fahrräder leihen. Die örtlichen Verkehrsämter und regionalen Touristik-Organisationen informieren über schöne Routen.

Die Westeifel im Überblick

Die Vulkane der westlichen Eifel bilden einen rund fünfzig Kilometer langen Streifen. Seine Endpunkte liegen im Südosten nahe der Mosel bei Bad Bertrich, wo Lavaströme zeitweilig den Ueßbach aufgestaut haben, im Nordwesten bei Ormont (mit dem einsamen Schlackenkegel des Goldberges schon fast an der belgischen Grenze). An seiner Südwestseite ist das Vulkanfeld vergleichsweise scharf begrenzt – hier sind ihm nur bei Manderscheid und bei Birresborn kleinere Vulkangruppen vorgelagert. Gegen die östlich anschließende vulkanische Hocheifel strahlt das Westeifeler Vulkangebiet dagegen sehr weit aus und rückt sogar bis auf nur zehn Kilometer Entfernung an das gleichaltrige Vulkanfeld der Osteifel (Laacher See-Gebiet) heran.

Wandern in der Westeifel

Die gesamte Vulkaneifel wird vom Netz der Hauptwanderwege des Eifelvereins durchzogen, ist also für Wanderer sehr gut erschlossen. An

Am Jungfernweiher beim Ulmener Maar haben Zugvögel wie dieser Kiebitz ihr Refugium.

vielen Geländepunkten entlang der Einzelrouten stehen Tafeln mit ausführlichen Erläuterungen. Darüber hinaus werden in Daun und Gerolstein geführte geologische Exkursionen angeboten, in den Verbandsgemeinden Daun, Gerolstein, Hillesheim und Manderscheid wurden außerdem Geopfade eingerichtet. Karten und Broschüren sind bei den Gemeindeverwaltungen erhältlich.

Alle Maarseen kann man auf ufernahen Wanderwegen umrunden. Sie stehen aber, wie auch die vermoorten Maare der Westeifel, unter Naturschutz. Nur auf Gemündener und Schalkenmehrener Maar sind Wassersportarten zugelassen.

Kremer

Das mittlere Ahrtal

Kurven-Canyon im Schiefergebirge

Auf ihrem Weg durch die Eifel legt sich die Ahr mit vielen, eng beieinander liegenden Mäandern gewaltig in die Kurven. Und an den sonnigen Hängen des Ahrtals gedeiht weit mehr als „nur“ guter Rotwein.

Mehr als dreihundert Meter überragen Berge und steile Schluchten das tief eingeschnittene Ahrtal. Zwischen ihrer Quelle in Blankenheim und ihrer Mündung in den Rhein bei Sinzig ist die Ahr fast neunzig Kilometer lang – allerdings beträgt die Entfernung im Vogelflug nur 42 Kilometer.

Als während der Oberkarbon-Zeit vor etwa 300 Millionen Jahren zwei große Kontinentalschollen gegeneinanderdrifteten, wurde der gesamte Ablagerungsraum der heutigen Eifel von zwei Seiten her wie ein Stapel Tücher zusammengeschoben und in Falten gelegt. In einer dieser Falten verläuft der mittlere Abschnitt der Ahr zwischen Kreuzberg und Bad Bodendorf. Bei Altenahr ist der nordwestliche, steil abfallende Abhang zwei Kilometer breit. Mit seinen senkrecht aufragenden Schichten von Sand- und Siltsteinen aus dem Unterdevon bildet er eine eindrucksvolle Kulisse. Noch bemerkenswerter aber sind die zahlreichen Mäander zwischen Kreuzberg und Rech – die größte von ihnen hat sogar einen eigenen Namen: Langfigtal. Es beginnt beim Bahnhof Altenahr und findet nach rund drei Kilometern mit einem nahezu symmetrischen 180-Grad-Bogen fast wieder zu seinem Ausgangspunkt zurück. Eingang und Ausgang des canyonartigen Tals liegen nur knapp 150 Meter auseinander. Auch diese Schlinge ist ganz in den Steilflügel des Ahrtalsattels eingeschnitten, woraus sich die besonders schroffen Wände der wilden Felslandschaft erklären. Am Mäanderhals, den ein Sporn der Engelsley bildet, erfolgte 1834 der Durchstich des Straßentunnels – eine Abkürzung, die die Ahr bei Hochwasser nimmt.

Die Mäander der Ahr zeigen keine Abhängigkeit von Struktur und Gesteinszusammensetzung des Unterdevon-Sockels. Offenbar entstanden sie schon vor etwa einer Million Jahren in einem weiten Tal auf einer Scholle mit sehr geringem Gefälle, so daß der Fluß in kilometerweiten Schlingen hin und her pendelte. Beim weiteren Eintiefen des Tales war er in seinem kurvenreichen Bett gefangen und konnte das einmal an-

Kurzprofil

Das Langfigtal wurde gegen massiven Widerstand der Verbandsgemeinde erst 1986 Naturschutzgebiet. Insgesamt sind hier 5500 Pflanzen- und Tierarten nachgewiesen.

Verordnungsgeber/Träger:	Obere Naturschutzbehörde (RP Koblenz)
Gegründet:	1983
Fläche:	205 ha
Saison:	April–Oktober
Besucher:	mehr als 20 000 jährlich
Wanderwege:	7 km (Langfigtal), 37 km (Rotweinwanderweg)

Flora und Fauna im Ahrtal

Typische Pflanzen

Wimper-Perlgras, Astlose Graslilie, Gemeine Pechnelke, Gold-Aster, Pfingst-Nelke, Zwergmispel, Felsenbirne, Weichsel-Kirsche, Wilde Stachelbeere, Mehlbeere, Bibernell-Rose.

Charakteristische Tiere

Zippammer, Zaunammer, Steppengrashüpfer, Schlingnatter, Zaun- und Mauereidechse, Segelfalter, Trauermantel, Schillerfalter, Waldportier.

Praktische Informationen

Adressen und Auskünfte

Touristik-Service Ahr-Rhein-Eifel, Markt 11, 53474 Bad Neuenahr-Ahrweiler, Tel. 02641/97730, Fax /977373;
Kur- und Verkehrsverein, Postfach 100664, 53474 Bad Neuenahr-Ahrweiler, Tel. 02641/977350, Fax /29758.

◁◁ **Kurvenreich: die Ahr im Mäanderbogen des Langfigtals**

gelegte Grundmuster nur noch weiter in den Felsuntergrund „sägen“.
Auf einer knapp 25 Kilometer langen Strecke wird im mittleren Ahrtal Wein angebaut – ein Hinweis auf die besondere Gunst des Kleinklimas vor allem auf den steilen, nach Süden exponierten Talflanken. Entsprechend artenreich ist die Flora des Gebietes, das in dieser Hinsicht zu den reichsten Teilregionen des Rheinischen Schiefergebirges zählt: rund 1700 verschiedene Arten Farn- und Blütenpflanzen sind hier heimisch.
Im Bereich der Mäanderbögen siedeln Pflanzengesellschaften, die man ihrer Vorliebe für sehr sonnige, trockene und warme Standorte wegen als „Felsheide“, „Felsgebüsch“ oder – so der Fachbegriff – als Xero-

◁◁ **Die warmen Südhänge sind eine ausgezeichnete Lage für den heranreifenden Spätburgunder.**

thermvegetation bezeichnet. Gemeinsam ist ihnen ein hoher Anteil an Arten aus süd- und südosteuropäischen Warmgebieten, beispielsweise die Kleinarten des Brillenschötchens, dazu Wimper-Perlgras, Astlose Graslilie, Gemeine Pechnelke, Gold-Aster und die zierliche Pfingst-Nelke. Auch seltenere Gehölze sind anzutreffen: Zwergmispel, Felsenbirne, Weichsel-Kirsche, Wilde Stachelbeere, Mehlbeere oder Bibernell-Rose.
Die Fauna des Gebietes umfaßt ebenfalls viele wärmeliebende Arten, deren Verbreitungsgebiete sonst viel weiter südlich liegen. Hin und wieder sieht man den seltenen Segelfalter und etliche andere Schmetterlingsarten, die auf der Roten Liste stehen. Im Langfigtal kommen Steppengrashüpfer, mehrere hochgradig gefährdete Arten von Ameisen und Wildbienen sowie Dutzende von Käferarten vor, die sogar landesweit extrem selten sind. Zudem leben hier Schlingnatter sowie Zaun- und Mauereidechse. An wenigen Stellen brüten die mediterrane Zippammer und die seltene Zaunammer.

Wandern im Ahrtal

Die Flußschleife des Langfigtals eignet sich gut für eine Kurzwanderung und bietet Anschlüsse zum regionalen Wanderwegenetz des Eifelvereins. Darüber hinaus ist die Rotweinwanderung (RWW) von Altenahr bis Bad Bodendorf sehr empfehlenswert. Der mit einer roten Traube markierte Wanderweg durch die Weinberge ist 37 Kilometer lang. An vielen Stellen kann man einen wundervollen Blick über die Steilhänge des Ahrtals genießen, zum Beispiel beim „Weißen Kreuz“ in Altenahr und auf der „Bunten Kuh“ bei Ahrweiler. An jedem Ort, den der Rotweinwanderweg berührt, gibt es Abstiege, so daß man den Ahrwein der gerade durchschrittenen Lagen auch in den örtlichen Weinkellern probieren kann. Im „deutschen Rotweinparadies“ werden Burgunder- und Portugieserreben, aber auch Riesling und Müller-Thurgau angebaut.

◁ **Der Trauermantel ist eine der zahlreichen Schmetterlingsarten im mittleren Ahrtal.**

Kremer/Meyer

Anreise

Altenahr und alle Stationen des Rotweinwanderwegs sind von Remagen mit der Bahn erreichbar.

Camping

Zum Beispiel bei Kreuzberg, aber auch an vielen anderen Orten flußauf- und flußabwärts.

Das Hohe Venn

Moore wie im Bilderbuch

Ein Stück Tundra in Mitteleuropa: Die noch erhaltenen, verstreuten Hochmoore am Nordwestrand der Eifel bewahren Landschaft und Lebewesen aus der späten Eiszeit.

Das Hohe Venn erstreckt sich über die Grenze zwischen Belgien und Deutschland hinweg. Der größte Teil der wertvollen Hochmoorflächen, die diese großartige Berglandschaft im Übergang von den Ardennen zur Nordwesteifel kennzeichnen, liegt in Belgien. 1971 wurde mit der Zusammenlegung zum „Deutsch-Belgischen Naturpark Hohes Venn-Nordeifel" (Parc Naturel Hautes Fagnes–Eifel) eine länderübergreifende, verbindende und schützende „Klammer" um diese einzigartige Natur- und Kulturlandschaft gelegt, die von der UNESCO zum Weltkulturgut erhoben wurde.

Das vom lateinischen fania (französisch fagne, niederländisch veen) abgeleitete Wort „Venn" bezeichnet generell moorige, sumpfige Flächen. Diese gaben auch dem Hohen Venn seinen Namen. Der Kern dieses Gebietes ist ein bis acht Kilometer breiter und rund 22 Kilometer langer, sich von Südwest nach Nordost erstreckender Höhenzug aus alten Schiefergesteinen unter anderem aus dem Kambrium und dem Unteren Devon. Er überragt die Rumpfflächen der Eifel um mehr als zweihundert Meter. Zwischen den breiten Schilden des Venn-Plateaus erstrecken sich weite, flache Mulden, deren Untergrund von wasserundurchlässigen Tonschichten abgedichtet wird. So konnten sich hier auf nassem Boden schon seit der Späteiszeit ausgedehnte Torfmoore entwickeln. Im kleinen bilden sie eine Landschaft, wie wir sie großflächig von den eiszeitlichen Tundren Nord- und Nordosteuropas kennen. Es sind klassische Hochmoore, so genannt nach der Art und Weise, wie sie entstanden sind: Torfmoose, von denen es im Venn mehr als ein Dutzend verschiedene Arten gibt, und andere Moorpflanzen wuchsen im Laufe von Jahrhunderten buchstäblich über sich hinaus und verloren dabei den Kontakt zum

Kurzprofil

Träger der Naturschutzgebiete Wollenscheider Venn und Hoscheider Venn: Obere Naturschutzbehörde (RP Aachen)

Gegründet:	1961/1982
Fläche:	17 ha
Saison:	März bis Oktober
Besucher:	ca.10 000 jährlich
Wanderwege:	ca. 12 km

Grundwasser. Um dennoch zu überleben, benötigen derart spezialisierte Pflanzen reichlich Wasser von oben – und davon gibt es dank der Niederschlagsmengen im Hohen Venn genug.

Im Wollerscheider Venn und in benachbarten Gebieten des Venn lassen sich merkwürdige Bodenverformungen entdecken, und zwar dort, wo in der Späteiszeit vor 14 000 Jahren extrem starke Fröste tiefere Bodenschichten an die Oberfläche hoben und dann in geschwungenen

Praktische Informationen

Adressen und Auskünfte

Naturpark Nordeifel e.V.,
Monschauer Straße 12, 52076 Aachen,
Tel. 0241/63001, Fax /607940;
Monschau-Touristik,
Stadtstraße 1, 52156 Monschau,
Tel. 02472/3300, Fax /4534.
Centre Nature, Signal de Botrange,
Tel. 0032/8044/5781.

Bändern ablagerten. Nach einem Eskimo-Wort nennt man solche Verformungen Palsen. Sie bilden auf den Moorflächen ein kleinflächiges, äußerst trittempfindliches Lebensraum-Mosaik. An anderen Stellen formte der Dauerfrost Eislinsen im Boden. Rutschten in Wärmeperioden die Deckschichten seitlich weg, entstanden kreisrunde Wälle, die heute jeweils einen kleinen Moorsee einschließen. Solche Pingos – ebenfalls ein Eskimo-Wort – mit Moorgesellschaften in allen möglichen Entwicklungsstadien finden sich sonst nur in Skandinavien und Grönland.

Auch die hier vorkommenden Tiere und Pflanzen erinnern stark an die Flora und Fauna nordischer Landschaften. Typisch sind Moor-Birken und Wollgräser, Rauschbeere, Rosmarinheide, Moorlilie, Rasenbinse, Englischer Ginster, Sonnentau und Fieberklee; die nassen Moorlandschaften bieten vielen Libellenarten wie der Torf-Mosaikjungfer, aber auch dem Hochmoor-Gelbling, dem Moorfrosch, der Waldeidechse und dem Birkhuhn Lebensraum.

Die heute noch verstreut vorhandenen Hochmoore des Venn sind die kleinen Überreste einer ehemals weitflächig zusammenhängenden Naturlandschaft. Trockenlegung und Aufforstung mit gebietsfremder Fichte, aber auch Brände haben sie zusammenschrumpfen lassen; um so wichtiger ist ihr Erhalt. Es versteht sich daher von selbst, daß Besucher nicht einfach durch die Moore wandern und die kleinflächigen Biotopgefüge zerstören. Zur Beobachtung der einzigartigen Flora und Fauna genügt der Blick durch ein gutes Fernglas von den Randzonen oder den stellenweise eigens angelegten Bretterwegen aus.

Unmittelbar an die Vennlandschaft grenzt das Monschauer Heckenland, eine Kulturlandschaft, die unbedingt einen Besuch lohnt: Meterhohe Heckenwände aus Rot-Buchen – besonders eindrucksvoll in den Ortschaften Höfen und Mützenich – schützen auf der offenen Hochfläche die Häuser vor Wind und Wetter. Einzigartig sind auch die Narzissenwiesen der Umrandung des Venn, beispielsweise im Vorfeld der Olef-Talsperre. Hier werden regelmäßig Pflegemaßnahmen zur Rettung der Bestände durchgeführt.

◁
Im wallonischen Teil des Hohen Venn finden sich noch größere Flächen, die zeigen, wie die Landschaft des Hohen Venn einst auch im deutschen Gebiet aussah.

◁
Das Wollgras ist eine typische Moorpflanze.

◁◁◁◁
Zahlreiche Libellenarten bevölkern das Hochmoor; hier Hufeisen-Azurjungfern bei der Paarung.

Flora und Fauna im Hohen Venn

Typische Pflanzen

Wollgras-Arten, Rauschbeere, Preiselbeere, Blaubeere, Rosmarinheide, Moosbeere, Englischer Ginster, Fieberklee, Siebenstern, Wilde Narzisse.

Charakteristische Tiere

Torf-Mosaik- und Hufeisen-Azurjungfer, Hochmoor-Gelbling, Sumpf-Ohreule, Brachpieper.

Anreise

Der Naturpark schließt die Gesamtheit aller Vennstücke im Städteviereck Eupen-Malmédy-Roetgen-Monschau ein. Die Naturschutzgebiete auf deutscher Seite – Wollerscheider Venn und Hoscheider Venn – verlaufen entlang der Straße Lammersdorf-Fringshaus und östlich der B 258 von Roetgen nach Monschau.

Wandern im Hohen Venn

Das Gebiet des Hohen Venn wird von einem ausgedehnten Wegenetz erschlossen, das auf deutscher Seite vom Eifelverein betreut wird. Zugänge zu landschaftlich interessanten Teilflächen bieten die zahlreichen, auf der Naturparkkarte verzeichneten Wanderparkplätze. Im Wallonischen Venn sind Wanderungen nur auf besonders bezeichneten Wegen möglich, stellenweise nur mit offizieller Führung. Beim Signal de Botrange an der Straße Eupen-Malmédy befindet sich das „Centre Nature", ein vorbildlich eingerichtetes Informations- und Naturschutzzentrum. Von hier aus kann man geführte Wanderungen unternehmen.

Kremer

Das Siebengebirge

Das achte Weltwunder

Seiner Nähe zu den großen Städten am Rhein wegen ist das Siebengebirge ein vielbesuchtes Naherholungsgebiet. Allein der sagenumwobene Drachenfels lockt jährlich bis zu drei Millionen Besucher an. Dennoch kommt hier der Naturschutz nicht zu kurz.

Bevor der Rhein das Gebirge verläßt und die Niederrheinische Tiefebene erreicht, fließt er dicht an einem Massiv von bewaldeten Kuppen entlang: dem Siebengebirge. Wer vom Zug oder Schiff aus oder von Bonn her die Bergsilhouette betrachtet, wird zuerst versuchen, die Zahl der Kuppen auf sieben zu beschränken – stets aber sind es erheblich mehr, egal, aus welcher Richtung man blickt. Tatsächlich ist das 15 Quadratkilometer bedeckende Gebirge aus etwa fünfzig Einzelvulkanen zusammengesetzt. Auch diese Angabe ist ungenau, denn das Gebiet des Siebengebirges ist nicht exakt begrenzt. Da es Teil eines großen Vulkanfeldes ist, das nach Süden den Rhein kilometerlang begleitet und nach Norden bis über das Siegtal hinaus reicht, entdeckt man immer weitere Vulkane. In Wahrheit hat der Name des Gebirges auch gar nichts mit der Zahl Sieben zu tun: „Siefen“ oder „Siepen“ nennt man im Rheinland kleine Täler, von denen das Siebengebirge besonders viele aufweist. Da hier auf engem Raum sowohl verschiedene Vulkanformen als auch die unterschiedlichsten Gesteine vorkommen, hat dieses Gebiet schon früh geologisch Interessierte angelockt. Von daher rührt auch die Begeisterung, mit der Alexander von Humboldt das Siebengebirge einmal „das achte Weltwunder“ nannte.

Kurzprofil

Das Naturschutzgebiet ist Teil des ersten Naturparks in Nordrhein-Westfalen.

Träger:	Verschönerungs-Verein für das Siebengebirge, Bonn
Gegründet:	1922
Fläche:	4 200 ha
Saison:	ganzjährig
Besucher:	an wetterbegünstigten Sonn- und Feiertagen werden 25 000 bis 30 000 Besucher geschätzt
Wanderwege:	200 km

Vor etwa 25 Millionen Jahren – in der Mitte der Tertiärzeit – kam es tief unter dem Rheinischen Schiefergebirge zu großflächiger Erhitzung, wodurch Teile des Gesteins schmolzen. Dabei dehnte es sich aus und drückte sein Dach nach oben – das Rheinische Schiefergebirge begann sich zu heben. Es kam zu Rissen und Verwerfungen, aus denen Magma bis zur Erdoberfläche aufsteigen konnte. So entstanden die zahlreichen Vulkane der Eifel und des Westerwaldes. In dem Bereich aber, der später zum Siebengebirge wurde, sammel-

te sich die Gesteinsschmelze einige Kilometer unter der Erdoberfläche in einem großen Herd. Hier sanken die schweren, basaltischen Anteile nach unten, während leichteres, quarzreicheres Material, aus dem sich Latit- und Trachyt-Gesteine bilden konnten, nach oben in Richtung Herddach aufstieg. Bei diesem Prozeß sonderte die Schmelze viel Gas ab, so daß der Druck im Herd ständig zunahm, bis das Dach nicht mehr standhielt. Es öffneten sich mehrere Spalten und Schlote, und gewaltige Explosionen warfen zunächst feine, aus Splittern von Gesteinsglas und zermahlenem Nebengestein bestehende Aschen aus, die das Land mit bis zweihundert Meter dicken Lagen bedeckten.

In diese Tuffdecke drangen anschließend Schmelzen ein, und zwar sowohl Basalte als auch die quarzreicheren Latite und Trachyte. Sie erreichten die Erdoberfläche jedoch nicht, sondern erstarrten noch im Tuff als keulen- oder trichterförmige Körper. Erst als sich der Rhein infolge der weiteren Hebung des Schiefergebirges tiefer in den Untergrund eingraben mußte, schälte sein Wasser diese Körper aus dem Tuff heraus. So entstanden am Ende die durch Tälchen getrennten Kuppen des Siebengebirges.

Vom Bausteinreservoir zum Naturschutzgebiet

Der Trachyt, ein hellgraues Gestein mit mehrere Zentimeter großen, glasklaren Sanidinkristallen, galt früher als geschätzter Baustein. Sanidin ist ein Feldspat. Schon die Römer bauten den Trachyt ab, und zwar nicht nur am Drachenfels hoch über dem Rhein, sondern auch in einem eiszeitlichen Blockmeer, das von einer zweiten, näher bei Königswinter gelegenen Trachytkuppe zum Fluß hinabzieht. Am Drachenfels wurde der Abbau im Mittelalter weiter betrieben: Vor allem brauchte man den Trachyt für den Bau des gotischen Kölner Doms, der großenteils aus diesem Gestein besteht.

Als man im 19. Jahrhundert zur Vollendung des Domes erneut auf den Drachenfels zurückgreifen wollte, kam es zur ersten Naturschutz-Kontroverse in Deutschland: Der König von Preußen hatte den Berg 1836 unter Schutz gestellt, weil die Burgruine herabzustürzen drohte. Also wurde der Kölner Dom mit anderen Gesteinen vollendet – was, wie sich später herausstellte, kein Schaden war, denn der Drachenfels-Trachyt ist seiner mangelnden Homogenität wegen sehr anfällig gegen Verwitterung. An der Außenseite des mittelalterlichen Chores mußte er bereits durch ganz anderes Material ersetzt werden.

An anderen Vulkanbergen ging der Abbau, unter anderem von Latit, Basalt und Tuffstein, vorerst weiter, bis 1922 das ganze Siebengebirge als Naturschutzgebiet ausgewiesen wurde.

Um den Schutz dieser Berglandschaft und den Ausbau eines inzwischen zweihundert Kilometer langen Netzes von Wanderwegen hat sich der 1869 gegründete „Verschönerungs-Verein für das Siebengebirge“

Da muß man hin

- ☐ Drachenfels
- ☐ Blockmeer Rüdenet
- ☐ Steinbruch Großer Weilberg
- ☐ Löwenburg-Gipfel
- ☐ Gipfel des Großen Ölberg

◁◁◁◁
Einige der vielen bewaldeten Hügel im Siebengebirge

Die Drachenfels-Ruine erhebt sich über dem Rheintal.

◁
Nett anzusehen, aber höchst unbekömmlich: Fliegenpilze

sehr verdient gemacht. Ihm gehören in diesem Bereich 820 Hektar Land. Das 4200 Hektar große Naturschutzgebiet, für das 1965 eine neue Verordnung erarbeitet wurde, ist Teil des ersten Naturparks in Nordrhein-Westfalen. Dieser seit 1958 bestehende „Naturpark Siebengebirge" grenzt im Süden an das Land mit Rheinland-Pfalz, im Norden an die Siedlungsgebiete von Bonn-Beuel. Von den Bewohnern der rheinischen Städte wird er ausgiebig als Naherholungsgebiet genutzt.

Die Kuppen und Täler des Siebengebirges sind überwiegend von Trau-

Den Igel stören selbst die vielen erholungssuchenden Großstädter in seinem Revier kaum.

beneichen- und Rotbuchenwäldern bedeckt. Häufig findet man dazwischen mächtige Büsche und sogar Bäume der Stechpalme (Hülse). An trockenen, sonnigen Felshängen wie dem Drachenfels wachsen wärmeliebende Pflanzenarten, deren Verbreitungsschwerpunkt viel weiter südlich, zum Teil sogar im Mittelmeerraum liegt. Zu diesen „südlichen Gästen" zählen Wimperperlgras, Felsenbirne und Blauroter Steinsame.

Zur Zugzeit passieren regelmäßig große Schwärme von Kranichen das Siebengebirge, die manchmal im nahegelegenen Mündungsgebiet der Sieg rasten. Viele Stollen unterirdischer Abbaustellen für Tuffstein werden von Fledermäusen als Winterquartiere genutzt, und in Eichenbeständen kann man gelegentlich den Hirschkäfer antreffen.

Flora und Fauna im Siebengebirge

Typische Pflanzen

Trauben-Eiche, Rot-Buche, Stechpalme, Wimperperlgras, Felsenbirne, Blauroter Steinsame, Zahnwurz, Weiße und Gelbe Anemone, Fliegenpilze.

Charakteristische Tiere

Reh, Wildschwein, Igel, Fledermäuse (Teichfledermaus, Mausohr, Bartfledermaus, Langohr); Kranich (Durchzügler); Hirschkäfer (in Eichenbeständen).

Kultur und Museen

Klosterruine Heisterbach

(ständig frei zugänglich)

Siebengebirgs-Museum

Kellerstraße 16, 53639 Königswinter, Tel. 02223/3703. (Geöffnet vom 1. April bis 15.Oktober: Di–Sa 14 –17, So 11–17 Uhr, vom 16.Oktober bis 31. März: Mi 14–19, Sa u. So 14–17 Uhr)

Wandern im Siebengebirge

Auf den Drachenfels

Natürlich ist der hoch über den Rhein sich erhebende, sagenumwobene Drachenfels das meistbesuchte Ausflugsziel im Siebengebirge, weil man von hier aus weit ins Land schauen kann. Zu Fuß wird der Berg von Königswinter oder Rhöndorf bestiegen, wobei etwa 250 Höhenmeter zu überwinden sind. Den Weg von Königswinter her kann man sogar auf dem Rücken eines Esels bewältigen („Eselsweg"). Von Königswinter führt aber auch eine Zahnradbahn auf den Drachenfels. Dicht unter dem Restaurant ist eine Bronzetafel angebracht. Sie erinnert an den Bonner Geologen Hans Cloos (1886–1951), dem es gelang, aus der Anordnung der Sanidinkristalle die ursprüngliche Gestalt der Drachenfels-Trachytkuppe zu rekonstruieren.

Dem Drachenfels ist nördlich eine kleinere Trachytkuppe vorgelagert, auf der ein großer Park mit einem neugotischen Schloß, der Drachenburg, liegt. Hier ereignete sich in der letzten Eiszeit ein gewaltiger Bergsturz, der ein Blockmeer aus Trachyt hinterließ, das „Rüdenet". Es zieht sich bis zur Schnellstraße und Bahnlinie hinab; hinter Haus Felseck kann man hineinsteigen. Einige Blöcke sind in der Römerzeit gespalten worden, um Bausteine zu gewinnen.

Durchs Nachtigallental zur Margarethenhöhe

Vom Bahnhof Königswinter aus gelangt man an der Nordseite der Bergkette Wolkenburg, Schallenberg, Jungfernhardt und Lohrberg durchs Nachtigallental zur Margarethenhöhe. Die Wanderstrecke ist sechs Kilometer lang, wobei 250 Meter Höhenunterschied zu überwinden sind. Das Nachtigallental ist tief in die

Praktische Informationen

Adressen und Auskünfte

Verschönerungs-Verein für das Siebengebirge, Prinz-Albert-Straße 11, 53113 Bonn, Tel. 0228/213006.

Anreise

Mit der Bahn von Köln bis zu den Bahnhöfen Niederdollendorf, Königswinter, Rhöndorf; Stadtbahn von Bonn (Richtung Bad Honnef). Mit dem Auto: A3, Abfahrt Siebengebirge; von Bad Godesberg mit der Wagenschnellfähre nach Königswinter.

Unterkunft

In den Orten am Rhein (Oberdollendorf, Königswinter, Rhöndorf, Bad Honnef) gibt es Hotels und Pensionen unterschiedlicher Preiskategorien. Auf der Margarethenhöhe: Hotel Margarethenkreuz, Tel. 02223/22221.

⊲⊲⊲ Rosettenartig angeordnete Basaltsäulen am Südabhang des Petersberges

Trachyt-Tuff-Decke eingeschnitten. Auf halbem Wege gibt es am Elsigerfeld eine Einkehrmöglichkeit. Anschließend kommt man am Nasseplatz an einem Steinbruch vorbei, in dessen Zufahrtsweg deutlich zu erkennen ist, wie die Trachytschmelze vor vielen Millionen Jahren die Tuffe beiseite gedrückt hat.

Die Margarethenhöhe, die von Königswinter aus auch mit dem Bus zu erreichen ist, liegt am höchsten Punkt der einzigen das Siebengebirge querenden Straße. Von den Parkplätzen aus kann man Richtung Norden in zwanzig Minuten die Kuppe des 459 Meter hohen Großen Ölberg besteigen. Bei klarem Wetter bietet sich von hier eine großartige Aussicht über die bewaldeten Kuppen des Siebengebirges, bis weit in die Eifel, die Niederrheinische Bucht und den Westerwald. Der Große Ölberg, die höchste Erhebung des Siebengebirges, besteht aus Trachyt. Die Kuppe aber ist aus Basalt, der den Trachyt von unten durchschlagen hat. Auf dem Gipfel liegt ein Wirtshaus. Von dort gelangt man südwärts auf die nur drei Kilometer entfernte Löwenburg auf 454 Meter Höhe. Von der Burgruine aus genießt man ebenfalls eine grandiose Aussicht, vor allem auf das Rheintal, bis hin zu den Randhöhen des Laacher Sees. Am Fuß des Berges befindet sich eine Gaststätte.

Von Oberdollendorf zum Steinbruch Großer Weilberg

Am Nordrand des Siebengebirges entlang führt eine Straße von Oberdollendorf nach Heisterbacherrott. Auf ihr gelangt man, vorbei am Nordfuß der breiten Basaltkuppe des Petersberges mit dem bekannten, weithin sichtbaren Hotel zur Klosterruine Heisterbach. Die romanische Kirche wurde Anfang des 19. Jahrhunderts als Steinbruch genutzt, so daß nur noch die Apsis erhalten ist. Einen Kilometer weiter in Richtung Heisterbacherrott befinden sich Parkplätze für Besucher des Steinbruchs Großer Weilberg, zu dem ein nur 500 Meter langer Fußweg in Richtung Norden führt. Am Steinbruch Großer Weilberg ist sehr gut zu erkennen, wie Basalt in die Tuffdecke eingedrungen ist. Hier findet man auch Erklärungstafeln sowie eine Plakette, die daran erinnert, daß dem Naturpark und Naturschutzgebiet Siebengebirge 1971 vom Europarat das Europäische Diplom verliehen und in der Folgezeit mehrmals verlängert wurde.

Von den Parkplätzen kann man aber auch nach Süden zu den alten Latitsteinbrüchen des Stenzelbergs aufsteigen; Gehzeit etwa 15 Minuten.

Meyer

Die nördlichsten Weinberge entlang des Rheins findet man in Oberollendorf und hier am Fuße des Drachenfelsen.

Jugendherberge

Selhoferstraße106 , 53604 Bad Honnef, Tel. 02224/71300.
Jugendgästehaus, Haager Weg 42, 53127 Bonn-Venusberg, Tel. 0228/281200.

Gaststätten

Auf dem Drachenfels, Tel. 02223/21935;
Oelberg, Tel. 02223/21919.
Milchhäuschen Waldwirtschaft, Elsigerfeld, Tel. 02223/24446.
Löwenburger Hof, Margarethenhöhe, Tel. 02223/23585.

Busverkehr

Die Buslinie 521 fährt alle 20 Minuten von Königswinter zur Margarethenhöhe.

Mit dem Rad

Wegen der Steilheit des Geländes gibt es keine speziellen Radwege.

Die Westerwälder Seenplatte

Paradiese aus zweiter Hand

Um Bäche und Flüsse zu speisen, gibt es im Westerwald ausreichende Niederschläge. Natürliche Seen hingegen weist die ausgedehnte Hochflächenlandschaft nicht auf. Also hat der Mensch der Natur ein wenig nachgeholfen. Das Ergebnis – die Westerwälder Seenplatte – kann sich sehen lassen.

Als Westerwald bezeichnet eine Urkunde des 11. Jahrhunderts nur ein paar Ländereien westlich des Königshofes von Herborn. Im späteren Sprachgebrauch dehnte man die Gebietsabgrenzung jedoch zunehmend aus. Erst seit etwa hundert Jahren kennen wir den Westerwald von Landkarten her in seinen heutigen angenommenen Grenzen mit den Flußtälern von Sieg und Lahn.

Im Laufe von Dutzenden von Jahrmillionen hat die Verwitterung auch im Westerwald das ursprünglich hoch aufragende Schiefergebirge bis auf seinen unterdevonischen Sockel abgeschliffen. Die abgeschwemmte Verwitterungsschicht sammelte sich in weiten Senken und baute mächtige Tonlagerstätten auf, die den Untergrund abdichteten. Der Westerwald präsentiert sich daher heute großenteils weniger als Bergland denn als flachwellige Höhenflur, vergleichbar mit der linksrheinischen Eifel. Selbst seine höchsten Erhebungen, die breitrückige Fuchskaute (657 Meter) und der Stegskopf (654 Meter) überragen ihre Umgebung eher unauffällig um allenfalls sechzig bis achtzig Meter. Tatsächlich pfeift hier der im Lied besungene Höhenwind, allerdings nicht betont kälter oder unangenehmer als anderswo.

Einige der Westerwälder Hochebenen zeigen jedoch etwas mehr Relief; sie sind mit kegeligen Kuppen durchsetzt. Dies dokumentiert ihre „feurige" Vergangenheit: Der Vulkanismus hat der Region im Tertiär mit zahlreichen Ausbruchspunkten ein eigenes Gebirgsstockwerk aufgesetzt. Nordöstlich von Montabaur gruppieren sich solche landschaftsprägenden Vulkanberge im Halbrund um eine geschlossene, bis hundert Meter mächtige und über 150 Quadratkilometer große Basaltdecke, die sich vor etwa zwanzig Millionen Jahren über den Hohen Westerwald ausgebreitet hat.

Die Seen sind eigentlich Teiche

Obwohl Basaltdecken und Tonschichten die Böden nach unten abdichten, gibt es im Westerwald von Natur aus keine größeren Stillgewässer oder Verlandungsmoore. Auch die auf jeder Landkarte zwischen dem Städtedreieck Dierdorf–Hachenburg–Westerburg als Westerwälder bzw. Nassauische Seenplatte eingetragenen Gewässer bilden keine Ausnahme. Strenggenommen sind sie keine Seen und eigentlich auch keine Weiher, sondern

Kurzprofil

Bewirtschaftete Stauweiher auf der Hochfläche des Westerwalds mit biologisch bedeutsamen Verlandungszonen.

Verordnungsgeber/Träger:	Obere Naturschutzbehörde (RP Koblenz)
Gegründet:	1979
Fläche:	210 ha
Saison:	April–Oktober
Besucher:	über 100 000 jährlich
Wanderwege:	Uferrundweg Dreifelder Weiher (Seeweiher) 12 km (Markierung D1)

Flora und Fauna der Westerwälder Seenplatte

Typische Pflanzen

Blutweiderich, Sumpf-Weidenröschen, Sumpf-Kratzdistel, Wald-Zwenke, Hänge-Segge, Wald-Sanikel, Pfaffenhütchen, Schmalblatt-Weiden.

Charakteristische Tiere

Schilfrohrsänger, Drosselrohrsänger, Rohrammer, Zwergtaucher, Zwergdommel, Wasserralle, Bläßralle, Samt-, Spieß-, Pfeif-, Tafel-, Schell-, Krick- und Schnatterente, Rotschenkel, Brachvogel, Regenpfeifer; Taumelkäfer.

– da in Quellmulden künstlich angelegt und mit Stauwehren gesichert – besonders groß bemessene Teiche zwischen knapp 0,1 und 1,23 Quadratkilometer Fläche. Schon im Mittelalter hatte man im flachen Wasserscheidegebiet von Wied, Sayn und Nister Fischteiche aufgestaut, weil das ständig nasse Wiesengrünland offenbar nicht auf andere Weise zu nutzen war. Immerhin fallen hier im Regenstau vor den Kuppen des Hohen Westerwaldes jährlich bis zu 1000 Millimeter Niederschläge, so daß es auch in den Grundwasserstockwerken von allen Seiten genügend Zufluß gibt. Ihre heutige Größe und Gestalt erhielten die großen Fischteiche auf Veranlassung der Grafen von Wied aber erst im 17. Jahrhundert, unmittelbar nach dem Dreißigjährigen Krieg. Diese wasserbaulichen Unternehmen waren wohl so etwas wie „Arbeitsbeschaffungsmaßnahmen" einer früheren Epoche.

Neun Gewässer umfaßt die landschaftlich sehr reizvolle Seen- bzw. Teichplatte im Randbereich des Hohen Westerwaldes. Ihrer räumlichen Verteilung nach bilden die Weiher drei von Südost nach Nordwest orientierte Gruppen. Zur Dreifelder Gruppe gehören der Seeweiher (Dreifelder Weiher; er wird von der jungen Wied durchflossen) sowie westlich davon der Hofmanns- und Haidenweiher (Ursprungsgebiet der Wied). Südlich, zwischen den Dörfern Steinen und Freilingen, schließt sich mit Brinkenweiher, Postweiher und Hausweiher (Ursprungsgebiet des Holzbachs) die Freilinger Weihergruppe an. Die Wölferlinger Gruppe – etwa drei Kilometer südöstlich der Freilinger Weihergruppe in der Ursprungsmulde der Sayn beim Dorf Wölferlingen gelegen – umfaßt lediglich den heute weitgehend verlandeten Wölferlinger Weiher und zwei kleine, namenlose Teiche. Alle Weiher der Dreifelder und der Freilinger Gruppe stehen über Kanäle untereinander in Verbindung. Daneben gibt es noch eine Anzahl kleinerer Teiche, die der Fischereiwirtschaft unter anderem als Hälterungsanlagen (Vorratsbecken) dienen.

In den Teichen der Westerwälder Seenplatte werden vor allem Karpfen, Hechte, Schleien, Zander und Welse gezüchtet. Jährlich im Herbst werden die Teiche zum Abfischen abgelassen. Durch die Schleusen der Stauhalten spült das abfließende Wasser die Fische in besondere Abfischteiche. Dieses Ereignis findet meist im ersten Oktoberdrittel statt. Als ein weit über die Region hinaus

◁◁◁ **Naturschutzgebiet Brinkenweiher: hier finden die wirtschaftlichen Interessen der Menschen und der Lebensraum bedrohter Arten einen Ausgleich.**

◁ **In alten Zeiten benutzte man den Blutweiderich zum Färben von Lebensmitteln.**

Die Westerwälder Seen im Zahlenvergleich

	Wasserfläche (qkm)	Wasserspiegel (m ü. NN)	Naturschutzgebiet
Dreifelder Gruppe			
Seeweiher	1,23	420	nur Südteil
Hofmannsweiher	0,163	403	ja
Haidenweiher	0,29	421	ja
Freilinger Gruppe			
Brinkenweiher	0,214	407	ja
Postweiher	0,12	406	-
Hausweiher	0,09	401	-
Wölferlinger Weiher	0,013	427	ja

bekanntes Spektakel hat es schon fast den Charakter eines Volksfestes angenommen. Nachdem das Wasser abgelassen ist, werden die Teichböden gepflügt und für den Besatz der nächsten Fischsaison vorbereitet. Die Fischbrut kommt meist von Hof Roth bei Dierdorf.

Ein Platz für Vögel

Obwohl sie für die Fischwirtschaft künstlich angelegt wurden und einem regelmäßigen Nutzungsrhythmus unterworfen sind, haben sich die großen Teichanlagen der Westerwälder Seenplatte im Laufe der Jahrhunderte zu ganz eigenen, äußerst wertvollen Lebensräumen entwickelt. Einige von ihnen (Brinken-, Haiden- und Wölferlinger Weiher, Seeweiher nur im Südteil) hat man daher seit 1979 als Naturschutzgebiete ausgewiesen.

Rotbuchenwälder und Fichtenforste fassen die großen, sehr flachen Gewässer ein. Stellenweise – so am stillen Brinkenweiher – reichen auch Felder und Wiesen bis an die Uferbereiche mit ihren Großseggenröhrichten, Erlenbrüchen und Strauchweidengebüschen heran.

Die Gewässer sind vor allem als Brut-, aber auch als Rastgebiet vieler seltener Vogelarten von besonderer Bedeutung. So nisten in den breiten Schilf- und Röhrichtgürteln des Seeweihers und des Brinkenweihers alle heimischen Rohrsänger-Arten, dazu aber auch Zwergtaucher, Zwergdommel sowie Wasserralle. Auf den Wasserflächen der kleineren Weiher

▷▷ Am bewaldeten Ufer des Naturschutzgebietes Hofmannsweiher wächst nur stellenweise Röhricht.

kann man während der Zugzeiten gelegentlich Pracht- und Rothalstaucher beobachten. Deutlich zahlreicher sind die Entenarten, darunter Samt-, Spieß-, Pfeif-, Tafel-, Schell-, Krick- und Schnatterente. Wenn beispielsweise der großflächige Seeweiher im Herbst zum Abfischen abgelassen wird und die ufernahen Schlammböden längere Zeit freiliegen, finden sich gleich scharenweise durchziehende Limikolen ein, darunter Rotschenkel und Alpenstrandläufer, Kampfläufer, Regenpfeifer und Brachvogel, Bruch- und Waldwasserläufer. Im Winter, wenn der Wasserspiegel der abgelassenen Teiche allmählich wieder ansteigt, sind gelegentlich auch Sing- oder Zwergschwan zu Gast. Am Uferrundweg um den Seeweiher gibt es nahe Dreifelden einen etwas versteckt liegenden Hochsitz, von dem

▷ Das Lied eines Drosselrohrsängers ertönt im Schilf des Seeweihers.

Praktische Informationen

Adressen und Auskünfte

Fremdenverkehrsverein Westerwälder Seenplatte e.V., 56244 Freilingen, Tel. 02666/306;
Verkehrsverein Westerwald e.V., Kirchstraße 48a, 56410 Montabaur, Tel. 02602/3001.

Anreise

Mit der Bahn: Strecke Limburg-Siegen, Bahnhof Hachenburg oder Langenhahn.

Kultur und Museen

Hachenburg

Landschaftsmuseum Westerwald, Im Burggarten, 57627 Hachenburg, mit Sammlungen zur Geologie, Mineralogie, Paläontologie und Volkskunde (Di-So 10-17 Uhr, Tel. 02662/74 56); angeschlossene Außenstelle: Basaltpark Bad Marienberg mit Dokumentation früherer Steinbruchtätigkeit. Ganz in der Nähe von Hachenburg befindet sich das Kloster Marienstatt im Nistertal, Zisterzienserabtei seit 1215. Die Klosterkirche ist eines der ältesten gotischen Bauwerke Deutschlands.

Holler

Naturschutzzentrum Westerwald, Hauptstraße (Alte Schule), 56412 Holler, mit Sammlungen zum Natur- und Vogelschutz der Region; Kursraum für Vereine und Schulklassen, Sitz des Naturschutzringes Westerwald (geöffnet nach Vereinbarung, Tel. 02602/56 99).

◁ **Im Landschaftsmuseum Westerwald in Hachenburg sind auch regionale Baudenkmäler zu besichtigen.**

aus Naturfreunde die rastende Vogelwelt mit dem Fernglas sehr gut beobachten können.

Artenreichtum in Röhricht und Schlamm

Wegen der Bewirtschaftung der Teiche ist die Zone der Tauch- und Schwimmblattpflanzen kaum entwickelt. Dafür sind aber die Uferbereiche mit ihren Röhrichten um so artenreicher. Nicht allein die Pflanzenvielfalt, sondern auch die besondere Zusammensetzung der Arten zieht seit vielen Jahren begeisterte Botaniker in diese Region. So ist die Seenplatte der bisher einzige Standort in Deutschland für das nordeuropäische Moor-Reitgras und für zwei Laubmoosarten – sie gelangten vermutlich gleichsam als „Mitbringsel" durchziehender und rastender Vogelarten hierher.

Auch die weitflächigen Schlammböden, die beim jährlichen Abfischen oder bei sommerlichen Niedrigwasserständen freiliegen, sind ein ökologisch einzigartiger Lebensraum. Hier entwickeln sich kurzlebige Pflanzengesellschaften mit jeder Menge seltener Arten, darunter Fadenenzian, Zwergflachs, Sand-Binse, Tännel, Schlammkraut oder das nur knapp münzgroße Scheidenblütengras, eine der seltensten Grasarten Europas.

Eine der ersten bedeutenden Persönlichkeiten, die sich um die dokumentierende Naturkunde des Gebietes der Westerwälder Seenplatte bemühten, war Maximilian Prinz zu Wied (1782-1867), der später auf Anregung Alexander von Humboldts während zweier berühmt gewordener Reisen Ostbrasilien und das Missouri-Gebiet erforschte. Maximilian hielt sich oft auf Hof Seeburg am Westufer des Dreifelder Weihers auf. Er beobachtete hier Schwarzstorch und Fischadler, aber auch Wildkatze und Fischotter – Arten, die der Gebietsfauna heute fehlen. Die dennoch sehr großen Artenlisten der Seenplatte zeigen, daß der wirtschaftende und die Umwelt gestaltende Mensch in der Naturlandschaft durchaus auch bereichernd wirken kann. Die heute als Naturschutzgebiete ausgewiesenen Weiherbereiche mit ihren Uferpartien sehen zwar wie unverfälschte Urnatur aus, sind jedoch in Wirklichkeit „Paradiese aus zweiter Hand".

Die seit Jahrhunderten bestehende Westerwälder Seenplatte ist eine hochrangige Kulturlandschaft. Mit ihren großflächigen Gewässern ist sie ein überzeugendes Beispiel dafür, daß sich in der Folge gezielter Eingriffe auch außerordentlich wertvolle Lebensraumgefüge entwickeln können, wenn dafür günstige Rahmenbedingungen herrschen.

Wandern im Gebiet der Seenplatte

Vom Westerwaldverein betreute und gut markierte Wanderwege erschließen das gesamte Gebiet auch von mehreren Wanderparkplätzen aus. Hinweistafeln im Gelände erleichtern die rasche Orientierung.

Kremer

Mit dem Auto über die A 3, Abfahrt Dierdorf, dann über die B 413 Richtung Herrschbach/Seenplatte, oder aus der Richtung Montabaur/Limburg über die B 8 bzw. B 255.

Camping

Campingplätze befinden sich am Nordteil des Seeweihers sowie am Haus- und Postweiher, die für Wassersport freigegeben sind.

Die Bruchhauser Steine

Die Rückkehr der Falken

Wie von Riesenhand in grauer Vorzeit in die Landschaft gewürfelt, überragen vier gewaltige Steine die Wipfel des Buchenwaldes am Istenberg. Hier konnten eiszeitliche Pflanzen überleben, und an den steilen Felsen hat der Wanderfalke seinen Horst.

In den großen Waldgebieten des Hochsauerlandes nimmt der Istenberg mit den weithin bekannten Bruchhauser Steinen eine Sonderstellung ein. Als Teil des Rheinisch-Westfälischen Schiefergebirges ist das Bergland ringsum durch Böden geprägt, die aus der Verwitterung von Tonschiefern, Sandsteinen und Grauwacken hervorgingen. Diese Gesteine sind während der Devon-Zeit vor 350 bis 400 Millionen Jahren durch Sedimentation entstanden, als große Flüsse aus dem Norden gewaltige Schuttmassen in eine ausgedehnte Meeressenke verfrachteten und diese Schicht für Schicht – teilweise bis zu einer Mächtigkeit von tausend Metern – auffüllten. Wo sich in diesen Sedimenten hier und dort Spalten auftaten, drang flüssige vulkanische Lava aus der Tiefe bis zum Meeresboden empor, breitete sich aus und erkaltete. Je nach der chemischen Zusammensetzung der Lava entstand Quarz- oder Diabaskeratophyr, auch kurz Porphyrgestein genannt.

Rund hundert Millionen Jahre später, am Ende der Karbon-Zeit, wurden die Sedimentgesteine und die vulkanischen Gänge und Schichten durch die Variskische Faltung zu einem echten Hochgebirge aufgerichtet und unterlagen nun selbst der erodierenden Kraft des Wassers: Das heutige Bergland ist nur noch ein Rest der ehemaligen „rheinischen Alpen", eines von Bächen und Flüssen zerfurchten Rumpfgebirges. Je nach Härte des Gesteins wurde es stärker oder weniger stark abgetragen. Am widerstandsfähigesten gegen die Erosion war das in den Gängen erstarrte vulkanische Material. Wo es an weichere Gesteinsschichten grenzte, bildete es steile Felsen, wie sie uns bis heute in Gestalt der Bruchhauser Steine eindrucksvoll begegnen.

Das Naturschutzgebiet „Bruchhauser Steine" ist nur 84 Hektar groß und umfaßt neben den vier Felsen größtenteils naturnah bewirtschaftete Waldbestände. Im 21 Hektar großen Kerngebiet sind es vor allem Buchenwälder, die hier von Natur aus heimisch sind. Obwohl sich in ihrem Bereich schon vor 2500 Jahren Menschen ansiedelten, und obwohl sich an einigen Steilwänden noch bis vor wenigen Jahren Kletterer tummelten, sind die gewaltigen Felsen ein wirkliches Stück Urnatur geblieben. Hainsimsen-, Waldschwingel- und Eichenfarn-Buchenwälder umgeben die vier riesigen Felsblöcke. Sie sind zum Teil als

Kurzprofil

Die naturnah bewirtschaftete Buchenwaldbestände mit vulkanischen Felsen stellen ein einmaliges Boden-, Natur- und Kulturdenkmal dar. Hier leben seltene eiszeitliche Pflanzen, und der Wanderfalke ist zurückgekehrt.

Verordnungsgeber/Träger:	Stiftung Bruchhauser Steine des Freiherrn von Fürstenberg-Gaugreben und des Landes Nordrhein-Westfalen
Gegründet:	1992
Fläche:	84 ha
Saison:	ganzjährig
Besucher:	100 000 jährlich
Wanderwege:	ca. 4 km

⊲⊲⊲ **Der Bestand der Wanderfalken nimmt wieder zu.**

⊲⊲⊲⊲ **Das Bergkissenmoos wächst in dichten Polstern.**

stattliche Hochwälder ausgebildet und stellen die für den Standort typische natürliche Vegetation dar. Auch die noch vorhandenen Fichtenbestände sollen nach und nach in Laubwald umgewandelt werden. Außer der Alpen-Gänsekresse und seltenen Habichtskraut-Arten wachsen im Gebiet auch das Quirlblättrige Salomonsiegel und die Zwiebel-Zahnwurz, außerdem zwei Bärlapp-, über hundert Moos- und über dreißig Flechtenarten.

Der Kernbereich des Naturschutzgebietes ist seit 1992 in der Obhut der „Stiftung Bruchhauser Steine“ des Freiherrn von Fürstenberg-Gaugreben und des Landes Nordrhein-Westfalen. Es wird seither ganz besonders umsichtig geschützt und so naturverträglich wie nur eben möglich dem Tourismus zugänglich gemacht.

Der Bornstein ist der höchste der vier Felsen. Er liegt aber zugleich tiefer am Hang als die anderen drei. Der Felsturm ragt nahezu 92 Meter empor und hat auf der Nordseite eine fast senkrecht abfallende Steilwand. In einem Mittelgebirge bietet der Bornstein einen ungewöhnlich imposanten Anblick. Ob dieser und die beiden ihm südlich vorgelagerten kleineren Felstürme tatsächlich – gewissermaßen als „Großskulpturen“ – von Menschenhand überformt wurden und symbolhaft gestaltete Menschenköpfe und Tierfiguren darstellen, wie einige Forscher meinen, bleibt umstritten.

Der ein wenig weiter oben gelegene, etwa 60 Meter hohe Goldstein bedeckt eine Fläche von zweitausend Quadratmetern. Der goldene Schimmer des Gesteins soll ihm den Namen gegeben und die Menschen früherer Zeiten auf die Idee gebracht haben, daß hier Gold schlummere. Zwischen Born- und Goldstein verlaufen ein sechs bis acht Meter breiter Graben und ein Wall aus Porphyrblöcken. Dieser ist noch immer einen Meter hoch.

Auf gleicher Höhe wie der Bornstein liegt der 72 Meter hohe Ravenstein, dessen West- und Nordseite markante Felswände und Überhänge aufweisen. Der Ravenstein besteht aus zwei Türmen, die ebenfalls durch Wälle miteinander verbunden sind.

Den mit 756 Metern über Meereshöhe höchsten Punkt im Bereich der Bruchhauser Steine schließlich markiert der 45 Meter hohe Feldstein mit seinem neun Meter hohen Gipfelkreuz. An seinem Fuß liegen mehrere unterschiedlich große Blöcke. Wie die vielen anderen ringsum waren auch sie infolge der Verwitterung aus den vier eigentlichen „Steinen“ herausgebrochen. Der Feldstein ist heute als einziger noch für Besucher zugänglich ist. Bei schönem Wetter bietet sich von ihm ein phantastischer Ausblick über das Sauerland und bis hinein in die Westfälische Bucht. Der Aufstieg ist gesichert und für jedermann mühelos zu schaffen.

Unterhalb der vier großen „Steine“ liegen – teils im Walde, teils verstreut im tiefer gelegenen Weideland – kleinere Felsblöcke, mit Durchmessern zwischen zwei bis fünf Metern. Sie wurden zumeist während der Eiszeit durch physikalische Verwitterung aus den großen vulkanischen Steinen herausgesprengt und wanderten infolge der „Solifluktion“ hangabwärts: Von der Sonne erwärmt und aufgetaut, glitten Schlammschichten auf dem darunter liegenden vereisten Boden abwärts und nahmen dabei die abgesprengten Felsblöcke mit. Manche der kleineren Brocken wurden im Laufe der Jahrzehntausende mit Pflanzenwuchs überzogen oder versanken im Welklaub und Moder der Sträucher und Bäume, die in den Zwischenräumen gewachsen waren.

Die vier Bruchhauser Steine – markante Wahrzeichen des Hochsauerlandes

Da muß man hin

- ☐ Historische Schloßanlage am Rande von Bruchhausen
- ☐ Besucher-Bergwerk in Ramsbeck
- ☐ Ramsbecker Wasserfall („Plästerlegge“).
- ☐ Neuer Hagen bei Niederfeld
- ☐ Kahler Asten bei Winterberg

Kostbares Refugium

Im Sauerland findet man kaum größere Felsen. Die Bruchhauser Steine sind Sonderbiotope, die ihre Eigenart über die Jahrtausende hinweg bewahrt haben: Die zum Teil nackten oder nur gering bewachsen Felsen sind auf Grund ihrer Exposition und Steilheit großen Temperaturschwankungen und starkem Wind ausgesetzt. Da auf solchen klimatischen Extremstandorten Bäume nicht Fuß fassen können, blieben die Felsen weitgehend unbeschattet. Deshalb haben sich – zumindest in dieser Hinsicht – die Lebensbedingungen mancher Pflanzenarten, die sich vor allem in Felsbändern und -aushöhlungen ansiedelten, seit der Eiszeit hier weit weniger stark verändert als in der Landschaft ringsum.

So konnte sich hier als Relikt der Eiszeit die Alpen-Gänsekresse *(Arabis alpina)* halten, während sie anderswo im Schatten der Wälder keine dauerhafte Bleibe fand. Heute beheimaten die Bruchhauser Steine ein vom Hauptverbreitungsgebiet in den Alpen isoliertes Vorkommen dieser Art. Es sind jeweils nur kleine Bestände, die ohne striktes Kletterverbot stark gefährdet wären. Ähnliche Verbreitungsmuster – schwerpunktartiges Vorkommen in Süddeutschland, vor allem in den Alpen, und nur inselartig punktuelles Vorkommen auf Extremstandorten in Norddeutschland – weisen auch mehrere Moosarten auf, unter denen Experten vor allem *Douinia ovata* hervorheben.

Während für Botaniker zudem zwei Habichtskraut-Arten *(Hieracium pallidum* und *onosmoides)* zu den kostbarsten Raritäten zählen, freuen sich Vogelkundler über den Wanderfalken. Bis auf wenige versprengte Einzelpaare in Baden-Württemberg und in den Alpen war die größte und schneidigste der Falkenarten Mitte der sechziger Jahre in der damaligen Bundesrepublik dem Aussterben nahe. Das letzte Wanderfalkenpaar Nordrhein-Westfalens – es brütete an den Bruchhauser Steinen – wurde 1969 beobachtet. Die Hauptursachen für den Zusammenbruch der mitteleuropäischen Wanderfalken-Population sind bzw. waren offenbar das Aushorsten der Jungen zur Abrichtung für die Falkenbeiz, die Verfolgung durch Taubenzüchter sowie die Vergiftung der Embryonen durch Schädlingsbekämpfungsmittel, die über die Nahrungskette in die Eier gelangten, vor allem das erst seit 1971 verbotene DDT.

Zwanzig Jahre nach der letzten Wanderfalken-Brut zeigte sich plötzlich wieder ein Pärchen am Born- und am Ravenstein – beide Felsen wurden daraufhin für alpines Klettern gesperrt. Im Jahre 1990 – und seitdem nahezu in jedem Jahr – brüteten die Wanderfalken wieder erfolgreich am Bornstein. Die Bruchhauser Steine scheinen den Ansprüchen der Falken in solchem Maße zu genügen, daß sie diesen Brutplatz als letzten aufgaben und auch als ersten wiederbesiedelten. Unterstützt durch Ruhigstellung der Brutplätze und durch Bewachung der Horste rund um die Uhr, nimmt der Wanderfal-

Flora und Fauna im Gebiet der Bruchhauser Steine

Typische Pflanzen

Hainsimsen-, Waldschwingel- und Eichenfarn-Buchenwälder, Alpen-Gänsekresse, seltene Habichtskraut-Arten, Quirlblättriger Salomonssiegel, Zwiebel-Zahnwurz, 2 Bärlapp-, über 100 Moos- und über 30 Flechtenarten.

Charakteristische Tiere

Wanderfalke, Eichelhäher, Schwarz-, Bunt- und Grauspecht, Kleiber, Kleinsäugetiere.

Blick vom Ravenstein auf den Bornstein (links) und den Goldstein (rechts)

Praktische Informationen

Adressen und Auskünfte

Kurverwaltung, Haus des Gastes, 59939 Olsberg, Tel. 02962/97370.

Anreise

Mit der Bahn über die Strecke Hagen–Kassel bis Olsberg; von hier aus fährt ein Bus stündlich nach Bruchhausen.
Mit dem Auto über die A 44 (Abfahrt 59: Wünnenberg/Haaren), dann über die

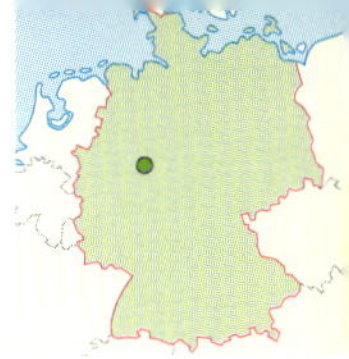

ken-Bestand in Nordwestdeutschland seit etwa 1990 langsam wieder zu. Um die Bruchhauser Steine sind die Falken wieder regelmäßig zu beobachten – eine erfreuliche Entwicklung, an die vor zehn Jahren kaum jemand geglaubt hätte.

Auch ein Kulturdenkmal

An den Bruchhauser Steinen befindet sich die älteste und zugleich höchstgelegene Wallburg des Sauerlandes. Ihre Wallsysteme, die bis zum Feldstein aufsteigen, umgeben eine Fläche von über 20 000 Quadratmetern. Die im Gelände noch teilweise sehr deutlich sichtbaren Anlagen sollen aus der Latène-Zeit (500 v.Chr.) stammen, und noch im frühen Mittelalter noch genutzt oder zumindest aufgesucht worden sein. Ob es sich nur um eine prähistorische Zufluchtsstätte oder auch um einen Kultort handelt, ist bis heute ungeklärt.

Wandern im Gebiet der Bruchhauser Steine

An die hunderttausend Besucher erleben Jahr für Jahr die Schönheit und Erhabenheit der Landschaft rund um die Steine. Sehr reizvoll ist es, durch die Feldfluren des Dörfchens Bruchhausen zu wandern und im Hinter-

grund die vier gewaltigen Felsen aus dem Wald hervorragen zu sehen, die seit Jahrtausenden von Menschen aufgesucht werden. Vom nördlichen Dorfrand aus gelangt man nach steilem Aufstieg zu einem Waldlehrpfad und weiter auf die Nordseite des Bornstein.

Zu Füßen der Felsen führt die schönste Wanderstrecke zwischen Raven- und Goldstein hindurch auf den Feldstein zu, der als einziger bestiegen werden kann. Ein gesicherter Pfad führt bis auf den Gipfel, von dem man den schönsten Ausblick auf die anderen drei Steine und über die Wälder und Höhen des Sauerlandes hat. Manchmal sieht man von hier aus auch den Wanderfalken zur Jagd ausfliegen oder zum Bornstein zurückkehren.

Man kann die Bruchhauser Steine auch mit dem Auto oder dem Omnibus auf einer Privatstraße erreichen, an der kurz unterhalb des Naturschutzgebietes Parkgebühren und Besuchergeld kassiert werden, die dem Stiftungszweck zugute kommen. Parkplätze stehen hier, aber auch weiter oben auf dem Istenberg zur Verfügung, so daß man sich den Felsen wahlweise von unten oder von oben nähern kann. Im Kassenbereich gibt es auch einen Kinderspielplatz sowie Telefone und Toiletten.

Ausflüge in die Umgebung

Bei Bruchhausen liegt die historische Schloßanlage. In der dortigen Gaststätte kann eine kleine Hausbrauerei mit einem Jahresausstoß von 1200 Litern besichtigt werden. Ausflugsziele in der Umgebung (dreißig Autominuten) sind das Besucher-Bergwerk in Ramsbeck und der „Plästerlegge“ genannte Ramsbecker Wasserfall, ein Naturschutzgebiet mit einem steilen, wasserübersprühten Felsen, an dem das gelbblühende Zweiblütige Veilchen und der Grüne Streifenfarn als Eiszeitrelikte vorkommen. Auf dem Neuen Hagen bei Niederfeld und auf dem Kahlen Asten bei Winterberg werden weite Hochheiden von den Fichten und Birken freigehalten, die von den Rändern her in das Gebiet vorzudrin-

Der Kleiber lebt in den naturnahen Buchenwäldern.

gen versuchen. Beide Gebiete zeigen, wie viele sauerländische Berge vor zweihundert Jahren aussahen, als durch Übernutzung und Beweidung der ehemaligen Wälder die Buchen weithin zurückgedrängt waren. Vom Aussichtsturm auf dem Kahlen Asten aus kann man eine herrliche Fernsicht genießen und im Turmgebäude kostenlos eine Ausstellung über die Natur im Hochsauerland besichtigen.

Stichmann

◁◁ **Im Bereich der Felsköpfe siedeln anspruchslose Pflanzen wie die Heidelbeere.**

B 480 nach Brilon und weiter über die B 7 nach Olsberg. In der Ortsmitte von Olsberg zweigt die Landstraße über Elleringhausen nach Bruchhausen ab.

Unterkunft und Camping

In Bruchhausen gibt es mehrere Gasthöfe und Ferienwohnungen sowie einen Campingplatz (nur für Campingwagen bzw. Wohnmobile).

Der Meißner

Beim König der hessischen Berge

Wo schon im 16. Jahrhundert Braunkohle gefördert wurde, erstreckt sich heute das zweitgrößte hessische Naturschutzgebiet mit Fichtenwäldern, Mooren und Blütenwiesen. In seinem Mittelpunkt ein 754 Meter hoher Gipfel: der Meißner.

Gleich, aus welcher Richtung man kommt: majestätisch erhebt sich vor dem Besucher das langgestreckte Massiv des Meißner. Seine wuchtige Rückenlinie mit den drei Sendetürmen des Hessischen Rundfunks ist weithin sichtbarer Orientierungspunkt im dicht bewaldeten nordosthessischen Bergland.

Die Besonderheit des Meißner ist ein ausgedehntes Hochplateau von nahezu vier Kilometern Länge und zwei Kilometern Breite, bedeckt von alten und jungen Fichtenwäldern. Schnee, Eis, Rauhreif und Wind haben ihre Spuren hinterlassen, und oft finden sich alte Bäume mit bizarren Formen. Große Wiesenflächen unterbrechen die ausgedehnten Wälder und bieten herrliche Ausblicke in die umliegende Landschaft; bei klarem Wetter reicht die Sicht bis zum Inselsberg im Thüringer Wald oder zum Brocken im Harz.

Weiter nach Norden in Richtung Kalbe trifft man auf das Weiberhemdmoor. Es ist eine botanische Rarität, eine Mischung aus Hoch- und Niedermoor. Dem Wanderer fällt hier im Sommer als erstes der rötliche Schimmer des Purpurreitgrases auf, das sonst nur weit im Norden unseres Kontinents verbreitet ist. Durch das benachbarte alte Tagebaugebiet führt der Weg zur Kalbe, dem schönsten Aussichtspunkt des Meißner. Der herrliche Blick in das Meißnervorland und das Eschweger Becken lohnt den steilen Aufstieg. Beinahe hätte der Braunkohleabbau die Bergnase zum Abrutschen gebracht: erst eine schnelle Anschüttung konnte die Kalbe schließlich vor der Zerstörung retten. Unterhalb liegt ein kleiner Weiher, umgeben von mächtigen alten Baumriesen, der als Frau-Holle-Teich aus vielen Sagen und Märchen bekannt ist.

Wandert man durch die alten Fichtenwälder weiter nach Norden, kommt man zur Kasseler Kuppe, dem höchsten Punkt des Meißners.

Kurzprofil

Der Meißner, höchster Berg in Kurhessen, gehört zum Naturpark Meißner-Kaufunger Wald.

Träger:	**Zweckverband Naturpark Meißner-Kaufunger Wald**
Gegründet:	**1962**
Fläche:	**48 000 Hektar, davon am Meißner 3000 Hektar**
Saison:	**ganzjährig**
Besucher:	**400 000 jährlich**
Wanderwege:	**55 km, dazu 12 km Langlaufloipen, Abfahrts- und Rodelstrecken**

Ein alter Stein markiert den einstigen Eckpunkt des Gaußschen Landvermessungssystems; er macht deutlich, daß im vorigen Jahrhundert die Kuppe kahl und eine weite Sicht möglich war, während heute der Wald den Ausblick verdeckt.

An den steilen Berghängen rings um den Meißner wachsen vielfältige Laubmischwälder. Weil der Boden mit Felsbrocken überzogen und schwer begehbar ist, konnten sich gewaltige Buchen und andere Baumriesen (Ahorn, Esche, Ulme) ungestört entwickeln. Wer vom Schwalbental auf der sogenannten Kaiserstraße zu den Seesteinen wandert, kann beim Schwarzwasser-

Praktische Informationen

Auskünfte

Geschäftsstelle des Naturparks Meißner-Kaufunger Wald, Nordbahnhofweg 1, 37213 Witzenhausen, Tel. 05542/958151.

Gaststätten

Das Berghotel Meißner liegt unmittelbar neben dem Sendeturm (Spezialitäten: Wild, „Ahle Wurscht"); etwas unterhalb das Naturfreundehaus (gutbürgerliche Küche); der Berggasthof Schwalbental an der Ostseite ist nicht immer bewirtschaftet.

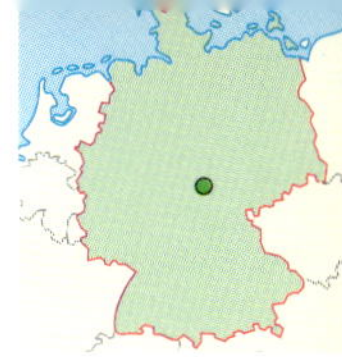

◁◁ Um den Frau-Holle-Teich ranken sich viele Sagen und Märchen.

◁◁◁ Mufflons sind ursprünglich aus dem Mittelmeerraum stammende Wildschafe.

tal diese „Blockhaldenwälder" in besonders ausgeprägter Form erleben. Am Fuß des Meißner erstrecken sich zahlreiche Wiesentäler weit in das Waldgebiet hinein und bieten eine stille und abwechslungsreiche Landschaft zum Wandern. Besonders schön ist das langgezogene Wiesental des Rodebachs, das von der Straße Germerode–Rodebach aus zu erreichen ist.

Unterkünfte

Nach besonderer Absprache über das Landratsamt in Eschwege, Tel. 05651/3020: Jugenddorf am Meißner des Landkreises Werra-Meißner; Feuerwehrheim; Skiheim des Skiclubs Meißner. Preiswert, auch für Familien: das Naturfreundehaus am Meißner, Tel. 05602/2375.

Anreise

Mit dem Auto von Kassel über die B 7 nach Hess, Lichtenau und Velmeden.

Flora und Fauna am Meißner

Typische Bäume und Sträucher

Rot-Buche, Bergahorn, Spitzahorn, Esche, Bergulme, Schwarzerle, Birke, Vogelbeere, Salweide, Fichte, Lärche, Kiefer, Douglasie, Tanne, Eiche, Kirsche, Linde (in tieferen Lagen); Haselnuß, Weißdorn, Roter und Schwarzer Holunder, Ohrweide, Seidelbast, Heidelbeere.

Weitere typische Pflanzen

Wollgras, Trollblume, Arnika, Sumpfdotterblume, Fieberklee, Prachtnelke, Sumpfstorchschnabel, Wiesenknöterich, Ragwurz, Knabenkraut, Frauenschuh, Alpenbärlapp, Schachtelhalme, Streifenfarn (auf Hochflächen); Purpurreitgras (im Weiberhemdmoor); Rentierflechte, Tannenbärlapp, Nordischer Streifenfarn, Braunscher Schildfarn (auf Blockfeldern).

Charakteristische Tiere

Bussard, Wanderfalke, Habicht, Uhu, Schleiereule, Rauhfußkauz, Steinkauz, Kolkrabe, Tannenhäher, Hohltaube, Bekassine, Schnepfe, Kuckuck, Drossel, Bergfink, Pieper.
Hirsch, Mufflon, Wildschwein, Reh, Wildkatze, Fuchs, Dachs, Marder, Waschbär.

Schon im 16. Jahrhundert wurde am Meißner Braunkohle abgebaut, um die Salzsiedepfannen in Sooden zu betreiben. Als Zeugnis davon findet man alte Stolleneingänge an den Berghängen. Bekannt ist der Karlsstollen beim Gasthof Schwalbental. Dort steht noch das alte Steigerhaus, und der Gasthof ist der Rest einer ehemaligen Bergarbeitersiedlung. Die Stinksteinwand am Weg vom Schwalbental zur Kalbe bleibt vom Wanderer wegen ihres üblen Geruches nicht unbemerkt. Ursache ist

Natürliches Blockfeld unterhalb des Meißner-Plateaus nahe der Seesteine

ein Brand der Braunkohle im Berg, der seit Jahrhunderten schwelt und Schwefeldämpfe ausströmen läßt.

Wandern am Meißner

Ausgangspunkt für die meisten Rundwege ist der Großparkplatz im Zentrum der Meißner-Hochebene. Aber auch die Parkplätze am Westhang (Viehhaus, Naturfreundehaus) oder am Schwalbental auf der Ostseite sind Ausgangspunkte schöner Strecken. Wer vom Großparkplatz dem Weg Nr. 6 folgt, findet alle interessanten Ziele auf der Nordseite des Meißner wie die Kalbe, das alte Bergbaugebiet und den Frau-Holle-Teich; am Weiberhemdmoor vorbei geht es über die Struthwiese zurück. Um den südlichen Bereich, den Rebbes, führt der Weg Nr. 7. Als Abstecher kann man über den Weg Nr. 4 zur Kitzkammer kommen und auf Nr. 3 die Hausener Hute umrunden. Alle Wege sind ausgeschildert. Im Naturschutzgebiet sollte man die Wege nicht verlassen und keine Pflanzen pflücken.

Siebert

Die Externsteine

Ein Heiligtum im Sandstein

Ein mittelalterliches Heiligtum inmitten bizarrer Sandsteinfelsen: das sind die Externsteine im Herzen des westfälischen Lipperlandes. Das gleichnamige Naturschutzgebiet lädt mit seinen umliegenden Wäldern zu einer Wanderung in die frühe deutsche Geschichte ein.

Die monumentale Felsengruppe der Externsteine ist seit Jahrhunderten Gegenstand widersprüchlicher Deutungen. Sie verbindet bizarre Naturformen mit Zeugnissen menschlicher Kultur: in den Fels geschlagene Treppen und Räume, sich überschneidende Bearbeitungsspuren am Sargfelsen, das Großrelief der Kreuzabnahme und andere Skulpturen, Inschriften und Zeichen bis zu Gebäuderesten aus dem Mittelalter.

Den ersten Deutungsversuch unternahm 1564 der Lemgoer Pfarrer und Historiker Hermann Hamelmann. Er hielt die Externsteine für ein heidnisches Heiligtum, das Karl der Große in ein christliches umgewandelt habe. Seit dem 18. Jahrhundert wurde auch die Ansicht vertreten, daß hier der Standort der von Karl dem Großen 772 zerstörten Irminsul gewesen sei, eines sächsischen Heiligtums.

1823 wurde die obere Kapelle, auch Höhenkammer oder Sazellum genannt, erstmalig als Stätte zur Beobachtung der Gestirne bezeichnet.

Auf ältere Vorstellungen zurückgreifend entwickelte Wilhelm Teudt um 1925 seine Theorie über germanische Heiligtümer. Neben astronomischen Besonderheiten sollten sich die Externsteine durch eine ungewöhnlich intensive Erdstrahlung auszeichnen. Obwohl diese Ansichten vom überwiegenden Teil der Fachwelt abgelehnt wurden, konnte Teudt viele Anhänger für sich gewinnen. Nach 1933 wurde seine Theorie vorübergehend von der Kulturpropaganda des Dritten Reiches aufgegriffen; archäologische Grabungen in den Jahren 1934/35 konnten die Stätte aber nicht eindeutig datieren.

Neuere Forschungen durch Johannes Mundhenke belegen, daß die untere Kapelle der Externsteine im Jahre 1115 durch den Paderborner Bischof Heinrich II. geweiht worden ist. In den folgenden Jahrzehnten wurde an diesem Ort eine Heilig-Grab-Gedenkstätte errichtet.

Kurzprofil

Das Naturschutzgebiet Externsteine liegt am Südostende des Teutoburger Waldes.

Träger:	Landesverband Lippe
Ausgewiesen:	1926
Fläche:	140 ha
Saison:	ganzjährig
Besucher:	650 000 jährlich
Wanderwege:	9,3 km

Das Kreuzabnahme-Relief als Kernstück der Anlage ist um 1150 entstanden und steht damit am Anfang der christlichen Monumentalplastik. Es ist das bedeutendste Zeugnis seiner Art in ganz Nordwest-Europa. Seine Vorbilder sind in den Miniaturen byzantinischer Elfenbeinschnitzerei und der frühen Buchmalerei zu suchen. In der Gestaltung der Hauptfiguren, die in zeitgenössischer sächsisch-fränkischer Tracht dargestellt sind, und in der Gesamtkomposition zeigt sich ein überragender

Flora im Naturschutzgebiet Externsteine

Typische Bäume und Sträucher

Stieleiche, Rot-Buche, Hainbuche, Schwarzerle, Moor- und Sandbirke, Eberesche, Weißdorn, Ilex (Stechpalme), Haselnuß, Holunder, Wacholder.

Charakteristische Bodenpflanzen

Besenheide, Blaubeere, Pfeifengras, Seggen, Binsen, Mädesüß, Torf- und Haarmoose, Farne, Schmielen sowie Borst-, Strauß- und Honiggras.

Praktische Informationen

Auskünfte

Informationen zum Naturschutzgebiet Externsteine erhält man beim Forstamt Horn, Schmales Feld 21, 32805 Horn-Bad Meinberg, Tel. 05234/3200.

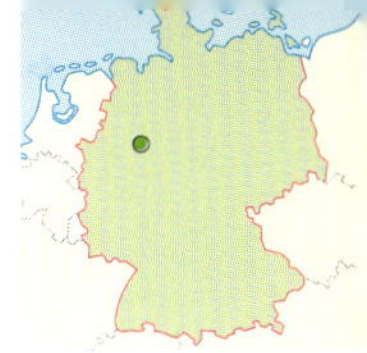

◁ Auch heute schreitet die Verwitterung der Externsteine unaufhaltsam fort

Meister, der die starren Formen der Vorbilder überwunden und sein Kunstwerk den Verhältnissen in der freien Natur angepaßt hat.

Relikte der Kreidezeit

Wie die Externsteine besteht der ganze Teutoburger Wald vorwiegend aus dem sogenannten Osning-Sandstein der Unteren Kreidezeit. Er wurde vor 100 bis 130 Millionen Jahren am Rande eines Meeres abgelagert, das weite Teile Norddeutschlands bedeckte. Am Ende der Kreidezeit, vor etwa 70 Millionen Jahren, geriet hier die Erdkruste in Bewegung, und der Meeresboden hob sich im Bereich der Münsterländischen Bucht. An ihrem Rand kam es zu gewaltigen Verschiebungen und Brüchen. Noch heute sieht man, wie das sandige Material zunächst abgelagert und nach der Verfestigung fast senkrecht emporgedrückt wurde. Die Gebirgsbildung endete im nachfolgenden Tertiär. Damals herrschte tropisches Klima, es regnete viel, und die Felsengruppe wurde allmählich durch Verwitterung geformt.

Anreise

Mit dem Auto überdie B 1; in Horn 250 m westlich der Altstadt auf die L 828 abbiegen. Nach 300 m befindet sich links ein gebührenpflichtiger Parkplatz.

Die Externsteine sind Teil des gleichnamigen Naturschutzgebietes. Als besonders wertvoll gilt die Bergheide, die südlich und nördlich der Felsengruppe auf dem Kamm von Knickhagen und Bärenstein wächst. Sie entstand durch die Berghude (Beweidung) des Mittelalters und wird regelmäßig gepflegt, um eine Wiederbewaldung zu verhindern. So bleibt das malerische Ensemble aus Pfeifengrasbulten, Wacholder, Besenheide, Blaubeersträuchern und Birken erhalten.

Eine weitere Besonderheit ist der sonst seltene Ilex, eine Stechpalmenart, deren reiches Vorkommen darauf zurückzuführen ist, daß das

◁ Das in eine Felswand gehauene Kreuzabnahme-Relief ist einmalig in seiner Art

Weidevieh die stacheligen Laubblätter verschmähte.

Bei den Quellen am nordwestlichen Fuß des Knickhagen erstreckt sich ein Bruchwald aus Birken und Erlen mit Stieleichen, Farnen, Torf- und Haarmoosen. Östlich des Gebirgsrückens ist das Gestein nährstoffreich, so daß auf ihm ein artenreicher Buchen- und Eichenwald gedeiht. Im Frühling findet der Besucher hier eine bunte Kräuter- und Blumenflora vor.

Faber

Urwald Sababurg

Im Reich der Eichen

Ein uriger Wald von Menschenhand: das ist das Naturschutzgebiet Urwald Sababurg am Westrand des Reinhardswaldes. Wo früher Schweine mit Eicheln gemästet wurden, wuchern heute Farne um imposante Baumriesen – und auch der Waschbär fühlt sich heimisch.

Ein völlig unberührtes Fleckchen Erde ist der Urwald Sababurg natürlich nicht – im Gegenteil. Erst die jahrhundertelange Nutzung durch den Menschen macht ihn so urig und faszinierend. Seit dem Mittelalter holten sich die Bauern nicht nur ihr Holz aus dem Wald, sie nutzten ihn auch als Weidefläche, den sogenannten Hutewald. Im Sommer, zur Zeit der „Blumenhute“, weideten hier Pferde und Kühe, im Herbst trieb man die Schweine zur Mast unter die Bäume, denn es hieß: „Auf den Eichen wachsen die besten Schinken.“ Das lohnte sich besonders, wenn die Natur eine reiche Eichelmast beschert hatte – bis zu fünf Tonnen Eicheln fielen dann pro Hektar zu Boden.

Dafür durften die Bäume aber nicht zu eng beieinander stehen, schließlich sollten sie möglichst viele Früchte tragen. Sie brauchten also große, lichtumflutete Kronen, und zwischen den Bäumen mußte genügend Raum bleiben, damit Gras, Kräuter und Sträucher wachsen konnten. Die einzelstehenden Eichen konnten sich prächtig entfalten, denn anders als im Wirtschaftswald hatten sie keine Nachbarn, die ihre Kronen einengten.

▷▷ **Typisch für den Urwald Sababurg ist die sogenannte Kamineiche.**

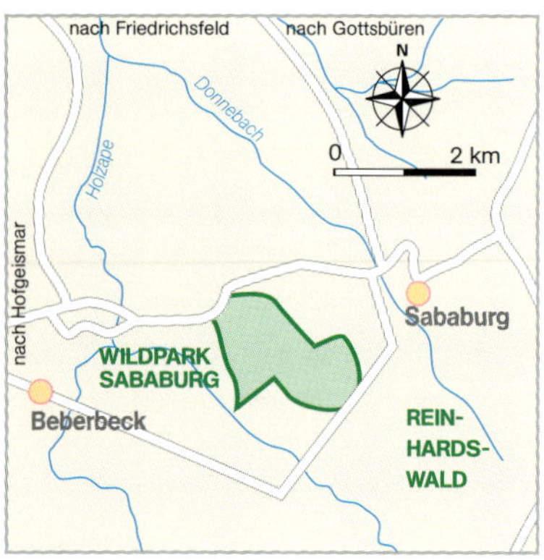

Mitte des letzten Jahrhunderts kam die Wende: Durch die Industrialisierung war der Holzbedarf rasant gestiegen, und die Hutebäume gingen in gewaltigen Aufforstungen unter. Dieses Schicksal hätte auch den heutigen Urwald ereilt, wären da nicht die beiden Maler Rocholl und Müller gewesen, die seinem Reiz erlagen und ihn zu ihrem „Malerwinkel“ machten. Sie erreichten, daß das Gebiet bereits 1907 unter Naturschutz gestellt wurde.

Heute findet der Besucher hier bis zu 800 Jahre alte Eichen und mehr als 250 Jahre alte Buchen vor. Kräftige

Kurzprofil

Der Urwald Sababurg nördlich von Kassel ist eines der ältesten deutschen Naturschutzgebiete.

Träger:	Eigentümer ist das Land Hessen, die Betreuung erfolgt durch das Hessische Forstamt Reinhardshagen.
Ausgewiesen:	1907
Fläche:	92 Hektar
Saison:	ganzjährig
Besucher:	100 000 jährlich
Wanderwege:	ca. 3,5 km

Praktische Informationen

Auskünfte

Hessisches Forstamt Reinhardshagen, Obere Kasseler Str. 27, 34359 Reinhardshagen, Tel. 05544/95100, Fax 05544/951040.

Anreise

Mit der Bahn bis Hannoversch Münden (26 km vom Naturschutzgebiet) oder Hofgeismar (8 km). Busverbindung ab Kassel, Hofgeismar und Reinhardshagen. Mit dem Auto über die A 7, Abfahrten Münden/Werratal oder Münden/Lutterberg, dann ab Hannoversch Münden auf der B 80 Richtung Reinhardshagen; oder über die A 44, Abfahrten Zierenberg, Breuna oder Warburg, dann Richtung Hofgeismar; aus Kassel kommend über die B 7 und B 83 Richtung Hofgeismar.

◁◁ **Der Fuchs ist das bekannteste Tier des Reinhardswaldes.**

Hainbuchen mit ihrer stark buchtigen Rinde werden ebenso leicht übersehen wie die unauffälligen Wildäpfel. Birke und Eberesche fallen da schon eher ins Auge. Die krüppelförmigen Schwarzerlen sind älter, als man denkt: Vor etwa 100 Jahren hatte man ihre Vorgänger als Brennholz genutzt, doch aus den Wurzelstöcken wuchsen die heutigen Bäume, meist mehrtriebig und besonders eigenwillig geformt.
Auch die Tierwelt ist artenreich: Ab und zu taucht Rotwild auf, Wildschweine sind häufig und Rehe ständig vorhanden. Der Waschbär, 1934 am Edersee ausgesetzt, fühlt sich ebenso wohl wie Hase, Fuchs und Marder. Dachs und Wildkatze kommen regelmäßig vorbei. Besonders reizvoll zeigt sich der Urwald Ende April vor dem Laubausbruch der Buche. Ab Juni verwandelt der Adlerfarn, der mehr als zwei Meter hoch wird, die offenen Flächen in einen regelrechten Dschungel. Im Herbst sind hier die Blätter noch bunter als anderswo, und im Winter bei Eis oder Schnee leuchten die Baumriesen in der Sonne. Am Ende wird wohl kein Besucher bezweifeln, daß das Naturschutzgebiet seinen Namen „Urwald" zu Recht trägt.

Bis zu 800 Jahre alt sind einige der Baumgreise.

Wandern im Reinhardswald

Wanderungen im Naturschutzgebiet werden gern mit einem Besuch der Sababurg und des Forstmuseums verbunden. Der benachbarte Tierpark des Landkreises wurde 1571 als landgräflicher „Thiergarten" gegründet. Der Reinhardswald bietet dem Wanderer etwa 500 km Waldwege, viele sind markiert; an den Parkplätzen stehen Übersichtstafeln.

Rapp

Führungen

Ganzjährig und kostenlos, Terminvereinbarung beim Forstamt. Dauer etwa 1-2 Stunden.

Unterkunft

Im Schloßhotel Sababurg (Tel. 05671/8080) oder in den Orten Hofgeismar (Tel. 05671/9990) und Reinhardshagen (Tel. 05544/ 95070). Jugendherbergen gibt es in Hannoversch Münden und Bad Karlshafen, ein Jugendgästehaus in Bad Karlshafen-Helmarshausen, Campingplätze in Reinhardshagen und Oberweser-Gieselwerder.

Zu Fuß

Die Fernwanderwege „Wildbahn" und „Hessenweg" berühren das Gebiet.

Flora und Fauna im Reinhardswald

Typische Bäume und Sträucher

Stieleiche, Rot-Buche, Hainbuche, Schwarzerle, Moor- und Sandbirke, Wildapfel, Eberesche, Faulbaum.

Weitere charakteristische Pflanzen

Adlerfarn, Siebenstern, viele Farnarten wie Frauen-, Wurm-, Dorn-, Rippen-, Buchen-, Eichen- und Bergfarn, Salbeigamander, Waldweidenröschen, Gilbweiderich, Wiesenwachtelweizen, Aufrechtes Fingerkraut, Pfeifengras, Seggen, Binsen, Schmielen, Borst-, Reit-, Strauß- und Honiggras, 11 Leber- und 48 Laubmoose aus 40 Gattungen, 450 Pilz- und 68 Flechtenarten.
Nicht zu vergessen: 253 nachgewiesene Käferarten.

Der Kellerwald

Unter Buchen am Edersee

Ob fürstliches Jagdrevier, Viehweide oder Köhlerwald: der Kellerwald hat seine eigene Geschichte. Wenn seine ausgedehnten Buchenwälder ihm demnächst zum Rang eines Nationalparks verhelfen, kommt ein neues Kapitel dazu.

Naturerlebnis und Einsamkeit – beides findet man in den Wäldern südlich des Edersees. 5500 Hektar umfaßt das Schutzgebiet, aus dem bald der Nationalpark Kellerwald entstehen soll. Buchen und Eichen dürfen sich dann wieder völlig ungestört entfalten. Allerdings wird es wahrscheinlich noch viele Jahrzehnte dauern, bis am Edersee erneut ein Urwald wächst; schließlich wurde das Gebiet jahrhundertelang von Menschen genutzt und verändert.

Auf diese Nutzung deutet schon der Name hin. Im Kellerwald, früher „Köhlerwald“ oder „Kahler Wald“ genannt, wurden bis zur Mitte des 19. Jahrhunderts Eisen- und Kupfererze gewonnen. Für die Verhüttung benötigte man große Mengen an Holzkohle. Das dafür verwendete „Kohlholz“ lieferte der Wald. Außerdem diente er als Viehweide. Die alten Weideflächen („Driescher“) sind hier und da noch zu erkennen, und ehrwürdige Buchenriesen künden von der keineswegs schonenden Beweidung.

Der Kellerwald, Teil des hessischen Berglandes zwischen Kassel und Marburg, umfaßt eine Fläche von rund 39 000 Hektar. In ihr liegt einer der größten geschlossenen Buchenwälder Westeuropas. Seine höchste Erhebung ist der Wüstegarten mit 675 Metern. Das Klima ist schwach subkontinental, etwas wärmer und trockener als im westlich vorgelagerten Hochsauerland. Auf den flachen, nährstoffarmen Böden des Wald-

◁
Vom Steilhang der „Kahlen Haardt" blickt man auf den Edersee und dahinter auf das Gebiet des künftigen Nationalparks.

schutzgebietes Edersee ist vor allem die anspruchslose Rot-Buche, in Höhenlagen mitunter auch der Bergahorn anzutreffen. In den tieferen Lagen kommt dagegen die Traubeneiche häufiger vor. Wo der Boden etwas nährstoffreicher ist, gedeihen unter den Buchen auch Zahnwurz, Perlgras und Waldmeister, daneben Bingelkraut und Vielblütige Weißwurz.

Kultur & Museen

Historisches Bergamt Bergfreiheit

In einem sehenswerten Fachwerkhaus aus dem Jahr 1676 informiert ein kleines Museum über die Bergbaugeschichte des Kellerwaldes. Empfehlenswert ist eine Führung durch das Besucherbergwerk am Ortsrand. Informationen unter Tel. 05626/1660.

Zisterzienserkloster Haina

Fast vollständig erhaltene Anlage mit frühgotischer Klosterkirche, gegründet 1215; nach der Reformation ab 1533 Hospital für Blinde und Schwerbehinderte. Ein kleines Museum zur Geschichte der Psychiatrie befindet sich im Kreuzgang der Klosteranlage (geöffnet Di 9–16 Uhr). Abseits an der Klostermauer steht das Geburtshaus des Malers Johann Heinrich Wilhelm Tischbein (1751-1829). Informationen über Führungen und Konzerte unter Tel. 06456/345.

Burgschloß Waldeck

Steil über dem Edertal erbaute Festungsanlage mit reizvollem Blick auf den Edersee und die Berge des nördlichen Kellerwaldes. Lohnend ist die Besichtigung des mächtigen alten Bergfrieds und des kleinen Burgmuseums (in der Sommersaison Führungen täglich zwischen 10 und 17.30 Uhr).

Zu den Naturschätzen des Gebietes gehören die sonst seltenen Wälder aus Linden und Traubeneichen an den Steilhängen des Edersees. Zwischen den Felsen sprießen Pfingstnelken, die es in Hessen nirgends zahlreicher gibt.

Im Zentrum dieser stillen Waldlandschaft liegt die 1894 erbaute Bathildishütte, ein beliebtes Wanderziel. Sie erinnert an die Zeit der herrschaftlichen Feudaljagden, als der Kellerwald Hofrevier der Waldecker Fürsten war. Ihre Jagdleidenschaft hat dazu geführt, daß Nachkommen ihrer Rothirsche, Rehe und Wildschweine heute im Übermaß vorhanden sind, ebenso das in den dreißiger Jahren angesiedelte Dam- und Muffelwild. Dies hat auch unerwünschte Folgen: Der Wald leidet zum Teil unter erheblichen Schäl- und Verbißschäden.

Auch der Vogelwelt bietet der Kellerwald einen Rückzugsort. Schon seit Jahren ist der scheue Schwarzstorch heimisch geworden und bedrohte Arten wie Waldschnepfe, Hohltaube und Kolkrabe brüten hier regelmäßig.

Kurzprofil

Das Waldschutzgebiet Edersee im Kellerwald soll Nationalpark werden.

Träger:	Land Hessen
Gegründet:	1987
Fläche:	5500 Hektar
Saison:	ganzjährig
Besucher:	50 000 jährlich
Wanderwege:	ca. 100 km

▷▷ **Auf den Waldlichtungen verbreitet ist der Rote Fingerhut.**

Insgesamt beherbergt das Gebiet rund siebzig Brutvogelarten.

Ein gut ausgebautes Netz von Wanderwegen führt den Besucher durch die geschützten Laubwälder. Keinesfalls versäumen sollte man eine Fahrt mit der Standseilbahn zu den Speicherbecken auf dem Peterskopf. Die Ruinenreste einer frühchristlichen Wallfahrtskirche am Quernst sind Ziel einer lohnenden Wanderung. Zu empfehlen ist auch der Besuch des Tannendriesches, wo das Modell eines Kohlenmeilers an längst vergangene Zeiten erinnert. Zur Hirschbrunft im Herbst bietet das örtliche Forstamt fachkundige Führungen an.

Da muß man hin

- ☐ Wildpark Edersee und Talsperre
- ☐ Aussichtsturm auf dem Wüstegarten
- ☐ Naturschutzgebiet Kahle Haardt

Gern wird ein Ausflug in den Kellerwald mit dem Besuch des Ederstausees verbunden. Im Jahr 1914 wurde bei Hemfurth eine Talsperre errichtet, die das Edertal auf einer Länge von gut 25 Kilometern in einen künstlichen See verwandelte. Heute ist der Edersee ein Refugium für Wassersportler und Aushängeschild der nordhessischen Ferienregion.

Praktische Informationen

Adressen und Auskünfte

Gastgeberverzeichnisse und andere Informationen bei der Touristikzentrale Waldeck-Ederbergland, Südring 2, 34497 Korbach, Tel. 05631/954360. Spezielle Angebote unter dem Stichwort „Waldferien im Kellerwald" vermittelt das Kur- und Verkehrsamt Bad Wildungen, Am Markt 1, 34537 Bad Wildungen, Tel. 05621/701121.
Informationen zum Thema „Nationalpark

Wandern im Kellerwald

Der Kellerwald bietet jedem Wanderfreund eine Vielzahl von Rundwanderwegen und Streckenrouten. Mit dem Aufbau eines einheitlich markierten Wegenetzes wird gerade begonnen.

Route 1: Gipfeltour zum Wüstegarten

Auf verträumten Pfaden führt der Weg auf dem Kamm des Hohen Kellers zunächst zum Exhelmerstein, dann durch schuttreiche Birkenwälder zum 675 Meter hohen Wüstegarten. Vom dortigen Aussichtsturm hat man bei klarem Wetter einen wunderschönen Blick auf das bewegte und weithin bewaldete Mittelgebirge. Am Berghang unterhalb des Turmes findet man einen Ringwall, der der vorrömischen Eisenzeit zugerechnet wird. In Schönstein befindet sich ein um 1884 stillgelegtes Hüttenwerk; die Ofenanlage, in der Kupfer- und Eisenerze geschmolzen wurden, ist zum Teil noch vorhanden.

i Rundweg (Markierung X, ab Aussichtsturm Wüstegarten Markierung K); Länge 10 km; 2–3 Stunden Gehzeit; Start- und Zielpunkt ist der Parkplatz an der alten Kastanie in der Ortsmitte von Dodenhausen.

Route 2: Bizarre Baumgestalten über dem Edersee

An einem felsigen Abhang im 25 Hektar großen Naturschutzgebiet Kahle Haardt stehen krüppelwüchsige Traubeneichen, die schon über 500 Jahre auf dem Buckel haben, ferner seltene Mehl- und Elsbeerbäume. Unter Experten zählt dieser Baumbestand zu den Kostbarkeiten des Kellerwaldes. Die Krautschicht ist spärlich, aber artenreich: Man findet Schwertblättriges und Rotes Waldvögelein, Schwalbenwurz und Felsenlilien.

i Rundwanderung ab Sportplatz Basdorf (Parkmöglichkeit) auf dem asphaltierten Fahrweg Richtung Campingplatz Fürstental, nach 700 Metern Abzweigung zum Naturreservat Kahle Haardt (Markierung N8); Länge 5 km; 1,5 Stunden reine Gehzeit.

Route 3: Parkvergnügen einmal anders: Wildpark und Aqua-Park

Der Wildpark, ein rund 85 Hektar großes Freigehege am Rande des Edersees, beherbergt viele heimische sowie in freier Wildbahn bereits ausgestorbene Arten. Luchs, Wolf und Wisent kann man hier aus nächster Nähe beobachten. Ein beliebter Ausflugsort ist die 1914 erbaute Staumauer in Hemfurth-Edersee. In der Nähe befindet sich der „Aqua-Park“: Wasserräder, Springbrunnen und ein Mini-Edersee sind auch etwas für kleine Besucher.

i Rundweg im Wildpark Edersee, Länge 2 km. Öffnungszeiten in der Sommersaison: 9–18 Uhr (Eintritt: 4 DM, für Kinder von 6 bis 14 Jahren: 2 DM). Vom Parkplatz des Wildparks führt ein Wanderweg (Länge 1 km, Markierung H4) direkt zum Aqua-Park in Hemfurth-Edersee (öffentliche Parkanlage, ganzjährig kostenlos zugänglich).

Panek

Flora und Fauna im Kellerwald

Typische Bäume und Sträucher

Rot-Buche, Traubeneiche, Bergahorn, Winterlinde (blockreiche Steilhänge), Mehlbeere, Elsbeere (südexponierte Hanglagen), Roter Holunder, Eberesche (Lichtungen), Besenheide.

Charakteristische Blütenpflanzen

Weiße Hainsimse, Zwiebeltragende Zahnwurz, Roter Fingerhut (Lichtungen), Breitblättriges Knabenkraut (Feuchtwiesen), Schwalbenwurz, Pfingstnelke (Felsfluren), Heide-Nelke (Silikatmagerrasen).

Charakteristische Tiere

Typische Brutvögel:
Schwarzspecht, Waldschnepfe, Hohltaube, Schwarzstorch, Wasseramsel (Bäche); Neuntöter.
Großsäuger:
Rot-, Reh- und Schwarzwild.
Sonstige Arten:
Feuersalamander, Waldeidechse, Ringelnatter, Waschbär.

Kellerwald“ bietet der Verein Pro Nationalpark, Geschäftsstelle, An der Steinfurt 13, 34497 Korbach.

Anreise

Mit der Bahn bis Bad Wildungen (Anschluß an die Intercity-Strecke Kassel–Frankfurt). Mit dem Auto über die A 44, Abfahrt Diemelstadt, und die A 49, Abfahrt Fritzlar, sowie über die Bundesstraßen B 252, B 485 und B 253.

◁◁◁ **Der Schachbrettfalter ist im Kellerwald noch häufig.**

Die Begegnung mit einem Wildschwein-Keiler ist nicht immer angenehm.

Biosphärenreservat Rhön

Basalt und offene Fernen

Durch die Wiedervereinigung wurde die Rhön wieder zum Herzen Deutschlands. In seinem Mittelpunkt: das drittgrößte deutsche Biosphärenreservat. Mit seinen Hochmooren, Wiesen und Buchenwäldern ist es ein Refugium für Birkhühner und andere gefährdete Tierarten.

1991 erkannte die UNESCO eine Fläche von exakt 184 939 Hektar im Zentrum der Rhön als eines von weltweit rund 300 Biosphärenreservaten an. Es liegt im Dreiländereck der Bundesländer Bayern, Hessen und Thüringen und ist eine der schönsten Landschaften Europas.

Das Biosphärenreservat Rhön umfaßt nicht weniger als 78 Naturschutzgebiete. Das zentral gelegene Naturschutzgebiet Lange Rhön ist mit 2657 Hektar neben dem Naturschutzgebiet Schwarze Berge (3160 Hektar) das weiträumigste und bedeutendste von ihnen. Die Lange Rhön bietet auch heute noch das Bild einstiger Kulturlandschaften, wie sie für unsere Mittelgebirge charakteristisch waren, aber heute fast überall verschwunden sind: weite Wiesen mit einzelnen, vom Wind zerzausten Altbuchen, uralten Hecken und kleinen Gehölzinseln. Für viele Tiere sind sie lebensnotwendig als Brutplatz, Nahrungsspender, Singwarte, Ruheplatz, Versteck und Schattenspender.

An Grenzsteinwällen, in extensiv genutzten Wiesen und an den Rändern der Moore haben sich über Jahrzehnte harmonische Heckengebilde entwickelt. Um zu verhindern, daß sie zu viel Freifläche besiedeln, werden sie in größeren zeitlichen Abständen über dem Stammabsatz abgeschnitten. Schon bald schlagen sie wieder aus und bilden nach wenigen Jahren erneut eine dichte Hecke. Einige

Gehölze, zum Beispiel der Weißdorn, wachsen als prächtige Einzelbüsche. Wo es feucht ist, bestehen typische Gehölzinseln vor allem aus Karpatenbirke und Öhrchenweide, auf trockeneren Standorten dagegen aus Rot-Buche, Hasel, Eberesche und Mehlbeere.

Kurzprofil

In der Rhön, am Dreiländereck Bayern-Hessen-Thüringen, liegt das drittgrößte deutsche Biospärenreservat.

Träger:	Bundesländer Bayern, Hessen und Thüringen
Anerkannt:	1991, erweitert 1994
Fläche:	184 939 ha
Saison:	ganzjährig

Land der Buchenwälder

Laubwälder prägen die Hänge und viele Kuppen der Rhön. Uhu, Rauhfußkauz und Schwarzstorch finden hier letzte Lebensräume. Die vorherrschende Baumart ist die Buche, die auch in der heutigen Forstwirtschaft noch eine wichtige Rolle spielt. Außerdem gibt es hier vor allem Esche, Bergahorn, Bergulme, Sommerlinde, Vogelbeere und Mehl-

◁ Eine typische Wiesenlandschaft im Kernbereich des bayerischen Naturschutzgebietes Lange Rhön

BSR Bayerische Rhön

Zuständige Behörde: Bayerisches Staatsministerium für Landesentwicklung und Umweltfragen, München
Anerkannt: 1991, erweitert 1994
Fläche: 72 802 ha
7 Naturschutzgebiete;
zuständige Naturschutzbehörde: Regierung von Unterfranken
Fläche: 6562 ha;
davon herausragend:
Naturschutzgebiet „Lange Rhön"
Fläche: 2657 ha;
Naturschutzgebiet „Schwarze Berge"
Fläche: 3160 ha

BSR Hessische Rhön

Zuständige Behörde:
Hessisches Ministerium für Landesentwicklung, Wohnen, Landwirtschaft, Forsten und Naturschutz, Wiesbaden
Anerkannt: 1991, erweitert 1994
Fläche: 63 564 ha
33 Naturschutzgebiete;
zuständige Naturschutzbehörde: Regierungspräsidium Kassel
Fläche: 6693 ha;
davon herausragend:
Naturschutzgebiet „Rotes Moor"
Fläche: 315 ha

BSR Thüringische Rhön

Zuständige Behörde: Thüringer Ministerium für Landwirtschaft, Naturschutz und Umwelt, Erfurt
Anerkannt: 1991
Fläche: 48 573 ha
38 Naturschutzgebiete;
zuständige Naturschutzbehörde: Thüringer Ministerium für Landwirtschaft, Naturschutz und Umwelt, Erfurt
Fläche: 6982 ha;
davon herausragend:
Naturschutzgebiet „Ulster" von der Grenze bei Motzlar bis Pferdsdorf
Fläche: 235 ha;
Naturschutzgebiet „Rhönwald"
Fläche: 109 ha

beere. Nadelhölzer sind – mit Ausnahme der Kiefer in den Mooren – standortfremd.

Die naturnahen Wälder der Rhön befinden sich vor allem auf Basaltschutt, Steilhängen, Felsplanken oder Mooren. Sie sind oft noch großflächig erhalten geblieben. Mit ihrem hohen Anteil an naturnahen Laubwäldern (rund 40 Prozent der Waldfläche) hat die Rhön bundesweite Bedeutung.

Im Naturschutzgebiet Gangolfsberg, am Osthang der Langen Rhön gelegen, sind die typischen Laubwälder der oberen Berg-Buchenzone zu finden: der reine Buchenwald und verschiedene Buchenmischwälder mit den wichtigsten Baumarten Rot-Buche, Bergahorn und Bergulme sowie Esche, Sommerlinde, Vogelbeere und Mehlbeere.

Auf der Hochfläche gibt es riesige, monotone Fichtenbeständen: Zeugnis eines gescheiterten Versuchs aus der Zeit des Dritten Reichs, als im Rahmen des „Hellmuth-Planes“ etwa 25 Gehöfte auf der rauhen Hochfläche angesiedelt werden sollten. Um das Kleinklima zu verbessern und den Gehöften Windschutz zu geben, wurden bis 1944 etwa 400 Hektar mit Fichten aufgeforstet. Heute brechen diese Bestände immer mehr zusammen und werden von den Naturschutz- und Forstbehörden allmählich in standortgerechte Buchenmischwälder umgewandelt oder zu Weichlaubgehölzen für das bedrohte Birkhuhn entwickelt.

▷▷ **Die Stengel der Trollblumen tragen jeweils nur eine große, goldgelbe Blüte.**

Die rebhuhngroße Waldschnepfe liebt dichte Wälder mit Mooren und Sümpfen.

Die Hochmoore der Rhön

Verteilt auf die drei Bundesländer des Biosphärenreservats Rhön gibt es sechs bedeutende Moore. Drei noch recht gut erhaltene Hochmoore von besonderer Bedeutung mit insgesamt fast 80 Hektar Fläche liegen innerhalb des Naturschutzgebietes Lange Rhön: das Kleine, das Große und das Schwarze Moor. Im hessischen Teil des Biosphärenreservates liegt das Rote Moor, das zum großen Teil abgebaut worden ist und seit 1981 renaturiert wird. Thüringen bringt zwei Zwischenmoore in das Biosphärenreservat Rhön ein, nämlich das Peterseemoor und das Stedtlinger Moor.

In den Hochmooren der Rhön findet man den fleischfressenden Sonnentau, das weithin leuchtende Wollgras und beerentragende Zwergsträucher wie Moosbeere, Krähenbeere, Preiselbeere und Rauschbeere. Bekassine, Wachtelkönig und Kreuzotter sind hier noch heimisch.

Das wichtigste Hochmoor von nationaler Bedeutung ist das Schwarze Moor. Es ist bereits seit 1939 als Naturschutzgebiet ausgewiesen und bildet mit einer Fläche von über 66 Hektar das größte Hochmoor der Rhön. Für Besucher wurde das Schwarze Moor in seinem Nordteil mit einem 2,2 Kilometer langen Bohlensteg erschlossen. Von hier erhält man trockenen Fußes einen guten Einblick in alle Moorzonen, ohne dabei die sehr trittempfindlichen, teilweise vom Aussterben bedrohten Pflanzen des Hochmoores zu schädigen. Entlang des neuen Bohlenstegs erfährt der Besucher auf 22 Informationstafeln Wissenswertes über das Schwarze Moor.

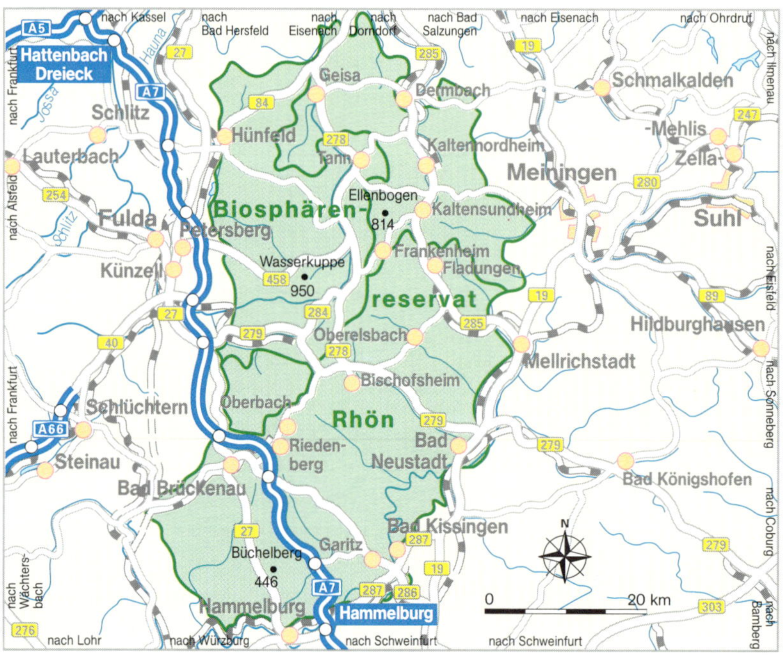

Die Landwirtschaft

Die extreme Witterung, kleine Grundstücke und durch Erbteilung geschrumpfte Höfe haben den Rhönbauern das Wirtschaften seit jeher erschwert. Erst die moderne Landwirtschaft erleichterte mit Flurbereinigungen, den Einsatz moderner Maschinen und den Ausbau der Zufahrtswege die Bedingungen für die Landwirtschaft.

Dabei wurden Steinwälle, Hecken und wertvolle Gehölze beseitigt, und die Entwässerung des Bodens und der Einsatz von Kunstdünger führten mancherorts zur Verarmung der Pflanzenwelt. Um die weitere Intensivierung der Nutzung in sinnvollen Grenzen zu halten, wurden spezielle Programme entworfen und umgesetzt. Die Landwirte werden für die Erschwernisse bei der extensiven Nutzung des Grünlandes und der Hecken finanziell entschädigt.

◁
In der Hessischen Rhön bei Tann

Die Hochflächen des Biosphärenreservates Rhön werden als Grünland genutzt. Äcker befinden sich nur am Fuß der Hänge; in wenigen Fällen, wie etwa in Hillenberg, liegen sie noch auf rund 700 Metern Höhe. Die Landwirtschaft im Naturschutzgebiet selbst besteht ausschließlich aus Grünlandnutzung und Beweidung durch Schafe. Nur selten erfolgt eine Beweidung durch Rinder. Von den Wiesen wird etwa die Hälfte bewirtschaftet, die andere Hälfte dagegen wird nicht oder lediglich unregelmäßig genutzt.

Das Biosphärenreservat im Überblick

Mit Erhebungen von 900 Metern über Meeresshöhe gehört die Rhön zu den höheren Mittelgebirgen Deutschlands. Flachwellige Hochplateaus, Kuppen, markante Kegelberge und Rücken sowie weite Talauen charakterisieren die Landschaft. Das Kerngebiet des Biosphärenreservates wird zur Hohen Rhön gerechnet, die sich auf einer Länge von etwa 35 Kilometern von den Schwarzen Bergen im Süden bis zum Ellenbogen im Norden erstreckt. Ein besonders charakteristisches, geschlossenes Hochplateau auf 700 bis 930 Metern über dem Meeresspiegel bildet die Lange Rhön zwischen Heidelstein und Ellenbogen. Bis zu 400 Meter hohe Steilhänge fallen von der Langen Rhön ins Ulstertal und zur Südrhön ab. Die übrigen Teile der Hohen Rhön, die Schwarzen Berge, die Kreuzberggruppe, der Dammersfeldrücken und das Wasserkuppenmassiv sind durch Täler und Mulden in einzelne Bergmassive aufgelöst.

Die Vorder- und Kuppenrhön umgibt die Hohe Rhön im Westen, Norden und Osten. Die Südrhön schließt sich gegen Südosten an. Durch weit fortgeschrittene Erosion ist die Vorder- und Kuppenrhön in markante Kegel und Kuppen sowie weite Täler gegliedert. Die Höhe und Dichte der Basaltkegel nimmt mit zunehmender Entfernung von der Hohen Rhön ab.

Die Landschaftsform der Rhön ist vor allem durch den Vulkanismus und durch Abtragungen bestimmt. Zur Zeit des Tertiär drang Basaltmagma durch die Erdoberfläche und speiste die damaligen Vulkane. Die frühere Landoberfläche wurde später stark abgetragen, in der Folge blieben die harten Gesteine des Basalts als markante Kegel und Plateaus zurück.

Das in der Rhön vorherrschende Klima gilt als rauh und recht unwirtlich. Vor allem auf den unbewaldeten Plateaus der Hohen Rhön ist es oft ungemütlich kalt und regnerisch. Frankenheim in der Thüringischen Rhön zum Beispiel verzeichnet einen Jahresniederschlag von 950 bis 1000 Millimeter; die Vegetationsperiode dauert in diesem Gebiet nur 170 bis 180 Tage.

Das Biosphärenreservat ist in drei Zonen eingeteilt. Die Kernzone (im wesentlichen naturnahe Laubwälder und Moore, die nicht genutzt werden) spielt hier mit 2,1 Prozent der Gesamtfläche nur eine untergeordnete Rolle. Dies hängt damit zusammen, daß in der Rhön schon jahrhun-

dertelang Land- und Forstwirtschaft betrieben wird. Wesentlich größer ist die extensiv bewirtschaftete Pflegezone, deren Anteil 36,4 Prozent beträgt. Sie umfaßt Flächen, die für den Charakter der Rhönlandschaft von besonderer Bedeutung sind. Die Entwicklungszone mit einem Anteil von etwa 60 Prozent ist der für die Wirtschaft der Region wichtigste Bereich. Hier liegen auch Siedlungen und Gewerbegebiete.

▷▷ **Die Rhönschafe – hier ein kräftiger Bock – dürfen im Naturschutzgebiet weiden.**

Refugium für Wiesenbrüter

Zu den bedeutendsten Wildtieren des Biosphärenreservats Rhön gehört das Birkhuhn, eine der in Mitteleuropa am stärksten gefährdeten Vogelarten. Auch in Deutschland ist es stark vom Aussterben bedroht. Die Rhön gehört heute zu den wenigen Landschaften Deutschlands, in denen noch Birkhühner vorkommen und ihre Rettung möglich scheint. Die bisherigen Schutzbemühungen reichen aber nicht aus. Es muß dringend gehandelt werden.

In Fachkreisen gilt das Birkhuhn als „Leitart“: als besonders sensibler Indikator für den ökologischen Zustand der Landschaft, in der es lebt. Wo es vorkommt, leben auch Raubwürger, Wiesenpieper, Braunkehlchen, Bekassine, Steinschmätzer und andere gefährdete Tier- und Pflanzenarten. In der Rhön gibt es Birkhühner heute nur noch in den wenig gestörten Hochlagen von 700 Metern. Und die Zukunftsaussichten sind nicht gut. Im Mai 1996 konnten im bayerischen Naturschutzgebiet Lange Rhön nur noch zwölf balzende Birkhähne und vier Hennen beobachtet werden – ein Drittel weniger als im Vorjahr. Im hessisch-thüringischen Grenzbereich wurden nur noch wenige Tiere beobachtet.

Wenn die verbleibenden Tiere eine Chance haben sollen, müssen ihre Lebensräume im Naturschutzgebiet Lange Rhön entwickelt und weitere Schutzflächen in der Hohen Rhön ausgewiesen werden. Auch der hauptamtliche Einsatz eines Naturschutzwartes zur Betreuung der Besucher ist unverzichtbar.

Neben dem Birkhuhn sind als besondere, zum Teil stark bedrohte Brutvogelarten die Bekassine, das Braunkehlchen, der Kiebitz, der Neuntöter, der Raubwürger, das Schwarzkehlchen, der Schwarzstorch, der Steinschmätzer, der Uhu, der Wachtelkönig, die Waldschnepfe und der Wiesenpieper zu nennen.

Im Biosphärenreservat Rhön gehört das Braunkehlchen zu den wichtigsten Vogelarten. Als Lebensraum bevorzugt es extensiv genutzte, mäßig feuchte Wiesen und Hutungen. Am häufigsten findet man diesen Vogel auf den Hochflächen der

▷▷▷ **Der starke Griffel der zarten Blüten der Wiesenglockenblume ist für Hummeln die schönste Kletterstange.**

Besonders sensibel: das Birkhuhn

Fast zu allen Jahreszeiten können Störungen für das Birkhuhn zur tödlichen Gefahr werden. Da es im Frühjahr und Winter wenig Deckung findet und früh vor den Menschen flüchtet, führt jede Annäherung an Birkhühner zur kraftzehrenden Flucht, im Frühjahr möglicherweise zur empfindlichen Störung der Balz. Der Ausfall des Nachwuchses kann die Folge sein. Das gleiche bewirken Störungen der brütenden oder Junge führenden Henne. Wird sie vom Gelege vertrieben, werden die Jungen leicht zur Beute natürlicher Feinde oder können erfrieren.

Im Winter kann eine Störung selbst das erwachsene Birkhuhn gefährden. Als Standvogel ist es darauf angewiesen, genügend Energie aus wenig nahrhaften Knospen und Baumnadeln zu gewinnen. Verbraucht es durch unnötiges Auffliegen mehr Energie, als es in den kurzen Wintertagen gewinnen kann, droht der Hungertod, oder das geschwächte Tier wird zur leichten Beute seiner Feinde.

Besucher werden daher eindringlich gebeten, die markierten Wege, Straßen und, im Winter, die Loipen nicht zu verlassen.

Langen Rhön zwischen Bischofsheim und Fladungen. Die stark gefährdeten Tiere halten sich hier von Mitte März bis Mitte Oktober auf.
Die Bekassine ist in ganz Deutschland ein eher seltener Brutvogel. Im Biosphärenreservat Rhön kommt sie vor allem in den feuchten Wiesen des Naturschutzgebietes Lange Rhön vor, und zwar von März bis Anfang Oktober. Der Wiesenpieper ist auf den Hochflächen des Biosphärenreservates dagegen beachtlich weit verbreitet. In diesem Gebiet bieten ihm besonders die feuchten Wiesen und Moore geeignete Brutbiotope, die er zwischen März und September besiedelt.
Ein besonderes Juwel unter den Arten der Rhön ist der Wachtelkönig, auch Wiesenralle genannt. Er gilt weltweit als bedrohte Art und genießt daher den Schutz der Europäischen Union. Alljährlich konnten im Biosphärenreservat bisher singende Männchen festgestellt werden. Der hier von Mai bis August zu hörende Vogel wählt als Biotop feuchte Wiesen mit stark bewachsenen Gräben; sie dürfen aber nicht zu naß und sumpfig sein.

Wandern in der Rhön

Die Rhön ist mit ausgezeichneten Wander- und Radwanderwegen ausgestattet. Viele Wege führen über offene Rhönmatten oder durch schöne Buchenwälder, zum Teil entlang naturnaher Bäche. Sie sind weitgehend so angelegt, daß bei rücksichtsvollem Verhalten keine Schäden an der Natur entstehen können.
Die Wanderwege, die das „Land der offenen Fernen“ erschließen, gehen vor allem auf das Wirken des Rhönklubs zurück. Er kümmert sich seit über einem Jahrhundert und mit heute 91 Ortsgruppen um den Fremdenverkehr, die Betreuung der Wanderwege, das Brauchtum und den Naturschutz. Seit 1928 gibt es folgende Wegezeichen: den Winkel, das offene Dreieck, das volle Dreieck (auch Keil), das offene Ei und das volle Ei. Die Spitze der Zeichen zeigt immer zum Ziel.
Im Winter sind die Straßen in den Hochlagen (so etwa die Hochrhönstraße zwischen Bischofsheim und Fladungen) zeitweise völlig gesperrt. Detaillierte Veröffentlichungen zu den Wanderwegen und Loipen geben der Rhönklub und die Naturparke Bayerische und Hessische Rhön heraus. Inzwischen liegen Führer für die Gebiete in allen drei Bundesländern vor.

Die Milseburg ist der markanteste Berg der Hessischen Rhön. Das Basalt-Blockmeer unter dem 873 Meter hohen Gipfel ist Zeugnis des vulkanischen Ursprungs.

Route 1:
Wanderweg Schwarze Berge (Bayerische Rhön)

Diese Route mit dem Motto „Kultur & Landschaft & Wanderweg" führt vom Sinntal bis in die Hochlagen der Schwarzen Berge. Entlang des Weges erläutern 14 durch grüne Tafeln markierte Stationen ausgewählte Elemente der Kulturlandschaft. Die Tour kann man beim Parkplatz in Riedenberg oder im Ort Oberbach beginnen. Sie führt von Oberbach über den Rosengarten (südlich Ziegelhütte) vorbei an artenreichen Blumenwiesen (Storchschnabel-Goldhaferwiesen) bis zu den Kuppen des Farnsberges, dann wieder hinab bis kurz vor Riedenberg und zurück nach Oberbach. Eine Broschüre zu diesem Weg (erhältlich im Haus der Schwarzen Berge) vermittelt viel Wissenswertes über Landschaft und Pflanzenwelt der Region.

ℹ Länge ca. 14 km; 6–7 Stunden reine Gehzeit. Besucher, die nicht die ganze Strecke laufen möchten, können bei Station 5 ins Mittelbachtal absteigen und bei Station 11 wieder einsteigen. So lassen sich aus der Ganztagestour zwei Halbtagestouren machen.
⚔ Einkehrmöglichkeit auf halber Strecke am Würzburger Haus oder am Berghaus Rhön

▷▷ **Die gelben Blüten des Großen Klappertopf werden vom blaßgrünen Kelch wie von einer Vase umfaßt.**

Flora und Fauna im Biosphärenreservat Rhön

Insgesamt wurden im Biosphärenrervat Rhön 106 Pflanzenarten der Roten Liste nachgewiesen.

Typische Bäume und Sträucher

Wacholder, Rot-Buche, Hainbuche, Feldahorn, Vogelkirsche, Spitz- und Bergahorn, Esche, Bergulme, Eberesche, Karpatenbirke, Mehlbeere, Holunder, Weißdorn, Schlehe, Haselstrauch, Salweide, Espe, Wildkirsche, Traubenkirsche, Schwarzerle, Faulbaum, Wilder Schneeball.

Charakteristische Blütenpflanzen:

Silberdistel (auch Rhöndistel genannt), Deutscher Enzian, Trollblume, Lupine, Arnika, Küchenschelle, Frauenschuh, Hohe Schlüsselblume, Maiglöckchen, Weißes Waldvögelein, Akelei, Türkenbundlilie, Blutweiderich.

Charakteristische Tiere

Säuger: Wildschwein, Dachs, Großer Abendsegler, Braunes Langohr, Zwergfledermaus, Sumpfspitzmaus, Wasserfledermaus, Wasserspitzmaus.
Brutvögel: Baumfalke, Bekassine, Birkhuhn, Braunkehlchen, Habicht, Hohltaube, Kiebitz, Neuntöter, Raubwürger, Rotmilan, Schwarzstorch, Sperber, Steinschmätzer, Uhu, Wachtelkönig, Waldschnepfe, Wasseramsel, Schleiereule, Wiesenpieper.
Reptilien: Kreuzotter, Ringelnatter, Bergeidechse, Schlingnatter.
Amphibien: Geburtshelferkröte, Knoblauchkröte, Springfrosch, Kreuzkröte.
Fische: Äsche, Bachforelle, Bachneunauge, Bachsaibling, Bachschmerle, Elritze, Mühlkoppe, Schneider.
Schnecken: Rhönquellschnecke, Weinbergschnecke, Weiße Heideschnecke, Zweizähnige Laubschnecke.
Schmetterlinge (Tagfalter): Gemeiner Dukatenfalter, Großer Eisvogel, Großer Fuchs, Großer Schillerfalter, Märzveilchenfalter, Moorwaldheiden-Blättereule, Ockerbindiger Samtfalter, Schwalbenschwanz, Schwarzblauer Moorbläuling, Schwarzer Apollo.
Geradflügler: Kleiner Heidegrashüpfer, Rotflügelige Ödlandschrecke, Schwarzfleckiger Grashüpfer, Sumpfschrecke und Sichelschrecke.
Libellen: Alpen-Smaragdlibelle, Gemeine Keiljungfer, Hochmoor-Mosaikjungfer, Sumpf-Heidelibelle, Arktische Smaragdlibelle, Blauflügel-Prachtlibelle, Gebänderte Heidelibelle, Gebänderte Prachtlibelle, Große Moosjungfer, Kleine Binsenjungfer, Kleine Pechlibelle.

Route 2:
Durch das Schwarze Moor (Bayerische Rhön)

Dies ist ein besonders empfehlenswerter Wanderweg mit überschaubarer Länge. Auf einem gut ausgebauten Bohlenpfad werden die Besucher durch das Moor geführt und dabei über das Wesen des Moores informiert. Ausgangspunkt für diese Wanderung ist der Parkplatz Schwarzes Moor am Dreiländereck auf bayerischer Seite. Von hier führt ein breiter Schotterweg bis zum Eingang. Zuerst verläuft die Route durch eine Randwiese des Moores, dann auf dem attraktiv geführten Bohlenpfad direkt durch das Moor. Von hier kann man Moorkolke, den Hochmoorkernbereich und die verschiedenen Randbereiche mit ihrer Pflanzen- und Tierwelt erleben.

ℹ Länge ca. 4 km; 1 Stunde reine Gehzeit (lassen Sie sich besser etwas mehr Zeit). Auch für Rollstuhlfahrer geeignet.
⚔ Imbiß am Parkplatz Schwarzes Moor (gute Thüringer Bratwürste)

Route 3:
Hinauf zum Ellenbogen (Thüringische Rhön)

Die harmonisch im Tal eingebettete Ortschaft Oberweid ist der Ausgangspunkt für eine Wanderung zum höchsten Berg der Thüringischen Rhön, dem Ellenbogen (813 Meter). Nach Verlassen der Ortschaft durch die Frankenheimer Straße führt der Wanderweg durch die Ge-

Das Schwarze Moor kann auf einem Bohlenweg erkundet werden.

meinde-Hutungen von Oberweid. Nach etwa 1,5 Kilometern erreicht man das Naturschutzgebiet Rhönwald, das aus 109 Hektar besonders wertvollem Buchenwald besteht. Man bleibt auf der alten Ortsverbindungsstraße Oberweid–Frankenheim, die heute für Fahrzeuge gesperrt ist. Stetig bergauf geht es zum Thüringer Rhönhäuschen, das zur Rast einlädt. Den schönsten Blick auf die Rhönlandschaft hat man etwas später vom Ellenbogen: Von hier kann man bei klarer Sicht bis zum Habichtswald, dem Harz, dem vorgelagerten Kyffhäusergebirge und zum Thüringer Wald sehen. Das Eisenacher Haus beim Gipfel ist nach seiner zweckentfremdeten Nutzung als Abhörzentrale der DDR inzwischen wieder eine einladende Gastwirtschaft. Zurück führt die Wanderung vom Ellenbogen zunächst in Richtung Nordosten und abwärts nach Oberweid.

i Länge ca. 13 km; 320 Höhenmeter; 4–5 Stunden reine Gehzeit. Dieser Wanderweg empfiehlt sich auch als Skiwanderung; die Strecke über die Hochrhön ist bei entsprechender Schneelage als Loipe gespurt.
✕ Einkehr im Thüringer Rhönhäuschen und im Eisenacher Haus

Kultur und Museen

Fladungen

Das Freilichtmuseum in Fladungen präsentiert Rhöner Häuser und Gebräuche, das Leben und Wirtschaften in alter Zeit. Anschließend empfiehlt sich ein Besuch des Museumsgasthofs: ein fränkischer Gasthof mit Saal, der selbst ein Museumsobjekt ist. (Geöffnet April bis September, Di–So 9–18 Uhr, im Oktober Di–So 9–17 Uhr)

Route 4: Durch den Ibengarten (Thüringische Rhön)

Dieser abwechslungsreiche Weg führt von Dermbach nach Kaltennordheim, von wo aus man entweder mit der Feldabahn oder dem Bus zurückfahren kann. Von Dermbach, das man durch die Röderstraße–Obere Siedlung verläßt, verläuft der Wanderweg durch ein wunderschönes Waldgebiet, dessen wertvollste Teile als Naturschutzgebiet Ibengarten ausgewiesen sind. Der Ibengarten ist ein Eibenbestand mit über 350 geschützten Eiben, die zum Teil schon uralt sind. Dieses einmalige Gebiet steht bereits seit über sechzig Jahren unter Naturschutz. Abseits des Weges liegt die Paulushöhle, die der Sage nach dem Räuber Rhönpaulus als Versteck gedient haben soll. Der Wanderweg überquert dann das Naturschutzgebiet Sommertal oberhalb von Fischbach in seinem oberen Teil. Ein besonders schönes Panorama kann man von der Wanderhütte Rhönbrise aus genießen. Von hier reicht der Rundblick über das Grabfeld und die gesamte Hochrhön. Das letzte Stück der Wanderung führt nach Kaltennordheim, bis in die Nähe des Bahnhofs. Die Rückfahrt mit der Feldabahn ist sehr empfehlenswert; sie gehört zu den letzten Eisenbahnen der Rhön. Eine Fahrt zurück mit dem Bus ist jedoch auch möglich.

Die Sumpfschrecke ist eine der zahlreichen Insektenarten in der Rhön.

i Länge ca. 15 km; 250 Höhenmeter; 6 Stunden reine Gehzeit (einfache Strecke).

Route 5: Zum Roten Moor (Hessische Rhön)

Der Rundwanderweg beginnt am Marktplatz von Gersfeld. Blaue Winkel leiten am Rathaus vorbei zum Parkplatz an der Wasserkuppenstraße und bis an den Fuldabach. Nach der Überquerung der Fahrstraße biegt der Wanderweg als HWO 5 (Markierung rotes Dreieck) nach rechts ab. Er nähert sich dem Feldbach und schwenkt später in Richtung Kaskadenschlucht, die durch die steil abfallenden Wasser der Hohen Rhön entstanden ist: ein Naturschauspiel besonders zur Schneeschmelze.

Ein weiterer Höhepunkt ist der Besuch des Roten Moores, das zum 315 Hektar großen gleichnamigen Naturschutzgebiet gehört. Der Besucher wird ausführlich über die Geschichte des Moores informiert, das nur noch ein Drittel seiner ursprünglichen Größe hat – der Rest wurde als Badetorf abgebaut und zur Heilbehandlung an Kurorte verkauft. Erst seit 1979 steht es unter Naturschutz. Heute wird versucht, das Moor zu renaturieren. Besonders empfehlenswert ist der Blick vom Aussichtsturm auf das lebende Restmoor. Vom Roten Moor wandert man über den Kesselstein (799 m) bis zum Himmeldunkberg (888 m) und von hier wieder Richtung Gersfeld. Einen besonders schönen Blick hat man vom Himmeldunkberg auf die nahen Schwarzen Berge.

i Länge ca. 14 km; 300 Höhenmeter; ca. 5 Stunden reine Gehzeit. Empfohlene Wanderkarte: Naturpark Rhön, Nordblatt.
✕ Einkehrmöglichkeit östlich der Route zwischen Kesselstein und Hohe Hölle im Rhönhäuschen oder in der Frankfurter Hütte am Simmelsberg

Blick über die naturnahe Landschaft des Schwarzen Moores

Route 6: Zum Berg der Segler

Diese Rundwanderung führt in ein weitgehend unberührtes Gebiet des Biosphärenreservates Rhön. Sie beginnt am Parkplatz Fuldaquelle nahe der Wasserkuppe. Auf dem Naturparkweg 2 (Markierung rote Dreiecke) gelangt man nach etwa 20 Minuten an die Krumbachquelle. Auf diesem Weg hat man eine sehr

Praktische Informationen

Anreise

Mit der Bahn bis Mellrichstadt, Bad Neustadt, Fulda, Meiningen, Hünfeld, Bad Hersfeld, Dermbach, Kaltennordheim oder Bad Salzungen; mit der Regionalbahn nach Gersfeld.
Bayerische Rhön: mit dem Bus nach Oberelsbach, Bischofsheim oder Fladungen. Hessische Rhön: mit dem Bus nach Wüstensachsen, Seiferts oder Tann. Thüringische Rhön: mit dem Bus nach Kaltensundheim oder Geisa.

Naturlehrpfade

Hessische Rhön: Auersberg, Milseburg, Wasserkuppe, Pferdskopf, Birxgraben, Rotes Moor. Thüringische Rhön: Breitunger See, Umpfen/Kaltennordheim, Wasungen (Forstbotanischer Lehrpfad), Lehrpfad Fasanerie Hermannsfeld. Bayerische Rhön: Bauersberg (Braunkohle), Moorpfad (Schwarzes Moor), Schmetterlingspfad bei Oberelsbach.

Mit dem Rad

Die Broschüre „Radwandern“ sowie das Heft „Mit dem Fahrrad wandern“ sind bei der Touristeninformation Rhön-Haßberge im Landratsamt Bad Neustadt erhältlich. Von Landratsamt in Fulda kann das Heft „Randwandern im Naturpark Rhön“ bezogen werden. Empfehlenswert sind auch der „Rad-Wanderführer Rhön und Vogelsberg“ (Deutscher Wanderverlag) und die Radtourenkarte „Rhön-Vogelsberg“ (Haupka-Verlag).

Mit dem Auto

Ausgezeichnete Tips für Autoausflüge sind in den kleinen Führern des Verlags Parzeller in Fulda beschrieben (gemeinsam mit dem Rhönklub erstellt).

schöne Sicht auf die Lange Rhön. Den Vulkankegel des Schafsteines mit naturnahem Bergwald und dem größten Blockmeer der Rhön erreicht man auf zunächst abschüssigem Gelände. An der Informationstafel sollte man den Hauptwanderweg verlassen und den Stichweg wählen, der über Blöcke und Felsriegel durch den Wald in die Höhe führt. Einen wunderschönen Blick zur Milseburg und ins mittlere Ulstertal mit den

◁ Das äußerst seltene Braunkehlchen findet man vor allem auf den Hochflächen der Langen Rhön.

Adressen und Auskünfte

Um den Naturschutz vor Ort erfolgreich zu unterstützen, wurde in der Marktgemeinde Oberelsbach ein leistungsstarkes Naturschutzzentrum aufgebaut. Es hat sich zum Ziel gesetzt, Bürger aller Altersstufen über die Schutzgebiete der Hohen Rhön zu informieren und als Anlaufstelle in allen Naturschutzfragen zu dienen.
Verwaltungsstelle Hessen des Biosphärenreservates Rhön, Georg-Meilinger-Str. 3, 36115 Ehrenberg-Wüstensachsen, Tel. 06683/9602-0, Fax 06683/9602-21.
Rhönklub-Geschäftsstelle, Peterstor 7, 36037 Fulda, Tel. 0661/73488.
Verwaltungsstelle Thüringen des Biosphärenreservates Rhön, Mittelsdorfer Straße, 98684 Kaltensundheim, Tel. 036946/ 382-0, Fax 036946/382-22.
Verwaltungsstelle des Biosphärenreservates Rhön Bayerischer Teil, Hauptstraße 43, 97656 Oberelsbach, Tel. 09774/9102-0, Fax 09774/9102-21.
Naturschutzzentrum Hohe Rhön, Am Marktplatz, 97656 Oberelsbach, Tel. 09774/9240, Fax 09774/9241.
Verein „Natur- und Lebensraum Rhön e.V.“, Georg-Meilinger-Str. 3, 36115 Ehrenberg-Wüstensachsen, Tel. 06683/9602-0.

Allgemeine Informationen

Fremdenverkehrsverband Fulda, Wörthstraße 15, 36037 Fulda, Tel. 0661/6006-305.
Tourist-Information Rhön-Hasberge, Landratsamt Rhön-Grabfeld, Spörleinstraße 11, 97616 Bad Neustadt, Tel. 09771/94-108 od. 94-109.
Landratsamt Schmalkalden/Meiningen, Sachgebiet Tourismus, Jerusalemer Str. 13, 98617 Meiningen, Tel. 036943/482272.

Bergkuppen des Tanner Landes und der thüringischen Rhön hat man vom Blockmeer am Nord- und Osthang des Schafsteines. Zurück geht es auf dem gleichen Pfad. Jetzt gegen die Spitze der roten Dreiecke laufend, erreicht man auf etwa 900 Meter Höhe das Fliegerlager der Wasserkuppe. Dies ist eines der Zentren des Segelflugsports weltweit. Heute ist dieser Ort so stark frequentiert, daß bisweilen durch Tiefflüge und Motorengeräusche die Natur in Mitleidenschaft gezogen wird. Die Verantwortlichen suchen inzwischen nach Wegen, den Flugsport so naturverträglich wie möglich zu gestalten. Von hier gelangt man bequem zum Parkplatz zurück.

i Länge ca. 10 km; 70 Höhenmeter; 3–4 Stunden reine Gehzeit (Markierung Naturparkweg 2 / rote Dreiecke).

Dietzen

Mehlbeere (vorn) und Vogelbeerbaum oder Ebereschen (hinten) bringen mit ihren Früchten Farbe in die Landschaft der Rhön.

Hoher Vogelsberg

Wandern auf dem Vulkan

Das größte zusammenhängende Basaltmassiv Europas liegt in Hessen. Der vulkanische Ursprung dieser kargen Mittelgebirgslandschaft zeigt sich dem Besucher auf Schritt und Tritt. Doch auch bunte Bergwiesen, Teiche, Wälder und ein Hochmoor laden zu Wanderungen in einem beliebten Naturpark ein.

Auf etwa 250 000 Hektar liegen im Vogelsberg bis zu 500 Meter dicke Basaltdecken übereinander, die durch Vulkanausbrüche vor etwa 20 Millionen Jahren entstanden sind. Das in 600 Meter Höhe gelegene Plateau des Oberwaldes ist das Ergebnis langer Erosionsprozesse. Es ist das Zentrum des Vulkanmassivs Oberer Vogelsberg und wird nur noch von Taufstein (773 m) und Hoherodskopf (764 m) überragt.

Zahlreiche Täler führen ihre Bäche und Flüßchen strahlenförmig nach allen Seiten. Frostsprengungen des porösen Lavagesteins ließen Blockfelder und Felsenmeere entstehen, durch ausgiebige Niederschläge in den Senken bildete sich das Hochmoor der Breungeshainer Heide.

Das Kerngebiet des Vogelsberg mit seinem rauhen, regnerischen Klima wurde erst in der Jungsteinzeit besiedelt. Dagegen profitierten die Menschen in der südwestlich sich anschließenden Wetterau schon früh von den fruchtbaren, mächtigen Lößböden, dem milden Klima und von den Flüßchen Wetter, Horloff, Nidda und Nidder, die alle im Hohen Vogelsberg entspringen. Von einem bis zu zwanzig Kilometer breiten Ring wird der Hohe Vogelsberg durch den Unteren Vogelsberg eingerahmt. Seine Grenze folgt nicht ausschließlich der Basaltausdehnung, sondern bezieht den Gieseler Forst im Osten ebenso ein wie die Muschelkalkhänge des Kinzig- und Steinaubachtals. Nach Westen reichen die Basaltdecken bis ins mittlere Lahntal und zum Taunus.

Kurzprofil

Träger:	Zweckverband Naturpark Hoher Vogelsberg
Gegründet:	1957
Fläche:	38 447 ha, Waldanteil 36 Prozent
Saison:	ganzjährig
Wander- und Radwege:	Länge ca. 2000 km

Der 38 000 Hektar große Naturpark Hoher Vogelsberg bietet dem Naturfreund rund 2000 Kilometer markierte Wanderwege, die durch eine abwechslungsreiche, an vielen Stellen noch ursprüngliche Kulturlandschaft führen. Der besondere Reiz dieses Gebietes liegt weniger in herausragenden Besonderheiten, als vielmehr in dem auf kleinstem Raum anzutreffenden Artenreichtum. Diese Vielfalt der Tier- und Pflanzenwelt offenbart sich dem Besucher schon auf kurzen Wanderungen.

Typische Lebensräume des Vogelsberg sind ein wiederbelebtes Hochmoor, zahlreiche Quellmulden und Bachläufe sowie eine Reihe ehemaliger Fischteiche, die bereits im Mittelalter angelegt wurden. Ausgedehnte, teilweise noch unberührte Wälder, Heckenlandschaften auf Lesesteinwällen sowie Bergwiesen, Trockenrasen und alte Huteweiden

Der Ober-Mooser-Teich ist der größte der vogelreichen Stauteiche im Schutzgebiet.

bieten ideale Lebensbedingungen für Pflanzen und Tiere.

Zwei ebenso wertvolle wie außergewöhnlich seltene „Perlen" haben im Oberwald ihre letzten Refugien. Von Mitte Mai bis Mitte Juli kann man auf den Wiesen neben den Buchenwäldern den Schwarzen Apollo beobachten. In Deutschland kommt dieser Falter außerhalb der Alpen nur in den höheren Lagen weniger Mittelgebirge vor. Er ist zur Vermehrung eng an den Mittleren Lerchensporn gebunden. Obwohl diese Raupenfutterpflanze zur Flugzeit der Falter noch unter der Erde wächst, können die Apollo-Weibchen die künftige Raupennahrung lokalisieren und legen ihre Eier dicht daneben ab. Der Schwarze Apollo ist in seinen letzten Verbreitungsgebieten, den Buchenbergwäldern, stark bedroht.

Noch seltener geworden ist ein Produzent echter Perlen, die Flußperlmuschel. In den ostwärts zur Fulda fließenden Vogelsbergbächen war die Muschel einst zahlreich beheimatet. Der Adel behielt sich im Mittelalter das Privileg vor, die Flußperlmuschelbänke zu verpachten. Die letzten überalterten Restbestände haben heute kaum noch eine Chance zur Vermehrung, denn die Larven der Flußperlmuschel leben fast ein Jahr lang an den Kiemen der Bachforellen, ihrer ausschließlichen Wirtsfische. Diese sind durch eingesetzte Regenbogenforellen weitgehend verdrängt worden. Ausgewachsene Muscheln werden bis zu elf Zentimeter groß und erreichen ein biblisches Alter von 120 Jahren. Allerdings ist nur etwa eine von tausend Tieren eine »Perlenträgerin«.

Ein schönes Exemplar der vom Aussterben bedrohten Flußperlmuscheln.

Aktivitäten für Kinder und Jugendliche

Unter dem Motto »Lernort Naturpark Hoher Vogelsberg« bietet die Naturschutzjugendherberge Hoherodskopf zusammen mit dem Naturschutz-Informationszentrum Vogelsberg, dem Jugendwaldheim Petershainer Hof, der Forstschule in Schotten unter anderem praxisbezogene Veranstaltungen an (Informationen im Naturpark).

Wandern am Hohen Vogelsberg

Wie stark sich der Naturpark Hoher Vogelsberg den Wanderern und Erholungssuchenden geöffnet hat, zeigt das breite Angebot an Parkplätzen, Schutzhütten, Grillstellen, Liegewiesen, gespurten Loipen und Ski-Liften. Schließlich liegt der Vogelsberg sehr verkehrsgünstig im

Städtedreieck Frankfurt-Gießen-Fulda. Trotzdem bieten die über 2000 Kilometer Wanderwege noch genügend Möglichkeiten für stundenlange ungestörte Wanderungen und eigene Entdeckungen. Zwei Wanderrouten sind besonders zu empfehlen. Für den allgemein Naturinteressierten ist es der Rundweg durch den Oberwald zur Niddaquelle und zum Taufstein, für die Vogelfreunde die Seenplatte des Hohen Vogelsberg.

Blick auf den Geiselstein in der winterlichen Breungeshainer Heide.

Route 1: Rund um die „Highlights" des Hohen Vogelsberg

Die Rundwanderung durch den Oberwald zur Niddaquelle und zum Taufstein kann von sechs verschiedenen Wanderparkplätzen aus gestartet werden. Der beste Ausgangspunkt ist das Clubhaus des Vogelsberger Höhen-Clubs (VHC). Dort stehen Hinweistafeln mit den verschiedenen Wandervorschlägen. Folgt man dem mit einem grünen H markierten Höhenrundwanderweg unterhalb des Clubhauses in nördlicher Richtung, sind schon bald die Taufsteinhütte und die Naturschutzjugendherberge am Hoherodskopf zu sehen. Der Weg führt dann weiter zu den Forellenteichen und schließlich zum Hochmoor.

Das Naturschutzgebiet Forellenteiche umfaßt auf 27 Hektar eine überwiegend waldfreie Fläche mit drei Fischteichen. Auf den Bergwiesen, in den Feuchtbiotopen und ausgedehnten Verlandungszonen findet man manche botanische Seltenheit: Verschiedenblättrige Kratzdistel, Purpurreitgras, Karpatenbirke, Weißzüngel, Kuckucks- und Breitblättriges Knabenkraut oder Kugelige und Schwarze Teufelskralle.

Das Hochmoor ist Teil des knapp 63 Hektar großen Naturschutzgebietes Breungeshainer Heide, das auch die Goldwiesen und den Geiselstein umfaßt. Das heute auf etwa 12 Hektar geschrumpfte Hochmoor brachten Torfstiche, Abflußgräben und Aufforstungen um die Jahrhundertwende zum Absterben. Dennoch ist die etwa fünf Meter über die Umgebung aufgewölbte Moorkuppe noch gut zu erkennen. Nur noch in Resten vorhanden ist die einstige Hochmoorflora: Krähen-, Moos- und Rauschbeere, Rundblättriger Sonnentau, beide Wollgrasarten, Sumpfblutauge, Fieberklee und Karpatenbirken lassen etwas von der früheren Moorlandschaft erahnen.

Das grüne H führt weiter zur Niddaquelle mit der Dr.-Künanz-Schutzhütte, benannt nach dem Vorkämpfer für die Naturparkidee, Oberforstmeister Dr. Künanz. Vorbei am Landgrafenborn gelangt man dann zu den Goldwiesen. Sie erhielten ihren Namen von der blühenden Arnika, die den Bergwiesen im Juli einen goldenen Glanz verleiht. Das Beispiel Arnika – auch Berg-Wohlverleih genannt – zeigt, daß der Oberwald ein einzigartiger Lebensraum für Bergpflanzen ist, die man sonst in Hessen nicht findet.

Ein kurzer Abstecher vom Rundwanderweg zweigt ab zum Geiselstein. Auf dem Bergrücken und den Blockfeldern stehen in lockeren Baumgruppen knorrige Buchen, Bergahorne und -ulmen sowie Vogelbeeren. Die Steinblöcke sind mit seltenen Flechtenarten bedeckt. Eindrucksvoll ist auch der Blick vom Geiselstein auf die naturnahen Wälder im südöstlichen Geländeabschnitt oder die Bachauenwälder an den zahlreichen Bächen.

Das nächste Ziel ist der Taufstein mit dem Bismarckturm, von dem man einen Rundblick über den Vogelsberg, bei guter Sicht auch einen Fernblick über die Wetterau bis zum Taunus, nach Südosten zur Rhön und zum Inselberg im Thüringer

Flora und Fauna am Hohen Vogelsberg

Typische Pflanzen

Verschiedenblättrige Kratzdistel, Purpurreitgras, Karpatenbirke, Weißzüngel, Kleines, Männliches und Breitblättriges Knabenkraut, Kugelige und Schwarze Teufelskralle (im NSG Forellenteiche); Krähen-, Moos- und Rauschbeere, Rundblättriger Sonnentau, beide Wollgrasarten, Sumpfblutauge, Fieberklee (im Hochmoor); Arnika (auf den Goldwiesen).

Charakteristische Tiere

Schwarzer Apollo (auf Waldwiesen); Flußperlmuschel (in Bächen, letzte Vorkommen); Graureiher, Schwarzstorch, Schwarzspecht, Tannenhäher, Hauben-, Zwerg- und Schwarzhalstaucher, Bleß-, Teich- und Wasserralle, Kormoran und – als Besonderheit – Fischadler (an Stauteichen).

Praktische Informationen

Adressen und Auskünfte

Geschäftsstelle Zweckverband Naturpark Hoher Vogelsberg, Am Hohenwiesenweg 1, 63679 Schotten, Tel. 06044/2631/2071, Fax. 06044/4796. Fremdenverkehrsverband Vogelsberg und Wetterau e.V., Landratsamt Lauterbach 1, Tel. 06641/9770. Naturschutz-Informationszentrum am großen Parkplatz auf dem Hoherodskopf: Im Sommer und Winter werktags von 13-17 Uhr, an Wochenenden ab 10-17 Uhr, im Frühjahr/Herbst nur an Wochenenden von 10-17 Uhr geöffnet, Gruppenführungen nach Voranmeldung (06044/2631, 2071).

Wald genießen kann. Ein urwaldartiger Bestand verschiedener Buchenwaldgesellschaften war der Grund, die »Blockfelder am Taufstein« unter Naturschutz zu stellen.
Vor dem letzten Teilstück des Weges zurück zum Hoherodskopf, dicht beim Bismarckturm, liegt der Bonifatius-Born, wo der Sage nach Bonifatius Heiden zum Christentum bekehrt und getauft haben soll. Anfahrtmöglichkeiten und Lage der Parkplätze erlauben auch den Besuch einzelner der genannten „Highlights" im Oberwald. Das gilt auch für Route 2, die mit zahlreichen Wasservogelarten bekannt macht.

◁◁◁
Im Frühsommer läßt sich auf Wiesen des Oberwalds der sehr seltene Schwarze Apollo beobachten.

ℹ Höhenrundwanderweg: Länge 5,8 km; 1,5–2 Stunden Gehzeit; zum Radfahren nicht geeignet.

✕ Hoherodskopfklause (mit öffentlichen Toiletten) Clubhaus des VHC; Taufsteinhütte (Übernachtung).

Anreise

Mit der Bahn bis Nidda, weiter mit dem Bahnbus.
Mit dem Auto über die B 275 von Lauterbach oder Ortenberg; über die B 276 von Laubach oder über die B 455 von Nidda.

Skiwanderwege

ca. 50 km gespurte Loipen, 6 Ski-Lifte

Unterkunft

In nahezu allen Vogelsberggemeinden; Adressen beim Fremdenverkehrsverband in Lauterbach erfragen.

◁◁
Nur an so feuchten Standorten wie den Wiesen um die Forellenteiche gedeiht das Breitblättrige Knabenkraut.

Route 2: Vogelsberger „Seenplatte": Reiher und Fischadler

Die Stauteiche am Vogelsberg werden seit rund 300 Jahren vergleichsweise extensiv bewirtschaftet, wodurch sich eine bemerkenswerte Teichbodenvegetation ausbilden konnte. Anziehungspunkte für Ornithologen sind vor allem drei als Naturschutzgebiete ausgewiesene Wasserflächen: der Ober-Mooser Teich (56,5 Hektar), der Reichloser Teich (38,7 Hektar) und der Rothenbachteich (25 Hektar).
Die nächste größere Ortschaft ist Crainfeld/Grebenhain, wenige Kilometer nördlich der Teiche. Etwa einen Kilometer südwestlich des Dorfes Reichlos liegt der gleichnamige Teich mit seinem breiten Röhrichtgürtel. Zwischen Ober- und Nieder-Moos kann man das Auto an der Straße abstellen, um von dort den Ober-Mooser Teich mit dem Fernglas abzusuchen, oder ihn in etwa einer Stunde zu umwandern.
Die Straße nach Bermutshain führt weiter zum Parkplatz am Rothenbachteich. Von einer für Fahrzeuge gesperrten Forststraße bietet der »Mönch« den besten Überblick über den Waldteich, an dessen gegenüberliegendem Ufer sich oft Scharen von Graureihern, manchmal sogar Schwarzstörche einfinden.

Die Teiche sind ein bedeutsames Durchzugs- und Rastgebiet für zahlreiche europäische Enten- und Watvogelarten. Hauben- und Zwergtaucher brüten hier regelmäßig, gelegentlich auch Schwarzhalstaucher in bis zu acht Paaren. Neben vier Entenarten sind Bleß-, Teich- und Wasserralle jedes Jahr wiederkehrende Brutvögel. Kormorane nutzen die Teiche als Nahrungsgewässer ebenso wie der Schwarzstorch, der

◁
Häufiger Gast am Rothenbachteich ist der elegante Graureiher.

mit vier bis sieben Brutpaaren am fließgewässerreichen Vogelsberg vertreten ist.
Ein auffällig über den Wasserflächen rüttelnder großer Vogel ist keine Fata Morgana, sondern ein Fischadler, für den das Teichgebiet ein wichtiger Rastplatz ist. Vogelschützer hoffen, daß er eines Tages auch hier brüten wird.

ℹ Reichloser Teich: von Reichlos 1 km; 15 Minuten Gehzeit. Ober-Mooser Teich: direkt bei Ober-Moos, zum Umwandern 1 Stunde Gehzeit. Rothenbachteich: vom Parkplatz 5 Minuten Gehzeit. Die gesamte Route ist zum Radfahren geeignet.

✕ Deutsches Haus in Bermutshain; Gasthof Jöckel in Nieder-Moos.

Richarz

Rohrberg und Metzgergraben-Krone

Im Wald der Fürstbischöfe

Die beiden Naturschutzgebiete Rohrberg und Metzgergraben-Krone im Hochspessart überraschen durch einen gegensätzlichen Aspekt: Moderndes Totholz birgt eine Fülle an Tier- und Pflanzenleben. Über 500 Jahre alte Eichen und Buchen bieten nicht nur Spechten und Fledermäusen ein Zuhause, auch der Hirschkäfer kommt hier noch vor.

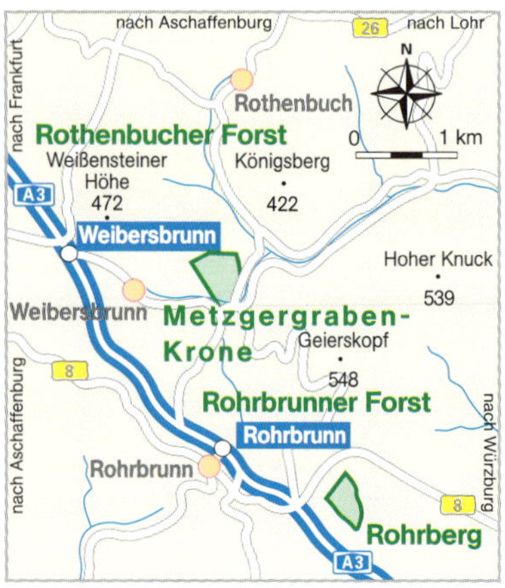

Der Wald in den Naturschutzgebieten Rohrberg und Metzgergraben-Krone mutete nicht immer so urtümlich an wie heute. Auch er ist von Menschenhand geprägt. Seine Furniereichen waren berühmt, und die Mainzer Fürstbischöfe nutzten ihn als Jagdrevier.

Hangauf, hangab bedecken hohe Rot-Buchen und Traubeneichen den hier vorherrschenden Buntsandstein. Manche der mächtigen Eichen sind bis zu 630 Jahre alt, aber auch die dominierenden Buchen können das Greisenalter erreichen. Der Besucher kann hier vor allem eindrucksvolle Baumruinen bewundern, seien es abgestorbene Baumkronen oder geborstene, modernde Stämme am Waldboden. An sonnigen Tagen leuchten die Baumpilze, die zahlreich Äste und Stämme besiedeln, und nach einem Regenschauer verleihen ihnen abrinnende Wassertropfen einen eigentümlichen Reiz. Neben anderen Arten kommen hier Zunderschwamm und Riesenporling mit ihren bemerkenswerten Fruchtkörpern vor. Sie alle zersetzen nach und nach das Totholz und ernähren sich von den Abbaustoffen – ein perfektes „Recycling“.

Reich vertreten ist auch die Kleintierwelt: Die Larve des Großen Eichenbocks frißt an lebendem und totem Holz, der Hirschkäfer nutzt den Eichensaft, und den Holzbienen und Holzwespen bieten die alten Bäume willkommene Nistmöglichkeiten.

Auffallend für den Betrachter sind die vielen Spechtlöcher, die beispielsweise der Schwarz- oder der seltene Mittelspecht gezimmert haben. Ihre „Nachmieter“ sind häufig Waldkäuze und Hohltauben, aber auch Fledermäuse wie der Abendsegler.

Das braune Laub des Vorjahres bedeckt weite Teile des Bodens. Dort, wo genügend Licht durch das dichte Blätterdach fällt, sorgen Kräuter und Gräser für einen zartgrünen Schimmer. Auf Lichtungen, die umgestürzte Baumriesen geschlagen haben, gedeihen Himbeere, Roter Fingerhut und der für den Spessart typische Adlerfarn. Im Gegensatz zu früher kommen heute immer mehr Baumkeimlinge hoch – offensichtlich zeigt

Kurzprofil

Rohrberg und Metzgergraben-Krone gehören zu den ältesten Naturschutzgebieten in Bayern. Sie sind relativ klein und daher besonders empfindlich.

Träger:	Eigentümer ist der Freistaat Bayern, die Betreuung erfolgt durch die staatlichen Forstämter Altenbuch (Rohrberg) und Rothenbuch (Metzgergraben-Krone).
Gegründet:	1928
Fläche:	9,9 ha (Rohrberg); 7,6 ha (Metzgergraben-Krone)
Saison:	ganzjährig

Praktische Informationen

Adressen und Auskünfte

Naturschutzgebiet Rohrberg:
Forstamt Altenbuch,
Forstweg 7, 97901 Altenbuch,
Tel. 09392/93394.
Naturschutzgebiet Metzgergraben-Krone:
Forstamt Rothenbuch,
Schulstr. 2, 63860 Rothenbuch,
Tel. 06094/1360.
Gemeinde Rothenbuch,
Schulstr. 4, 63680 Rothenbuch,
Tel. 06094/1222.

◁
Eichenhaine wie im Märchen findet man am Rohrberg.

◁◁◁◁
Ein Hirschkäfer aus nächster Nähe.

der verstärkte Wildabschuß doch Wirkung. So scheint der überalterte Wald stellenweise bereits seiner natürlichen Verjüngung entgegenzugehen.

Wandern in den Gebieten Rohrberg und Metzgergraben-Krone

In beiden Naturschutzgebieten gibt es nicht gekennzeichnete, überwiegend unbefestigte Forstwege, die der Wanderer nutzen kann. Die Parkplätze sind ausgeschildert (Rohrberg: südlich der B 8 am Geiersberg; Metzgergraben-Krone: am Südrand des Naturschutzgebietes an der Straße von Rothenbuch nach Weibersbrunn, nahe der Einmündung der Straße zur Autobahnauffahrt Rohrbrunn).
Einen markierten Weg, der beide Naturschutzgebiete miteinander verbindet, gibt es nicht.

Prautzsch

Anreise
Mit dem Bus über die Busstrecken 43 (von Aschaffenburg über Waldaschaff nach Rothenbuch) und 8046 (Lohr am Main) nach Rothenbuch).
Das Naturschutzgebiet Metzgergaben-Krone ist einfacher zu Fuß erreichbar.
Mit dem Auto über die A 3, Abfahrt Rohrbrunn, auf der B 8 in Richtung Marktheidenfeld; südlich des großen Straßenbogens am Geiersberg steht ein Hinweisschild.

Flora und Fauna im Hochspessart

Typische Pflanzen
Rot-Buche, Traubeneiche, Bergahorn, Christophs- und Waldhabichtskraut, Waldsauerklee, Waldziest, Roter Fingerhut. Verschiedene Moosarten, Adler-, Frauen- und Wurmfarn, Feines Straußgras, Waldsimse, mehrere Seggenarten.
Baumpilze wie Schwefel-, Schmetterlings- und Riesenporling, Zunder- und Eichenfeuerschwamm.

Charakteristische Tiere
Fransenfledermaus, Abendsegler, Schwarz-, Grün-, Bunt- und Mittelspecht, Rotkehlchen, Zaunkönig, Waldkauz, Hohltaube.
Hirschkäfer, Großer Eichenbock, Holzbienen und -wespen.

Das Klopfen der Schwarzspechte durchbricht die Stille des Waldes.

Biosphärenreservat Vessertal

Thüringens grünes Herz

Eine der schönsten Gegenden des Thüringer Waldes ist das Biosphärenreservat Vessertal. Ebene Hochlagen, Berge und Hochmoore, aber auch tief eingeschnittene Täler und klare Bäche machen den Reiz dieser Mittelgebirgslandschaft aus.

Das Vessertal gehört zu den zahlreichen Tälern, die vom Kamm des Thüringer Waldes her auf kürzestem Weg dem südlichen Gebirgsrand zustreben. Die ursprünglich anmutenden Bergmischwälder und malerischen Wiesentäler zogen schon in den dreißiger Jahren Wanderer und Naturfreunde an. Einer von ihnen war Professor Ernst Kaiser aus Hildburghausen, der sich bereits zu jener Zeit für den Erhalt dieser Landschaft einsetzte. 1939 wurde das untere Tal der Vesser auf rund sieben Kilometern Länge und zwei Kilometern Breite unter Schutz gestellt – mit 1348 Hektar eines der größten Naturschutzgebiete in Thüringen. In der oberen Hälfte des Tales liegt die Ortschaft Vesser, die den selben Namen trägt wie der Bach. Ihre Lage war der Grund dafür, daß das Schutzgebiet nicht schon damals auf das gesamte Tal ausgedehnt wurde. In den fünfziger, mehr noch in den sechziger und siebziger Jahren kam es zu gravierenden Änderungen in der Landnutzung: Großraumlandwirtschaft mit moderner Technik sowie intensive Weidewirtschaft und Düngung lösten die einschürige

Kurzprofil

Das Vessertal ist das älteste deutsche Biosphärenreservat.

Träger:	Thüringer Ministerium für Landwirtschaft, Naturschutz und Umwelt
Gegründet:	1939 als Naturschutzgebiet Unteres Vessertal
Fläche:	17 242 ha; die Kernzone ohne Bewirtschaftung wurde von 276 ha auf 300 ha erweitert
Saison:	ganzjährig
Wanderwege:	ca. 400 km

Mahd ab. Andererseits blieben nach 1965 artenreiche Borstgrasrasen und Goldhaferwiesen sich selbst überlassen, und auch die alten Ackerterrassen wurden nicht mehr genutzt.

Seit 1979 genießt das Vessertal als von der UNESCO anerkanntes Biosphärenreservat besonderen Schutz. Im Reservat sollen einerseits Teile alter Kulturlandschaft durch Pflege und Nutzung bewahrt werden, andererseits durch Ausweitung der Kern-

▷ **Der seltene Sperlingskauz ist ein nur vereinzelt, aber regelmäßig anzutreffender Brüter im Biosphärenreservat.**

◁ **Von der Wiese am Berghotel Stutenhaus gleitet der Blick über buchenreiche Bergmischwälder rund um das Vessertal.**

zone natürliche Entwicklungsprozesse ohne Eingriff des Menschen unterstützt werden. Mit der heutigen Gesamtfläche von rund 17 000 Hektar – 88 Prozent davon sind bewaldet – umfaßt das Biosphärenreservat einen weitgehend unversehrten Bereich der Mittelgebirgslandschaft um den Thüringer Wald. Durch die Erweiterung der Fläche wurden auch die Kammlagen des Thüringer Waldes, die Bergfichtenwälder und Moore in den Schutz einbezogen. 800 Jahre Köhlerei haben die Naturnähe der Wälder und den Reichtum an seltenen Tier- und Pflanzenarten nur unwesentlich beeinträchtigt – ganz im Gegensatz zu den Schäden, die der überhegte Rotwildbestand zumal in den Kammlagen verursacht hat. Diese werden nur im Zuge langer Regenerationszeiten zu beseitigen sein. Besonders die Weißtanne hat darunter gelitten. Ihre Verjüngung und Wiederausbreitung ist heute ein wichtiges Anliegen.

Der interessierte Naturfreund wird von der Artenvielfalt des Gebietes begeistert sein. So beherbergt das Reservat rund 500 Farn- und Blütenpflanzen, 120 Flechten und mehr als 360 Moose, darunter zahlreiche seltene und gefährdete Arten. Der hohe Waldanteil im Wechsel mit Bergwiesen, Hochmooren und Fließgewässern bestimmt die Artenzusammensetzung der Tierwelt. Bär, Wolf, Luchs und Wildkatze wurden vor langer Zeit ausgerottet. Als letzter verschwand der Otter, der das Flußgebiet der Werra noch bis in die sechziger Jahre bewohnte. Heute sind Stein- und Baummarder, Wildschwein und Dachs im Vessertal anzutreffen, daneben zahlreiche Fledermausarten. Der Waschbär ist neu zugewandert. Die Vogelwelt ist besonders gut untersucht worden. So brüten von 130 nachgewiesenen Vogelarten 92 im Reservat, darunter solche Raritäten wie Schwarzstorch,

Seit dem Mittelalter wird die gelbblühende Arnika zur Wundbehandlung genutzt.

Uhu, Wanderfalke und Birkhuhn. Auch Gebirgsbachbewohner wie Eisvogel, Wasseramsel und Gebirgsstelze ziehen hier erfolgreich ihre Jungen auf.

Wandern im Vessertal

Über 400 Kilometer gut markierte Wanderwege führen durch das zu jeder Jahreszeit reizvolle Biosphärenreservat. Ausgangspunkte für Wanderungen sind neben vielen am Rande gelegenen Urlaubsorten die im Schutzgebiet liegenden Dörfer wie Breitenbach, Frauenwald, Schmiedefeld a.R. und Vesser. Für den Thüringer Wald typische, im alten Stil erhaltene Gaststätten laden zur Rast ein. Drei erlebnisreiche Wanderungen werden im folgenden näher vorgestellt.

▷ An schattigen Stellen des Vesserbachs gedeihen die großen Wedel des Straußfarns.

Kultur und Museen

Der Rennsteiggarten bei Oberhof

Deutschlands wohl größter botanischer Garten für Gebirgsflora (fast 4000 Arten auf einem 7 Hektar großen Areal) am alten Steinbruch am Pfanntalskopf. Zugang: Großer Parkplatz am Rondell, an dem der Rennsteig die B 247 kreuzt. (Geöffnet von Mai bis Oktober; Hauptblütezeit im Juni; Tel. 036842/5245)

Stützerbach, Manebach mit Kickelhahn (861 m)

Orte, die eng mit dem Namen des großen Dichters verbunden sind: Im Glaserschen Haus und im ehemaligen „Weißen Roß" in Stützerbach hielt sich Goethe mehrfach auf; er übernachtete auch im Haus des Kantors zu Manebach. An Goethes Besuche erinnern zudem das Goethehäuschen auf dem Gipfel des Kickelhahns („Über allen Gipfeln ist Ruh ...") und das 1783 errichtete Jagdhaus Gabelbach.

Schleusingen

Die Bertholdsburg, ein von vier Türmen flankierter Renaissancebau mit prächtigen Portalen, ist der eindrucksvollste Bau der Stadt. Bis 1583 war sie Sitz der Fürstgrafen von Henneberg.

Suhl

Jagdwaffenmuseum im alten Malzhaus (erbaut um 1650)

▷▷▷ In der Kernzone darf sich die Natur wieder frei entwickeln: Alte Buchen brechen zusammen und geben Raum für Wildwüchse aus Hirschholunder, Himbeeren, Bergahornen, Fichten und Tannen.

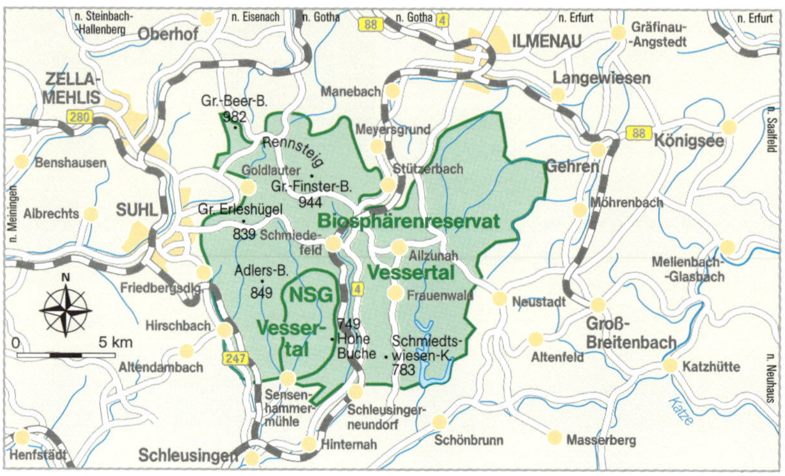

Route 1: Bergwälder, Wiesen und Bäche

Dieser Rundwanderweg berührt die schönsten Ausschnitte des 1648 Hektar großen Naturschutzgebietes Vessertal, das als Kernstück des gleichnamigen Biosphärenreservats das Tal der Vesser, einige Seitenbäche und deren steile Talflanken umfaßt. Die Wanderung beginnt im oberen Teil des einstigen Waldhufendorfes Breitenbach. Dort zweigt rechts die Audbergstraße ab, die durch ehemalige Ackerterrassen führt. Sie stellen heute ein bedrohtes Element der historischen Kulturlandschaft dar. Man überquert den Kre-

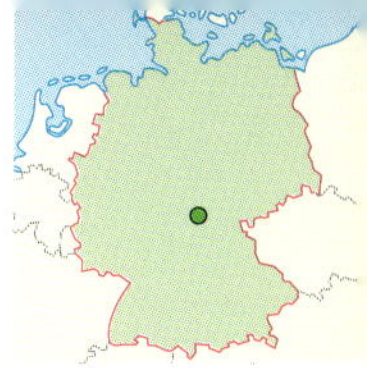

gelangt wieder in den Vessergrund. Vorbei am Forsthaus Sensenhammer erreicht man bald den Ausgangspunkt in Breitenbach.

i Rundweg von Breitenbach durch das Vessertal; Länge ca. 14 km; ca. 5–6 Stunden reine Gehzeit.

Der Birkenzeisig brütet seit den achtziger Jahren im Reservat.

kebach und folgt dem Wegweiser in Richtung Otterod und Vessertal. Am wärmebegünstigten linken Hang wachsen neben Rot-Buche viele Hainbuchen und Vogelkirschen; sie sind Reste des ehemals vorherrschenden Eichen-Hainbuchenwaldes. Auf der Otterod genannten Bergwiese blühen neben Gemeinem Borstgras im Frühsommer Bärwurz und Arnika. Oberhalb des Otterod erreicht der Weg an der Schneidmühlsbrücke das Vessertal. Von der Brücke aus bietet sich ein herrlicher Blick über die Wiesen der Talsohle und den Lauf der rasch dahinfließenden Vesser. Mit etwas Glück kann man am Bachlauf sogar einen fischenden Schwarzstorch beobachten. Nach dem Überqueren der Vesseraue wählt man den Fahrweg talaufwärts und gelangt bald in die Kernzone des Reservats, in dem jegliche Nutzung untersagt ist. Hier wird die natürliche Entwicklung des Waldes seit Jahren genau dokumentiert, und die Wiesen unterhalb des Weges werden seit 25 Jahren nicht mehr gemäht. Der Weg biegt dann links in das Glasebachtal ein und führt über noch genutzte Goldhaferwiesen bald zum Berghotel Stutenhaus. Unterhalb des Stutenhauses geht man links in die Ziegenrückenstraße. Später durchwandert man die schmalen Wiesen des Ecketals und

Flora und Fauna im Vessertal

Typische Bäume und Sträucher

Fichte, Rot-Buche, Weißtanne, Bergahorn, Schwarzerle, Hängebirke, Salweide, Eberesche, Schwarze Heckenkirsche, Hirschholunder, Himbeere, Brombeere, Heidel- und Preiselbeere; in den Hochmooren auch Rausch- und Moosbeere.

Charakteristische Blütenpflanzen

Arnika, Bärwurz, Bunter Eisenhut, Große Händelwurz, Weiße Pestwurz, Echtes Mädesüß, Maiglöckchen, Purpurhasenlattich, Quirlweiß- und Zwiebelzahnwurz.

Charakteristische Tiere

Rothirsch, Wildschwein, Dachs, Waschbär, Rotfuchs, Stein- und Baummarder, Iltis, Hermelin, Mauswiesel, Feldhase, Eichhörnchen, Sumpf-, Wasser- und Feldspitzmaus, Kleinäugige Wühlmaus, Großes Mausohr, Große Bartfledermaus, Zweifarbfledermaus, Braunes Langohr, Nord- und Wasserfledermaus; Schwarzstorch, Uhu, Sperlings- und Rauhfußkauz, Wanderfalke, Bekassine, Birkhuhn, Zwergschnäpper, Eisvogel, Wasseramsel, Gebirgsstelze.

Route 2: Bergfichtenwald, Moore und Felsen

Die Rundwanderung beginnt an der Gemeindeverwaltung Gehlberg und führt auf einem grün markierten Weg hinauf zur Güldenen Brücke, von dort abwärts zur Meiningener Hütte, Teufelskanzel und zum Venezianerbrunnen. Leicht bergauf geht es nun entlang des Schneekopfmassivs. (Über einen kleinen Abstecher kann man leicht den Gipfel dieses mit 978 m zweithöchsten Berges des Thüringer Waldes besteigen.) Der Weg erreicht die Dürrenberger Hütte und den Brunstplatz. Danach geht es auf den Rennsteig, dem man nach links folgt. Der Große Beerberg (982 m), die höchste Erhebung im Thüringer Wald, kommt in Sichtweite. Von Plänkners Aussicht aus hat man hier einen schönen Weitblick auf Suhl, die Vorberge des Thüringer Waldes und die Rhön. Die Hochmoore rund um den Schneekopf und Beerberg genießen als letzte Rückzugsgebiete des Birkhuhns besonderen Schutz.

▷▷ **Die Pestwurz blüht bereits früh im Jahr und bildet erst danach die typischen großen Blätter aus.**

▷ **Feldspitzmaus im Nest mit ihren Jungen; sie gehört zu den zahlreichen Kleinsäugern im Gebiet.**

Praktische Informationen

Adressen und Auskünfte

Verwaltung des Biosphärenreservats Vessertal, An der Wilke 4, 98574 Breitenbach, Tel. 036841/8187.
Fremdenverkehrsamt Frauenwald, Nordstr. 96, 98711 Frauenwald, Tel. 036782/61925.
Fremdenverkehrsamt Schmiedefeld/Vesser, Suhler Str. 4, 98711 Schmiedefeld a.R., Tel. 036782/324.
Kurverwaltung/Fremdenverkehrsamt Oberhof, Crawinkeler Str. 2, 98559 Oberhof, Tel. 036842/22143 (-44).
Fremdenverkehrsverein Suhl Goldlauter, Zellaer Str. 54, 98528 Suhl, Tel. 03681/41522.

Anreise

Mit der Bahn bis Ilmenau, Suhl, Gehlberg, Oberhof oder Schleusingen, die Bahnhöfe der Strecke Ilmenau–Schleusingen liegen im Biosphärenreservat (Schmiedefeld a.R.,

Lohnend ist ein Abstecher zum Schützenbergmoor mit einem neu angelegten Moorlehrpfad. Vorbei am Beerberggipfel wandert man zur Schmücke, einer traditionsreichen Bergschänke, ehe man den Rückweg nach Gehlberg antritt.

i Rundweg von Gehlberg zum Schneekopf und Großen Beerberg; Länge ca. 17 km; ca. 400 Höhenmeter; ca. 6–7 Stunden reine Gehzeit.
✕ Bergschänke Schmücke.

Route 3: ***Ausblick über den Wipfeln***

Ausgangspunkt ist das Fremdenverkehrsamt in Schmiedefeld. Von der Suhler Straße aufwärts folgt man dem grün markierten Weg; am Schwarzen Crux geht es nach rechts ab. Nach dem „Froschbrunnen" und dem Schmiedefelder Skihang geht es rechts über einen gelb markierten Weg und durch moosige Fichtenwälder leicht aufwärts zur Kreuzung mit dem Rennsteig. Hier folgt man der roten Markierung zur „Alten Tränke" aus Zeiten intensiver Waldwiesennutzung. Den Rennsteig überquerend geht es durch sturmzerzauste Wälder zum Großen Finsterberg (944 m). Ein schöner, wenig anstrengender Weg windet sich um den Berggipfel. Ein kurzer Abstecher hinauf öffnet den Blick weit übers Land. Zurück am Rennsteig geht es bis zur Kreuzung mit der B 4, weiter zum Bahnhof Rennsteig (höchstgelegene Station der Strecke Erfurt-Schleusingen) an der Jugendherberge vorbei bis zu einem blau markierten Weg, dem man am Schwarzwasser entlang zurück zum Ausgangspunkt folgt.

i Rundweg um den Großen Finsterberg; Länge ca. 13 km; Gehzeit ca. 5 Stunden.

Klaus

Schleusingen/Neundorf). Mit dem Bus: Linien Suhl–Breitenbach oder Suhl–Schmiedefeld–Vesser. Mit dem Auto über die A 4, Abfahrt Gotha und weiter auf der B 247 in Richtung Suhl–Schleusingen, oder Abfahrt Erfurt West und weiter auf der B 4 in Richtung Arnstadt, Ilmenau bis Schleusingen, dann auf der B 247 bis Abzweig St. Kilian, Breitenbach.

Unterkunft

Privatzimmer und Pensionen in allen Gemeinden im Biosphärenreservat und dessen Umfeld.

Loipen und Skiwanderwege

Sichere Schneeverhältnisse und gut gespurte Loipen in den Kammlagen entlang des Rennsteiges und um Oberhof. Detaillierte Auskünfte und Anforderung von Loipenkarten bei den Verkehrsämtern der genannten Orte.

◁ **Am Unterlauf der Vesser prägen artenreiche Mähwiesen das Bild. Im Juni dominiert stellenweise der rosafarbene Schlangenknöterich.**

Der Hainich

Luther-buche und Bettel-eiche

Im Westen des Thüringer Beckens, zwischen Mühlhausen, Bad Langensalza, Eisenach und Eschwege, erstreckt sich der Hainich. Sein naturnahes Laubwaldgebiet zählt zu den wertvollsten in Deutschland und bietet sogar der Wildkatze ein Zuhause.

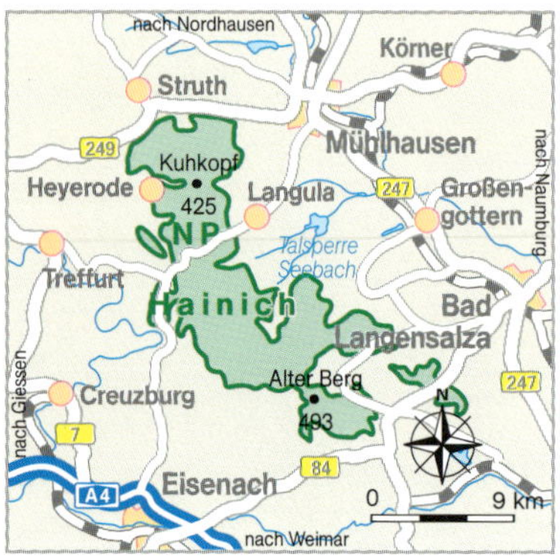

Der Hainich gehört – wie auch die Muschelkalk-Höhenzüge Dün und Hainleite zur Großlandschaft „Thüringer Becken und Randplatten". Das flachwellige, geschlossen bewaldete Muschelkalk-Plateau steigt vom östlich gelegenen Thüringer Becken allmählich an, um dann zum Werratal hin steil abzufallen. Dort erfolgt der Übergang ins Werra-Bergland, das die Werra und ihre Zuflüsse mit tiefen Tälern durchfurchen. Im Norden grenzt das Eichsfeld an. Die höchste Erhebung ist mit 493 Metern der Alte Berg. Von hier reicht der Blick bei schönem Wetter nach Süden zur Wartburg bei Eisenach und über die bewaldeten Höhen des Thüringer Waldes hinweg bis zur Rhön. Auch bisher noch nicht erschlossene Karsthöhlen gibt es in diesem Gebiet.

Kurzprofil

Der Hainich im Westen des Thüringer Beckens ist ein ausgedehntes Laubwaldgebiet von besonderem landschaftlichen Reiz.

Träger:	Thüringer Ministerium für Landwirtschaft, Naturschutz und Umwelt
Gegründet:	1996
Fläche:	7500 ha; eingegliedert in den Naturpark Hainich-Werratal-Eichsfeld (86 750 ha)
Saison:	ganzjährig
Wanderwege:	ca. 200 km

Das zusammenhängende Waldareal umfaßt rund 16 000 Hektar und ist kaum durch Verkehrswege zerschnitten. Trotzdem war der Hainich bis vor kurzem in Deutschland nur wenigen Naturfreunden ein Begriff. Selbst in Thüringen kannte kaum einer dieses Gebiet, dessen landschaftliche Reize sich erst allmählich herumsprechen. Das verwundert nicht, wenn man bedenkt, daß Teile des sich westlich anschließenden Werratals als Grenzgebiet zu Hessen in DDR-Zeiten nicht öffentlich zugänglich waren. Dadurch blieb auch der Hainich trotz kulturhistorisch interessanter Stätten touristisch weitgehend ein Niemandsland. Zudem befanden sich im südlichen Teil des Hainich auf rund 8000 Hektar Fläche die beiden für Besucher gesperrten Truppenübungsplätze Kindel und Weberstedt. Seit ihrer Öffnung wurden umfangreiche botanische und zoologische Untersuchungen durchgeführt, die den hohen Naturschutzwert dieser Gebiete bele-

◁
Bei klarer Sicht reicht der Blick vom Offenland des Kindel, wo die natürliche Wiederbewaldung bereits in vollem Gange ist, bis zur Rhön.

◁◁◁◁
An feuchten Standorten blühen die zarten Märzenbecher.

gen. Nördlich von Weberstedt liegen außerdem die Buchenplenterwälder, die seit etwa 200 Jahren von altrechtlichen Laubgenossenschaften im sogenannten Plenterbetrieb bewirtschaftet werden. Diese Nutzungsform ist durch die Entnahme einzelner Altbäume und die Förderung natürlicher Verjüngung in den entstehenden Lücken gekennzeichnet, was zur Folge hat, daß alle Altersstadien eines Buchenwaldes eng benachbart über- und nebeneinander auf der gleichen Fläche stehen.
Zur Bewahrung des wertvollen Waldbestandes des Hainich wurde im Oktober 1996 ein „integriertes Schutzkonzept" beschlossen. Es sieht unter

◁
Nicht nur Vögel, auch den Siebenschläfer locken die Früchte der Eberesche an.

anderem die Einrichtung eines in den größeren Naturpark Hainich–Werratal–Eichsfeld eingebetteten Nationalparks vor.

Wandern im Hainich

Für Wanderungen besonders zu empfehlen sind das Frühjahr mit den reichen Blütenteppichen der typischen Buchenwaldflora und der

▷▷ **Nährstoffreiche Böden bevorzugt das früh blühende Leberblümchen, gut zu erkennen an der typischen dreigeteilten Blattform.**

▷ **Der Mittelspecht braucht für seine Nahrungssuche und den Höhlenbau urwüchsige Laubmischwälder, wie man sie am Hainich findet.**

Herbst mit seiner herrlichen Laubfärbung.

Die hier vorgestellten Routen erschließen den 42 Kilometer langen Höhenweg des Hainich, den Rennstieg.

Route 1: Laubwald pur

Für diese 21 km lange Etappe des Rennstiegs werden etwa 7 Stunden benötigt. Dem Wanderer bleibt es überlassen, bereits in Mühlhausen zu beginnen – dann wären der Stadtwald, die Popperöder Quelle und der Peterhof vor Eigenrieden am Wege. Unweit des Ausgangspunktes in Eigenrieden beginnt der Mühlhäuser Landgraben, der früher das Gebiet der freien Reichsstadt vor den Übergriffen der Eichsfelder schützen sollte. Auf dem Weg nach Heyerode passiert man ein historisches Grenzhaus, die Himmelsleiter, die Luther-

Flora und Fauna im Hainich

Typische Bäume und Sträucher

Rot-Buche, Stiel- und Traubeneiche, Hainbuche, Linde, Esche, Eberesche, Elsbeere, Feld-, Berg- und Spitzahorn, Wildkirsche, Bergulme, Schwarzerle, Hängebirke, Rote Heckenkirsche, Hasel, Hirschholunder, verschiedene Wildrosen- und Weißdornarten.

Charakteristische Blütenpflanzen

Akelei, Anemone, Bärlauch, Leberblümchen, Grüne Nieswurz, Märzenbecher, Sanikel, Türkenbund, Waldgoldstern, Quirl-Weißwurz, Weißes und Rotes Waldvögelein, Fuchssches Knabenkraut, Nestwurz.

Charakteristische Tiere

Wildkatze, Siebenschläfer, Bechsteinfledermaus, Kleine Bartfledermaus; 104 nachgewiesene Brutvogelarten, darunter Schwarzstorch, Birkhuhn, Uhu, Baumfalke, Wiesenweihe, Klein-, Schwarz- und Mittelspecht; Feuersalamander, Geburtshelfer- und Kreuzkröte, Gelbbauchunke, Laubfrosch; neben Buchenbock, Weberbock und Rehschröter ca. 170 holzbewohnende Käferarten und 58 Tagfalterarten, darunter Großer Schillerfalter, Pflaumenzipfelfalter und Hylasbläuling.

Praktische Informationen

Adressen und Auskünfte

Informationszentrum Hainich, An der alten Post 3, 99947 Bad Langensalza, Tel. 03603/812373.
Nationalparkverwaltung, Dorfstr. 19, 37318 Fürstenhagen, Tel. 036083/2273.
Bad Langensalza-Information, 99947 Bad Langensalza, Tel. 03603/842568.

Anreise

Mit der Bahn bis Mühlhausen, Bad Langensalza oder Seebach. Mit dem Auto über die A 4, Abfahrt Eisenach Ost, an der Ostseite des Hainich nach Mihla, Nazza und Heyerode oder über die B 84 nach Behringen, Bad Langensalza; oder Abfahrt Gotha und weiter über die B 247 nach

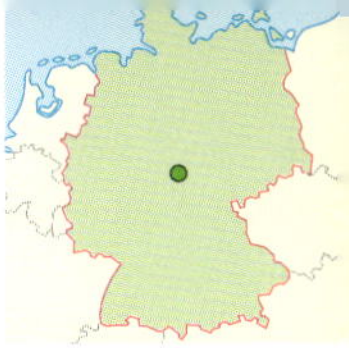

Kultur und Museen

Bad Langensalza

Historische Stadtmauer, Marktkirche und Altstadtkern (Flächendenkmal), ehemaliges Augustinerkloster mit Heimatmuseum

Mühlhausen

Historische Wehranlagen, Rathaus mit Reichsstädtischem Archiv, Allerheiligenkirche, Altstadt mit reichem mittelalterlichem Gebäudebestand, Museum am Lindenbühl

Volkenroda

1000jährige Eiche, Kloster

Oberdorla

germanische Kultstätte „Opfermoor"

buche und einen alten Muschelkalk-Steinbruch am Winterberg. Vom Steinernen Tisch, auch Wartburgblick genannt, hat man eine gute Sicht bis zu den Bergen der Vorderrhön. Hier zweigt man vom Rennstieg nach Kammerforst ab. Der Weg führt über das Reckenbühl, eine Waldlichtung, auf der früher ein Gasthaus stand.

i Rennstieg von Eigenrieden nach Kammerforst; ca. 7–8 Stunden reine Gehzeit.

Bad Langensalza und Mühlhausen. Lokale Buslinien erschließen zahlreiche Anliegergemeinden.

Führungen

Ganzjährig und kostenlos, Terminvereinbarung im Informationszentrum Hainich.

Unterkunft

Zahlreiche Pensionen und Hotels in den umliegenden Gemeinden, Vermittlung über die Bad Langensalza-Information. Jugendherberge in Craula.

Mit dem Rad

Entlang der Unstrut führt ein neu gestalteter Radweg nach Bad Langensalza und Mühlhausen. Von hier aus ist der Hainich auf wenig befahrenen Straßen zu erreichen.

◁ **Die Betteleiche ist der wohl bekannteste Baumveteran des Hainich.**

Route 2: Betteleiche und Eiserne Hand

Der Weg führt von Kammerforst aufwärts zu den Resten der ehemaligen „Antoniusherberge", von der nur noch alte Kellergewölbe, ein verschütteter Brunnenschacht und Steintrümmer zeugen. Von hier geht es weiter zu den Lichtungen des Ihlefelds. Vorbei an der uralten knorrigen Betteleiche erreicht man den Wegweiser „Eiserne Hand", der schon 1554 erwähnt wird. Der Daumen zeigt nach Ihlefeld, die Finger nach Bischofroda, Craula, Mülverstedt und Kammerforst. Hier wählt man den Weg in Richtung Craula. Der Aussichtspunkt Craulaer Kreuz, der Alte Berg und der Försterstein sind weitere Stationen auf dem Rennstieg nach Behringen.

i Rennstieg von Kammerforst nach Behringen; Länge ca. 21 km; 7–8 Stunden Gehzeit.

Klaus

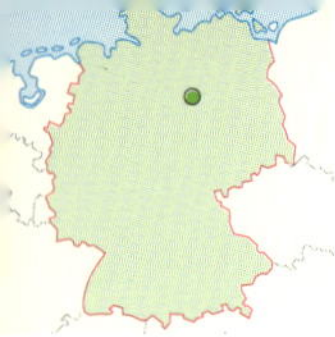

Nationalpark Harz

Schätze über Tage

Bereits 1912 forderte Hermann Löns die Schaffung eines Harzer Nationalparks nach amerikanischem Vorbild, wo man sich in „urwüchsigen Landschaften“ an „Leib und Seele laben“ und erholen könne. Im niedersächsischen Teil des Harzes wurde dieser Plan jedoch erst 1994 verwirklicht. Die ehemalige Schatzkammer Deutschlands soll dort wieder in eine ursprüngliche Landschaft verwandelt werden.

Weitgehend unberührte Wälder bedeckten den Harz, als dort vor rund tausend Jahren mit intensivem Bergbau begonnen wurde. Durch den enormen Holzverbrauch der Bergwerke und Schmelzhütten sowie der zunehmenden Bevölkerung änderte sich der Charakter des Waldes tiefgreifend. So wurden insbesondere Buchen der hohen Heizkraft ihres Holzes wegen schon früh stark abgeholzt. Später ermöglichte die Einführung des Blasebalgs, daß die für die Verhüttung erforderlichen Temperaturen auch mit Fichtenholz erzeugt werden konnten. Die Buchen wurden deshalb bis zum Ende des 19. Jahrhunderts durch die schneller wachsenden und leichter anzubauenden Fichten ersetzt. Die jüngere

Kurzprofil

Der Nationalpark Harz ist einer der jüngsten deutschen Nationalparkes.

Träger:	Niedersächsisches Umweltministerium mit Unterstützung durch das Niedersächsische Ministerium für Ernährung, Landwirtschaft und Forsten
Gegründet:	1994
Fläche:	ca. 15 800 ha (davon z. Zt. ca. 5 000 ha völlig der natürlichen Entwicklung überlassen)
Saison:	ganzjährig
Besucher:	10 Millionen jährlich
Wanderwege:	rund 260 km

▷ **Nicht nur die Hochlagen, sondern das gesamte Gebiet war lange Zeit von Fichten geprägt.**

Waldgeschichte ist geprägt durch ausgedehnte Kahlschläge nach dem Zweiten Weltkrieg, große, von Orkanen verursachte Waldschäden und erneute Aufforstungen mit Fichten. So wurden im Lauf der Jahrhunderte aus einst laubholzreichen Urwäldern jene monotonen, dunklen Wirtschaftswälder, die lange Zeit das Bild des Harzes bestimmten. Viele Tierarten wie Wisent und Ur, Bär und Luchs, Auerhuhn und Adler, aber auch eine ganze Reihe von Pflanzenarten waren vom Menschen verdrängt worden.

Erst in den achtziger Jahren unseres Jahrhunderts erfolgte die endgültige Abkehr von einer Forstwirtschaft, die sich weitgehend auf reine Fichtenbestände beschränkte. Neue ökologische Erkenntnisse und die beträchtlichen Schäden, die durch die zunehmende Luftverschmutzung auch in den Wäldern des Harzes zu verzeichnen waren, lösten diese Entwicklung aus. So startete die Landesforstverwaltung 1987 das „Walderneuerungsprogramm Harz“: Innerhalb von sieben Jahren wurden über 10 Millionen Buchen gepflanzt und damit 4000 Hektar Laubwald neu geschaffen. Es war der Beginn des großflächigen Waldumbaus im Harz, der mit der „Langfristigen ökologischen Waldentwicklung“ (LÖWE) fortgesetzt wurde und in der Gründung des Nationalparks seinen vorläufigen Höhepunkt fand.

Wo früher unter Tage Bodenschätze wie Silber, Eisen, Kupfer, Schwefel, Blei und Arsen abgebaut wurden, begann man nun damit, über Tage Naturschätze in Gestalt naturnaher Laub- und Mischwälder wieder entstehen zu lassen. Dies soll in Zukunft vor allem in den Mittellagen des Harzes geschehen. Auf diese Weise können wieder vielfältige natürliche Lebensräume für die ehemals hier heimischen Tiere und Pflanzen geschaffen werden.

Der Oderteich zwischen Oderbrück und Sonnenberg ist Teil des Oberharzer Wasserregals.

Derartige Rückentwicklungen zu Urwaldbedingungen stoßen in dichtbesiedelten Kulturlandschaften jedoch an Grenzen. So wird in den Wäldern der Anteil an alten und toten Bäumen, die Vögeln wie Specht, Eule und Hohltaube Brutmöglichkeiten bieten, zwar zunehmen, für die im Harz ursprünglich beheimateten

▷ **Bohlenstege ermöglichen es Wanderern, sich auf schonende Art dem Moor zu nähern.**

Großtiere aber ist der Nationalpark viel zu klein. Es wird aus Platzgründen nicht möglich sein, Rückzüchtungen des Auerochsen oder gar Bären und Wolfsrudel auszusiedeln.

Andere seltene und vorübergehend verschwundene Tierarten dagegen haben sich schon wieder niedergelassen: Wanderfalke und Schwarzstorch, aber auch Sperlingskauz, Kolkrabe und Schwarzspecht. Weitere werden gewiß folgen.

Für die Menschen bringt die Ausweisung eines Nationalparks im Harz erhebliche Vorteile und neue Einsichten mit sich: Einerseits herrschen außerhalb des Parks ideale Bedingungen, um die schon seit über tausend Jahren wirkenden Wechselbeziehungen zwischen Mensch und Natur zu studieren, andererseits bietet sich innerhalb des geschützten Gebiets die einmalige Chance, die Entwicklung eines „Urwalds" zu beobachten. Daraus resultierende Erkenntnisse werden bereits in den umliegenden, ökologisch bewirtschafteten Forstflächen praktisch genutzt. Zudem ist der Nationalpark für die jährlich etwa 10 Millionen Besucher gleichsam ein offenes „Lehrbuch der Natur", das durch verschiedene, als „Rucksackschule Nationalpark Harz" bezeichnete Aktivitäten der Nationalparkverwaltung umweltpädagogisch genutzt wird.

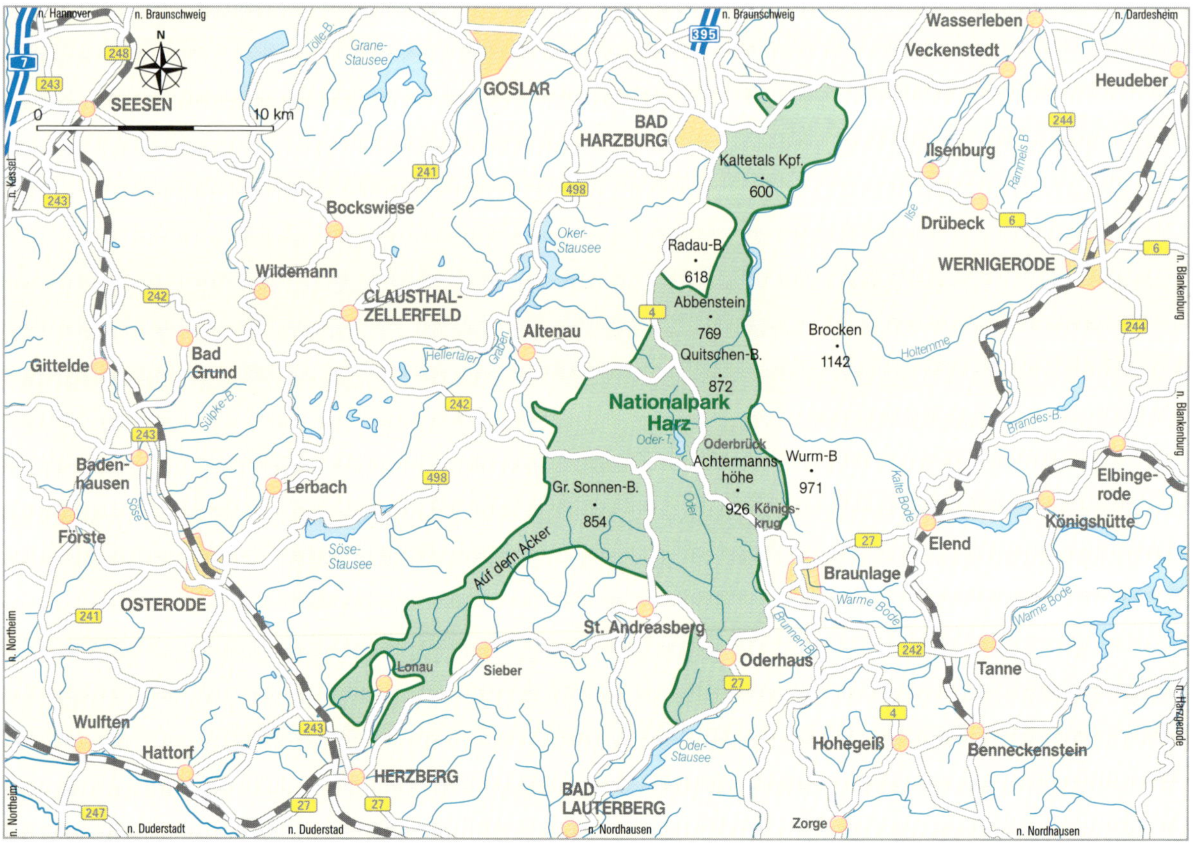

Der Nationalpark im Überblick

⊲⊲ Blick vom Brockenfeldmoor zum Brocken im benachbarten Nationalpark Hochharz

Der Nationalpark Harz erstreckt sich über ein 15 800 Hektar großes Gebiet, das sich in Höhen zwischen 250 Metern bei Bad Harzburg und 925 Metern (Bruchberg) südlich der norddeutschen Tiefebene erhebt.

In den verschiedenen Höhenlagen herrschen unterschiedliche klimatische Bedingungen, wobei die jährlichen Niederschläge von ca. 600 Millimetern im Regenschatten des Gebirges bis zu ca. 1600 Millimetern an der Wetterseite reichen. Die jeweiligen klimatischen und geologischen Besonderheiten – zu den vorkommenden Gesteinsarten zählen Dolomit, Granit, Diabas, Quarzit und Schiefer sowie Gabbro und Grauwacke – schaffen vielfältige Standortbedingungen für die diversen Waldgesellschaften des Harzes. So sind Farne und Moose sowie Flechten, Pilze und Gräser in den Wollreitgras-Fichtenwäldern der Hochlagen bestimmend, während in den lichten Block-Fichtenwäldern auch Bergahorn und Heidelbeere gedeihen. Moor-Fichtenwälder mit ihrem Reichtum an Torfmoosen wachsen in der Umgebung der Hochmoore. Die von Buche und Fichte dominierten Bergmischwälder finden sich in den etwas tieferen Lagen zwischen 700 und 800 Metern Höhe – vor allem hier soll im Rahmen des Waldumbaus der Anteil der Laubbäume wieder erheblich gesteigert werden. Unterhalb dieser Mischwälder ist die natürliche Waldgesellschaft der Buchenwald. Seltene Pflanzen wie Alpenmilchlattich, Mondviole und Milzkraut wachsen in den kleinen Schlucht-, Au- und Quellwäldern.

Moore nehmen etwa 400 Hektar des Schutzgebiets ein. Sie liegen nahezu vollständig in den Hochlagen des Nationalparks. Auch heute gibt es in diesem Lebensraum allein 33 verschiedene hochspezialisierte Blütenpflanzen, von denen 17 Arten vom Aussterben bedroht sind, unter anderen die Zwergbirke und die Wenigblütige Segge.

⊲ Neuer Beschilderungstyp im Nationalpark

⊲ Ein Rothirsch zur Zeit der Brunft

Zumal in den mittleren und höchsten Lagen des Gebirges findet sich manches felsige, waldfreie Areal, in dem nur einzelne Gehölze vorkommen. Es ist die Heimat von Wanderfalke und Alpenringdrossel, in der vor allem Moose und Flechten vorherrschen. Auch wenn einige Tierarten bereits ausgestorben sind, so ist im Nationalpark Harz mit rund 50 Säugetier- und 110 Vogelarten doch noch immer – oder wieder – eine reiche Fauna anzutreffen.

Überlebenskünstlern auf der Spur

Tiefe Wälder, weite Moore, bizarre Felsen, wilde Bäche: der Nationalpark Harz bietet dem Besucher eine spektakuläre Landschaft, geprägt von einem Mosaik facettenreicher Naturräume. Hier leben Rothirsche, Rehe und Wildschweine, aber auch Füchse und Marder sowie Greifvögel wie Bussard und Habicht.

Besonders beeindruckend sind die Wälder in den Hochlagen des Harzes, wo Naturliebhaber seltene Gewächse wie den Gebirgs-Frauenfarn bewundern können. Aber auch eine artenreiche Vogelwelt ist hier zu Hause. Das Klopfen der Schwarzspechte ist häufig zu hören, und der aufmerksame Besucher sichtet gelegentlich sogar einen Wanderfalken oder eines der mittlerweile wieder angesiedelten Auerhühner. Wer sich nicht allein auf sein Glück verlassen möchte, für den bietet das Auerhuhngehege die Garantie, eines dieser vormals in vielen Gebieten fast ausgerotteten Waldhühner zu Gesicht zu bekommen.

Einzigartig sind die Hochmoore, die heute ursprünglichsten Lebensräume im Nationalpark. Unter den hier herrschenden extremen Umweltbedingungen können nur besonders angepaßte Pflanzen- und Tierarten existieren. Zu diesen Spezialisten zählen beispielsweise die in vielen Farben schimmernden Libellen. Einen Besuch wert ist vor allem das Große Torfhausmoor, mit einer Fläche von 30 Hektar und einer Torfschicht von fünf bis sechs Metern

Da muß man hin

- ☐ Nationalparkhaus Altenau-Torfhaus
- ☐ Achtermannkuppe (925 m) zwischen Königskrug und Oderbrück
- ☐ Hochmoore zwischen Torfhaus und Oderbrück
- ☐ Oderteich zwischen Oderbrück und Sonnenberg
- ☐ Auerhuhngehege bei Lonau

▷ **Buchenwald, in tieferen Lagen die natürliche Waldgesellschaft, kann sich langsam wieder durchsetzen.**

Mächtigkeit eines der größten und ältesten Moore im Harz. Hier wächst das im Juli fruchtende Wollgras, dessen weiße Büschel besonders reizvoll sind. Im Herbst dagegen zählt der goldbraun leuchtende Teppich der Rasigen Haarsimse zu den schönsten Eindrücken einer Wanderung. Am Hochmoor Bodebruch, über das Stege führen, können einige Moorpflanzen wie der seltene „fleischfressende" Sonnentau aus nächster Nähe betrachtet werden.

Kultur und Museen

Bad Harzburg

Haus der Natur (Geöffnet täglich außer Di von 10–17 Uhr)

Braunlage

Das Heimat- und Skimuseum zeigt die Entwicklung Braunlages vom Waldarbeiter- und Hüttendorf zum heilklimatischen Kurort und Wintersportplatz und beherbergt eine umfangreiche Wintersport- und Skisammlung. (Geöffnet Di und Fr von 10–12 Uhr)

Goslar

Im Rammelsberger Bergbaumuseum (UNESCO-Weltkulturerbe) kann man unter und über Tage ein tausendjähriges Bergwerk erleben, sich über Bergbau im Mittelalter und im 20. Jahrhundert informieren, unterirdische Wasserräder, in Betrieb befindliche Maschinen und die imposante Industriearchitektur bewundern. (Geöffnet von 10–18 Uhr)

Herzberg

Im Zinnfigurenmuseum im Welfenschloß sind mehr als 100 Dioramen deutscher Kunst- und Kultur-, Forst- und Wirtschaftsgeschichte ausgestellt, zudem ein Faksimile des Evangeliars Heinrichs des Löwen sowie historische Herzberger Gewehre. (Geöffnet Di–So, April bis Oktober von 10–13 Uhr und von 14–17 Uhr; November bis März von 11–13 Uhr und von 14–16 Uhr)

St. Andreasberg

Im Bergwerksmuseum Grube Samson und Grube Katharina Neufang, einem Zeugnis europäischer Bergbaugeschichte, ist die Grubenanlage mit Fahrkunst und Wasserrädern im Originalzustand erhalten; außerdem kann eine reichhaltige Erzsammlung besichtigt werden. (Führungen täglich 11 Uhr und 14.30 Uhr, Gruppen nach Voranmeldung unter Tel. 05582/1249)

Geschichte auf Schritt und Tritt

Im Norden bei Bad Harzburg und im Süden rund um Lonau vermitteln tiefe Buchenwälder einen guten Eindruck davon, wie der Harz einmal war und wie er im Laufe der Zeit wieder sein wird. Wer jedoch die abwechslungsreiche Natur des Gebirges noch besser kennenlernen will, sollte an einer Führung teilnehmen. Nicht nur für Kinder und Jugendliche besteht im Nationalpark die Möglichkeit, „Natur pur" spielerisch und mit allen Sinnen zu entdecken und zu erleben – sei es in der Rucksackschule oder bei einem der zahlreichen Walderlebnistage.

◁ **Der Seidelbast ist ein Bewohner von Buchenwäldern.**

Aber auch kulturhistorische Denkmäler sind zu bewundern. Zeugnis von der durch den Bergbau geprägten Vergangenheit legt das „Oberharzer Wasserregal" ab. Dieses System aus Wassergräben und Teichen gewährleistete einst die kontinuierliche Versorgung der Gruben mit Wasser und lieferte zugleich die Energie zum Betrieb der Wasserräder. Der Oderteich, die älteste und bis Ende des 19. Jahrhunderts größte Talsperre Europas, ist ein Teil dieses Wassersystems. Interessante Einblicke in die Harzer Geschichte gewähren auch mehrere Bergbau- und Heimatmuseen der Städte und Gemeinden am Rand des Nationalparks.

◁ **Der Buchdrucker befällt kranke, zum Beispiel durch Trockenheit oder Schadstoffe geschwächte Fichten.**

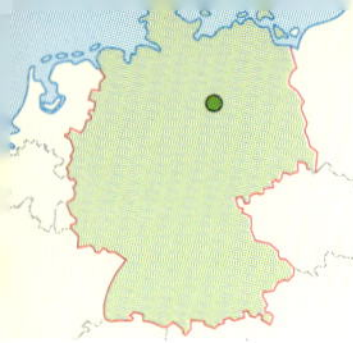

Wandern im Nationalpark Harz

Auf steilen Pfaden, historischen Steigen und abwechslungsreichen Rundwegen läßt sich im Harz Natur zu jeder Jahreszeit hautnah erleben. Dabei leitet eine ansprechende Beschilderung den Besucher auf einem 260 Kilometer langen, gut ausgebauten Wegenetz durch den Nationalpark. Für besonders interessante Routen liegen im Nationalparkhaus Altenau-Torfhaus sowie in allen Informationsstellen Faltblätter mit ausführlichen Beschreibungen aus. Für

▷ **Das scheue Hermelin kommt nur dem aufmerksame Wanderer zu Gesicht.**

Gruppen besteht außerdem die Möglichkeit, den Nationalpark zusammen mit einem „Ranger" oder einem ausgebildeteten Nationalpark-Waldführer zu erkunden.

Route 1: Buchenwälder und Auerhühner

Naturnahe Buchenwälder prägen das Bild rund um Lonau, wo die Wanderung am Dorfgemeinschaftshaus beginnt. Die Tour, die durch Bergwiesen hinauf auf die den Ort umgebenden Berghänge führt, vermittelt einen Eindruck davon, wie sich der Nationalpark Harz später einmal auf großer Fläche zeigen wird, denn die hier vorherrschenden Buchenwälder werden künftig wieder weite Bereiche des Nationalparks prägen. Eine weitere Besonderheit Lonaus ist das Auerhuhngehege, das von September bis April für Besucher geöffnet ist. Hier kann man sich über die Aufzucht und die Auswilderung der Auerhühner informieren und die seltenen Vögel in Ruhe aus der Nähe betrachten.

i Rundweg Lonau (Route „Nationalpark-Wanderführer Nr. 7"): Länge 10 km (Markierung „Wanderweg Nr. 1"); relativ eben; 4 Stunden reine Gehzeit.
✕ In Lonau (ganzjährig), auch Übernachtungsmöglichkeiten

Route 2: Das Große Torfhausmoor

Start und Ziel der Rundwanderung um das Große Torfhausmoor ist Altenau-Torfhaus. Hier lohnt sich der

Flora und Fauna im Nationalpark Harz

Typische Pflanzen

Fichte, Buche, Erle, Eberesche, Birke, Salweide (Gesamtgebiet); Bergahorn, Bergulme, Esche (besonders in Schluchtwäldern); Fichte, Bergahorn, Heidelbeere (Hochlagen); Rot-Buche (untere und mittlere Lagen); Kleines Zweiblatt, Tannen-Bärlapp, Gebirgs-Frauenfarn (Bergfichtenwald); Bärlauch, Seidelbast, Frühlings-Platterbse (Buchenwald); Moor- und Hängebirke, Wollgras, Rasige Haarsimse, Sonnentau, Zwergbirke, Wenigblütige und Schlamm-Segge, Preiselbeere, Rosmarinheide (in und an den Mooren); Erle, Weide, Platanenblättriger Hahnenfuß, Alpenmilchlattich, Mondviole, Milzkraut, Weiße Pestwurz und Wolfs-Eisenhut (Fließgewässer).

Charakteristische Tiere

Rothirsch, Reh, Wildschwein, Fuchs, Dachs, Baummarder, Hermelin, Mauswiesel, Graureiher, Bussard, Habicht, Schwarzspecht, Wanderfalke, Kolkrabe, Hohltaube, Rauhfußkauz, Waldkauz, Uhu (Gesamtgebiet); Tannenhäher, Sperlingskauz, Auerhuhn (Bergfichtenwald); Wildkatze, Schwarzstorch (Buchenwald); Ringdrossel, Alpen-Smaragdlibelle und Arktische Smaragdlibelle (Moore); Wasseramsel, Eisvogel (Fließgewässer).

Abstecher ins Nationalparkhaus Die Wanderung führt um eines der größten und ältesten Hochmoore des Harzes. Dort findet sich eine Tier- und Pflanzenwelt, die an die extrem feuchten und nährstoffarmen Bedingungen angepaßt ist. Der Ortsteil Torfhaus und ein alter Torfstich zeugen davon, daß auch im Harz Torf abgebaut wurde – wegen der langen Zeit, die der Torf zum Trocknen brauchte, erwies sich dies jedoch als unrentabel. Deshalb konnten die Harzer Hochmoore bis heute erhalten bleiben.

i Rundweg Großes Torfhausmoor (Route „Nationalpark-Wanderführer Nr. 6"): Länge 4,5 km (Markierung 10 F, 35 E, 25 G); relativ eben; 1 Stunde 30 Minuten reine Gehzeit.
✕ In Torfhaus Übernachtungsmöglichkeit

◁ Blick von der Achtermannkuppe zum Brocken

Route 3: Moore, Felsen und Bergfichtenwälder

Start und Ziel der Rundwanderung durch die Hochlagen des Harzes ist Oderbrück, ein Ortsteil der alten Bergmannsiedlung St. Andreasberg.

Aktivitäten für Kinder und Jugendliche

Das Angebot für Kinder und Jugendliche im Nationalpark Harz ist vielfältig. So bietet das Nationalparkhaus Altenau-Torfhaus Schulklassen und anderen Gruppen die Möglichkeit, auf halb- oder ganztägigen Wanderungen die Natur im Nationalpark mit allen Sinnen zu erleben. Das Nationalpark-Bildungszentrum St. Andreasberg organisiert auf Anfrage Walderlebnistage für einzelne Klassen oder auch ganze Schulen. In Altenau, St. Andreasberg und Braunlage finden regelmäßig nationalparkbezogene Spielnachmittage statt; in diesen Gemeinden bestehen zudem Nationalpark-Jugendgruppen. Anmeldung im Nationalpark-Bildungszentrum St. Andreasberg (Tel. 05582/9164-0, Fax 05582/9164-19).

Die Route vermittelt einen Eindruck von der Vielfalt der Natur in diesen extremen Klimazonen. Der Weg führt bergauf durch Bergfichtenwälder, vorbei an durch Verwitterung eigenwillig geformten Felsen, bis man schließlich zur 925 Meter hohen waldfreien Kuppe des Achtermann gelangt. Der leicht zu besteigende Gipfel gibt einen herrlichen Rundblick frei über die endlosen Fichtenwälder und die ausgedehnten baumlosen Hochmoorflächen des Nationalparks. Weiter geht es bergab durch Moor-Fichtenwälder zum Bodebruch, einem der vielen Hochmoore des Harzes. Eine Aussichtsplattform ermöglicht den Blick über die Moorfläche, und ein Bohlensteg, der über das Moor führt, lädt zur Betrachtung der Pflanzenwelt ein.

ℹ Rundweg Oderbrück (Route „Nationalpark-Wanderführer Nr.5"): Länge 7 km (Markierung 31 K, 35 L); 150 m Höhenunterschied; 3 Stunden reine Gehzeit.

✕ In Oderbrück (ganzjährig); auch Übernachtungsmöglichkeiten

Alpenmilchlattich gedeiht an Gewässerufern der montanen Stufe ab etwa 500 m Höhe; im Harz hat er sein nördlichstes Verbreitungsgebiet in Mitteleuropa.

Route 4: Wasser – Lebensader des Bergbaus

Die Wanderung nach St. Andreasberg beginnt und endet am Oderteich und führt zunächst entlang des Rehberger Grabens – beides Zeugnisse der Harzer Bergwerksgeschichte. Neben weiten Ausblicken in das Odertal sieht man während dieser Wanderung einige der schönsten Mischwälder des

Nationalparks. Vorbei an den „Hohen Klippen“, wo Goethe 1783 Untersuchungen zur Entstehung des Granits durchführte, erreicht man das „Rehberger Grabenhaus“ und wandert dann bergab in Richtung Oder, deren Lauf man flußaufwärts vorbei an einem herrlichen Schluchtwald mit Bergahorn, Bergulmen und Eschen bis zum Oderteich folgt.

i Rundweg Oderteich: Länge 15 km (Markierung blaues Dreieck); relativ eben; ca. 5 Stunden reine Gehzeit.
✕ Nationalpark-Waldgaststätte Rehberger Grabenhaus: (Ganzjährig geöffnet; Mo Ruhetag; Betriebsferien von Mitte November bis Weihnachten)

Route 5: Harzüberquerung auf dem Kaiserweg

Der Kaiserweg ist ein historischer Weg, der von Goslar über Harzburg, Oderbrück und Königskrug nach Ellrich bei Nordhausen führte. Er wurde gleichermaßen als Handelsweg nach Thüringen und Sachsen wie auch für den Transport der Rammelsberger Erze zu den Verhüttungsstätten im Mittel- und Südharz genutzt. Zu seinem jetzigen Namen kam der ehemalige Heidensteig als es 1073 während eines Aufenthalts Kaiser Friedrich IV. auf seiner Harzburg zu einem Aufstand der Sachsen kam und der Kaiser über diesen Weg die Flucht ergriff. Ausgehend vom Bad Harzburger Burgberg, auf den man mit einer Seilbahn gelangt, kann der Harz auf einem Teil dieses Weges überquert werden. Über die Gaststätte Molkenhaus, Altenau-Torfhaus mit dem Nationalpark-Haus, Oderbrück und Königskrug erreicht man Braunlage. Diese „historische Wanderung“ ist an einem Tag zu bewältigen. Wer sich jedoch mehr Zeit für die abwechslungsreiche Natur entlang des Wegs nehmen möchte, findet zahlreiche Übernachtungsmöglichkeiten.

i Kaiserweg vom Burgberg Bad Harzburg nach Braunlage: Länge 25 km (Markierung 35 E, 9 D, 12 D); ca. 400 Höhenmeter; ca. 6 Stunden reine Gehzeit.
✕ Nationalpark-Waldgaststätte Molkenhaus; Gaststätten in Torfhaus, Oderbrück und Königskrug (Ganzjährig geöffnet); Übernachtung in Torfhaus, Oderbrück, Königskrug (Ganzjährig geöffnet)

Herbstliche Stimmung im Fichtenwald

Praktische Informationen

Adressen und Auskünfte

Harzer Verkehrsverband e.V., Marktstraße 45, 38640 Goslar, Tel. 05321/34040, Fax 05432/340466.
Nationalparkverwaltung Harz, 37444 St. Andreasberg-Oderhaus, Tel. 05582/9189-0, Fax 05582/9189-19.
Nationalpark-Bildungszentrum, Am Gesehr 3, 37444 St. Andreasberg, Tel. 05582/9164-0, Fax 05582/9164-19.
Nationalparkhaus Altenau-Torfhaus, 38667 Bad Harzburg, Tel./Fax 05320/263 (Verkauf von Büchern und Karten).
Gesellschaft zur Förderung des Nationalparks Harz e.V. (GFN), Schieferweg 10, 38640 Goslar, Tel. 05321/43968, Fax 05321/20577.
Informationsmaterial und Hinweise auf geführte Wanderungen erhältlich in den Nationalpark-Informationsstellen Dorfgemeinschaftshaus Lonau; Haus des Gastes Altenau; Haus der Natur Bad Harzburg; Kurhaus St. Andreasberg; Braunlage.

Anreise

Mit der Bahn nach Bad Harzburg, Herzberg oder Bad Lauterberg, von dort Busverbindungen in den Nationalpark. Mit dem Auto über die A 7, Abfahrt Seesen oder die A 395 nach Bad Harzburg.

Führungen

Ganzjährig; Informationen sind über das Nationalpark-Bildungszentrum St. Andreasberg oder das Nationalparkhaus Altenau-Torfhaus erhältlich.

Einrichtungen für Behinderte

Eine Behindertentoilette gibt es in der Nationalpark-Informationsstelle im Kurhaus St. Andreasberg. Einige Wege sind auch für Rollstuhlfahrer geeignet und können in der Nationalpark-Verwaltung, im Nationalpark-Bildungszentrum oder im Nationalparkhaus erfragt werden.

Route 6: Herrliche Fernblicke

Wie ein Wall überragt der Acker-Bruchberg-Zug bis zu 200 Meter die ihn umgebende Landschaft, so daß sich dem Wanderer auf diesem Rundweg über den Acker herrliche Ausblicke bieten. Hier ist eine – für Europa einmalige – Hochmoorlandschaft auf dem Kamm eines Berges zu bewundern. Seit Ende der siebziger Jahre werden in diesem abgeschiedenen Gebiet die in Lonau herangezogenen Auerhühner ausgewildert, denn hier finden sie die zum Brüten benötigten Ruhezonen. Ausgangspunkt ist der Parkplatz an der Harzhochstraße (B 242) in Höhe Stieglitzecke. Der wenig anstrengende Weg führt über den nordwestlich des Kamms gelegenen Reitstieg bis zur Gaststätte Hanskühnenburg. Vom dortigen Aussichtsturm hat der Wanderer einen großartigen Rundblick. Auf dem Rückweg geht man auf der südöstlichen Seite über die Ackerstraße zurück zur Stieglitzecke.

ℹ Rundweg Stieglietzecke: Länge 13,5 km (Markierung 14B, blaues Dreieck); relativ eben; ca. 3 Stunden 30 Minuten reine Gehzeit. ✕ Nationalpark-Waldgaststätte Hanskühnenburg (Ganzjährig geöffnet; Ruhetag: Do, Betriebsferien von Mitte November bis 24. Dezember)

Barth

◁ **Balzende Auerhähne sind nach ihrer Auswilderung wieder im Wald der Hochlagen anzutreffen.**

◁ **Die beste Möglichkeit eine brütende Auerhenne zu beobachten, bietet das Auerhuhngehege bei Lonau.**

Unterkunft

Jugendherbergen in Altenau, Bad Harzburg, Bad Lauterberg, Braunlage und Torfhaus; weitere Gruppenunterkünfte und Pensionen sowie Privatunterkünfte in allen Nationalparkgemeinden.

Camping

Altenau (an der Odertalsperre), Bad Harzburg (Göttingerode), Bad Lauterberg, Braunlage, Braunlage-Hohegeiß und St. Andreasberg (Erikabrücke). Im Nationalpark selbst dürfen keine Zelte oder Wohnmobile aufgestellt werden.

Gaststätten

In allen Nationalparkgemeinden gibt es Gaststätten. Erholsam rasten kann man in den ganzjährig bewirtschafteten Waldgaststätten innerhalb des Nationalparks: Hanskühnenburg auf dem Acker, Molkenhaus und Rabenklippe bei Bad Harzburg, Rehberger Grabenhaus und Rinderstall bei St. Andreasberg. Alle Nationalpark-Waldgaststätten sind autofrei und können erwandert werden.

Busverkehr

Alle Nationalparkgemeinden, die Waldgaststätte Molkenhaus und viele Ausgangspunkte für Wanderungen sind ganzjährig mit dem Bus erreichbar.

Mit dem Rad

Auf Fahrwegen besteht die Möglichkeit für Radwanderungen im Nationalpark.

Loipen

Im Nationalpark gibt es ca. 100 km gespurte Loipen; alle Loipeneinstiege sind an den großen Loipentoren deutlich erkennbar. Eine ausführliche Loipenkarte ist im Nationalparkhaus Altenau-Torfhaus und bei den Kurverwaltungen und Verkehrsämtern der Nationalparkgemeinden erhältlich.

Nationalpark Hochharz

Hexenberg zwischen Arktis und Alpen

Selbst wer in der Walpurgisnacht vom 30. April zum 1. Mai den 1142 Meter hohen Brocken besteigt, wird weder Hexen noch Teufeln begegnen. Das Brockengespenst aber erscheint, wenn die tiefstehende Sonne Schattenbilder auf eine Nebelwand wirft.

Tausend Jahre intensive Nutzung durch Bergbau, Köhlerei und Hüttenwesen hatten zur Folge, daß bereits Ende des 18. Jahrhunderts weite Teile des Harzes entwaldet waren. Ab 1770 war man dazu übergegangen, großflächig Fichtenmonokulturen anzupflanzen. Die Ursprünglichkeit des Gebietes ging dadurch weitgehend verloren. Ein naturnahes Refugium jedoch überstand diese Eingriffe relativ unbeschadet: der Brocken und die ihn umgebenden Moore und Wälder.

Bereits 1937 setzte der „Harzklub e.V." durch, daß dieses Gebiet unter Schutz gestellt wurde. Seit 1990 ist es als Nationalpark ausgewiesen. Seine Kernzone, die etwa ein Fünftel der Gesamtfläche einnimmt, wurde zum Totalreservat erhoben: hier ist jegliche Bewirtschaftung ausgeschlossen, die Natur gänzlich sich selbst überlassen. In den übrigen Gebieten sollen aus der vom Menschen geprägten Landschaft wieder naturnahe Räume entstehen, indem verschiedene Laubgehölze angepflanzt werden: in den tieferen Lagen Buche und Bergahorn, an den Bachläufen Schwarzerle, Birke und

Da muß man hin

- ☐ Brockenmuseum
- ☐ Brockengarten
- ☐ Naturerlebnispfad Drei Annen Hohne
- ☐ Ahrensklintklippen bei Schierke
- ☐ Feuersteine bei Schierke

▷ **Blockmeer am Brocken**

◁ Eine klimatische „Kampfzone“ der Gehölze: diese bis zu 3 Meter hohen Bäume stehen hier seit etwa 150 bis 200 Jahren.

Kurzprofil

Träger:	Ministerium für Raumordnung, Landwirtschaft und Umwelt Sachsen-Anhalt
Gegründet:	1990
Fläche:	6740 ha (davon 38 % völlig der natürlichen Entwicklung überlassen)
Besucher:	ca. 2 Millionen jährlich
Saison:	Mai bis Oktober, bei wenig Schnee auch Dezember bis Februar
Wanderwege:	rund 210 km

Weide. Ziel ist, jährlich zehn Hektar auf diese Weise umzugestalten.

Im Hochharz findet der Besucher bereits heute ein größtenteils urwüchsiges Gebiet, wo er die natürliche Entwicklung nachvollziehen und bewundernd feststellen kann, wie schnell Mutter Natur die Wunden wieder heilt, die der Mensch ihr geschlagen hat. Ein anschauliches Beispiel hierfür ist der 1972 durch einen Sturm entwaldete Hohnekamm, wo sich nach bescheidenen Aufforstungen Laubbäume wie Eberesche und Karpatenbirke eigenständig ihre Areale zurückeroberten. Heute zeugen bereits mannshohe Bäume von der ungeheuren Kraft der Natur – wenn man sie nur gewähren läßt.

Doch die Zielsetzung des Nationalparks steht bisweilen im Widerspruch zu den Interessen der Tourismusindustrie. So keuchen mehrmals täglich kohlebetriebene Dampflokomotiven durch den Nationalpark, die Tausende von Besuchern auf den Brocken bringen, und vielerorts gibt es Bestrebungen, ehemalige Skigebiete wieder in Betrieb zu nehmen. Hier muß ständig ein Kompromiß zwischen Naturschutz und Fremdenverkehr gefunden werden.

◁ In den Wäldern des Hochharz kann man mit etwas Glück die scheue Europäische Wildkatze antreffen.

Der Nationalpark im Überblick

Der Nationalpark Hochharz umfaßt die oberhalb 600 Metern liegenden Regionen des Harzes. Dazu gehört der Gipfel des 1142 Meter hohen Brocken. Diverse Faktoren – wie Höhenlage und damit verbunden unterschiedliche klimatische Bedingungen, Art des Grundgesteins (z. B. Granit) oder Bodenqualität (nährstoffarm oder -reich) – haben hier auf kleinem Raum die verschiedensten Lebensgemeinschaften entstehen lassen. So gibt es in den unteren Höhenlagen Reste von Buchen- und Buchenmischwäldern, an die sich Berg- und Moor-Fichtenwälder anschließen; in den unbewaldeten Hochlagen hingegen finden sich Fels- und Bergheiden. Eine Vielzahl von Tieren und Pflanzen haben sich angepaßt an die unterschiedlichen, zum Teil recht rauhen klimatischen Verhältnisse zwischen 600 und 1142 Metern Höhe mit jährlichen Niederschlägen von bis zu 1800 Millimetern und Temperaturen, die vergleichbar sind mit denen auf Island. Zudem ist – bedingt durch die hohe Luftfeuchtigkeit – ein Jahresdurchschnitt von 200 Nebeltagen auf dem Brocken keine Seltenheit.

▷▷ **Brockenanemone: zur Zeit gibt es noch etwa 1700 blühende Individuen dieser vom Aussterben bedrohten Art.**

In den Wäldern äsen Hirsche und Rehe in großer Zahl, aber auch Wildkatze und Baummarder leben hier ebenso wie Siebenschläfer und Rauhfußkauz. Seit einigen Jahren versucht man, auch das Auerhuhn wieder anzusiedeln – erste Erfolge sind bereits zu verzeichnen.

Echten Urwald gibt es allerdings auch im Hochharz kaum noch. In der Kernzone des Nationalparks wachsen auf ca. 1300 Hektar unterschiedliche Waldgesellschaften wie Moor-

◁
Auffallende Gesteinsformationen bilden diese Granitklippen in einer sogenannten Wollsackverwitterung.

Fichtenwälder, Wollreitgras-Fichtenwälder, herrliche Zwergstrauchheiden oder – auf steinigem Untergrund – Block-Fichtenwälder mit verschiedenen Bärlapparten. Eine Besonderheit des Oberharzes sind arktische Pflanzen wie die Würmerflechte sowie Vertreter der alpinen Flora, zu denen die Landkartenflechte zählt. Diese einzigartige Mischvegetation macht das Gebiet zu einem Verbindungsglied zwischen Alpen und Arktis. Eine Rarität ist die Brockenanemone, die, wie der Name verrät, in Deutschland nur auf dem Brocken gedeiht.

Im Harz, einem der bedeutendsten Wasserüberschußgebiete Norddeutschlands, finden sich zudem zahlreiche Moore, deren Bildung bis in die letzte Eiszeit vor 10 000 Jahren zurückreicht. Bei einigen von ihnen handelt es sich sogar um noch wachsende Feuchtbiotope, die eine ganz typische und nur hier zu findende Artenzusammensetzung aufweisen. Für die Wissenschaft sind diese Naturräume gleichsam aufgeschlagene Bücher, aus denen sich Waldgeschichte der letzten 4000 bis 5000 Jahre ablesen läßt.

Da auch Moore mit den in ihnen beheimateten Pflanzen empfindlich auf Veränderungen der Umwelt reagieren, dienen sie den Forschern unter anderem als Gradmesser der Luftverschmutzung.

So haben Untersuchungen ergeben, daß erhöhter Stickstoffeintrag nicht nur Veränderungen in der Zusammensetzung der Arten nach sich zieht, sondern die Moore auch schneller wachsen läßt und somit ihr wunderbar ausbalanciertes natürliches Gleichgewicht stört. Welche Folgen das auf lange Sicht haben wird, kann heute noch niemand genau voraussagen.

◁◁
Die Kreuzotter ist auf felsigen Abschnitten am Brocken heimisch.

Natur für Anfänger und Fortgeschrittene

Der Rauhfußkauz nutzt zur Brut die geräumigen Höhlen des Schwarzspechts.

Auf der verhältnismäßig kleinen Fläche des Nationalparks gibt es viel zu entdecken. An erster Stelle ist natürlich der imposante, durch die Walpurgisnacht-Szene in Goethes Faust I weltberühmte Brocken zu nennen. Auf dem sagenumwobenen „Blocksberg" sollen sich nach alter Überlieferung in der Walpurgisnacht vom 30. April zum 1. Mai die Hexen aus ganz Deutschland treffen. Goethe, der den Brocken dreimal erstieg, war beim ersten Mal tief beeindruckt. In seinem Tagebuch notierte er: „ [...] da liegt der Brocken im hohen, herrlichen Mondschein [...] vor mir, und ich war oben heut und habe auf dem Teufelsaltar meinem Gott den tiefsten Dank gesagt."

Wer sich jedoch nicht nur für Teufelskanzel und Hexenaltar interessiert, sondern auch für die alpine Pflanzenwelt, sollte auf jeden Fall den Brockengarten aufsuchen. Er wurde bereits 1890 als Refugium für bedrohte Pflanzenarten und zu Versuchszwecken angelegt. Heute finden sich hier über tausend verschiedene Hochgebirgspflanzen.

Bei Wanderungen über den Hohnekamm kann man die abwechslungsreiche Landschaft mit ihren weiten Mooren, tiefen Fichtenwäldern und hohen Klippen bewundern. Von der Ahrensklintklippe und den Feuersteinen in der Nähe von Schierke aus bietet sich ein weiter Ausblick auf das Harzvorland.

Speziell an „Anfänger" in Sachen Natur richtet sich ein locker geführtes Programm, bei dem Natur mit allen Sinnen erlebt wird. Auch Behinderte sind willkommen. In einem Schnupperkurs eröffnen sich Eltern wie Kindern völlig neue Dimensionen der Naturbetrachtung. Mitarbeiter des Nationalparks führen auch Gruppen (meist Schulklassen) auf einem „Naturerlebnispfad" zu verschiedenen Stationen im Wald, wo sie echtes Erleben erwartet, nicht trockene Belehrung. Wer sich intensiver mit dem Hochharz beschäftigen will, kann Wissenschaftler auf Sondertouren begleiten.

Das Zuordnen von Vogelstimmen gehört ebenso zum angebotenen Programm wie eine Einführung in die Geologie des Oberharzes, aber auch die Besonderheiten der heimischen Flora und Fauna werden besprochen und gezeigt.

Aktivitäten für Kinder und Jugendliche

Auf dem Naturerlebnispfad, der in Drei Annen Hohne beginnt, können Schulklassen, aber auch Familien mit Kindern unter sachkundiger Anleitung auf spielerische Weise Natur mit allen Sinnen „begreifen". Die Dauer der Erlebniswanderung – in der Regel zwei Stunden – richtet sich nach dem Alter der Teilnehmer (Anmeldung unter Tel. 03943/550215). Wer sich richtig austoben will, kann in Schierke den Waldspielplatz an der „Alten Bobbahn" aufsuchen. Im Jugendwaldheim Drei Annen Hohne können Jugendgruppen und Schulklassen mehrere Tage wohnen und an verschiedenen Aktivitäten teilnehmen (Anmeldung: Tel. 039455/926).

Flora und Fauna im Hochharz

Typische Pflanzen

Fichte (Gesamtgebiet außer Gipfel); Eberesche und Karpatenbirke (mittlere und hohe Lagen); Buche und Bergahorn (tiefere Lagen); Arnika (Schierker Wiese); Breitblättriges Knabenkraut, Siebenstern, Sonnentau und Wollgras (Moore); Schwarzerle, Birke und Weide (Bachläufe); Würmerflechte, Landkartenflechte, Brockenanemone.
Das Pflücken, Entfernen oder Beschädigen von Pflanzen ist im Nationalpark untersagt.

Charakteristische Tiere:

Hirsch, Reh, Wildkatze, Baummarder, Siebenschläfer, Fuchs, Rauhfußkauz, Kolkrabe, Fichtenkreuzschnabel, Auerhuhn, Kreuzotter.

▷▷▷ **Die über 10 000 Jahre alten Moore im Brockenbett unterliegen noch immer ständigem Wandel.**

Wandern im Nationalpark Hochharz

Zu den Aufgaben des Nationalparks Hochharz gehören nicht nur der Schutz des Totalreservats und die schrittweise Eingliederung der angrenzenden Gebiete. Ein wesentliches Ziel ist auch, die Menschen zu informieren und durch sinnliches Erleben ihre Liebe zur Natur zu wecken. So erfährt der Besucher auf Informationstafeln entlang der Routen Wissenswertes über Fauna, Flora und Geologie. Zudem bieten die „Ranger" des Nationalparks auch eine Reihe von Führungen unterschiedlicher Dauer und Thematik sowie verschiedenen Schwierigkeitsgrads an. Informationen zu diesen geführten Wanderungen erhält man bei der Nationalparkverwaltung und in den Informationsstellen oder entnimmt sie dem jährlich erscheinenden Informationsblatt.

Auf den folgenden ausgewählten Wanderrouten kann der Besucher die in ihrem Charakter recht unterschiedlichen Gebiete des Hochharzes eingehend erkunden. Wo die Wege nicht unbedingt als solche erkennbar sind, bringen Handläufe auf sanfte Art den Besucher wieder auf den rechten Pfad zurück – denn im Nationalpark sollen die Wege nicht verlassen werden.

Route 1: Der Eckerlochstieg

Die Tour führt auf einem der attraktivsten und traditionsreichsten Wanderwege von Schierke zum Gipfel des Brocken. Der Weg selbst ist relativ steil, aber gut ausgebaut und mit einer Reihe von Wanderhilfen (Treppen, Bohlen) versehen. Diese anspruchsvolle Tour bietet dem Wanderer wunderbare Ausblicke in die einzigartige Landschaft des Hochharzes. Neun Informationsstationen entlang des Weges vermitteln Wissenswertes über den Waldumbau, das Wirken des Borkenkäfers, verschiedene typische Pflanzen und unterschiedliche Formen des Waldes. Die Wanderung kann mit einem Besuch des Brockengartens und des Brockenmuseums kombiniert werden. Eine genaue Routenbeschreibung liefert der in der Nationalpark-Informationsstelle in Schierke erhältliche „Wanderführer Nr. 2".

i Wanderweg von Schierke zum Brocken („Eckerlochstieg"); Länge 6,7 km (Markierung: im oberen Drittel blaues Kreuz); 600 Höhenmeter; 2 Stunden reine Gehzeit.

✕ Brockenplateau (ganzjährig geöffnet)

Route 2: Auf Heines Spuren

„Es ist unbeschreibbar, mit welcher Fröhlichkeit, Naivetät und Anmut die Ilse sich hinunterstürzt über die abenteuerlich gebildeten Felsstücke", schwärmte bereits 1824 Heinrich Heine in seiner Harzreise über das wildromantische Ilsetal. Bei dieser Wanderung von Ilsenburg zum Brocken sollte man unbedingt festes Schuhwerk, Verpflegung und Regenkleidung mitnehmen.

Die Tour beginnt an der Nationalpark-Informationsstelle am Eingang des Ilsetals. Der untere Teil der Strecke führt zuerst durch Buchenwälder, welche die steilen Hänge des schmalen Tals säumen, später dann durch die für den Hochharz typischen Fichtenwälder. Der wohl interessanteste Teil des Weges sind die Ilse-Fälle und der „Verdeckte Ilse" genannte Bereich, in dem die Ilse – versteckt unter Granitklippen – für die Blicke der Wanderer verborgen bleibt. Nur ein leises Gurgeln und Glucksen läßt ahnen, daß der Weg dem Flüßchen folgt.

Eine nur hier anzutreffende Art ist die Brockenfichte.

▷ Blick auf den Schauteil des bereits 1890 angelegten Hochgebirgsgartens am Brocken

Kultur und Museen

Brockenmuseum

Informationen über die Natur- und Kulturgeschichte des Gebiets. (Geöffnet täglich von 9.30–17 Uhr)

Büchenberg

Das Schaubergwerk Büchenberg bietet eine realistische Darstellung der Arbeitsatmosphäre unter Tage. Das Bergwerk ist auch für Rollstuhlfahrer zugänglich. Führungen Mo–Fr 10 Uhr, 12 Uhr, 15 Uhr, Sa, So und Feiertage ab 10 Uhr stündlich; letzte Einfahrt um 16 Uhr. Informationen unter Tel. 039454/42200.

Rübeland

Die beiden Rübeländer Tropfsteinhöhlen sind ganzjährig täglich geöffnet von 9.15–16.15 Uhr. Informationen zur Baumannshöhle unter Tel. 039454/49208, zur Hermannshöhle unter Tel. 039454/49110.

Ilsenburg

Fürst Stolberg Hütte: Betriebsbesichtigung mit Schaugießen Mo–Fr 10 Uhr und 14 Uhr; Verkauf von Eisenkunstguß von 8–16 Uhr. Informationen unter Tel.: 039452/2494.

i Wanderweg durch das Ilsetal in den Nationalpark; Länge 12 km (Markierung: blauer Querbalken); 840 Höhenmeter; ca. 3 Stunden reine Gehzeit.
✕ Brockenplateau (ganzjährig geöffnet)

Route 3: Ein rauher Geselle – Rundwanderweg Brocken

Obwohl er nur 1142 Meter hoch ist, entsprechen die klimatischen Verhältnisse auf dem Brocken denen der Alpen in etwa 2400 Metern Höhe. Warme Kleidung ist für den Wanderer also unverzichtbar. Der Rundweg beginnt an der Brockenstation der Harzer Schmalspurbahn und kann mit einem Besuch des Brockenmuseums oder auch des Brockengartens verbunden werden. Regelmäßig finden auch Führungen durch Mitarbeiter des Nationalparks statt. Auf diesen Touren erfährt man Interessantes und Kurzweiliges über die Geschichte des Berges, über seine Vegetation und die regionale Kulturgeschichte. Entlang des Weges stehen Hinweisschilder und Informa-

Praktische Informationen

Informationszentren

Ilsenburg (Ausgang Ilsetal), 38871 Ilsenburg (ganzjährig geöffnet); Informationsstelle Drei Annen Hohne, Auf dem Parkplatz, 38875 Drei Annen Hohne, Tel. 039455/8640: Informationsstelle in der Kurverwaltung Schierke, Brockenstraße 10, 38879 Schierke, Tel. 039455/310, Fax 039455/403.

Adressen und Auskünfte

Nationalparkverwaltung Hochharz, Abteilung Öffentlichkeitsarbeit, Lindenallee 35, 38855 Wernigerode, Tel. 03943/550214/ -15, Fax: 03943/550237.
Wernigerode Tourismus GmbH, Nicolaiplatz 1, 38855 Wernigerode, Tel. 03943/633035, Fax 039455/632040.
Kurverwaltung Schierke, Brockenstraße 10, 38879 Schierke; Tel. 039455/310, Fax 039455/403.
Touristeninformation Elbingerode, Fremdenverkehrsamt „Bodfeld", Markt 1-2, 38875 Elbingerode, Tel. 039454/45281.
Touristeninformation Ilsenburg, Fremdenverkehrsamt, Marktplatz 1, 38871 Ilsenburg, Tel. 039452/84153.

Anreise

Mit der Bahn bis Wernigerode, dann mit der Harzer Schmalspurbahn bis Schierke, Drei Annen Hohne, Ilsenburg oder direkt zum Brocken. Mit dem Auto auf der B 6 oder der B 244 bis Wernigerode, dann die Kreisstraße bis Schierke; auf der B 4 von Bad Harzburg bis Braunlage, dann die B 27 bis zur Kreisstraße nach Schierke; von Blankenburg nach Elbingerode auf der B 27, dann die Kreisstraße nach Drei Annen Hohne.

Führungen

Informationen zu Führungen erhält man in den Informationsstellen und aus dem jährlich neu erscheinenden Faltblatt „Angebote an Nationalparkbesucher".
Ob ausgewiesene Führungen stattfinden, hängt von den jeweiligen Witterungsverhältnissen ab.
Führungen Brockenrundwanderweg Mai bis Oktober, Mo–Fr. 11.30 Uhr und 13.30 Uhr, Führungen Brockengarten Mai bis Oktober, Mo–Fr. 11.30 Uhr und 14 Uhr, Sa, So nach Voranmeldung unter Tel. 03943/55020, 550215.

Einrichtungen für Behinderte

Auf der Brockenstraße, auf dem Brocken-Gipfel und in der Informationsstelle in Schierke gibt es behindertengerechte Toiletten; Informationen zu behindertengerechten Einrichtungen in den Zügen der Harzer Schmalspurbahn erhält man unter Tel. 03943/558143 oder 558147. Das Schaubergwerk Büchenberg ist auch für Rollstuhlfahrer zugänglich.

Unterkunft

Jugendherberge ab Frühjahr 1997 in Schierke, Tel. 039455/51064; Hotels und Unterkünfte aller Kategorien in Drei Annen Hohne, Wernigerode, Ilsenburg, Schierke und Elbingerode.

Camping

Ganzjährig geöffneter Campingplatz „Am Brocken" in Elbingerode, Tel. 039454/42589; Nachtstellplätze für Wohnmobile vorhanden.

Gaststätten

Ganzjährig geöffnete Gaststätte auf dem Brocken, Bahnhof Schierke und Hotel am Hohnekopf in Drei Annen Hohne sowie in den Gemeinden in der Umgebung des Nationalparks.

Busverkehr

Ab Busbahnhof Wernigerode Busverbindung nach Drei Annen Hohne, Ilsenburg und Schierke, Fahrplan unter Tel. 03943/564134; Shuttle-Dienst „Hexen-Express" in Schierke pendelt zwischen Hauptparkplatz und Bahnhof, je nach Wetterlage ab Anfang Mai bis Ende Oktober.

Mit dem Rad

Ab Sommer 1997 gibt es Empfehlungen für Mountainbike-Touren; Informationsblätter liegen dann in allen ausgewiesenen Informationsstellen aus.
Radverleih in der Kurverwaltung Schierke, Brockenstraße 10, 38879 Schierke und beim „Out-Door-Center Ilsenburg", Mühlenstraße 17c, 38871 Ilsenburg, Tel. 039452/86886.

Skiwandern

Der Nationalpark verfügt über 12 km Loipen, der Umkreis über ein ausgedehntes Loipennetz. Eine Loipenkarte ist ab 1997 erhältlich.

tionstafeln. An den verschiedenen Einstiegspunkten zur Rundwanderung sind Faltblätter erhältlich.

i Rundwanderweg Brocken; Länge 2,5 km; ca. 1 Stunde reine Gehzeit.
✕ Brockenplateau (ganzjährig geöffnet)

◁ Selbst Vertreter alpiner Vegetation wie das Alpenhabichtskraut haben natürliche Vorkommen am Brocken.

Route 4: Einblicke und Aussichten

Ab Drei Annen Hohne bietet der „Ahornweg" Einblicke in die Pflanzen- und Tierwelt, die Geologie, in natürliche Lebenskreisläufe und in die Bedeutung eines Totalreservats. Für diese Wanderung empfiehlt sich die sachkundige Führung eines Nationalparkmitarbeiters. Auf der etwa vierstündigen Tour kann man unterschiedliche Geländeformationen erkennen und – bei gutem Wetter – die wunderbare Aussicht genießen. Ausgangspunkt der Wanderung ist der Parkplatz Drei Annen Hohne, der auch per Bus oder Schmalspurbahn erreichbar ist. Von hier aus geht es über den Glashüttenweg und den Forstmeister-Sietz-Weg bis hinauf zum Hohnekamm (Leistenklippe 901 Meter), anschließend über den Kiesgrubenweg wieder zurück zum Parkplatz.

Von Ahrensklint aus hat man bei guter Sicht einen schönen Blick über das Harzvorland.

i Rundwanderwegzum Hohne Kamm; Länge 12 km (Markierung Ahornblatt); 380 Höhenmeter; 4 Stunden reine Gehzeit.

Kegel/Gaffert

Bode- und Selke-Tal

Zwei schöne Damen

Schon Heinrich Heine konnte sich in seiner Harzreise nicht entscheiden, zwischen der „düsteren Schönen“ Bode oder der „schönen liebenswürdigen Dame“ Selke. Dem heutigen Wanderer dürfte die Wahl kaum leichter fallen.

Das wilde, felsige Tal der Bode und das idyllische Wiesental der Selke führen durch eine eindrucksvolle bewaldete Mittelgebirgslandschaft, die viel von ihrer Ursprünglichkeit behalten hat, wenngleich die Spuren der über tausendjährigen Siedlungs- und Nutzungsgeschichte des Harzes auch hier allgegenwärtig sind. Alte Schachtanlagen und Ortsbezeichnungen wie Hüttenberg oder Silberhütte künden noch heute vom jahrhundertelangen Abbau der reichen Bodenschätze. Sie entstanden vor Jahrmillionen, als unter der Erdoberfläche heißes, flüssiges Gestein zu Granit erstarrte und sich an den Rändern der erkaltenden Gesteinsmassen Erze und Mineralien bildeten. Zeugnisse dieser erdgeschichtlichen Vorgänge sind der ehemals unterirdische Vulkan Ramberg, der heute mit 582 Metern die Hochfläche überragt, und die interessanten geologischen Formationen, die in den Flußtälern zutage treten. Mitte des 19. Jahrhunderts erreichte die Holzkohleproduktion – der folgenschwerste Eingriff des Menschen in diesem Gebiet – ihren Höhepunkt. Unzählige Meilerplätze schlugen tiefe Wunden in die Waldlandschaft, die jedoch nur für den aufmerksamen Beobachter noch heute erkennbare Narben hinterließen. Früher wurden die so entstandenen freien Flächen teilweise mit Fichten und Kiefern aufgeforstet, die – im Gegensatz zu den wenigen Waldkiefern auf den Berggipfeln – in den niedrigeren Lagen ursprünglich nicht heimisch waren. Inzwischen ist man in der Forstwirtschaft zunehmend dazu übergegangen, mit unterschiedlichen Methoden wieder naturnahe Laubwälder zu schaffen.

In den tiefen Eichen- und Buchenwäldern wachsen auch Linden, Ulmen, Ahorn und Eschen, an den Hängen des Bode-Tals die auffälligen Eiben. Die Quellmoore sind mit Erlen bestanden. Eine echte Rarität ist der Speierling, der sonst nur weiter südlich beheimatet ist. In den Wiesen leuchten im Frühling und Sommer die Farben der zum Teil seltenen Blumen, und im Winter sind in große Flächen der dunklen Schluchtwälder vom perlmuttartigen Schimmer des Silberblattes überzogen.

Die alten, höhlenreichen Wälder voller Totholz bieten Lebensraum für eine vielfältige Tierwelt – selbst zwei seltene Baumfledermausarten finden sich hier. Besonders beeindruckend ist der Reichtum an Vogelarten: Sogar jagende Wanderfalken kann man entdecken. Im Selke-Tal

Kurzprofil

Träger:	Obere Naturschutzbehörde beim Regierungspräsidium Magdeburg
Gegründet:	Bode-Tal 1937; Selke-Tal 1961
Fläche:	Bode-Tal 475 ha; Selke-Tal 3200 ha, davon 2540 ha einstweilig sichergestellt
Saison:	ganzjährig
Besucher:	Bode-Tal 2 Millionen, Selke-Tal 500 000 jährlich
Wanderwege:	Bode-Tal 20 km; Selke-Tal 200 km

Praktische Informationen

Adressen und Auskünfte

Thale-Information, Rathausstraße 1, 06502 Thale, Tel. 03947/2597, Fax 03947/2277. Stadtinformation Harzgerode, Markt 7, 06493 Harzgerode, Tel. 039484/32421, Fax 039484/2259.

Anreise

Mit der Bahn nach Thale oder nach Gernrode, weiter mit der Selketalbahn. Mit dem Auto von Magdeburg auf der B 81 bis Halberstadt, dann auf der B 79 bis Quedlinburg, nach Thale abzweigen; ins Selke-Tal auf der B 81 bis Hasselfelde und über die B 242 nach Harzgerode.

am Habichtsstein befindet sich einer der wohl bedeutendsten Brutplätze baumbrütender Mauersegler, von denen in dieser Wald- und Felsenlandschaft mehr leben als irgendwo

Flora und Fauna im Bode- und Selke-Tal

Typische Pflanzen

Waldkiefer (Berge); Trauben- und Stieleiche, Rot- und Weißbuche, Sommer- und Winterlinde, Berg-, Spitz- und Feldahorn, Speierling (Berghänge); Bergulme (in den Schluchten), Erle (Quellmoore); Eibe (Bode-Tal); Traubenkirsche, Wildbirne, Wildapfel (Waldränder); Bodenpflanzen wie Silberblatt (Schluchtwälder), Buschwindröschen, Leberblümchen, Märzenbecher, Roter und Großer Gelber Fingerhut.

Charakteristische Tiere

Mauersegler, Trauerschnäpper, Kleiner Abendsegler, Bechsteinfledermaus (Wälder); Wasseramsel, Eisvogel (Bäche); Schwarzstorch, Wanderfalke, Mufflon, Wildkatze, Feuersalamander.

sonst in Deutschland. Schwieriger als die Vögel sind die Mufflons zu beobachten, aus dem Mittelmeerraum stammende Wildschafe, die Anfang unseres Jahrhunderts bei Harzgerode ausgesetzt wurden. Und es bedarf schon eines besonderen Zufalls, sollte einem eine Wildkatze auf einer Waldwiese oder im Tal begegnen. Regelmäßig dagegen trifft man vor allem an regnerischen Tagen Feuersalamander an. Obwohl in diesem Gebiet, das im Regenschatten des Brocken liegt, nur relativ wenig Niederschlag fällt (jährlich 500 Millimeter), leben sie hier in großer Zahl. Im Tierpark Hexentanzplatz kann man auch scheue Wildtiere in Ruhe betrachten und zugleich mehr über die Fauna der beiden Naturschutzgebiete erfahren.

Busverkehr

Die Gemeinden in und um die Naturschutzgebiete sind durch ein sehr gutes Nahverkehrssystem miteinander verbunden. Busse und Bahnen sind vertaktet.

Mit den Schwebebahnen, Rad oder Pferdewagen

Im Bode-Tal führen ab Thale eine Kabinenbahn auf den Hexentanzplatz und ein Sessellift zur Roßtrappe (ganzjährig geöffnet); das Selke-Tal ist mit dem Rad oder ab Alexisbad, Mägdesprung und Meisdorf mit dem offenen Pferdewagen (Kremser) befahrbar.

◁ Sanfte Hügel prägen das Gesicht des Selke-Tals.

Schroff und abweisend wirken auf den ersten Blick die Steilwände im Bode-Tal.

Wandern im Bode- und im Selke-Tal

Route 1
Wilde Schlucht

Im Bode-Tal führt ein gut markierter Wanderweg zwischen hohen Felsen von Thale nach Treseburg. Die Wanderung kann mit dem Aufstieg zur 432 Meter hohen Roßtrappe oder zum 451 Meter hohen Hexentanzplatz verbunden werden.

i Wanderung von Thale nach Treseburg: Länge ca. 10 km; 270 Höhenmeter; 4 Stunden Gehzeit; die Varianten entsprechend länger.

Route 2

Im Selke-Tal verläuft ein gut markierter Wanderweg von Alexisbad über Mägdesprung nach Meisdorf. Der Aufstieg führt durch den Mauerseglerwald zur Köthener Hütte, von dort geht es weiter nach Mägdesprung. Wer Natur und Zeugnisse der Vergangenheit ausgiebig erkunden möchte, sollte für die Strecke nach Meisdorf einen ganzen Tag einplanen. Gaststätten und Übernachtungsmöglichkeiten gibt es in Alexisbad, Mägdesprung und Meisdorf. Auch ein Abstecher zur Burgruine Anhalt oder zur Burg Falkenstein ist möglich.

i Wanderweg von Alexisbad nach Mägdesprung: Länge 5 km; 1 Stunde 30 Minuten Gehzeit. Strecke von Mägdesprung nach Meisdorf: Länge 15 km; 6 Stunden Gehzeit. Abstecher nach Burg Falkenstein: Länge 2,8 km; zur Burgruine Anhalt: Länge 2 km.

Günther/George

Der Drömling

Land der tausend Gräben

Zahlreiche Legenden ranken sich um den Drömling, einem ehemals riesigen Moor am Rande der Altmark. Doch wo sich einst gefährliche Sümpfe mit tiefen Torflöchern erstreckten, kann der Wanderer heute eine reizvolle, naturnahe Landschaft erkunden – denn inzwischen heißt es nur noch im Frühjahr „Land unter".

Noch vor 200 Jahren war der Drömling ein überschwemmter Erlenbruch, in dem sich die beiden Flußläufe von Aller und Ohre verliefen. Nur einige grasbewachsene Sanddünen – sogenannte Horste – überragten die Oberfläche dieses Sumpfgebiets, das nach der letzten Eiszeit entstanden war, als in dem rund 30 000 Hektar großen Niederungsbecken das Grundwasser anstieg. In der Folge breiteten sich ein ausgedehntes Versumpfungsmoor und – im unmittelbaren Bereich von Aller und Ohre – zusätzliche Überflutungsmoore aus. Alten Überlieferungen zufolge konnten die Hirten in diesen unwirtlichen Gefilden nur mit größter Mühe ihr Vieh weiden: Angeblich mußten sie sich sogar an die Schwänze ihrer Kühe klammern, um von Horst zu Horst zu gelangen!

Ende des 18. Jahrhunderts begann man, den Drömling urbar zu machen und in mehreren Entwässerungsphasen nach und nach in ein landwirtschaftlich nutzbares Gebiet zu verwandeln. Dies geschah in weiten Bereichen mit Hilfe einer besonders die Landschaft schonenden Kultivierungsform: der „Rimpauschen Moordammkultur".

Dabei wurden in Abständen von 20 bis 25 Metern kleine, parallel verlaufende Gräben ausgehoben, die bis in den sandigen Boden unter der Torfschicht reichten. Der Aushub wurde auf das benachbarte Terrain verteilt und das Wasser, das sich in den Gräben gesammelt hatte, über größere Entwässerungskanäle aus dem Gebiet abgeleitet. Da die kleinen Gräben der Moordammkulturen, die ein Areal von 3500 bis 4000 Hektar einnehmen, heute keinen Abfluß mehr haben, sind dazwischenliegende Flächen relativ naß und können nurmehr als Mähwiesen und Weiden

Kurzprofil

Im Drömling befinden sich zwei Totalreservate und neun Naturschutzgebiete.

Träger:	Zweckverband Naturschutzprojekt Sachsen-Anhalt bzw. die Landkreise Gifhorn und Helmstedt sowie die Stadt Wolfsburg in Niedersachsen
Gegründet:	1992 bzw. 1988
Fläche:	ca. 30 000 ha, davon 25 000 ha in Sachsen-Anhalt (ca. 4600 ha Natur schutzgebiet) und 5000 ha in Niedersachsen (ca. 1800 ha Naturschutz gebiet)
Saison:	ganzjährig
Rad- und Wanderwege:	Gesamtlänge rund 200 km

Auf dem Luftbild lassen sich sehr gut die zahlreichen Entwässerungsgräben um den Mittellandkanal (Weser-Ems-Kanal) erkennen.

genutzt werden. So entstand in dieser Kulturlandschaft erneut ein weitgehend naturnahes Feuchtgebiet von internationaler Bedeutung, ein Refugium für viele gefährdete Tier- und Pflanzenarten. Ihre Lebensräume konnten bis heute erhalten werden, da größere Entwässerungsvorhaben wie der 1938 fertiggestellte Mittellandkanal nur kurze Zeit wirksam wurden, – denn der Drömling war jahrzehntelang durch die deutsch-deutsche Grenze geteilt.

Sumpfdotterblume und Wiesenschaumkraut, zwei typische Sumpfpflanzen, glitzern im Morgentau

Heute ist der Drömling ein nach EG-Richtlinien ausgewiesenes „Besonderes Schutzgebiet". Seit 1992 werden im Naturpark Drömling, der zu Sachsen-Anhalt gehört, der Erhalt bestehender und die Einrichtung neuer Naturschutzgebiete vom Bundesumweltministerium mit 35 Millionen Mark gefördert. Für den niedersächsischen Bereich dagegen wurden die hierfür bereits bewilligten Mittel leider noch nicht bereitgestellt. Nur durch ein „Gesamtprojekt Drömling" jedoch wird es möglich sein, die bedrohten Lebensräume der seltenen Tier- und Pflanzenwelt auf Dauer zu sichern.

Der Drömling ist indes nicht nur ein ehemals staatliches Grenzgebiet, sondern auch ein klimatischer und ein pflanzengeographischer Übergangsraum. So fallen im Westen jährlich im Durchschnitt 622 Millimeter Niederschlag, im Osten dagegen nur 576 Millimeter. Einige Pflanzenarten, wie der Königsfarn oder der Efeublättrige Hahnenfuß, reichen hier an die östliche, der Sumpfporst oder die Glänzende Wiesenraute an die westliche Grenze ihres Verbreitungsareals. Auf Grund seiner besonderen Lage und bedingt durch die Eingriffe des Menschen entwickelten sich in diesem Niederungsbecken die unterschiedlichsten Landschaftsfomen: Vor allem bei Kunrau im Norddrömling und bei Rühen im Westen entstand durch die Moordammkulturen eine parkartige Landschaft, in der sich Gräben mit Weidenhecken oder Erlenreihen mit teils offenen, teils mit Röhricht bewachsenen Wasserläufen abwechseln. Sie weisen eine reiche Gewässervegetation auf und bieten Lebensraum für viele Kleinvögel, Frösche und unzählige Insektenarten. Um Kaiserwinkel hingegen gedeihen ausgedehnte Moorwälder, die bei Hochwasser im Frühjahr genauso unter Wasser stehen wie die offenen Landschaften an der Ohre oder in der Politz.

Flora und Fauna im Drömling

Typische Pflanzen

Erlen (in Brachwäldern); Moorbirke, Sumpfporst, Königsfarn (in Moorwäldern); Wasserfeder, Wasserhahnenfuß, Wassergreiskraut, Wasserschlauch, Knoblauchgamander (in und an den Gräben); Glänzende Wiesenraute, Gelbe Wiesenraute, Wiesenalant, Wiesenschaumkraut (in den Feucht- und Naßwiesen sowie in den Naßweiden). Im Naturpark Drömling ist das Mitnehmen von Pflanzen verboten!

Charakteristische Tiere

Weißstorch (Horste in Dörfern), Schwarzstorch, Kranich, Brachvogel, Braunkehlchen, Schafstelze, Spiegelfleckdickkopffalter, Feuchtwiesenperlmutterfalter, Sumpfschrecke, Sumpfgrashüpfer, Kurzflügelige Schwertschrecke (in den Wiesen und Weiden); Fischotter, Neuntöter, Sperbergrasmücke, Beutelmeise, Moor- und Laubfrosch, Gebänderte Prachtlibelle, Große Moosjungfer, Helmazurjungfer (in den Moordammkulturen).
Um die freilebenden Tiere nicht zu stören, müssen im Naturpark Drömling Hunde an der Leine geführt werden.

Da muß man hin

- ☐ Naturlehrpfad an der Naturparkverwaltung Drömling in Kämkerhorst
- ☐ Naturlehrpfad Kunrau

Im Reich der Weißstörche

Im Drömling leben viele Vogelarten, die andernorts mittlerweile sehr selten geworden sind. Im Frühjahr lassen sich bei Hochwasser Tausende von Spieß-, Tafel- oder Pfeifenten auf den überschwemmten Wiesen zur Rast nieder, über Brachen und Röhrichten schaukeln Rohrweihen, in den Feucht- und Naßwiesen sowie auf den Weiden finden Brachvögel und Weißstörche Nahrung. Diese großen Vögel, die hier in fast jedem Dorf brüten, sind die auffälligsten und sicherlich beeindruckendsten Vertreter der im Drömling heimischen Tierwelt. Besonders für Kinder ist die mit lautem Schnabelgeklapper verbundene Ankunft der Alten am Horst und die Fütterung der Jungen ein faszinierendes Schauspiel. Bei ihren Wanderungen können Vogelfreunde zudem Bekassinen und in großer Zahl eher unscheinbare Kleinvögel wie Braunkehlchen, Wiesenpieper, Schafstelze, Sperbergrasmücke, Beutelmeise und Neuntöter in großer Zahl beobachten. Mit etwas Glück sieht man auch Fischotter, Kraniche oder gar einen

Weißstörche, wie diese Mutter mit ihren Jungen im Horst, sind eine große Attraktion der Dörfer im Drömling.

Schwarzstorch. Viel entdecken kann, wer sein Augenmerk auf die kleinen Naturschätze am Wegesrand richtet: auf die Kleintiere wie Moor- und Laubfrosch oder die zahlreichen Sumpfpflanzen wie Klein- und Großseggen, Sumpfdotterblumen oder Wiesenschaumkraut. Erstaunlich ist zudem der Artenreichtum der zahllosen Insekten, die den Winter als Ei oder Larve überstehen und im späten Frühjahr erscheinen: Libellen schwirren durch die Luft, Schmetterlinge wie Aurorafalter oder Spiegelfleckdickkopffalter schaukeln von Blüte zu Blüte, und im üppigen Gras zirpen seltene Heuschreckenarten wie die Sumpfschrecke oder die Kurzflügelige Schwertschrecke um die Wette.

Wer sich mit der Fauna und Flora des Gebiets eingehend vertraut machen will, sollte die Naturlehrpfade in Kämkerhorst bzw. bei Kunrau oder die naturkundliche Ausstellung in Schloß Kunrau besuchen. Für Schulklassen besteht dort zudem die Möglichkeit, in der „Öko-Schule Drömling" mehr über die Besonderheiten des Gebiets zu lernen.

Aber auch kulturhistorisch Interessierte werden im Drömling fündig. Zu den bemerkenswertesten Sehenswürdigkeiten gehören die Ohrebrücke in Taterberg mit dem Wappen Friedrich des Großen oder die historische Stauanlage am Friedrichskanal. Die kleinen Kirchen sind immer einen Besuch wert: In der Kirche in Dannefeld ist sogar eine Bauernfahne aus dem Dreißigjährigen Krieg zu besichtigen. Aufschlußreiches über altes Brauchtum erfährt man in der „Heimatstube Köckte" oder auf Burg Brome, in der Handwerk aus vergangener Zeit gezeigt wird.

Kultur und Museen

Kunrau

Naturkundliche Ausstellung im Schloß Kunrau (geöffnet täglich von 8–16 Uhr), Anmeldung unter Tel. 039008/704.

Köckte

Altes Brauchtum in der Heimatstube (ganzjährig geöffnet), Anmeldung und Schlüssel von 7–14 Uhr bei Gemeinde Köckte, Frau Könnig, Tel. 039004/241.

Brome

Ausstellung von altem Handwerk auf Burg Brome (ganzjährig geöffnet Di–Sa von 15–17 Uhr, So von 10–12.30 Uhr und von 15–17.30 Uhr). Gruppen können sich auch außerhalb dieser Zeiten bei Herrn Boldhaus anmelden (Tel. 05833/393).

Lebensraum bieten die von Menschenhand geschaffenen Moordammkulturen auch für diese mit Nestbau beschäftigte Beutelmeise.

Radwandern im Drömling

Im Drömling, der von einem mehr oder weniger dichten Netz von landwirtschaftlichen Wegen durchzogen wird, herrschen ideale Bedingungen zum Radwandern. Auf ausgeschilderten Radrundwegen von jeweils

30 bis 50 Kilometern Länge können die unterschiedlichen Gebietsteile erkundet werden. Auch für Spaziergänger ist es empfehlenswert, sich an diese Routen zu halten, da manch anderer Weg „blind“ oder an einem Graben endet. In jedem Dorf des Naturparks befindet sich zudem ein Informations-Pavillon, wo die Besonderheiten der jeweiligen Gebietsteile auf Texttafeln erläutert und anhand von Karten dargestellt werden.

Zum Schutz der gegen Störung empfindlichen Tiere wie Fischotter, Kranich oder Schwarzstorch sind Teile des Gebiets zwischen Februar und Juli für jeden Besuch gesperrt. In der Kernzone des Naturparks soll die Natur sich völlig selbst überlassen bleiben: Jeder Zutritt ist untersagt. Andere Teile des Drömlings sind als Naturschutzgebiete ausgewiesen. Hier darf man sich nur auf den gekennzeichneten Wegen bewegen – die Natur hat Vorrang.

Ein zarter Blütenteppich aus Wasserhahnenfuß überzieht eine der zahlreichen Naß- und Feuchtwiesen.

Aktivitäten für Kinder und Jugendliche

Die Öko-Schule Drömling in Schloß Kunrau unterstützt Schulklassen und Kindergärten bei Exkursionen in den Drömling und bei Projekten im Biologieunterricht. Das breite Angebot, das sich auch an Lernbehinderte richtet, bietet den Kindern und Jugendlichen die Möglichkeit, Natur hautnah zu erleben und ihre Kenntnisse praktisch umzusetzen. Anmeldung: Öko-Schule Drömling, Am Park 2, 38486 Kunrau, Tel. 039008/704.

Route 1: Die Parklandschaft des Norddrömlings

Die Radwanderung (Tour 2 der Radwanderkarte „Naturpark Drömling“) beginnt in Kunrau, wo man den Ausflug mit einem Besuch des Naturlehrpfads oder der naturkundlichen Ausstellung im Schloß Kunrau kombinieren kann. Der Weg führt am Kunrauer Vorfluter entlang zur Kolonie Kunrau. („Kolonie“ ist im Drömling die Bezeichnung für ein Einzelgehöft.) Am Bahnübergang wurde für den erfindungsreichen Rittergutsbesitzer Theodor Hermann Rimpau, der die Moordammkulturen eingeführt hat, ein Gedenkstein errichtet. Hier kann man häufig beobachten, wie der Neuntöter, der Charaktervogel dieser Heckenlandschaft, auf dem Sockel thront und seine Beute verspeist. Die Route geht nun weiter durch das Naturschutzgebiet „Nördlicher Drömling“ bis zum Röwitzer Zuschlagdamm und über den Trippiglebener Heuweg nach Köckte, wo die „Heimatstube“ Einblicke in altes Brauchtum vermittelt. Besonders an einem sonnenreichen Frühjahrstag begleitet den Radfahrer in diesem Gebiet das lautstarke und unterhaltsame Konzert der zahlreichen Laub- und Moorfrösche. Von Köckte gelangt man über Wenze, Röwitz und Neuferchau wieder zurück nach Kunrau.

i Radrundweg (Ausgangsort Kunrau): Länge 30 km (Markierung Quadrat); ca. 3 Stunden 30 Minuten reine Fahrzeit.
✕ Gaststätten in Kunrau, Köckte, Trippigleben, Wenze, Röwitz und Neuferchau.

Route 2: Zu Besuch bei Adebar

Auf der gesamten Rundwanderung (Tour 3 der Radwanderkarte „Naturpark Drömling“), die in Mieste beginnt, lassen sich in den Dörfern Störche in ihren Horsten oder bei der „Arbeit“ beobachten. Zwischen weidenden Kühen oder in den blütenreichen Wiesen suchen sie emsig nach Fröschen, Mäusen und anderem

Praktische Informationen

Informationszentrum

Naturparkverwaltung Drömling, Kämkerhorst, 39359 Mannhausen, Tel.: 039059/40 00.

Adressen und Auskünfte

Fremdenverkehrsverein Jeetze-Ohre-Drömling, Schloß Kunrau, 38486 Kunrau, Tel. 039008/201 oder -202.
Aktion Drömling Schutz e.V., Lönsstr. 5a, 38440 Wolfsburg, Tel. 05361/23529.
Panganea e.V., Wissen Schaffen – Forschen Lernen, Institut für Zoologie, Universität Braunschweig, Fasanenstraße 3, 38092 Braunschweig, Tel. 0531/3912575, Fax 0531/3918201; dieser neugegründete Verein verschafft interessierten Bürgern die Möglichkeit, sich aktiv an Forschungsprojekten zu beteiligen.

Anreise

Mit der Bahn bis Bahnhof Wolfsburg, Vorsfelde, Oebisfelde, Bösdorf, Rätzlingen oder Mieste.
Mit dem Auto aus Richtung Norden B 244 bis Rühen; aus Richtung Osten B188 bis Mieste; aus Richtung Westen A 2 Abfahrt Dreieck Wolfsburg-Königslutter, A 39 bis

Kleingetier – vorzugsweise wenn gemäht wird, weil die dadurch aufgescheuchten Tiere leichte Beute sind. Von der Ortsmitte von Mieste führt die Radwanderung zunächst nach Kämkerhorst, wo sich die Naturschutzstation Drömling befindet und schon ein erster Weißstorchhorst zu bewundern ist, dann weiter zur Stauanlage an der Ohre. Hier warten Schilder mit Wissenswertem über die ersten Kultivierungsmaßnahmen im Drömling vor 200 Jahren auf. Auf dem Uferweg (an der Ohrebrücke stehen Gedenksteine für Georg August Riedel, der die erste Entwässerungsetappe vollendete) radelt man nach Piplockenburg und Mannhausen, der zweiten Ortschaft mit Weißstorchhorsten. Der Weg führt nun auf dem Sachauer Damm über die beiden Kanäle bis zur Ohre und durch das Naturschutzgebiet „Südlicher Drömling" bis zum Sponsteg.

◁◁ **In der Paarungszeit machen sich die Frösche in den Feuchtgebieten besonders laut bemerkbar.**

Über Elsebeck, Jeseritz und Kämeritz gelangt man nach Sachau – in allen vier Ortschaften sind Weißstorchhorste zu sehen. Von Sachau geht es über Wernitz zurück nach Mieste.

ℹ Radrundweg (Ausgangsort Mieste): Länge 35 km (Markierung Kreis); ca. 4 Stunden reine Fahrzeit.
✕ Gaststätten in Mieste, Mannhausen, Jeseritz, Sachau.

Route 3: Durch das Große Moor

Der Weg führt von Breitenrode (Weißstorchhorst) in Richtung Norden über den Allerkanal zur ehemaligen Kolonie Wolmirshorst und nach Buchhorst, wo am Schöpfwerk das Gebiet „Nördlicher Drömling" beginnt. Hier, in einem der ältesten Naturschutzgebiete des Drömlings, findet man die mächtigen Wedel des Königsfarns oder der sehr selten gewordene Sumpfporst. Auf der Landstraße fährt man bis zum Kunrauer Vorfluter, dem man durch das Naturschutzgebiet bis zu den Bahngleisen mit dem Gedenkstein für Theodor Hermann Rimpau folgt. Die Strecke führt über die Kolonien Kunrau und Hahnenberg sowie Germenau, Jahrstedt, Böckwitz und Zicherie nach Kaiserwinkel. Hier verläuft der Weg bis zum Forsthaus Giebel durch die ausgedehnten Birkenwälder des Großen Moors, die an die sibirische Taiga erinnern. Vom Forsthaus aus geht es weiter Richtung Rühen und am Mittellandkanal entlang der Grenze zum für Besucher gesperrten Kerngebiet des Naturparks zurück nach Breitenrode.

ℹ Radrundweg (Ausgangsort Breitenrode): Länge 50 km (Markierung Dreieck); rund 6 Stunden reine Fahrzeit.
✕ Gaststätten in Breitenrode, Buchhorst, Jahrstedt.

Kratz/Pudack

Tafeln informieren den historisch interessierten Besucher, wie hier beim Stauwerk am Friedrichskanal.

Wolfsburg, B 188 bis Oebisfelde; aus Richtung Süden A 2 Ausfahrt Helmstedt, B 244 bis Oebisfelde.

Führungen
Kostenlos durch die Mitarbeiter der Naturparkverwaltung und des Naturschutzvereins „Aktion Drömling Schutz e.V." (finden unregelmäßig statt, Ankündigung in der örtlichen Presse).

Unterkunft
Einige im Gebiet gelegene Gaststätten bieten ganzjährig auch Übernachtungsmöglichkeiten an.

Mit dem Rad
Rund 200 km ausgeschilderte Radwege; Radwegekarte „Naturpark Drömling", 1:50 000, (Hrsg. Naturparkverwaltung Drömling) bei der Naturparkverwaltung oder im örtlichen Buchhandel erhältlich; Fahrradverleih am Bahnhof Oebisfelde.

Mit dem Pferdewagen
Fahrten mit dem Pferdewagen (Kremser): Vermittlung über Fremdenverkehrsverein oder Naturparkverwaltung.

Biosphärenreservat Mittlere Elbe

Auenlandschaft und Gartenreich

An der mittleren Elbe zwischen Magdeburg und Lutherstadt Wittenberg liegt eines der ältesten Biosphärenreservate Deutschlands. Die größten zusammenhängenden Auwälder und die erste bewußt vom Menschen gestaltete Kulturlandschaft auf dem europäischen Festland kennzeichnen diese Modellregion der UNESCO.

Die Elbe, einer der großen Ströme Mitteleuropas, verbindet die Quellregionen des Riesengebirges in der Tschechischen Republik und ein ausgedehntes Einzugsgebiet von Nebenflüssen mit der Nordsee. Ihre Entstehung und heutige Gestalt verdankt die Elbtalniederung im Bereich des Biosphärenreservats Mittlere Elbe vorwiegend eiszeitlichen Formungsprozessen im Urstromtal der Elbe. Gewaltige Schottermengen liegen unter bis zu 15 Meter hoch aufgewehten Dünen und der erdgeschichtlich noch sehr jungen Auelehmdecke von zwei bis drei Metern. Ein spürbarer Einfluß des Menschen in diesem Gebiet begann erst mit der Ansiedlung der im Wasserbau erfahrenen Flamen im 12. und 13. Jahrhundert. Sie bauten vor allem Wassermühlen, Mühlgräben und -wehre, Entwässerungsgräben und die ersten Deiche. Ende des 17. und Anfang des 18. Jahrhunderts setzte sich diese Entwicklung fort. Der verstärkte Bedarf an Bau- und Brennholz, intensive Waldweide, Streunutzung und Laubschnitt führten zu stark aufgelichteten Auwäldern. Nur die für die Schweinemast bedeutsamen Alteichen und die Wildobstarten wurden geschont.

Kurzprofil

Das Biosphärenreservat Mittlere Elbe ist das zweitälteste in Deutschland.

Träger:	Ministerium für Raumordnung, Landwirtschaft und Umwelt des Landes Sachsen-Anhalt
Gegründet:	1979 als BSR Steckby-Lödderitzer Forst, 1988 umbenannt
Fläche:	43 000 Hektar
Gewässer:	78 Strom-km Elbe, 25 Strom-km Mulde, 12 Strom-km Saale; ca. 1500 Kleingewässer
Saison:	März bis Oktober
Besucher:	ca. 500 000 jährlich (vorwiegend auf Stadt Dessau und Wörlitzer Anlagen konzentriert)
Wanderwege:	ca. 350 km

▷ **Ein Taubenhaus auf dem Hochwasserdeich**

Diese Waldstrukturen waren auch der Ausgangspunkt für die Gestaltung des sogenannten Dessau-Wörlitzer Gartenreichs nach dem Vorbild englischer Eichenwiesen in der zweiten Hälfte des 18. Jahrhunderts. Das Dessau-Wörlitzer Gartenreich seine Grünlandflächen mit einem Bestand von rund 25 000 Alteichen ein Charakteristikum des östlichen Biosphärenreservats Mittlere Elbe. Zwischen 1840 und 1860 baute man neue Hochwasserdeiche, und die Elbe wurde durch Buhnen, Ver- Eingriffe in den Naturhaushalt und das Landschaftsbild, unter anderem durch den Bau großer Industriekomplexe am Rande des Gebietes (Dessau, Bitterfeld-Wolfen und von Wittenberg über Coswig bis Rodleben). Trotz dieser erheblichen Einwirkun-

Schafbeweidung entlang der eingedeichten Elbtalaue im Biosphärenreservat

war landschaftlicher Ausdruck eines ersten frühklassizistischen Reformwerks im damaligen Fürstentum Anhalt-Dessau. Sein Ziel war es, das „Schöne mit dem Nützlichen" zu verbinden. Es kann somit als Anfang einer bewußten Landschaftsgestaltung betrachtet werden. Heute sind tiefung der Fahrrinne und Uferbefestigungen für die Schiffahrt reguliert. Die Elbauen gliedern sich seitdem in eine überflutete und eine eingedeichte Aue.
In den dreißiger sowie in den sechziger bis achtziger Jahren dieses Jahrhunderts erfolgten weitere massive gen durch den wirtschaftenden Menschen ist die Elbaue im Vergleich zu anderen Wasserstraßenlandschaften West- und Mitteleuropas über weite Bereiche ein intakter amphibischer Lebensraum geblieben. Vor allem im Mittellauf zeigt sich die Elbe als naturnaher Fluß mit

▷ Die putzigen Elbebiber haben wieder stärkere Verbreitung gefunden.

natürlichen Schwankungen des Wasserstandes, großen Überflutungsräumen und einer beeindruckenden Zahl von Feuchtgebieten. Deshalb wird das Biosphärenreservat noch heute von großflächigen Auwäldern und Auwiesen, einer reichen Wasser- und Sumpfpflanzenvegetation der Altwässer, Trocken- und Magerrasen auf den Binnendünen und einer charakteristischen Ufervegetation geprägt. Doch auch der in Grundzügen erhaltene Bestand des vor 250 Jahren angelegten Dessau-Wörlitzer Gartenreichs mit seinen Landschaftsparks und klassizistischen Bauwerken, den Eichen- und Streuobstwiesen, Seen und Alleen charakterisiert diesen faszinierenden Lebensraum.

▷ Der Admiral gehört zu Hunderten von Tagfalterarten im Gebiet.

Der Vielfalt der Vegetation entspricht auch eine artenreiche Tierwelt. Neben 40 weiteren Säugetierarten leben heute wieder rund 430 Elbebiber im Reservat. 150 Brutvogelarten und über 100 Rast-, Nahrungs- und Überwinterungsgäste wurden nachgewiesen. 19 von 28 in den neuen Bundesländern vorkommenden Amphibien- und Reptilienarten und 35 Fischarten ergänzen den reichen Bestand an Wirbeltieren. Von der sehr reichen Fauna der Wirbellosen seien hier nur Hirschkäfer und Großer Eichenbock genannt. Erwähnenswert ist neben den 50 nachgewiesenen Libellen-, 25 Heuschrecken- und 453 Schmetterlingsarten der vielerorts bereits ausgestorbene Kiemenfußkrebs.

Der Wert dieser naturwissenschaftlich wie kulturhistorisch herausragenden Landschaft im Mittellauf der Elbe zwischen der Muldemündung bei Dessau und der Saalemündung bei Barby führte bereits in den zwanziger Jahren zur Ausweisung von Schutzgebieten. 1979 wurde das Gebiet als eines der beiden ersten Biosphärenreservate in Deutschland von der UNESCO anerkannt. 1988 erfolgte die Erweiterung des bestehenden Reservates durch die Kultur-

Kultur und Museen

Parkanlagen und Schlösser

Park und Schloß Wörlitz (Mai bis Oktober), Sieglitzer Park, Park und Schloß Luisium (noch geschlossen), Park und Schloß Georgium (ganzjährig), Kühnauer Park und Weinbergschloß (Mai bis Oktober), Park und Schloß Oranienbaum (noch geschlossen), Park und Schloß Mosigkau (Mai bis Oktober), Schloß Coswig (ganzjährig), Schloß Dornburg und Burgruine Rosenburg (Sommer).

Museen

Museum für Naturkunde und Vorgeschichte Dessau (Elbaue, Pflanzen- und Tierwelt); Naumann-Museum Köthen (Vogelkunde); Museum Schloß Mosigkau (Gemälde); Anhaltische Gemäldegalerie und Schloß Georgium Dessau und Stadtgeschichtsmuseum Dessau, Bauhaus Dessau (Moderne Architektur); Museen Schloß Wörlitz, Gotisches Haus in Eisenhardt, Heimatmuseen Aken und Coswig, Heimatstube Steckby.

◁ Naturnahe Landschaft am mittleren Lauf der Elbe

landschaft des ehemaligen Dessau-Wörlitzer Gartenreichs östlich von Dessau mit der neuen Bezeichnung „Biosphärenreservat Mittlere Elbe“. 1990 wurde im Rahmen der politischen Wende in den neuen Bundesländern die Chance zur Ausweisung großräumiger Schutzgebiete genutzt. Dabei konnte das Biosphärenreservat Mittlere Elbe in seiner heutigen Größe von 43 000 Hektar rechtskräftig sichergestellt werden.

Das Dessau-Wörlitzer Gartenreich

Das Hauptinteresse vieler Besucher des Biosphärenreservats gilt den „Wörlitzer Anlagen“. In der Tat ist der sogenannte Wörlitzer Park mit den Gondelfahrten auf den Seen, dem Schloß, dem Gotischen Haus und vielen anderen frühklassizistischen und neogotischen Bauten von besonderem Reiz. Die romantischen Wege, die Rhododendronhecken und der exotische Baumbestand begeistern jedes Jahr viele Spaziergänger. Richtig deutlich wird der kulturhistorische Wert dieser Anlage jedoch erst im Zusammenhang mit den übrigen Schlössern und Parkanlagen des Dessau-Wörlitzer Gartenreichs und der umliegenden, gestalteten Landschaft mit ihren Eichen- und Streuobstwiesen, Deichen und Alleenstraßen. Die Verbindung zwischen den Sehenswürdigkeiten im Gartenreich ist vor allem durch die Dessau-Wörlitzer Eisenbahn und den Fürst-Franz-Rad- und Wanderweg gegeben.

Im Reich des Elbebibers

Die größte Attraktion für den Naturliebhaber sind die zusammenhängenden Auwälder westlich von Dessau bis hin zur Saalemündung. Dazu gehören vor allem das Naturschutzgebiet Saalberghau, die über 400 Jahre alten Hartholzauwälder im Naturschutzgebiet Steckby-Lödderitzer Forst – dem Stammland von Elbebiber und Schwarzstorch – und der Mündungsbereich der Saale mit ei-

An ihrer charakteristischen Blattform leicht zu erkennen ist die Wassernuß.

ner großen Kolonie von Kormoranen und Graureihern. Besonders reizvoll sind die Fahrten mit den motorlosen Gierfähren über die Elbe (in Coswig, Aken, Breitenhagen, Barby) und die Saale (in Groß-Rosenburg). Man kann aber auch die Motorfahrgastschiffe „Klabautermann" (Aken) und „Cordula" (Coswig) nutzen.

▷▷ Ein Tafelenten-Erpel inspiziert sein Revier.

Rund um das Informationszentrum

Für den stärker naturwissenschaftlich interessierten Besucher bietet das Informationszentrum des Biosphärenreservats an der B 185 Dessau–Oranienbaum, zwei Kilometer östlich der Autobahnabfahrt nach Oranienbaum-Wörlitz, wichtige Hinweise auf die Entstehung und die Ökologie der Auenlandschaft.
Einen Kilometer vom Informationszentrum entfernt befindet sich eine Biberfreianlage. Hier kann die nachtaktive Familie Biber tagsüber im Kunstbau und ab der Dämmerung von einer Plattform aus beobachtet werden. Unmittelbar angrenzend liegen der renaturierte „Saure Kapen", ein wieder zum naturnahen Fließgewässer entwickelter, ehemaliger Entwässerungsgraben, und der einen Kilometer lange „Lehrpfad alter einheimischer Obstsorten", die heute wieder nachgezogen und an Wegen und in Streuobstwiesen angepflanzt werden. Hinzu kommt ein Naturlehrpfad für Schulklassen in unmittelbarer Nähe der Biosphärenreservatsverwaltung.

Wandern im Biosphärenreservat

Das Biosphärenreservat Mittlere Elbe ist in vier Zonen gegliedert. Über vier Fünftel (84 Prozent) des Gebietes sind für den Besucher ohne Einschränkungen begehbar, wobei er

▷ Ein Kennzeichen der Gartenlandschaft ist ihr Wildobstbestand; hier eine prächtige blühende Wildkirsche.

Flora und Fauna an der Mittleren Elbe

Typische Bäume und Sträucher

Stieleiche, Esche, Flatter- und Feldulme, Feldahorn, Wildapfel, -birne und -kirsche, Bergahorn, Hainbuche, Pfaffenhütchen, Kreuzdorn, Faulbaum, Blutroter Hartriegel.

Charakteristische Blütenpflanzen

Krebsschere, Wassernuß (Gewässer); Stattliches Knabenkraut, Glattes Brillenschötchen, Glänzende Wiesenraute (Dünen); Brenndolde, Sibirische Schwertlilie und Großer Haarstrang (Wiesen); Märzenbecher, Zweiblättriger Blaustern, Zittergrassegge (Wald).

Charakteristische Tiere

Elbebiber, zahlreiche Fledermausarten; Schwarzstorch, Kranich, Großer Brachvogel, Wespenbussard; Rotbauchunke, Laubfrosch, Ringelnatter; Kiemenfußkrebs; Großer Heldbock, Hirschkäfer, Großer Eichenbock; Schillerfalter, Admiral, Schwalbenschwanz.

◁ **Am Hochufer des alten Kerngebiets, dem Steckby-Lödderitzer Forst**

sich natürlich an die Bestimmungen der Schutzverordnung halten muß. Auch die Naturschutzgebiete (15 Prozent) können auf den ausgewiesenen Wegen begangen werden. Nur 1,5 Prozent der als Kernzone gekennzeichneten Versuchs- und Forschungsflächen sind von einem Besuch ausgeschlossen.

350 Kilometer Wanderwege ermöglichen es, die Schönheiten der Auenlandschaften von Elbe, Unterer Mulde und Saalemündung mit ihren Auwäldern, Altwässern, Wiesen und Weiden intensiv zu erleben. Besonders die direkt an Dessau angrenzenden Landschaften – das Dessau-Wörlitzer Gartenreich und das Untere Muldetal – sind durch 19 markierte Rundwanderwege (insgesamt 164 Kilometer) und neun wichtige Zielwanderwege (156 Kilometer) sehr gut erschlossen. Ein europäischer Fernwanderweg (Nordsee–Harz–Masuren) und zwei Fernradwege (Niederlande–Frankfurt/Oder und Hamburg–Dresden) binden das Biosphärenreservat an das internationale Wandernetz an. Fünf weitere Naturlehrpfade (Tiergarten, Alte Leipziger Straße, Kleutsch, Kapen und Hasselbusch) informieren den Besucher neben Obstsorten- und Schullehrpfad über die Natur in unterschiedlichen Landschaftsteilen. Über die Routen geben spezielle Wanderkarten und -broschüren Auskunft, die bei den Informationsstellen erhältlich sind.

Route 1: Auf dem Fürstenweg durch das Gartenreich

Die Hauptwanderlinie durch das Biosphärenreservat ist der Fürst-Franz-Weg, der teilweise zugleich auch Europäischer Fernwanderweg ist. Er beginnt in Großkühnau westlich von Dessau auf der Deichlinie Fliederwall und berührt die wichtigsten Gestaltungsbereiche des Dessau-Wörlitzer Gartenreichs. Die Höhepunkte – Kühnauer Park, Georgengarten, Luisium, Leiner Berg,

Mittlere und untere Elbe

Sieglitzer Berg, Wörlitzer Anlagen, Kapenmühle, Vockerode, Dessau-Mildensee und die Schloßkirche Dessau – vermitteln ein eindrucksvolles Bild dieser Landschaft.

Schulbeispiel gehobener Gartenbaukunst: Wörlitzer Park mit Sichtachsen

i Fürst-Franz-Weg von Großkühnau über Wörlitz, Vockerode, Mildensee bis Dessau; Länge 45 km; ca. 12 Stunden reine Gehzeit (zahlreiche Bus- und Bahnanschlüsse sowie Abkürzungen vorhanden).

Route 2: In den Solitäreichen-Wiesen des Tiergarten

Der Rundweg beginnt am Parkplatz an der Muldebrücke, führt durch den Vorderen Tiergarten und über die Alleebrücke durch den Hinteren Tiergarten (Wiesenwege, Auwald). Vorbei am Trockenheger geht es zum Schwarzen See (Posernwiesen). An der Weggabelung nimmt man den Kirchhauweg zurück in Richtung Vorderer Tiergarten.

i Tiergarten-Rundweg; Länge 8 km; ca. 2–3 Stunden reine Gehzeit.

Route 3: Entlang der Elbe durch alte Auwälder

Ausgangspunkt ist das Kornhaus in Dessau. Man geht am Elbufer stromabwärts bis zur Bruchgrabenbrücke bzw. zum Siebeneichenweg. Von dort führt der Weg über Großkühnau und den Ochsenwall zurück zum Kornhaus. Wer die Elbe mit dem Boot überqueren möchte, kann sich

Praktische Informationen

Adressen und Auskünfte

Informationszentrum Biosphärenreservat Mittlere Elbe, Forsthaus Kapen, Postfach 1382, 06813 Dessau, Oranienbaum, Tel. 0340/4060 und 034904/40617.
Förder- und Landschaftspflegeverein BSR Mittlere Elbe e.V., Postfach 1524, Albrechtstr. 128, 06814 Dessau, Tel. und Fax 0340/2206141 und 034904/40617 (Zeitung „Au(g)enblick“).
Dessau-Information, Friedrich-Naumann-Str. 12, 06844 Dessau, Tel. 0340/214661.
Wörlitz-Information, Neuer Wall 103, 06786 Wörlitz, Tel. 034905/20216.
Umweltzentrum Ronney, 39264 Ronney/Walternienburg, Tel. und Fax 039247/413.
Ferner: Roßlau-Information (Tel. 034901/2467); Coswig-Information (Tel. 034903/6139); Oranienbaum-Information (Tel. 034904/313); Stadtverwaltung Aken (Tel. 034909/2113); Gemeindeverwaltung Steutz (Tel. 039244/204); Stadtinformation Gräfenhainichen (Tel. 034953/441).

Anreise

Mit der Bahn bis Dessau Hbf, vom Busbahnhof (2 Min. vom Hbf) in alle Richtungen oder mit der Wörlitzer Eisenbahn ab Wörlitzer Bahnhof (5 Min. vom Hbf) über Oranienbaum-Wörlitz (nur Mi, Sa, So vom 1.Mai bis 31.Oktober). Mit dem Auto über die A 9, Abfahrten Dessau Süd, Dessau Ost und Coswig, oder über die B 185 oder B 187a von Köthen-Zerbst, über die B 184 von Bitterfeld oder B 187 von Wittenberg-Roßlau.

Führungen

Nach Anmeldung für Touristengruppen beim Förder- und Landschaftspflegeverein BSR Mittlere Elbe e.V., Kosten nach Absprache.

Einrichtungen für Behinderte

Für Rollstuhlfahrer Parkplätze und Toiletten im Informationszentrum Biosphärenreservat Mittlere Elbe, Biberfreianlage für Besuch nicht geeignet.

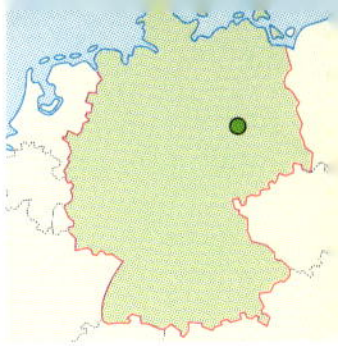

nach Brambach übersetzen lassen – laut rufen!

i Rundweg vom Kornhaus in Dessau über Großkühnau; Länge 12 km; ca. 3 Stunden reine Gehzeit.

Unterkunft

Hotels, Pensionen, Privatunterkünfte über die Informationen der Städte Dessau, Roßlau, Coswig, Wörlitz sowie in Vockerode, Aken (Stadtverwaltung), Groß-Rosenburg, Breitenhagen und Steckby (Zum Biber), Brambach (Elbterrassen). Jugendherberge (Kategorie III) nur in Dessau, Am Waldkaterweg 11, 06846 Dessau (Tel. 0340/619452).

Camping und Wasserwandern

Zeltplatz Am Akazienteich, Mennewitz bei Aken (Tel. 034909/2255), Campingplatz Adria Dessau (Tel. 0340/2207881); beide Plätze auch für Wohnmobile geeignet. Übernachtung mit Zelt für Wasserwanderer ist in Dessau, Brambach, Aken, Rodleben, Dessau-Wallwitzhafen nach Voranmeldung möglich. Informationen über Anlegestellen, Rastplätze, Service und Verpflegung für Wasserwanderer sind der Publikation „Wasserwandern Elbe" zu entnehmen. Das Naturschutzgebiet Untere Mulde ist für den Bootsverkehr gesperrt.

Mit dem Rad

Zwei internationale Radwege: R 1 Niederlande–Polen über Aken–Dessau–Vockerode–Kapenmühle–Oranienbaum; R 2 Hamburg–Dresden, parallel zur Elbe über Dornburg–Steckby–Steutz–Aken–Dessau–Vockerode–Wörlitz–Coswig; Teil des Saale-Radwanderweges Halle–Groß-Rosenburg–Barby; Fürst-Franz-Rad- und Wanderweg von Dessau-Großkühnau–Vockerode–Dessau-Mildensee (Dessau-Information).

Mit dem Schiff

Gierfähren (ohne Motorantrieb): verkehren auf der Elbe zwischen Barby–Ronney, Breitenhagen–Tochheim, Aken–Steutz, Coswig–Wörlitz; auf der Saale zwischen Groß-Rosenburg und Tornitz.
Fahrgastschiffe: MS „Klabautermann", U. Wierschke, Aken (Tel. 034909/2780), Buchung über Dessau-Information;
MS „Cordula", K. Schmidt und J. Ganzer, Coswig (Tel. 034903/2436); Abfahrt in Aken, Kornhaus Dessau und Coswig.

Route 4: Zwischen Elbe und Schönitzer See

Der Rundweg beginnt am Zedernweg (gegenüber Ringhotel Stein) in Wörlitz. Man überquert den Hochwasserwall und gelangt über Auwiesen zum Fluß, biegt dann zwischen Auwiesen und Auwald rechts ab und überquert den Bräkgraben. Der Weg zweigt nun links ab zur Elbe und führt einen Kilometer entlang des Flusses bis zum Teufelshorn. Hier geht man links ab an der Elbe entlang, über ein Gehöft und einen Fahrweg zur Fürstenallee. (Man kann die Fürstenallee auch über die Schwedtwiesen erreichen.). Auf der Fürstenallee gelangt man nach etwa 800 Metern über die Berghorstwiese zum Wall am Fließgraben. Auf dem Wall geht man am Schönitzer See entlang bis zur Walldurchfahrt und Wassermühlenfahrt. Von hier führt der Weg zurück zum Zedernweg in Wörlitz.

i Rundweg vom Zedernweg in Wörlitz zum Schönitzer See (Förster-Wöpke-Weg); Länge 17 km; ca. 4 Stunden reine Gehzeit.

Hentschel

◁ Gute Tarnung bieten die saftigen Blätter der Sumpfdotterblume dem Laubfrosch.

◁ Auch Park und „Schloß" Luisium werden bald wieder in alter Pracht restauriert sein.

Brandenburgische Elbtalaue und Hannoversches Wendland

Ungebändigte Fluten vor stillen Auen

Zwischen Lauenburg und Havelberg hat sich an der Elbe eine einzigartige Auenlandschaft erhalten. Die ausgedehnten Überschwemmungsgebiete zwischen dem mächtigen Strom und seinen Nebenflüssen bieten dem Naturfreund zu allen Jahreszeiten lohnende Ziele.

In weiten Mäandern durchströmt die Elbe das flache Land. Mit seinen mächtigen Hochwässern prägt der breite Tieflandstrom das Leben von Mensch und Tier. Die Abgeschiedenheit im Schatten der innerdeutschen Grenze hat die Elbe davor bewahrt, so wie viele andere Flüsse zu reinen „Vorflutern" umfunktioniert zu werden. Das Elbtal ist mit knapp vierzig Einwohnern pro Quadratkilometer dünn besiedelt und blieb von Industrie und Straßenbau weitgehend verschont.

Das Kapital der Region ist die Ursprünglichkeit der Landschaft und die Vielfalt der Lebensräume. Das gesamte mittlere Flußtal soll zum Biosphärenreservat erklärt werden. In diesem Gebiet soll auch ein kleiner Auen-Nationalpark liegen, der sich vorrangig auf Überschwemmungsräume und Talsandflächen in Niedersachsen erstreckt.

Im wohl reizvollsten, nördlichen Elbabschnitt, zwischen Bleckede und Havelberg, liegen der Naturpark „Brandenburgische Elbtalaue" und das „Hannoversche Wendland". Beide Gebiete sind nicht nur durch den Strom getrennt, sondern auch durch ihre unterschiedliche Entwicklung diesseits und jenseits der ehemaligen deutschen Grenze.

▷ **Ideale Lebensbedingungen findet die Sumpfwolfsmilch in den überfluteten Stromtalauen.**

Kurzprofil

Der Naturpark Brandenburgische Elbtalaue umfaßt die Städte Lenzen, Wittenberge, Bad Wilsnack und Havelberg.

Träger:	**Ministerium für Umwelt, Naturschutz und Raumordnung des Landes Brandenburg, Landesanstalt für Großschutzgebiete**
Gegründet:	**1991**
Fläche:	**56 000 ha**
Saison:	**ganzjährig**
Besucher:	**ca. 150 000 jährlich**
Radwege:	**ca. 250 km**

Brandenburgische Elbtalaue

Unmittelbar nach der politischen Wende in der DDR wurde in Brandenburg der 56 000 Hektar große Naturpark „Brandenburgische Elbtalaue" geschaffen. Wie in den anderen neuen Bundesländern auch hat der Naturschutz hier größeres Gewicht als in den Großschutzgebieten Westdeutschlands. Dabei zählt der Interessenausgleich zwischen Landwirtschaft und Naturschutz zu den Hauptaufgaben der Naturparkverwaltung und der Naturwacht.

Höhepunkt eines Besuchs ist ohne Zweifel eine Wanderung zu Fuß oder per Rad auf dem Elbdeich. Bereits im 13. Jahrhundert wurde mit dem Bau

Aktivitäten für Kinder und Jugendliche

Rühstädt

Europäisches Storchendorf, 43 Paare (1996)

Lenzen

Mittelalterlicher Stadtkern mit Burg, Burgmuseum, Landschaftspflege GmbH mit alten Haustierrassen, Färbergarten und Naturspielplatz.

◁ Die Elbe mit überschwemmtem Ufergebiet vor Wittenberge

Kultur und Museen

Rühstädt

Naturschutzstation, Galerie der Naturparkverwaltung und Ausstellung des Naturschutzbundes Deutschland, Storchenhaus, Tel. 038791/6703. (Ganzjährig geöffnet Mo–Fr 9–16 Uhr, im Sommer auch Sa/So)

Havelberg

Dom mit Prignitzmuseum, Naturkundemuseum (Salzmarkt), Tel. 039387/21422. (Geöffnet 1. Oktober bis 31. März Mi–So 10–12 und 13–17 Uhr, 1. April bis 30. September Mi–So 10–12 und 13–18 Uhr)

der zunächst niedrigen Dämme begonnen. Bis heute hat sich an der Linienführung und den zahlreichen Windungen des Deichs nur wenig geändert. Mancherorts wird die Stromaue auch von natürlichen Anhöhen der Talsand- oder Geestränder begrenzt. Die weiten Vorländer der Elbe sind vom regelmäßigen Hochwasser geprägt. Starken Fluten im Winter, oft mit beträchtlichem Eisgang, können im Sommer sogenannte „Johannihochwässer“ folgen. Der Mensch mußte daher die Landbewirtschaftung der wechselhaften Wasserführung anpassen.

Das sich im Jahresverlauf ständig ändernde Bild der Landschaft ist durch weite, extensiv genutzte Wiesen und Reste des ehemaligen Auwaldes mit Hecken und Gehölzen geprägt. Oft werden die Wiesen von einem Netz aus Flutmulden durchzogen, die das Hochwasser hinterlassen hat.

In der kalten Jahreszeit ist das Elbtal eine wichtiger Rastplatz für nordische Vogelarten. Vor allem bei mittelhohen Überflutungen der Elbe wimmelt das Auengebiet vor Saat- und Bläßgänsen sowie sibirischen

◁ Flachwasserzonen auf der Binnenseite der Deiche gewähren der Knoblauchkröte Lebensraum.

▷ **Eine Schar durchziehender Singschwäne rastet auf dem Eis.**

Singschwänen. Im Sommer überrascht vor allem der Reichtum an Störchen. Mit rund 110 Brutpaaren wird im Naturpark die größte Storchendichte in Deutschland erreicht. Trotz eingeleiteter Schutzmaßnahmen sind andere für das Grünland typische Arten wie Brachvogel, Uferschnepfe, Kiebitz und Rotschenkel aber nur noch selten zu beobachten. Die Folgen des Hochwassers sind weit über das eingedeichte Strombett hinaus feststellbar. An vielen Stellen kann der Deichwanderer an der Binnenseite ein Netz aus Kleingewässern, Flutrinnen und Röhrichten finden, die für das Elbtal besonders charakteristisch sind. Sie werden durch Hochwasser gespeist, das als sogenanntes Qualm- oder Drängewasser durch den sandigen Untergrund unter dem Deich hindurchdringt. Diese oft nur wenige Wochen im Jahr unter Wasser stehenden Flachwasserzonen werden von einer urtümlichen Tierwelt besie-

Praktische Informationen

Informationszentren

Naturparkverwaltung Elbtalaue, Neuhausstraße 9, 19322 Rühstädt, Tel. 038791/7277,- 7287, Fax /7285. Naturwacht (mit Naturschutzstation und NABU-Besucherzentrum, Tel. 0387916718), Neuhausstraße 9, 19322 Rühstädt, Tel. 038791/6716. Naturwacht Lenzen, Seestr. 17, 19309 Lenzen, Tel. 038792/1701. Naturlehrpfad an der Karthane, Klein Leppin; ab 1997 auch an den Fischteichen, Plattenburg.

Adressen und Auskünfte

Fremdenverkehrs- und Kulturverein Prignitz e.V., Im Birkengrund, 19336 Bad Wilsnack, Tel. 038791/36611. Stadtinformation Lenzen, Jahnstraße, Tel. 038792/7241. Stadtinformation Wittenberge, Kulturhaus, Bahnstraße, Tel. 03877/904219. Stadtinformation Perleberg, Großer Markt 1, Tel. 03876/2259. Stadtinformation Bad Wilsnack „Haus des Gastes", Birkengrund, Tel. 038791/36611. Storchenclub Rühstädt e.V., Storchenhaus, Am Pflegeheim 4, 19322 Rühstädt, Tel. 038791/6703.

◁◁◁ **Eine Große Rohrdommel, Bewohnerin des Naturschutzgebiets „Taube Elbe", im Winter**

delt. Hier ist der Verbreitungsschwerpunkt der Amphibien mit starken Beständen an Laub- und Moorfröschen sowie der landesweit besonders gefährdeten Rotbauchunke. Aber auch nur wenige Zentimeter große Krebse wie der Kiemenfuß und der Schuppenschwanz konnten sich in diesen Bereichen behaupten.

Der markanteste Lebensraum hinter den Deichen sind jedoch die gut 16 000 Hektar großen Grünlandflächen des Naturparks. Ehemals kleinteilige Parzellen, wurden diese Nutzflächen zur DDR-Zeit überwiegend zu großen Produktionsräumen zusammengelegt. Vielfach wurden diese ursprünglichen Gewässer begradigt und das Grabennetz ausgebaut. Wehranlagen regeln seitdem den Wasserabfluß. Die nahezu 2000 Hektar große Lenzer Wische oder die Karthaneniederung zwischen Wittenberge und Bad Wilsnack sind dafür eindrucksvolle Beispiele. Trotz der gewaltigen Landschaftsveränderungen funktioniert das System, das den Feuchtegrad der Wiesen und Weiden erhält, bis heute.

Hannoversches Wendland

Das „Hannoversche Wendland" galt vor der Wiedervereinigung als Geheimtip einer naturnah gebliebenen Flußauenlandschaft. Doch inzwischen ist dieser einst vergessene östliche Zipfel Niedersachsens in die Schlagzeilen geraten – wenn auch nur durch die Pläne für ein atomares Endlager in Gorleben.

In den Elbauen des Wendlands herrscht Grünlandnutzung vor. Anders als auf der Brandenburger Seite gibt es kleine, bäuerliche Familienbetriebe mit durchschnittlich nur fünfzig Hektar Wirtschaftsfläche. Daher ist hier noch eine kleinparzellierte Kulturlandschaft anzutreffen, in der die Überschwemmungsräume von Elbe, Jeetzel, Seege und Aland liegen. Den Bewohnern bieten die Warften, kleine künstlich aufgeworfene Hügel, auf denen sich die Siedlungen erstrecken, Sicherheit vor den Hochwasserfluten.

Eher elbfern, rund um die Kleinstadt Lüchow, sind die für das Hannoversche Wendland typischen Rund-

Zugefrorene Elbe auf der hannoverschen Seite bei Gorleben

Anreise

Mit der Bahn D-Zug mit IC-Anschluß Hamburg-Berlin und Personenzug bis Bad Wilsnack, von dort Anschluß an die Linienbusse.
Mit dem Auto über die A 24 Hamburg/Berlin oder die B 189, B 5 und B 107.
Mit dem Boot: Anlegestellen in Gnevsdorf und Wittenberge. Fähranlegestellen befinden sich in Lenzen, Lütkenwisch und Havelberg.

Führungen

Kostenlos und ganzjährig, durchgeführt von der Naturwacht und dem Storchenclub in Rühstädt.

Campingplätze

Rudower See bei Lenzen (in der Sommersaison)

Mit dem Rad:

Radwanderkarte mit Fluß-, Marsch-, und Geestrouten im Raum Lenzen erhältlich, ferner Radwanderkarte vom Fremdenverkehrs- und Kulturverein Prignitz e.V. Leihmöglichkeiten in Bad Wilsnack und Wittenberge bei Stadtinformation erfragen; in Rühstädt bei A. Labrenz erhältlich sowie in Legde im „Prignitzer Hof".

Kurzprofil

Das Hannoversche Wendland in den Elbniederungen umfaßt die Städte Bleckede, Neu Darchau, das Amt Neuhaus, Hitzacker, Dannenberg, Gartow und Schnackenburg.

Träger:	Land Niedersachsen, Bezirksregierung Lüneburg
Gesamtfläche:	122 000 ha
Fläche:	geplantes Biosphärenreservat mit integriertem Nationalpark: 57 000 ha (davon Landschaftsschutzgebiete 33 700 ha, Naturschutzgebiete 6132 ha)
Saison:	ganzjährig
Besucher:	ca. 400 000 bis 600 000 Besucher pro Jahr
Radwege:	ca. 350 km
Reitwege:	ca. 500 km

lingsdörfer zu finden. Um den kreisrunden Dorfplatz fügen sich prächtige Fachwerkhäuser mit meist nur schmalen Zugängen. Um so gut erhaltene Dörfer wie Schreyahn, Lübeln, Bussau und Satemin schmiegt sich ein Laubwaldgürtel.

Ein wichtige Rolle für Flora und Fauna des Wendlands spielt das Klima. Trockenwarme kontinentale und feuchtkühle atlantische Witterungseinflüsse überlappen sich im Verlauf des Elbtals. So fallen hier im Jahr knapp 200 Millimeter weniger Niederschlag als auf die westlich angrenzenden Gebiete. Der Sommer ist zudem vergleichsweise wärmer. Viele wärmeliebende Tier- und Pflanzenarten, wie der Wiedehopf, die Wespenspinne, Küchenschelle oder Tripmadam haben daher im Wendland den nördlichsten Vorposten ihres Verbreitungsgebiets.

Die Notwendigkeit eines großflächigen Schutzkonzepts wurde spätestens mit dem Wegfall der innerdeutschen Grenze erkannt. Der geplante Nationalpark Elbtalaue würde darüber hinaus der Region mit naturverträglichem Fremdenverkehr und umweltschonender Landwirtschaft eine wirtschaftliche Entwicklungschance bieten.

Störche und Gänse

Rund zwanzig Kilometer östlich von Wittenberge befindet sich das „Storchendorf" Rühstädt. Mit 43 Brutpaaren besitzt das nur 240 Seelen zählende Dorf die größte „Storchendichte" ganz Deutschlands.

Rund um Rühstädt gibt es viel Grünland, das zum Teil wiederkehrend vom Hochwasser überschwemmt wird und somit den Störchen reichlich Nahrung bietet. Gegen Ende der Brutperiode findet alljährlich ein Storchenfest statt, mit dem Einwohner und Besucher die Storchensaison ausklingen lassen.

▷▷ **Jedem Haus seine Familie: Storchendorf Rühstädt**

Auch ein Besuch in der neuen Naturschutzstation lohnt sich. Es werden neben Führungen und Vorträgen naturkundliche und andere Ausstellungen über Störche, Auwaldschutz und Kunst am Strom angeboten. Ein Umweltgarten ist im Aufbau.

Kultur und Museen

Lübeln

Kunsthandwerk-Ausstellungen, Tel. 05841/3675, geöffnet 1. April bis 31. Oktober Di–So 14–18 Uhr.
Freilichtmuseum Wendlandhof, Tel. 05841/3675, geöffnet 1. Mai bis 31. Oktober täglich 10–18 Uhr.

Vietze/Höhbeck

Heimatmuseum, Tel. 05846/532, geöffnet 1. April bis 31. Oktober, Mi, Sa u. So ab 17 Uhr.

Ein Abstecher in die mittelalterliche Kleinstadt Lenzen ist in mehrfacher Hinsicht reizvoll. Die historische Umgebung mit ganzen Straßenzügen gut erhaltener Fachwerkhäuser lädt zum Verweilen ein. Die alles überragende Burg soll Sitz des Auenökologischen Zentrums werden. Am Ortseingang, unmittelbar an der Löcknitz, liegt eine Filzmanufaktur mit eigenem Färbergarten. Hier befindet sich auch ein Natur- und Lehrgarten mit Heil- und Gewürzpflanzen. Alljährlich Ende Mai wird das „Filzfest" gefeiert, auf dem neben landwirtschaftlichen Produkten vor allem Filzwaren angeboten werden.

Wer das Gefühl scheinbar unendlicher Weite schätzt und Freude an

ständig wechselnden Wolkenformationen findet, sollte unbedingt die „Lenzer Wische“ westlich der Stadt besuchen. Von Oktober bis November sammeln sich hier oft Tausende von Kranichen; im Winter Scharen von Bläß- und Saatgänsen, die auf dem Zug in die küstennahen Winterquartiere Rast und Futter suchen. Da die Großvögel bei Herannahen sofort flüchten, sollte der Beobachter stets auf dem Weg und möglichst im schützenden Auto bleiben.
In Cumlosen, einem kleinen Ort in der Nähe von Wittenberge, bietet sich ein prächtiger Blick auf die weite Auenlandschaft. In den Weichholzbeständen leben Biber, Pirol und Beutelmeise. Die Auenwiesen und Hartholzauen am Elbufer in Sachsen-Anhalt bieten vielen weiteren Arten Unterschlupf. In den Altwässern und den Tümpeln an der Binnenseite der Deiche sind zahlreiche Amphibien zu Hause, darunter Rotbauchunke und Laubfrosch. Daneben kommen hier auch Trauerseeschwalbe und Rohrsänger vor.

◁ **Luftaufnahme des typischen Rundlingsdorfes Lübeln**

Flora und Fauna zwischen Lauenburg und Havelberg

Typische Bäume und Sträucher

Stieleiche, Feld- und Flatterulme, Schwarz-Pappel, verschiedene Weidenarten (Aue); Rot-Buche, Kiefer, Sandbirke (Talsand-, Geestfläche).

Charakteristische Blütenpflanzen

Elbspitzklette, Straußblütiger Ampfer, Brenndolde, Wiesen-Alant, Sumpfwolfsmilch, Gottesgnadenkraut (Stromtalpflanzen); Sandstrohblume, Acker- und Frühlingsspark, Grasnelke, Feldmannstreu, Körnersteinbrech, Silbergrasfluren (Trockenrasenpflanzen).

Charakteristische Tiere

Elbebiber; Weißstorch, Schwarzstorch, Graureiher, Kranich, Seeadler, Fischadler, Große Rohrdommel, Großer Brachvogel, Rotschenkel, Nachtschwalbe. In den Wintermonaten ist der Naturpark Rastgebiet für viele verschiedene Enten- und Gänsearten, Singschwäne (2000-2500) und Zwergschwäne (3500-4000). Rotbauchunke, Moorfrosch, Laubfrosch, Knoblauchkröte; Blauflügelige Ödlandschrecke, Ameisenlöwe, Steppengrashüpfer, Zauneidechse, Neuntöter (Trockenrasen).

Wandern entlang der unteren Mittelelbe

Route 1: Drehscheibe des Vogelzugs

Zwischen den Orten Dannenberg und Hitzacker liegt unweit von Penkefitz die sogenannte „Taube Elbe“. Als ehemaliger, weiterhin dem Hochwasserrhythmus des Stroms unterworfener Elbbogen ist dieses Naturschutzgebiet eine Drehscheibe für den internationalen Vogelzug. Zu nahezu jeder Jahreszeit lohnt sich eine Wanderung auf den Schutzdeichen. Von hier aus sind Gänse, Enten, Kraniche, Greifvögel und die Palette mitteleuropäischer Rohrsänger, darunter Drossel- und Schilfrohrsänger sowie der Rohrschwirl, ungestört zu beobachten. Im Winter ist die Deichkrone allerdings gesperrt.

i Rundweg von Dannenberg in Richtung Penkefitz bis zum Pumpwerk, über den Elbdeich Richtung Strachauer Red und Penkefitz zurück zum Pumpwerk; Länge 5 km; 1–2 Std. Gehzeit.

Die Daten der brütenden Störche werden im „Einwohnermeldeamt“ in Rühstädt festgehalten.

Route 2: Kraniche und Eichenböcke

Der Lebensraum Auwald zeigt sich besonders eindrucksvoll im Elbholz bei Gartow. Dieser rund 160 Hektar große Wald befindet sich seit mehr als 200 Jahren im Besitz des Grafen

Bernstorff. Die Familie hat den Forst schonend bewirtschaftet, so daß er seit Jahren ein Zentrum für den Kranichschutz darstellt. Wegen der umfangreichen Eindeichungen wird das Elbholz – wie die meisten Auwaldreste im Elbtal – nicht mehr direkt vom Hochwasser überflutet. Durch das Qualm- oder Drängewasser, das unter den Deichen hindurchdringt, wird der Wald schonender durchnäßt. Dieser Auwald hat eine ungemein artenreiche Tierwelt. Vor allem unter den holzbewohnenden Insekten steigt die Anzahl dann beträchtlich, wenn – wie in einigen Teilen des Elbholzes – vom Keimling bis zum vermodernden Stamm alle Stadien der Vegetation vorhanden sind. Allein die Käfer sind hier mit knapp hundert im nordwestdeutschen Raum ansonsten unbekannten Arten vertreten. In den alten und teilweise abgestorbenen Eichen finden sich auffällige, fingerdicke Fraßgänge der Larven des großen Eichenbocks.

Auwälder sind wahre Kleinodien des Elbtales und werden Kernzonen eines künftigen Großschutzgebietes sein. Um Störungen zu vermeiden, sollten Naturfreunde grundsätzlich auf den Wanderwegen bleiben. Das Elbholz wird seit zwanzig Jahren während der Brutperiode von engagierten Vogelschützern bewacht. Die stetig steigenden Bruterfolge bei Kranichen und Greifvögeln in diesem Gebiet zeigen, wie erfolgreich diese Aufbauarbeit ist und wie positiv sich Ruheräume auswirken können.

Lebensraum für den Elbebiber und viele andere Tiere bieten die Weichholzauen.

i Vom Parkplatz am Gartower See bei Quarnstedt zu Fuß oder mit dem Rad auf der Elbholzallee bis zu den ehemaligen Forsthäusern, auf der Deichkrone westlich nach Perestorf und weiter nach Restorf, entlang der Seggeniederung zurück; ca. 12 km; ca. 3 Std. Gehzeit.

Praktische Informationen

Informationszentren

Elbtal-Haus Bleckede: eine umfassende Ausstellung (inkl. Aquarium) gibt einen Überblick über die Lebensräume, Schutzkonzepte und Probleme der Elbtalregion, Tel. 05852/2899.
Informationsstelle Naturschutz (EURONATUR, Bund für Umwelt und Naturschutz (BUND), Dannenberg, Tel. 05861/5188.
Projektbüro Aulosen, Tel. 039395/81904.
Informationszentrum Gartow (Naturschutzbund Deutschland), Tel. 05846/2243.

Anreise

Informationen und Reisezugauskunft der Bahn: Bleckede, Tel. 05852/1204; Hitzacker, Tel. 05862/269; Lüneburg, Tel. 04131/19419; Uelzen: Tel. 0581/73070. Mit dem Auto aus Richtung Hamburg über die B 195 oder aus Richtung Hannover bzw. Berlin über die B 191.

Führungen

Naturkundliche Informationen, Exkursionen und Führungen (gegen eine geringe Gebühr): Elbtal-Haus Bleckede, Bleckede, Tel. 05852/2899;
Informationsstelle Naturschutz vom Bund für Umwelt und Naturschutz (BUND) sowie von der Stiftung Europäisches Naturerbe (EURONATUR), Dannenberg, Tel. 05861/5188;
Gästeinformation Dannenberg, Tel. 05861/808190;
Informationszentrum und Kranichstation des Naturschutzbundes Deutschland (NABU), Gartow, Tel. 05846/2243;
Kurverwaltung Gartow, Tel. 05846/333;
Förderverein Nationalpark Elbtalaue, Hitzacker, Tel. 05862/7459.

Unterkünfte

Zahlreiche Übernachtungsmöglichkeiten; Besonderheiten: Heuhotels z. B. in Bleckede, Hitzacker, Dangenstorf, Lüchow und Trebel sowie die Freizeitanlage Meudelfitz mit sogenannten „Nur-Dach-Häusern“: Häuser, bei denen die Dächer bis zum Boden reichen.

Campingplätze

ADAC-Campingplatz, Bleckede, Tel. 05854/311.
Hein und Hein Elbufer Camp, Bleckede, Tel. 05857/555.
Campingplatz Mutter Grün, Bleckede, Tel. 05853/310.

Dorn Camping, Dahlenburg, Tel. 05851/7095.
Dannenberg: Tel. 05861/4183.
Campingplatz Gartow, Tel. 05846/8250.
Campingplatz Laascher See, Gartow, Tel. 05846/342.
Campingplatz Waldbächlein, Hitzacker, Tel. 05862/2725.
Campingplatz Elbufer, Neu Darchau, Tel. 05853/256.

Radverleih

An folgenden Bahnhöfen können zwischen April und Oktober, zum Teil auch ganzjährig, Fahrräder gemietet werden: Dannenberg/Ost (Tel. 05861/8439) und Lüneburg (Tel. 04131/19419). Die Gebühr beträgt ca. 6 bis 12 DM pro Tag.
Daneben betreiben folgende Firmen einen Fahrradverleih:
Bleckede: W. Weber, Tel. 05852/1272;
Dannenberg: Fahrraddiele Schröder, Tel. 05861/8439;
Gartow: Familienferiendorf Gartow, Tel. 05846/1613;
Hitzacker: Firma Schulz, Tel. 05862/1602;
Lüchow: Fahrradhaus Triebe, Tel. 05841/4384.

Busverkehr

Regionalbus Braunschweig GmbH (RBB), Uelzen, Tel. 0581/78185.
Straßenverkehrsgenossenschaft (SVG) Niedersachsen eG, Lüneburg, Tel. 04131/42038.
Verkehrsbetriebe Osthannover, Lüneburg, Tel. 04131/51005.

Elbfähren

Boizenburg-Lauenburg, Tel. 04153/2536.
Bleckede-Neu Bleckede, Tel. 05852/39922 (auch LKW und Busse).
Neu Darchau-Darchau, Tel. 05853/1322 (auch LKW und Busse).
Hitzacker-Bitter, Tel. 05862/8022 (nur stündlich, nur Fußgänger und Fahrräder). Pevestorf-Lenzen, Tel. 05846/333.
Schnackenburg-Lütkenwisch, Tel. 05846/333.

Mitfahrgelegenheiten

Im Landkreis Lüchow-Dannenberg gibt es die Initiative Mit-Fahren e.V. Im gesamten Kreisgebiet wurden Haltestellen eingerichtet, an denen Mitfahrer von Autofahrern mitgenommen werden können. (Mit-Fahren e.V., Tel. 05862/8586)

Route 3: Dichtes Röhricht und sandige Düne

Die Schmölener Düne ist mit 48 Metern die höchste Erhebung in dem ansonsten tischebenen Land. Die „Besteigung" der Düne lohnt sich. In dem Naturschutzgebiet findet sich auf kleinstem Raum eine große Zahl von Tiergesellschaften. Neben überflutetem Grünland und Röhrichten der Löcknitz, wo sich Bekassine, Beutelmeise sowie Sumpfwolfsmilch finden, steigt die teilweise immer noch wandernde Binnendüne steil an. Sie bietet Sandtrockenrasen, Eichen- und Kiefernwäldern samt ihrer Fauna ideale Bedingungen, beispielsweise für Heidelerche, Blauflügelige Ödlandschrecke, Warzenbeißer und Karthäusernelke.

i Vom Ortsende in Klein Schmölen (Station auf der Strecke Dömitz–Lenzen) entlang der Binnendüne auf ausgewiesenem Weg zur Schmölener Düne und Löcknitzniederung; ca. 5 km; 1–2 Std. Gehzeit.

Route 4: Vogelparadies

Schnackenburg liegt im östlichsten Niedersachsen und ist mit 600 Einwohnern eine der kleinsten Städte Deutschlands. Als Ausgangspunkt ist es bestens geeignet. Besonders zu empfehlen ist eine Route entlang des Alands, einem kleinen Seitenzufluß der Elbe. Im Sommerhalbjahr kann man hier Grünlandvögel wie den Kiebitz, den Großen Brachvogel und die Uferschnepfe erblicken. Im Winterhalbjahr sind dafür viele Durchzügler wie Bläß-, Saat- und Graugänse, Gänsesäger, Kormorane und Seeadler zu beobachten.

i Vom Ortszentrum Schnackenburgs (Aussichtsturm mit Blick über den Elbhafen) auf dem Alanddeich Richtung Gummern, über die ehemalige Grenzlinie bis Aulosen und zurück; ca. 12 km; ca. 3 Std. Gehzeit.

Neuschulz

◁ **Eine Schwalbenschwanzraupe erklimmt eine Brenndolde im Auengrünland.**

◁ **Über eine außerordentlich gute Tarnung verfügt die selten gewordene Nachtschwalbe, auch Ziegenmelker genannt.**

Nationalparkregion Sächsische Schweiz

Tafelberge und Felsentürme

Beiderseits des Elbtals, an der Grenze zwischen Sachsen und Böhmen, liegt das Elbsandsteingebirge – eine in Mitteleuropa einzigartige Erosionslandschaft mit wuchtigen Tafelbergen, schroffen Felsrevieren und tiefen Schluchten.

Das Elbsandsteingebirge ist eine Landschaft mit Charakter. Ihr unverwechselbares Gepräge erhält sie durch die mannigfaltigen Formen des Quadersandsteins und der daran angepaßten Verteilung von Wald und Offenland.

Dabei handelt es sich streng genommen gar nicht um ein Gebirge, sondern um eine Flußlandschaft. Wie in einem großen Trog lagerte das Meer der Kreidezeit vor rund 100 Millionen Jahren hier eine bis zu 500 Meter mächtige Sandschicht ab. Nach Abfluß des Kreidemeeres wurde der Sand durch den gewaltigen Seitendruck der Erdkruste zu einer Tafel verfestigt und zugleich durch zahlreiche Risse und Klüfte gespalten. Wieder war es das Wasser, diesmal der Urelbe und ihrer Nebenflüsse, das den ehemals kompakten Sandstein förmlich ausräumte. Zurückgebliebenen ist eine Erosionslandschaft mit Felsruinen, deren allmählicher Zerfall weiter andauert.

Bis zum Ende des 18. Jahrhunderts gab es für diesen schwer zugänglichen und somit wirtschaftlich weitgehend uninteressanten Landstrich nicht einmal einen eigenen Namen. Man rechnete ihn ganz einfach zu den Böhmischen Wäldern oder zum Meißner Hochland. Die wenigen Besucher empfanden das Gebiet als bedrohlich, „abscheulich“ oder gar „grausam“, wie „in Sibirien und bei den Türken“. Mit der Wende zum 19. Jahrhundert setzte jedoch ein Um-

Kurzprofil

Die Nationalparkregion Sächsische Schweiz ist ein weitgehend bewaldetes Felsengebirge an der Grenze zwischen Sachsen und Böhmen.

Träger:	Freistaat Sachsen
Gegründet:	1956 (Landschaftsschutzgebiet), 1990 (Nationalpark)
Fläche:	36 700 ha, davon 9300 ha Nationalpark
Saison:	überwiegend Frühjahr bis Herbst
Besucher:	ca. 3 Millionen jährlich
Wanderwege:	ca. 1200 km mit Markierung

◁ **Die Schrammsteine am Elbtal zeigen deutlich die für das Elbsandsteingebirge typische Zerklüftung.**

denken ein, entdeckten Reisende unter dem Einfluß der Romantik das Elbsandsteingebirge. Schweizer Maler waren es, die den Begriff „Sächsische Schweiz" prägten.

Die rund 200 Jahre währende, immer intensivere touristische – und seit über 140 Jahren auch bergsportliche – Erschließung der Sächsischen Schweiz hat die Landschaft geprägt. Das gleiche gilt für den massiven Sandsteinabbau und die Flußregulierungen im Elbtal sowie für die zahlreichen Verkehrswege entlang des Stromes. Die Sächsische Schweiz ist daher auf der weit überwiegenden Fläche längst keine Naturlandschaft mehr, sondern eine seit Jahrhunderten mehr oder weniger intensiv genutzte und gestaltete Kulturlandschaft.

▷ **Der Uhu – hier ein Jungvogel im Horst – nistet mit Vorliebe in Felsnischen.**

Dabei reichen die Bestrebungen zum Schutz von Landschaft und Natur sogar bis in die Mitte des vorigen Jahrhunderts zurück. Die Ziele und Aufgaben eines modernen Naturschutzes für die Sächsische Schweiz leiten sich aus dem Naturschutzgesetz und dem Landesentwicklungsplan des Freistaates Sachsen ab. Danach soll das Gebiet als „Nationalparkregion“ naturräumlich einheitlich, unter Berücksichtigung der bisherigen wirtschaftlichen Landnutzung jedoch hinsichtlich des Schutzzweckes differenziert entwickelt werden.

Natur Natur sein lassen: der Nationalpark

Im rechtselbischen Teil der Sächsischen Schweiz wurden im Jahr 1990 zwei zusammen rund 9300 Hektar große Gebiete als Nationalpark unter Schutz gestellt. Dabei handelt es sich um naturbetonte, fast vollständig bewaldete sowie verkehrsmäßig nicht bzw. kaum erschlossene Felsgebiete, die sich größtenteils in Besitz des Freistaates Sachsen befinden. In Übereinstimmung mit den internationalen Empfehlungen für Nationalparke sollen sich die hier noch erhalten gebliebenen natürlichen und naturnahen Ökosysteme

▷▷ **Der Stengelumfassende Knotenfuß ist eine botanische Kostbarkeit der feuchtkühlen Gründe der hinteren Sächsische Schweiz.**

frei von Eingriffen des Menschen nach ihren eigenen Gesetzen entwickeln dürfen. Für die Wälder bedeutet dies unter anderem, daß absterbende oder durch Sturm entwurzelte Bäume nicht mehr aufgeräumt werden, daß der Borkenkäfer nicht mehr als „Forstinsekt“ bekämpft, sondern als notwendiges Regulativ im Kreislauf der Natur anerkannt wird, daß nicht mehr die Forstleute bestimmen, auf welchem Standort welcher Baum wachsen darf, sondern die Natur.

Ausgehend von der bisherigen Landnutzung können die Ziele des Nationalparks jedoch nicht sofort und auf der gesamten Fläche erreicht werden. Während einer überschaubaren Übergangszeit werden in den eingeschlossenen naturfernen und -fremden Wäldern verschiedene Pflegemaßnahmen erforderlich, jedoch nicht mit dem Ziel der Holzproduktion, sondern um die natürliche Entwicklung des Waldes zu fördern. Hierzu kommt, daß der junge Nationalpark nur dann eine

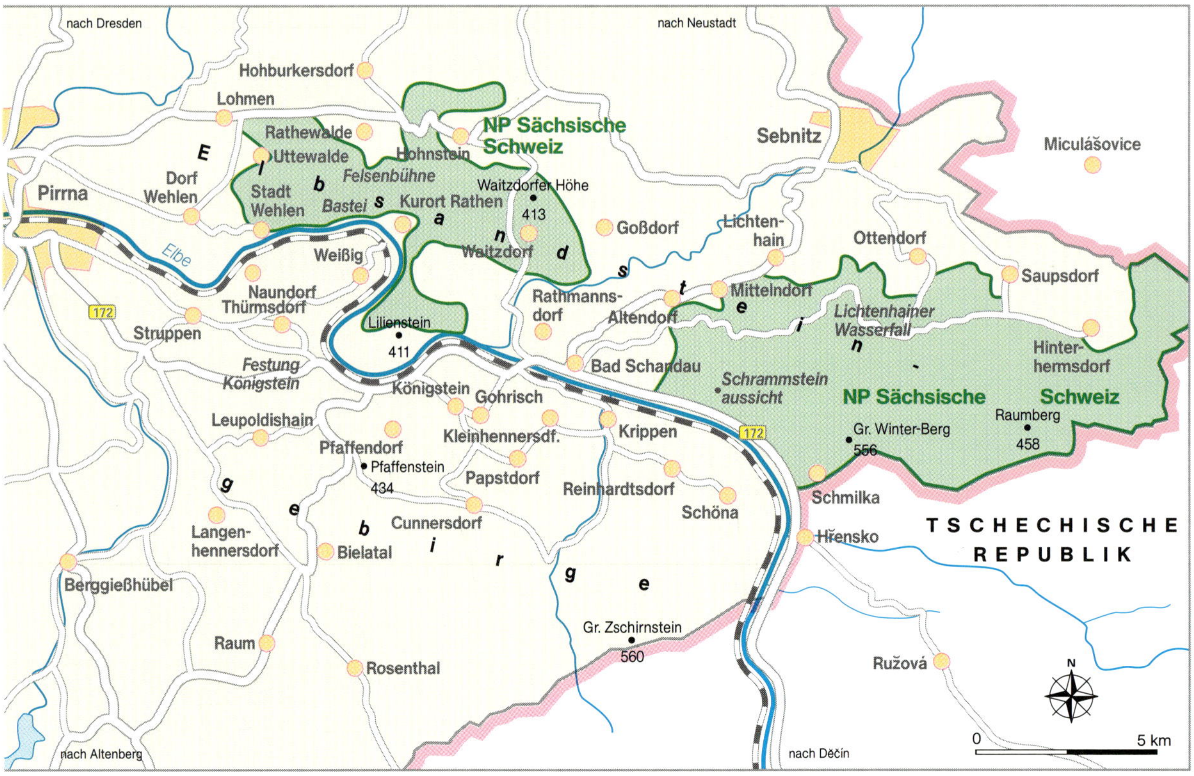

Da muß man hin

- ☐ Festung Königstein, Rundgang entlang der Mauerkrone mit weitem Rundblick
- ☐ Bastei mit Aussichtskanzel, Basteibrücke und Felsenburg Neurathen
- ☐ Oberes Bieltal mit Herkulessäulen
- ☐ Kirnitzschtal mit Lichtenhainer Wasserfall und Kuhstall
- ☐ Pfaffenstein mit Nadelöhr, Barbarine und historischer Berggaststätte
- ☐ Schrammsteine mit Großem Schrammtor und Aussichtspunkt

gute Zukunft haben wird, wenn er durch Einheimische und Besucher gleichermaßen akzeptiert und unterstützt wird. Der Umweltbildung, Besucherinformation und Öffentlichkeitsarbeit kommt dabei entscheidende Bedeutung zu. Auch dazu bedarf es eines Übergangszeitraumes. In den im Gelände ausgewiesenen Kernzonen kann man jedoch schon einen Vorgeschmack auf ein Stück Elbsandsteingebirge bekommen, das sich auf dem Weg zu einer echten Naturlandschaft befindet.

Nachhaltige Entwicklung: das Landschaftsschutzgebiet

Die beiden Teile des Nationalparks liegen eingebettet in die bereits 1956 als Landschaftsschutzgebiet ausgewiesene Kulturlandschaft der Sächsischen Schweiz, die eine Fläche von rund 27 400 Hektar umfaßt. Ziel ist in diesem Gebiet nicht der Verzicht auf die Nutzung des Landes, sondern die Orientierung auf eine Form der Landnutzung, die langfristig umweltverträglich und für die hier lebenden und arbeitenden Menschen wirtschaftlich akzeptabel ist. Dazu gehören Bemühungen um die Berücksichtigung ökologischer Zusammenhänge in der Land- und Forstwirtschaft ebenso wie die Abwehr von Entwicklungen, die der geschützten Kulturlandschaft wesensfremd sind, wie Großhotels, Gewerbegebiete, Golfplätze und ähnliche Projekte auf der grünen Wiese oder die ungeregelte Ausweisung von Baugebieten.
Nicht zuletzt geht es um zwei weitere wichtige Aufgaben: Im Interesse zahlreicher gefährdeter Tier- und Pflanzenarten muß wieder ein großräumiges Netz von Biotopen entstehen, und der Verkehr muß sinnvoll gelenkt und beruhigt werden, damit das Gebiet auch weiterhin der Erholung dienen kann. In diesem Sinne ist das Landschaftsschutzgebiet weit mehr als nur eine Pufferzone für den Nationalpark.

Naturschutz ohne Grenzen: der Europark

Auch wenn die politische Grenze zwischen Sachsen und Böhmen bereits seit dem 15. Jahrhundert quer durch das bewaldete, felsige Gebiet verläuft, stellt das Elbsandsteingebirge beiderseits der Grenze naturräumlich eine Einheit dar. An den Nationalpark Sächsische Schweiz schließt sich in der Tschechischen Republik nahtlos das Landschaftsschutzgebiet „Labske piskovce" (Elbsandsteine) an. Seit mehreren Jahren bemühen sich tschechische Naturschützer, auch in der Böhmischen Schweiz die Ausweisung naturnaher Kernbereiche als Nationalpark zu erreichen. Dies könnte die Voraussetzung schaffen für die Entwicklung eines grenzüberschreitenden Großschutzgebietes Sächsisch-Böhmische Schweiz, das den großflächigen Schutz natürlicher Abläufe im Nationalpark ebenso zum Ziel hat wie eine nachhaltige Entwicklung der Kulturlandschaft. Dabei möchte dieses von beiden Ländern getragene Schutzprojekt nicht nur die Natur, sondern auch die Menschen miteinander verbinden. Eine intensive und freundschaftliche Zusammenarbeit der beiden Schutzgebietsverwaltungen ist heute schon ebenso selbstverständlich wie gemeinsame Bildungsangebote für deutsche und tschechische Kinder und Jugendliche.

Die Barbarine ist das Wahrzeichen der Sächsischen Schweiz.

Die Nationalparkregion im Überblick

▷▷▷ **Die Basteibrücke ist ein Anziehungspunkt für Touristen aus aller Welt.**

Nationalpark und Landschaftschutzgebiet (zusammen 36 700 Hektar) erstrecken sich beiderseits der Elbe zwischen Pirna und der Grenze zur Tschechischen Republik. Es dominiert der Quadersandstein, dessen Großformen stockwerkartig zueinander angeordnet sind.

Das Durchbruchstal der Elbe mit ihren Nebenflüssen, die Schroffheit des oberen Stockwerkes mit wuchtigen Tafelbergen – den „Steinen" – und bizarren Felsrevieren sowie Höhenunterschieden bis zu 450 Metern auf engem Raum bestimmen den Charakter der Sandsteinlandschaft. Vereinzelte Basaltdurch-

▷ **Die Krähenbeere hat nadelartig eingerollte Blätter und wächst in trockenen Felsriffen.**

brüche – die kegelförmigen „Berge" – sowie nördlich an den Sandstein angrenzende Hangbereiche im Granit prägen zusätzlich das Landschaftsbild. Ausgesprochen vielfältig sind die Verwitterungsformen des Sandsteins: Man findet Wabenverwitterung, Sanduhren, Bänderstrukturen aus Eisenerz sowie Kluft-, Schicht- und Einsturzhöhlen.

Auch der Landschaftshaushalt weist Besonderheiten auf. Trotz des gebirgsartigen Reliefs überwiegen zwischen 110 Metern (Elbe bei Pirna) und 561 Metern Höhe (Großer Zschirnstein) Höhenlagen und Klima der Hügellandstufe mit einer mittleren Jahrestemperatur zwischen 6 und 8 Grad Celsius. Charakterisch sind starke mikroklimatische Unterschiede, die in den Felsgebieten bis zum Phänomen der Umkehr („Inversion") der Höhenstufen bei der Verbreitung von Pflanzen und Tieren führen. So wächst in feucht-kühlen Gründen, wo „Kellerklima" herrscht, in einer Höhe von rund 200 Metern ein Mischwald der Gebirgsstufe mit Fichten, die an diesen Standorten Höhen von über 50 Metern und ein Alter von 200 bis 300 Jahren erreichen können. Botanische Kostbarkeiten sind hier der Knotenfuß und das Zweiblütige Veilchen – Eiszeitrelikte, die andernorts gewöhnlich nur in Höhenlagen ab 1000 Metern vorkommen. Demgegenüber wächst auf den höher gelegenen, warmtrockenen Felsplateaus ein Kiefer-Birken-Eichenwald der Hügellandstufe. Auf extrem trockenen und flachgründigen Felskuppen ist sogar eine Baumgrenze ähnlich wie im Hochgebirge zu beobachten.

Der Sandstein wirkt wie ein Schwamm: er kann bis zu 14 Prozent seines Gewichtes an Wasser aufnehmen. Dies sowie ein starkes Gefälle zur Elbe hin erklären, warum viele Täler im Sandstein nur nach der Schneeschmelze und nach starkem Regen Wasser führen. Standgewässer und Moore gibt es im Elbsandsteingebirge nicht.

Bedingt durch die schwierigen Geländeverhältnisse wird die Landschaft auch heute noch (besonders entlang der Staatsgrenze) von ausgedehnten Wäldern geprägt, deren Anteil an der Fläche des Nationalparks 90 Prozent ausmacht. Naturnahe Waldgesellschaften gibt es jedoch außer in den schroffen Felsre-

Kultur und Museen

Festival „Sandstein und Musik" mit jährlich rund zwanzig Konzerten (Information 03501/446572).

Bad Schandau

Heimatmuseum mit Austellung zu Naturraum, Landnutzungsgeschichte, Bergsport. (Geöffnet Di, Do, Fr 14–17 Uhr, Sa 9.30–12.30 Uhr)

Hinterhermersdorf

Waldarbeiterstube, traditionelles Umgebindehaus. (Geöffnet April bis Oktober täglich 10–16 Uhr)

Naundorf

Robert-Sterl-Haus, Wohn- und Wirkungsstätte des impressionistischen Malers, Ausstellung, Konzerte. (Geöffnet Mai bis Oktober Mi, Do, Sa 10–17 Uhr)

Pirna

Stadtmuseum, Ausstellungen zu Geologie, Stadtgeschichte, bildender Kunst. (Geöffnet Di–So 10–17 Uhr)

Sebnitz

Kunstblumen- und Heimatmuseum mit Austellungen zur Stadt- und Regionalgeschichte. (Geöffnet Di–So 10–17 Uhr)

⊲⊲⊲ Die „Felsenschlucht“ von Caspar David Friedrich stellt den Höhepunkt der romantischen Malerei im Elbsandsteingebirge dar. Durch die Felsengruppe „Kleine Steinschleuder“ führt seit 1851 die Basteibrücke.

vieren zumeist nur noch kleinräumig entlang der Bäche und Flüsse sowie in den Bergen und Hanglagen aus Basalt und Granit.

Die Vorkommen von Tieren wie Luchs, Fischotter, Schwarzstorch, Uhu und Wanderfalke deuten jedoch trotz aller menschlicher Eingriffe auf noch weitgehend intakte Ökosysteme hin, die es zu bewahren gilt.

Räuber, Kühe und Affen

Fragt man Besucher nach den Hauptsehenswürdigkeiten der Sächsischen Schweiz, bekommt man als Antwort meist entweder einfach „die Landschaft“, oder man erfährt von vielen verschiedenen Attraktionen als da sind: eine Fahrt durch das Elbtal mit seinen steilen Felswänden auf einem der rund hundertjährigen Schaufelraddampfer; die Tour mit dem „Sächsischen Semmering“ von Bad Schandau durch das romantische Sebnitztal mit seinen sieben Tunneln, siebenundzwanzig Brücken und Viadukten; ein Besuch der Bastei, der als schönstes europäisches Naturtheater gerühmten Felsenbühne Rathen oder der Festung Königstein; oder die Entdeckung in einer der zahlreichen, aus dem 14. Jahrhundert stammenden Felsenburgen inmitten dichter Wälder.

Besonders empfehlenswert für Familien mit Kindern ist im Nationalpark ein Besuch des Kirnitzschtales. Auf das Auto sollte man dabei ruhig verzichten. Man kann entweder mit öffentlichen Verkehrsmitteln bis Bad Schandau reisen oder das Fahrzeug zumindest dort abstellen.

Der Nationalpark Sächsische Schweiz dürfte nicht nur der einzige Deutschlands mit S-Bahn-Anschluß sein: er verfügt sogar über eine eigene Straßenbahn. Dabei handelt es sich um die 1998 genau 100 Jahre alte Kirnitzschtalbahn, die uns auch heute noch in 25 Minuten von Bad Schandau zum Lichtenhainer Wasserfall bringt. In den engen Kurven des wildromantischen Tales stöhnt und quietscht sie zwar erheblich, ansonsten fährt sie jedoch höchst umweltfreundlich. Das gemächliche Tempo ermöglicht einen Blick in das Engtal, auf hohe, teilweise von Farnen und der gelb leuchtenden Schwefelflechte bewachsene Felswände, mächtige Altbäume und das klare Wasser der Kirnitzsch.

Endstation ist der Lichtenhainer Wasserfall. Hier steht das bereits 1852/53 anstelle einer einfachen Rindenhütte erbaute steinerne Wirtshaus im Schweizer Stil. Als Bestandteil des traditionellen Fremdenweges und Ausgangspunkt für zahlreiche Wandertouren war und ist die Station seit Anfang des 19. Jahrhunderts eine Touristenattraktion. Eine alte Tafel verspricht noch heute „Pferde, Sesselträger, Führer nach allen Stationen“ der Sächsischen Schweiz, zum Beispiel zum Kuhstall. Spätestens die Preistafel ist Anlaß zum Staunen: „Reiten 2 Mark, Tragen 3 Mark“.

Heutigen Besuchern bleibt nur das Wandern. Der Weg führt sie durch einen Bergmischwald mit Fichte, Rot-Buche, einzelnen Weißtannen und

„Caspar-David-Friedrich-Stimmung“ am Gleitmannshorn mit Blick gegen das hintere Raubschloß

weiter bergauf auch mit Kiefer, Eiche und Birke. In diese Waldbestände wird entsprechend der Zielsetzung des Nationalparks nicht mehr eingegriffen. Einige der mächtigen Altbuchen sowie einige Fichten sind in den letzten Jahren bereits umgebrochen, ihre Rümpfe bieten Spechten, Insekten und Pilzen wertvollen Lebensraum. Dort, wo ein Altbaum stürzt, gelangt plötzlich wieder Licht auf den Waldboden und es keimt und wächst neues Leben.

Neben der historischen Berggaststätte (seit 1824) empfängt einen auf dem Felsplateau ein imposantes Felsentor (11 Meter hoch, 17 Meter breit, 24 Meter tief). Diese Höhle, der „Kuhstall", war mindestens seit 1379 Bestandteil einer bedeutenden Felsenburg der Berken von der Duba. Obwohl diesen Edelleuten zwei Städte und 18 Dörfer zinspflichtig waren, besserten sie ihre Mittel für ein standesgemäßes Burgleben durch Straßenraub auf. Dabei stahl man auch Vieh, das dann in der Höhle untergebracht wurde. Über dem Kuhstall lag die eigentliche Räuberburg, von der heute nur noch die Zisterne, in Felsen gehauene Balkenlager und alte Steinstufen künden. Man erreicht das Gipfelplateau über eine äußerst enge Felsplatte mit steilen Stufen, der sogenannten Himmelsleiter.

Vom Plateau aus hat man nach Süden eine ausgezeichnete Sicht auf das geschlossene Wald- und Felsgebiet des Nationalparks, unter anderem auf die Affensteine. Affen gab es hier freilich noch nie. Früher wurde der relativ häufige Uhu auch „Auf" genannt, woraus sich durch Sprachabschleifung fälschlicherweise „Affen" entwickelten. Heute hat sich unser größter Eulenvogel in touristisch weniger frequentierte Felsbereiche zurückgezogen.

Zurück am Lichtanhainer Wasserfall kann man, anstatt wieder die Bahn zu benutzen, zumindest ein Stück entlang des Flößersteigs zurückgehen. Auf diesem Lehrpfad an der Kirnitzsch informieren knappe Texttafeln über Natur und Landnutzung. Und fast immer kann man Bachforellen, Wasseramseln sowie Bach- und Gebirgsstelzen beobachten.

▷▷▷ **Die Frühlingsplatterbse wächst in höheren Bereichen.**

▷ **Der Carolafels ist einer der beliebtesten Aussichtspunkte der hinteren Sächsischen Schweiz.**

Flora und Fauna in der Sächsischen Schweiz

Charakteristische Bäume und Sträucher

Fichte, Kiefer, Rot-Buche, Weißtanne (Restvorkommen); Stiel- und Traubeneiche, Birke (Felsreviere); Esche, Bergahorn (Kupppen und Hanglagen auf Basalt und im Granit); Schwarzerle (Fließgewässer); Heidekraut, Heidelbeere, Preiselbeere, Krähenbeere (Felsplateaus), Sumpfporst (Felsbänder).

Typische Farn- und Blütenpflanzen

Farne (20 Arten); Waldgeißbart, Silberblatt, Quirlblättrige Weißwurzel, Zweiblütiges Veilchen, Hasenlattich (Gründe und Schluchten); Knotenfuß (Felsriffe); Neunblättrige Zahnwurz, Lungenkraut.

Charakteristische Tiere

Rotwild, Luchs; Wanderfalke, Dohle, Gartenschläfer (Felsriffe); Schwarzstorch, Uhu, Sperlingkauz, Eisvogel, Wasseramsel, Fischotter, Wasserspitzmaus, Feuersalamander (Schluchten und Gründe, Fließgewässer); Schwarzspecht, Hohltaube, Waldlaubsänger, Zwergfliegenschnäpper, Siebenschläfer (Basaltkuppen, Granithänge).

Wandern in der Sächsischen Schweiz

Will man sich der Natur- und Kulturlandschaft der Sächsischen Schweiz wirklich nähern, braucht man dafür Zeit, mindestens eine Woche. Und man sollte dies als Wanderer tun, denn unsere Aufnahmefähigkeit ist trotz aller Fortschritte bei der Entwicklung neuer Fortbewegungsmittel noch immer auf den menschlichen Schritt eingestellt.

Rund 1200 Kilometer markierte Wanderwege ermöglichen eine Vielzahl an Wandertouren. Die Markierung ist einheitlich in der traditionellen sächsischen Form mit Farbmarken sowie grünen Wegweisern mit weißer Schrift. In den Felsgebieten kommt man teilweise nur mit Hilfe von Steighilfen aus Holz und Metall, mittels Brücken und Geländern voran. Hier ist bei feuchtem Wetter Trittsicherheit erforderlich, festes Schuhwerk also unverzichtbar.

Traditionell sind die meisten Wanderwege keine Rundwege. Das Gebiet erschließt sich deshalb dem Wanderer am besten, der sich darauf einläßt, die traditionellen Wegstrecken mit dem Angebot des öffentlichen Nahverkehrs zu kombinieren. Empfohlen werden in jedem Fall eine aktuelle Wanderkarte (Maßstab 1:25 000 oder 1:30 000) sowie Neumanns Landschaftsführer Sächsisch-Böhmische Schweiz (mit 44 Wanderungen und einer 7-Tage-Tour) oder andere gute Wanderführer. Diese sind im Buchhandel und bei den Gästeämtern in den Städten und Gemeinden erhältlich.

Route 1: Über die Steine

Die großen Tafelberge der Sächsischen Schweiz prägen unverwechselbar das Bild der Landschaft. Sie sind meist klar strukturiert: schräger Fußhang, steilaufragende Felskrone, tafelförmiges Plateau. Oft sind einzelne Bereiche stark zerklüftet, so daß sich freistehende Felstürme gebildet haben. Aufgrund der exponierten Lage der Tafelberge haben sich komplexe Lebensräume herausgebildet. Botanische Kostbarkeiten sind an den Felsen mit ihren schwachen Humusauflagen nicht zu erwarten, dafür finden Felsbrüter wie der Wanderfalke neben Kolkrabe, Turmfalke oder Waldkauz geradezu ideale Lebensbedingungen.

Die wichtigsten Tafelberge im Überblick:

Der Lilienstein im Zentrum des Gebietes ist der König unter den Tafel-

Unser Tip: Aussichtspunkte

Eigenart, Vielfalt und Schönheit der Sächsischen Schweiz ließen sich wohl am besten aus der Luft erleben. Zum Schutz freilebender Tierarten sind touristische Rund- und Tiefflüge jedoch nicht gestattet. Es bleiben zahlreiche Aussichtspunkte, von denen aus wohl schon mancher einfach abheben wollte...
Besonders empfehlenswert sind: Hohburkersdorfer Rundblick nördlich Rathewalde, Waizdorfer Höhe, Wachberg nördlich Saupsdorf, Goldsteinaussicht Nähe Zeughaus Ottendorf, Kipphorn unterhalb Großer Winterberg, Schrammsteinaussicht, Lilienstein, Katzstein bei Cunnersdorf, Großer Zschirnstein, Zirkelstein.

Der Kuhstall ist eine der imposantesten Schichthöhlen des Elbsandsteingebirges.

bergen. Von seinem Plateau bietet sich die beste Sicht über das gesamte Gebiet.

Der steile Pfad durchs Nadelöhr ist ein wilder Aufstieg auf den Pfaffenstein. An seiner Ostseite steht die als Wahrzeichen der Sächsischen Schweiz bekannte „Barbarine", eine 43 Meter hohe Felssäule.

Auf dem kaum bewachsenen Gohrischstein lassen sich anschaulich die Erosionskräfte studieren, die das Gipfelplateau schon weitgehend zerstört haben.

▷▷▷ **Im Juni blüht in vielen Tälern der leuchtende Waldgeißbart.**

Die Bäche Kirnitzsch (Bild) und Polenz haben im gewässerarmen Sandsteingebiet für den Naturhaushalt besondere Bedeutung.

Der Papststein ist mit Gohrischstein, Pfaffenstein und Kleinhennersdorfer Stein der Rest eines einst zusammenhängenden Tafelberges. Auffallend ist die helle Abbruchwand des großen Felssturzes von 1972 an der Südseite.

Am Kleinhennersdorfer Stein sind vor allem die großen Schichthöhlen in der Südseite bemerkenswert.

Die beiden Zschirnsteine unmittelbar an der Grenze zur Tschechischen Republik ragen aus einem weiträumigen Waldareal heraus. Der Große Zschirnstein (563 m), die höchste Erhebung der Sächsischen Schweiz, ermöglicht bei guter Sicht einen weiten Blick über die benachbarte Böhmische Schweiz und das nahe Erzgebirge. Auffallend ist hier die schwarze Färbung des Sandsteins. Sie stammt von der über viele Jahrzehnte hinweg verfeuerten, schwefelhaltigen Kohle aus dem böhmischen Becken.

Einer der kleinsten Tafelberge mit beeindruckender Aussicht sowohl nach Sachsen als auch nach Böhmen ist der Zirkelstein.

i Routenvorschlag: Bahnhof Rathen–Lilienstein–Stadt Königstein–Pfaffenstein–Gohrischstein–Papststein–Kleinhennersdorfer Stein–Kleiner Zschirnstein–Großer Zschirnstein–Zirkelstein–Bahnhof Schmilka/Hirschmühle. Dies ist eine Zweitagestour, jeder der Tafelberge ist aber auch als Einzelziel reizvoll. Man wandert bequem, jedoch immer mit steilen Auf- bzw. Abstiegen.

Route 2: Wandern auf dem Malerweg

Die Maler der Romantik haben die Elbsandsteinlandschaft entdeckt und damit ihre touristische Erschließung ausgelöst. Auf den neuen Fremdenwegen zogen die „Schweizreisenden" in die bis dahin kaum zugängliche Wildnis aus Fels und Wald. Heute wird der sogenannte Malerweg als kulturhistorisch interessanter Lehrpfad neu belebt.

Aus der Sicht des Nationalparks sind dabei die Studien der Maler besonders interessant, weil sie eine Achtung gegenüber der Natur vermitteln, die uns heute starke Impulse geben kann. Deshalb suchen wir auf dem Malerweg die Spuren Caspar David Friedrichs und seiner Zeitgenossen. Drei eingeklemmte Felsblöcke an der engsten Stelle des Uttewalder Grundes bilden das berühmte Felsentor, das ein erster Höhepunkt unserer Route ist. Der Haldenweg unter den hohen Wänden ehemaliger Steinbrüche führt nach Rathen, wo wir zur Bastei hinaufsteigen. Basteibrücke, Aussichtsbalkon und die Spuren einer mittelalterlichen Felsenburg (mit Rundgang) vermitteln auf engstem Raum eine Fülle von

Eindrücken. Allerdings ist hier immer mit Massen von Besuchern zu rechnen. Der steile Abstieg (viele Stufen) durch die Schwedenlöcher bringt uns in den Amselgrund. Dort liegt die Amselfallbaude, eine Informationsstelle des Nationalparks mit Gastwirtschaft.

Über Rathewalde wandern wir zum Hockstein, der berühmten Aussicht über dem Polenztal. Das Tal müssen wir überwinden, wenn wir Hohnstein mit Burg, Kirche und sehenswerten Fachwerkhäusern erreichen wollen. Bequem führt der Weg zur Brandaussicht (Gasthaus). Um nicht auf der Fahrstraße wandern zu müssen, weichen wir vom ursprünglichen Malerweg ab und wandern über Waitzdorf–Sebnitztal–Altendorf ins Kirnitzschtal.

Dem interessanten Flößersteig folgend erreichen wir die alte Gastwirtschaft Lichtenhainer Wasserfall (der

Aktivitäten für Kinder und Jugendliche

Für Gruppen werden durch die Nationalparkverwaltung erlebnisorientierte Bildungsprogramme angeboten (Anmeldung erforderlich). In der Informationsstelle Amselfallbaude bei Rathewalde gibt es für Kinder verschiedene Naturspiele, Jugendliche können sich an mehreren Experimentierplätzen mit Natur beschäftigen. Spannend sind die Familienaufführungen auf der Felsenbühne Rathen (z.B. Hänsel und Gretel, Old Surehand; Informationen unter Tel. 0351/89540).

Wasserfall kann mechanisch ausgelöst werden), wo der Aufstieg zur Kuhstallhöhle (Gasthaus) mit dem berühmten Felsentor abzweigt. Am Kleinen Winterberg vorbei wird der Große Winterberg erreicht, der Endpunkt des Malerweges auf deutscher Seite. Die Buchen dort sind bis 200 Jahre alt und prägen die breite Gipfelkuppe. Als Caspar David Friedrich auf dem Winterberg zeichnete, war der Gipfel dagegen noch nahezu kahl. Die beste Aussicht ins Elbtal hat man vom Kipphorn. Den eigentlichen Endpunkt des Malerweges, das Prebischtor, erreicht man nach Grenzübertritt in Schmilka von der tschechischen Seite aus.

i Routenvorschlag, abgeleitet vom historischen Malerweg: Lohmen–Uttewalder Grund–Stadt Wehlen–Kurort Rathen–Bastei–Schwedenlöcher–Rathewalde–Hockstein–Polenztal–Schindergraben–Hohnstein–Brandaussicht–Tiefer Grund–Waitzdorf–Sebnitztal–Kirnitzschtal–Flößersteig–Lichtenhainer Wasserfall–Kuhstall–Kleiner Winterberg–Großer Winterberg–Schmilka. Die ganze Route dauert drei Tage, Einzeletappen sind möglich.

Route 3: Schrammsteintour

Die Schrammsteine, westliche Ausläufer des großen Winterbergsockels, sind durch die fortschreitende Erosion schon fast von diesem abgetrennt. Die Schrammsteinkette zwischen Falkenstein und Vorderem Torstein ist bereits in viele freistehende Felstürme aufgelöst. Werden und Vergehen des Elbsandsteins ist sowohl im Großen wie im Kleinen auf dieser Wanderung sehr deutlich zu erkennen.

Der schmale Durchgang des Schrammtores gewährt einen Einblick in Aufbau und Abtragung des Sandsteins: chemische und mechanische Verwitterung sind deutlich zu erkennen. Der Weg zur Aussicht wird stark begangen; ein steiler Aufstieg mit Leitern führt durch die Felsenwelt. Die Schrammsteinaussicht gehört zu Höhepunkten des gesamten Gebiets. Auch vom Gratweg aus bietet sich immer wieder ein imposanter Fernblick. Vor dem Abstieg durch die Breite Kluft zur unteren Terrasse wird der Blick zum Großen Winterberg frei. Während auf unserem Felsriff Birken-Kiefern-Wald vorherrscht, sind auf dem Winterbergrücken mächtige Buchenbestände zu erkennen. Sie zeigen einen der im Gebiet hin und wieder vorkommenden Basaltdurchbrüche an. Die Vegetation auf den Basaltkuppen ist wesentlich artenreicher als im Sandsteingebiet. Hier finden wir zum Beispiel Frühlingsplatterbse oder Hohlen Lerchensporn. Der bequeme Erbleitenweg führt uns nach einem lohnenswerten Abstecher zur Kleinen Bastei (schöne Aussicht übers Elbtal) zurück nach Bad Schandau.

i Route: Bad Schandau–Ostrau–Schrammtor–Schrammsteinaussicht–Gratweg–Breite Kluft–Kleine Bastei–Schmilka. 4 Stunden Gehzeit, ein Steilaufstieg. Unterwegs keine Gaststätten.

Route 4: Auf den Spuren der Geschichte

Das Gebiet des Elbsandsteingebirges gehörte bis ins 15. Jahrhundert

◁ **Seilschaft in einer schwierigen Wand an der Wolfsfalle**

Klettern in der Sächsischen Schweiz

Die Sächsische Schweiz ist eines der ältesten Klettergebiete Europas. Bis Ende der sechziger Jahre nahm sie eine europäische Spitzenstellung ein, was Kletterschwierigkeit und Stilreinheit betrifft. Heute gibt es etwa 1200 Kletterfelsen mit 16 000 Aufstiegen.

Die Besonderheit dieses Klettergebietes ist, daß hier seit fast neunzig Jahren nach strengen Regeln geklettert wird, bei denen der Schutz der Felsen und der Natur eine wichtige Rolle spielt. Zu den traditionellen Sächsischen Kletterregeln gehören der Verzicht auf künstliche Hilfsmittel, das Besteigen nur freistehender Türme (etwa fünf Prozent der gesamten Felsfläche) und das Verbot, die Felsoberfläche zu verändern.

Hinzu kamen später ein Kletterverbot an nassen Felsen und Massivwänden sowie das Verbot von Klemmkeilen und Magnesia. Natürlich gelten auch für Kletterer die Bestimmungen des Natur- und Landschaftsschutzes. Die organisierten Bergsteiger sind für den Naturschutz in der Sächsischen Schweiz wichtige Partner. Viele Kletterer beteiligen sich über Jahre hinweg als ehrenamtliche Naturschutzhelfer.

Etwa 110 ehrenamtliche Naturschutzwarte unterstützen derzeit die Arbeit der Nationalparkwacht. Im Sächsischen Bergsteigerbund (SBB, Sektion des Deutschen Alpenvereins) gibt es eine sehr aktive Arbeitsgruppe „Bergsteigen und Naturschutz“. Das gute Verhältnis zwischen Klettersport und Naturschutz findet seinen Ausdruck in der Nationalparkverordnung sowie im Sächsischen Naturschutzgesetz, wo das Klettern auch im Nationalpark ausdrücklich unter Beibehaltung der strengen, historisch gewachsenen Regeln erlaubt ist.

Bundesweit findet dieser als „Sächsisches Modell“ bezeichnete Konsens bereits vielerorts Nachfolger. Momentan werden behutsam Fehlentwicklungen der letzten Jahre korrigiert, indem man einige Gipfel in besonders sensiblen Bereichen sperrt. Zeitlich befristet Gipfelsperrungen (z.B. während der Wanderfalkenbrut) werden von den Kletterern akzeptiert.

Neue Forderungen, weitere Felsmassive für das Klettern freizugeben, können aus Sicht des Naturschutzes aber nicht erfüllt werden. Mehrheitlich sind sich Bergsteiger wie auch Naturschützer einig, daß der bestehende Status erhalten bleiben soll.

zu Böhmen. Als aus den Felsenburgen zunehmend Raubritternester wurden, erwarb Sachsen durch Kauf und Tausch weite Teile des Gebirges. Noch heute sind Spuren ehemaliger Burgen und Signalwarten zu sehen. Die enge Verzahnung von Geschichte und Landschaft macht deutlich, wie sich der Mensch solch ein kompliziertes Wald-Fels-Gebiet erschloß.

Auf einem bequemen Weg oder mit dem Pendelbus erreichen wir die Basteibrücke, wo der Rundgang durch die Felsenburg Neurathen beginnt. Hier sind Originalkugeln einer Steinschleuder, Mauerreste und Balkenfalze (als Balkenhalterung in den Fels gehauene Vertiefungen) erhalten. Nach abwechslungsreicher, teils anstrengender Wanderung durch den Nationalpark kommen wir nach Hohnstein mit der gleichnamigen Burg, dem Hauptsitz der böhmischen Herrschaft der Berken von der Duba. In der mehrfach umgebauten Anlage befindet sich heute eine Jugendherberge. Nach Durchschreiten des tief eingeschnittenen Polenztals führt der Weg steil hinauf zum Hockstein (in Fels geritztes Mühlespiel, Balkenfalze), der als Signalwarte für Neurathen befestigt war.

▷▷ Die Fransenfledermaus schlägt beim Anflug zum Rasten meist eine Art Purzelbaum.

Die Natur schafft sich Lebensräume selbst auf den Trümmern des Sandsteins.

Im hinteren Teil der Sächsischen Schweiz waren unter anderem die heutigen Klettergipfel Falkenstein, Frienstein und Rauschenstein Signalwarten der Burg auf dem Neuen Wildenstein. Besonders sehenswert sind die Spuren der einstigen Burg auf dem Arnstein (Zisterne, Felszeichnungen). Von hier führt uns die Wanderung weit hinüber zum Winterstein oder Hinteren Raubschloß. Neben der imponierenden Aussicht in das weite Tal des Kleinen Zschand mit seinen wuchtigen Felshörnern verdienen vielen Spuren des ehemaligen „Ritternestes“ unser Interesse.

i Abschnitt 1: Basteiparkplatz–Bastei–Kurort Rathen–Ziegenrücken–Polenztal (Waltersdorfer Mühle)–Hohnstein–Polenztal–Hockstein–Rathewalde–Basteiparkplatz; ca. 580 Höhenmeter; ca. 5 Stunden Gehzeit.
Abschnitt 2: Kirnitzschtal (Neumannmühle)–Arnstein–Kleinstein–Großes Pohlshorn–Kirnitzschtal–Zeughaus–Hinteres Raubschloß–Neumannmühle. Rund 600 Höhenmeter; ca. 5 Stunden Gehzeit.

Route 5: Auf schwindelnden Pfaden

Der markanten Gliederung in vertikale und horizontale Strukturen wegen spricht man vom architektonischen Aufbau des Elbsandsteingebirges. Unsere Wanderung vermittelt dies in konzentrierter Form.

Es ist kaum zu glauben, daß es einen Durchstieg für Wanderer hinauf auf die wuchtigen Affensteinfelsen gibt. Bei Eintritt in die Wilde Hölle ändert sich der Charakter der Landschaft. Feuchtkaltes Klima bestimmt die Vegetation. In der engen Schlucht blüht im Juni Sumpfporst, ein Eiszeitrelikt des Elbsandsteingebirges. Beim Aufstieg auf das Felsriff des Carolafelsens stellen wir eine totale Veränderung der Vegetation fest. Beim

Praktische Informationen

Adressen und Auskünfte

Nationalparkverwaltung Sächsische Schweiz, Schandauer Straße 36, 01824 Königstein, Tel. 035021/68229, Referat Besucherbetreuung Tel. 035022/43190 (geführte Wanderungen, Exkursionen, Angebote zur Umweltbildung). Veröffentlichungen und Wanderkarten zur Sächsischen Schweiz in den Buchläden in Bad Schandau (Zauckenstraße) sowie in Sebnitz und Pirna.

Anreise

Mit der S-Bahn von Dresden über Pirna im Halbstundentakt, Fahrtdauer von Dresden je nach Zielpunkt 30 bis 60 Minuten; Bad Schandau ist Haltepunkt für Fernzüge. Mit dem Bus von Dresden über Pirna und Bad Schandau bzw. von Sebnitz.
Mit dem Schiff („Weiße Flotte“) auf der Elbe von Dresden und Pirna bis Schmilka. Elbfähren in Stadt Wehlen, Kurort Rathen, Königstein, Bad Schandau, Postelwitz und Schmilka.
Mit dem Auto von Dresden über die B 172 sowie im Norden über die Staatsstraße von Pirna über Lohmen, Hohnstein oder Sebnitz; Elbbrücken gibt es nur in Pirna und Bad Schandau. In der Nationalparkregion gibt es außerhalb der Ortschaften nur wenige Parkplätze – nutzen Sie also vorrangig öffentliche Verkehrsmittel.

Unterkunft

Pensionen und Privatquartiere gibt es in allen Gemeinden der Nationalparkregion, teilweise auch größere Hotels. Auskunft beim Tourismusverband Sächsische Schweiz, Am Bahnhof 6, 01814 Bad Schandau, Tel. 035022/4950 (24-Stunden-Hotline).

Führungen

Von April bis Oktober jeweils Montag bis Donnerstag kostenlose Führungen der Nationalparkverwaltung, freitags kostenpflichtig nach Voranmeldung; weitere

hier wachsenden Riffwald dominiert neben der Kiefer die Birke; es ist trocken und warm.

Vom Frienstein (für Schwindelfreie: Abstecher zur Idagrotte), einst Raubrittersitz, heute Kletterfels, schlängelt sich der Höhenweg oft dicht am Steilabbruch entlang. Hinüber geht es zum Gleitmannshorn mit einer schönen Aussicht. Der steile Abstieg über den Lehnsteig führt uns durch enge Felsgassen. Auf der Winterbergstraße kommen wir schnell nach Schmilka. Wer mag, kann den Weg durch die Schrammsteine nach Bad Schandau fortsetzen.

Angebote über den Tourismusverband Sächsische Schweiz.

Einrichtungen für Behinderte

Das Gebiet ist nur sehr eingeschränkt für Rollstuhlfahrer geeignet. Die Aussichten von der Bastei und vom Brand (Brandstraße von Hohnstein aus) sind für Rollstuhlfahrer zugänglich.

Camping

In Königstein und Bad Schandau, jeweils an der Elbe. Ostrauer Mühle im Kirnitzschtal, Touristencamp Hohnstein. Im Nationalpark selbst dürfen keine Wohnmobile oder Zelte aufgestellt werden.

Gaststätten

In allen Gemeinden der Nationalparkregion. Traditionelle Berggaststätten gibt es u.a. im Kirnitzschtal, auf dem Großen Winterberg, dem Wolfsberg in Reinhardtsdorf, dem Pfaffenstein und dem Rauenstein, dem Wachberg bei Saupsdorf sowie auf der Ostrauer Scheibe oberhalb von Bad Schandau.

Mit dem Bus

Ganzjährig dichtes Busliniennetz. Zwischen Bad Schandau und dem Lichtenhainer Wasserfall fährt die hundertjährige Kirnitzschtalbahn in kurzem Takt; Mai bis Oktober Bus-Pendelverkehr zur Bastei ab Auffangparkplatz.

Mit dem Rad

Markiertes Radwegenetz in der gesamten Nationalparkregion, Radwegeführer über den Tourismusverband. Räder können an den Bahnhöfen Bad Schandau (Tel. 035022/44354) und Pirna (Tel. 03501/818353) geliehen werden. Im Nationalpark selbst ist das Radfahren nur auf den ausgewiesenen Forststraßen gestattet. Für Familien mit Kindern ist der Elbe-Radweg zwischen Schmilka und Pirna besonders geeignet.

Die Felstürme „Kleine Gans" im Rathener Gebiet

i Route: Bad Schandau (Kirnitzschtalbahn)–Beuthenfall–Wilde Hölle–Carolafelsen–Frienstein–Gleitmannshorn–Lehnsteig; ca. 4 Stunden Gehzeit; ein Steilaufstieg.

Route 6: Ins Tal der Türme

Das obere Bielatal ist völlig anders als die übrige Sächsische Schweiz. Sein dunkler, harter Sandstein gehört zu den unteren Schichten, die durch Anhebung des nahen Erzgebirges mit emporgehoben wurden; daher die Schrägstellung der gesamten Sandsteinplatte. Im Gipfelbereich der Felstürme ist eine grobkieselige Schicht zu erkennen, deren Härte die Gipfelpartien besonders widerstandsfähig macht. So kann das darunterliegende Gestein stärker auswittern; deshalb sind die Felsen des Bielatals bizarrer geformt als andere. Einen guten Eindruck vermittelt die Felsengasse, durch die sich der Weg nach oben schlängelt. Die Aussicht auf die Herkulessäulen, die den Gesetzen der Statik zu widersprechen scheinen, ist beeindruckend. Im hinteren Teil des Bielatals treffen wir auf die Grenze zur Tschechischen Republik (Grenzübergang geplant). Von der hochgelegenen Grenzplatte bietet sich eine weite Sicht bis in böhmisches Gebiet.

i Route: Schweizermühle–Felsengasse–Ottomühle–Schwedenhöhle–Dürrebielegrund–Grenzplatte-Talweg–Schweizermühle. 4 Stunden Gehzeit, bequemer Weg.

Stein / Richter

Biosphärenreservat Spreewald

Labyrinth von Wasserwegen

Nur hundert Kilometer südöstlich von Berlin verliert sich die Spree in einem einzigartigen Labyrinth von Fließen. Die Wiesen, Felder und Wälder entlang der Wasserläufe bieten vielen Tieren und Pflanzen ideale Lebensbedingungen. Die parkartige Landschaft und der Artenreichtum sind jedoch nicht natürlich entstanden. Der Mensch rang dem einst sumpfigen Urwald diese Kulturlandschaft ab.

In der Niederlausitz, im Südosten Brandenburgs, teilt sich die Spree in ein engmaschiges Netz von Wasserläufen, die eine vom Menschen geprägte und dennoch weitgehend naturnahe Auenlandschaft durchziehen. Zahlreiche bedrohte Tier- und Pflanzenarten finden im Spreewald einen Lebensraum.

Die Besiedelung und Nutzung des inneren Spreewaldes begann erst vor wenigen Jahrhunderten. Mit Mühe nur drangen die ersten Siedler in die sumpfige, von Urwald bedeckte Spree-Niederung vor. Insbesondere seit dem 18. Jahrhundert erschlossen sie dann immer größere Gebiete für die Landwirtschaft. Auf Schwemmsandinseln, den Kaupen, errichteten sie ihre Gehöfte und verwandelten etwa drei Viertel des Waldes in Wiesen oder erhöhte Ackerflächen, sogenannte Horstäcker. So entstand ein unverwechselbares, nahezu parkartiges Mosaik aus kleinflächigen Äckern, Wiesen, Wäldern und Gehöften, das der Landschaft einen besonderen Reiz verleiht. Gleichzeitig nahm die Vielfalt der Flora und Fauna sprunghaft zu, da zu den bereits ansässigen Tieren und Pflanzen aus Wald und Gewässern nun auch Arten der offenen Landschaft hinzukamen. Heimisch wurde vor allem eine reiche Vogelwelt, zu der auch Bekassine, Weißstorch und Wiedehopf zählen.

Kurzprofil

UNESCO-Biosphärenreservat Spreewald

Träger:	Land Brandenburg
Gegründet:	1990, Anerkennung durch die UNESCO 1991
Fläche:	48 460 ha; 2 % Kernzone (NSG), 18 % Pflegezone (NSG), 80 % Entwicklungszone, davon 37 % Renaturierungszone
Saison:	Ende März bis Oktober (bei langen Frostperioden laden im Winter überfrorene Wiesen und Fließe zum Schlittschuhlaufen ein)
Besucher:	3 Millionen jährlich
Wanderwege:	etwa 500 km
Fließe:	rund 970 km (zwei Drittel von Fährleuten befahren)

Transport per Kahn

Das Leben der Menschen gestaltete sich hier auf eine ganz eigene Art. So gab es Dörfer, die nur auf dem Wasserwege erreicht werden konnten, und jedes Gehöft war von Wasserläufen, sogenannten Fließen, umgeben. Bis in unser Jahrhundert hinein war der flache Kahn das einzige Verkehrs- und Transportmittel im Spreewald. Der Lebensrhythmus wurde

◁ See- und Teichrosen-Gesellschaften sind im Spreewald weit verbreitet.

vom Wasser geprägt und Hochwässer, aber auch Trockenzeiten, erschwerten das ohnehin harte Dasein. Noch heute wird manchmal im inneren Spreewald mit dem Kahn das Viehfutter von den Wiesen und das Gemüse von kleinen erhöhten Äckern geholt; werden die Kinder zur Schule gebracht und Briefe befördert. Ein kleiner Hafen und mehrere Kähne gehören zu jedem Gehöft.

Um die Fließe auch in Trockenzeiten befahren zu können, wurden zahlreiche Wehre errichtet. Diese Anlagen sind so angeordnet, daß mehrere Staugürtel – quer zur Fließrichtung angelegt – die Wasserläufe stufenartig abriegeln. Zahlreiche Schleusen ermöglichen auf den wichtigsten Wasserläufen eine ungehinderte Kahnfahrt. Viele Dörfer am Rande des Spreewaldes sind heute durch ausgebaute natürliche Wasserläufe mit dem inneren Bereich verbunden.

Angesichts der stark vom Menschen geprägten Landschaft ist es kaum vorstellbar, wie viele Jahrhunderte lang die Spree-Niederung ihrer Unwirtlichkeit wegen weitgehend unbesiedelt blieb. Der Sage nach war der Spreewald sogar ein Werk des Teufels. Aber nicht dem Herrn der Unterwelt verdankt er seine Entstehung, sondern der Eiszeit. So war der Oberspreewald im Brandenburger Stadium der Weichselvereisung Teil des Glogau-Baruther Urstromtals. Die beim Schmelzen der Gletscher abfließenden enormen Wassermassen schufen ein schmales, nach Norden gerichtetes Erosionstal. An seinem nördlichen und östlichen Rand erstreckten sich ausgedehnte Schwemmsandfächer, an denen sich Sandinseln bildeten. Nach der Eiszeit füllte sich die Spreewaldsenke mit vielen weiteren Ablagerungen. Außerdem wurde sie von zahlreichen, sich ständig verändernden Wasseradern durchsetzt und in wechselnden Abständen überschwemmt. Ein geringes, teilweise auch völlig fehlendes Gefälle ließ in diesem Urstromtal ein Überflutungsmoor gewaltigen Ausmaßes entstehen. Schließlich wuchs ein Urwald empor. Die ständig wiederkehrenden Überflutungen führten durch ihre Nährstoff- und Tonablagerungen zu einer reichen Vegetation. Wahrscheinlich war der gesamte Spreewald bis in das 16. Jahrhundert hinein von vielen Erlenbruchwäldern bedeckt. Im Inneren gab es auch offene Bereiche, in denen sich Fließgewässer schlängelten.

◁◁ Der Rotmilan ist im Oberspreewald heimisch.

◁◁◁◁ Die Heideseen im Unterspreewald , haben einen reichen Bestand an Weißen Teichenrose.

Naturschutz und Kulturbewahrung

▷▷ Im Spreewald finden Erholungssuchende noch viele stille Wasserläufe wie dieses von Weiden gesäumte Fließ.

Der Wert des Spreewaldes für den Naturschutz wurde schon früh erkannt. Bereits 1908 hatte sich in Lübben ein Fischereiverein gegründet, um die Fischbestände in den Fließgewässern und Seen zu schützen. Ein erstes Naturschutzgebiet, der „Kriegbusch" im Unterspreewald, wurde schon 1938 mit 230 Hektar Fläche ausgewiesen. Ein Jahr später wurden weitere Teile des Ober- und Unterspreewaldes zum Landschafts-

▷ Ein typischer Heidevogel ist der Ziegenmelker, der nicht von Milch, sondern von Insekten lebt.

schutzgebiet erklärt. Am 12. September 1990 wurde das Biosphärenreservat Spreewald gegründet. In dem heute 48 000 Hektar großen Bereich soll im Rahmen des Konzeptes der brandenburgischen Großschutzgebiete nicht Natur an sich, sondern Kulturlandschaft bewahrt und entwickelt werden. Vor allem durch den Wegfall Tausender Arbeitsplätze in den Tagebauen des Lausitzer Reviers und in den drei Großkraftwerken unweit des Biosphärenreservats steigt die wirtschaftliche Bedeutung des Tourismus. Das Schutzgebiet bietet daher eine Chance zur Erhaltung, Pflege und Entwicklung der Region.

Durch das Biosphärenreservat soll der Spreewald mit seinen kleinflächigen Horstäckern, Wiesen und märchenhaften Hochwäldern umfassend und langfristig ökologisch betreut werden. So wie es das 1970 von der UNESCO ins Leben gerufene Programm „Der Mensch und die Biosphäre" vorsieht, nimmt der Mensch dabei als Nutzer und Gestalter der Landschaft einen besonderen Platz im Ökosystem ein. Nicht Landschaftspfleger, sondern umweltschonend wirtschaftende Landwirte sollen die Kulturlandschaft erhalten. Schon heute werden vom Biosphärenreservat erhebliche Mittel für die Landwirte bereitgestellt, um die Artenvielfalt in der Wiesenlandschaft zu sichern.

Die Bedeutung des Biosphärenreservats für den Naturschutz geht weit

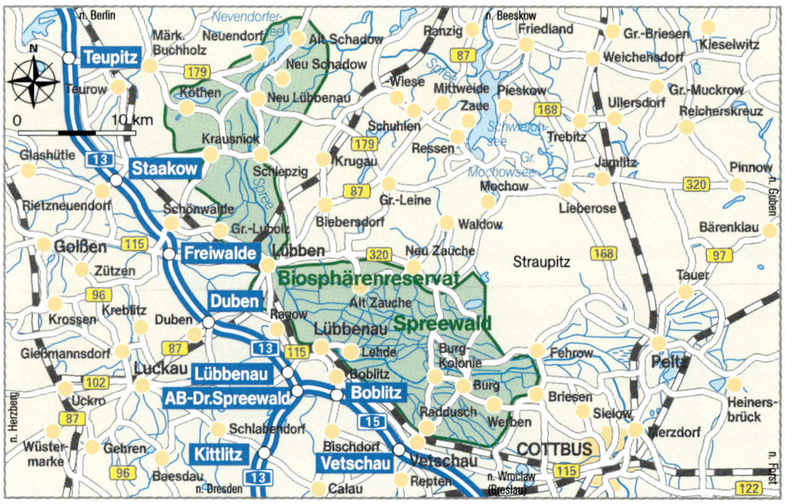

Wie der Spreewald entstand

Einst pflügte der Teufel mit zwei großen schwarzen Ochsen die Spree. Das ging schwer und die Tiere kamen nicht recht vom Fleck. Der Teufel wurde ungeduldig, nahm seine Mütze, warf sie nach den Tieren und verschwand wieder in der Hölle. Die Ochsen indes stampften wild hin- und herjagend davon. Zurück blieben viele krumme Spreearme.

Der Spreewald

Bereits im 18. Jahrhundert war die ursprüngliche Waldfläche im Oberspreewald um zwei Drittel reduziert. Im jetzigen Gebiet des Spreewaldes sind nur noch Reste des einstigen Waldreichtums erhalten. So findet man heute nur noch im etwa tausend Hektar großen „Hochwald" zusammenhängende Baumbestände. Die nutzungsorientierte Waldwirtschaft der vergangenen Jahrzehnte führte auch zu einer Veränderung des Erscheinungsbildes. Der Erlenbruchwald-Charakter mit seinen majestätischen Altbäumen verschwand vielerorts. An seine Stelle traten Rabattenkulturen, das heißt Erlen in Reih und Glied.

Informationszentren

„Haus für Mensch und Natur", Informationszentrum des Biosphärenreservats Spreewald, Schulstraße 9, 03222 Lübbenau, Tel. 03542/8921-30, Fax 03542/8921-40. (Geöffnet werktags 10–17 Uhr, von April bis Oktober täglich 10–17 Uhr);
Info-Pavillon an der Pohlenzschänke, 03096 Burg, ständig geöffnet;
Arznei- und Gewürzpflanzengarten, Am Bismarckturm, 03096 Burg. (Geöffnet Mai bis Oktober werktags 9–15 Uhr, an den Wochenenden 9–18 Uhr. Führungen jeden 1. und 3. So im Monat und nach Vereinbarung unter Tel. 035603/60654);
Storchenzentrum Vetschau, mit Dauerausstellung und Führungen der Naturwacht zu den Nist- und Lebensräumen der Weißstörche, Drebkauer Straße 2, 03226 Vetschau, Tel. 035433/4100.

über die Grenzen Brandenburgs hinaus. Viele der Biotope, die in den EU-Richtlinien zum Erhalt natürlicher Lebensräume genannt werden, sind hier noch zu finden: Restbestände von Erlen- und Eschenwäldern an Fließgewässern, Niederungswälder, Binnendünen oder die Unterwasservegetation der Fließgewässer, wie die im Spreewald weit verbreiteten Wasserfeder- oder Seerosen-Gesellschaften.

Insgesamt sind im Biosphärenreservat rund 18 000 Tier- und Pflanzenarten verbreitet, von denen aber erst ein Bruchteil erfaßt wurde. Von den in den letzten Jahren nachgewiesenen 900 Pflanzenarten stehen 150 auf der Roten Liste. Heimisch sind unter anderem auch 138 Brutvogel-, 36 Fisch- und 48 Libellenarten.

Den internationalen Richtlinien entsprechend, ist das Biosphärenreservat in unterschiedliche Zonen gegliedert.

Die Kernzone umfaßt sieben Gebiete von insgesamt 970 Hektar Größe. Sie verteilen sich auf Auen und Bruchwälder, Verlandungsmoore und Naßwiesenlandschaften und sollen ganz ihrer natürlichen Entwicklung überlassen werden.

Die Pflege- und Entwicklungszone wird von 23 Naturschutzgebieten mit insgesamt 8720 Hektar gebildet. Hier sollen durch Maßnahmen der extensiven Nutzung und der Pflege die Artenvielfalt der Tier- und Pflanzenwelt erhalten bzw. stabilisiert werden.

Die Zone der harmonischen Kulturlandschaft und die Regenerationszone sind Landschaftsschutzgebiete. In der Regenerationszone wird versucht, die durch unsachgemäße Bewirtschaftung und Trockenlegung – sogenannte Komplexmelioration – geschädigte bzw. zerstörte Landschaft zur harmonischen Kulturlandschaft zu entwickeln. Vor allem durch Maßnahmen in den sechziger bis Ende der achtziger Jahre wurden weite Flächen trockengelegt und für eine Bewirtschaftung mit größerer Technik eingerichtet. Dazu wurden Fließe verfüllt, durch Gräben ersetzt, Schöpfwerke zur künstlichen Absenkung des Wasserstandes angelegt sowie Wirtschaftswege in die Gebiete hineingebaut. Als eine Entwicklungsmaßnahme zum Aufbau einer harmonischen Kulturlandschaft wurde jetzt unter anderem mit umfangreichen Pflanzungen von Flurhölzern begonnen.

Manches von seiner Schönheit hat auch der Spreewald in den letzten Jahrzehnten einbüßen müssen. Trotzdem ist er eine der reizvollsten Niederungslandschaften Deutschlands mit einer außergewöhnlich reichhaltigen Tier- und Pflanzenwelt. Daneben konnte sich die besondere Kultur der Bewohner erhalten. Die Erkundung des Spreewaldes lohnt sich in jedem Fall, sei es zu Fuß oder per Fahrrad. Besonders faszinierend und zu empfehlen sind allerdings die Kahnfarten. Mit dem sacht dahingleitenden Kahn die Streusiedlung Burg, das Dorf Lehde und den berühmten Erlenhochwald zu durchqueren oder

Eine Rundfahrt mit dem Ausflugsboot ist sicher die geruhsame Art, die ganz besondere Atmosphäre des Spreewaldes zu erleben.

▷ Jung und alt haben Freude daran, mit geliehenen Paddelbooten die Fließe zu erkunden.

räumen zu beobachten. In der Nähe des Gartens befindet sich der Bismarckturm, von dessen Aussichtsplattform sich bei gutem Wetter freie Sicht bis Straupitz oder Lübbenau bietet.

Im „Haus für Mensch und Natur", dem Informationszentrum des Biosphärenreservats Spreewald in der Altstadt von Lübbenau, ist die Entwicklung des Spreewaldes von der Ur- zur Kulturlandschaft dargestellt. Die jüngsten Besucher werden von „Bully" dem Ochsenfrosch, einer Sagengestalt aus dem Spreewald, durch die Ausstellung geleitet und zu Spielen eingeladen.

Auf der Kahntour in den berühmten, noch etwa tausend Hektar umfassenden „Hochwald" um Schützenhaus und Kannomühle kann man vom Spreewald einen ersten Ein-

von Schlepzig aus im Unterspreewald unterwegs zu sein, ist ein unvergeßliches Erlebnis.

Im Bann der Fließe

Die Streusiedlung Burg im Oberspreewald erstreckt sich zwischen Wiesen, Fließen, Äckern und Gärten. Eine Kahnfahrt von einer der drei Abfahrtsstellen des Ortes oder eine Wanderung durch das Siedlungsgebiet kann sich leicht über sechs bis sieben Stunden hinziehen. Burg wuchs aus Gehöften zusammen, die auf erhöht gelegenen Sandinseln, den Kaupen, angelegt wurden und nach denen der Ortsteil Kauper benannt ist.

In Burg kann man nicht nur einiges über die Siedlungskultur erfahren, sondern auch Natur erleben. Von April bis August nisten hier viele Störche; im Frühling verleihen die blühenden Streuobstbestände der Ortschaft einen ganz besonderen Reiz. Eine Führung der „Naturwacht Spreewald" durch die Streusiedlung Burg vermittelt unvergeßliche Eindrücke von Natur und Landschaft. Darüber hinaus lohnt sich ein Besuch im Arznei- und Gewürzpflanzengarten an der Straße nach Straupitz. In diesem Garten werden rund 400 spreewaldtypische Heil- und Gewürzpflanzen sowie alte Getreide- und Obstsorten gehegt. Hier gibt es auch die Möglichkeit, Amphibien, Insekten und Vögel in ihren Lebens-

▷ Das Sumpfblutauge bereichert mit seinen charakteristischen Blüten die Schilflandschaft.

Flora und Fauna im Biosphärenreservat

Typische Bäume und Sträucher

Schwarzerle, Esche, Flatterulme, Birke, Stieleiche, Hainbuche, Kiefer, Gewöhnliche Traubenkirsche, Blutroter Hartriegel, Hasel, Faulbaum.

Charakteristische Blütenpflanzen:

Lauch-Gamander, Sumpf-Platterbse, Kantiger Lauch, Langblättriger Ehrenpreis, Sonnentauarten, Sumpfblutauge, Bärlappe, Wintergrünarten, Ebensträußiges Büschel-Gipskraut, Grünblütiges Leimkraut, Berg-Haarstrang, Sand-Tragant, Wiesen-Kuhschelle, Königsfarn, Wald-Geißblatt, Helm- und Breitblättriges Knabenkraut, Großes Zweiblatt, Sumpf-Stendelwurz, Sommer-Knotenblume, Zwergwasserlinse, Weiße Teichrose.

Charakteristische Tiere

Fischotter, Schwarzstorch, Weißstorch, Seeadler, Rohrweihe, Rotmilan, Bekassine, Tüpfelsumpfhuhn, Kranich, Kampfläufer, Ziegenmelker, Eisvogel, Rotbauchunke, Laubfrosch, Bachneunauge, Schlammpeitzger, Steinbeißer, Hirschkäfer, Große Mosaikjungfer, Kleine Flußmuschel.

◁◁
Das seltsam aussehende Bachneunauge wächst nur langsam und ganz im sandigen Grund verborgen heran.

Aktivitäten für Kinder und Jugendliche

In den Informationseinrichtungen des Biosphärenreservats gibt es zahlreiche Angebote zum Schauen, Entdecken und Spielen. Der Besuch mit Kindern lohnt sich.
Die Kinder- und Familien-Freizeiteinrichtung „die insel" bietet Übernachtungsmöglichkeiten in Bungalows für Kindergruppen und Familien, umfangreiche Spiel- und Bastelmöglichkeiten, Fahrradverleih und Exkursionsangebote.
Information: Freizeit- Jugendring e.V., Wassergasse 3, 15907 Lübben, Tel./Fax 03546/3040.
Überall im Gebiet gibt es Reiterhöfe sowie die Möglichkeit, Fahrräder oder Paddelboote auszuleihen.

druck gewinnen. Im Oberspreewald gibt es noch Reste der natürlichen Vegetation aus Erlenbruchwald und Erlen-Eschenwald. Aufmerksame Beobachter haben hier ihre Freude an einer artenreichen Vogelwelt.
Einblicke in die Lebensweise und Landwirtschaft im Spreewald bietet das unter Denkmalschutz stehende Dörfchen Lehde – das Venedig der Sorben. Die Gehöfte wurden auf künstlich erhöhten Landzungen errichtet. Rings um das Dorf sind Beispiele der traditionellen Spreewald-Landwirtschaft wie Horstäcker oder auch die typischen Heuschober zu entdecken. Außerdem werden im Spreewaldmuseum mehrere Hofanlagen gezeigt. Lehde ist für viele Inbegriff des Spreewaldes und Treffpunkt großer Besucherscharen.

Abseits vom touristischen Trubel des Oberspreewaldes findet man im Gebiet um Schlepzig Ruhe und Erholung. Eine Wanderung auf dem Naturlehrpfad Buchenhain vermittelt Kindern und Erwachsenen anschauliche Informationen über die Waldgesellschaften des Spreewaldes. Die Naturwacht bietet dazu Führungen an.

Wandern im Biosphärenreservat

Ein großer Teil des Fließgewässersystems wird von den Fährleuten auf Kähnen befahren, so daß den Besuchern ein vielfältiges Streckennetz zur Verfügung steht. Beliebte Ziele im Oberspreewald sind, neben Lehde, die traditionelle Ausflugsgaststätte Wotschofska und der Hochwald. Darüber hinaus gibt es auch Fahrten im Bereich der Streusiedlung Burg, und im Unterspreewald kann man sich von Lübben aus durch den Buchenhain oder von Schlepzig aus über die Fließe „staken" lassen. Die Kahnfahrten dauern mindestens zwei bis drei Stunden, in der Regel aber länger. Individuelle Absprachen sind jederzeit möglich.
Auch für den Fuß- und Radwanderer gibt es im Spreewald zahlreiche interessante Touren. Besondere Eindrücke von Natur und Landschaft bieten die Führungen der „Naturwacht Spreewald." Einzelheiten erfährt man von der Naturwacht in Schlepzig oder Burg.

Route 1: Spreewald pur

Rundfahrt nach Leipe: Auf stillen Fließen gleitet der Kahn unter schattigen Bäumen an Wiesen und Feldern vorbei und lädt zu einer geruhsamen Entdeckungstour in den Oberspreewald ein. Die Route bietet sowohl Einblicke in Naturschutzge-

◁
Fette Beute: Einer der Schwarzstörche im Biosphärenreservat hat gerade einen Molch gefangen.

Kultur und Museen

Lübbenau

Spreewaldmuseum Lübbenau: Ausstellung zur historischen Entwicklung des Spreewaldes. (Geöffnet 1. April bis 31. Oktober, bis 15. September 10–18 Uhr, bis 31. Oktober 10–17 Uhr, montags geschlossen)

Lehde

Freilandmuseum Lehde, Bauerngehöfte und -garten, Wissenswertes über Volkskunst, Trachten und die Kahnbauerei. (Geöffnet 1. April bis 31. Oktober, bis 15. September 10–18 Uhr, bis 31. Oktober 10–17 Uhr)

Straupitz

Ölmühle Straupitz (Öffnungszeiten über Amt Straupitz, Tel. 035475/201 oder 233)

Schlepzig

Agrarhistorisches Museum Schlepzig mit Schaubacken und Kräutergarten. (Geöffnet April bis Oktober Di–Fr 9–12 Uhr, Sa 10–17 Uhr, So 10–16 Uhr, November bis März Mo–Fr 9–15.30 Uhr)

biete des Biosphärenreservats als auch die Möglichkeit, die beiden bekannten Spreewaldorte Lehde und Leipe kennenzulernen.

i Fahrstrecke: Lübbenau – Lehde – Wotschofska – Leipe – Hauptspree – Lübbenau; Fahrtdauer: 6-7 Stunden mit Rast in Wotschofska und Leipe.

Route 2: Wald und Wasser

Rundfahrt durch den Unterspreewald: Die Tour führt vor allem durch naturnahe Erlen-, Eichen- und Buchenwälder.

i Fahrstrecke: Schlepzig – Quaasspree – Wussegk – Quaasspree – Wasserburger Spree – Puhlstrom – Schiwastrom – Zerniasfließ – Schlepzig; Fahrtdauer: 3 Stunden.

Route 3: Über sieben Bänke in den Hochwald

Bei einer Wanderung von Lübbenau zur Wotschofska und nach Alt Zauche führt der Weg durch den feuchtesten und am wenigsten erschlossenen Teil des Oberspreewaldes. Von Lübbenau aus geht man einen mit Erlen und Birken gesäumten Wanderweg entlang. Er befindet sich in der Pflege- und Entwicklungszone und führt auch an Gebieten vorbei, die zur Kernzone des Biosphärenreservats gehören. In diesem Bereich ist auch der Fischotter heimisch, meist aber gut verborgen. Dafür besteht ausreichend Gelegenheit, die Vogelwelt zu belauschen.

Die Brücken, sogenannte Bänke, die im Spreewald über die Fließe führen, werden überquert, bis man zur Wotschofska gelangt – ein kleiner Erhebung im ursprünglichen Sumpfland, auf der einst ein Vorwerk und später ein Forsthaus stand. Die 1894 erbaute Ausflugsgaststätte Wotschofska zählt zu den traditionellen Zielen im Spreewald und war bis Anfang unseres Jahrhunderts nur per Kahn erreichbar. Von Lübbenau aus erreicht man die Gaststätte in zirka einer Stunde, unmittelbar davor zweigt der Weg nach Alt Zauche ab. Hier lohnt es sich, nach Greifvögeln wie dem Rotmilan oder Bussard Ausschau zu halten.

Nach rund zwei Kilometern Plattenstraße kommt man zum Hochwald und geht nach links weiter. Nach anderthalb Kilometern wird die Mutnitza überquert, und schließlich erreicht man Alt Zauche mit Busverbindungen nach Lübben und Cottbus. Zurück nach Lübbenau geht es über die Gaststätte Bukoitza südwärts zum Deich und anderthalb Kilometer weiter nach rechts. Nach Überque-

▷ Nicht umsonst ist Frosch „Bully“ das Maskottchen einer Region, in der man mit Amphibien auf Tuchfühlung gehen kann – hier Laubfrösche bei der Paarung.

Praktische Informationen

Adressen und Auskünfte

Verwaltung des Biosphärenreservats Spreewald „Haus für Mensch und Natur“, Schulstraße 9, 03222 Lübbenau, Tel. 03542/8921-0, Fax 03542/8921-40;
Naturwacht Spreewald:
Unterspreewald, Dorfstraße 53, 15910 Schlepzig, Tel./Fax 035472/276;
Oberspreewald, Spreestraße 27, 03096 Burg, Tel./Fax 035603/60654;
Fremdenverkehrsverband Lübben & Umgebung e.V., Lindenstraße 14, 15907 Lübben, Tel. 03546/3090, 2433, Fax /2543;
Fremdenverkehrsverein Lübbenau & Umgebung e.V., Ehm-Welk-Straße 15, 03222 Lübbenau, Tel. 03542/3686, Fax /46770;
Fremdenverkehrsamt Burg, Am Hafen 1, 03096 Burg, Tel. 035603/417;
Fremdenverkehrsverein Neu Zauche e.V., Gasthaus „Zum Oberspreewald“, Brunnenplatz 11, 15913 Neu Zauche, Tel. 035475/468, Fax /293;
Heimat- und Fremdenverkehrsverein e.V., Tourist-Information, Kirchstraße 29, 15913 Straupitz/Spreewald, Tel. 035475/771;

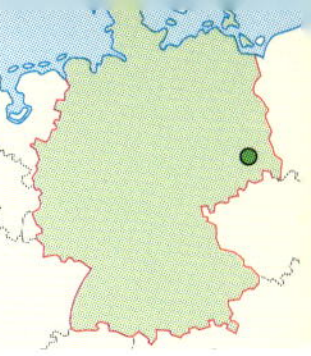

◁ **Beim Dorf Lehde, dem Herzen des Spreewaldes, im Winter**

Natur- und Heimatverein „Unterer Spreewald", Dorfstraße 26, 15910 Schlepzig, Tel. 035472/225.

Anreise

Mit der Bahn von Berlin oder Cottbus bis Lübben, Lübbenau oder Vetschau. Mit dem Auto auf der A 13.

Führungen

Termine bitte bei der Naturwacht in Schlepzig oder Burg erfragen.

Einrichtungen für Behinderte

Das Informationszentrum des Biosphärenreservats „Haus für Mensch und Natur" verfügt über Behindertenlift und -toilette.

Unterkünfte, Camping, Gaststätten

Unterkünfte, Gaststätten und zum Teil Campingplätze sowie Rad- und Paddelbootverleihe sind überall im Biosphärenreservat zu finden. Auskünfte über die Touristeninformation.

ren des Deiches stößt man auf einen Wanderweg Richtung Lübbenau.

ℹ Länge Lübbenau bis Alt Zauche 11 km; ca. 4 Stunden Gehzeit; zurück nach Lübbenau 21 km.

✕ Gaststätten in Wotschofska; Alt Zauche und Bukoitza.

Route 4: Eine Seetour

Der Spreewald hat nicht nur Fließe, sondern auch reizvolle Seen zu bieten, die man auf der Rundwanderung um die Heideseen bei Köthen im Unterspreewald bewundern kann. Auf dem bequemen Kurs, der sich auch für Radfahrer bestens eignet, ist an den beiden flachen Wehrigseen eine reiche Schwimmpflanzen- und Verlandungsflora zu entdecken. Hier gibt es nasse Erlenbestände, Torfmoose mit Sumpfdreizack und Rundblättrigem Sonnentau. Auf dem Wasser finden sich Krebsschere und Weiße Teichrose. Die Umgebung der Heideseen war einst hauptsächlich von Traubeneichen-Kiefernwald überzogen, heute überwiegt der Kiefernforst. Zwischen Picher See und Schwanensee sind viele Farne heimisch. Von Schlepzig aus bietet die Naturwacht Führungen an.

Die Wanderung beginnt in Köthen. Wenn der Verbindungsgraben zwischen Trift-See und Köthener See überquert ist, führt der Weg am Forsthaus Köthen, dem Pichersee und dem Mittelsee vorbei zum Schwanensee. Nachdem dieser umrundet ist, geht es am Westufer des Mittelsees über das Südufer des Triftsees und des Großen Wehrigsees zum Höhenweg oberhalb des Großen Wehrigsees. Schließlich führt eine Straße zurück nach Köthen.

ℹ Länge 8 km (Markierung Grüner Querstrich); etwa 2,5 Stunden Gehzeit.

✕ Einkehr im Ort Köthen möglich.

Werban

Biosphärenreservat Oberlausitzer Heide- und Teichlandschaft

Heideland und Karpfen-teiche

Im Nordosten Sachsens schließt sich an das Lausitzer Hügelland das großräumigste Teichgebiet Deutschlands an: die Oberlausitzer Heide- und Teichlandschaft. Über tausend angelegte Gewässer dienen hier seit Jahrhunderten der Fischzucht. Zur Erhaltung des harmonischen Miteinanders von wirtschaftlicher Nutzung und Naturerhaltung entstand hier ein Biosphärenreservat der UNESCO.

Zwei unterschiedliche Landschaftsformen gaben dem Gebiet seinen Namen: Oberlausitzer Heide- und Teichlandschaft. Erst 1996 wurde das Gebiet als dreizehntes und jüngstes deutsches Biosphärenreservat von der UNESCO anerkannt. Damit machte eine Landschaft von sich reden, die ansonsten ein eher stilles Dasein führte, sei es in der Vergangenheit als Trennlinie zwischen Preußen und Sachsen oder – heute – als Grenzraum zwischen Polen und Deutschland.

Das größte Teichgebiet Deutschlands erstreckt sich etwa von Kamenz im Westen bis an die Neiße im Osten in einem Urstromtal der Saale-Kaltzeit. Hier überwiegen flache Talsandebenen. Durch Dünenbildungen entstanden Hügel von nur mehreren Metern Mächtigkeit. Ausnahmen bilden der Caminaberg oder der Eichberg bei Weißig. Dort liegt das Grundgebirge an der Oberfläche.

Die Verwitterung des Granodiorit hinterließ wasserdurchlässige Kaolinschichten. Dies führte in den Niederungen zu Staunässe und hohen Grundwasserständen. Als Folge bildeten sich Moore und ausgedehnte Sümpfe, in denen Erlenwälder überwiegen.

Von den slawischen Siedlern, die hier im 6. Jahrhundert einwanderten, wurde die neue Heimat „Luza“ genannt. Das bedeutet Sumpf oder Tümpel und charakterisiert anschaulich dieses vom Wasser geprägte Gebiet. Aus diesem Wort ging die heutige Bezeichnung Lausitz hervor. Die Vorfahren der Sorben, die noch heute als nationale Minderheit in der Ober- und Niederlausitz leben, waren die Milzener. Sie begannen vermutlich etwa im 7. Jahrhundert mit dem Bau der ersten Teichanlagen. Mit der Kolonisation der Lausitz durch fränkische Siedler im 12. Jahrhundert fanden in der Landwirtschaft neue Techniken Anwendung, und die Teichwirtschaft wurde im 13. und 14. Jahrhundert stark erweitert. Im westlichen Teil Sachsens waren vor allem die Klöster an dieser Entwicklung beteiligt, denn die Mönche bevorzugten Fisch als Fastenspeise. In der übrigen Lausitz widmete sich der niedere Adel dem Ausbau der Teichwirtschaft. Im Gebiet des heutigen Biosphärenreservats war die Fischerei im 15. und 16. Jahrhundert der Haupterwerbszweig. Daneben gab es Anbau von Buchweizen, Hirse, Lein und später auch der Kartoffel. Die Staunässe der Böden machte

Kurzprofil

Das Biosphärenreservat Oberlausitzer Heide- und Teichlandschaft ist das dreizehnte und zugleich jüngste UNESCO-Biosphärenreservat in Deutschland.

Träger:	Sächsisches Staatsministerium für Umwelt und Landesentwicklung
Gegründet:	1994
Fläche:	ca. 26 000 ha; davon 3,9 % Kernzone, 44,2 % Pflegezone, 51,9 % Entwicklungs- und Regenerationszonen
Saison:	März bis Oktober
Wanderwege:	ca. 60 km

Informationszentren

Das Informationszentrum des Biosphärenreservats entsteht gegenwärtig im Ortsteil Wartha der Gemeinde Guttau. Das ehemalige Stallgebäude im Rittergutsvorwerk wird künftig eine Ausstellung sowie Seminar- und Tagungsräume enthalten. Die Gebäudeteile, in denen sich Einrichtungen des Landschaftspflegehofes befinden, sind bereits saniert. Interessierte Besucher können durch die Naturwacht geführt werden, Informationsmaterial ist ebenfalls dort erhältlich.

Weitere Informationsstellen der Naturwacht: Alte Försterei, Mücka, Tel. 035893/6525; Altes Wasserwerk, Friedersdorf, Tel. 035724/51075.

den Ackerbau jedoch vielerorts unmöglich. Auf diesen Flächen entstanden Weiden oder Wiesen zur Gewinnung von Streu. Die Armut zwang viele Bauern in ihren Ställen Nadelstreu zu verwenden, die sie aus den Kiefernwäldern holten.

Die Abendstimmung am Tauerwiesenteich lädt zum Verweilen ein.

Vom Sumpf zur Kulturlandschaft

Das ehemalige Sumpfland ist einer vielfältigen und reich gegliederten Kulturlandschaft gewichen. Heute werden etwa neun Prozent des Gebietes von künstlich geschaffenen Wasserflächen bedeckt. Diese Produktionsgewässer dienen auch jetzt noch vornehmlich der Karpfenzucht. Dünenwälder, Feuchtwiesen und Äcker, Flußauen und Heideland bieten eine ungewöhnliche Vielfalt von Lebensräumen. Trockene und nasse Gebiete befinden sich häufig in unmittelbarer Nachbarschaft, und urwüchsige Undurchdringlichkeit wechselt sich ab mit weiträumigem, offenem Land. Diese Vielgestaltigkeit ist Ursache für die Fülle an gefährdeten Arten, die das Gebiet heute beherbergt. Allein 153 höhere Pflanzenarten der Roten Liste Sachsens kommen hier vor, darunter sieben verschiedene Orchideenarten. Besonders erwähnenswert sind das letzte Vorkommen des Moorveilchens in Deutschland sowie die Bestände an Tieflandfichten. Zu den 150 gegenwärtig vorhandenen Brutvogelarten zählen Kranich, Wiedehopf, Große Rohrdommel und Seeadler. Und jedes Dorf ist stolz auf sein Storchenpaar. Darüber hinaus sind 15 Fledermausarten nachgewiesen. Als Markenzeichen der Teichlandschaft mag jedoch der Fischotter gelten. Experten sind sich einig, daß es sich um das vitalste und zahlreichste Vorkommen dieser vom Aussterben bedrohten Marderart in Deutschland handelt. Das Erstaunlichste aber ist, daß sich wirtschaftliche Nutzung und Vielfalt der Natur keineswegs ausschließen. Im Gegenteil: ein maßvolles Wirtschaften, bei dem sich der Mensch den vorhandenen Überschuß nimmt, hat gerade in der Teich- und Landwirtschaft eher eine Bereicherung zur Folge. Damit die einzelnen Bereiche ihrer natürlichen Ausstattung gemäß gepflegt oder bewirtschaftet werden können, wurde eine Gliederung in unterschiedliche Schutzzonen vorgenommen:

In der Kernzone ist das Betreten und jegliche menschliche Einflußnahme

▷ **Herbstliche Färbung um das Wiegersdorfer Fließ**

zu unterlassen. In dieser Zone, die lediglich etwa drei Prozent des Gebietes umfaßt, sollen die Wälder in den noch weitgehend unbeeinflußten Mooren, Bruchwäldern und Dünen ihrer ureigenen Entwicklung überlassen bleiben.

Die Pflegezone umfaßt wesentliche Teichgebiete, Flußauen, offene Heidegebiete und wertvolle Waldbereiche. Pflege und Bewirtschaftung soll hier nach abgestimmten Plänen durchgeführt werden. Die Ziele des Naturschutzes sollen dabei mit den ökonomischen Belangen der Bewirtschafter verbunden werden. Die Forschungsarbeiten in diesem Bereich konzentrieren sich auf die Wechselwirkungen zwischen menschlichem Einfluß und Naturhaushalt.

Die Entwicklungszone dient der Siedlungs- und Gewerbeentwicklung sowie der Erprobung naturschonender Bewirtschaftungsformen in Land-, Fischerei- und Forstwirtschaft.

Die Regenerierungszone schließlich umfaßt die durch Bergbau oder andere Eingriffe stark gestörten Landschaftsteile im Biosphärenreservat. Hier sollen durch Renaturierungsmaßnahmen landschaftliche Schönheit wie die ökologische Funktion der Gebiete wieder hergestellt werden.

Osterreiten und Hexenfeuer

Die Heide- und Teichlandschaft ist bis heute durch die kulturelle Tradition der Sorben geprägt. Trotz der jahrhundertelangen Zurückdrängung behaupten sie in der Lausitz bis heute ihre selbstbewußte Kultur mit eigener Sprache und Tradition. In sorbischen Schulen und Kindergärten wird sorbisch unterrichtet, Bücher und Zeitschriften erscheinen in sorbischer Sprache, und im Deutsch-Sorbischen Volkstheater Bautzen werden Stücke sorbischer Autoren in Originalsprache aufgeführt.

Eine Besonderheit im sorbischen Brauchtum ist das Osterreiten. Jährlich zum Ostersonntag brechen die Männer auf geschmückten Pferden auf, um die Auferstehungsbotschaft zu verkünden und mit dem Kreuz die Felder zu segnen. In jedem Jahr begleiten Scharen von Schaulustigen den prunkvollen Umzug.

Am 30. April jeden Jahres, in der Walpurgisnacht, brennen die Hexenfeuer an den traditionellen Plätzen in der Oberlausitz. Mit der Verbrennung einer Hexe aus Stroh und Lumpen werden nach altem Glauben die bösen Geister des Winters aus den Häusern vertrieben.

Die Fischerfeste zur herbstlichen Karpfenernte ziehen Tausende von Besuchern an, die sich bei dieser Gelegenheit gleich ihren Silvesterkarpfen mit nach Hause nehmen. Als

▷▷▷ **Ein traditionsreiches Schauspiel ist die Osterreitprozession bei Pauschwitz-Kuckau.**

größte Veranstaltung dieser Art gilt das „Lachefischen“ an der Schwarzen Lache bei Kreba.

Die meiste Zeit des Jahres geht es zwischen den Teichen jedoch ruhig zu. Wer die Fähigkeit besitzt, sich als Teil der Natur zu fühlen, wird von dieser Landschaft unvergeßliche Eindrücke mit nach Hause nehmen. Die Informationsstellen der Verwaltung des Biosphärenreservats bieten jeweils Anlaufpunkte und Beratung für interessierte Besucher. Nach entsprechender Vereinbarung sind außerdem Führungen mit den Mitarbeitern der Naturwacht möglich. Bisher stehen für die Besucher drei Lehr- und Erlebnispfade zur Verfügung, weitere sind geplant. Als besondere Attraktion soll nach seiner Fertigstellung das Informationszentrum in Wartha am Olbasee dienen. Gegenwärtig wird hier ein altes Rittergutsvorwerk restauriert. Im ehe-

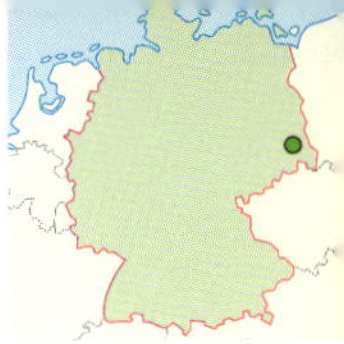

maligen Stallgebäude werden eine Ausstellungshalle sowie Vortrags- und Seminarräume entstehen. Die übrigen Gebäude des Vierseitenhofes dienen als Landschaftspflegehof mit Schafhaltung und Werkstätten. Hier wird traditionelle Landwirtschaft betrieben und altes Teichbauhandwerk demonstriert. Besucher sind bereits jetzt gern gesehen.
Wer sich über die Tier- und Pflanzenwelt der Oberlausitzer Heide- und Teichlandschaft näher informieren möchte, findet in der Naturschutzstation Schloß Neschwitz eine naturkundliche Ausstellung. Das inmitten eines englischen Landschaftsparks gelegene Barockschloß ist zu jeder Jahreszeit einen Besuch wert. Weitere sehenswerte Schloßanlagen und Adelssitze findet man in Milkel, Spreewiese, Petershain, Kreba und Uhyst.
Besonderheiten der Bautradition der Teichlausitz sind im Freilichtmuseum „Erlichthof" in Rietschen zu bewundern. Schrotholzhäuser unterschiedlichen Alters und Ursprungs wurden vor der drohenden Ausbreitung des Braunkohlentagebaus umgesetzt. Das Museum wird durch den Förderverein „Schrotholzhäuser Erlichthof" betreut.

◁ Rasch ziehen die Wolken über dem Alten Tremischteich dahin.

Kultur und Museen

Naturschutzstation Schloß Neschwitz

Naturkundliche Ausstellung zur Tier- und Pflanzenwelt der Oberlausitzer Heide- und Teichlandschaft, Tel. 035933/5271. (Ganzjährig geöffnet, Mo–Fr 7–16 Uhr, Schloß: April bis Oktober 10–12 Uhr und 13–17 Uhr, Sonderführungen nach Vereinbarung)

Freilichtmuseum Erlichthof in Rietschen

Typisch sorbische Blockholzgebäude aus der Lausitz wurden hier zusammengetragen. Eine Ausstellung vermittelt Einblicke in die Lebensweise der Landbevölkerung. (Geöffnet So 14–16 Uhr, Sonderführungen nach Vereinbarung, Tel. 035772/40839)

Sorbisches Museum Bautzen

Geschichte der sorbischen Kultur, wechselnde Sonderausstellungen: Bautzen, Ortenburg 3, Tel. 03591/42403. (Geöffnet Mai bis Oktober täglich 10–12.30 Uhr und 13–17 Uhr, November bis April täglich 10–12.30 Uhr und 13–16 Uhr, Eintritt: 3 DM, erm. 2 DM, Kindergruppen 1 DM)

Typische Lausitzer Feste

Osterreiten, jährlich am Ostersonntag; Hexenfeuer, jährlich am 30. April in allen Dörfern; Schaufischen an der Schwarzen Lache in Kreba, jeweils im Oktober. (Auskünfte erteilt die Gemeindeverwaltung)

Wandern im Biosphärenreservat

Im Biosphärenreservat Oberlausitzer Heide- und Teichlandschaft gibt es drei Informationsstellen, wo Einheimische und Gäste Kontakt zur Verwaltung aufnehmen und sich über die Landschaft und ihre Besonderheiten informieren können; in Mücka, Friedersdorf und Wartha. Von ihnen aus lassen sich Rundwanderungen oder Radtouren unternehmen. An allen Informationsstellen ermöglichen es Lehrpfade auch ohne die Teilnahme an Führungen Interessantes über die Pflanzen- und Tierwelt wie über historische und gegenwärtige Nutzung zu erfahren.

Route 1: Am Schwarzen Schöps – Wildnis und Kultur

In Mücka befindet sich der Sitz der Hauptverwaltung des Biosphärenreservats. Das über 200 Jahre alte Fachwerkhaus der „Alten Försterei" beherbergt u.a. den Bereich Öffentlichkeitsarbeit. Hier wird man mit dem notwendigen Informationsmaterial versorgt, um sich auf dem Lehrpfad entlang des Schwarzen Schöps zurechtzufinden. Er führt zunächst vorbei an einer alten Erle mit dem Storchenhorst des Dorfes. Der Besucher erfährt entlang des Weges allerlei Wissenswertes über den Lebensraum der Bachaue.
Auf Holzbohlenwegen überwindet man trockenen Fußes Sumpfpartien und hat von hier aus ungestörten Einblick in die Wildnis des „Hammerbruchs", einem der urwüchsigsten Erlenbruchwälder im Biosphärenreservat. Am Hammerteich stößt man auf die Spuren der Gewinnung von Raseneisenstein und dessen Verhüttung zu Eisen.
Der Rückweg führt von Kreba einen Dünenkamm entlang in Richtung Mücka. Hier erlebt man das Gegenstück der vom Wasser geprägten Aue: trockene Dünenhänge mit Kiefern-, spärlichem Flechten- und Zwergstrauchbewuchs.

Wegesteine am Schwarzen Schöps

Wer möchte, kann nun auf den geologischen Lehrpfad einschwenken und sich anhand von unterschiedlich angeschliffenen Gesteinsbrocken die Eiszeit näherbringen lassen.

i Länge ca. 6,5 km; Mücka ist erreichbar mit dem Zug aus den Richtungen Görlitz, Hoyerswerda, Cottbus sowie mit dem Bus aus Niesky oder Bautzen; zwei Gaststätten sind ganzjährig geöffnet. In Kreba: historische Kirche; 200 Jahre alte Schloßanlage; Grabstätte von Heinrich-Theodor Wehle; denkmalgeschützte Fachwerkbauten; Gaststätten.

▷▷ **Dieser Kranich scheint ein fremdes Küken unter seine Fittiche genommen zu haben.**

Route 2: Erlebnisse zwischen den Teichen

Der Wanderweg führt durch eine der reizvollsten Teichgruppen im Biosphärenreservat. Am günstigsten erreicht man ihn von Guttau aus, wo am östlichen Dorfrand der Gewässererlebnispfad beginnt. Auf Klapp- und Drehelementen erfährt man hier auf spielerische Weise etwas über die Geschichte der Teichwirtschaft, das Leben der Karpfen und viele der seltenen Tierarten, die dieses Teichgebiet beherbergt. Eine der auffälligsten Arten ist die Schellente. Sie brütet in Baumhöhlen oder in eigens dafür geschaffenen Nistkästen. Wenn die Jungen das Nest verlassen, um von da an auf dem Wasser zu leben, müssen sie sich aus einer Höhe von mehreren Metern auf die Erde fallen lassen. Wunderbarerweise überstehen sie diesen waghalsigen Sprung unbeschadet.

In den Schilfbereichen am Wanderweg gibt es zahlreiche Versteckmöglichkeiten, um unbemerkt Wasservögel zu beobachten. Darüber hinaus bietet ein Beobachtungsturm einen weiten Blick über die Teiche. Weiter geht es den Teichdamm entlang, vorüber an uralten Eichen, durch ein Auwäldchen, bis man das alte Fließ überquert. Von dort erblickt man bereits das Rittergutsvorwerk von Wartha, den Landschaftspflegehof und das künftige Informationszentrum des Biosphärenreservats. Nach der Fertigstellung wird im ehemaligen Stallgebäude eine Ausstel-

Flora und Fauna im Biosphärenreservat

Typische Bäume und Sträucher

Stieleiche, Hainbuche, Kiefer, Birke, Tieflandfichte, Schwarzerle (Niederungen); Schwarzer Holunder, Hasel, Sumpfporst; Rauschbeere, Glockenheide, Moosbeere (Moore); Preisel- und Heidelbeere.

Charakteristische Blütenpflanzen

Geflecktes und Breitblättriges Knabenkraut, Weiße Waldhyazinthe (Wiesen); Sonnentau, Braunes und Weißes Schnabelried (Moore); Wasserhahnenfuß, Wasserschlauch, Teichrose, Pfeilkraut, Igelkolben (Teiche); Besenheide, Silbergras, Heidenelke (Heiden).

Charakteristische Tiere

Größtes Fischotter-Vorkommen in Deutschland; 15 Fledermausarten; 150 aktuelle Brutvogelarten (z.B. Wiedehopf, Kranich, Große Rohrdommel, Seeadler, Eisvogel, Ziegenmelker); 13 Lurch- und 7 Kriechtierarten (z.B. Rotbauchunke, Laubfrosch, Kreuzotter, Schlingnatter); seltene Insekten wie Bienenwolf, Grab- und Wegwespen (trockene Standorte).
In Zone 1 ist das Betreten verboten, in Zone 2 ist nur in gesondert ausgewiesenen Bereichen das Sammeln von Pilzen und Beeren sowie das Entnehmen von Pflanzen nicht gestattet.

Praktische Informationen

Adressen und Auskünfte

Gebietsverwaltung: Biosphärenreservatsverwaltung, Alte Försterei, 02906 Mücka, Tel. 035893/6525, Fax 035893/6066.
Informationsstelle:
Naturschutzstation Friedersdorf, Altes Wasserwerk, 02999 Friedersdorf, Tel. und Fax 035724/51075.
Informationsstelle und Landschaftspflegehof: Landschaftspflegehof in Wartha, Wartha Nr. 1, 02694 Wartha.
Fremdenverkehrsverband Oberlausitz/Niederschlesien e.V., Taucherstraße 39, 02625 Bautzen, Tel. 03591/48770.
Fremdenverkehrsbüro Kleinsaubernitz, Olbaweg 4, 02694 Kleinsaubernitz, Tel. 0161/4305798.

Anreise

Mit der Bahn von Niesky direkt nach Mücka oder aus Richtung Dresden nach Bautzen. Mit dem Bus von Bautzen oder Niesky (mehrmals täglich). Mit dem Auto über die A 4 von Dresden nach Bautzen und weiter Richtung Niesky oder von der A 15 ab Cottbus über die B 115 nach Niesky.

Führungen

Ganzjährig kostenlose Führungen durch die Naturwacht, für Kindergruppen (Schulklassen) auch durch Mitarbeiter des Jugendprojekts nach Voranmeldung möglich.

Unterkünfte

Über Pensionen und Privatunterkünfte informiert der Fremdenverkehrsverband Oberlausitz/Niederschlesien in Bautzen.

lung über Vergangenheit und Gegenwart des im Biosphärenreservats zu sehen sein. Schon jetzt kann man sich im Landschaftspflegehof mit traditioneller Landwirtschaft, der Schafzucht sowie mit Projekten des Artenschutzes vertraut machen. Auf Wunsch gibt die Naturwacht weitere Informationen.

Von Wartha, am Ufer des Olbasees entlang, erreicht man einen alten Kaolintagebau, wo auf Schrifttafeln die Geschichte des Kaolinabbaus beschrieben ist. Kaolin findet als Rohstoff für Porzellan und Papier auch heute noch Verwendung. Nach der Rückkehr nach Guttau sollte man nicht versäumen, den Eisenberg zu besuchen. Auch ein Abstecher in den Guttauer Auwald lohnt sich.

i Länge 6 km

Route 3: Auf den Spuren Napoleons

Im nordwestlichen Teil des Biosphärenreservats erreicht man in unmittelbarer Nähe der Zeltplätze Groß Särchen und Litschen die Informationsstelle Friedersdorf. Die Naturschutzstation im alten Wasserwerk ist gleichzeitig Informationsstelle der Naturwacht. Sie beherbergt eine Außenstelle der Umweltbildungsprojekte des Fördervereins für die Natur der Oberlausitzer Heide- und Teichlandschaft. Hier findet man Beratung und Information zu einem gegenwärtig noch in Vorbereitung befindlichen Lehr- und Erlebnispfad in die Mikrowelt der Insekten.

Wer eine längere Wanderung plant, kann von hier aus auf einem markierten Weg zu einer etwa zwölf Kilometer langen Tour aufbrechen, auf der man von Friedersdorf aus dem Lauf der Kleinen Spree zur Ballackmühle folgt. Hier erinnert jedoch nur noch das Mühlgebäude an die ehemalige Nutzung der Wasserkraft. Entlang der Teichgruppe Kolbitz gelangt man in das Dörfchen Weißig, von wo man den Weg zum Eichberg einschlagen kann. Bei Weißig kämpften 1813 die verbündeten Russen und Preußen gegen Napoleons Truppen. Ein Denkmal auf dem Eichberg erinnert noch heute daran. Vom Eichberg bietet sich ein weiter Blick auf die Aue der Kleinen Spree und die umliegenden Dörfer. Über Neu-Steinitz und Steinitz kommt man zum Ausgangspunkt zurück.

i Länge ca. 12 km

Heyne

◁◁ **Trockenes und feuchtes Land liegt in der Lausitz dicht beieinander; hier ein sandiger Heideweg bei Commerau.**

◁ **Die Alte Försterei in Mücka ist Sitz der Hauptverwaltung des Biosphärenreservats.**

Campingplätze

Kleinsaubernitz am Olbasee: 300 Plätze (150 Kurzzeit- und 150 Langzeitcamper), Tel. 035932/30232.
Quitzdorf Stausee bei Kolm: geöffnet April bis September, Tel. 03588/697.
Knappensee: insgesamt 7 Campingplätze, Saison von ca. Anfang/Mitte April bis Mitte/Ende September, Kapazität auf allen ca. 300 Plätze, Anmeldung in Knappenrode, Tel. 035726/50226 oder 03571/97810, in Groß Särchen, Tel. 035726/50289;
in Koblenz, Tel. 035726/50227.
Ferienpark Oberlausitz am Stausee Bautzen: geöffnet April bis Oktober, 300 Plätze (Dauer- und Kurzzeitcamper), Tel. 03591/214320.
Litschen: geöffnet Mitte April bis Ende September, 200 Plätze (Dauer- und Kurzzeitcamper), Tel. 035724/394.

Gaststätten

In fast allen Dörfern ganzjährig.

Mit dem Rad

Gut markierte Radwege mit einer Gesamtlänge von etwa 90 km. Aus den Städten der Umgebung führen Radwege ins Biosphärenreservat (von Niesky nach Mücka: 13 km, von Bautzen nach Guttau: 24 km). Besonderheit: der Oberlausitzer Heide- und Teich-Radweg verbindet die Städte Kamenz, Hoyerswerda, Bad Muskau, Rothenburg und Niesky auf einem Rundweg. Informationen und Radwegekarten sind beim Fremdenverkehrsverband Oberlausitz/Niederschlesien oder in der Biosphärenreservatsverwaltung erhältlich.

Nationalpark Unteres Odertal

Hochwasser willkommen

Überschwemmte Wiesen und Weiden, Wälder und Moore, so weit das Auge reicht: In der weiten Auenlandschaft des deutsch-polnischen Nationalparks Unteres Odertal bringt die Flut nicht Angst und Schrecken, sondern lockt Tausende Enten, Gänse, Schwäne, Reiher und Kraniche an – nicht zu vergessen die staunenden Besucher von nah und fern.

Wenn von Rhein, Main, Mosel und Donau alljährlich die Schreckensmeldungen über neue Jahrhunderthochwasser zur unteren Oder herüberschwappen, ist hier meist schon längst „Land unter". Doch Schrecken hat ein Hochwasser im unteren Odertal lange nicht mehr ausgelöst. Zunehmend werden die Winter- und Frühjahrshochwasser sogar mit Ungeduld erwartet und als eindrucksvolles Naturschauspiel genossen. Weite Wiesenflächen sind dann überschwemmt, und oft ragen nur noch Büsche und Bäume aus dem Wasser heraus. Hochwasser bedeutet im Nationalpark Unteres Odertal nicht Gefahr, im Gegenteil: Das Wasser ist sein eigentliches Lebenselixier.

In Deutschland sind, wie fast überall in Mitteleuropa, die großen Flüsse und Ströme Stück für Stück begradigt, vertieft, eingedeicht und oft auch kanalisiert worden. Die vormaligen Flußschlingen mit ihren Sandbänken sind genauso verschwunden wie die großen Flußauen, in denen sich bei Hochwasser die Fluten verlaufen konnten. Immer höhere Deiche schneiden die weiten Auen von den Flüssen, ihren Lebensadern, ab und drängen den Fluß in ein immer engeres Bett. Die letzten Auen zu erhalten ist daher nicht nur ein vordringliches Anliegen des Naturschutzes, sondern auch ein Gebot der Vernunft angesichts immer neuer Rekordfluten.

Eigentlich sollte das untere Odertal schon als Teil des Nationalparkprogramms der untergehenden DDR im Herbst 1990 unter Schutz gestellt werden. Die Ereignisse überstürzten sich damals aber derart, daß einfach keine Zeit blieb, die notwendigen

Kurzprofil

Der Nationalpark Unteres Odertal ist grenzüberschreitend als deutsch-polnischer Nationalpark konzipiert.

Träger:	Im deutschen Teil das Ministerium für Umwelt, Natur und Raumordnung des Landes Brandenburg
Gegründet:	1995, polnischer Teil 1993
Fläche:	ca. 10 500 ha, polnischer Teil ca. 6000 ha
Saison:	ganzjährig
Besucher:	ca. 100 000 jährlich
Wanderwege:	ca. 200 km

◁
Das untere Odertal ist durch teilweise bewaldete Oderhänge, den Oderstrom mit dem Deichvorland, die Oderdeiche, Auwaldreste, Altwässer und noch häufig landwirtschaftlich genutzte Wiesen charakterisiert.

Unterlagen rechtzeitig vorzubereiten. So hat es dann noch fünf Jahre gedauert, ehe im Sommer 1995 das untere Odertal als zwölfter deutscher Nationalpark gegründet war. Von Anfang an war daran gedacht, hier ein grenzüberschreitendes Schutzgebiet zu schaffen. Denn das untere Odertal, das sich über 60 Kilometer Länge und zwei bis fünf Kilometer Breite von Hohensaaten bis vor die Tore Stettins hinzieht, liegt ungefähr zu gleichen Teilen in Polen und Deutschland. Mit dem Ende des Zweiten Weltkrieges 1945 wurde die Oder Grenzfluß. An einen weiteren Ausbau als Wasserstraße war deshalb nicht mehr zu denken. So ist ein weitgehend naturnaher Fluß erhalten geblieben, und vor allem eine über 10 000 Hektar große intakte Auenlandschaft, die regelmäßig im Winter, Frühling und gelegentlich sogar im Sommer überflutet wird. Nirgends in Deutschland und kaum irgendwo in Mitteleuropa ist Vergleichbares zu finden.

Dennoch sind die Zeiten, da das untere Odertal ein von Menschen unbeeinflußter Naturraum war, schon längst vergangen. Bereits vor über 700 Jahren wurden erste Maßnahmen zur Wasserregulierung eingeleitet, die Anfang diesen Jahrhunderts mit der Errichtung eines Poldersystems nach holländischem

▷ **Im Wasser kann die äußerst seltene Europäische Sumpfschildkröte durch Abgeben von Luft ihr Gewicht so regulieren, daß sie sinkt.**

Vorbild ihren Abschluß fanden. Auf polnischer Seite sind die Kriegsschäden an Deichen, Schleusen und Pumpwerken nie repariert worden, so daß über fünf Jahrzehnte als ungewollte Folge auf fast 6000 Hektar die ursprünglichen Auen wiederhergestellt wurden. Diese Fläche wird das Kernstück des polnischen Nationalparks sein.

Trotz aller Versuche, auf deutscher Seite eine intensive Landwirtschaft aufzubauen, sind die Überflutungspolder immer ein Dorado für Wasservögel geblieben. Wenn auch Fischerei, Land- und Forstwirtschaft noch eine bedeutende Rolle im Nationalpark spielen, sind mit seiner Gründung die Weichen für eine beginnende Renaturierung auch auf deutscher Seite gestellt worden. Auf über 1000 Hektar findet schon jetzt keine Nutzung mehr statt, und bis zum Jahr 2010 sollen wenigstens 50 Prozent der Nationalparkfläche ganz der natürlichen Entwicklung überlassen sein. Für Besucher und Fachleute wird es über die Jahre von besonderem Reiz sein, hautnah zu beobachten, wie die Natur sich auf ehemals kultivierten Flächen durchsetzt.

Wohin die Entwicklung gehen wird, kann man nicht nur in Polen sehen. Natürliche Auwaldreste, Röhrichte, Großseggenwiesen und stille, von Schwimmpflanzen bedeckte Altwässer, die sich in der Aue erhalten haben, können als Vergleich dienen.

Die Kartierungen der letzten Jahre haben eindrucksvoll belegt, daß der Nationalpark Unteres Odertal zu den artenreichsten Gebieten Deutschlands gehört. Allein bei den höheren Pflanzen sind innerhalb der Nationalparkgrenzen fast 1150 Arten nachgewiesen worden. Neben der Auenlandschaft, die mit ihrer Vielfalt von Fließ- und Stillgewässern, von Wiesen, Röhrichten, Gebüschen und Auwäldern schon außergewöhnlich viele Arten beherbergt, schließt der Nationalpark auch unterschiedliche Wälder und eine Reihe extremer Trockenstandorte mit ein. Wer nur die Auenlandschaft besuchen würde, hätte viel versäumt.

Von besonderem Reiz sind die bis zu 50 Meter hohen, steilen Oderhänge. Sie ermöglichen nicht nur manch eindrucksvolle Panoramasicht, sondern tragen an vielen Stellen urwüchsige Wälder, die teilweise nie forstlich genutzt worden sind. Mehr als die Hälfte der insgesamt 1800 Hektar Wald im Nationalpark sind schlichter Wirtschaftswald. Das Ziel aller forstlichen Maßnahmen heißt: schnellstmöglicher Umbau zu Naturwäldern, in denen möglichst gar keine Eingriffe mehr erfolgen. Ein Weiterbestehen der buntblumigen und artenreichen Trockenrasen, die sich durch jahrhundertelange Beweidung auf einem Teil der kuppigen Oderhänge entwickelt haben, wäre dagegen ohne weitere Pflege undenkbar.

Dem Nationalpark Unteres Odertal fehlt eine ausgeprägte Pufferzone. Überall reichen Dörfer, Städte, Verkehrswege und sogar Industrieanlagen bis unmittelbar an das langgestreckte, aber schmale Schutzgebiet heran. Dies ist keine optimale Voraussetzung für einen Nationalpark. Um die letzte große und intakte Flußaue Deutschlands zu retten, bleibt jedoch keine andere Wahl, als das große Experiment zu wagen: Natur in unmittelbarer Nachbarschaft zu menschlichem Wirtschaften zu erhalten und zu entwickeln. Nur die Zukunft kann zeigen, ob das gelingt.

Der Nationalpark im Überblick

◁◁ **Die überfluteten Wiesen sind ein Paradies für Wasservögel wie diesen Höckerschwan.**

Ein Flußdelta im Korsett

Der 10 500 Hektar große Nationalpark umfaßt nahezu den gesamten deutschen Teil des unteren Odertales zwischen Hohensaaten im Süden und Friedrichsthal im Norden. Hinzu kommen größere Waldungen am linken Talrand, die sich im Norden bis an die polnische Grenze bei Staffelde hinziehen.

Zum Naturraum gehört untrennbar der polnische Teil der Aue, der von der Aufgabelung der Oder in Ost- und Westoder auf der Höhe von Friedrichsthal bis unmittelbar vor die Tore Stettins reicht. Das langgestreckte, sich ziemlich genau in Süd-Nord-Richtung hinziehende Tal ist tief in die wellige Grundmoränenplatte eingesenkt, viel tiefer, als man heute beim bloßen Hinschauen erkennen kann. Vor Stettin lagern bis zu 9 Meter tiefe Moore, und im Süden bei Stolpe stehen bis zu 40 Meter starke Flußkiese an, die auf polnischer Seite schon seit Jahrzehnten abgebaut werden. Dieses Flußtal ist, wie praktisch ganz Norddeutschland, ein Produkt der Eiszeit.

Riesige Schmelzwassermassen haben sich am Ende der Eiszeit ihren Weg durch die Ablagerungen der Grundmoränen zur nahen, aber damals viel tiefer gelegenen Ostsee gesucht und dabei das breite Odertal ausgespült. Später, als der Wasserspiegel der Ostsee allmählich auf das heutige Niveau anstieg, floß das Schmelzwasser langsamer, und Sedimente lagerten sich ab. Nach jedem Hochwasser kann man auch jetzt noch überall die feinen Schlickablagerungen entdecken – immerhin beträgt das Gefälle der Oder auf den letzten 60 Kilometern ihres Laufes nur mehr 30 Zentimeter.

Wie in einem echten Delta haben ihre eigenen Ablagerungen die Oder häufig zu einer Korrektur ihres Weges gezwungen. Die Folge ist ein Labyrinth von Altwässern, das nur aus der Vogelperspektive richtig überschaubar ist.

Wenn die Flut kommt

Die stark wechselnden Wasserstände der Oder bestimmen das Leben im unteren Odertal. Im Normalfall führt die Oder jährlich zwei Hochwasserwellen ab: ein Winter- bzw. Frühjahrshochwasser, das durch Schneeschmelze oder Eisstand ausgelöst wird, und ein Sommerhochwasser, das auf ergiebige Niederschläge im oberen und mittleren Einzugsgebiet des Flusses zurückgeht. Ein ausgeklügeltes Poldersystem sollte eine geregelte landwirtschaftliche Nutzung ermöglichen und gleichzeitig die anliegenden Gemeinden schützen. Ganz im Süden entstand ein sogenannter Trockenpolder (1680 Hektar), dessen hohen Deiche ganzjährig Überschwemmungen verhindern. Nördlich daran schließen sich, bis sich die Oder in

Beim Haarfedergras – hier im Naturschutzgebiet Geesower Hügel – hat die Granne die Form einer bis zu 30 cm langen Feder.

West- und Ostoder aufgabelt, 4700 Hektar Überflutungspolder an, die zur Oder hin lediglich mit den niedrigeren Sommerdeichen versehen sind. In der Zeit zwischen 15. November und 15. April bleiben die Wehre dieser Deiche geöffnet, damit Winterhochwasser nahezu ungehindert die Polder durchströmen kann. Nur alle drei bis zehn Jahre treten so starke Sommerhochwasser auf, daß die Polder kurzzeitig geflutet werden müssen.

Wegen der regelmäßigen Hochwasser gibt es im gesamten National-

park Unteres Odertal keinerlei Besiedelung und lediglich eine extensive landwirtschaftliche Nutzung. Dies sind gute Voraussetzungen, um in Zukunft vielleicht sogar ganze Polder aus der Nutzung nehmen zu können und die natürlichen Überschwemmungsverhältnisse zu restaurieren. Bei einem kleinen Polder ganz im Norden des Nationalparks bei Staffelde ist dies schon gelungen.

Ein Labyrinth stiller, von Auwaldresten umgebener Altwässer wie hier am Welsensee durchzieht das untere Odertal.

Mit dem Rad fährt man richtig

Im Sommer führen viele Wanderwege durch die Polderwiesen und Auwaldreste. Bei Hochwasser, wenn der Nationalpark sich von seiner interessantesten Seite zeigt, sind diese Wege aber sämtlich überflutet. Dann bieten sich nur noch die Kronen der Deiche mit ihren befestigten, oft sogar asphaltierten Wirtschaftswegen als Wanderwege an. Allerdings sind Abkürzungen durch die Polder nun nicht mehr möglich und man muß, will man nicht auf demselben Weg zurückkehren, einen ganzen Polder umrunden, was je nach Größe zehn bis zwanzig Kilometer Wegstrecke bedeutet. Deshalb hat sich das Fahrrad im Nationalpark bestens bewährt. Die erhöhten Wege gestatten zu allen Jahreszeiten besonders reizvolle Einblicke in die flache Auenlandschaft. Störche und Reiher, aber auch Enten und Schwäne haben sich längst an die Besucher auf den Deichen gewöhnt und dulden ihre Nähe.

Paradies der Wasservögel

Zweimal im Jahr scheint das Leben im Nationalpark förmlich überzuquellen: im Herbst, wenn ab Mitte September durchziehende und rastende Wasservögel allgegenwärtig sind, und im zeitigen Frühjahr, wenn für wenige Wochen unzählige Enten, Gänse, Schwäne (aber auch viele Schnepfenvögel) auf den überschwemmten Wiesen einen Zwischenstop auf dem Weg zu ihren weit im Nordosten liegenden Brutgebieten machen. Da das untere Odertal nicht nur ein bedeutendes Rastgebiet ist, sondern vor allen Dingen als markante Leitlinie für den Vogelzug fungiert, herrscht während der Zugzeiten ein ständiges Kommen und Gehen. Niemand weiß auch nur annähernd einzuschätzen, wie viele Vögel das Gebiet alljährlich tatsächlich passieren. Zählungen haben immerhin ergeben, daß sich gleichzeitig bis zu 150 000 Enten, Gänse und Schwäne und 6000 Kraniche im Nationalpark aufhalten können.

Es erübrigt sich eigentlich, besondere Aussichtspunkte zu erwähnen, denn praktisch von allen Deichen aus können die Wasservögel ausgezeichnet beobachtet werden. Im Winter, wenn sich die verbliebenen Wasservögel an den wenigen eisfreien Stellen sammeln, konzentrieren sich hier auch die Seeadler aus der weiteren Umgebung. Ansammlungen von bis zu 35 Adlern sind bei solchen Gelegenheiten schon gesichtet worden.

Für Vogelbeobachter herrscht im Nationalpark jedoch das ganze Jahr über Hochsaison. Mehr als 120 Vogelarten brüten hier, darunter See-, Fisch- und Schreiadler, viele Weißstörche, die sich im Hochsommer bei der Wiesenmahd zu Hunderten einfinden, und der seltene Schwarzstorch. Kormorane und Fischreiher haben kopfstarke Kolonien. Auf den Wiesen brüten Brachvögel, Uferschnepfen, Rotschenkel, die bunten Kampfläufer, Kiebitze und Bekassinen. Besondere Schutzprogramme, die gemeinsam mit den Landwirten durchgeführt werden, sichern die bedeutendsten deutschen Brutplätze der weltweit vom Aussterben bedrohten Seggenrohrsänger und Wachtelkönige.

Grützpott und Slawischer Burgwall

Nur eine einzige Gemeinde liegt als Enklave innerhalb des Nationalparks: Stolpe, das südliche Einfallstor. Rundherum ist das Dorf von allen

Wandern im Nationalpark

typischen Nationalparklandschaften umgeben. Am östlichen Ortsrand schließt sich unmittelbar das weite Odertal an. Im Norden und Süden bedecken natürliche Laubmischwälder die vielfach durch Täler zerschnittenen Oderhänge, und nach Westen öffnet sich eine reizvolle kuppige Landschaft mit artenreichen Trockenrasen.

Das Landschaftsbild wird jedoch von einem 40 Meter hohen, nahezu isolierten Hügel geprägt, der bis in den Ort hineinragt und neben einem mächtigen Bergfried imposante slawische Burgwälle trägt. Die als Stolper Turm oder Grützpott bekannte Wehranlage gilt als einer der stärksten mittelalterlichen Burgtürme Deutschlands und stammt aus dem 12. Jahrhundert. Von ihrem strategisch günstigen Standort profitieren Besucher noch heute durch eine phantastische Rundumsicht.

Ähnlich günstige Aussichtspunkte, die einen Blick in die Oderaue aus der Vogelperspektive erlauben, befinden sich auf den Oderhängen bei Stützkow mit Blick auf Trocken- und Überflutungspolder sowie auf dem Stettiner Berg in Mescherin. Von dieser Anhöhe hat der Besucher die beste Aussicht auf das polnische Zwischenoderland.

Ein ausgeklügeltes und gut markiertes Wanderwegenetz fehlt noch in dem jungen Nationalpark. Dennoch gibt es Wandermöglichkeiten in Hülle und Fülle. Allein die gut ausgebauten Wege auf den Deichen summieren sich auf etwa 75 Kilometer. Hinzu kommen teilweise schon ausgebaute Waldwanderwege und viele befestigte Wege in den Poldern, die allerdings bei Hochwasser unpassierbar werden.

Wenn auch die eine oder andere Wegemarkierung noch fehlen sollte, so ist das im unteren Odertal kein nennenswertes Handikap. Die Orientierung wird dadurch erleichtert, daß in dem offenen Gelände ständig freie Sicht auf die ansteigenden Oderhänge zu beiden Seiten herrscht.

Selbstverständlich gilt im Nationalpark ein striktes Wegegebot. Ausnahmen werden lediglich geduldet, wenn in strengen Wintern die überschwemmten Wiesen zum Eislaufen locken, oder bei den alljährlich im Spätsommer durchgeführten Polderfahrten mit Kanus und Paddelbooten.

Wem es möglich ist, der sollte den Nationalpark unbedingt mit dem Fahrrad erkunden. Zu Fuß werden die Wanderrouten doch leicht zu lang, besonders, wenn bei Hochwasser die abkürzenden Wege überflutet sind. Sehr zu empfehlen sind Fahrten mit dem Fuhrwagen („Kremserfahrten"), die in verschiedenen Orten angeboten werden.

Da muß man hin

- ☐ Stolper Turm und slawische Burgwälle
- ☐ Polderblick bei Stützkow
- ☐ Schloß und Park Criewen
- ☐ Kormorankolonie am Wrech
- ☐ Welsensee mit Hartholzauwald
- ☐ Trockenrasen auf den Schäferbergen
- ☐ Stettiner Berg in Mescherin

◁◁◁ **Das streng geschützte Helmknabenkraut wächst im Naturschutzgebiet Silberberge.**

Route 1: Durchs untere Odertal

Der Hauptwanderweg führt entlang der Hohensaaten-Friedrichsthaler Wasserstraße und später der Westoder durch den ganzen Nationalpark, von Lunow im Süden bis nach Mescherin im Norden. Zwischen Lunow und Schwedt empfiehlt es sich jedoch, wenigstens einmal an die Oder zu gehen. Die Wanderung oder besser Radtour beginnt im Trockenpolder, dessen südlichste Teile lediglich zur Pufferzone des Nationalparks gehören (Ackerbau). Zur rechten Hand liegen Feuchtwiesen und mit Seerosen bedeckte Altwässer, Weidengebüsche und nach Norden zunehmend auch Auwaldfragmente. Auf der anderen Seite läuft ein wahres Kontrastprogramm ab: üppige Hangwälder, kahle Hügel mit Trockenrasen, Stolpe mit seinem Turm, Schloß Criewen, das als zukünftiges Nationalparkzentrum ausgebaut wird, die Stadt Schwedt

Die gut amselgroße Trauerseeschwalbe brütet auf Schwimmpflanzen.

mit ihren Industrieanlagen und im Norden wieder steile Oderhänge mit urwüchsigen Wäldern und reizvollen Trockenrasen. Ab der Schwedter Stadtbrücke führt die Route auf der Berliner Straße in Richtung Stettin. Am Ende der geschlossenen Bebauung in Höhe des Parkes Heinrichslust rechts in Richtung Schleuse ab-

▷▷ Das Adonisröschen erreicht auf den Trockenhängen des Nationalparks Unteres Odertal seine nordöstlichste Verbreitungsgrenze.

Die zwei gelben Halbmonde am Hinterkopf der harmlosen Ringelnatter wurden in der Sage zur Krone.

biegen. Endgültig müssen die Polder bei Teerofenbrück verlassen werden, ehe ein markierter Wanderweg über Friedrichsthal nach Gratz und weiter nach Mescherin beginnt.

i Länge ca. 40 km (Markierung nur auf Teilen der Strecke); 10 Stunden Gehzeit, ca. 2 Stunden 30 Minuten mit dem Rad.
✕ Gaststätten in allen Gemeinden entlang der Route

Route 2: Vom Landschaftspark in die Parklandschaft

Schon jetzt beginnen die meisten Ausflüge in den Nationalpark mit einem Besuch des 1820 erbauten Schlosses Criewen und dem von Peter Joseph Lenné angelegten Landschaftspark. Mit viel Sachverstand ist dieser Park in jüngster Zeit wieder instand gesetzt worden. Alte Linden, Platanen, Eichen, aber auch exotische Baumarten wie eine mächtige Sumpfzypresse stammen noch aus der Gründungszeit des Parks oder sind noch älter. Das Schloß mit seinen Nebengebäuden wird gerade restauriert, um in wenigen Jahren als Nationalparkzentrum mit neuem Leben erfüllt zu werden. Schloß und Park liegen direkt an der Hohensaaten-Friedrichsthaler Wasserstraße, die hier dem Bett eines breiten Altwassers folgt. Nach Osten, in Richtung der Hauptsichtachse, bilden in etwa 2 Kilometern Entfernung die Oderhänge bei Raduhn einen eindrucksvollen Abschluß des Landschaftsbildes. Nur fünf Minuten Fußweg vom Park entfernt geht es über eine Kanalbrücke in den Nationalpark. Zuerst empfängt einer der seltenen Reste ursprünglichen Auenwaldes den Besucher, bevor sich der Blick in eine weite parkartige Landschaft öffnet. Hier hält man sich zunächst rechts und schwenkt nach wenigen hundert Metern hinter einem Melkstand links auf einem Plattenweg in die Polder ein. Ausgedehnte Wiesenpläne, die von Einzelbäumen, Baumreihen und -gruppen durchsetzt sind, bestimmen das Bild. Hinter schmalen Röhrichtstreifen, Buschgruppen oder Auwaldresten verbergen sich langgestreckte Altwasserkanäle, die in den Sommermonaten dicht mit Seerosen und anderen Schwimmpflanzen bedeckt sind. Auf den Wiesen halten sich viele Vögel auf; im Winterhalbjahr sind es überwiegend Gänse, Schwäne, Graureiher und auch Enten. Im Frühjahr und Sommer kann man ständig Störche, Graureiher, Kormorane, Enten und verschiedene Schnepfenvögel beobachten. Seeadler, Mäusebussarde und Rotmilane sind alltägliche Erscheinungen. An der Oder, auf der etwas erhöht liegenden Raduhner Platte, führt der Wanderweg durch größere Auwaldpartien. Weiden herrschen an den niedrigeren Standorten vor, die längere Zeit unter Wasser stehen, während Flatterulmen, Eschen und Eichen die höheren und damit seltener überspülten

Flora und Fauna im unteren Odertal

Typische Bäume und Sträucher

Buche, Hainbuche, Stiel- und Traubeneiche, Flaumeiche (vor allem auf polnischer Seite), Feldahorn, Elsbeere, Kiefer (Hanglagen und Grundmoränenplatte); Schwarzerle, Esche, verschiedene Weidenarten, Flatterulme, Eiche (Brüche und Auwälder); Kiefer, Weißdorn, Schlehe, Heckenrose (Trockenhänge).

Charakteristische Blüten- und Farnpflanzen

Leberblümchen, Waldanemone, Seidelbast (natürliche Hangwälder); Haarfedergras, Adonisröschen, Ästige und Astlose Graslilie, Kreuzenzian, Dreizähniges Knabenkraut, Helmknabenkraut (Trockenrasen); Schmalblättriger Rohrkolben, Sumpfschafgarbe, Rohrglanzgras, Gelbe Schwertlilie (Feuchtwiesen); Krebsschere, Fieberklee, Weiße Teichrose, Gemeiner Wasserschlauch, Schwimmfarn (auf Altwässern).

Charakteristische Vögel

See-, Fisch- und Schreiadler, Roter und Schwarzer Milan, Weiß- und Schwarzstorch, Kranich, Kormoran, Graureiher, Gänsesäger, Schellente, Brandgans, Wachtelkönig, Tüpfelralle, Kampfläufer, Brachvogel, Rotschenkel, Uferschnepfe, Bekassine, Blaukehlchen, Sprosser, Rohr-, Feld- und Schlagschwirl, Karmingimpel, Bart- und Beutelmeise, Saat- und Bleßgänse.

Andere Tiere

Biber, Fischotter, Wasserspitzmaus, Rotwild, Reh, Wildschwein, Fuchs; Rotbauchunke, Laubfrosch, Knoblauchkröte, Seefrosch; Sumpfschildkröte, Ringelnatter, Schlingnatter, Zaun- und Waldeidechse; Wels, Zander, Hecht, Aal, Flußneunauge, Meerforelle.

Kultur und Museen

Schwedt

Uckermärkische Bühnen:
Theater und Kulturhaus mit großem Saal und Kammersaal, eigenes Sprechtheater und viele Gastspiele, besonders aus Polen, Kino und Ausstellungen

Galerie im Ermelerspeicher

Ständig wechselnde Ausstellungen von Malerei, Graphik, Bildhauerei, aber auch bemerkenswerte Sammlungen (Puppen, Spielzeug und anderes), häufig kulturelle Veranstaltungen;. Jahreshöhepunkt ist die seit 1992 regelmäßig in den Sommermonaten durchgeführte internationale Freilichtmalerei „Künstler erleben den Nationalpark" mit anschließender Ausstellung der „Feuchten Arbeiten".

Museum der Stadt Schwedt

Ständige Ausstellungen zur Geschichte der Stadt und des Tabaks (Schwedt und seine unmittelbare Umgebung sind das bedeutendste Tabakanbaugebiet Deutschlands.)

Flächen besiedeln. Auch die Trasse der Alten Oder, wo noch Anfang des Jahrhunderts der Oderhauptstrom floß, ist von einem schmalen Auwaldgürtel gesäumt.

i Für die Wanderroute gibt es zwei Optionen: Criewen–Raduhner Platte–Saathener Wehr–Criewen; Länge 9 km; Gehzeit 1 Stunde 30 Minuten, 30 Minuten mit den Rad.
Oder ab dem Saathener Wehr entlang der Alten Oder bis zum Schöpfwerk Schwedt und auf dem Oderdeich zurück nach Criewen; Länge 13 km; 2 Stunden Gehzeit, 1 Stunde mit dem Rad. Die Strecke ist noch nicht markiert, aber kaum zu verfehlen.

Route 3: Wiesen, Wasser und Vögel

Nur wenige Städte können sich rühmen, so dicht an einem Nationalpark zu liegen wie Schwedt. Vom Zentrum der Stadt sind es tatsächlich nur wenige Minuten zu Fuß, bis man über die Stadtbrücke in die Polderlandschaft gelangt. Einer der beliebtesten Rundwege beginnt unmittelbar hinter der Stadtbrücke und führt auf Deichen rund um den Schwedter Polder. Überall hat man freie Sicht über den gesamten Polder, der fast ausschließlich aus Feuchtwiesen mit einem Labyrinth aus ineinander verschlungenen Altwässern besteht. Nur an wenigen Stellen konnten sich Baumgruppen halten, so um den Fittesee und die Schwedter Querfahrt, die beide den alten Lauf der Oder markieren, oder am Wrech, gegenüber von Ognica (Nipperwiese), wo Kormorane ihre Kolonie errichtet haben. Die Nordspitze des Schwedter Polders ist der beste Ort, im Nationalpark um Vögel zu beobachten. Von den hohen Deichen hat man an vielen Stellen einen hervorragenden Blick über nahegelegene Wasserflächen. Das ganze Jahr über wimmelt es in den Feuchtbiotopen von Vögeln.
Während es auf der Schwedter Querfahrt vorwiegend Reiher-, Tafel- und Schellenten sowie große Mengen an Gänsesägern sind, halten sich auf den überschwemmten Wiesen oft Tausende von Schwimmenten auf. Aus den ausgedehnten Schilfbeständen erklingt der metallische Ruf der Bartmeise, und auf den feuchten Wiesen kann man sowohl zur Zug- wie auch zur Brutzeit viele Schnepfenvögel hören und sehen. Vom Mai bis in den Juli hinein verraten Schwärme von Lachmöwen und Trauerseeschwalben ihre Brutplätze auf kleinen Inseln oder Schwimmblattpflanzen.

i Rundweg: Länge ca. 12 km; 2 Stunden 30 Minuten Gehzeit, mit dem Rad knapp 1 Stunde (Achtung: oft starker Gegenwind). Hinter der Stadtbrücke, wo einige Informationstafeln stehen, links einbiegen.

Altwasserarm im Überflutungspolder

Route 4: Natur zum Anfassen: Der Naturerlebnispfad Teerofen

Der erste komplett eingerichtete Wanderpfad im Nationalpark entstand gemeinsam mit der Forstwirtschaft als Naturerlebnispfad zwischen Teerofenbrücke und der Revierförsterei Wildbahn. Er führt in ebenem Gelände durch den Wald; mehrere Erlebnisstationen wie Barfußpfad, Tastpfad, Holzxylophon oder Duftgarten dürften gerade Kin-

▷ **Auf den Trockenhängen findet der Wespenbussard reichlich Nester von Erdwespen, seiner bevorzugten Nahrung.**

dern Spaß am Wandern bereiten. Eine Vielzahl von Informationstafeln gibt Auskunft über naturgemäße Waldwirtschaft, das Ökosystem Wald, den Lebensraum Baum, den Waldsaum, Totalreservate, über Tier- und Pflanzenarten und vieles mehr. Auf dem Gelände der Revierförsterei können zudem einige Volieren besichtigt werden, in denen kranke und verletzte Tiere gepflegt werden, um sie möglichst bald wieder in die Freiheit entlassen zu können.

i Der Erlebnispfad ist in drei Schleifen zu 1,8, 2,5 und 4,5 km unterteilt, so daß sich jeder eine kürzere oder längere Variante wählen kann. Gesamtlänge 8,8 km; ca. 2 Stunden reine Gehzeit (kein Radweg).
Mit der Wanderung kann sowohl an der Teerofenbrücke als auch an der Revierförsterei Wildbahn (ca. 2 km nördlich von Vierraden an der Bundesstraße 2 gelegen) begonnen werden.

Aktivitäten für Kinder und Jugendliche

Schwedt

Waldbad Schwedt in Kuhheide, ein Freibad mit 50-Meter-Becken und großem Freigelände, geöffnet von Mai bis September und beheizt, Wassertemperatur meist 27 Grad. Stadtbad und Sauna in der Breiten Allee, kleines Freibad mit 25-Meter-Becken, kaum Freigelände, geöffnet von Oktober bis April, beheizt, Wassertemperatur 30–33 Grad.

Route 5: Alter Auwald, neue Wildnis

Je weiter man in der Aue nach Norden vordringt, desto wilder wird die Landschaft. Kurz vor dem Übergang zur weitgehend renaturierten polnischen Auenlandschaft befinden sich einige der wertvollsten Flächen des Nationalparks. Rund um den langgestreckten Welsensee hat sich der bedeutendste, wenn auch schmale Rest eines natürlichen Waldes der Hartholzaue erhalten. Malerische knorrige Flatterulmen säumen das Gewässerufer. Mit der Gründung des Nationalparks hat die Nutzung auf fast allen Wiesen aufgehört. Ein dichter Filz von Gräsern, Kräutern und vor allem Großseggen kennzeichnet diese Flächen zur Zeit. Im Laufe der nächsten Jahre wird sich die natürliche Flora durchsetzen und ein reiches Mosaik verschiedener Pflanzengesellschaften bilden: Röhrichte, Großseggenwiesen, Weidengebüsche und an höher gelegenen Stellen auch Auwälder.
Inzwischen haben sich hier, von Polen kommend, wieder Biber angesiedelt. Sie wird man, wie die im ganzen Nationalpark nicht seltenen Fischotter, allerdings nur mit großem Glück oder sehr viel Geduld zu Gesicht bekommen. Wenige Meter nördlich der Einmündung des Welsensees in die Hohensaaten-Friedrichsthaler Wasserstraße ist eine Kahnschleuse aus den zwanziger Jahren erhalten geblieben. Da es damals kaum Wege durch die Polder gab, mußte die Heuernte mit dem Kahn geborgen werden. Dahinter liegt eine etwa 80 Hektar große Wiese, auf der besonders viele Wachtelkönige leben. Erst nach dem 1. August, wenn das Gras zu Futterzwecken nicht mehr geeignet ist, wird hier gemäht. Der Landwirt nutzt das minderwertige Erntegut als Einstreu in einem eigens dafür ausgerüsteten Kuhstall.

i Länge ca. 10 km; 2 Stunden 30 Minuten Gehzeit, knapp 1 Stunde mit dem Rad; keine Markierung. Hinter der Kanalschleuse kann der Weg um die Hälfte verkürzt werden.

Praktische Informationen

Adressen und Auskünfte

Nationalparkverwaltung, Bootsweg 1, 16303 Schwedt/Oder, Tel. 03332/25470.
Naturwacht, Dorfstraße 22, 16306 Zützen, Tel. 03332/516406 sowie Stettiner Straße 15, 16307 Gartz, Tel. 033332/687.
Verein der Freunde des Deutsch-Polnischen Europa-Nationalparks Unteres Odertal, Schloß Zützen, 16303 Zützen, Tel. 03332/516410.

Anreise

Mit der Bahn von Angermünde oder von Berlin-Hauptbahnhof im Zweistundentakt nach Schwedt. Mit dem Auto über die A 11 (Berlin–Stettin) über Abfahrt Johannisthal (Süd- und Mittelteil des Nationalparkes) oder über Abfahrt Prenzlau, für den Nordteil empfiehlt sich die Abfahrt Penkun.
Alle Anliegergemeinden sind an das öffentliche Busnetz angeschlossen. In den Nationalpark kann man lediglich mit der Pendellinie zum Grenzübergang Niederkränig fahren.

Führungen

Kostenlose Führungen durch den Nationalpark werden ganzjährig fast an jedem Wochenende angeboten. Außerdem sind ständig Naturwächter im Gebiet unterwegs, die nach Anmeldung auch außerplanmäßig kostenlose Führungen übernehmen.

◁
Der Unterlauf der Oder friert bei sinkenden Temperaturen schnell zu.

◁◁
Pfriemengras gedeiht im Naturschutzgebiet Geesower Hügel.

Unterkunft

Hotels, Pensionen oder Privatzimmer stehen in allen Nationalparkgemeinden zur Verfügung. Auskunft: Schwedt-Information, Lindenallee 36, 16303 Schwedt, Tel. 03332/23456. Einen Zeltplatz gibt es in der Gemeinde Mescherin, eine Jugendherberge entsteht in Criewen.

Gaststätten

In fast allen Nationalparkgemeinden gibt es ganzjährig geöffnete Gaststätten (Ausnahmen: Stützkow und Friedrichsthal.

Mit dem Rad

Fast alle Wege können mit dem Rad befahren werden. Besonders gut eignen sich die Deichwege bei Hochwasser. Fahrradverleihe gibt es in Mescherin, Gartz, Vierraden, Schwedt, Criewen und Stolpe.

Bootsfahrten

Ab Schwedt verkehren in den Sommermonaten regelmäßig Ausflugsschiffe auf der Hohensaaten-Friedrichsthaler Wasserstraße und auf der Oder. Das Fahrtennetz reicht bis Berlin und Stettin. In den Poldern ist außer den geführten Polderfahrten im Spätsommer kein Bootsverkehr erlaubt (Ausnahme: Fischer). Auf der Wasserstraße, der Schwedter Querfahrt und der Oder können allerdings alle Schiffe und Boote unbeschränkt fahren.

Route 6: Ein Panorama der Gegensätze: Trockenrasen und Sumpf

Nirgends treten die Gegensätze des unteren Odertals deutlicher zutage als an den Oderhängen zwischen Gartz und Mescherin. Die wie ein Amphitheater nach Osten geöffneten Hänge der Schäferberge bedecken blütenreiche Trockenrasen mit vielen Steppenpflanzen. Hier erreichen zwei bizarre Steppengrasarten die nordwestliche Grenze ihres vorwiegend auf die Steppen Eurasiens verteilten Areals: das Haarfedergras und das Pfriemengras. Am Hangfuß fließt die Westoder, und dahinter liegt wie auf einem Tablett die von vielen alten Flußschlingen durchzogene Naturlandschaft des polnischen Landschaftsschutzparkes. Nach Norden schließen sich naturnahe Laubmischwälder an, die schon seit den dreißiger Jahren unter Naturschutz stehen. Von Mitte September bis Ende Oktober überfliegen allabendlich bis zu 6000 Kraniche die Hangkante, um in den flachen Gewässern des Zwischenoderlandes zu nächtigen. Startpunkt für die Wanderung ist eine Kleingartenanlage, die etwa 2 Kilometer nördlich von Gartz rechts an der B 2 liegt. Zuerst führt der Weg in östlicher Richtung auf den Wandrand zu, wo es über eine Treppe in den Hangwald hineingeht. Unten trifft man auf den Uferweg direkt an der Westoder und hält sich rechts. In Höhe des Pumphauses führt die Kleingartenanlage kann rechts über die Trockenhänge abgekürzt werden. Empfehlenswert ist jedoch die Wanderung bis an den Ortsrand von Gratz, um von dort den Höhenweg auf der Hangkarte zurückzugehen. Dabei passiert man mehrere hervorragende Aussichtspunkte über die Trockenrasen der Schäferberge, die Westoder und das ursprüngliche Zwischenoderland.

i Länge 4 km; 1 Stunde Gehzeit; bei Nässe griffiges Schuhwerk nötig; kein Radweg.

Müller

Biosphärenreservat Schorfheide-Chorin

Burgen und Klöster, Wälder und Seen

Die letzte Eiszeit formte die Schorfheide. Bergige Endmoränen, bewaldet und mit Steinblöcken durchsetzt, wechseln hier mit hügeligen Grundmoränenplatten. Seen, Moore, Trockenrasen und Wälder gliedern diese sagenumwobene Landschaft mit ihren zahlreichen Burgen und Klöstern.

Das 1990 gegründete Biosphärenreservat Schorfheide-Chorin ist mit 129 161 Hektar eines der größten Schutzgebiete Deutschlands. Im nordöstlichen Teil Brandenburgs, der Uckermark und des Barnimer Landes gelegen, umfaßt es eine eindrucksvolle Kulturlandschaft.

Mit 28 Einwohnern pro Quadratkilometer zählt das Gebiet zu den am dünnsten bevölkerten Deutschlands. Die Besiedelung hatte erst nach dem Abschmelzen der Gletscher der Weichsel-Kaltzeit begonnen. Viele Fundplätze aus der Jungsteinzeit und der Bronzezeit finden sich im nördlichen Teil des Biosphärenreservats. Insbesondere in der Uckermark gibt es Großstein- und Steinkistengräber sowie ganze Felder mit Hügelgräbern aus der Bronzezeit. Spätere kulturelle Zeugnisse künden von der slawischen Besiedelung: Ringwälle ehemaliger Fluchtburgen und Kultstätten, Siedlungsplätze und Grabstätten.

Kurzprofil

Das Biosphärenreservat Schorfheide-Chorin umschließt wesentliche Teile der Uckermark.

Träger:	Land Brandenburg
Gegründet:	1990
Fläche:	129 161 ha
Saison:	ganzjährig
Besucher:	ca. 2,5 Millionen jährlich

Zeugen des Mittelalters

Mit der Christianisierung und dem Bau von Burgen und Klöstern setzten die Herren des Mittelalters weltliche und geistliche Zeichen. Die Ruinen der Burgen Grimnitz und Greiffenberg sind letzte sichtbare Überreste dieser Zeit. Berühmt ist vor allem das Kloster Chorin, eines der bedeutendsten Beispiele norddeutscher Backsteingotik.

Sogenannte Lokatoren verteilten im 13. Jahrhundert im Auftrag der Landes- oder Grundherren Land an die deutschen Siedler, die hier Dörfer und Städte gründeten. Einige dieser Dörfer verfielen mit der Zeit oder wurden durch Kriege zerstört. Ihre Ruinen sind in Wäldern verborgen oder – wie die Überreste der Kirche von Berkenlatten – noch heute als Denkmäler der Geschichte zu sehen. Die Bauerndörfer sind durch dichtaneinandergedrängte Drei- oder Vierseitenhöfe geprägt. Ihre Anlage gibt noch heute Auskunft über die sozia-

▷ **Die 1273 begonnene und 1344 geweihte Kirche des Klosters Chorin ist ein eindrucksvolles Beispiel der Backsteingotik**

◁ Blick in die typische Feldlandschaft in der Uckermark

le und wirtschaftliche Entwicklung in einem Land in dem Klima und Bodenbeschaffenheit nur bescheidenen Wohlstand ermöglichten.
In den Gutsdörfern finden sich neben den Herrenhäusern und großzügig angelegten Wirtschaftshöfen einfache Katen für die Landarbeiter, sogenannten Schnitterkasernen. Karg war das Leben vor allem in den Walddörfern, wo die Menschen mit Forstwirtschaft, Köhlerei und Teerbrennerei ihren Unterhalt verdienten. Enge Fachwerkhäuschen, kleine Scheunen und Ställe zeugen noch heute von der Armut. Eine besondere Geschichte haben die „Hüttendörfer“ wie Senftenhütte und Althüttendorf, Standorte ehemaliger Glashütten.
Völlig anders war die Entwicklung in den großen Waldgebieten der Schorfheide: Hier wurden die ehemaligen Burgen als Jagdschlösser genutzt. Außer an den Standorten der Försterei wurde bis in die jüngste Vergangenheit keine Besiedelung zugelassen. Von den Grafen der Askanier über die brandenburgischen Kurfürsten und deutschen Kaiser bis hin zu Nazi-Größen wie Hermann Göring und DDR-Führern wie Erich Honecker waren diese Wälder die Jagdgründe der Mächtigen.

Schutz und Regeneration

Das Biosphärenreservat ist in verschiedene Zonen gegliedert: Acker- und Grünland, Siedlungen und einige Seen befinden sich in der Schutzzone III, der Entwicklungszone. Mit 101 410 Hektar hat sie den größten Anteil an der Gesamtfläche. Sie ist als Landschaftsschutzgebiet ausgewiesen. Die Einführung naturschonender Nutzungsverfahren, wie ökologische Landwirtschaft, steht hier im Vordergrund. Dadurch verbessert sich die Wasserqualität der Seen, und selten gewordene Tiere und Pflanzen kehren zurück.

▷▷ Die Blüten der Seekanne zieren die Teiche.

Etwa ein Fünftel der Reservatsfläche wurde zur Schutzzone II, zur Pflegezone, erklärt. Hier haben auf 24 103 Hektar Lebensraum- und Artenschutz höchste Priorität. Große Rücksichtnahme erfordert dies auch von den Besuchern, die auf Wanderungen durch die besonders gekennzeichnete Pflegezone unbedingt auf den Wegen bleiben müssen.

Als Schutzzone I ist die 3648 Hektar große Kernzone des Biosphärenreservats ausgewiesen. Sie darf nicht betreten werden, denn hier soll sich die Natur frei von menschlichen Einflüssen entwickeln.

▷ Fachwerk und Feldstein sind die charakteristischen Elemente der traditionellen uckermärkischen Architektur.

Nach sechs Jahren sind in der Kernzone erste Anzeichen ungestörter natürlicher Entwicklung zu sehen: Bäume sterben ihren Alterstod und Totholz bietet Nahrung und Schutz für spezialisierte Insekten und Pilze. Höhere Wasserstände lassen nach dem Rückbau der Entwässerungsgräben Moore neu aufleben, und stille Seen werden für Fisch-, Amphibien- und Wasservogelarten wieder zu idealen Lebensräumen.

Biosphärenreservat – erlebbare Vielfalt

Die dünne Besiedelung, der Wechsel zwischen ausgedehnten Wäldern und weiten, offenen Räumen wie auch die landschaftliche Vielfalt sind Lebensgrundlage einer Fülle von Tier- und Pflanzenarten.

Die Gletscher der letzten Vereisung hinterließen nach ihrem Abschmelzen vor 10 000 bis 15 000 Jahren eine reich gegliederte Landschaft. Geologen sprechen von einem „großen Lehrbuch der Eiszeit". Die bergigen Endmoränen deuten den in mehreren Staffeln verlaufenden Vorstoß und Rückzug der Eismassen in Nordost-Südwest-Richtung an. Bis fast auf 150 Meter sind die Wälle der steinigen Endmoränen aufgetürmt. Im Osten stoßen sie mit 120 Meter Höhe an das Odertal, das hier nur noch anderthalb Meter über den Meeresspiegel liegt.

Die einst völlig bewaldeten Endmoränen sind durchsetzt mit vielen Seen und Kesselmooren – in der Regel mit Wasser gefüllte Vertiefungen unterschiedlicher Größe, die durch Abtauen von Eis entstanden.

Die kuppigen, sich nach Nordosten abflachenden Grundmoränen zwischen den Endmoränenstaffeln werden als Ackerland genutzt. In den durch das Eis geschaffenen Ausschürfungen, den Gletscherzungenbecken, liegen heute große Flachseen wie der Parsteiner See. Riesige Niedermoore bildeten sich in Senken. Viele von ihnen wurden in den letzten Jahrzehnten leider entwässert und damit zerstört. Die steilen Abhänge bieten mit ihrem trockenen, subkontinental beeinflußten Klima östlichen Steppenpflanzen und mediterranen Gewächsen günstige Lebensbedingungen. Hier wachsen sibirische Glockenblume, Wiesenkuhschelle, Federgras, Helmknabenkraut und Großer Händelwurz.

Im Südwesten des Biosphärenreservats dehnen sich Sandergebiete aus, die beim Abschmelzen des Eises aus weitflächig vor den Endmoränen abgelagertem feinen Bodenmaterial und Sanden entstanden. Dort stehen heute die großen Wälder der Schorfheide. In der Nacheiszeit aufgewehte Sicheldünen verleihen der Landschaft das teilweise wellige Relief und lassen sie sanft in das ehemalige Eberswalder-Thorner-Urstromtal im Süden ausgleiten.

Hirsche, Adler und Störche

Die Schorfheide war immer für ihren Wildreichtum bekannt. Die viel zu hohen Wildbestände sind heute zum Teil auf ein natürliches, den Wald-

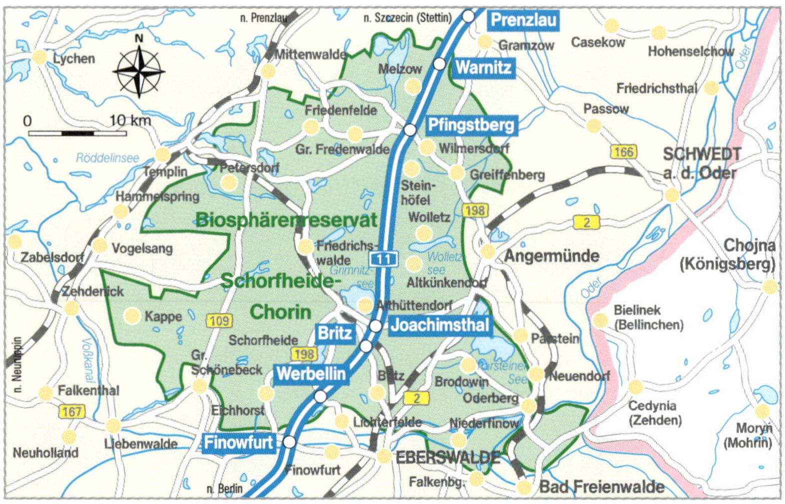

standorten angepaßtes Maß reduziert worden. Trotzdem ist immer noch Rot-, Dam- und Schwarzwild in den Wäldern zu sehen. Biber und Fischotter sind über das ganze Schutzgebiet verbreitet. In den letzten Jahren wanderte hin und wieder auch der Wolf aus dem Osten in das Biosphärenreservat ein.
In den naturnahen Wäldern der Uckermark brüten See-, Fisch- und Schreiadler. Zahlreiche Feuchtgebiete innerhalb dieser Waldbereiche sind ideale Lebensräume für Schwarzstorch und Kranich. Der Weißstorch brütet noch in fast jedem Dorf des Biosphärenreservats. Auch andernorts bedrohte Amphibien- und Reptilienarten wie Rotbauchunke, Laubfrosch, Kreuzotter und Europäische Sumpfschildkröte kommen hier noch vor.

Stille Schönheiten mit herber Grazie

Die Landschaft im Biosphärenreservat wartet mit Besonderheiten auf, die in den meisten Regionen Deutschlands schon verlorengingen. Obwohl durch altes Handwerk wie die Steinschlägerei viele eiszeitliche Steinschätze zu Baumaterial verarbeitet wurden, liegen in den Endmoränengebieten auch heute noch mächtige Findlinge. Der Große Stein bei Neuendorf, vom Eis aus den skandinavischen Gebirgen hierher transportiert, zeugt von den gewaltigen Kräften der Gletscher. Allerdings befindet sich nur die Hälfte des Steins noch am Ort, der andere Teil wurde durch tiefe Bohrungen abgesprengt – er sollte für ein Denkmal in Berlin genutzt werden.
In vielen Teilen des Biosphärenreservats geben alte Baumgestalten Auskunft über vergangene Formen der Waldnutzung. Berühmt sind die Huteeichen. Über 2000 der knorrigen, 400 bis 600 Jahre alten Bäume stehen oft vereinzelt inmitten gesichtsloser Forste der Neuzeit und lassen die Schönheit natürlicher Wälder erahnen. In ihrer Nachbarschaft stehen uralte, riesige Kiefern neben den forstlich „gestylten“, pfahlartigen Kiefern jüngeren Datums. Die landschaftliche Schönheit erschließt sich von vielen Hügeln – ob vom Rummelsberg bei Brodowin, den Höhen am Südufer des Wolletzsees bei Altkünkendorf, vom Spitzberg am Sabinensee bei Willmine oder vom Pechberg bei Voßberg.

Wahrzeichen der Uckermark

In diesem dünn besiedelten Landstrich findet sich auch eine Fülle kulturhistorischer Denkmäler. Der Besucher ist beeindruckt von der herben, stillen Schönheit alter Feldsteinkirchen und jahrhundertealter Kopfsteinpflasterstraßen. Kirchen aus großen Steinquadern im gotischen Stil sind Wahrzeichen der Uckermark. Mit ihren Schießscharten ähnelnden Fenstern haben sie den Charakter von Wehrkirchen.
Monumental dagegen wirkt das aus dem 13. Jahrhundert stammende Zisterzienserkloster Chorin: rote Backsteingotik inmitten grüner Wälder. Spätere, schlichtere Zeitzeugen sind viele Bauten – Feldsteinmauerwerk und Ziegelsteinkunst – in den Dörfern. Stein, Lehm und Holz sind die traditionellen Baustoffe. Die kleinen Walddörfer Bebersee und Poratz, Bauerndörfer wie Brodowin, Schmiedeberg, Melzow und Steinhöfel sowie die Gutsdörfer Görlsdorf, Temmen, Groß Fredenwalde, Altkünkendorf und Ringenwalde sind dafür anschauliche Beispiele.

Einer der vielen von der Eiszeit geprägten Feldseen im Frühjahr

Beliebtes Jagdgebiet

Die Jagdschlösser in Groß Schönebeck und Hubertusstock sowie der Kaiserbahnhof in Joachimsthal verkörpern Jagdgeschichte. Aus der jüngsten Vergangenheit sind die Re-

ste des Mielkeschen Jagdhauses in Wolletz und des Domizils von Erich Honecker in Wildfang bei Groß Schönebeck erhalten. Daneben finden sich hier auch viele Gedenksteine für vermeintlich bedeutende Jäger, berühmte Förster und erlegte Hirsche. Das Schorfheide-Museum auf dem Gelände des ehemaligen Jagdschlosses in Groß Schönebeck greift in verschiedenen Teilausstellungen die geschichtliche Entwicklung der Schorfheide auf. Jagd- und forsthistorische Probleme stehen dabei ebenso im Mittelpunkt wie neue Ansätze – zum Beispiel die Grundlagen naturnaher Waldwirtschaft – in einem Biosphärenreservat.

Das Biosphärenreservat betreibt sowohl in neuen Einrichtungen als auch in alten Gebäuden Öffentlichkeitsarbeit und Umweltbildung. Das Hauptinformationszentrum Blumberger Mühle am Rand des Naturschutzgebietes „Fischteiche Blumberger Mühle" bei Angermünde steht kurz vor der Eröffnung. Träger ist der Naturschutzbund Deutschland. Hier werden Informationen zu den Themen Lebensraum- und Artenschutz sowie naturverträgliche, nachhaltige Landnutzung geboten. Im Außengelände sind diese Themen in der Praxis erlebbar, und Führungen im weiteren Umfeld vertiefen das Wissen über die komplexen Wirkungsmechanismen der Natur.

Nördlich von Groß Schönebeck am Südrand der Schorfheide entsteht zur Zeit auf einem hundert Hektar großen Freigelände der Wildpark Schorfheide. Hier werden einheimische Wildarten aus Vergangenheit und Gegenwart sowie bedrohte Haustierrassen gezeigt.

Das Haus Pehlitzwerder unweit des Ökodorfes Brodowin widmet sich unter dem Thema „Von der Eiszeit zum Ökodorf" der Geschichte des Dorfes und der Region um Chorin. Die Ausstellung befindet sich in einem umgestalteten Gebäude einer Neubauernsiedlung auf der Halbinsel im Parsteiner See.

Ein technisches Denkmal besonderer Art ist das Schiffshebewerk in Niederfinow. Es löste in den dreißiger Jahren die ehemalige Schleusentreppe des Oder-Havel-Kanals ab und überbrückt die 35 Meter Höhendifferenz zwischen Kanalende und Niederoderbruch.

▷▷▷ **Der Schreiadler zählt zu den seltensten Adlerarten in Deutschland.**

▷ **Herbstliche Buchenwaldgesellschaft in einem der großen naturnahen Wälder des Biosphärenreservats**

Flora und Fauna in der Schorfheide

Typische Bäume und Sträucher

Stieleiche (feuchte Sandstandorte); Traubeneiche (trockene Böden); Rosmarinheide, Moosbeere (Moore); Rot-Buche.

Charakteristische Blütenpflanzen

Gelbes Buschwindröschen, Leberblümchen, Echtes Lungenkraut, Wechselblättriges Milzkraut, Hohler Lerchensporn, Goldtaubnessel, Einbeere, Schattenblümchen, Bleiches und Rotes Waldvögelein, Vogelnestwurz (naturnahe Laubwaldgebiete); Wollgras, Sumpfporst, Sumpfsitter, Fleischfarbenes Knabenkraut, Rundblättriger Sonnentau, Fettkraut (Moore); Seekanne (Teiche); Trollblume, Fieberklee, Breitblättriges und Geflecktes Knabenkraut, Gemeine Natternzunge, Wiesenknöterich (Feuchtwiesen); Wiesenkuhschelle, Großes Windröschen, Frühlingsfingerkraut, Ästige Graslilie, Helmknabenkraut, Federgras, Kreuzenzian, Sandnelke, Goldhaaraster (Trockenrasen); Sommeradonisröschen, Kornrade, Ackerschwarzkümmel, Feldrittersporn (Äcker).

Charakteristische Tiere

Biber, Fischotter, 16 Fledermausarten; von 195 Brutvogelarten Brandenburgs sind im Großschutzgebiet 148 anzutreffen, darunter so bedrohte und seltene Arten wie See-, Schrei- und Fischadler sowie Schwarzstorch, Großtrappe und Kranich; Europäische Sumpfschildkröte, Glattnatter, Kreuzotter, Rotbauchunke, Laubfrosch; Steinbeißer, Maräne; etwa 2000 Spinnen- und Insektenarten, darunter die Gemeine Stechmücke.

Wandern im Biosphärenreservat

Drei untereinander verbundene Rundwanderwege erschließen großräumig das Biosphärenreservat Schorfheide-Chorin. Der „Uckermärkische Rundweg“ im Norden zwischen Angermünde und Templin führt durch das vielgestaltige uckermärkische Hügelland, in dem sich Felder, Wiesen, Wald und Seen zu immer wieder neuen Bildern fügen. Der „Schorfheide-Rundweg“ durchquert das große Waldgebiet im Südwesten des Schutzgebiets und bietet herrliche Ausblicke auf den Werbellin- und Grimnitzsee. Der „Choriner Rundweg“ schlängelt sich im Südosten durch den großen Choriner Endmoränenbogen und am Parsteiner See entlang bis ins Odertal.

Kultur und Museen

Schwedt
Stadtmuseum, Am Markt 4, 16303 Schwedt/O., Tel. 03332/23460. (Geöffnet Di, Do 9–12 Uhr und 13–16 Uhr, Mi 9–12 Uhr und 13–17 Uhr, Fr 9–12 Uhr, So 14–16 Uhr)

Templin
Volkskundemuseum Prenzlauer Tor, 17268 Templin, Tel. 03987/2725, Fax 03987/2502.

Groß Schönebeck
Schorfheide-Museum, Jagdschloß Groß Schönebeck, Schloßstr. 6, 16348 Groß Schönebeck, Tel. 033393/65272. (Geöffnet Mi–So 10–17 Uhr, Führung nach Voranmeldung)

Angermünde
Ehm Welk Literaturmuseum, Dauerausstellung „Naturschutz in der Uckermark“, Puschkinallee 10, 16278 Angermünde, Tel. 0331/33381. (Geöffnet Di–Do 9–12 Uhr und 14–16 Uhr, So 14–17 Uhr, nur 1.4. bis 31.8 und nach Voranmeldung)

Prenzlau
Kulturhistorisches Museum Prenzlau, Uckerwiek 813, 17291 Prenzlau, Tel. 03984/4818

◁ Im nördlichen Teil des Reservats verlandeten durch Entwässerung viele Seen.

Die Verwaltung des Biosphärenreservats wird demnächst eine Karte erarbeiten, die ausführlich über Wandermöglichkeiten und weitere Ausflugsziele informiert. Viele Wanderwege sind auch für Radtouren geeignet, doch oft erschwert der sprichwörtliche märkische Sand die Fahrt.

Der Uckermärkische Rundweg

Von Angermünde ausgehend ist er mit 115 Kilometern der längste der großen Rundwege. Auf ihnen durchquert der Wanderer naturnahe Laubmischwälder sowie malerische Dörfer mit Fachwerkhäusern und Feldsteinkirchen, geht an Mooren, Wiesen und Feldern entlang und genießt Ausblicke auf herrliche Seen. Darüber hinaus gibt es Kesselmoore, Erlenbruchgebiete, Hügelgräber, Wildobstbestände und sogar Kraniche und Seeadler zu sehen. Besonderheiten sind die Marienkirche in Angermünde mit einer berühmten Wagnerorgel und der hölzerne Roland in Potzlow. Neben dem Hauptinformationszentrum Blumberger Mühle informiert auch das Berliner Tor in Templin über wichtige Themen des Biosphärenreservats.

Route 1: Von Ringenwalde rund um den Krinberg

Von Ringenwalde führt die Angermünder Landstraße nach Osten und folgt der alten, von riesigen Linden gesäumten Kopfsteinpflasterstraße bis Poratz. Hier verläßt man den „Uckermärkischen Rundweg“ und wandert nordwärts durch Wiesen, auf denen oft Kraniche und Damwild zu beobachten sind, nach Neu-Temmen. Sehenswert sind die kleine Fachwerkkirche und die Figur der Uta an der Kirchhofsmauer. Weiter geht es nach Hohenwalde. Im Hofladen der Ökodomäne Hohenwalde gibt es gesunden, schmackhaften Proviant. Von Hohenwalde gelangt man zurück nach Ringenwalde.

i Länge 12,5 km; 4 Stunden Gehzeit

Route 2: Hügelgräber-Lehrpfad Ringenwalde

Einen Kilometer südlich des Dorfes an der Straße nach Friedrichswalde führt der Lehrpfad zu mehreren Hügelgräbern aus der Bronzezeit.

i Länge 1,5 km; 1 Stunde Gehzeit

Aktivitäten für Kinder und Jugendliche

Schulbauernhof Gut Gollin, Träger Gut Gollin e.V., Eröffnung 1992, Schwerpunkt: Kinder und Jugendliche erleben Landwirtschaft.
Unter Anleitung der Naturwacht tätige Gruppen: Adler (10 bis 11 Jahre, Betreuung Landschaftsgarten Blumberger Mühle), Apis (10 bis 12 Jahre, Betreuung Sternfelder Tanger), Spatz (6 bis 10 Jahre, Naturerleben um Templin), Ameisen (8 bis 12 Jahre, Schule Greiffenberg); Jugendgruppe „Grafik, Malerei, Umweltpflege" des Biosphärenreservats.
Außerdem finden jährlich mehrere Camps zu verschiedenen Themen für unterschiedliche Altersgruppen statt.

Route 3: Rund um den Weinberg bei Groß Fredenwalde

Von Stegelitz geht es nach Westen durch die hügelige Ackerlandschaft mit vielen Feldhecken, Kopfweiden und Hügelgräbern nach Groß Fredenwalde. Die Kirche mit ihrem Storchennest auf dem flachen Turmdach und das alte Gutshaus weisen auf das weitverzweigte Geschlecht der „von Arnims" hin, die den Ort prägten. In Groß Fredenwalde informiert ein Lehrpfad um die alte slawische Ringwallanlage über seine Natur und Geschichte. Über Klein Fredenwalde geht es nach Willmine am Sabinensee. Ein Abstecher zum Spitzberg – mit herrlichem Ausblick über den See und das Uckermärkische Hügelland lohnt sich. Von Willmine geht es dann durch die Feldmark zurück nach Groß Fredenwalde.

i Länge 15 km; 3 Stunden Gehzeit

Route 4: Naturlehrpfad des Informationszentrums Blumberger Mühle

Neben dem Informationszentrum gibt es im zehn Hektar großen Außengelände viele Wege durch Feuchtgebiete und Kleingewässer. Von Aussichtsplattformen am Teichgelände aus kann man Fischadler bei der Jagd beobachten, und oft zieht auch der Seeadler über den Gewässern majestätisch seine Kreise. Lehrpfade im weiteren Umfeld sind ebenso zu empfehlen wie der Bauerngarten beim Fischereihof.

Der Schorfheide-Rundweg

Die 70 Kilometer lange Tour beginnt in Groß Schönebeck. Der Ort ist mit der „Heidekrautbahn" von Berlin aus in einer guten Stunde zu erreichen. Neben dem Schorfheide-Museum ist auch der Wildpark mit Wisenten, Wildpferden, Elchen und heimischen Wildarten ein lohnendes Ziel. Dünen aus der Nacheiszeit mit seltenen Tier- und Pflanzenarten sowie der malerische Werbellinsee sind ebenso sehenswert wie Fachwerkhäuser, die Schinkel-Kirche in Joachimsthal und Reste der Askanierburg in Grimnitz. In Gollin bietet ein Freilandlabor Naturschutzkurse und Unterkunft für Schüler. Der im nahe gelegenen Gut Gollin entstehende Schulbauernhof gibt die Möglichkeit, das Leben auf einem ökologisch wirtschaftenden Betrieb kennenzulernen.

Route 1: Zum Diebelsee bei Altenhof

Altenhof, idyllisch am Werbellinsee gelegen, ist Ausgangspunkt der kurzen Wanderung. Durch die Altenhofsche Eichheide geht es entlang der Straße zum Kinderland am Werbellinsee, der ehemaligen sogenannten „Pionierrepublik" aus DDR-Zeiten. Von der Straße zweigt der Wanderweg nach Osten zum Moorgebiet des Diebelsees ab. Der neun Meter mächtige Torfkörper bettet nur noch Reste einer Wasserfläche ein. Am Standort werden Erläuterungen zur Entstehung und Struktur des Moores gegeben.

i Länge 8 km; 3 Stunden Gehzeit

Der Choriner Rundweg

70 Kilometer führt dieser Weg durch das Gebiet der Choriner Endmoräne, vorbei am Kloster Chorin und dem Schiffshebewerk sowie an Seen, Mooren und durch Wälder. Die vielen Feldsölle, Kleingewässer eiszeitlicher Prägung, gestalten in Verbindung mit Feldhecken und Böschungen die offene Landschaft. Im Frühjahr hört man bei Klein und Groß Ziethen das wie Glockengeläut klingende Rufen der Rotbauchunken. Im Sommer und Herbst rasten hier Kraniche, und nicht selten ist der Seeadler zu sehen. Eine Badestelle am Parsteiner See ermöglicht ein erfrischendes Bad im größten und einem der saubersten Seen des Biosphärenreservats. Entlang des Oderberger Sees gelangt man in das Niederoderbruch bei Liepe. Mit Blick auf das Schiffshebewerk in Niederfinow

Praktische Informationen

Informationszentren

Blumberger Mühle, Görlsdorf bei Angermünde (Träger NABU Deutschland e.V.), Eröffnung 1997, Schwerpunkt: Naturschutz und Landnutzung im Biosphärenreservat.
Wildpark Schorfheide, Groß Schönebeck, Grundsteinlegung 1996.
Haus Pehlitzwerder, Brodowin, Eröffnung 1994, Schwerpunkt: „Von der Eiszeit zum Ökodorf".

Adressen und Auskünfte

Fremdenverkehrsverband Uckermark e.V., Am Markt 12, 17268 Templin, Tel. 03987/52115, Fax 03987/2549.
Fremdenverkehrsverein Templin e.V., Obere Mühlenstr. 11, 17268 Templin,

wandert man durch die Wälder der Mönchsheide zurück zum Kloster Chorin.

Route 1: *Naturlehrpfad Weinberg am Kloster Chorin*

Das ab 1273 von Zisterziensermönchen errichtete Kloster ist ein Prunkstück der Backsteingotik und fügt sich harmonisch in die Landschaft ein. Nach einer Klosterbesichtigung sollte man den Naturlehrpfad um den südlich des Klosters gelegenen ehemaligen Weinberg erwandern.

i Länge 1,5 km; 1 Stunde Gehzeit

Route 2: *Tagesausflug zur Kroneneiche*

Vom Bahnhof Chorin (Kloster) wandert man durch Wiesen um den verlandenden Schulzensee mit seiner Landmöwenkolonie. Im Wald erreicht man bald darauf die zehn Meter hohe und 550 Jahre alte Kroneneiche. Nach Westen und Süden um den Pferdeberg herum gelangt man zurück zum Bahnhof Chorin.

i Länge 5,5 km; 2 Stunden Gehzeit

Tel. 03987/2631 und 52005, Fax /53833.
Fremdenverkehrsverein Angermünde e.V., Brüderstr. 12, 16278 Angermünde, Tel. 03331/32268, Fax 03331/24446.
Fremdenverkehrsverein Lychen e.V., Stargarder Str. 1, 17279 Lychen, Tel. 039888/2255 und 3939, Fax 039888/2461.
Fremdenverkehrsverein Schwedt/O. e.V., Lindenallee 36, 16303 Schwedt/O., Tel. 03332/255910 und 255913, Fax 03332/25595.

Anreise

Mit der Bahn nach Eberswalde, Groß Schönebeck, Angermünde, Templin und Joachimstal. Mit dem Auto über den Berliner Ring und die A 11 oder die B 109.

◁◁ **Die Gemeine Stechmücke bevorzugt zur Eiablage die stehenden Gewässer der Feuchtgebiete.**

Route 3: *Zum Großen Stein bei Neuendorf*

Von Oderberg aus wandert man auf der Pflasterstraße zum Parsteiner See nach Nordwesten in die Laubwälder der Maienpfuhler Endmoräne. Nach drei Kilometern geht der Weg nach Osten in Richtung Neuendorf. Am Waldrand stößt man auf das Naturdenkmal „Großer Stein“. 1825 gesprengt, liegt hier mit 200 Tonnen und 15 Metern Umfang nur noch die Hälfte des großen Findlings. Der Urwald des Breitefenns mit seinen gewaltigen Eichen beginnt an der anderen Wegseite und ist Kernzone des Biosphärenreservats (Betreten verboten). Mit Blick auf Neuendorf und seine Feldsteinkirche im frühgotischen Stil geht es am Waldrand entlang zurück nach Oderberg.

i Länge 11 km; 4 Stunden Gehzeit

Route 4: *Zum Schiffshebewerk nach Niederfinow*

Ausgangspunkt ist Liepe am Fuße der Endmoräne. Am Ortsausgang nach Eberswalde folgt man der Straße nach Niederfinow und steht kurz darauf vor dem gewaltigen Stahlbau des Schiffshebewerks. Der Höhenunterschied von 35 Metern zwischen dem Ende des Oder-Havel-Kanals und dem Oderbruch wird durch einen 43 000 Tonnen schweren Stahltrog überwunden, der von dicken Stahlseilen gehaltenen wird. Vor seiner Eröffnung 1934 mußten die Schiffe hier über eine Schleusentreppe zu Tal gebracht werden. Von hier aus führt der Weg am Finowkanal entlang bis Stechersschleuse und danach nordwärts auf die Endmoräne zurück. Man überquert den Kanal mit Blick auf das Schiffshebewerk und erreicht Liepe über den Choriner Rundweg.

i Länge 12 km; 4 Stunden Gehzeit

Wissenschaftler beim Beringen eines Brutvogels

Route 5: *Von Brodowin zum Pehlitzwerder*

Die Wanderung beginnt am Storchenhorst des Ökodorfes Brodowin. An der Straße nach Pehlitz, am Nordufer des Wesensees entlang, erreicht man den Kleinen Rummelsberg. Die Sicht aus 84 Meter ist eine der schönsten im ganzen Biosphärenreservat. 500 Meter weiter zweigt nach der Weg zum Pehlitzwerder ab. Die Halbinsel im Parsteinsee war Standort einer slawischen Kultstätte und ab 1258 für kurze Zeit des Klosters Mariensee. Der alte Baumbestand auf dem Werder ist ebenso sehenswert wie die Ausstellung im Haus Pehlitzwerder, einem kleinen Infozentrum des Vereins Ökodorf Brodowin. Der Rückweg zwischen Wesensee und Brodowinsee hindurch führt durch wunderschöne Landschaften. Im Dorf lohnt sich der Besuch des Hofladens der Agrargenossenschaft, die nach den Vorschriften des Demeterverbands ökologisch wirtschaftet.

Henne

Der Große Stechlinsee

Blaue Perle Brandenburgs

Nördlich von Neuruppin, umgeben von ausgedehnten Buchenwäldern, liegt der Große Stechlinsee – ein Klarwassersee mit Sichttiefen von bis zu zwölf Metern. Zu jeder Jahreszeit läßt sich hier inmitten einer urwüchsigen Naturlandschaft erholsam wandern.

Der Stechlin, wie er auch kurz genannt wird, zählt mit einer Fläche von 4,25 Quadratkilometern zu den größten Seen Norddeutschlands. Das gesamte buchtenreiche Ufer ist nahezu unverbaut geblieben und von einer eindrucksvollen Waldkulisse umrahmt. Stundenlang kann man fern vom Lärm der Zivilisation auf dem Uferweg diese reizvolle Naturlandschaft genießen. "Kein Boot, kein Vogel, auch kein Gewölk. Nur Grün und Blau und Sonne" – so beschrieb schon Theodor Fontane den Stechlinsee in seinen Wanderungen durch die Mark Brandenburg. Diese Beschreibung gilt noch heute.

Ein Blick auf die Landkarte zeigt, daß das Gebiet um den Großen Stechlinsee an der Grenze zu Mecklenburg-Vorpommern zu den am dünnsten besiedelten Landschaften Deutschlands gehört. Auf mehreren tausend Hektar haben sich von zahlreichen Brüchen durchsetzte, naturnahe Buchenwälder erhalten, die die ursprüngliche Vegetation der gesamten Norddeutschen Tiefebene widerspiegeln.

Der Filterwirkung dieser Wälder ist es sicher mit zu verdanken, daß der See noch immer verhältnismäßig nährstoffarm ist. In dem klaren Wasser kann das Licht daher sehr weit vordringen. Eine außergewöhnliche Unterwasservegetation ist die Folge. Vor allem Armleuchteralgen gedeihen bis zu einer Tiefe von über zehn Metern. In den geschützten Buchten bedecken Seerosen und Gelbe Teichrosen die Wasseroberfläche. Eine Besonderheit ist die Krebsschere – ebenfalls eine Schwimmblattpflanze, die hier auf dem Gewässergrund wächst und selbst unter Wasser blüht.

Obwohl der 68 Meter tiefe Stechlinsee nur wenig Nährstoffe bietet, wurden hier mehr Tier- und Pflanzenarten nachgewiesen als in anderen Seen. Die meisten Lebewesen jedoch sind so mikroskopisch klein, daß sie mit bloßem Auge nicht erkennbar sind. Aber auch größere Tiere bekommt man selten zu Gesicht, obwohl es hier reiche Bestände des Fischotters und der in Baumhöhlen brütenden Schellente gibt. Nur während der Zugzeit im Herbst ver-

Kurzprofil

Das Naturschutzgebiet um den Großen Stechlinsee soll erweitert und Teil eines Naturparks "Stechlin – Ruppiner Land" werden.

Träger:	Land Brandenburg
Gegründet:	1938
Fläche:	1774 Hektar
Saison:	ganzjährig
Besucher:	ca. 100 000 jährlich
Wanderwege:	ca. 100 km

Praktische Informationen

Adressen und Auskünfte

Naturwacht Stechlinsee–Ruppiner Land, Berliner Str. 4, 16775 Menz, Tel. und Fax 033082/50214.

Anreise

Mit der Bahn bis Rheinsberg oder Fürstenberg. Von hier mit dem Bus nach Neuglobsow. Mit dem Auto über die A 24, Abfahrt Neuruppin, weiter in Richtung Rheinsberg und Menz nach Neuglobsow, oder über die B 96 von Gransee oder Fürstenberg nach Neuglobsow.

Flora und Fauna am Großen Stechlinsee

Typische Pflanzen

Armleuchteralgen, Gelbe und Kleine Teichrose, Weiße Seerose, Krebsschere, Laichkraut, Schilf, Seesimse, Schmalblättriger Rohrkolben (See und Röhricht); Rot-Buche, Erle, Kiefer, Schlangenbärlapp, Sumpfporst, Sonnentau, Königsfarn (Wald).

Charakteristische Tiere

Fischotter; Seeadler, Kranich, Gänsesäger, Schellente; Kleine Maräne; 24 Libellenarten, 30 Schnecken- und Muschelarten; eine Vielzahl von Mikroorganismen (darunter 159 Arten von Rädertierchen, etwa zehn davon sind hier entdeckt worden).

sammeln sich auf dem See Scharen von Wasservögeln. Unter den Fischen gilt die Kleine Maräne als Charakterart des Stechlinsees. Sie gehört zur Familie der Lachse und wird wie ihre großen Verwandten als Delikatesse geschätzt.

Wandern am Großen Stechlinsee

Ausgangspunkt für Wanderungen im Gebiet des Stechlin ist Neuglobsow am Ostufer des Sees. Alle Wanderwege sind gut ausgeschildert und meist markiert.

Route 1: Eiszeit hautnah

Der Rundweg führt von Neuglobsow zunächst an der Fischerei vorbei und dann am Ostufer des Stechlin entlang Richtung Norden bis zur Sonnenbucht. Zurück geht es über die langgestreckte eiszeitliche Endmoräne bis zum 85 Meter hohen Fenchelberg, der einen herrlichen Blick über den See bietet. Von hier aus erreicht man bald wieder den Ausgangspunkt in Neuglobsow.

i Rundweg von Neuglobsow zur Sonnenbucht; Länge ca. 6 km; 3—4 Stunden reine Gehzeit.

Umgestürzte Bäume und ein schütterer Röhrichtgürtel säumen die Ufer des klarsten Sees im Norden Deutschlands.

◁
Eine Gänsesäger-Mutter führt ihre Jungen aus.

Route 2: Einmal um den Stechlin

Die Rundwanderung beginnt in Neuglobsow und führt zunächst um die Südbucht des Sees, vorbei am alten Fischerhaus (heute die Limnologische Station). Noch vor der Halbinsel überquert man auf der alten Holzbrücke „Leddernbrück" den Polzowkanal, der den Stechlin mit dem nahegelegenen Nemitzsee verbindet. Wer abkürzen will, läßt die Stechlin-Halbinsel rechterhand liegen und gelangt auf direktem Weg zum Auslaufkanal des stillgelegten Kernkraftwerks. Nach Umwanderung des westlichen Seebeckens erreicht man die Sonnenbucht. Über den Fenchelberg geht es zurück nach Neuglobsow.

i Rundweg (Markierung: grüner Querbalken auf weißem Grund) von Neuglobsow um den Großen Stechlinsee; Länge ca. 15 km; ca. 8 Stunden reine Gehzeit.

Müller/Treichel

◁◁◁◁
Die Krebsschere kann im Stechlinsee sogar unter Wasser blühen.

Führungen

Kostenlos von der Naturwacht, Voranmeldung erwünscht. Auf Anfrage werden geführte Wanderungen auch vom Förderverein für den Naturpark Stechlin–Ruppiner Land und der Forstverwaltung veranstaltet.

Unterkunft

Hotels, Pensionen und Privatzimmer gibt es in Neuglobsow, Menz und den umliegenden Gemeinden. Eine Jugendherberge liegt in der Nähe des Dagowsees.

Die Märkische Schweiz

Die Alpen der Berliner

„Bei bloßer Nennung des Namens steigen freundliche Landschaftsbilder auf: Berg und See, Tannenabhänge und Laubholzschluchten, Quellen, die über Kiesel plätschern und Birken, die, vom Winde halb entwurzelt, ihre langen Zweige bis in den Waldbach niedertauchen.“ Trefflicher als mit diesen Worten Fontanes läßt sich die Landschaft im Osten Brandenburgs kaum beschreiben.

In der ersten Hälfte des 19. Jahrhunderts wurde die abwechslungsreiche Landschaft zwischen Berlin und der Oder bereits „Märkische Schweiz“ genannt. Der Bau der Ostbahn von Berlin nach Küstrin (1865), die Gründerzeit nach dem Deutsch-Französischen Krieg (1870/71) sowie der Bau einer Nebenstrecke von Müncheberg nach Buckow (1897) brachten dieser Region wirtschaftlichen Aufschwung. Es entstanden Villenkolonien, Pensionen, Kureinrichtungen, Bäder und Gastwirtschaften. Der Fremdenverkehr wurden neben der Land- und Forstwirtschaft, die in Brandenburg nie sehr ertragreich waren, zum zusätzlichen wirtschaftlichen Standbein.

1957 wurde im engeren Bereich der Märkischen Schweiz um Buckow ein 4000 Hektar großes Landschaftschutzgebiet gleichen Namens eingerichtet. Die Ansprüche an Erholung und Mobilität stiegen weiter. Als Antwort darauf wurde 1979 ein Erholungsgebiet Märkische Schweiz eingerichtet, welches das Landschaftsschutzgebiet umfaßt.

Am 12. September 1990 beschloß die DDR-Übergangsregierung unter de Maizière in ihrer letzten Sitzung ein Nationalparkprogramm. Als Teil dieses Programms wurde auch die Märkische Schweiz mit einer Fläche von 20 500 Hektar zum Naturpark erklärt. Verglichen mit der Weite der Mark Brandenburg zeichnet sich die Märkische Schweiz durch Kleinteiligkeit, Schluchten und Hügel aus. Eine großflächige und intensive Landnutzung war in vielen Teilen nicht möglich. Dadurch wurde schon früh das Bild einer naturnahen Kulturlandschaft geprägt.

Durch seine Nähe zum nur knapp fünfzig Kilometer entfernten Berliner Ballungsraum entwickelt sich der Naturpark Märkische Schweiz zunehmend zum Naherholungsgebiet für die Großstädter. Im Gegensatz zur dichtbesiedelten Metropole Berlin leben in den angrenzenden Gemeinden des Naturparks zum Teil nur zwölf Einwohner pro Quadratkilometer. Aus diesem Spannungsverhältnis erwachsen für die noch freien, dünn besiedelten Räume der Märkischen Schweiz nicht nur Gefahren, sondern es bieten sich auch Chancen für Mensch und Natur.

Die Märkische Schweiz gehört zur Ostbrandenburger Platte zwischen Berlin und dem Oderbruch. Das Oderbruch ist unbewaldet, und seine

Kurzprofil

Träger:	Ministerium für Umwelt, Naturschutz und Raumordnung des Landes Brandenburg, Landesanstalt für Großschutzgebiete mit der Naturparkverwaltung in Buckow
Gegründet:	1990
Fläche:	ca. 20 500 ha; ca. 1926 ha Naturschutzgebiet, ca. 18 542 ha Landschaftsschutzgebiet
Saison:	ganzjährig
Besucher:	ca. 160 000 Übernachtungsgäste sowie zahlreiche Tagesbesucher
Wanderwege:	ca. 150 km

◁ **Blick vom Panoramaweg auf den Schermützelsee**

guten Auenböden werden landwirtschaftlich genutzt. In dem nur vierzig Kilometer breiten Korridor zwischen Berlin und dem Oderbruch ist das Gebiet ein wichtiger Freiraum für die Verbindung von Wäldern, Fließgewässern und Trockenrasen im Norden und Süden.

Das bedeutendste Fließgewässer ist der Stobber. Die Grenzen des Naturparks wurden so gezogen, daß er fast das gesamte Wassereinzugsgebiet des Stobber von rund 22 000 Hektar erfaßt. Im Niedermoorgebiet Rotes Luch findet sich eine Talwasserscheide, über die Spree und Oder und damit Nord- und Ostsee natürlich verbunden sind.

◁◁◁ **Im Naturschutzgebiet Stobbertal**

Vom Eise gestaltet

Ganz Nordostdeutschland, und damit auch die Märkische Schweiz, wurde von der letzten Eiszeit geprägt. Die Märkische Schweiz ist gleichsam eine eiszeitliche Modelllandschaft. In einem Umkreis von nur fünf Kilometern um den Hauptort Buckow ist ein Großteil eiszeitlicher Bildungen und Formen vertreten. Bis 300 Meter dicke Eisschichten und ihre Schmelzwasser haben hier Lockergesteine wie Kies, Sand und Mergel zu Schichten von bis über 240 Metern Mächtigkeit aufgearbeitet, transportiert, ausgetaut, sortiert und geschichtet. Durch die teilweise gewaltigen Ausspülungen erhebt sich das bergige Relief kaum in die Höhe, sondern fällt in tiefe, schroffe Schluchten ab. Unter den fünf Seen des Buckower Kessels ist der knapp 1,5 Quadratkilometer große und rund vierzig Meter tiefe Schermützelsee gewiß der schönste. In seinem Umfeld liegen Endmoränen, weite wellige Grundmoränen, ausgedehnte Sanderflächen, Trockentäler und Schwemmkegel. Bei Münchehofe

Flora und Fauna der Märkischen Schweiz

Typische Bäume und Sträucher

Winterlinde, Hainbuche, Traubeneiche (auf den besseren Böden der Endmoränen), Rot-Buchen (besonders im gewässerreichen Buckower Kessel mit hoher Luftfeuchtigkeit); Schwarzerle (Feuchtgebiete und an Gewässern); Robinie (nicht heimisch, an trockenen und sonnigen Standorten, durch Kahlschlagwirtschaft und Imkerei in der Vergangenheit begünstigt); Ulmen- und Ahornarten (flächendeckend, bevorzugt Hanglagen).

Bemerkenswerte Einzelbäume

Baum	Höhe	Umfang	Alter
Wurzelfichte	30 m	250 cm	ca. 160 Jahre
Grenzeiche	22 m	545 cm	ca. 440 Jahre
Frühstückseiche	22 m	450 cm	ca. 350 Jahre
Königseiche	30 m	505 cm	ca. 400 Jahre

Charakteristische Tiere

Fischotter, Biber; Fisch- und Seeadler, Schwarzstorch, Kranich, Fischreiher, Weißstorch, Kormoran, Schwarzer und Roter Milan, Baumfalke, Kolkrabe;
Europäische Sumpfschildkröte; Bitterling, Schmerle, Steinbeißer, Döbel, Hasel, Schlammpeitzger, Kleine Maräne.

wehte der Wind in der Nacheiszeit eine Flugsanddüne und ausgedehnte Flugsandfelder auf.
Anders als in der näheren Umgebung gibt es im Naturpark große Höhenunterschiede auf kleiner Fläche. So werden die nördlichen Randlagen des Buckower Kessels von Endmoränen gebildet. Darüber hinaus wurden in der Eiszeit durch Abtragung auch ältere Schichten offengelegt. Tertiäre Sande und Tone treten an die Oberfläche, und unter dem Wasser an den Steilufern des Schermützelsees liegt Braunkohle.
Die Vielfalt an Oberflächenformen, Böden und unterschiedlichen Wasserverhältnissen sowie der hohe Kalkgehalt in dieser geologisch jungen Landschaft bilden die Grundlagen für einen großen Reichtum an Lebensräumen, Pflanzen und Tieren. Feuchte Talniederungen wechseln mit grundwasserfernen Sandterrassen und Hangstandorten. Auf engem Raum finden sich neben kühlen und frischen Nordhängen auch extrem wärmebegünstigte Südhänge. Seen verschiedener Größe und unterschiedlichen Nährstoffgehalts wechseln mit Nieder- und Zwischenmooren sowie Fließgewässern, von denen einige nur vorübergehend Wasser führen. Auffallend ist auch das häufige Vorkommen kleiner Hohlformen in der Landschaft, Feldsölle genannt.
In Teilen des Naturparks konnte sich ein natürlicher Wald erhalten beziehungsweise an den für eine wirtschaftliche Nutzung ungeeigneten Standorten neu entstehen. Hier liegt eine besondere Aufgabe für die naturnahe Waldbewirtschaftung. Auf geeigneten Böden der Endmoränen sind noch Reste der einstigen Wälder aus Winterlinden, Traubeneichen und Hainbuchen zu finden; auf den grundwasserfernen, armen Sandböden die dort natürlich vorkommenden Kiefern-Eichenwälder.
Durch sein feuchtes Kleinklima verfügt der Buckower Kessel über einen Buchenwald außerhalb seines geschlossenen Verbreitungsgebiets.

▷▷ Eine aus Feldstein erbaute Kirche in Münchehofe

Kultur und Museen

Buckow

Brecht-Weigel-Haus: Ausstellung über Bertolt Brecht und Helene Weigel, deren Sommersitz das Anwesen seit 1952 war. Zu besichtigen sind die original eingerichtete Wohnhalle, Gedichte aus den „Buckower Elegien“ auf Kupfertafeln im Garten sowie der Planwagen der Mutter Courage, der 1949 erstmals über die Bühne des Deutschen Theaters rollte. In dieser Gedenkstätte finden auch Lesungen, Theateraufführungen, musikalisch-literarische Veranstaltungen, Konzerte und Diskussionsrunden statt. Bertolt-Brecht-Straße 29, 15377 Buckow. (Geöffnet April bis Oktober Mi–Fr 13–17 Uhr, Sa, So 13–18 Uhr, November bis März Mi–Fr 10–12 Uhr und 13–16 Uhr, So 11–16 Uhr);
Eisenbahnmuseum, im Bahnhof, 15377 Buckow (geöffnet Sa, So 10–14 Uhr).

Bemerkenswerte Feldsteinbauten

Kirchen, Bauerngehöfte/Einzelgebäude, Mauern und Pflasterungen in Münchehofe, Pritzhagen, Ringenwalde, Prädikow, Prötzel, Hermersdorf, Hasenholz, Garzin, Garzau, Dahmsdorf und Obersdorf. Die Straße zwischen Müncheberg und Dahmsdorf wurde 1994 mit Feldsteinen rekonstruiert.

Der Ortsname Buckow leitet sich von dem slawischen Wort „buk“ für Rot-Buche ab. Besonders gefährdet und schützenswert sind die nährstoffarmen, basischen und zugleich nassen Standorte in den Quell- und Niederungsbereichen.

Wölfe, Elche und Biber

Für die Märkische Schweiz sind weit über 800 Farn- und Blütenpflanzen nachgewiesen. Auch in der Tierwelt herrscht eine bemerkenswerte Artenvielfalt. Das Vorkommen des Fischotters ist ein Hinweis auf ein intaktes, naturnahes Gewässersystem aus Teichen, Seen und Fließgewässern sowie Feuchtgebieten in naturnahem Zustand. Der Biber hat sich hier noch nicht angesiedelt, es wurden aber bereits einige wandernde Tiere gesichtet. Selbst Wölfe, die aus westlichen Gebieten Polens einwanderten, wurden in der Vergangenheit wiederholt beobachtet. Im Naturpark und seinem Umfeld werden durch den sogenannten „Wolfsmanagementplan“ gute Lebensbedingungen für den Wolf geschaffen. Zu dem kamen in den

Praktische Informationen

Adressen und Auskünfte

Informationen für Besucher:
Umwelt- und Fremdenverkehrsamt, Wrienzener Straße 1a, 15377 Buckow, Tel. 033433/57500.
Fremdenverkehrsverein Altfriedland e.V., Hauptstraße 13, 15320 Altfriedland, Tel. (nach 18 Uhr) 033476/50964.
Naturschutzfachliche Auskünfte und Angebote des ökologischen Jugendtourismus: Naturpark Märkische Schweiz – Naturparkverwaltung, Weinbergsweg, 15377 Buckow, Tel. 033433/474.

Anreise

Mit der Bahn: stündlich mit der Regionalbahn RB 26/29 von Berlin-Lichtenberg über Strausberg und Müncheberg,

letzten Jahren aus dem Osten auch Elche in die Märkische Schweiz.
Auch zahlreiche Großvogelarten sind vertreten, wenn auch nicht in großen Stückzahlen. So kommen Fisch- und Seeadler, Schwarzer und Roter Milan, Baumfalke, Kranich, Fischreiher, Weiß- und Schwarzstorch, Kormoran und Kolkrabe vor. Insgesamt wurden in der Märkischen Schweiz 246 Arten als Brutvogel, Zugvogel oder Irrgast beobachtet. Das Altfriedländer Teichgebiet dient im Herbst Nordischen Gänsen als Nachtquartier. Allein auf dem Kietzer Teich konnten bis zu 20 000 Gänse gezählt werden.
Durch eine zentrale Abwasseranlage und extensive Landnutzung im Wassereinzugsbereich soll die Menge des Schad- und Nährstoffeintrags verringert werden. Ziel ist es, die Lebensbedingungen für eine große Tier- und Pflanzenvielfalt zu erhalten und zu verbessern. Dank der Bemühungen findet man hier noch die seltene Europäische Sumpfschildkröte. Daneben wurden 120 Arten von Schnecken und Muscheln nachgewiesen. Unter den Fischen sind insbesondere Bitterling, Schmerle, Steinbeißer, Döbel, Hasel und Schlammpeitzger zu nennen. Im Schermützelsee kommt außerdem die Kleine Maräne vor.
Ein besonderer Beitrag zum Artenschutz sind die seit 1991 errichteten Fischaufstiegsanlagen. Sechs dieser sogenannten „Fischtreppen" ermöglichen es den Fischen, an den Stauwehren vorbei flußaufwärts bis zur Oder zu schwimmen. Weitere vier bis fünf Fischtreppen sind geplant und werden den Fischen im gesamten Naturpark das Wandern flußauf ermöglichen – vorbei an den von Menschen geschaffenen Hindernissen. Von den sechs bereits existierenden Fischtreppen kann der Besucher des Naturparks drei unbehindert besichtigten: am Stobber neben dem Kino im Zentrum von Buckow, an der Pritzhagener Mühle und an der ehemaligen Dammühle, wo der Stobber die B 167 unterquert.

◁◁◁
Selbst die sonst eher im Gebirge heimischer Kolkraben fühlen sich in den „Berliner Alpen" wohl.

Wandern in der Märkischen Schweiz

Eine besondere Attraktion ist der Buckower Kessel mit dem Schermützelsee. Von der Bollersdorfer Höhe und dem Panoramaweg aus kann der Besucher unvergeßliche Ausblicke genießen. Östlich schließen sich die Berge des Pritzhagener Forstes mit dem Sophienfließ, den Tornowseen, der Drachenkehle, dem Poetensteig und der Wolfsschlucht bis hin zur Pritzhagener Mühle an.
Ein weiterer Anziehungspunkt ist das Altfriedländer Teichgebiet, Lebensraum und Schlafplatz vieler Wasservogelarten. In Teilbereichen kann gegen Entgelt geangelt werden.

Grützmacher

Eine der in der Nacheiszeit aufgewehten Flugsänddünen im Naturschutzgebiet Klobichsee

Anschluß in Müncheberg nach Buckow. Mit dem Bus ab Strausberg und Müncheberg. In der Saison (Information über das Fremdenverkehrsamt) auch ab U-Bhf. Hönow (Bäderbus). Mit dem Auto über die B 1 und Müncheberg oder Strausberg.

Unterkunft

In Hotels, Pensionen, Jugendherbergen, Ferienwohnungen, Privatzimmern und auf einem Campingplatz. Informationen dazu beim Fremdenverkehrsamt Märkische Schweiz in Buckow und beim Fremdenverkehrsverein Altfriedland.

Gaststätten

In Altfriedland, Bollersdorf, Buckow, Pritzhagen, Prötzel und Waldsieversdorf.

Der Müritz-Nationalpark

Ein See wie ein Meer

Im Herzen von Mecklenburg-Vorpommern, am Ostufer der Müritz, liegt der Müritz-Nationalpark. In diesem Großschutzgebiet prägen naturnahe Seen, ausgedehnte Moore, Wälder, Wiesen und Weiden ein abwechslungsreiches Landschaftsbild.

Der Müritz-Nationalpark – ein typischer Teil der Mecklenburgischen Seenplatte – hat eine Ausdehnung von 32 000 Hektar und besteht aus zwei Teilgebieten: Müritz und Serrahn. Die Müritz selbst ist der größte Binnensee Norddeutschlands und nach dem Bodensee der zweitgrößte deutsche See. Der Name „Müritz" stammt aus dem Slawischen und bedeutet soviel wie „Meer". Ein See wie ein Meer: dieser Gedanke läßt den Besucher nicht los, wenn das andere Ufer kaum mehr auszumachen ist und die Wasserfläche so ruhig und glatt wie ein überdimensionaler Spiegel daliegt.

Den Plan, in der Müritz-Region einen Nationalpark zu schaffen, gab es bereits in den fünfziger Jahren. Erst in der politisch bewegten Zeit des November 1989 jedoch wurde die Idee wieder in der Öffentlichkeit diskutiert. In Waren bildete sich eine Bürgerinitiative „Müritz-Nationalpark", aus der eine hauptamtliche Aufbauleitung hervorging. Unterstützung fand sie durch den eigens ins Leben gerufenen Förderverein „Müritz-Nationalpark e.V." Der Müritz-Nationalpark wurde in das Nationalparkprogramm der damaligen DDR-Verwaltung aufgenommen und bereits am 12. September 1990 per Verordnung geschaffen.

Im Juli 1991 – neun Monate nach der deutschen Wiedervereinigung – wurde das Landesnationalparkamt

im Gebiet des Nationalparks lebenden Bevölkerung berücksichtigt werden müssen. Idealerweise soll der Müritz-Nationalpark einen Beitrag zur wirtschaftlichen Entwicklung der Region leisten, ohne dabei die vom Menschen unbeeinflußte Naturentwicklung zu gefährden.

◁◁ **Eine Landschaft, so weit wie der Horizont: Sonnenuntergang an der Müritz**

Ein Fischadler, Symboltier des Nationalparks, mit Beute

◁ **Der Wasserknöterich kann bis zu 3 m tief ins Wasser ragen.**

Kurzprofil

Der Müritz-Nationalpark am Ostufer des Müritzsees wird in naher Zukunft Mitglied des europäischen Schutzgebietssystems „Natura 2000" sein.

Träger:	Ministerium für Landwirtschaft und Naturschutz des Landes Mecklenburg-Vorpommern
Gegründet:	1990
Fläche:	ca. 32 000 ha (Müritz 25 560 ha, Serrahn 6440 ha)
Saison:	ganzjährig
Besucher:	700 000 jährlich
Wanderwege:	ca. 500 km

Mecklenburg-Vorpommern gegründet. Eine Umstrukturierung erfolgte 1996. Das neu geschaffene Nationalparkamt Müritz ist nun sowohl Untere Forst- als auch Untere Naturschutzbehörde.

Zweck des Nationalparks

Ein Nationalpark soll in erster Linie dem Schutz von Ökosystemen, zugleich aber auch dem Menschen zur Erholung dienen. Der Konflikt scheint vorprogrammiert, denn wie jedermann weiß, stören menschliche Aktivitäten die Natur in ihrer Entwicklung auf direkte oder indirekte Weise. Hinzu kommt, daß die Bedürfnisse der

Um so unterschiedliche Ziele zu erreichen, sind differenzierte Vorgehensweisen erforderlich. Der Müritz-Nationalpark wurde daher zunächst in drei verschiedene Schutzgebietskategorien – Kernzone, Entwicklungszone und Pflegezone – aufgeteilt. Hinzu kam eine entsprechende Besucherlenkung.

In der Kernzone wird das eigentliche Nationalparkziel verwirklicht, indem man diese Flächen ihrer natürlichen

Eigendynamik überläßt: Sie entwickeln sich zur Wildnis. Hier sollen natürliche Prozesse ohne Lenkungs- und Gestaltungsmaßnahmen durch den Menschen ablaufen. Im Wald wird weder Holz geschlagen noch werden Forstwege freigehalten. Auf den Seen darf nicht mehr gefischt oder Wassersport betrieben werden. Moore werden nicht weiter entwässert oder gar landwirtschaftlich genutzt. Das in den USA entwickelte „wilderness"-Konzept mit dem Ziel „Natur Natur sein lassen" wurde übernommen. Dergleichen ist in Deutschland relativ neu und fordert selbst von Fachleuten völliges Umdenken: Der Mensch muß Geduld aufbringen und lernen, auf die natürliche Regenerationsfähigkeit eines Ökosystems zu vertrauen. Er muß sich von der Vorstellung verabschieden, immer gleich „eingreifen" zu müssen.

Reines „Nichtstun", das heißt, die Kräfte der Natur ungehindert wirken zu lassen, fällt uns Menschen schwer. Nutzungsfreie Räume und die dadurch entstehende „Unordnung" werden von einigen sogar als Bedrohung empfunden. Sie haben zwar nicht grundsätzlich etwas gegen Natur, aber bitte nur geplant und unter ständiger Kontrolle! Schon die Römer hatten fast mehr Angst vor den dunklen, kalten Wäldern Mitteleuropas als vor den Germanen. Wälder waren für sie strategische Hindernisse, deren Überwindung viel Mut erforderte – gab es auf der Apenninenhalbinsel doch seit Jahrhunderten bereits keine ausgedehnten Urwälder mehr. Undurchdringliche Dickichte, stehendes und liegendes Totholz, bizarre Baumgestalten und die natürliche Alterung von Bäumen und ganzen Baumbeständen sind auch aus deutschen

▷▷▷ **Zu den unterschiedlichen Landschaftsarten des Nationalparks gehört auch die Wacholderheide – wie hier am Spukloch.**

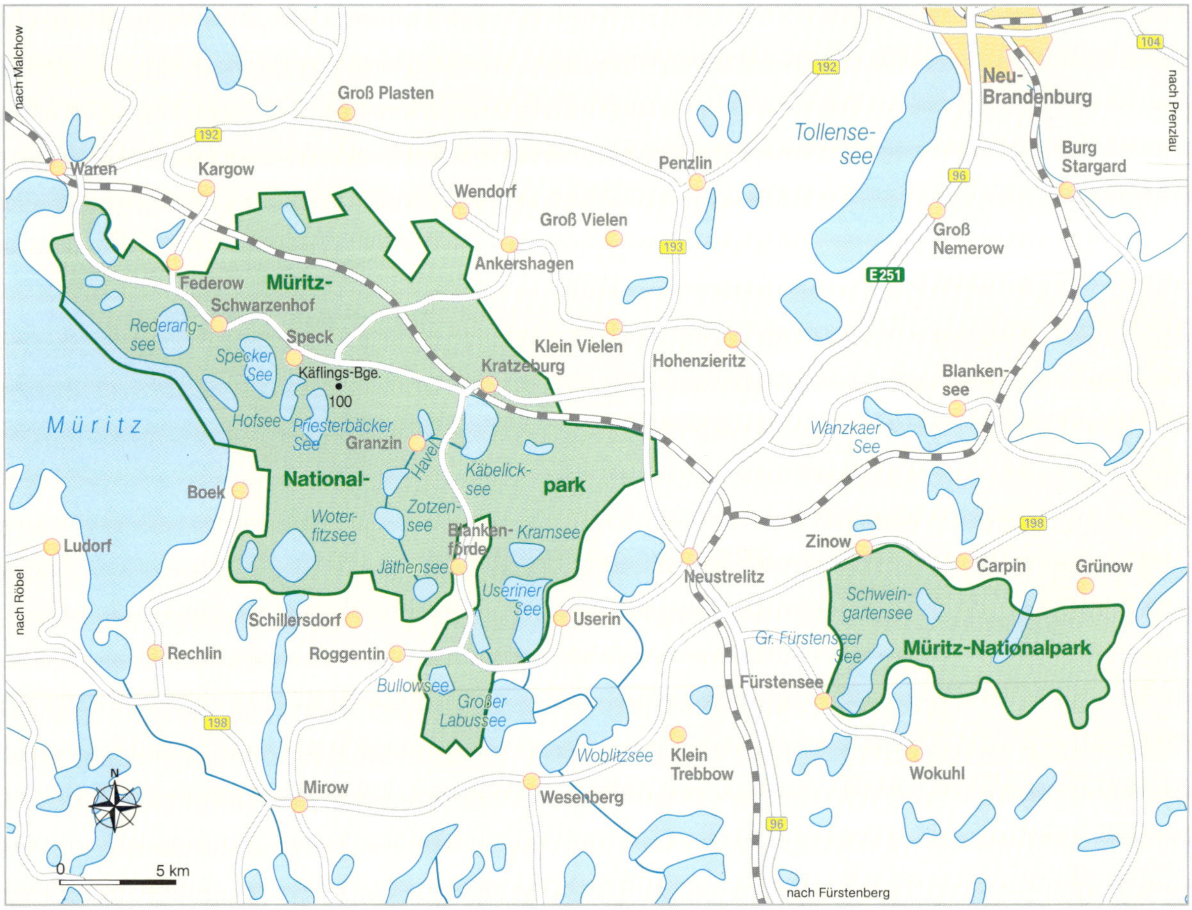

Wäldern schon seit Generationen verschwunden. Die Kernzone des Müritz-Nationalparks läßt diese natürliche Entwicklung wieder zu.

Die Nationalparkverwaltung hat bevorzugt naturnahe Biotope zur Kernzone erklärt. Aber auch naturfernere Flächen wie Kiefernforste können in diesem Schutzbereich liegen, sofern sie sich aus sich selbst heraus zu regenerieren vermögen. Der Anteil der Kernzone an der Gesamtfläche beträgt gegenwärtig etwa 30 Prozent und soll noch vergrößert werden. Dieses Gebiet wird so weit wie möglich vom Menschen abgeschirmt. Das Betreten ist verboten, Wanderwege wurden nur in bestimmten Randbereichen ausgewiesen oder es wurden Beobachtungsstände gebaut, um auch hier Besuchern Naturerlebnisse nicht vorzuenthalten.

In der Entwicklungszone liegen all diejenigen Flächen, die aus bestimmten Gründen noch nicht zur Kernzone erklärt werden können, mittel- bis langfristig aber in diese überführt werden sollen. Da die Entwicklungszone gegenwärtig mit über 60 Prozent Anteil an der Gesamtfläche über die Hälfte des Nationalparks umfaßt, wird das Großschutzgebiet an der Müritz auch als Entwicklungsnationalpark bezeichnet.

In unserer Kulturlandschaft ist es nicht möglich, von heute auf morgen großflächig nutzungsfreie Räume auszuweisen. In vielen Gebieten gelten noch alte Nutzungsrechte und -verträge. Eine gesellschaftlich akzeptable Entwicklung des Nationalparkes kann es nur im Einvernehmen mit den Betroffenen geben. Nur so wird es möglich sein, daß die Bevölkerung den Park auch annimmt.

Die Nutzung vorhandener Ressourcen erfolgt in der Entwicklungszone unter der Voraussetzung, daß durch sie keine negativen Auswirkungen auf das Ökosystem zu erwarten sind. Land- und Forstwirtschaft sowie Fischerei sind daher in der Entwicklungszone mit bestimmten Auflagen verbunden, wobei der Einsatz umweltschonender Methoden vom Land Mecklenburg-Vorpommern finanziell gefördert wird.

Im Gebiet der Entwicklungszone hat es sich die Nationalparkverwaltung zudem zur Aufgabe gemacht, vom Menschen ehemals stark beeinträchtigte Gebiete zu renaturieren. So sollen sich beispielsweise künstlich entwässerte Moore durch Maßnahmen zur Wiedervernässung in einen annähernd naturnahen Zustand „zurückentwickeln".

◁ **Feldheuschrecken bei der Begattung**

◁◁ **Das Fettkraut ist eine Pflanze: Es fängt Insekten mit seinem fettigen, klebrigen Blättern.**

Im Gebiet der dritten Schutzkategorie, der Pflegezone, versucht man, Lebensräume zu erhalten, die durch extensive Nutzungen, d.h. mit verhältnismäßig geringem Aufwand auf

▷ Der Sumpfporst auch „wilder Rosmarin“ genannt, gedeiht vor allem in Torfmooren und feuchten Wäldern.

großen Flächen entstanden sind und die eine bestimmte Artenzusammensetzung aufweisen. Hier sind spezielle, an traditionellen Nutzungsformen orientierte Maßnahmen erforderlich, um die Pflege einer alten Kulturlandschaft mit der ihr eigenen Artenvielfalt oder den Erhalt eines bestimmten Landschaftsbildes zu gewährleisten. Ein Musterbeispiel für die Pflegezone sind die Betriebsflächen des Müritzhofes bei Waren. Durch extensive Beweidung entwickelte sich hier eine spezifische Flora, die seit Bestehen des alten Naturschutzgebietes Müritzhof gepflegt wird. Heute werden hier Fjällrinder, Gotlandschafe und Shetlandponys gehalten.

Bei den übrigen Flächen der Pflegezone handelt es sich meist um feuchtes bis nasses Extensivgrünland, das unter anderem eine wichtige Funktion für den Schutz von Großvögeln hat. Der Anteil der Pflegezone an der Gesamtfläche ist mit drei Prozent relativ gering. Gebiete, in denen menschliche Eingriffe die natürliche Entwicklung beeinträchtigen, können nur einen kleinen Teil des Nationalparks umfassen. Bereiche, die unmittelbar an Ortschaften grenzen, sollen als gewohnte Umgebung für die Bewohner erhalten bleiben. Dort bleibt das alte Landschaftsbild unverändert und der gefürchtete „Wildwuchs“ der Natur vor den Gartenzaun verbannt.

▷ Mit seinen klebrigen Drüsenhaaren fängt der Rundblättrige Sonnentau Insekten. Der Klebsaft zersetzt die Beute.

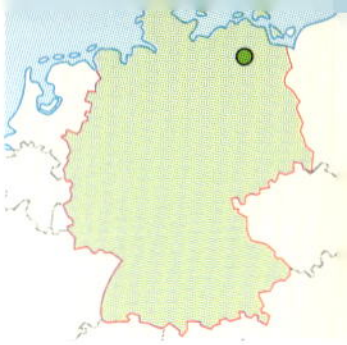

Der Nationalpark im Überblick

Der Eiszeit auf der Spur

Das Gebiet des Müritz-Nationalparks wurde sehr stark von der Weichsel-Eiszeit geprägt. Hier kam der Gletscher vor etwa 20 000 Jahren zum Stillstand. Das vom Eis mitgeführte grobe Schuttmaterial – Blöcke, Kiese, Grobsande – häufte sich an der Gletscherstirn wallartig zur Endmoräne. Feinere Sande wurden vom austretenden Schmelzwasser weitertransportiert und vor dem Eisrand des Gletschers fächerartig abgelagert. Dieser Sander bildet weiträumig den heutigen Boden des Nationalparks. Beim Abtauen des Inlandeises entstanden Felder mit isolierten Eisresten – sogenanntem Toteis –, die von den Sandern der erneut vorstoßenden Eismassen verschüttet wurden. Durch die Erwärmung des Klimas taute das überdeckte Toteis nach und nach auf, und die darüberliegende Sanderoberfläche sackte in sich zusammen. Die so entstandene Senke füllte sich mit Wasser und entwickelte sich – bei entsprechender Mächtigkeit des Eises – zu einem See. Zu diesen Toteisseen zählen der Rederangsee, die Specker Seen sowie der Woterfitz-, Zotzen- und Jäthensee. Sie alle haben eine charakteristische rundlich-ovale Form und sind relativ flach.

Im Unterschied zum westlichen Bereich des Nationalparks, wo Endmoränen nur am Rande in die Sanderlandschaft hineinreichen, umfaßt das östliche Teilgebiet Serrahn die Hauptendmoräne sowie deren Vor- und Hinterland. Da die deutlichen Höhenunterschiede im Gelände eine ackerbauliche Nutzung erschwerten, wurde die Bodenoberfläche hier vom Menschen kaum verändert und blieb seit Jahrhunderten weitgehend von Wald bedeckt.

Anders als die Toteisseen sind die langgestreckten Rinnenseen durch die Erosionskraft des Schmelzwassers entstanden. Ausgeprägte Rinnenseen im Teilgebiet Serrahn sind der Hinnensee, Fürstenseer See, Schweingartensee, Schulzensee sowie der Mühlenteich östlich von Goldenbaum. Zusammen mit weiteren Rinnenseen nördlich und südlich des Schutzgebietes bilden sie eine Seenkette. An ihrer Lage ist heute noch deutlich die Richtung der Eisbewegungen von Nordost nach Südwest zu erkennen.

Die Müritz zeigt Wirkung

Im Müritz-Nationalpark herrscht ein Übergangsklima vom atlantischen See – zum Kontinentalklima. Zu den klimatisch bestimmenden Faktoren gehören die Landmassen der mecklenburgischen Landrücken und die Wasseroberflächen der zahlreichen Seen.

Das Klima im Teilgebiet Müritz wird vor allem im westlichen Niederungsbereich stark vom Müritzsee beeinflußt, denn die große Wasserfläche verzögert hier sowohl die jahreszeitlich bedingte Erwärmung im Frühjahr

Kultur und Museen

Waren

Das Müritz-Museum gibt einen Überblick über die Entstehungsgeschichte der Region. Ein kleiner Tierpark sowie ein Süßwasseraquarium gehören ebenfalls dazu.

Ankershagen

Heinrich-Schliemann-Museum. Großsteingräber aus der Jungsteinzeit findet man im Raum Ankershagen, Ankershagen/Kratzeburg und im Teilgebiet Serrahn. In der Umgebung dieser Orte befinden sich Hügelgräber aus der Bronzezeit.

Der Kunstring am Müritz-Nationalpark

Jedes Jahr kommen Künstler aus ganz Europa zum Internationalen Bildhauer-Pleinair. Sie errichten entlang der Nationalparkgrenze Kunstwerke, die sich mit dem Thema Mensch und Natur auseinandersetzen. Anwohner und Besucher können den Entstehungsprozeß verfolgen und mit den Künstlern diskutieren. Organisator der Veranstaltung ist S. Domann vom Förderverein Müritz-Nationalpark e.V. (Am Dammfeld 1, 17192 Waren, Tel. 03991/666679).

◁ Dieser stolze Erpel der Reiherenten hat seinen beschopften Kopf ausnahmsweise mal über Wasser.

als auch eine Abkühlung im Herbst. Am östlichen Seeufer sind die Niederschläge gering, da die aus westlicher Richtung kommenden Wolken häufig bereits weit vor oder am Westufer abregnen. Zudem begünstigt die riesige Wasserfläche Tau- und Nebelbildung.

Das Klima im weiter östlich gelegenen Teilgebiet Serrahn ist bereits stärker kontinental geprägt, wobei in der Station Serrahn die mit Abstand höchsten Niederschläge im gesamten Nationalparkgebiet fallen, was auf die deutlichen Höhenunterschiede im Gelände zurückzuführen sein dürfte.

▷▷ **Buschwindröschen oder Anemonen wachsen in den Wäldern des Nationalparks.**

Eine Waldohreule verzehrt eine erbeutete Maus.

Faszinierende Tier- und Pflanzenwelt

Der Müritz-Nationalpark besitzt dank seiner Größe und der vielfältigen Standortbedingungen eine beträchtliche Anzahl unterschiedlicher Biotope. Entsprechend reichhaltig ist die Flora und Fauna. Über 900 höhere Pflanzenarten, 54 Säugetier- und 250 Vogelarten sowie 11 Amphibien- und neun Reptilienarten sind bisher nachgewiesen, darunter zahlreiche bedrohte Arten. Einige von ihnen, wie z.B. die Edelkrebse, haben nur hier ihren spezifischen Lebensraum. In einigen der Gewässer des Nationalparks lebt noch der Wels, unser größter Süßwasserfisch. Unter den Lurchen sind vor allem Moorfrosch und Tieflandunke erwähnenswert.

Der Graukranich braucht flache Ufer zum Rasten. Am Ostufer des Rederangsees suchen jährlich Hunderte dieser Vögel ihre Übernachtungsplätze auf. Die Große Rohrdommel bewohnt mit Vorliebe Rohr- und Schilfdickichte. See- und Fischadler finden in den fischreichen Gewässern reichlich Nahrung. Die Artenvielfalt der Entenvögel ist beträchtlich; je nach Jahreszeit und Art kommen sie im Müritz-Nationalpark in sehr großer Zahl vor. Auch die Graugans ist hier als Brutvogel zu Hause. Der bunte Eisvogel bevorzugt die Wurzelteller von umgestürzten Bäumen für den Bau seiner Bruthöhle. Die seltene Sumpfohreule brütet ebenfalls im Gebiet. Die Familie der Watvögel ist durch Waldwasserläufer, Kampfläufer, Bekassine, Zwerg-, Pfuhl- und Doppelschnepfe vertreten. Einige dieser Arten brüten hier sogar. Ein weiterer charakteristischer Vogel der Sumpfgebiete ist die seltene Beutelmeise.

Seen, Moore und Wälder

Typisch für die Biotope des Müritz-Nationalparks sind neben den Seen die Niedermoore, wobei je nach Entstehungsweise unterschieden wird zwischen Verlandungsmooren an Gewässerrändern, kleinen Kesselmooren in Geländesenken, ausgedehnten Versumpfungsmooren mit noch anstehendem Grundwasser und Quellmooren in unmittelbarer Nähe von Quellbereichen. Eine Besonderheit sind Durchströmungsmoore, die sich an Hängen entwickeln. Die Vegetation hängt neben dem Wasserhaushalt vor allem vom Nährstoff- und Kalkgehalt ab. So gedeihen auf nährstoffarmen, kalkreichen Niedermooren das seltene Schwarze Kopfried und das Schneideried als natürliche Wiese, während auf extrem sauren Mooren wurzellose Torfmoose wachsen. Einige

Aktivitäten für Kinder und Jugendliche

Das Jugendwaldheim Steinmühle bei Carpin (17237 Carpin/Steinmühle, Tel. 039821/40267) ist eine Einrichtung des Nationalparkamtes. Insbesondere Schulklassen können hier ihr Wissen über Natur- und Umweltschutz erweitern.

Ein spezielles Führungsprogramm für Kinder wird zusätzlich jedes Jahr vom Nationalparkamt angeboten.

Besondere Ferienprogramme bieten auch die Alte Burg Penzlin (17217 Penzlin, Tel. 03962/210494) und das Museum in Ankershagen (17291 Ankershagen, Tel. 039921/3252) an.

Im Rahmen des Internationalen Bildhauer-Pleinairs können Kinder- und Jugendgruppen nach entsprechender Anleitung ihrer Kreativität freien Lauf lassen.

In Federow ist die Eröffnung eines Streichelzoos geplant.

Moorflächen werden bis heute extensiv als Weideland genutzt.
Auch die Bruchwälder – viele Seen des Müritz-Nationalparks sind von ausgedehnten Erlenbrüchen umgeben – gehören zu den Mooren. Hier wirkt zum Beispiel die Erle als Torfbildner. Die Schwarzerle ist eine der wenigen Laubwaldpflanzen, die sich auf extrem nassen Böden gut zu entwickeln vermag. Sie bildet hier großflächige Bestände, die vereinzelt von Moorbirken und Sträuchern wie Aschweide, Öhrchenweide und Faulbaum begleitet werden. Sumpflappenfarn, Frauenfarn oder Sumpfsegge sind ebenfalls charakteristisch. Die Verbreitung dieser Moorwälder ist allerdings auf die Niederungslandschaft beziehungsweise Verlandungsbereiche der Gewässer beschränkt.
Das reiche Insektenangebot der Naßwälder ist Nahrungsquelle verschiedener Fledermausarten, darunter die Zwerg- und die Rauhhautfledermaus sowie das Braune Langohr. Der Fischotter unternimmt hier ausgedehnte Streifzüge. Vor kurzem ist auch der Biber wieder eingewandert. Das Rotwild sucht zur Brunftzeit im September die Bruchwälder sowie die angrenzenden Großseggenriede auf. Selbst der längst ausgestorbene Elch würde hier wieder ideale Lebensbedingungen vorfinden.
Mehr als 60 Prozent der Schutzgebietsfläche – 22 000 Hektar – sind mit Wald bedeckt. Damit ist allein die Waldfläche des Müritz-Nationalparks größer als beispielsweise der gesamte Nationalpark Bayerischer Wald.
Bis zur Gründung des Nationalparks wurde auf den meisten Waldflächen intensiver Waldbau betrieben. Die Kiefer ist auf ärmeren Standorten sozusagen der Brotbaum der deutschen Forstwirtschaft – artenarme Drahtschmielen-Kiefernforste sind im Müritz-Nationalpark daher am häufigsten anzutreffen. Komplexe Buchenbestände hingegen gibt es nur im Teilgebiet Serrahn. Die hier vorkommenden Traubeneichen und Kiefern werden ohne Eingriffe durch den Menschen von der stärkeren Buche zunehmend verdrängt werden. Kiefernforste sowie Mischwälder mit Eichen-, Buchen- und Kieferbeständen stellen somit nur ein vorübergehendes Stadium der Waldentwicklung dar.
Die wichtigsten Vegetationsgesellschaften sind die sogenannten Perlgras-Buchenwälder. Charakteristisch ist hier das Einblütige Perlgras, das auf mäßig frischen Böden wächst. An feuchten bis wechselfeuchten Stellen dominiert die Winkelsegge. Einen großen Teil des alten Buchen-Totalreservates in Serrahn nehmen die Schattenblumen-Buchenwälder ein. Typisch für deren

Durch die natürliche Entwicklung werden die Buchenwälder wie hier im Teilgebiet Serrahn wieder zunehmen.

bodennahe Vegetation sind die Zweiblättrige Schattenblume, der Dornige Wurmfarn, Hainveilchen und Hainrispengras.
In von Buchen dominierten Wäldern lebt eine Vielzahl von Tieren, wobei die Artenzusammensetzung von der jeweiligen Altersphase des Waldes abhängt. Buchen sind Schattenbäume, die in der Jugend und im mittleren Alter zu natürlicher Gleichförmigkeit neigen. Erst in Altbeständen, besonders aber in der anschließenden Zerfallsphase, wenn stellenweise alte Bäume zusammenbrechen und der Wald sich wieder verjüngt, wird die Struktur dieses Lebensraums abwechslungsreicher. Unweit der Ortschaft Serrahn befindet sich gerade ein über 200 Jahre alter Buchenbestand in dieser Entwicklungsphase. Hier entstehen Lebensräume, die es in forstwirtschaftlich genutzten Wäldern nicht geben könnte.
Wie eine Studie über holzbewohnende Insekten gezeigt hat, sind jedoch einige Reliktarten des Urwaldes selbst den naturnahen Wäldern Serrahns bereits abhanden gekommen. So konnte der Hirschkäfer, der größte mitteleuropäische Käfer, nicht mehr nachgewiesen werden, obwohl die für ihn lebensnotwendigen Alteichen vorhanden sind. Der Trüffelkäfer dagegen hat im stehenden und liegenden Totholz überlebt. Eine weitere Charakterart alter Laubholzbestände ist der Schwarze Flachkäfer. Hinzu kommen die höhlenbrütenden Vogelarten. Blaumeise wie Nonnenmeise bevorzugen Laubwälder. Der Zwergschnäpper ist ein typischer Vogel der Buchenwälder. Wie der Trauerschnäpper nistet er in Baumhöhlen, kann aber auch an Baumstämme gelehnte Nester bauen. Viele Höhlenbrüter wie die seltene Hohltaube, die nicht in der Lage sind, eigene Höhlen zu zimmern, profitieren vom Fleiß der Schwarzspechte. Neben dem Buntspecht kommt im Nationalpark auch der seltenere Mittelspecht vor. Der etwa bussardgroße Schreiadler dagegen ist fast ausgestorben. Die nachtaktive Waldohreule sucht sich Naturhöhlen in den alten Buchen und Eichen. Auch manche Fledermäuse nutzen Baumhöhlen. Zu den typischen Bewohnern verlassener Spechthöhlen, Fäulnislöcher und Stammrisse zählt der Kleine Abendsegler.

▷▷▷ **Die Dorngrasmücke ist kein berühmter Sänger, sondern, pfeift, zirpt, leiert und flötet kraus durcheinander.**

▷ **Ein Birkenbruch in der Nähe des Kesselmoores**

Wandern im Müritz-Nationalpark

Das Fußwegenetz des Müritz-Nationalparks umfaßt 47 verschiedene Wanderwege mit einer Gesamtlänge von fast 500 Kilometern. Der kürzeste Weg hat eine Länge von einem Kilometer, der längste, der „M"-Weg, verläuft über 160 Kilometer durch das gesamte Großschutzgebiet und ist wie (fast) jeder andere auch als Rundweg konzipiert. Mit Hilfe einer guten Wanderkarte lassen sich problemlos eigene Kombinationen zusammenstellen.

Die meisten Streckenabschnitte sind ausgeschildert, aber auch an den Informationsstellen hängen Kartenausschnitte aus, mit deren Hilfe man sich orientieren kann.

Eingangsbereiche des Müritz-Nationalparks befinden sich gegenwärtig in den Ortschaften Waren, Federow, Boek, Ankershagen, Kratzeburg, Userin, Schillersdorf, Fürstensee, Carpin, Herzwolde, Grünow und Waldparkplatz-Zinow. Hier gibt es Parkplätze sowie Informationstafeln über das jeweilige Gebiet. Zusätzliche Informationshütten in Waren, Speck und Boek werden während der Hauptsaison vom Nationalparkdienst besetzt. Weitere Informationspunkte befinden sich in Schwarzenhof, Freidorf sowie an den Schmieden in Bergfeld und Peckatel.

Aus der Fülle möglicher Wanderrouten werden im folgenden einige besonders lohnenswerte näher beschrieben, darunter auch zwei Wasserwanderwege.

Flora und Fauna im Müritz-Nationalpark

Typische Bäume und Sträucher

Waldkiefer, Rot-Buche, Stiel- und Traubeneiche, Bergahorn, Sandbirke, Eberesche, Aspe, Wacholder, Kreuzdorn (Teilgebiet Serrahn); Schwarzerle, Moorbirke, Asch- und Öhrchenweide, Faulbaum, Schwarzer Holunder, Hasel, Hundsrose, Pfaffenhütchen, Spätblühende Traubenkirsche, Trunkelbeere, Sumpfporst, Gemeine Moosbeere, Heidekraut, Heidelbeere, Him- und Brombeere.

Charakteristische Blütenpflanzen

Weiße Seerose, Gelbe Teichrose, Krebsschere (Gewässer); Sumpfblutauge, Wasserhahnenfuß, Wasserhahnenfuß, Gemeines Helmkraut, (Röhrichte); Blutwurz, Sumpfveilchen (Seggenriede); Kleiner Baldrian, Scharfer Hahnenfuß (Pfeifengraswiesen); Wiesenplatterbse, Kuckuckslichtnelke, Kohlkratzdistel, Fleischfarbenes und Breitblättriges Knabenkraut (Feuchtwiese); Zweiblättrige Schattenblume, Buschwindröschen, Goldnessel (Buchenwald); Sauerklee und Siebenstern (Kiefernwald).

Charakteristische Tiere

Rot-, Dam- und Rehwild, Hase, Gartenschläfer, Wasserratte, Verschiedene Fledermausarten; Biber, Fischotter, Stein- und Baummarder, Iltis, Fisch-, Schrei- und Seeadler, Rohrweihe, Graukranich, Graugans, Hohltaube, Zwergschnäpper, Neuntöter, Dorngrasmücke, Schwarz-, Mittel- und Grünspecht, Große Rohrdommel, Sumpf- und Waldohreule, verschiedene Enten- und Watvogelarten; Moorfrosch, Grünfrösche, Tieflandunke, Waldeidechse, Ringelnatter, Kreuzotter; Trauermantel, Prozessionsspinner, Eulenfalter, Trüffelkäfer, Schwarzer Flachkäfer.

Blick auf den Priesterbäker See, eines der zahllose Gewässer der Mecklenburgischen Seenplatte

Route 1: „Land unter" am Mühlensee

Der Rundweg beginnt in Speck. Nach etwa 15 Minuten erreicht man den Mühlensee. Bei den nördlich und südöstlich des Sees gelegenen Flächen handelt es sich um Beispiele für ein stark degeneriertes Durchströmungsmoor, das im Juli 1993 zum Zweck der natürlichen Rückentwicklung wiedervernäßt wurde.

Durch die Erhöhung des Wasserspiegels steht der Baumbestand, der sich im ehemaligen Uferbereich angesiedelt hatte, ständig unter Was-

ser und wird in Kürze absterben. Künftige Besucher werden miterleben können, wie der entwässerte Moorkörper in den angrenzenden Bereichen wieder zu wachsen beginnt.

i Rundweg (Markierung: Hirsch) von Speck zum Mühlensee; Länge 6 km; ca. 1 Stunde reine Gehzeit.

▷▷ **Unberührt wirkt die Seenlandschaft vor allem im Winter.**

Route 2: Deutschlands ältester Landschaftspflegehof

Ausgangspunkt der Wanderung in die Pflegezone des Nationalparks ist

Die Wasserralle ist ein Teilzieher und überwintert zum Teil schon in Mitteleuropa.

Waren, wo man zunächst die Specker Landstraße entlanggeht. Vom 10 Kilometer langen Rundweg mit der Markierung: Glockenblume zweigt nach etwa der Hälfte der Strecke ein weiterer ab (Markierung: Reh), der nach 2 Kilometern direkt am Müritzhof vorbeiführt.
Die früher extensive Beweidung hat hier eine typische Flora und Fauna entstehen lassen, die seit der Ausweisung des alten Naturschutzgebietes Müritzhof gepflegt wird.

i Rundweg (Markierung: Glockenblume/Reh) von Waren zum Müritzhof; Länge 14,5 km; 4 Stunden reine Gehzeit.
✕ Müritzhof (Imbiß)

Route 3: Zu den Schlafplätzen der Kraniche

Die Wanderung beginnt in Federow. Von hier führt ein direkter Weg in Richtung Süden zum Rederangsee. Im Herbst und Frühjahr landen in der Dämmerung am Ostufer des Sees Hunderte von Graukranichen, die in der flachen Uferzone übernachten. Von einer Beobachtungskanzel aus kann man unbemerkt den Einfall und den morgendlichen Start dieser imposanten Großvögel beobachten. Mit etwas Glück bekommt man auch einen Seeadler zu Gesicht.
Ab Mitte September bietet die lautstarke Hirschbrunft des Rotwildes auf den benachbarten Wiesen und im angrenzenden Erlenbruchwald ein weiteres beeindruckendes Naturschauspiel.
In dieser Zeit werden vom Nationalparkdienst ab Federow Führungen organisiert.

i Von Federow zum Rederangsee; Länge (einfach) 1,5 km; ca. 20 Minuten reine Gehzeit.

Route 4: Ausflug ins Versumpfungsmoor

Ausgangspunkt ist Schwarzenhof. Von hier aus führt der Rundweg durch Kiefernwälder in die Niederungslandschaft der Müritz. Man kommt an einem Erlenbruchwald vorbei und an einer tiefer gelegenen Senke, in der eine offene Wasserfläche entstanden ist. Diese wird gerne von Graugänsen und verschiedenen Entenarten aufgesucht. Danach gelangt man in ein ausgedehntes Versumpfungsmoor. Hier lassen sich zahlreiche Tierarten beobachten und vor allem hören. Im Frühjahr erschallt der meckernde Balzgesang der Bekassine, und von fern ertönt der dumpfe Balzlaut der Rohrdommel. Blaue Moorfroschmännchen lassen sich bereits an sonnigen Februartagen sehen. Hin und wieder entdeckt man sogar einen kreisenden Seeadler. Im Herbst verteidigt der Rothirsch mit eindrucksvollem Röhren sein Brunftrevier. Weiter geht es entlang des Müritzufers. Am Doppelkiefer-

graben gewährt der Beobachtungsstand einen phantastischen Blick auf den größten Binnensee Norddeutschlands. Der Weg führt über Boek durch einen ausgedehnten Kiefernwald bis nach Speck. Von hier gelangt man entlang einer Waldkante zurück nach Schwarzenhof.

i Rundweg (Markierung: blaue Radfahrer) von Schwarzenhof über Boek und Speck; Länge 22 km; 6—7 Stunden reine Gehzeit.
✕ Eeinkehrmöglichkeit in Boek

Route 5: Auf und ab durch Hügelland

Der Rundweg beginnt am Bahngleis östlich von Kargow und führt durch eine reizvolle offene Landschaft. Acker- und Weideland wechseln einander ab. Kulturelle Zeugnisse der Vergangenheit sind neben den Hügelgräbern kleinere Feldgehölze und weitgehend intakte Heckenformationen. Hier kann man typische Vögel wie den Neuntöter oder die Dorngrasmücke beobachten. Große Rinderherden beleben zusätzlich das Landschaftsbild. Man kommt am Hinbergsee vorbei, einem der nährstoffärmsten Klarwasserseen des Nationalparks, und durchquert auch einen kleinen Wald, das Peeneholz.

i Rundweg (Markierung: Rabe) von Kargow durch die Hügellandschaft; Länge ca. 6 km; 2 Stunden reine Gehzeit.

Route 6: In den „Urwald" bei Serrahn

Ausgangspunkt des Rundweges ist Zinow. Von hier aus geht es nach Serrahn, Sitz einer traditionsreichen Vogelschutzstation. Im Gebiet um

◁ **Diese alte Sommerlinde ist ein lebendiges Denkmal für die gewachsene Kulturlandschaft um die Müritz.**

▷ Wald-Erdbeeren und viele andere Beeerensorten findet man an geschützten Stellen.

Serrahn gibt es bereits heute Waldflächen, die einem Urwald sehr nahe kommen. Alte Rotbuchenbestände, die seit über vierzig Jahren keine Motorsäge mehr gesehen haben, können sich hier naturnah entwickeln. Neben den holzbewohnenden Insekten sind insbesondere höhlenbrütende Vogelarten charakteristisch für diesen totholzreichen Wald. In Serrahn steht am Hang eine Hütte mit schönem Ausblick auf die Umgebung. Über einen 4,5 Kilometer langen Rundweg (Markierung: Roter Rabe) kann man die Verlandung des Serrahner Haussees beobachten. Ein Holzsteg ermöglicht die Begehung des Moores und ein nöheres Kennenlernen seiner typischen Pflanzen und Tiere. Von einem Beobachtungsstand aus blickt man auf eine weitere Verlandungszone.

i Rundweg (Markierung: Schwarzer Radfahrer) von Zinow bis zum Waldparkplatz; von dort dem eigentlichen Rundweg (Markierung: Roter Rabe) folgen; Länge ca. 7 km; 2 Stunden 30 Minuten reine Gehzeit.

Route 7: Ein begehbares Moor

Ausgangspunkt ist Waren (Specker Landstraße). Von hier führt der Rundweg durch einen Kiefernwald zu einem Kesselmoor. Von einem Holzsteg aus kann man die charakteristische Moorflora bewundern, ohne der empfindlichen Vegetation zu schaden. Verschiedene Torfmoosarten, Wollgräser und der „fleischfressende" Sonnentau sind hier zu sehen. Das Zentrum des Moores bilden die Wienpietschseen, ein offenes Gewässer (Kolk), das an den Rändern langsam zuwächst. In der unmittelbaren Umgebung des Kesselmoores

▷ Dem besonders anpassungsfähigen Gartenschläfer ist keine Kletterpartie zu gewagt.

Praktische Informationen

Adressen und Auskünfte

Nationalparkamt Müritz, An der Fasanerie 13, 17235 Neustrelitz, Tel. 03981/4589-0.
Förderverein Müritz-Nationalpark e.V., Am Dammfeld 1, 17192 Waren (Müritz), Tel. 03991/666679.
Nationalparkservice/Waren-Müritz-Information, Neuer Markt 21, 17192 Waren, Tel. 03991/666183.
Stadt-Information Neustrelitz, Am Markt 1, 17235 Neustrelitz, Tel. 03981/253119.
Bücher, Wanderkarten, Broschüren und sonstige Informationen gibt es in den Nationalpark-Informationshütten in Boek, Speck, Bergfeld und ab 1998 in Federow.

Anreise

Mit der Bahn bis Waren oder Neustrelitz; im Teilgebiet Müritz gibt es Nahverkehrszüge nach Klockow und Kratzeburg, das Teilgebiet Serrahn erreicht man über die Bahnhöfe Thurow, Zinow, Bergfeld und Dolgen.
Mit dem Auto auf der A 19, über die Abfahrten Röbel oder Waren; das Teilgebiet Müritz wird von drei Bundesstraßen - der B 198 im Süden, der B 192 im Norden und der B 193 im Osten - umschlossen; das Teilgebiet Serrahn wird im Norden von der B 198 peripher berührt.

Führungen

Mehr als 300 kostenlose Führungen im Jahr veranstaltet der Nationalparkdienst. Weitere Führungen werden von folgenden Stellen angeboten:
Landschaftspflegehof Müritzhof (bei 17192 Waren, Tel. 03991/662795), Landeslehrstätte für Naturschutz (bei 17192 Waren, Tel. 03991/663292), Naturpark Feldberger Seenlandschaft (in 17237 Serrahn, Tel. 039821/40202) und vom Naturpark Nossentiner Schwinzer Heide (in 19395 Karow, Tel. 0387378/292).

hat sich ein Moorbirken-Bruchwald entwickelt. Der Weg führt weiter bis direkt an das Ufer der Müritz. Von einem Beobachtungsstand (Schnakenburg) aus bietet sich ein wunderbarer Blick auf den See. Am Ostufer der Müritz wandert man zurück zum Ausgangspunkt.

i Rundweg (Markierung: Eichhörnchen) von Waren über die Wienpietschseen zur Müritz; Länge ca. 10 km; 3 Stunden reine Gehzeit.
✕ in Waren

den und weiter auf den langgestreckten Rinnensee in Richtung Mirow.

i Strecke vom Müritzufer (Zeltplatz bei Boek) bis zum Zeltplatz am Leppinsee: Länge 6 km.

Unterkunft

Hotels und Pensionen sowie Ferienwohnungen oder Gästezimmer findet man in allen Nationalparkgemeinden. In der näheren Umgebung des Müritz-Nationalparkes stehen vier Jugendherbergen in den Orten Waren, Röbel, Mirow und Feldberg zur Verfügung.

Camping

Direkt im Müritz-Nationalpark liegen zwei Campingplätze, einer am Useriner See und ein weiterer am Fürstenseer See. In unmittelbarer Nähe des Großschutzgebietes gibt es Camping-Möglichkeiten an der Müritz (Waren-Ecktannen und Boek), am Labussee (Zwenzow), am Jamelsee (Blankenförde), am Käbelicksee (Kratzeburg), am Leppinsee (Zietlitz) und in Klockow.

Busverkehr

1997 wird quer durch das Teilgebiet Müritz ein Bussystem eingerichtet. Es verkehren auch Busse mit Fahrradanhängern. Von einigen Haltestellen aus werden kostenlose Führungen angeboten. Zwei Linien stehen zur Verfügung: Linie 1 (Waren–Kargow–Speck–Boek) und Linie 2 (Waren–Kargow–Speck–Boek–Bolterkanal). Letzere ermöglicht eine anschließende Bootsfahrt über die Müritz zurück nach Waren. Das Müritz-Nationalpark-Ticket ist preiswert und familienfreundlich.

Mit dem Rad

Das Nationalparkgebiet ist durch ein gut markiertes Radwegenetz erschlossen, das die umliegenden Gemeinden mit einbezieht. Im Nationalpark beträgt das Streckennetz etwa 170 Kilometer; die Sand- und Asphaltwege sind unterschiedlich gut ausgebaut.

Mit dem Schiff

Von Waren, Röbel, Neustrelitz und Wesenberg aus verkehren Passagierschiffe.

Das Specker Schloß ist Sitz des Landesnationalparkamtes von Mecklenburg-Vorpommern.

Route 8: Über die Rinnenseen

Im Müritz-Nationalpark gibt es für Freunde des Rudersports zwei sehr schöne traditionelle Wasserwanderstrecken, welche die Möglichkeit bieten, speziell die Tier- und Pflanzenwelt der aquatischen Lebensräume aus allernächster Nähe zu beobachten.
Ausgangspunkt dieser ersten Route für Kanuten ist der Campingplatz bei Boek. Von hier gelangt man über die Müritz durch den Bolterkanal auf den Caarpsee und schließlich zum Woterfitzsee. Von dort geht es dann außerhalb des Nationalparks weiter über den Leppinsee in Richtung Sü-

Route 9: Entlang der Havel

Eine weitere Wasserwanderung beginnt am Käbelicksee bei Kratzeburg. Die Strecke folgt dem Verlauf der Havel. Dabei sind mehrere Seen – der Granziner See, Pagelsee, Zotzensee, Jäthensee, Görtowsee und Useriner See – zu durchqueren. Weiter geht es nun außerhalb des Nationalparks über den großen Labussee in Richtung Osten nach Wesenberg.

i Strecke vom Käbelicksee bei Kratzeburg bis zum Zeltplatz am Useriner See: Länge 23 km. Zeltplätze für Wasserwanderer in Kratzeburg, bei Blankenförde und am Westufer des Useriner Sees.

Spicher

Nossentiner/Schwinzer Heide

Zu Besuch bei Wisent und Adler

Mitten in Mecklenburg-Vorpommern liegt ein riesiges Waldgebiet: der Naturpark Nossentiner/Schwinzer Heide. Weite Kiefernwälder und klare Seen, stille Moore und kreisende Adler sind die Kennzeichen dieser bisher wenig bekannten Landschaft.

Nordwestlich der Großseen Mecklenburgs, zu denen auch der Plauer See und die Müritz gehören, eröffnet sich dem Besucher eine Kulturlandschaft von ganz besonderem Reiz. Zu Unrecht führt dieser schöne Naturpark ein Schattendasein in Nachbarschaft des bekannteren Müritz-Nationalparks. Wegen seiner dünnen Besiedelung ist dieser Landstrich gerade für Ruhe und Entspannung suchende Menschen geeignet. Beim letzten Vordringen der Eismassen vor etwa 20 000 Jahren wurde die Hauptendmoräne abgelagert, und das nach Süden abfließende Schmelzwasser spülte riesige Mengen an Sedimenten auf. Dieser Sander nimmt den größten Teil des Naturparks ein. Zahlreiche ehemalige Abflußbahnen der Gletscherschmelzwasser zeigen noch heute die Fließrichtung und machen so Anordnung und Gestalt der sechzig größeren und kleineren Seen nachvollziehbar. Imposante Beispiele solcher Rinnenseen sind die Klocksiner Seenkette sowie der Krakower und Drewitzer See. Dagegen stellen die großen Flachseen am Südrand des Naturparks, wie Goldberger und Damerower See, Toteisseen dar, das heißt sie entstanden nach verzögertem Abtauen übersandeter Eisklötze. Sechzehn Naturschutzgebiete nehmen 19 Prozent der Fläche des Naturparks ein und spiegeln seine Vielfalt anschaulich wider. So sind Drewitzer See, Gültz- und Paschensee ihrer ausgezeichneten Wasserqualitäten wegen geschützt, die Naturschutzgebiete Jellen, Dünenkiefernwald und Kläden dagegen sind reine Waldschutzgebiete.

Das größte zusammenhängende Waldgebiet Mecklenburgs bildet das Kernstück des 36 500 Hektar großen Parks. Neben weiten Wäldern prägen ihn zahlreiche glasklare Seen, deren Grund in einigen Fällen noch in einer Tiefe von sechs Metern zu sehen ist, sowie blumenreiche Magerrasen, Heideflächen, Sümpfe, Brüche, Moore, Feuchtwiesen, Flüsse und Bäche.

Kurzprofil

Träger:	Land Mecklenburg-Vorpommern und Landkreise Müritz, Parchim und Güstrow
Gegründet:	einstweilige Sicherung 1990, Landesverordnung 1994
Fläche:	36 500 ha
Saison:	ganzjährig
Besucher:	150 000 jährlich
Wanderwege:	ca. 350 km
Radwege:	ca. 160 km
Reitwege:	ca. 160 km

Die einheitliche Entwicklung der Region ist wesentliches Ziel des Naturparks und umfaßt gleichrangig Schutz und Entwicklung der innerhalb seiner Grenzen gelegenen Naturschutzgebiete. Ferner dient der Naturpark der Bewahrung, Pflege, Wiederherstellung und Entwicklung

◁◁ **Beeindruckend ist der Blick über den Krakower Obersee.**

einer historischen Kulturlandschaft von großer Vielgestaltigkeit. Land-, Forst-, Wasser- und Fischereiwirtschaft sowie Fremdenverkehr und Naturschutz sollen dabei so aufeinander abgestimmt werden, daß die Belastungen verringert und die Funktionsfähigkeit des Naturhaushaltes nachhaltig gesichert werden.
Aus der in der Nossentiner/Schwinzer Heide heimischen Tierwelt sind vorrangig Vögel und Säugetiere untersucht. Bisher wurden nicht weniger als 135 Brutvogelarten und 34 Gastvogelarten nachgewiesen. Auch aus diesem Grund ist der gesamte Naturpark internationales Vogelschutzgebiet (IBA-Gebiet). Eine besondere Bedeutung hat der Naturpark dabei für den Seeadler, der hier mit etwa fünfzehn Brutpaaren siedelt. Als seltener Säuger ist der Fischotter im Naturpark noch an fast allen Gewässern zuhause, und für die Pflanzenwelt stellen Seen, Moore und Magerrasen die wertvollsten Lebensräume dar. Hinsichtlich der Unterwasservegetation verdient der Drewitzer See mit seinen Armleuchter- und Laichkrautgesellschaften, die bis in acht Meter Tiefe reichen, besondere Erwähnung. In den nährstoffarmen Mooren gedeihen torfmoosreiche Seggenriede mit Wollgräsern, Sonnentau und verschiedene gefährdete Seggen. Einige bedrohte Arten der Sandmagerrasen und Heiden kommen an sehr trockenen Standorten des unbewaldeten Sanders vor.
Das Informationszentrum des Naturparks in Karow gibt einen Überblick über die Naturvielfalt sowie Hinweise auf Sehenswürdigkeiten. Für die Kleinen stehen ein Kinderzimmer und ein Spielplatz zur Verfügung. Nur etwa 1,5 Kilometer vom Informationszentrum entfernt bietet sich vom Aussichtsturm „Moorochse“ ein herrlicher Blick über die ehemaligen Torfstiche einer alten Glashütte. Mit Glück kann hier der König der Lüfte, der Seeadler, beobachtet werden.

Aktivitäten für Kinder und Jugendliche

Projekttage mit Spielen und Exkursionen stehen ebenso auf der Angebotsliste des Naturparks wie Vorträge und Bastelstunden. Den Höhepunkt bilden einwöchige Spezialistenlager für naturwissenschaftlich besonders interessierte Schüler in der Blockhütte des Fördervereins in Wooster Teerofen. Vom Waldschulheim Loppin und den Landschulheimen Dobbin und Nossentin aus können Kinder und Jugendliche ebenfalls den Naturpark erkunden. Alljährlich im Spätsommer findet auf dem Gelände der Naturparkverwaltung in Karow ein zünftiges Kinderfest statt.

Informationszentrum

Zu jeder Jahreszeit steht das Informationszentrum allen interessierten Besuchern offen. Orts- und sachkundige Mitarbeiter des Landesnationalparkamtes Mecklenburg-Vorpommern, Außenstelle Naturpark Nossentiner/Schwinzer Heide, oder des Fördervereins dieses Parks geben gern Hinweise und Tips, wo und wann was zu sehen oder zu erleben ist. Wer das eine oder andere in der Natur nicht entdecken sollte, dem bieten zahlreiche Fotos und Präparate einen kleinen Ausgleich. In der „Fühlkiste“ und auf dem „Fühlweg“ für Kinder ist insbesondere der Tastsinn gefordert. Geöffnet Juni bis August täglich 8–18 Uhr, September bis Mai Mo–Fr 8–16 Uhr, Eintritt frei.

◁ **Die beste Sicht über die ehemaligen Torfstiche bietet sich vom Aussichtsturm „Moorochse“.**

Wandern in der Nossentiner/Schwinzer Heide

Ausgehend von zehn Eingangsbereichen verlaufen Rundwanderwege durch Kiefernwälder, führen an Seen und Mooren entlang, berühren Dörfer und durchziehen manchmal Naturschutzgebiete. Die 16 Rundwanderwege sind mit R 1 bis R 16 gekennzeichnet. Der mit einem roten Balken auf weißem Grund markierte Hauptwanderweg durchquert den Naturpark in westöstlicher Richtung auf einer Länge von 38 Kilometern. Blaue und grüne Balken weisen auf Ortsverbindungswege hin. Die meisten Wege eignen sich für Fuß- und Radwanderungen, auf einigen Abschnitten versinken in den Sommermonaten die Reifen im Sand.

▷▷ Der Fischotter ist an fast allen Gewässern des Naturparks zuhause.

Kultur & Museen

Alt Schwerin

Agrarhistorisches Freilichtmuseum mit umfangreicher Techniksammlung (Dampfmaschinen, Traktoren, Agrarflugzeuge u.v.a.), Tagelöhnerkaten, Neubauerngehöft, Dorfschule, Windmühle. (Geöffnet April bis September täglich 10–17 Uhr, März und Oktober montags geschlossen)

Goldberg

Das Naturmuseum informiert über Flora und Fauna sowie Ur- und Frühgeschichte der Region. Wechselnde Sonderausstellungen. (Geöffnet samstags für Gruppen nach Voranmeldung, sonst täglich)

Linstow

Das in Deutschland einzigartige Umsiedler-Museum ist dem Andenken der sogenannten Wolhyniendeutschen gewidmet. (Geöffnet Mai bis September, Mi–So, 14–16 Uhr, Oktober bis April nach Vereinbarung)

Dobbertin

Die einzige vollständig erhaltene Klosteranlage in Mecklenburg-Vorpommern beherbergt heute eine diakonische Einrichtung. Führungen: Naturmuseum und Touristeninformation Goldberg.

Blücherhof

Der dendrologische Garten wurde 1904/08 von Alexander König angelegt und beherbergt noch heute ca. 120 Baum- und Straucharten.

Neu Gaarz

Wechselnde Ausstellungen zeitgenössischer Künstler. Galerie und Gastlichkeit mit Weinkeller.

Route 1: Moorochse und Kormorane

Östlich der Naturparkverwaltung liegt das Naturschutzgebiet Nordufer Plauer See mit Samoter See und Hofsee. Ein Wanderweg führt entlang der B 192 zum Aussichtsturm „Moorochse". Die Rinder auf der Weide entlang des Weges sind Galloways. Es sind anspruchslose und widerstandsfähige Tiere. Geringer Rinderbesatz, Verzicht auf Pflanzenschutz- und Düngemitteleinsatz sowie abgestimmte Nutzungstermine ermöglichen die Entwicklung einer kräuterreichen Feuchtwiese mit Sumpfdotterblumen und Kuckuckslichtnelken.

Vom Aussichtsturm ist die erneute Verlandung der ausgetorften Bereiche dieses großen Durchströmungsmoores zu erkennen. Die abgestorbenen Bäume in der Kormorankolonie leuchten gespenstisch über den offenen Wasserflächen. Je nach Jahreszeit sind eine ganze Reihe seltener Vogelarten zu sehen oder zu hören: die Große Rohrdommel, deren volkstümlicher Name dem Turm seinen Namen gab, die Beutelmeise, der Rohrschwirl, mehrere Entenarten oder auch See- und Fischadler.

i Hin- und Rückweg jeweils 1,5 km (R 9); z.T. Moorsteg (Radfahrer absteigen!); überdachter Aussichtsturm.

Route 2: Kiefern und Wacholder

Eingebettet in den Sander der Schwinzer Heide liegen Großer und Kleiner Langhagensee. Eine Wanderung um diese Seen ist zu jeder Jahreszeit ein Erlebnis. Beginnend am Parkplatz in Wooster Teerofen geht es durch Kiefernwald, der hier und da von mächtigen Eichen und einzelnen Fichten unterbrochen wird. Auf großen Flächen wächst die Heidelbeere. An der nördlichen Spitze des Großen Langhagensees gestattet ein offener Uferbereich einen unvergeßlichen Blick über den See und

Praktische Informationen

Adressen und Auskünfte

Landesnationalparkamt Mecklenburg-Vorpommern, Außenstelle Naturpark Nossentiner/Schwinzer Heide, Ziegenhorn 1, 19395 Karow, Tel. 038738/292. Touristeninformationen: 19399 Goldberg, Lange Str. 66, Tel. 038736/82031; 19395 Plau, Markt 22, Tel. 038735/2345; Krakow, Schulplatz 1, Tel. 038457/22258; 17213 Malchow, An der Drehbrücke, Tel. 039932/83186.

Anreise

Mit der Bahn über Waren/Müritz, Güstrow oder Karow. Mit dem Auto über die A 19, Abfahrt Linstow oder Malchow, bzw. über die B 103 oder B 192.

Flora und Fauna in der Nossentiner/ Schwinzer Heide

Typische Bäume und Sträucher

Kiefer, Rot-Buche, Roterle, Kopfweide, Wacholder, Traubeneiche, Stieleiche, Schwarzer Holunder, Himbeere, Brombeere, Heidelbeere.

Charakteristische Blütenpflanzen

Sumpfdotterblume, Kuckuckslichtnelke, Sumpfsimse (Feuchtwiesen); Zweihäusige, Blaugrüne und Hirse-Segge, Schneidried, Wasserschlauch (Verlandungsgürtel von Seen); Scheidiges und Schmalblättriges Wollgras, Rundblättriger Sonnentau (nährstoffarme Moore); Moosglöckchen, Keulen- und Schlangenbärlapp, Gemeines Heidekraut (Kiefernforste); Hasenbrot, Grasnelke (Sandmagerrasen).

Charakteristische Tiere

Rothirsch, Damhirsch, Reh, Wildschwein, Fuchs, Dachs, Heidelerche, Ziegenmelker, Seeadler (Wälder); Große Rohrdommel, Drosselrohrsänger, Flußseeschwalbe, Kormoran, Reiher- und Tafelenten (Seeufer); Bekassine, Kranich, Rotbauchunke, Moorfrosch (Moore); Bachneunauge, Bachforelle (Flüsse); Fischotter, Aal, Hecht, Große Maräne (Seen); Kleine Zangenlibelle, Keiljungfer (Klarwasserseen).

seine scheinbar unberührte Umgebung. Dort kommt der weißblühende Rundblättrige Sonnentau, dessen rote Fanghaare wie Sonnenstrahlen glitzern, noch in großer Zahl vor. Diese fleischfressende Pflanze ist streng geschützt. Auf dem weiteren Weg muß ein Stückchen einer offenen Düne bewältigt werden, ehe ein zweites Naturschutzgebiet, der Dünenkiefernwald, erreicht wird. Alte, ehrwürdige Kiefern stehen im lockeren Bestand mit dem lichtliebenden Wacholder auf den am Seerand aufgewehten Binnendünen. Heute wird dieser Hudewaldrest als Beispiel für die Waldnutzung in vergangenen Jahrhunderten erhalten. Dies ist nur durch gezielte und regelmäßige Pflege möglich, die auch die Beweidung mit Schafen einschließt. Die höhlenreichen Kiefernbestände bieten einer vielfältigen Vogel- und Fledermausfauna ausgezeichnete Lebensbedingungen.

ℹ Rundweg über 5 km (Markierung R 3); ca. 1,5 Stunden; kein Radweg.
✕ „Grüner Kakadu" auf dem Campingplatz (nur im Sommerhalbjahr geöffnet).

Route 3: Inseln, Möwen und Flußseeschwalben

Die Fahrradtour beginnt auf dem Markt der Stadt Krakow am See und führt, immer in Ufernähe, einmal um den Krakower Obersee herum. Das Naturschutzgebiet gleichen Namens ist ein Feuchtgebiet von internationaler Bedeutung und ein weithin bekanntes Paradies für Wasservögel. Von den Hügeln am Westufer schweift der Blick über eine weite Wasserfläche mit acht Werdern (Inseln). Über dem Großen Werder fliegen oft weiße Wolken aus Tausenden von Lachmöwen. Außerdem existiert hier die größte Flußseeschwalbenkolonie des Binnenlandes in Mecklenburg-Vorpommern. Um diesen und anderen Vogelarten günstige Brutbedingungen zu erhalten,

Mit rund fünfzehn Brutpaaren ist der Seeadler eine besondere Attraktion.

werden der Große Werder wie auch die Grünländereien am Süd- und Ostufer schonend durch Rinder, Schafe und Ziegen beweidet. Durch Reduzierung des Nährstoffeintrages in den See leistet die Landwirtschaft einen wichtigen Beitrag zum Schutz dieses bedeutenden Gewässers.

ℹ Rundweg über 23 km (verschiedene Markierungen); davon 2 km Bundesstraße; Beobachtungsturm am Südufer (Glaver Koppel); wechselnde Ausstellungen in der Alten Synagoge Krakow/See; Aussichtsturm Jörnberg 1 km vom Markt.
✕ Restaurants am Wadehäng und in Krakow/See.

Das Wisentgehege

Auf der Halbinsel Damerower Werder im Kölpinsee leben seit 1957 Wisente. Der größte Teil der ca. 30 Tiere lebt in einem 280 ha großen Freigehege, der kleinere Teil ist durch das Schaugehege Besuchern zugänglich.
Die Fütterungszeiten im Schaugehege sind täglich 10 und 15 Uhr.
Eintritt: 3 DM, Kinder bis 14 Jahre frei.

Führungen

Ganzjährig. Dauer, Inhalt und Preis nach Absprache.

Unterkunft

Hotels, Pensionen und Privatunterkünfte in Plau, Goldberg, Krakow, Malchow und vielen Dörfern.

Camping

Campingmöglichkeiten gibt es in Dobbertin, Lohmen, Goldberg, Wooster Teerofen, Krakow, Alt Schwerin, Malchow, Leisten, Plau, Silz und Jabel.

Gaststätten

In allen Naturpark-Gemeinden.

Mewes/Gast

Nationalpark Vorpommersche Boddenlandschaft

Vogel-Dorado mit Ostseegold

In Vorpommern liegt der längste unbebaute Abschnitt der deutschen Ostseeküste. Früher begrenzt als Erholungsgebiet genutzt, später teilweise militärisches Sperrgebiet, soll sich der Küstenstreifen mit seinen typischen, flachen Strandseen jetzt wieder natürlich entwickeln können.

In Mecklenburg-Vorpommern wurde ein Gebiet von 80 500 Hektar – davon zwei Drittel Wasserfläche – als Nationalpark Vorpommersche Boddenlandschaft unter Schutz gestellt. Wasser, offene Landschaften und Wald prägen das Gesicht dieses Nationalparks, in dem die Lebensräume des Meeres und des Landes eng beieinander liegen.

Das Leben war für die Bewohner der Küste nicht immer leicht. Es gab nur wenige Erwerbsquellen, und man hatte stets mit den Naturgewalten zu kämpfen. Das harte Leben bewirkte aber auch Zusammenhalt und lehrte, füreinander dazusein. Der herbe Reiz der Landschaft zog andererseits seit jeher Künstler in seinen Bann: Lyriker, Roman- und Kinderbuchautoren arbeiteten hier, und Maler machten die schönsten Motive weit über die Grenzen Deutschlands hinaus bekannt. Bereits Ende des vorigen Jahrhunderts wurde die Küstenregion als Urlaubsparadies entdeckt.

Etwa zur selben Zeit kam in den Reihen pommerscher Herrenjäger und Großgrundbesitzer der Gedanke auf, im Staatsforst Darß ein Großschutzgebiet zu schaffen. Trotz der persön-

Kurzprofil

Der Nationalpark Vorpommersche Boddenlandschaft ist der drittgrößte Nationalpark Deutschlands.

Träger:	Land Mecklenburg-Vorpommern
Gegründet:	1990
Fläche:	80 500 ha, davon 41 000 ha Ostsee, 24 100 ha Bodden, 3600 ha Windwatten, 11 800 ha Landfläche
Saison:	ganzjährig, Hauptsaison von Mai bis Oktober
Besucher:	ca. 2,5 Millionen jährlich
Wanderwege:	ca. 200 km, dazu ca. 180 km Wasserwege

◁◁◁
Ufererosion südlich Esper Ost am Darßer Weststrand

▷ **Ein Kennzeichen der Uferschnepfe sind die langen Beine, die den Schwanz im Flug weit überragen.**

lichen Begeisterung des damaligen Forstmeisters Ferdinand Freiherr von Raesfeld, der mit Wort und Tat für die Idee eintrat, sollten noch viele Jahre ins Land gehen, bevor sie verwirklicht wurde.

Anfang des 20. Jahrhunderts entstanden auf Initiative von Vogelkundlern an der deutschen Ostseeküste erste Vogelschutzstätten. 1909 wurden die Werderinseln an der vorpommerschen Boddenküste zum Schutz vorgeschlagen, ein Jahr später die Fährinsel zwischen Rügen und Hiddensee. Das erste Naturschutzgebiet mit einer Fläche von 950 Hektar wurde 1922 ausgewiesen; es umfaßte Gellen und Gänsewerder. Eine Gruppe einheimischer Naturfreunde und die Ortsgruppe Zingst des Deutschen Kulturbundes forderte – zunächst vergeblich – 1955 die Einrichtung eines „Deutschen Nationalparks an der Ostseeküste".

Im Lauf der Jahre gelangten weitere Naturschutzgebiete zur Ausweisung. Es waren aber immer nur kleine Flächen, Teile eines Flickenteppichs sozusagen. Erst politischer Umbruch brachte die Wende auch im Naturschutz: 1990 wurden die einzelnen Schutzgebiete der vorpommerschen Bodden zusammengefaßt und der Nationalpark gegründet.

Der Nationalpark im Überblick

Der Nationalpark Vorpommersche Boddenlandschaft erstreckt sich vom Vordarß am Ende des Fischlandes im Westen bis an die Westküste Rügens im Osten. Dabei umfaßt er die Halbinseln und Inseln Darß,

⊲⊲⊲ Der Siebenstern ist im Frühsommer ein prächtiger Schmuck des Darß-Waldes.

Zingst, Hiddensee, Teile des Bug und den weiteren Südwesten der Insel Rügen sowie mehrere kleine und große Inseln. Ortschaften sind nicht Bestandteil des Schutzgebietes. Zum offenen Meer hin wird der Nationalpark durch die 10-Meter-Tiefenlinie der Ostsee begrenzt, im Süden durch die Boddenmitte mit dem schiffbaren Fahrwasser oder das gegenüberliegende Festlandsufer.

Die Gemeinden im Umkreis des Nationalparks leben schon seit etwa hundert Jahren mehr oder weniger vom Tourismus. Die Ausweisung des Nationalparks hilft ihnen, dieses Privileg zu bewahren beziehungsweise wiederherzustellen. Vor allem der Naturtourismus soll zum neuen wirtschaftlichen Standbein der Bevölkerung werden.

Was dem heutigen Nationalpark die Chance natürlicher Entwicklung gab, war nicht nur die Umsicht von Naturschützern, sondern – so paradox es auch klingen mag – die Einrichtung militärischer Sperrgebiete und die Abriegelung von Staatsforsten. Die Natur, die auf diese Weise dem allgemeinen Zugriff entzogen wurde, konnte sich hier nach ihren eigenen Gesetzen entwickeln.

Das war die positive Seite. Durch die militärischen Einrichtungen, den Bau einer Ferienhaussiedlung und die Ausbaggerung eines natürlichen Sees zum Militärhafen wurden der Natur aber auch Wunden geschlagen. Nach konsequentem Rückbau sind die meisten bereits wieder verheilt. Eine große Wunde aber klafft

Blick aus der Vogelperspektive auf das Darß-Gebiet

noch: Es ist der ehemalige Militärhafen am Darßer Ort, der vorerst noch als Nothafen genutzt wird. Vollständig im Anlandungsbereich liegend, kann seine Zufahrt nur durch Ausbaggerung offen gehalten werden.

Auch heute lassen Touristenströme von über zwei Millionen Menschen jährlich die Natur nicht unberührt. Deshalb ist die Lenkung und Betreuung der Besucher ein Hauptanliegen der Kommunen und des Nationalparkamts, vor allem in den Gebieten Darßer Ort, Sundische Wiese mit Pramort und Hiddensee. Zahlreiche Naturfreunde zieht es aber auch an die Boddenküste der Halbinsel Darß-Zingst, an das Barhöfter Boddenufer nahe Stralsund und an die Westküste von Rügen.

Die Boddenufer – bedeutender Vogelrastplatz

Die Geschichte der Ostsee begann vor etwa 13 000 Jahren, als die letzte Eiszeit zu Ende ging. Auf seinem Rückzug nach Skandinavien hatte das Eis zusammengeschobenes Erdreich, die sogenannten Endmoränenkerne zurückgelassen. Als die riesigen Eismassen zu schmelzen begannen, erhob sich, vom Eise befreit, der skandinavische Landblock. Gleichzeitig stieg der Meeresspiegel, und die Höhenrücken blieben als Inseln zurück.

Ostseeküste

Seit etwa 6000 Jahren sorgt die Meeresströmung für die weitere Umgestaltung der Landschaft. Diese Strömung verläuft meist parallel zur Küste. Die Folge: was Wind und Strömung an einer Stelle abtragen, wird weitertransporiert und zum großen Teil an anderer Stelle wieder angeschwemmt. So entstehen Sandhaken und lange, schmale Landstreifen zwischen zwei Inseln oder Halbinseln, die Nehrungen.

▷ In einer der Riegen (Senken) des Darß liegt der Brandsee.

Dort, wo das Neuland Wasserflächen vom offenen Meer abtrennte, entstanden die sogenannten Bodden. In ihnen mischt sich das brackige Wasser der Ostsee mit Süßwasser aus den einmündenden Flüssen und Bächen. Die Bezeichnung Bodden vom althochdeutschen „bodam", (Boden) weist darauf hin, daß es sich um sehr flache Gewässer handelt.

Diese Bodden gaben dem Nationalpark seinen Namen. Er umfaßt eine Vielzahl von Boddenufern, angefangen bei der Darß-Zingster Boddenkette über Boddenküsten auf der Festlandsseite bis hin zu den Bodden zwischen den Inseln Hiddensee und Rügen.

Die Uferzonen der Bodden sind durch die Beweidung mit Rindern geprägt. Unregelmäßige Überflutungen bei Hochwasser ließen Salzgraswiesen entstehen. Für einige spezialisierte Küstenvögel stellen die Salzwiesen die einzigen Brutorte dar. Schon vor Jahrhunderten entdeckten bestimmte arktische Brutvogelarten wie der Alpenstrandläufer und der Große Brachvogel auf ihrem Zugweg das Salzgrasland als neuen Brutraum, den sie bis in die Gegenwart hinein besiedeln.

Da muß man hin

- ☐ Darßer Weststrand und Darß-Wald
- ☐ Hohe Düne von Ramort
- ☐ Ostseebad Zingst und Zingster Osterwald
- ☐ Ummanz mit Waase und Tankow

Teile des Nationalparks werden noch heute so bewirtschaftet, daß Salzwiesen und Magerrasen bestehen bleiben. Röhrichte und naturnahe Wälder sind von der Nutzung ausgenommen und dürfen sich weitgehend ungestört entwickeln.

Der Nationalpark ist in zwei Schutzzonen eingeteilt, die streng geschützte Zone I, auch Kernzone genannt, und die Zone II. Letztere wird noch für längere Zeit der helfenden Hand des Menschen bedürfen, um sich naturnah zu entwickeln.

Im Nationalpark Vorpommersche Boddenlandschaft kommen zahlreiche Tier- und Pflanzenarten vor. Bisher sind 225 Vogelarten, 50 Fisch- und etwa 700 Pflanzenarten nachgewiesen. Neben brütenden Vogelarten sind es besonders Zugvögel, die die flachen und nahrungsreichen Küstengewässer als Nahrungs- und Rastplatz nutzen.

Als Durchzugsgebiet nordischer Gänse- und Entenvögel und vor allem als Rastplatz für den Grauen Kranich hat der Nationalpark internationale Bedeutung. Regelmäßig im Frühjahr und Herbst nutzen besonders die skandinavischen Brutkraniche die Region als Rast- und Schlafplatz. Für die bis zu 60 000 im Herbst durchziehenden Kraniche ist der Nationalpark der größte Schlafplatz Mitteleuropas. Jährlich im Oktober rasten auf den Wiesen über 100 000 Feldgänse. Überwiegend Bläß-, daneben aber auch Saat- und Graugänse, Kanada-, Weißwangen- und Ringelgänse können dann von den Beobachtungstürmen des Nationalparks aus betrachtet werden.

Wandern im Nationalpark

Um den ganzen Nationalpark mit seinen Besonderheiten zu erfassen, sind etwa zehn Tage Aufenthalt mit wechselnden Quartieren zu empfehlen. Die wichtigsten Wandergebiete sind von West nach Ost: der Darßer Wald, das Boddenufer zwischen Darß und Zingst, die Halbinsel Zingst, das Barhöfter Kliff, Hiddensee und die Westküste von Rügen.

Flora und Fauna in der Vorpommerschen Boddenlandschaft

Typische Bäume und Sträucher

Gemeine Kiefer, Krähen- und Heidelbeere (auf Sandstandorten); Schwarzerle, Gemeine Esche (in Feuchtgebieten); Rot-Buche, Stieleiche (in den älteren naturnahen Wäldern).

Charakteristische Blütenpflanzen

Meersenf, Salzkraut, Salzmiere (Spülsaum bis Vordüne); Strandhafer, Strandroggen (Düne); Besenheide, Glockenheide (Dünenheide); Gewöhnliches Leinkraut, Europäischer Siebenstern, Besenginster (Waldinnenränder); Wasserfeder, Steif- und Rispensegge, Bittersüßer Nachtschatten, Gemeine Schwertlilie (Moor- und Bruchwälder); Strand-Aster, Seggenarten (Röhricht); Natternzunge, Sumpfblutauge, Pracht-Nelke (Feucht- und Naßwiesen); Bodden-Binse, Grasnelke, Salz-Milchkraut (Salzgrasland), Wiesen-Labkraut, Weidenblättriger Alant (Magerrasen).

Charakteristische Vögel

Sandregenpfeifer, Zwergseeschwalbe, verschiedene Möwenarten, Knutt, Alpenstrandläufer, Kampfläufer, Uferschnepfe, Großer Brachvogel, Säbel-Schnäbler, Rotschenkel, Schnatter-, Löffel- und Krickente, Teich-, Schilf- und Drosselrohrsänger, Seeadler, Bunt- und Schwarzspecht, Kleiber, Neuntöter, Ringel- und Hohltaube, Feld- und Heidelerche, Mönchs-, Garten-, Dorn- und Sperbergrasmücke, Karmingimpel, Uferschwalben (als Brutvögel); Zwerg- und Singschwan, Eis-, Trauer-, Eider-, Berg- und Schellente, Saat-, Bläß-, Ringel-, Grau-, Kanada- und Weißwangengans, Grauer Kranich (als Zugvögel).

◁◁ **Der giftige Bittersüße Nachtschatten bevorzugt feuchte Standorte.**

Einige der im folgenden beschriebenen Strecken sind auch und vor allem für Fahrradfahrer geeignet. Einkehrmöglichkeiten sind unterwegs nicht immer vorhanden; es empfiehlt sich also, Proviant mit auf die Wanderung zu nehmen.

Route 1: Muscheln und Bernstein: am Darßer Weststrand

Die Darßer Westküste ist in ständiger Veränderung begriffen. Der vorherrschende Westwind trägt zur Versetzung der Küste nach Nordosten bei, zugleich aber auch zu ständigen Küstenabbrüchen am Darßer Weststrand. Etwa 4000 Jahre alte Dünenkämme, die sogenannten Rehberge, erinnern seeseitig an die einstige Landwerdung. Alte Bäume und Totholz machen den Vordarß zum Dorado für Höhlenbrüter, also für Hohltaube, Schwarz- und Buntspecht, Kleiber und weitere Kleinvogelarten.

Die Westküste des Darß ist über ein gut erschlossenes Wegenetz zu Fuß oder mit dem Fahrrad erreichbar. Wegen der günstigen Anfahrt aus Richtung Rostock oder Ribnitz-Damgarten und der kurzen Wegstrecke empfiehlt sich als Ausgangspunkt der Parkplatz „Drei Eichen" (auch Bushaltestelle). Man verläßt ihn in nördlicher Richtung und wendet sich an der ersten Kreuzung nach Westen. Nach Überquerung des Deichs erreicht man geradeaus das Ziel der Wanderung, den Darßer Weststrand. Von dort geht es in Richtung Norden. Die vor allem in den Herbst- und Wintermonaten stark einsetzenden Sturmhochwasser reißen manchmal mehrere Meter breite Landstreifen mitsamt ihrem Bewuchs ein. Schroffe Abbruchkanten bleiben zurück, entwurzelte Bäume liegen auf dem Strand und verleihen dem Ort eine romantische, an der südlichen Ostseeküste einmalige Wildheit.

Der Große Brachvogel ist eine ornithologische Rarität auf den Inseln des Nationalparks.

Auf den Dünen stehen Bäume mit einseitig ausgebildeten Kronen. Die Bäume wirken, als entzögen sie sich dem oft starken westlichen Wind: der Begriff der „Windflüchter" hat hier seinen Ursprung. Zwischen angetriebenem Seetang und Seegras findet man Sandklaff- und Herzmuscheln, manchmal auch die Baltische Plattmuschel. Miesmuschelbänke sind

besonders nach Stürmen zu finden. Hat die See wieder tiefere Meeresschichten aufgewühlt, treiben gelegentlich Bernsteinbrocken an Land, das sogenannte „Ostseegold".
Der Rückweg kann entweder auf der gleichen Route erfolgen oder über einen der Strandübergänge und anschließend durch den Wald (ausgeschildert).

i Je nach Länge der Strecke am Weststrand kann diese Tour mehrere Stunden dauern. Es ist auch möglich, am Strand weiterzulaufen. Für eine Tagestour kann das Ziel Darßer Ort und dann Prerow sein. Am Strand ist das Fahren mit dem Fahrrad nicht zu empfehlen.
✂ Café am Leuchtturm (für Besucher des Natureums Darßer Ort) sowie in Prerow.

▷ **Der Strandroggen hilft die Dünen zu „verankern" und damit zu festigen.**

Route 2: Wachsendes Land: der Darßer Ort

Zum Darßer Ort wandert man am besten von Prerow aus (Parkplatz Bernsteinweg) in Richtung Weststrand. Der Nordstrand ist Anlandungsgebiet; breiter Sandstrand, Dünen und flaches Wasser weisen darauf hin. Ein Vergleich der Dünen beim Zeltplatz mit den sich anschließenden Naturdünen zeigt deutlich die Empfindlichkeit dieses durch Bewuchs noch wenig geschützten Neulandes. Vor den geschützten Naturdünen siedeln sich bereits im Spülsaum salz- und stickstoffliebende Krautpflanzen wie Spießmelde, Europäischer Meersenf oder Kali-Salzkraut und Salzmiere an. Diese Arten haben neben weiteren Gräsern wie Strandhafer und Strandroggen große Bedeutung für die Bildung von Vordüne und Dünen, denn in ihrem Windschatten lagert sich eingewehter Sand ab.
Nordwärts muß der Strand am Nothafen, in einem zum Strandsee ausgebaggerten ehemaligen Militärhafen, verlassen werden, denn die Hafenzufahrt versperrt den weiteren Strandweg. Das gesamte Gebiet ist Kernzone des Nationalparks, hier gilt striktes Wegegebot. Vom Beobachtungsturm am Nothafen aus ist jedoch ein guter Blick in das Anlandungsgebiet und meist auch auf Küstenvögel möglich. Je nach Jahreszeit halten sich hier Brandgänse, Mittelsäger, mehrere Seeschwalben- und Möwenarten, Alpenstrandläufer, Knutts oder Tauchenten auf. Nahrungsangebot und Ruhe bieten ihnen ideale Lebensbedingungen.
Um die Bedürfnisse von Mensch und Natur zu vereinbaren, wurde am Darßer Ort ein Rundwanderweg (Bettersteg mit Aussichtstürmen) errichtet. Er führt durch Dünengelände, das kaum älter ist als 150 Jahre. Hier werden die Entwicklungsstadien vom Spülsaum über die drei Dünenformen Weiß-, Grau- und Braundüne bis hin zum jungen Dünenkiefernwald erlebbar. Vorbei geht es an neuen, inzwischen ausgesüßten, mit Süßwasser gefüllten Binnenseen. Wer auf einer der Aussichtsplattformen verweilt, wird häufig sogar mit dem Anblick von Seeadlern belohnt.
Der Weg führt an den Weststrand, wo die Abtragung in die Anlandung übergeht. Nach 800 Metern in Richtung Südwest am Strand entlang nimmt man den nächsten Aufgang und erreicht den Leuchtturm Darßer Ort. Auf dem Gelände des 1848 in

▷▷ **Knurrhähne – hier ein Grauer Knurrhahn – können mit den drei untersten Strahlen der Brustflossen nicht nur krabbeln und tasten, sondern auch schmecken.**

Dienst gestellten Leuchtturms befindet sich ein Informationszentrum für Besucher des Nationalparks – das „Natureum", eine Außenstelle des Deutschen Museums für Meereskunde und Fischerei in Stralsund. Es ist ganzjährig geöffnet und gibt einen guten Einblick in die Darßwelt. In zwei Meerwasseraquarien werden heimische Fischarten gezeigt.

Vom Leuchtturm aus eröffnet sich ein Blick weit über das Gebiet hinaus. Bei guter Sicht ist die Küste Dänemarks zu erkennen. Der Rückweg durch den Wald gibt einen weiteren Einblick in die Landentstehung und Waldentwicklung. Die Senken, sogenannte Riegen, wurden zu Erlenbrüchen, während die Höhenrücken, als Reffe bezeichnet, mit Kiefern bestanden sind.

i Länge ca. 11 km; 3–4 Stunden Gehzeit. Für Fahrradfahrer ist nur der gesonderte Weg von Prerow zum Leuchtturm zu empfehlen, der Rundwanderweg und der Strand können nicht befahren werden. Am Darßer Ort befindet sich ein großer Fahrradparkplatz.

✕ Café am Leuchtturm, nur für Besucher des Natureums.

Route 3: Das Boddenufer bei Bliesenrade

Ein eindrucksvoller Weg führt zwischen Born und Wieck, beide typische Boddendörfer, entlang der Boddenküste. Landwirtschaft, Fischerei und Waldarbeit ließen die Bewohner hier keinen großen Wohlstand erringen, einen gewissen wirtschaftlichen Aufschwung brachte lediglich die Segelschiffahrt. Heute sind Born und Wieck gefragte Urlaubsorte für ruhesuchende und naturinteressierte Touristen.

Von der Chausseestraße Born biegt man zunächst in den Bliesenrader Weg ab. Hier bietet sich ein weiter Blick auf den „Koppelstrom" zum gegenüberliegenden Festland. Den ersten Wegabschnitt säumen Hecken, die dann in Wald übergehen. Im Frühjahr weist fruchtendes Wollgras auf den moorigen Untergrund hin.

Auf der südöstlich in den Bodden hineinragenden Landzunge liegt der Ort Bliesenrade. Auf einem Plattenweg, der rechts abbiegt, geht es bis zum Boddenufer. Daß diese Landzunge aus Torfmoor besteht, lassen Abbruchkanten am Nadelhaken deutlich erkennen. Die regelmäßige Überflutung der Boddenufer, verbunden mit gleichzeitiger Beweidung (Aufspülung von Nährstoffen und Rindertritt), führte zu einer mehr oder minder starken Torfbildung. Auf solchen Flächen bildeten sich Salzwiesen mit einer speziell angepaßten Vegetation aus: Boddenbinse, Flutstraußgras, Strand-Dreizack, Strand-Wegerich, Rotschwingel, Grasnelke, Strandaster, Milchkraut, Strandsimse, Spieß- und Strandnelke sind charakteristische Pflanzenarten der Boddenwiesen.

Bis Anfang dieses Jahrhunderts hatte Bliesenrade vor allem als verbindende Poststation zwischen den Darßgemeinden und dem gegenüberliegenden Festland Bedeutung.

Die Hohe Düne vor Pramort (Zingst), im Hintergrund das Windwatt des Bock

Siedlungen gab es in Bliesenrade einige, sie bestanden aber meist nicht lange. Das ungefähre Baujahr eines historischen Wohnhauses läßt sich anhand der etwa 260 Jahre alten Haustür schätzen.

Auf dem Weg weiter nach Wieck führt kurz vor dem Deich eine kleine Brücke über einen Graben (ausgeschilderter Weg). Hier kann man im Frühjahr und Sommer das Konzert der Wasserfrösche erleben. Vor dem Deich zeigen sich die ursprünglichen Boddenufer mit ausgedehnten Schilfröhrichten. Typische Schilfbe-

wohner sind Rohrweihe, Teichrohrsänger, Haubentaucher und verschiedene Entenarten.

In der alten Schule von Wieck befindet sich ein Informationszentrum des Nationalparkamtes. Die weitere Entwicklung zum Umweltzentrum ist geplant.

Über die „Leu", eine Waldwiese, führt der Wiecker Postweg in den Darß-Wald und zunächst in westlicher, dann in südlicher Richtung zurück zur Ortschaft Born. Das neue Forsthaus von Born ist inzwischen Sitz des Nationalparkamts Vorpommersche Boddenlandschaft. Im alten Forsthaus wurde ein Forstmuseum eingerichtet.

i Länge ca. 12 km; 4 Stunden Gehzeit, mit dem Fahrrad 2 Stunden.

✕ Mehrere Gaststätten sowohl in Born als auch in Wieck.

Route 4: *Am alten Dreiländereck: der Osterwald*

Zingst war noch im vorigen Jahrhundert als Insel vom Darß getrennt. Erst zwei Jahre nach der Sturmflut von 1872 wurde der Prerowstrom von der See her zugeschüttet. Seitdem gibt es die gemeinsame Halbinsel Fischland–Darß–Zingst. Der Begriff Halbinsel trifft aber auch auf Zingst allein zu. Das größte Waldgebiet auf dem Zingst ist der Osterwald, der im Mittelalter entstand. Von der einstigen Aufteilung des Zingstes auf die Besitzungen von Amt Barth, Stadt Barth und Stadt Stralsund zeugen noch vorhandene Grenzsteine im Osterwald und in der Sundischen, das heißt stralsundischen Wiese.

Vom Parkplatz Sundische Wiese aus folgt man dem mit einem grünen Ahornblatt markierten Weg westlich zum Dreiländereck. Dort führt ein Abstecher nach Norden an den Strand, eine Landschaft in ständiger Bewegung. Herbst- und Winterstürme tragen Land ab und transportieren den Sand weiter nach Osten. Stürme wehen aber auch Sand zu Dünen auf,

▷ **Salzgrasland (Überflutungsmoor) mit Hochwasser auf der Insel Kirr**

und es entstehen hohe Weißdünen, die zur Kernzone gehören.
Der östliche Strandbereich ist Brut- und Rastplatz vieler Vogelarten. Er wurde deshalb ebenfalls zur Kernzone erklärt und darf nicht betreten werden. Regenpfeifer, Möwen, Seeschwalben, Mittelsäger und andere Küstenvögel können sich hier sicher und ungestört fühlen. In westlicher Richtung gelangt man zum Strand zu einem Parkplatz inmitten eines alten Buchenbestandes. Auch er wäre als Ausgangspunkt geeignet.
Wer in Richtung Süden nach Müggenburg geht, kann anhand der von Nord nach Süd verlaufenden Dünen die Landentstehung durch Anlandung verfolgen. In den nassen Riegen entwickelten sich im Laufe von Jahrhunderten Erlenbrüche, auf den sandigen Reffen stehen heute hohe Buchen und Eichen. An der buchtenreichen Innenküste, dem Boddenufer, eröffnen sich reizvolle Ausblicke. Ausgedehnte Schilfflächen und die beweideten Salzgraswiesen vor dem Deich bieten vielen Wat- und Wasservögeln Lebensraum. In östlicher Richtung geht es zum Ausgangspunkt zurück.

i Länge gut 10 km; 4 Stunden Gehzeit, gute 2 Stunden mit dem Fahrrad.
✕ Gaststätte und Imbißstand in der Nähe des Parkplatzes Sundische Wiese.

Route 5: *Zwischen Land und Wasser: die Sundische Wiese*

Die Sundische Wiese ist sehr flach; teilweise liegt sie sogar unter dem Meeresspiegel. Vor dem Deichbau im Jahr 1874 überflutete das Wasser immer wieder das Land und floß von der Ostsee zum Bodden hinab, was heute noch an den geringeren Baumbeständen erkennbar ist. Im Laufe der Jahre vermoorten die ehemaligen Flutrinnen.
Der östliche Teil der Sundischen Wiese ist Pramort. Man erreicht Pramort auf einer befestigten, für Autos

◁ **Der Kampfläufer macht während der Paarungszeit mit Scheingefechten und seiner Halskrause aus langen, harten Federn seinem Namen alle Ehre.**

gesperrten Straße ab Parkplatz Sundische Wiese. Pramort vorgelagert ist das riesige Windwatt – flacher Meeresboden, der zuweilen fast oder auch vollständig trockenfällt. Von der Aussichtsplattform aus sind nicht nur das ausgedehnte große Windwatt und die Dünenfelder von Kukshüren zu sehen, sondern auch das Festland, die Inseln Bock und Werder und bei guter Sicht sogar die Insel Hiddensee.
Die Kleinlebewesen der Wattregion wie Wattwürmer, Wattschnecken und Sandklaffmuscheln ließen das Gebiet zu einem idealen Rastgebiet für Watvögel werden. Das flache Wasser bietet den Kranichen Schutz und wird von ihnen deshalb als Schlafplatz genutzt.
Von Pramort aus führt ein 1,5 Kilometer langer Weg entlang des Deiches nach Nordwesten zur Hohen Düne. Sie ist über 13 Meter hoch und das größte unbewaldete Weißdünenfeld der deutschen Ostseeküste. Zwei Aussichtsplattformen ermöglichen den Blick von oben in die Dünenlandschaft. Der Strand darf nicht betreten werden. Im gesamten Gebiet herrscht striktes Wegegebot, denn der Strand ist nicht nur Brut- und Aufzuchtgebiet einiger Küstenvögel wie Zwergseeschwalbe und Sandregenpfeifer, sondern wird von vielen Durchzüglern und Wintergästen wie Eis-, Eider-, Trauer- und Bergenten aufgesucht. Die Dünen- und Heidelandschaft besticht vor allem im Sommer durch die bizarren Blüten der Besen- und Glockenheide

Die Strandaster mit ihren violetten Blütenkörbchen ist eine der attraktivsten Salzpflanzen.

oder der Bergsandglöckchen. Krähenbeere, Silbergras und Strandhafer sind ebenfalls anzutreffen. In den Dünentälern an der Hohen Düne sind im Frühsommer vom Wanderweg aus blühende Orchideen wie das Gefleckte Knabenkraut und die Zweiblättrige Waldhyazinthe zu sehen. Zurück auf dem gleichen Weg.

i Länge 20 km; Fahrzeit mit dem Fahrrad mindestens 3 Stunden. Vor Betreten des Weges zur Hohen Düne sind die Räder am Fahrradparkplatz abzustellen. Fahrräder können am

und auf dem Parkplatz Sundische Wiese ausgeliehen werden. Eine Informationsausstellung östlich des Parkplatzes gibt Auskunft über Entstehung und Besonderheiten des Gebietes. Dort kann auch Informationsmaterial erworben werden.

Route 6: *Einst vom Meer umtost: das Barhöfter Kliff*

Noch vor 7000 Jahren schlugen die Wellen an den nördlichsten Festlandkopf des Boddenufers und rissen Sand und Geröll mit sich. Dann schob sich eine riesige Sandbank vor das Land, die Brandung brach sich weit vor der Uferkante, das Kliff beruhigte sich. Nach und nach wurde die Kliffkante mit Wildkräutern und Gehölzen bewachsen. Heute erinnern nur noch ihre steilen Hänge an die Vergangenheit.

Kultur und Museen

Stralsund

Das Deutsche Museum für Meereswelt und Fischerei zeigt zahlreiche Exponate zur Lebenswelt der Ostsee und anderer Meere, dazu Seewasser-Aquarien und ein echtes Korallenriff. (Katharinenberg 14–20; geöffnet 10–17 Uhr, Mai bis Oktober täglich, November bis April, Di–So)

Ribnitz-Damgarten

Im Bernsteinmuseum gibt es mancherlei über den Fund und die Verarbeitung des „Ostseegoldes“ zu erfahren; auch alte Schmuckstücke und Möbel sind ausgestellt. (Im Kloster 1; geöffnet April bis Oktober täglich 9.30–17 Uhr, November bis März, Mi–Sa 10–16 Uhr, So 13–16 Uhr)

Kloster

Im Norden der Insel Hiddensee erwarb der Dichter Gerhart Hauptmann ein Haus, das er bis zum Sommer 1943 nutzte. Heute ist es eine Gedenkstätte. Die Einrichtung in den fünf Räumen wurde original erhalten. (Dorfstraße 13; aktuelle Öffnungszeiten unter Tel. 038300/397)
Sehenswerte Heimat- und Freilichtmuseen gibt es in Klockenhagen, Prerow, Zingst und Born.

▷▷ **Der taubengroße Säbelschnäbler sucht seine Nahrung im Flachwasser, indem er mit dem gekrümmten Schnabel seitwärts „säbelt“.**

Vom Barhöfter Hafen aus geht es auf einem schmalen Pfad auf die Anhöhen des Kliffs. Ein Baumlehrpfad führt zu einem Häuschen, in dem sich eine Informationsausstellung des Nationalparkamtes befindet. Hier bietet sich auch ein guter Blick bis zur Insel Bock.

Vom Kliff eröffnet sich eine herrliche Aussicht weit über den Nationalpark Vorpommersche Boddenlandschaft: im Westen die große Sandplatte des Windwatts, Pramort und seine Weißdüne, geradeaus am Horizont die Insel Hiddensee und im Osten die höheren Lagen von Rügen.

Über eine Treppe geht es hinab; ein kurzer Abstecher führt unten zu einem Aussichtspunkt im Schilf. Der größte Teil der Boddenufer ist hier mit Schilf bewachsen. In seinem Schutz brüten scheue Vögel wie Rallen, Rohrweihen, Rohrsänger und Enten. Ein Blick in Richtung Kliff läßt Schilf, Hecke und Wald erkennen. Der Kliffuß wird von einer Naturhecke aus Sand- und Weißdorn, Vogelbeere, Schlehe, Hundsrose und Heckenkirsche gesäumt. Dort finden Singvögel Nahrung und Nistplatz.

In westliche Richtung führt der Weg nach Zarrenzien und zu einem weiteren Aussichtspunkt. Hier öffnet sich noch einmal ein guter Blick auf das große Windwatt, die Werderinseln, Pramort und den Bock. Mit etwas Glück sind Seeadler zu sehen. Höckerschwäne sind ständig anzutreffen, während nordische Schwanen- und Gänsearten hier nur als Zugvögel Rast machen, bevor sie an den Küsten der Nordsee und des Atlantiks ihr Winterquartier aufsuchen. Zurück auf dem gleichen Weg entlang des Kliffußes.

i Länge ca. 5 km; 1 Stunde 30 Minuten reine Gehzeit. Für Fahrräder eignet sich lediglich die Strecke entlang des Kliffußes bis Zarrenzien und dann die Rückstrecke auf der Straße über Klausdorf nach Barhöft.
✕ Nähe des Barhöfter Hafens.

Route 7: *Auf der Insel Ummanz*

Ummanz wurde erst 1910 durch einen Damm mit Rügen verbunden. Wie auf allen Inseln werden die nicht eingedeichten Flächen bei hohem Wasserstand überflutet. Durch die

▷ **Die Blüten der Echten Glockenheide stehen in einem Büschel am Ende der Stengel.**

extensive Beweidung dieser Flächen entstehen ideale Brutbedingungen für viele Vögel. Während Enten Schilf bevorzugen, gehen Watvögel auf kurzrasige Flächen, die mit salzliebenden Pflanzen wie der Boddenbinse, der Salzschuppenmiere und dem Queller bestanden sind.

Von Rügen aus führt der Verbindungsdamm nach Waase. Der Ort erinnert an die Fischerdörfer von einst. Sehenswert sind die Innenausstattung der Dorfkirche und der traditionelle Fischereihafen mit Fischgaststätte. An der Kirche wird in einem landestypischen Gebäude eine Touristeninformation betrieben.

Nordöstlich von Waase liegt Tankow. Ein großer Aussichtsturm ermöglicht den Blick in die Udarser Wiek. Enten und Gänse sind von hier ständig zu beobachten, im Frühjahr und vor allem im Herbst auch Kraniche, wenn sie ihre Schlafplätze aufsuchen.

Der Weg an der Küste entlang nach Suhrendorf wird von Besenginster gesäumt. Unvergeßlich ist der Blick vom Strand bei Suhrendorf auf das Flachwasser an der Südspitze von Hiddensee. Im Spätsommer finden sich in den Bodden zwischen Rügen und Hiddensee Tausende Graugänse und Hunderte Kanadagänse ein. Im Spätsommer und Herbst suchen Strandläufer und Regenpfeifer den Strand nach Nahrung ab.

Weiter geht es in Richtung Südwesten. Der Deich zwischen Suhrendorf und Freesenort teilt Natur- und Kulturlandschaft. Außendeichs liegt ein sich verbreiternder Schilfgürtel, binnendeichs das extensiv genutzte Grünland.

Danach erreicht man die Südspitze der Insel Ummanz. Die Spitze bei Freesenort ist als sogenanntes Küstenüberflutungsmoor dem Hochwasser ausgesetzt. Nahe Freesenort läßt sich die Vogelwelt im Kubitzer Bodden erleben. Vereinzelt im Wasser liegende Steine werden von Küstenvögeln wie dem Mittelsäger gern als „Ausguck" genutzt. Ein herrlicher Blick auf die Bodden von Rügen ergibt sich vom Aussichtspunkt aus. In südlicher Richtung wird eine kleine Insel erkennbar: die Heuwiese, eine geschützte Vogelinsel. Je nach Jahreszeit halten sich auf ihr Brutvögel, Durchzügler oder Wintergäste auf.

Den Weg zurück nach Waase säumt eine Pappelreihe, die einst gepflanzt wurde, um den von Stralsund auslaufenden Schiffen Orientierung zu geben. Beachtenswert ist auch die Feldgehölzhecke aus verschiedenen Straucharten. Vorbei an Wusse führt der Weg wieder dichter an die Bodden heran nach Waase.

i Länge ca. 18 km, 6 Stunden Gehzeit, mit dem Fahrrad die Hälfte.
✕ In den Ortschaften.

Route 8: *Die Dünenheide und der Gellen von Hiddensee*

Die Dünenheide von Hiddensee entstand Anfang des 14. Jahrhunderts, nachdem die einst vorhandenen Wälder abgeholzt und die Flächen anschließend beweidet worden waren. Sie ist heute hauptsächlich mit Besenheide und Schwarzer Krähenbeere bewachsen. Wird die Heide nicht geplaggt – das heißt, wird die Rohhumusdecke nicht entfernt- und durch Schafe beweidet –, dringen Bäume ein, so daß nach und nach wieder Wald entsteht. Nur das Wirken der Küstenwinde und der pflegende Eingriff des Menschen erhalten die Heide in ihrer jetzigen Form.

Ausgangspunkt der Wanderung ist die Gaststätte Heiderose in Vitte. Der

Blühende Besenheide in der Dünenheide von Hiddensee

Weg führt erst in westliche, dann in südliche Richtung bis zu den Birkenwäldchen, das Tor zur Heide.

Der Wanderweg führt an unterschiedlichen Lebensgemeinschaften vorbei: Dünen, Heide, Küstenwald und Kleingewässer. Der zur See hin angepflanzte Küstenwald begrenzt die Sandverwehungen, wodurch die Baumsamen in die Heidelandschaft eindringen können.

Weiter geht es auf dem küstennahen Weg nach Neuendorf, der südlichsten Ansiedlung auf Hiddensee. Der Ort besteht aus zwei Teilen: Der jüngere, nördliche Teil entstand im 18. Jahrhundert, nachdem Sturmfluten die Häuser weiter südlich

Der etwa amselgroße Rotschenkel nistet in Grasbüscheln.

teilweise weggerissen hatten; der im Süden gelegene Ortsteil Plogshagen ist um einige hundert Jahre älter.

Der tiefe Teich an der Bucht „Schwarzer Peter" erinnert noch an den Inseldurchbruch von 1872. Ein inzwischen aufgeschütteter Steindamm soll ähnliche Durchbrüche in Zukunft verhindern. Er ermöglicht auch einen guten Blick auf die Insel. Hier fällt das Land deutlich nach Süden ab, bis es in die Ostsee eintaucht. Boddenseitig gedeihen Schilf und Kolbenröhricht. An der Bucht Schwarzer Peter leuchten die Blüten von Aster und Strandmelde. Zu allen Jahreszeiten lassen sich Wasservögel beobachten, besonders am Ufer und im flachen Wasser.

In den Süden, zum Gellen, führt der Weg entweder auf dem Steinwall entlang oder durch den Dünenwald. Der Gellen ist ein Anlandungsgebiet, das aus angeschwemmtem Material vom Dornbusch hervorging. Mit der Küstenströmung wächst die Gellenspitze weiterhin in südliche Richtung – ein Beispiel für die natürliche Küstendynamik.

Unweit des Steinwalles und inmitten des Küstenschutzwaldes wird der Gellen-Leuchtturm sichtbar. Er ist ein wichtiger Orientierungspunkt für in Richtung Stralsund fahrende Schiffe. Die Südspitze des Gellens darf nicht betreten werden, sie gehört zur Kernzone des Nationalparks. Nachdem sie bereits seit Jahrzehnten für Menschen unzugänglich ist – 1922 wurde sie durch die Preußische Regierung zum Naturschutzgebiet erklärt –, hat sich dort eine besondere Ruhezone entwickelt. Wegen des überreichen Nahrungsangebots, in Form von Kleintieren, lassen sich hier immer wieder Zehntausende Zugvögel zur Zwischenrast nieder.

Zurück führt der Weg in Richtung Norden, etwa über die Strandpromenade bis Neuendorf, dann über die Fahrstraße duch Dünen und Heide zurück nach Vitte. Da auf der Insel kein Autoverkehr erlaubt ist, kann die Natur ungestört belauscht werden.

i Länge 13,5 km; 5 Stunden Gehzeit. Zum „Lehrpfad Dünenheide Hiddensee" gibt es ein Nationalpark-Faltblatt.

✕ Einkehr in den Orten möglich.

Route 9: Ragt hoch hinaus: der Dornbusch

Die mit 72 Metern höchste Erhebung des Nationalparks ist der Dornbusch auf Hiddensee. Er entstand in der Weichsel-Kaltzeit vor rund 15 000 Jahren, als Sand und Gestein an dieser Stelle aufgeschoben und gestaucht wurden. Nachdem der Meeresspiegel vor rund 7000 Jahren gestiegen war, begann am Dornbusch die Abtragung. Mit der Küstenströmung wurde Erdreich fortgeschwemmt und bildete anderswo Neuland: im Süden am Gellen und nordöstlich am Bessin. Um 1910 beendete der Alte Bessin sein Wachstum und der Neue Bessin begann, sich davorzulegen.

Der Weg führt vom Heimatmuseum Kloster den Strand entlang bis zur „Huckemauer", die zwischen 1937 und 1939 errichtet wurde. Zum Westen und Norden hin fällt der Dornbusch steil ab. Wo sich die Küstenhänge festigen konnten, haben sich Pflanzen angesiedelt. Hinter der 400 Meter langen Mauer ist der Bewuchs auf dem inzwischen inaktiven Kliff deutlich erkennbar. Auch am imposanten Kliff an der Nordküste kommt es immer wieder zu Ruhepausen, die es den Pflanzen ermöglichen, sich am Kliffuß und anzusiedeln. An der Steilküste legen Hunderte von Uferschwalben ihre Nisthöhlen an.

Praktische Informationen

Adressen und Auskünfte

Nationalparkamt Vorpommersche Boddenlandschaft, Am Wald 13, 18375 Born/Darß, Tel. 038234/5020. Außenstellen des Nationalparkamtes befinden sich auf der Insel Hiddensee (Norderende 162, 18565 Vitte, Tel. 038300/64277) und in Schaprode (Gartenweg 1, 18569 Schaprode, Tel. 038309/1383). Nationalpark-Informationszentren gibt es in Wieck, auf der Sundischen Wiese und in Barhöft.

Anreise

Mit der Bahn bis Ribnitz-Damgarten West, Barth oder Stralsund, weiter mit Bussen. Zur Insel Hiddensee gibt es ab Schaprode (Rügen) eine regelmäßige Fährverbindung, ebenso ab Stralsund. Mit dem Auto ab Rostock über die B 105 bis zu folgenden Abzweigen: Ribnitz-Damgarten (nach Ahrenshoop, Prerow, Zingst), Löbnitz (nach Zingst, Prerow), Barhöft (nach Prohn, Klausdorf). Nach Westrügen und Hiddensee: hinter

◁ **Das winterliche Dornbuschkliff auf Hiddensee**

Stralsund zunächst auf der B 96, dann über Samtens und Dreschvitz nach Schaprode.

Unterkunft

Hotels, Pensionen und Privatquartiere gibt es in allen am Nationalpark angrenzenden Gemeinden; Auskunft über die Kurverwaltungen und die beiden Fremdenverkehrsverbände: Klosterstr. 21, 18374 Zingst, Tel. 038232/232 und August-Bebel-Str. 12, 18586 Sellin/Rügen, Tel. 038303/334. Jugendherbergen existieren bei Born, in Zingst und in Barth. Camping ist in Born, Prerow, Zingst und Suhrendorf (Insel Ummanz) möglich.

Führungen

Führungen finden ganzjährig statt; sie werden von der Nationalparkverwaltung, den Kurverwaltungen und privat organisiert. Zur Beobachtung von Kranichen bietet sich das Kranich-Informationszentrum in Groß Mohrdorf an.

Die Klausner Treppe führt vom Strand fort und durch einen naturnahen Laubmischwald hinauf zu den Anhöhen des Dornbuschs. Holzeinschlag, Waldbrände und starke Beweidung ließen die Hochflächen bereits im 17. Jahrhundert waldfrei werden. Die Fläche wurde sogar als Ackerland genutzt, teilweise sich selbst überlassen oder beweidet, vor allem mit Schafen. So bildete sich mit der Zeit ein buntes Mosaik von Magerrasen und trockenen Weiderasen heraus. Thymian, Hügelerdbeere und Golddistel sorgen für eine bunte Blütenpracht, und im Sommer belebt die Grasnelke den grünen Teppich. Die nachlassende Beweidung führt zur Ausbreitung von Dickichten wie Ginster und Sanddorn.

Auf der höchsten Erhebung, dem Bakenberg, steht das wichtigste Seezeichen: der Leuchtturm von Hiddensee. Er kann bestiegen werden und bietet einen hervorragenden Inselblick: im Süden auf die Kirchtürme von Stralsund, im Osten bis zur Westküste von Rügen, bei guter Sicht sogar weit hinein in die Insel bis hin zur Stubnitz und zum Kap Arkona im Norden sowie zur dänischen Insel Møn.

Auch der nahe Swantiberg bietet einen schönen Ausblick. Zurück geht es am Vitter Bodden entlang auf einem Weg, der von blumenreichen Wiesen und Besenginster gesäumt wird, bis nach Kloster. Am Dorfteich lassen sich häufig Bleßrallen und Stockentenfamilien sowie Wasserfrösche beobachten.

i Länge ca. 5 km; 2 Stunden Gehzeit. Für Fahrräder ungeeignet.

✕ Gaststätten Zum Klausner und Enddorn in Grieben sowie mehrere Möglichkeiten im Ort Kloster.

Konow

Insel Usedom

Weißer Strand und Achter-wasser

Die Insel Usedom ist von reizvollen Gegensätzen geprägt. Über vierzig Kilometer weißem Sandstrand erheben sich mit Buchen bewachsene Steilküsten. Das weite, hügelige Land im Innern lädt mit ausgedehnten Wiesen, Wäldern, Buchten und Seen zum Wandern ein.

Im Nordosten Deutschlands liegt die Insel Usedom (östlicher Teil seit 1945 polnisch). Der Name Usedom geht auf „Uznam" zurück, das slawische Wort für „Mündung". Ursprünglich benennt er das Mündungsgebiet der Oder mit ihren drei Mündungsarmen: dem Peenestrom, der Swine zwischen Usedom und der polnischen Nachbarinsel Wollin sowie der Divenow.

Der Naturraum der Insel wurde stark durch die eiszeitlichen Gletscher geprägt. Sie ließen Grund- und Endmoränen mit Seen und Höhenrücken zurück. Auf der Grundmoräne treten langgestreckte Hügelketten, sogenannte Oser oder Wallberge auf. Daneben finden sich die markanten elliptischen Hügel, Drumlins genannt. Die Insel Usedom gehört zu den moorreichsten deutschen Landschaften.

Ein Beispiel für dieses einmalige Landschaftsmosaik ist das Naturschutzgebiet „Mellenthiner Os". Der aus Sanden und Kiesen aufgebaute Wallweg erhebt sich aus einer zum Teil vermoorten Niederungslandschaft mit Erlenbruchwäldern und Feuchtwiesen. Auf dem Oser selbst finden sich Trockenrasen und Trockenwaldrelikte.

Das Landschaftsbild im Nordwesten der Insel ist von waldarmen, relativ ebenen Grundmoränen und Seesandflächen geprägt. Der Südosten hingegen wird von waldbedeckten Endmoränen beherrscht. Mit sechzig Metern ist der Glom die höchste Erhebung der Insel. Der fast ebenso hohe Streckelsberg bei Koserow ist eine Moräne mit aufgesetzter Kliffranddüne. Die Kliffranddüne gilt als eine der imposantesten geologischen Bildungen dieser Art im Bereich der Ostküste. Diese Höhenzüge tragen herrliche Buchenwälder.

Die 38 Kilometer lange Außenküste von Peenemünde bis Ahlbeck ist weitgehend schnurgerade. Steilküsten werden in diesem Abschnitt allerdings durch Meeresströmungen zurückgeschnitten. Die Bereiche am Streckelsberg oder Langen Berg werden abgetragen. Bei den Dünenküsten, beispielsweise vor Karlshagen oder Heringsdorf, ist dagegen eine Anlandung zu beobachten. Auf den jungen Landbildungen der Anlandungsküsten finden sich Übergänge von natürlichen Kiefernwäldern auf den Küstendünen bis zu Eichen- und Buchenwäldern auf älteren Strandwällen.

Einen landschaftlichen Kontrast zur Usedomer Außenküste bietet die innere Küste. Sie ist durch das Achterwasser, ein boddenartiges Flachwassergebiet stark gegliedert. Die Winkel, teils mit Steilhängen versehene Landvorsprünge, wechseln hier mit tief ausgeschnittenen Buchten. Am bekanntesten sind die

Kurzprofil

Fläche der Insel:	44 500 ha, davon35 000 ha in Deutschland
Saison:	Juni bis September, zum Teil ganzjährig
Besucher:	ca. 430 000 jährlich
Wanderwege:	ca. 400 km

Praktische Informationen

Adressen und Auskünfte

Tourismusverband Insel Usedom e.V., Bäderstraße 4, 17459 Ückeritz, Tel. 038375/21693 sowie Bahnhofstraße 28, 17449 Peenemünde, Tel. 038371/21341.

Anreise

Mit der Bahn über Berlin-Züssow bis Wolgast/Hafen oder Hamburg-Stralsund-Züssow-Wolgast/Hafen. Zur Bäderbahn entweder 1 km zu Fuß über die Peenebrücke zum Bahnhof Wolgast-Fähre oder per Taxi. Mit dem Auto nördlich über die B 111 (Wolgast) oder südlich über die B 110 (Murchin).

„Lieper Winkel", der „Usedomer Winkel", das „Loddiner Höft" und der „Gnitz".

Die Südhälfte der Insel, auch „Usedomer Schweiz" genannt, wird hauptsächlich von Endmoränen sowie seereichen Gletscherzungenbecken gebildet, die durch Eisvorstöße ausgeschürft wurde. Dazu zählen u.a. der Wolgastsee, Gothensee, Wockninsee und Schmollensee sowie die beiden Krebsseen bei Bansin und der Mümmelkensee. Die meisten Seen sind in teilweise ausgedehnte Moorniederungen eingebettet.

Im nördlichen Teil der Insel befindet sich der „Peenemünder Haken, Struck und Ruden". Er ist das älteste Naturschutzgebiet des Landes Mecklenburg-Vorpommern (seit 1925). Im Bereich des Peenemünder Hakens sind neben naturnahen Dünenkiefern- und Laubmischwäldern besonders die ausgedehnten Flachwassergebiete hervorzuheben, die zeitweise austrocknen. Die „Windwatt" genannten Gebiete besitzen beim Vogelzug als Mauser- und Rastplätze große überregionale Bedeutung. Sehens- und schützenswert sind auch die ausgedehnten Uferbereiche und Küsten dieses Naturschutzgebietes. Sie bestehen aus ausgedehnten Überflutungsbereichen mit Salzpflanzen und Magerrasen. Die gesamte Insel ist Landschaftsschutzgebiet und enthält einzigartige Naturschutzgebiete. Im geplanten Naturpark soll die historisch gewachsene Landschaft mit naturnahen Lebensräumen geschützt, gepflegt und wiederhergestellt werden. Die Kulturlandschaft soll der Entwicklung neuer, umweltverträglicher und vor allem auf Dauer tragfähiger Landnutzungsformen dienen.

◁ Verlandendes Ufer am Stettiner Haff bei Kamminke

Gotlandschafe auf dem Werder im Achterwasser: Bereits Anfang der achtziger Jahre wurde diese robuste Rasse zur Pflege der Grasnarbe eingesetzt.

Wandern auf Usedom

Auf Usedom gibt es zahlreiche Wanderwege, die zu Aussichtspunkten und kulturhistorischen Besonderheiten führen. Empfehlenswert ist der Küstenwanderweg von Ahlbeck bis Karlshagen, auf dem reizvolle Steilküstenabschnitte zu sehen sind. Auf zahlreichen weiteren Wegen kann der Besucher den Seenreichtum, Niederungen, Moore und artenreiche Wiesen des Hinterlandes genießen.

Stock

Flora und Fauna auf Usedom

Typische Pflanzen

Bäume: Waldkiefer, Rot-Buche, Roterle, Traubeneiche, Stieleiche, Moorbirke, Sandbirke.
Sträucher: Wild-, Hunds- und Apfelrose, Sanddorn, Schlehe, Besenginster, Pfaffenhütchen, Gagelstrauch, Moosbeere, Glockenheide.
Blütenpflanzen: Reifweide, Sandstrohblume, Rote Lichtnelke, Hasenklee, Stranddreizack, Sumpfporst, Wollgras.

Charakteristische Tiere

Gotlandschafe, Fischotter; Seeadler, Mäusebussard, Kranich, Bart- und Beutelmeise, Eisvogel, Karmingimpel, Teich- und Schilfrohrsänger, Bekassine, Gänsesäger, Brandgans.

Unterkunft, Camping

Zimmervermittlungen nennt der Tourismusverband. Es gibt elf Campingplätze, sieben davon im Küstenbereich.

Mit der Bahn

Die sogenannte Bäderbahn verkehrt zwischen Wolgast und Ahlbeck sowie Zinnowitz und Peenemünde mit Haltestellen in allen Badeorten entlang der Küste.

Mit dem Rad

Fahrradfahren ist auf Usedom ausdrücklich erwünscht, es gibt mehr als 120 km ausgebaute Radwege. Fahrradvermieter sind in allen größeren Orten.

Die Peenetal-Landschaft

Erbe der Eiszeit

Vorpommern besitzt eines der letzten weitgehend intakten Erbstücke der Eiszeit: das wohl größte noch in sich geschlossene Niedermoorgebiet Mitteleuropas entlang des Flußlaufs der Peene. Durch natürliche Landschaftsentwicklung und naturschonende Landnutzung blieb eines der bedeutendsten Artenrückzugsgebiete Deutschlands erhalten.

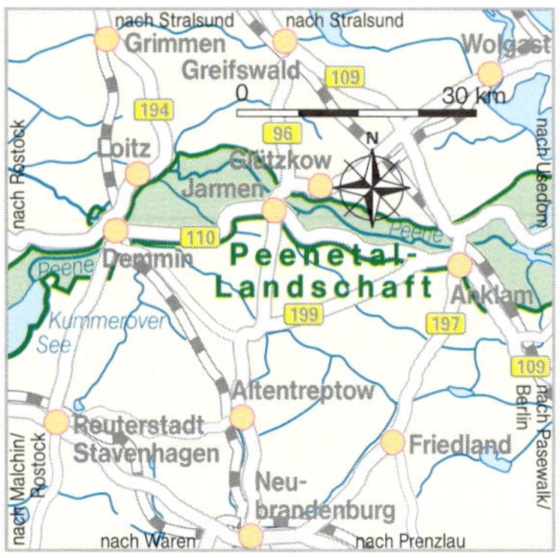

Das Peenetal ist eines der letzten nahezu unverbauten Flußtäler Deutschlands. Zwischen dem Kummerower See im Westen und der Peenemündung im Osten bildet es die wohl größte noch zusammenhängende Moorfläche Mitteleuropas.

Zum Schutz dieser Flußtallandschaft gründeten die Landkreise Demmin und Ostvorpommern, die Städte Demmin, Jarmen, Loitz, Gützkow und Anklam und der Förderverein „Naturschutz im Peenetal e.V." 1992 den Zweckverband „Peenetal-Landschaft". Der Verband wurde vom Bund und dem Land Mecklenburg-Vorpommern damit beauftragt, die gesamte Kernzone zum Naturschutzgebiet zu entwickeln.

Das Peenetal wurde während der letzten Eiszeit, der Weichselvereisung, geformt. Die Peene war damals eine Schmelzwasserbahn der

zurückweichenden Gletscher im Oderhaff- und Ostseebereich. Sie floß in westlicher Richtung ab und fraß sich dabei in die früheren Grundmoränenablagerungen ein. Große Abschnitte der Talränder bestehen daher aus Geschiebemergel. Der Fluß weist heute über etwa hundert Kilometer Länge 24 Zentimeter Gefälle auf.

Nach der Eiszeit stieg der Wasserspiegel, und die Torfbildung setzte ein. Damit ging die Entwicklung eines weiträumigen Flußtalniedermoors einher. Das Moor ist durch eine ursprünglich baumarme und braunmoosreiche Seggenriedvegetation charakterisiert. Die ehemalige Schmelzwasserrinne der Gletscher wurde im Laufe der Zeit mit mächtigen Torfablagerungen angefüllt. Sie sind heute noch am Ufer der Peene zu finden.

Entlang des Flusses reihen sich Naturschutzgebiete aneinander, darunter die Neukalener Moorwiesen, das Gnevener Holz, das Schwingetal und die Peenewiesen bei Trantow, das Peenetal westlich des Gützkower Fährdammes, die Peenewiesen Gützkow, das Peenetalmoor bei Anklam, die Schadefähre und das Anklamer Stadtbruch.

Im Peenetal kann man eine Fülle unvergeßlicher Eindrücke sammeln. Das reich strukturierte und von zahllosen Kleingewässern durchzogene Tal ist von Bibern und Fischottern besiedelt. Das Peenetal ist ein internationales Vogelschutzgebiet (156 Brutvogelarten). Doch gut ein

Kurzprofil

Naturschutzprojekt „Peenetal-/Peenehaffmoor"

Träger:	Zweckverband „Peenetal-Landschaft"
Laufzeit:	1992 bis 2005
Kernzonenfläche:	ca. 20 000 ha
Projektzonenfläche:	ca. 45 000 ha

Praktische Informationen

Auskünfte

Zweckverband „Peenetal-Landschaft", Projektbüro, Friedländer Landstraße 23, 17389 Anklam, Tel. 03971/831296, Fax 03971/831297. Das Gesamtprojekt befindet sich erst in der Aufbauphase. Das Projektbüro hat daher nur begrenzte Möglichkeiten zur Öffentlichkeitsarbeit.

Drittel aller im Peenetal lebenden Vogelarten steht auf der Roten Liste. So kommen hier neben dem See-, Fisch- und Schreiadler auch der Karmingimpel, das Blaukehlchen, die Trauerseeschwalbe und der Eisvogel vor.
Auch an kleineren und weniger bekannten Tieren hat das Peenetal dem Besucher einiges zu bieten. Auffällig und in großer Zahl zu beobachten sind beispielsweise Libellen, obwohl nahezu jede zweite Art als gefährdet eingestuft ist. Gleiches gilt für die in beeindruckender Vielfalt vorkommenden Tagfalter.
Die zahlreichen Gewässer des Peenetals bieten daneben vielen Wassertieren Lebensraum und damit eine Überlebenschance. Die Peene selbst gehört zu den fischartenreichsten Gewässern in Deutschland.

Flora und Fauna im Peenetal-/Peenehaffmoor

Charakteristische Blütenpflanzen und Sträucher

Ostsee-Knabenkraut, Fliegen-Ragwurz, Sumpfsitter, Glanzkraut, Moor-Tarant, Gemeine Kuhschelle, Wiesen-Kuhschelle, Trollblume, Mehlprimel, Krebsschere, Rostrotes Kopfried, Strauchbirke.

Charakteristische Tiere

Elbebiber, Fischotter; See-, Schrei- und Fischadler, Eisvogel, Kranich, Blaukehlchen, Karmingimpel; Großer Feuerfalter, Menetries-Laufkäfer.

Ausgabe von Hintergrundmaterial, Führungen usw. nur nach vorheriger Absprache.

Anreise

Mit dem Auto zum Schnittpunkt von B 109, B 110 und B 197. Mit der Bahn auf der Strecke Berlin-Stralsund.

◁ **Einmündung der Trebel in die Peene bei Demmin**

Doch nicht nur die Tierwelt des Peenetals lockt Besucher an, sondern auch der Reichtum an attraktiven und gefährdeten Pflanzenarten lädt zum Verweilen ein. Ein sachkundiger Besucher kann bis zu zwölf Orchideenarten entdecken. So findet sich bei Gützkow der letzte Standort des Ostsee-Knabenkrautes in Deutschland. Im Juni färben Knabenkräuter viele Wiesen rot, und auch Trollblumen, Mehlprimeln, Fettkraut und Kuhschellen bilden größere Bestände. Jede vierte Pflanzenart des Peenetals steht auf den Roten Liste.

Wandern im Peenetal

Zu empfehlen sind folgende Routen:

Route 1: Von Demmin zum Kummerower See

Von Demmin erstreckt sich in südwestlicher Richtung ein Wanderweg entlang des Südufers der Peene bis nach Verchen am Kummerower See. Nahe bei Demmin im Gebiet der „Vorwerker Schweiz" bietet der Weg Gelegenheit für kürzere Rundgänge. Im Raum Verchen führt der Naturlehrpfad „Seeberge Verchen" um das Nordostufer des Kummerower Sees, an dem die Untere Peene entspringt, bis in die Große Rosin.

i Länge 15 km, 4 Stunden Gehzeit

Route 2: Von Gützkow flußabwärts

◁◁◁◁ **Ein Blaukehlchen-Vater mit Futter auf dem Weg zum Nest**

Der Mittelabschnitt des Peenetals im Raum Gützkow ist wahrscheinlich das schönste Gebiet des Flußtalmoores. Dort kann man entweder nach Westen Richtung Breechen oder nach Osten Richtung Menzlin wandern. In beide Richtungen führen die Pfade durch Naturschutzgebiete, ihr Ausbau zu Wanderwegen hat jedoch gerade erst begonnen. Der Weg in Richtung Breechen ist etwa fünf Kilometer lang und bietet in Jarmen Anschluß an den öffentlichen Nahverkehr. In östlicher Richtung folgt der Pfad weitgehend intakten Niedermoorwiesen, durchquert den Lüssower Forst und erreicht endlich das Flächennaturdenkmal „Altes Lager" in Menzlin. Hier können neben der Naturvielfalt auch alte Wikingergräber betrachtet werden.

i Länge nach Menzlin 18 km, etwa 5 Stunden Gehzeit

Hennicke

Nationalpark Jasmund

Kreide-klippen, Wald und Meer

Seit zweihundert Jahren zieht die Kreideküste von Rügen Künstler und Gelehrte magisch an. Und nicht nur sie: weit über eine Million Menschen besuchen alljährlich den Königstuhl, den berühmten Kreidefelsen von Stubbenkammer. Doch auch die alten Buchenwälder und die Strände sind eine Reise wert.

Der Nationalpark Jasmund bietet mit seiner grandiosen Küstenlandschaft eine beeindruckende Kulisse für Reisende, die mit dem Schiff über die Ostsee nach Saßnitz kommen. Die wie eine Bastion weit ins Meer vorragende Halbinsel Jasmund mit ihren weiß leuchtenden Kreideklippen und ihrer waldbekränzten Bergsilhouette ist das erste, was sie von Deutschland sehen.

Auch von Land her dominiert Jasmund mit der Kreideküste den Anblick von Ost-Rügen, gleich, ob man die Landschaft vom Kap Arkona, vom Kurhaus Binz, vom Jagdschloß Granitz oder vom Rugard bei Bergen betrachtet.

Mehrere Magalithgräber aus der Jungsteinzeit und mehr als 300 bronzezeitliche Hügelgräber zeugen von frühgeschichtlichen Siedlern auf dem Gebiet des heutigen Nationalparks. Seit der Völkerwanderung jedoch wurde ehemaliges Kulturland vom Wald zurückerobert. Unter den Slawen, die hier vom 7. bis 12. Jahrhundert lebten, wurde die Herthaburg als Fluchtburg angelegt.

Die Natur der Halbinsel Jasmund vermittelt in ihrem tages- und jahreszeitlichen Wandel und im Wechsel der Witterung eine solche Fülle von Eindrücken, daß seit zwei Jahrhunderten immer wieder versucht wird, diese in geradezu schwärmerischen Beschreibungen, Skizzen, Gemälden, Gedichten und Fotografien wiederzugeben und festzuhalten.

G.L.Th. Kosegarten, seit 1792 Pfarrer in Altenkirchen auf Rügen, war der erste Verkünder der herben Schöneit

Kurzprofil

Der Nationalpark Jasmund auf Rügen ist eines der beliebtesten Ausflugsziele in Norddeutschland.

Träger:	Land Mecklenburg-Vorpommern, Ministerium für Landwirtschaft und Naturschutz
Gegründet:	1990
Fläche:	3003 ha, davon 2375 ha Land, 628 ha Ostsee
Saison:	ganzjährig
Besucher:	1,5 Millionen jährlich

◁
„Es ist nicht möglich, einen einfacheren und erhabeneren Anblick zu finden", schrieb Wilhelm von Humboldt einst über die Wissower Klinken.

der Insel Rügen und der Kreideküste von Jasmund. In seinen Schriften schilderte er die ungestüme Wildheit rügenscher Küstenlandschaft und begründete und verbreitete so den neuen Ruhm des Ostsee-Eilandes.

Rügen – und hier besonders die Kreidefelsen von Stubbenkammer – wurde um die Wende vom 18. zum 19. Jahrhundert zum beliebten Reiseziel: „Die Reise nach Stubbenkammer ist vorzüglich eine der Ursachen, warum die Insel Rügen jetzt häufig besucht wird, und weshalb jetzt häufiger wie je von Gelehrten und Ungelehrten Wallfahrten dorthin angestellt werden", berichtete ein zeitgenössischer Autor, und ein anderer bemerkte: „Was der Stubbenkammer vor anderen Gebirgsszenen den Vorzug gibt und ihre Originalität erhöht, ist unstreitig der grelle Kontrast ihres Kolorits. Hier findet man nichts als drei Haupt-Lokalfarben,

die sich in starken Abschnitten übereinander erheben: die blaue des Meeres im Vordergrunde, die lebhaft grüne des Buchenlaubes und der Grasung am mittleren Abhang, hinter welchem das schimmernde Weiß der Kreidewände mit ihren grünen Überhängen den erhabenen Hintergrund bildet." Caspar David Friedrich entdeckte die Kreideküste mit den Augen des Malers. Das großartige, 1818/19 entstandene Gemälde „Kreidefelsen auf Rügen" zählt zu seinen berühmtesten Werken.

▷▷ **Der etwa lerchengroße Flußregenpfeifer versammelt seine vier Eier auf kiesigem Grund in einer einfachen Mulde.**

Die Blüten des Fuchs'schen Knabenkrauts enthalten keinen Nektar, sondern einen süßen Saft, den vor allem Fliegen und Hummeln mögen.

Die Landschaft im Nationalpark Jasmund bietet auch heute noch vor allem drei Naturerlebnisse, die jedes für sich mit verschiedenen Sinnen wahrgenommen werden können: das Meer, die Kreideküste und den Wald.

Das Meer in seiner Weite ist eindrucksvoll von Aussichtspunkten am Hochufer und vom Strand, besonders faszinierend jedoch, wenn man sich selbst auf dem Wasser befindet. Seine bestimmenden Elemente sind der ferne, geradlinige Horizont, der zuweilen im Dunst verschwimmen kann, die verschiedenen Farben, von milchig – weiß und hell – türkisfarben bis tiefblau und bleischwarz, und das wechselnde Licht, von dumpfem Seenebel bis zur gleißenden Spiegelung von Sonne und Mond.

Auch die Oberfläche des Meeres ist wandelbar: von spiegelnder Glätte über die leichte Kräuselung der Wellen bis hin zur tosenden Brandung je nach Wind und Witterung. Und diese reichen von völliger Windstille und lauem Sommerwind über heftige Gewitter und Hagel bis hin zum Schneesturm.

Zur „Landschaft Meer" gehören aber auch Salzwasser und Meeresgeruch, vorbeiziehende Schiffe, auf den Wellen schaukelnde Enten, Taucher und Schwäne sowie das Gekreisch von Möwen und anderen Seevögeln.

Die Kreideküste von Jasmund gehört zu den imposantesten Szenerien mitteleuropäischer Landschaften überhaupt. Hier sind nicht weniger als 70 Millionen Jahre Erdgeschichte aufgeschlossen wie in einem Lehrbuch – und werden anschaulich, wenn sich die Küste vor den Augen des Betrachters verändert.

Senkrechte Felswände und Böschungen aus weißschimmernder oder lehmgrau überdeckter Kreide, durchzogen von Bänken aus schwarzem Feuerstein, wechseln ab mit leuchtend gelb- und rostfarbenem Sand und blaugrauem Ton. In scharfem Kontrast dazu stehen die Buchenwälder der Steilhänge und Hochflächen.

Die Blüten lichtliebender Pflanzen beleben das zuweilen fahle Weiß der Steilküste: der gelbe Huflattich zu Beginn des Frühjahrs, und im Sommer die weiß, rot und golden blühenden Berg-Heilwurz, Dost und Golddistel.

Zu erleben ist die Küste auf Wanderungen entlang des Hochuferweges, der dem Gelände folgend von Saßnitz bis Lohme führt. Aber auch von See her bietet die Küste einen grandiosen Anblick.

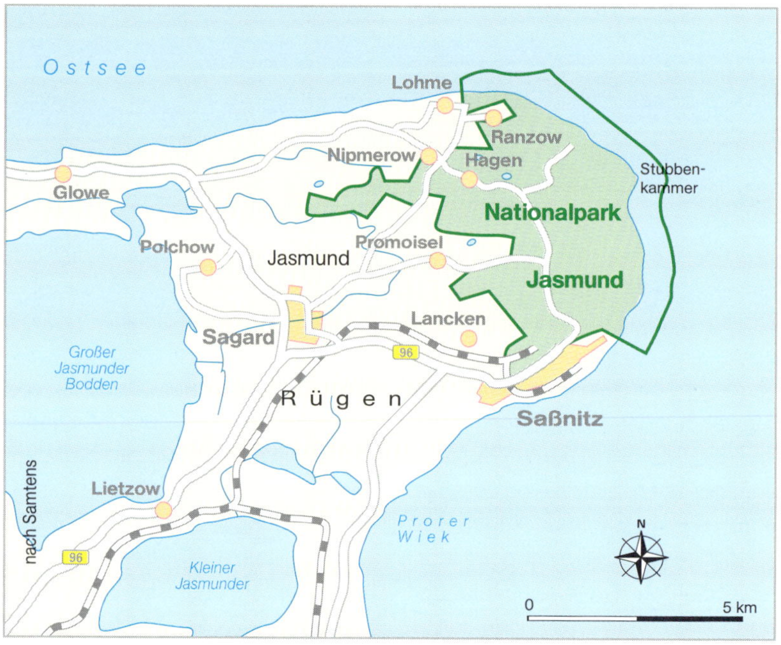

Das Bild des Strandes wird von unterschiedlichen Gesteinen bestimmt. Abgerollte Feuersteine wechseln hier mit kurzen Sandstreifen und Blockstränden aus rundgeschliffenen Felsbrocken. Leicht oder beschwerlich wandert man über klirrende Feuersteine, durch aufgeweichte Kreide und den zähen, schmierigen Ton abgerutschter Erdmassen, manchmal auch über Findlingsblöcke, knirschenden Kies und die weichfedernden Polster vom Meer ausgeworfener Algen. Die Küste verbindet und trennt den Wald der Hochfläche und das Wasser der Ostsee und vereint so auf engstem Raum die unterschiedlichsten sinnlichen Eindrücke.

Wie ein grünes Kleid überzieht der Wald die Höhenzüge und Täler des Nationalparks. Die Buche ist dabei die alles beherrschende Baumart. Im Gegensatz zur Weite des Meeres und der abwechslungsreichen Küste wirken die Wälder eher ausgleichend und beruhigend. Blütenteppiche aus weißen Buschwindröschen, purpurnem und weißem Lerchensporn sowie Flecken von blauen Leberblümchen und gelben Schlüsselblumen, aber auch dunkelgrüne Moosteppiche und rotbraune Laubstreu begleiten den Jahreslauf am Waldboden.

Das lichtdurchflutete Grün des frisch austreibenden Buchenlaubes gehört ebenso wie das gelb und rot entflammende Herbstlaub zum eindrucksvollsten Farbenspiel norddeutscher Landschaft. Schattige Kühle und dunkel gedämpftes Grün dominieren im Sommer, grausilberne und grünbemooste Stämme, bizarres Geäst und schwebende Nebel im Spätherbst und Winter.

Ein stark bewegtes Relief mit raschem Wechsel von Höhen und Tälern, mit Kesselmooren, Quellmulden und Wildbächen prägt wesentlich das Gesamtbild der Waldlandschaft von Jasmund.

Der Nationalpark im Überblick

Der Nationalpark Jasmund ist als Teil der Insel Rügen ein nach außen hin deutlich abgegrenzter und im Inneren klar gegliederter Naturraum. Seine Oberfläche wurde vorwiegend am Ende der letzten Eiszeit durch Gletscher und Schmelzwässer geformt, hat sich aber auch danach ständig verändert.

Die Küste von Jasmund ist weitgehend durch die Schollen- und Schuppenstruktur der Kreide vorgeformt. Von Saßnitz bis zum Kollicker Ort hat sich eine typische Steilküste mit überwiegend senkrechten Kreidefelsen entwickelt. Wind und Wetter bewirken hier durch Abbruch und Abspülung den Rückgang der Küste.

Die Kreideküste bei Stubbenkammer

Die Halbinsel Jasmund nimmt nicht nur auf Rügen, sondern im gesamten norddeutschen Tiefland eine Sonderstellung ein. Sie erhebt sich als massiver Block aus dem Meer, ein in jeder Hinsicht außergewöhnlicher Abschnitt der südbaltischen Küstenlandschaft. Vergleichbare Kreideküsten gibt es in Europa sonst nur auf der dänischen Insel Møn sowie an der Kanalküste Englands und Frankreichs.

Nördlich vom Kollicker Ort ist das Kliff zur Ruhe gekommen, es konnten sich schräge Hänge herausbilden und bewalden. Doch auch die bewaldeten Steilhänge sind dem erneuten Angriff des Meeres ausgesetzt, wie an einigen Stellen zu sehen ist. In diesem Abschnitt der Küste gibt es steile Kreidefelsen, an deren Fuß sich Kreideschutthalden gebildet haben. Die fast ganz ruhiggestellten Steilhänge der Nordküste

sind bis an den Fuß bewaldet und durch den vorgelagerten, breiten Strand natürlich geschützt.

Das Klima von Jasmund ist regenreich. Aus dem Wasserüberschuß haben sich viele Quellen und Moore gebildet. Mehrere Bäche entspringen in kesselartigen Quellmooren im Zentrum der Stubnitz und haben an der Gestaltung der Stubnitzhochfläche entscheidenden Anteil. Ihr Lauf folgt den Vertiefungen des in der Eiszeit geformten Reliefs; an ihrem Unterlauf haben die Bäche steilwandige V-Täler geschaffen. Fast alle Bäche münden mit einem kleinem Wasserfall in die Ostsee. Dabei lagert sich Süßwasserkalk ab, der sogenannte Travertin. In den Quellmooren an der Steilküste wachsen mannshohe Riesen-Schachtelhalme.

In Senken ohne Abfluß haben sich Kesselmoore mit bis zu zehn Meter mächtigen Torfablagerungen gebildet. Bei Pollenuntersuchungen wurde festgestellt, daß sich in einem Moor im Laufe von 600 Jahren fünf Meter Torf gebildet hatten. Dies ist einer der höchsten bislang in Deutschland festgestellten Werte.

Das kühle und feuchte Klima hat zur Folge, daß auf allen Mineralböden vorwiegend Buchenwälder wachsen. Die Rot-Buche herrscht seit dem 12. Jahrhundert vor, und zwar sowohl im Waldgersten- und Zahnwurz-Buchenwald auf Kreide als auch im Eschen-Buchenwald in kleinen Bachtälern und im Schwalbenwurz-Buchenwald an trockenen, warmen Standorten der Steilküste.

Vom Mittelalter bis zum 19. Jahrhundert wurden die Wälder der Stubnitz durch Abholzung und Viehweide arg in Mitleidenschaft gezogen. Mit Einführung der geregelten Forstverwaltung konnten sie sich jedoch weithin erholen. Der einst geschlossene Buchenwald wurde allerdings mit Nadelhölzern durchsetzt.

Weitverbreitete Pflanzenarten bestimmen den Charakter der Laubwälder, besonders Buschwindröschen, Goldstern, Scharbockskraut, Lerchensporn, Waldveilchen und Maiglöckchen, die den Waldboden mit ihren auffallenden Blüten überziehen, bevor die Buchen belaubt sind.

In dem rauhen Klima kommen aber auch manche Pflanzenarten vor, die sonst vor allem in den Mittelgebirgen verbreitet sind, zum Beispiel Rippenfarn, Dünnährige Segge, Waldgerste, Zwiebeltragende Zahnwurz und Bergfarn. Auch einige zentraleuropäische Laubwaldpflanzen frischer also hinreichend mit Wasser versorgter Standorte sind häufig vertreten, wie Hohe Schlüsselblume, Hain-Gilbweiderich, Berg-Ehrenpreis, Gegenblättriges Milzkraut und Stechpalme.

▷▷ **Die Pantoffellippe des Frauenschuh ist so glatt, daß auf ihr kleine Insekten ausrutschen und ins Innere fallen, wo sie gefangen bleiben, bis sie die Blüte bestäubt haben.**

Die Flora im Nationalpark Jasmund

Typische Bäume

Rot-Buche (vorherrschender Waldbaum, verschiedene Buchenwälder auf allen Mineralböden, von Kreide bis zu nährstoffarmen, sauren Sanden), Esche (auf grundwasserbeeinflußten Standorten häufig zusammen mit Buche oder mit Erle), Erle (an Quellstandorten, in Erlenbrüchen und an Seeufern häufig), Vogelkirsche (als Mischbaumart an Waldrändern und Kreidesteilhängen), Bergahorn (in kühlfeuchten Uferschluchten zusammen mit Esche und Bergulme), Elsbeere (selten an trockenen Waldgrenzstandorten der Kreideküste), Stechpalme (selten in Buchenwäldern), Eibe (selten als niedriger Baum an Kreidefelsen und in Hangwäldern).

Typische Sträucher und Kletterplanzen

Roter Hartriegel, Wacholder, Sanddorn, Hasel, Salweide, Efeu, Geißblatt.

Typische Farnpflanzen

Riesen-Schachtelhalm, Teufelsklauen-Bärlapp, Rippen-, Buchen-, Eichen-, Tüpfel-, Adler-, Wurm-, Frauenfarn.

Frühblüher in Laubwäldern

Leberblümchen, Buschwindröschen, Gelbes Windröschen, Hohler Lerchensporn, Wald-Goldstern, Hohe Schlüsselblume, Maiglöckchen, Frühlings-Platterbse, Waldmeister, Goldnessel, Siebenstern.

Orchideen in Laubwäldern und an Kreidehängen

Frauenschuh, Purpur-Knabenkraut, Weißes, Rotes und Schmalblättriges Waldvögelein, Nestwurz, Korallenwurz, Fuchs'sches Knabenkraut.

Pflanzen der offenen Kreidehänge

Berg-Heilwurz, Schwalbenwurz, Weidenblättriger Alant, Wilder Dost, Golddistel, Sumpf-Herzblatt, Fettkraut.

Moorpflanzen

Scheidiges Wollgras, Schmalblättriges Wollgras, Rosmarinheide, Moosbeere, Rundblättriger Sonnentau.

◁◁◁ **Der Braune Bär fliegt im Juni und Juli und spannt 60 mm.**

Andererseits finden sich an den wärmeren Küstenhängen anspruchsvolle Pflanzen, die sonst häufiger im Osten des europäischen Kontinents zu finden sind. Hierzu zählen Leberblümchen, Echte Schlüsselblume, Wilder Dost, Schwalbenwurz, Berg-Heilwurz und Hain-Wachtelweizen. Auffallend ist das Vorkommen zahlreicher Orchideen: 24 Arten wurden im Gebiet nachgewiesen.

Die Moor- und Waldpflanzen der nördlichen Nadelwaldzone bilden ein drittes pflanzengeographisches Element. Hierzu zählen Schattenblümchen, Siebenstern, Frauenschuh, Korallenwurz und Blaubeere in den Wäldern sowie Blasenbinse, Sonnentau, Wollgras, Moosbeere und Fieberklee in den Mooren.

Die Bestände von Reh, Rothirsch und Wildschwein sind wegen ihrer Hege als jagbares Wild überhöht. Damhirsch und Mufflon wurden zu Jagdzwecken sogar künstlich angesiedelt. Mehrere Fleder- und Spitzmausarten sowie die Nordische Wühlmaus, Brand-, Zwerg- und Gelbhalsmaus bilden eine relativ vielfältige Kleinsäugerfauna.

Von den elf Amphibien- und sechs Reptilienarten sind besonders Rotbauchunke, Laubfrosch, Glattnatter, Kreuzotter und der seltene Springfrosch bemerkenswert.

153 Vogelarten wurden bislang im Gebiet des Nationalparks beobachtet; 106 davon brüten hier regelmäßig, darunter über 30 Arten der „Roten Liste" von Mecklenburg-Vorpommern. Altbekannt ist die an den Kreidefelsen brütende Mehlschwalbe. Charkteristisch für die Buchenwälder sind Zwergschnäpper und Kolkrabe, und an den Bächen kommen Wasseramsel und Gebirgsstelze vor. Seit 1996 sind Naturschutz- und Forstverwaltung im Nationalparkamt Rügen zusammengeführt. Schon wenige Jahre nach Einrichtung des Nationalparkes ist zu beobachten, wie Wälder und Feuchtgebiete sich wieder zu natürlichen Ökosystemen entwickeln. Auf Stubbenkammer wird jetzt ein ehemaliges Militärgebäude zum Besucher- und Informationszentrum ausgebaut. Wenn das Nationalparkhaus fertiggestellt ist und die zahlreichen Besucher angemessen betreut werden können, wird die Halbinsel Jasmund ein Nationalpark sein, der sich sehen lassen kann.

Eine Buche am Herthasee

Wandern im Nationalpark

Der Nationalpark wird durch die Straße Saßnitz–Hagen–Nipmerow gequert. Die Stichstraße nach Stubbenkammer ist für den öffentlichen Autoverkehr gesperrt, kann aber von Reisebussen befahren werden. Vom Parkplatz Hagen am Westrand des Nationalparks aus besteht ständiger Buspendelverkehr nach Stubbenkammer.

Der Nationalpark ist durch mehrere gut markierte Wanderwege für Fußwanderer bestens erschlossen. Der Hochuferweg ist allerdings für Radfahrer wegen des schwierigen Geländes und der beachtlichen Erosionsgefahr gesperrt.

Route 1: Entlang der Kreideküste

Der Hochuferweg Saßnitz–Stubbenkammer–Lohme ist gewiß einer der eindrucksvollsten Wanderwege Deutschlands, egal zu welcher Jahreszeit man ihn geht.

Der Weg führt vom nördlichen Stadtrand von Saßnitz durch einen herrlichen Buchenwald zur Steilküste und, an dieser entlang, über die Wissower Klinken zunächst zur Waldhalle, wo es eine angenhme Einkehrmöglichkeit gibt. Weiter geht es, zunächst mehrere Bachtälchen querend, durch Buchenwald direkt an der

▷▷▷ **Grasfrösche überwintern im Schlamm, oft in Gesellschaften von bis zu 500 Fröschen.**

▷ **Üppige Moospolster und Scheidenwollgras in einem Kesselmoor**

Praktische Informationen

Adressen und Auskünfte

Nationalparkamt Rügen, Blieschow 7a, 18586 Lancken-Granitz, Tel. und Fax 038393/2425.
Nationalparkamt Rügen, Außenstelle Jasmund, Stubbenkammer, Postfach 22, 18540 Saßnitz, Tel. 038392/35011, Fax 038392/35054.
Verein der Freunde und Förderer des Nationalparks Jasmund, Postfach 22, 18540 Saßnitz;
Naturschutzbund Deutschland, Kreisverband Rügen, Gingster Str. 19, 18573 Samtens, Tel. und Fax 038306/21764.
WWF-Projektbüro Ostsee, Dänholm Haus 8, 18439 Stralsund, Tel. 03831/280701, Fax 03831/297599.

Anreise

Mit der Bahn: täglich 18 Verbindungen Berlin–Saßnitz und zurück mit Umsteigen (Direktanschluß) in Stralsund, teilweise auch direkt; die Fahrzeit beträgt ca. 4 Stunden. Von und nach Hamburg täglich zehn Verbindungen mit Umsteigen (Direktanschluß) in Stralsund; Fahrzeit ca. 4 Stunden 40 Minuten.
Mit dem Bus: Pendelverkehr vom Bahnhof Saßnitz nach Stubbenkammer (Mai bis Oktober).
Mit dem Auto zum Parkplatz Hagen, von dort ständiger Bus-Pendelverkehr nach Stubbenkammer.

Unterkunft

Auskunft im Fremdenverkehrsbüro Saßnitz, Seestraße 1, 18546 Saßnitz,

Abbruchkante der Kreideküste entlang, die hier stellenweise bis zu 90 Meter hoch ist. Zwischendurch bietet sich immer wieder ein grandioser Blick auf Meer und Kreideküste. Nach etwa neun Kilometern erreicht man Stubbenkammer mit dem Königsstuhl und der Informationsstelle des Nationalparkamts. Hier ist auch der anstrengende, aber lohnende Abstieg zum Strand möglich (117 Meter Höhenunterschied). Weiter durch den Wald bis Lohme.

ℹ Länge ca. 13 km; 3–4 Stunden Gehzeit; Markierung: Querstreifen weiß-blau-weiß.
✕ Einkehrmöglichkeit in der Waldhalle, in Stubbenkammer und Lohme.

Tel. 038392/5160, Fax 038392/51616, und beim Fremdenverkehrsverein Saßnitz, Hauptstraße 1, 18546 Saßnitz, Tel. 038392/530, Fax 038392/53333.

Führungen

Das Nationalparkamt bietet regelmäßige Führungen an, in denen Geologie, Archäologie sowie Tier- und Pflanzenwelt des Nationalparks erläutert werden:
Vom 1. April bis 30. September täglich 11 Uhr ab Parkplatz Hagen, Dauer ca. 2 Stunden (Parkplatz Hagen–Altes Torfmoor–Stubbenwiese–Sonnenberg–Herthasee–Opferstein–Königsstuhl) und vom 1. Mai bis 30. September täglich 10 Uhr ab Buswendeplatz Wedding, Dauer ca. 3 Stunden (Blockstrand–Piratenschlucht–Hochuferweg–Wissower Klinken–Waldhalle).
Außerdem werden Spezialführungen zu Feuchtgebieten, über die Ur- und Frühgeschichte im Nationalpark sowie geführte Radwanderungen zu Zielen außerhalb des Nationalparks angeboten.

Schiffstouren

Vom Meer her zeigt sich der Nationalpark besonders eindrucksvoll, zum Beispiel von den Fährschiffen Saßnitz–Trelleborg (in Schweden; Fahrzeit ca. 4 Std.) und Saßnitz–Rønne (auf Bornholm). Während der Saison (Mai bis September) bieten mehrere Schiffseigner in Saßnitz Ausflugsfahrten entlang der Kreideküste an, Dauer etwa 2 Stunden.

◁ **Der Königsstuhl ist der meistbesuchte Aussichtspunkt des Nationalparks Jasmund.**

Route 2: Von Hagen zum Herthasee

Der Parkplatz Hagen liegt am Rande des gleichnamigen Ortes in einer Enklave am Westrand des Nationalparks. Der Weg führt zunächst am Alten Torfmoor vorbei, einem typischen Kesselmoor mit offener Wasserfläche. Dann geht es durch Buchenwälder und Lärchenforst zum „Pfennigsgrab“, einem jungsteinzeitlichen Megalithgrab, und weiter zum Herthasee mit der Herthaburg. Von hier kann man nach Stubbenkammer mit dem Königsstuhl weitergehen und von dort aus den Rückweg antreten; entweder mit dem Bus oder entlang der Küste bis Kollicker Ort und von dort westwärts, entlang des markierten Weges durch den Wald.

ℹ Länge 9 km (Rundweg), ca. 3 Stunden Gehzeit. Markierung: Querstreifen grün-weiß-blau.
✕ Einkehrmöglichkeiten in Stubbenkammer und Hagen.

Route 3: Rundweg von Lohme

Wer auf dem Hochuferweg von Lohme bis nach Stubbenkammer und zum Königsstuhl gegangen ist, kann sich dann auch landeinwärts zum Herthasee wenden und von dort aus durch den Wald nach Lohme zurückgelangen.

ℹ Rundweg; Länge 8 km; knapp 3 Stunden Gehzeit.
✕ Einkehrmöglichkeiten in Stubbenkammer und Lohme.

Knapp

Biosphärenreservat Südost-Rügen

Maler, Mönche, Meeresbuchten

Die Gletscher der Eiszeit und die Wellen der Ostsee formten das bewegte Relief Südost-Rügens, eine der eigentümlichsten Landschaften Deutschlands. Megalithgräber und Dorfkirchen, Fischerkaten und Bädervillen, Alleen und Pflasterstraßen prägen ihr Bild. Vor der Küste: die Insel Vilm, ein Kleinod der Boddenlandschaft.

„Die Insel ist in der Tat einer der schönsten Edelsteine in der Krone des Preußischen Königs. Ich habe späterhin Gelegenheit gehabt, noch manche andere schöne Gegend des deutschen Vaterlandes kennenzulernen … noch immer aber steht Rügen neben allen diesen Gegenden unübertroffen für mich da" – schwärmte der mecklenburgische Naturforscher und Gelehrte Ernst Boll in einem 1856 erschienenen Buch.

Mit 96 200 Hektar Landfläche ist Rügen die größte, für viele bis heute zudem die schönste Insel Deutschlands. Seit über zweihundert Jahren lassen sich Besucher und Reisende von ihrem Reiz faszinieren.

Rügen gilt auch heute noch als ein Symbol intakter Natur. Es sei „von einer Pracht, die in ganz Deutschland nicht ihresgleichen findet", befand der damalige Bundespräsident Richard von Weizsäcker bei einem Besuch im Jahre 1991. Die Insel zeichnet sich – trotz mancher Wunden und Narben – durch eine solche Vielgestaltigkeit der Landschaft, einen solchen Reichtum der Natur und eine solche Dichte an kulturhistorischen Denkmalen aus wie kein an-

Kurzprofil

Biosphärenreservat Südost-Rügen

Träger:	Land Mecklenburg-Vorpommern, Ministerium für Landwirtschaft und Naturschutz
Gegründet:	1990
Fläche:	23 500 ha, davon 10 900 ha Landfläche, 4112 ha Naturschutzgebiet (Land und Wasser)
Saison:	ganzjährig
Besucher:	3,5 Millionen Tagesgäste und 800 000 Übernachtungen jährlich
Wanderwege:	ca. 160 km (11 Rastplätze)

◁ Malerisch ist die winterliche Küste am Rügischen Bodden.

deres Gebiet vergleichbarer Größe im südlichen Ostseeraum.
Schon auf der Landkarte sticht ihre merkwürdig bizarre Gestalt ins Auge. Die Ränder sind aufgelöst in zahlreiche Halbinseln und Küstenvorsprünge. Eng ineinander verschlungen sind Land und Meer. Weite Grundmoränenflächen wechseln mit sanft gerundeten Endmoränenhügeln, sumpfige Niederungen mit trockenen Steilhängen. Nehrungen aus angespültem, vom Wind zu Dünen aufgewehtem Sand verbinden als schmale Bänder die einzelnen Inselkerne aus eiszeitlichem Gletscherschutt. Zugleich trennen sie die flachen Boddengewässer von der offenen Ostsee.

▷▷ Die Blüten der Golddistel sind bis zu 5 cm große Körbchen, die sich aus dunkelgelben, an der Spitze purpurroten Röhrenblüten zusammensetzen.

Die Brandgans nistet gern in alten Kaninchen- und Fuchsbauten – oft sogar mit Füchsen im gleichen Bau.

Die bekannte Rügener Kreideküste zählt zu den grandiosen, bis heute von den Naturgewalten geformten Landschaften Mitteleuropas. Doch der weitaus größte Teil Rügens ist alte Kulturlandschaft. Mit dem Biosphärenreservat Südost-Rügen soll der besondere Charakter dieser Kulturlandschaft erhalten und gepflegt werden. Sie ist das Ergebnis jahrtausendelanger Besiedelung ebenso wie der Bodenverhältnisse, des Klimas und der Pflanzenwelt.
Natur und Kultur bestimmen zusammen die Eigenart des Biosphärenreservats. Bewaldete Höhenzüge und kurzrasige Hügel wechseln mit weiten Salzweiden und vermoorten Niederungen ab, Steilküsten mit flachen Sandstränden, schattige Buchenwälder mit sonnigen Schafweiden und Wiesen voll bunter Blumen.
Nirgendwo greifen Land und Meer so tief ineinander wie hier. Halbinseln, Landzungen und Küstenvorsprünge sind durch girlandenartige Landstreifen miteinander verbunden, durch Bodden und Buchten voneinander getrennt.
„Eins bleibt sich im alljährlichen Wechsel von Farbe und Klang immer gleich: das ist die Linie der Landschaft, die sich in großem, aber weichem Schwunge … auf- und niederzieht, den Wellenrhythmus der See aufnehmend, dem auch die Wolken am hochgespannten Himmel noch unterworfen scheinen. In dem Zusammenklingen von Erde, Wasser und Himmel liegt die wesenhafte Eigenart der Landschaft, in der nichts Spielerisches Raum hat, und in der das Entscheidende immer die Allgegenwart des Meeres bleibt, das die kleine zerrissene Halbinsel umschlossen hält", schreibt Fritz Adler 1936 über Mönchgut.
Die Gletscher der jüngsten Eiszeit hinterließen hügelige Moränen mit unzähligen rundgeschliffenen Felsbrocken unterschiedlichster Größe. Kubikmetergroße Findlinge aus Granit und Gneis gehören zu den auffälligen Naturerscheinungen dieser Jungmoränenlandschaft. Nachdem vor 12 000 Jahren die letzten Gletscher von den Endmoränen Ost-Rügens zurückgeschmolzen waren, herrschte zunächst über 3000 Jahre lang eine späteiszeitliche Tundrenvegetation. Mit der Erwärmung der Region entstanden dann Wälder aus Birke und Kiefer, später aus Hasel, Eiche, Linde, Ulme, die sich weitere 5000 Jahre lang hielten. Als vor etwa 6000 Jahren der Meeresspiegel anstieg, wurde das südbaltische Festland aufgelöst: die Rügener Insellandschaft entstand.

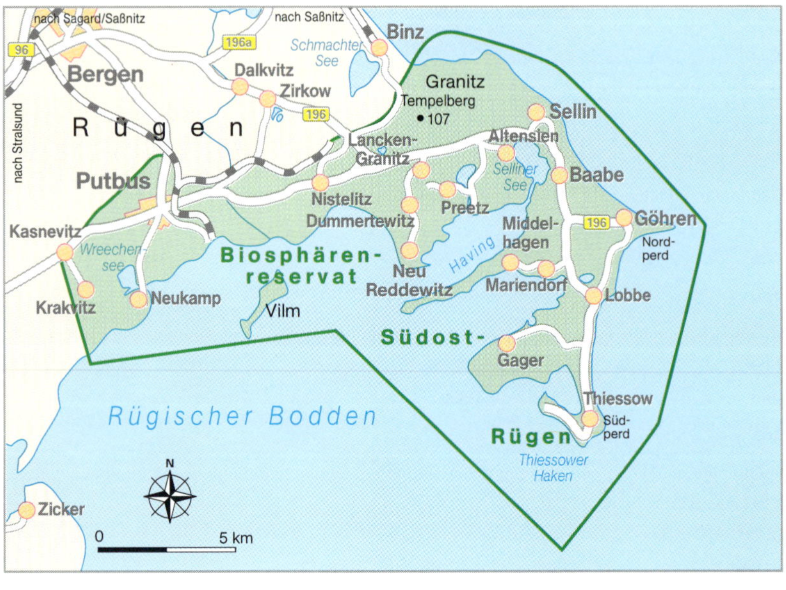

Die Wellen der Ostsee spülen bis heute Lehm und Sand von den Moränenkernen ab. Die Findlinge bleiben als Blockstrand vor der Steilküste liegen, Sand und Kies werden fortgetragen und an anderer Stelle zu Strandwällen abgelagert, die zu Haken und Nehrungen zusammenwachsen und neues Land entstehen lassen.

Mit der Einwanderung von Ackerbauern in der Jungsteinzeit und der Rodung von Wald entstanden vor etwa 5000 Jahren die ersten Kulturlandschaften. Jungsteinzeitliche Megalithgräber sind die ältesten architektonischen Zeugnisse in diesem Raum. Archäologische Funde künden von kontinuierlicher Besiedelung in frühgeschichtlicher und historischer Zeit. Fünf Jahrtausende lang lösten sich verschiedene Kulturstufen in der Nutzung des Landes ab. Bronzezeitliche Grabhügel und slawische Burgwälle gehören heute ebenso zum Bild wie mittelalterliche Dorfkirchen, Gutshäuser und Schlösser, ländliche Parks und Alleen, rohrgedeckte Fischerhäuser und balkonverzierte Villen in den Seebädern.

Die besondere Anziehungskraft von Rügen beruht zwar vor allem auf touristisch stark überlaufenen Sehenswürdigkeiten wie den Kreidefelsen von Stubbenkammer, Kap Arkona oder dem Jagdschloß Granitz. Gerade im Biosphärenreservat gibt es jedoch vielerorts verborgene Sehenswürdigkeiten, die jeder, der mit offenen Augen und wachen Sinnen über die Insel wandert, leicht entdecken kann. Sei es der Glanz des wechselndes Lichtes, das Rauschen des Windes in den Bäumen, die Weite der Landschaft, der herbe Duft des Meeres oder das Farbenfeuerwerk des Laubes im Herbst, die Einsamkeit der im Eis erstarrten Küste oder das flammende Rot des Klatschmohns auf den Äckern im Frühsommer: Rügen ist zu jeder Jahreszeit schön.

Das Biosphärenreservat im Überblick

Der größte Teil des heutigen Biosphärenreservats wurde bereits 1937 unter Landschaftsschutz gestellt. Seit 1962 war das ganze Gebiet Bestandteil des Landschaftsschutzgebietes Oströgen. Ab 1954 wurden eine größere Zahl von Naturdenkmalen und 1968 einige Flächennaturdenkmale ausgewiesen. Das Zickersche Höft wurde 1981 einstweilig gesichert und 1984 zum Naturschutzgebiet erklärt.

Durch Verordnung des Ministerrats der DDR wurde Südost-Rügen ab 1. Oktober 1990 als Landschaftsschutzgebiet bzw. Naturschutzgebiet von zentraler Bedeutung gesichert; die Gesamtbezeichnung lautete nun „Biosphärenreservat Südost-Rügen". Die einbezogenen Teile des Greifswalder Boddens sind Feuchtgebiet von internationaler Bedeutung nach der Ramsar-Konvention. Das Biosphärenreservat umfaßt insgesamt 23 500 Hektar unter Einschluß von Wasserflächen der Ostsee und des Boddens. Der Landanteil beträgt mit 10 900 Hektar rund 46 Prozent, davon sind 2700 Hektar Wald. Die sechs Naturschutzgebiete bestehen aus 17 Teilflächen, die ins-

Jungsteinzeitliche Megalithgräber bei Lancken-Granitz

gesamt 4112 Hektar einnehmen, davon 2466 Hektar Land.

Das noch junge Schutzgebiet umfaßt die Küstenlandschaft Südost-Rügens mit Mönchgut, dem Waldgebiet der Granitz, der Umgebung von Putbus und dem Rügischen Bodden einschließlich der Insel Vilm.

Mönchgut ist ein sehr eigentümliches Land zwischen Bodden und Meer. Der Name rührt aus der denkwürdigen Geschichte. 1252 erwarb das Zisterzienserkloster Eldena (gegr. 1192) das Land Reddevitz, hundert Jahre später die „insula Zicker". Die Mönche grenzten ihren Besitz durch den Mönchsgraben vom Inselkern, dem rügenschen „Muttland", ab und siedelten Bauern an. Das Mönchgut entwickelte sich fortan eigenständig. Die Menschen lebten von Seefahrt, Fischfang, Landwirtschaft und im letzten Jahrhundert vor allem vom Fremdenverkehr.

Dieser Teil von Rügen besitzt das trockenste Klima der ganzen deutschen Ostseeküste: hier fallen weniger als 500 Millimeter Niederschlag im Jahr. So können auf den Hügeln der vom Meer durchdrungenen Landschaft Pflanzen gedeihen, deren Hauptverbreitung in den

▷▷ Dieses Silbermöwenküken, so harmlos es auch ausschaut, wird einmal ein tüchtiger Nestplünderer.

Waldsteppen Osteuropas liegt, z.B. Wiesen-Kuhschelle, Prachtnelke, Geflecktes Ferkelkraut, Blut-Storchschnabel, Natterkopf-Habichtskraut und Großer Ehrenpreis.

Buntes Blühen im Wechsel der Jahreszeiten prägt das Bild der mannigfachen Pflanzendecke. Leberblümchen, Lerchensporn und Buschwindröschen überziehen im März und April den Waldboden mit einem blauem, rotem und weißem Blütenteppich. Schlüsselblumen blühen dottergelb zugleich mit schneeweißen Schlehen, Wildbirnen und rosa Vogelkirschen, Anfang Mai eingefaßt vom zarten Grün der ausschlagenden Buchen. Im Juni erstrahlen trockene Sandrasen im kräftigen Rosa der Grasnelke und Wildrosen, sind Brachäcker mit dem flammendem Rot des Klatschmohn überzogen, leuchten Kornblumen blau aus wogendem Getreide. In Kesselmooren verströmen die weißen Blüten des Sumpfporsts ihren betäubenden Duft, und die Hügel von Reddevitz erstrahlen im leuchtenden Gelb des Besenginsters. Im

▷▷▷ Salzschuppenmiere mit Ackerwinde

Sommer kommen an den Stränden Tataren-Lattich und Stranddistel zur Blüte.

In Steilküsten brüten Uferschwalben und Brandgänse, in den Lüften kreisen Seeadler und Milan. Schwäne gründeln im flachen Wasser des Boddens, und im Spätherbst rasten hier Zehntausende Enten, Gänse und Schwäne auf ihrem Zug Südwärts in die Überwinterungsgebiete.

Die Granitz ist neben der Stubnitz das größte Waldgebiet auf Rügen. Sie umfaßt die bergige Waldlandschaft zwischen Binz, Lancken-Granitz und Sellin. Alter Buchenwald überzieht die Hügel als grünes Kleid, stellenweise reicht er hinunter bis an den steinigen Strand der zerklüfteten Steilküste. Auf der höchsten Erhebung, dem 107 Meter hohen Tempelberg, wurde 1836 der Grundstein für das Jagdschloß Granitz gelegt. Der nach Plänen von Karl Friedrich Schinkel errichtete Turm ragt 145 Meter über den Meeresspiegel. Eine gußeiserne Wendeltreppe führt auf eine Aussichtsplattform, von der aus sich ein faszinierender Ausblick über ganz Südost-Rügen bietet.

Die Stadt Putbus und ihre Umgebung sind ein frühes Beispiel bewußter Landschaftsgestaltung ein kleines Gemeinwesen, in dem ökonomische Nutzung und ästhetische Gestaltung eine gelungene Verbindung eingehen. Bauwerke und Landschaft wurden hier zu einer spannungsvollen und zugleich harmonischen Einheit verbunden: die ganz in klassizistischem Stil ausge-

Flora und Fauna im Biosphärenreservat Südost-Rügen

Typische Pflanzen

Rot-Buche, Stieleiche, Kiefer, Esche, Wildbirne; Hundsrose, Schlehdorn, Weißdorn, Pfaffenhütchen, Hasel, Sanddorn, Holunder, Salweide, Reif-Weide, Efeu, Geißblatt; Leberblümchen, Buschwindröschen, Hohler und Zwerg-Lerchensporn, Wald-Goldstern, Gelbes Windröschen, Bärlauch, Maiglöckchen, Waldmeister; Wiesen-Kuhschelle, Knöllchen-Steinbrech, Knolliger Hahnenfuß, Blaues Schillergras, Pechnelke, Acker-Wachtelweizen, Nelken-Sommerwurz, Wundklee, Golddistel, Hohe Schlüsselblume, Heide-Nelke, Schwalbenwurz, Wilder Dost, Berg-Haarstrang, Berg-Heilwurz; Salzbinse, Milchkraut, Strand-Dreizack, Strand-Wegerich, Dünnschwanz, Erdbeerklee, Spargelerbse, Natternzungenfarn, Strandaster, Queller; Strandhafer, Strandroggen, Stranddistel, Tataren-Lattich, Strand-Plattérbse, Filzige Pestwurz, Meersenf, Salzmiere, Strandmelde; Sumpfporst, Rosmarinheide, Rundblättriger Sonnentau, Moosbeere, Scheidiges, Breitblättriges und Schmalblättriges Wollgras; Kamm-Laichkraut, Wasser-Hahnenfuß, Wasserfeder, Großes Nixkraut, Schwimmendes Laichkraut, Wasser-Knöterich.

Charakteristische Tiere

Rotwild, Reh, Wildschwein, Fuchs, Hase, Kaninchen, Dachs. Kolkrabe, Waldkauz, Buntspecht (Brutvogelarten der Wälder); Graureiher, Gänsesäger, Höckerschwan, Kormoran, Silbermöwe, Schellente, Brandgans, Seeadler, Singschwäne, (Küsten und Flachgewässer);
Ostsee-Hering (Laichgebiet in den Boddengewässern), Aal, Flunder, Zander, Hecht, Blei, Plötze; Miesmuschel, Sandklaffmuschel, Baltische Plattmuschel, Herzmuschel; Ohrenqualle (in der Ostsee). Laufkäfer, diverse Heuschreckenarten, Erdwespen, verschiedene Tagfalterarten, Hornisse, Wespenspinne.

führte, planmäßige Anlage des Ortes als Residenzstädtchen des Fürsten Wilhelm Malte (ab 1810), die Einrichtung des ersten pommerschen Seebades in Lauterbach (1818) und der Bau des Jagdschlosses Granitz (ab 1836) trugen dazu bei.

Das Schloß Putbus wurde Anfang der sechziger Jahre abgerissen. Die Orangerie ist heute eine Galerie, der ehemalige Marstall wird Konzert- und Kongreßhalle und das Theater soll 1998 wiedereröffnet werden.

Der über 70 Hektar große Landschaftspark ist eine der reizvollsten und bedeutendsten Anlagen in Mecklenburg-Vorpommern. Putbus ist ein kulturelles Zentrum der ganzen Insel Rügen und soll zukünftig zum Kurort entwickelt werden.

Die Landschaft am Rügischen Bodden gehörte zu den bevorzugten Motiven Caspar David Friedrichs und anderer Maler des 19. Jahrhunderts. Friedrich entdeckte Rügen auf einsamen Wanderungen mit den Augen des Künstlers.

Zwischen 1801 und 1826 besuchte er die Insel mehrfach, zeichnete Skizzenbücher voller Motive rügenscher Landschaft. Hier wurden sein Naturverständnis und seine besondere Art der Landschaftsbetrachtung geprägt.

Rügen wurde durch Friedrich zur Wiege romantischer Landschaftsmalerei in Deutschland. Einer der ersten, die durch ihn angeregt nach Rügen reisten, um Naturstudien zu betreiben, war der Dresdener Arzt, Naturforscher und Maler Carl Gustav Carus. „Es war damals Rügen im ganzen noch wenig von Fremden besucht, und eine größere Einfachheit herrschte dort. Statt eines zum Empfang wohleingerichteten Hotels etwa lag da unter verstreuten Granitblöcken eine rauchige Fischerhütte, die dem Anlangenden eben nur Befriedigung der nächsten Bedürfnisse bot", beschrieb er in seiner „Rügenreise im Jahre 1819", was er an der Boddenküste bei Putbus vorgefunden hatte.

Das Biosphärenreservat schließt mit der Insel Vilm auch eines der ältesten Naturschutzgebiete Deutschlands ein. Das kleine Eiland ist durch mannigfaltigen, dabei für den südlichen Ostseeraum repräsentativen Naturreichtum gekennzeichnet. Hier sind nahezu alle Küstenformen der südlichen Ostsee entwickelt und bis heute von störenden Eingriffen verschont geblieben. Uralte Bäume und unberührter Strand machen die Insel zu einem Kleinod norddeutscher Küstenlandschaft.

Vilm wird seit alters als besonderer Ort verehrt. Seit der Mittleren Steinzeit haben Menschen hier ihre Spuren hinterlassen: Steinwerkzeuge der südbaltischen Lietzow-Kultur, Reste eines jungsteinzeitlichen Megalithgrabes, Tonscherben und Schmuck eines bronzezeitlichen Siedlungsplatzes. Die slawischen Rügenfürsten bewahrten hier ihre Schätze auf. Im Mittelalter lebten Mönche als Einsiedler auf der Insel, und im 15. Jahrhundert war die Kapelle auf Vilm ein Wallfahrtsort. Im Jahr 1813 beabsichtigten französische Besatzer die Abholzung des uralten Vilmer Waldes. Wilhelm Malte Fürst zu Putbus, der seine Kindheit auf der Insel verbracht hatte, konnte diese Pläne aber durchkreuzen. Bereits 1936 wurde die Insel Naturschutzgebiet und 1990 Bestandteil des Biosphärenreservates Südost-Rügen.

In dem um 1810 entstandenen Gemälde „Landschaft mit Regenbogen" hat C.D. Friedrich das Bild der altvertrauten rügenschen Küstenlandschaft verarbeitet: zu einem Bekenntnis des Vertrauens auf die

Blick von der Insel Vilm über den Bodden zur Granitz

Weisheit und Güte einer Macht, die sich in der Natur offenbart und dem Menschen das Gefühl von Geborgenheit gibt. Der Regenbogen ist über den Rügischen Bodden mit der Insel Vilm gespannt, verbindet Mensch und Tier, Land und Meer, Bäume und Himmel zu einem spannungsvollen, harmonischen Ganzen. Den Eindruck harmonischer Ganzheit vermitteln die Insel und die sie umgebende Boddenlandschaft noch heute. Infolge der denkwürdigen Geschichte hat sich hier die Natur in einer Unberührtheit entwickeln können wie an nur wenigen Orten in Deutschland. Wie zu Zeiten Friedrichs ist die Insel rings von unzerstörter, nicht zersiedelter Küstenlandschaft umgeben, von der C.G. Carus einst schrieb: „Nun ist aber kaum etwas mehr geeignet, das Bedeutungsvolle der Linie so recht zur Empfindung und Anschauung zu bringen, als das Studium solcher Küstengegenden, wie die des rügischen Eilandes …"

Empfindsame Künstlernaturen haben seitdem den Reiz und die besondere Faszination dieser Insel entdeckt. Auf Vilm spiegeln sich – fernab von Kunstakademien – fast alle Phasen und Strömungen deutscher Landschaftsmalerei des 19. und 20. Jahrhunderts wider. Die Insel Vilm war eine der Ende des vorigen Jahrhunderts zahlreich entstehenden Malerkolonien zwischen Frankreich und dem Baltikum. Heute ist die Internationale Naturschutzakademie Insel Vilm, eine Außenstelle des Bundesamtes für Naturschutz, in den Anfang der sechziger Jahre als Regierungsgästeheim errichteten Gebäuden zu Hause.

▷▷ Winterliche Eiche bei Sonnenuntergang auf der Malerinsel Vilm

Kultur und Museen

Jagdschloß Granitz

Im 19. Jahrhundert erbaut, gleicht das Schloß aus der Ferne einer mittelalterlichen Burg: ein schönes Beispiel des Historismus. Die Schloßräume sind zu besichtigen, es gibt Ausstellungen über die Jagd auf Rügen und „Hirsche der Welt"; gelegentlich finden im Festsaal des Schlosses Kammerkonzerte statt. 154 Treppenstufen führen auf K.F. Schinkels berühmten Aussichtsturm. Zu erreichen auf einem Spaziergang ab Binz (30 min) oder direkt vom Haltepunkt „Jagdschloß" der Kleinbahn Rasender Roland. (Geöffnet Mai bis September täglich 9–17.30 Uhr, Oktober bis April Di–So 9–16 Uhr)

Putbus

In der alten Orangerie ist heute die Dauerausstellung „Romantiker auf Rügen" zu sehen, außerdem gibt es monatlich wechselnde Kunstausstellungen. Sehenswert sind auch der Marstall (Konzert- und Theaterbühne, Rossini-Festspiele im Juli/August) und das Puppenmuseum im Park. (Orangerie geöffnet Mai bis September täglich 11–18 Uhr, Oktober bis April, Di–So 11–17 Uhr)

Göhren

Das Mönchguter Heimatmuseum in einem alten Fischerhaus zeigt Seefahrtsgeschichte und Brauchtum der Region; angeschlossen sind mehrere alte Häuser in Göhren und Middelhagen und der Motorsegler Louise am Südstrand, ein alter rügenscher Küstenfrachter. (Unregelmäßig geöffnet; Auskunft Tel. 038308/2175)

Praktische Informationen

Adressen und Auskünfte

Nationalparkamt Rügen,
Blieschow 7a, 18586 Lancken-Granitz,
Tel. und Fax 038393/2425.
Naturschutzbund Deutschland,
Kreisverband Rügen,
Gingster Straße 19, 18573 Samtens,
Tel. und Fax 038306/21764.
WWF-Projektbüro Ostsee,
Dänholm Haus 8, 18439 Stralsund,
Tel. 03831/280701, Fax 03831/297599.

Anreise

Mit der Bahn nach Bergen: von und nach Berlin täglich je 18 Verbindungen mit Umsteigen (Direktanschluß) in Stralsund, teils auch direkt; Fahrtzeit ca. 4 Stunden. Von und nach Hamburg täglich je 10 Verbindungen mit Umsteigen (Direktanschluß) in Stralsund; Fahrtzeit ca. 4 Stunden 30 Minuten. Weiter per Eisenbahn nach Binz oder Putbus, von dort per Schmalspurbahn „Rasender Roland" durch das Biosphärenreservat über Binz–Jagdschloß Granitz–Sellin–Baabe nach Göhren.
Mit dem Auto ab Stralsund auf der B 96 und B 196 über Bergen bis Göhren.

Unterkunft

Aufgrund der Beliebtheit Rügens als Ferien- und Badeort ist eine rechtzeitige

Wandern in Südost-Rügen

Das Biosphärenreservat bietet vielfältige Möglichkeiten für Fuß-, Rad- und Wasserwanderungen in Kombination mit Bus, Kleinbahn und Schiff, von Halb- bis Mehrtagestouren.

Route 1: Historische Einblicke

Für die Tagestour von Putbus nach Göhren wählt man folgenden Verlauf: Putbus, klassizistisches Residenzstädtchen mit ausgedehntem Landschaftspark und zahlreichen Baudenkmalen alte Allee nach Lauterbach am Rügischen Bodden, Fischerei- und neuer Seglerhafen, Wanderweg entlang der Boddenküste nach Osten, Badehaus Goor (erbaut 1816), Buchenwald und Steilküste des Naturschutzgebietes Goor, alte Kopfweidenallee bei Freetz, reizvoller Blick auf die Insel Vilm und Mönchgut; über Stresow (Rastmöglichkeit in „Haases Ishütt“) durch die Stresower Tannen mit Megalithgrab „Zeegensteine“ zu den jungsteinzeitlichen Megalithgräbern bei Lancken-Granitz, im Dorf alte Kirche und zwei Gaststätten, weiter über Preetz (Streusiedlung mit typisch rügenschen Häusern) zum Neuensiener See und über die Brücke nach Seedorf (zwei Gasthäuser), Feldweg über die Höhen zur Moritzburg mit einzigartigem Blick auf die Halbinsel Mönchgut; mehrere Einkehrmöglichkeiten in Moritzdorf; mit Fähre zum Baaber Bollwerk, Baabe Kleinbahnstation (bis hierher ca. 20 km), Rückfahrt nach Putbus oder weiter durch die Baaber Heide am Herzogsgrab vorbei nach Göhren (Übernachtungsmöglichkeit).

i Länge ca. 25 km; 6 bis 8 Stunden Gehzeit.

◁ **Die Wespenspinne sitzt in der Regel kopfunter in ihrem senkrecht aufgespannten Radnetz.**

◁ **Der Tartaren-Lattich ist eine typische Küstenpflanze.**

Route 2: Wald und Strand

Eine Tagestour von Binz nach Göhren, Rückfahrt mit der Kleinbahn. Der Hochuferweg führt durch den Buchenwald der Granitz (Naturschutzgebiet), schönder Blick auf Prorer Wiek und Halbinsel Jasmund, Granitzer Ort – Waldhalle – Sellin (8 km, ca. 2–3 Stunden), verschiedene Einkehrmöglichkeiten; dann weiter am Strand über Baabe nach Göhren, sehenswert ist das Mönchguter Heimatmuseum.

i Länge ca. 15 km; 4 bis 6 Stunden Gehzeit.

Route 3: Zum Zickerschen Höft

Tagestour von Göhren nach Groß Zicker und Thießow. Von Göhren am Strand entlang nach Lobbe, weiter am Deich entlang durch die Zickernis-Niederung nach Gager (Einkehrmöglichkeit), über die Hügel des Naturschutzgebietes Zickersches Höft nach Groß Zicker, denkmalgeschütztes Dorf, alte Dorfkirche, alte Stechpalme und alte Eibe; mehrere Einkehrmöglichkeiten; weiter am Deich entlang nach Thießow; Abstecher nach Klein Zicker oder Rückfahrt per Bus.

i Länge 12 km; 3 Stunden Gehzeit.

Knapp

Reservierung zu empfehlen.
Auskunft bei: Kurverwaltung Binz, Heinrich-Heine-Straße 7, 18609 Binz, Tel. und Fax 038393/37421. Stadt-Information Putbus, Orangerie, 18581 Putbus, Tel. 038301/431.

Mit dem Bus

Innerhalb des Gebietes verkehren mehrere Buslinien des Rügener Personen-Nahverkehrs (RPNV). Mit dem Rügen-Ticket des RPNV und der Deutsche Bahn AG kann man ab Stralsund Bus, Bahn und Schiff benutzen. Eingeschlossen sind Schiffsfahrten von Saßnitz zu den Ostseebädern im Biosphärenreservat sowie Ausflüge mit Bus und Rasendem Roland.

Führungen

Das Nationalparkamt bietet während der Sommermonate mehrere Führungen auf Mönchgut, durch die Granitz und durch den Putbusser Park an. Während dieser Führungen werden Ziele des Biosphärenreservats und die Landschafts- und Kulturgeschichte Südost-Rügens erläutert. Auf der Insel Vilm bietet die Stadt Putbus von April bis Oktober täglich eine Führung für bis zu dreißig Personen an (gegen Gebühr; Anmeldung unter Tel. 038301/61896).

Die Schaalsee-Landschaft

Natur im Niemandsland

Über vierzig Jahre fast vergessen und vor wenigen Jahren noch ein Geheimtip ist die Schaalsee-Landschaft heute einer der intaktesten Naturräume der Norddeutschen Tiefebene. Hinter Sperranlagen und Wachtürmen der früheren deutsch-deutschen Grenze konnte sich eine einzigartige Lebensraum- und Artenvielfalt erhalten und entwickeln.

Seit Jahrhunderten schon führt die Schaalsee-Landschaft zwischen dem kleinen Städtchen Zarrentin im Süden und dem Ratzeburger See im Norden ein Grenzlanddasein. Bis ins 12. Jahrhundert bedeckten wahrscheinlich größtenteils Eichenmischwälder als Urwälder die Region. Auf kleineren Arealen prägten auch Hoch- und Niedermoore sowie Erlen-Eschenwälder die Landschaft. Hier grenzten germanische und slawische Siedlungsgebiete aneinander. Seinen Höhepunkt erreichte das Aufeinandertreffen verschiedener Herrschaftsbereiche allerdings mit den Sperranlagen der über vierzig Jahre währenden deutschen Teilung. Es entstand ein gut bewachtes, schmales Band „Niemandsland", in das der Mensch über Jahrzehnte keinen Zutritt hatte. Die Natur konnte sich in dieser Zeit frei entfalten – selbst da, wo dreißig Jahre zuvor noch Siedlungen waren. Obwohl das für die gesamte ehemalige innerdeutsche Grenze zutrifft, sind doch nirgendwo sonst so vielfältige naturnahe Lebensräume gegenwärtig. Seen, Moore, Wälder und Wiesen der relativ dünn besiedelten Landschaft umfassen etwa 30 400 Hektar. Unzählige, andernorts bereits verschwundene Tier- und Pflanzen-

Kurzprofil

Das Großschutzgebiet Schaalsee-Landschaft (Biosphärenreservat in Vorbereitung) besteht aus Teilen des Naturparks Lauenburgische Seen und dem Naturpark Schaalsee.

Träger:	Kreis Herzogtum Lauenburg (Naturpark Lauenburgische Seen), Land Mecklenburg-Vorpommern (Naturpark Schaalsee)
Gegründet:	Naturpark Lauenburgische Seen 1960, Naturpark Schaalsee 1990
Fläche:	ca. 30 400 ha (Naturpark Lauenburgische Seen ca. 14 200 ha, Naturpark Schaalsee 16 200 ha)
Saison:	ganzjährig
Besucher:	ca. 500 000
Wanderwege:	ca. 120 km ausgewiesene Wander- und Radwege

▷ **Der älteste Teil, der Abundiuskirche in Lassahn stammt vermutlich aus dem Jahr 1190.**

⊲⊲⊲ **Im Frühjahr blüht in den Laubwäldern des Naturparks die Schlüsselblume.**

arten konnten sich hier weiter behaupten. Dieser sich selbst überlassene Streifen ist noch heute das Rückzugsareal vieler Arten aus der in den letzten Jahrzehnten drastisch veränderten Agrarlandschaft des Umlandes.

Der Schaalsee ist nicht nur der größte von über zwanzig Seen der Schaalsee-Landschaft, sondern mit fast 72 Metern auch das tiefste Binnengewässer der Norddeutschen Tiefebene. Seine zahlreichen Buchten und Inseln mit einer Uferlänge von über achtzig Kilometern sind fast durchweg unbebaut. Sie verleihen diesem vergleichsweise klaren See seinen unverwechselbaren Charakter. Strukturen bäuerlichen Wirkens und die Kultur vergangener Jahrzehnte geben dieser reich gegliederten Landschaft und ihren Siedlungen einen teils musealen Charakter.

Biosphärenreservat in Planung

Die Schaalsee-Landschaft ist noch kein einheitliches Schutzgebiet. Obwohl Teile der Region schon seit den fünfziger Jahren unter Landschaftsschutz stehen, bedurfte es nach dem Fall der innerdeutschen Grenze neuer, Naturschutzkonzepte. So wies die letzte, frei gewählte DDR-Regierung in dem heute zu Mecklenburg-Vorpommern gehörenden Teil der Schaalsee-Landschaft ein Großschutzgebiet als Naturpark aus. Es umfaßt 16 200 Hektar und besteht aus einem Landschafts- und zwölf Naturschutzgebieten.

Der schleswig-holsteinische Teil der Schaalsee-Landschaft ist Bestandteil des bereits 1960 gegründeten Naturparks Lauenburgische Seen.

Blick auf den Schaalsee bei Lassahn

Dieser 44 000 Hektar große Naturpark umfaßt weite Teile des Kreises Herzogtum Lauenburg. Er zeichnet sich durch einen für schleswig-holsteinische Verhältnisse überdurchschnittlich hohen Wald- und Seenanteil aus. Auch Schleswig-Holstein richtete ein Band von Naturschutzgebieten entlang seiner Landesgrenze ein. Ältere Naturschutzgebiete wie das bereits 1927 ausgewiesene und später erweiterte Salemer Moor wurden integriert. Das länderübergreifende Großprojekt Schaalsee-Landschaft genießt als ein Europäisches Vogelschutzgebiet und Internationales Feuchtgebiet auch europäischen Schutzstatus. Im Schutzkonzept werden sowohl ungenutzte, teilweise erlebbare Naturlandschaft als auch durch nachhaltiges Wirtschaften entwickelte Kulturlandschaft berücksichtigt. Um allen Anliegen gerecht zu werden, bemühen sich die beteiligten Landesregierungen um die Errichtung eines länderübergreifenden Biosphärenreservats entsprechend dem Programm der UNESCO „Mensch und Biosphäre“.

Ein Refugium im Städtedreieck

Keine Autostunde von Hamburg, Lübeck und Schwerin entfernt, ist die Schaalsee-Landschaft für Erho-

▷ Einer der Kormorane auf dem Röggeliner See breitet seine Schwingen aus.

lungswert und Naturgenuß bekannt. Mehr als eine halbe Million Menschen besuchen jährlich die Schaalseerinne und die anderen Seen des Schutzgebietes.

Die letzte Vereisung, die Weichseleiszeit, hinterließ hier ein welliges, flachkuppiges Land mit Höhenzügen zwischen dreißig und einhundert Metern Höhe, in das viele Hohlformen eingelagert sind. Diese machen heute – neben vielen Seen – die über tausend Kleingewässer des Gebietes aus. Die Vereisung aus dem Ostseeraum und Skandinavien schaffte einen bemerkenswerten Reichtum an Steinen heran. Er prägt nicht nur die Feldmark, sondern auch die Architektur der Region. Ein relativ hoher Anteil feuchter und trockener Laubwälder sowie Moore und Grünländereien sorgen für reizvolle Abwechslung. Die Agrarlandschaft wird durch Feldgehölze, Hecken, Sölle und straßenbegleitende Alleen reich strukturiert. Diese Vielfalt und Abgeschiedenheit begünstigt die Fülle der Tier- und Pflanzenarten. Das Klima ist zwar vorwiegend atlantisch geprägt, aber auch subkontinentale Einflüsse wirken sich deutlich aus. Dadurch bietet dieses Grenzland potentiell mehr Arten Lebensraum.

Adler, Kraniche und Orchideen

Allein 209 Vogelarten konnten nachgewiesen werden, von denen hier etwa 140 brüten. Vier Seeadlerpaare nutzen die Schaalsee-Landschaft ständig als Brut- und Jagdrevier. Selbst die unverwechselbaren Rufe der störungsempfindlichen Großen Rohrdommel kann der aufmerksame Besucher hören. Auf den Gewässern und Äckern rasten zur Mauser und Zugzeit jährlich mehr als 20 000 Wasservögel. Dank der vielen intakten Feuchtgebiete hält sich ein hoher Brutbestand des Kranichs. In einem streng geschützten Bereich des Naturparks Mecklenburg-Vorpommern liegt der westlichste Rast- und Sammelplatz dieser imposanten Vogelart. Bis zu 600 Exemplare treten von hier aus ihren Flug in die Überwinterungsgebiete in Spanien an. Neben

Flora und Fauna in der Schaalsee-Landschaft

Typische Bäume und Sträucher

Erlen, Birken, Eschen (Bruchwälder); Rot-Buche, Eiche (naturnahe Mischwälder); verschiedene Weidenarten (uferbegleitend, Feuchtgrünland); Wildkirsche, Wildapfel, Wildbirne (Hecken, Waldränder, Feldmark); Hainbuche, Hasel (wegbegleitende Hecken); Weißdorn, Schlehe, Hundsrose, Pfaffenhütchen (Feldhecken); Hirschholunder (feuchte Standorte); Heidelbeere, Rauschbeere (Moorstandorte).

Charakteristische Blütenpflanzen

Teich- und Seerosen, Sumpfdotterblume, Schwanenblume, Sumpfcalla (Schwimmblattzone und Uferbereiche); Buschwindröschen, Leberblümchen, Schlüsselblume, Salomonsiegel (Buchenwald); Sonnentau, Wollgras (Moorstandorte); Aronstab, Geflecktes und Breitblättriges Knabenkraut, Golddistel (nährstoffarme Wiesen).

Charakteristische Tiere

Fischotter; Seeadler, Graureiher, Eisvogel, Kormoran, Große Rohrdommel, Gänsesäger, verschiedene Enten- und Gänsearten (Seen mit breiten Röhrichten und angrenzenden Bruchwäldern); Weißstorch, Kranich, Bekassine; Große Maräne; zwölf verschiedene Lurcharten (staunasse Standorte).

◁ Der Lassahner See bei Stintenburg

vielen weiteren andernorts verschwundenen Tierarten wie Rotbauchunke und Laubfrosch, wird auch der Fischotter noch regelmäßig angetroffen. Der Schaalsee hat darüber hinaus eine Rarität aufzuweisen: Er ist Lebensraum der Großen Maräne, einem lachsartigen Fisch, der gelegentlich in der Gastronomie des Umlandes als Delikatesse angeboten wird. Vor allem auf den Trokkenstandorten und in den totholzreichen, naturnahen Wäldern des Schutzgebietes sind außerdem vom Aussterben bedrohte wirbellose Tiere wie Tagfalter und Käfer zu finden.
Auch die Flora der Schaalseeregion ist bemerkenswert.
Während im Frühjahr die leuchtend gelben Schlüsselblumen auffallen, ist im Frühsommer die Blütenpracht der Feuchtwiesen und Ackerbrachen besonders beeindruckend. Auch hier ist es wieder die Vielfalt, die den Betrachter während der gesamten Vegetationsperiode erfreut. Dem Kundigen werden aber auch Orchideenarten wie das Gefleckte Knabenkraut und das Kleine Waldvögelein sowie Bestände der Sumpfcalla ins Auge stechen.
Ausflüge in das Gebiet sind das ganze Jahr über zu empfehlen, besonderen Reiz haben allerdings das späte Frühjahr und die Zeit des Vogelzuges. Ein Netz von Wander- und Radwegen lädt zum Erkunden der Natur ein. Freizeitsportarten wie z.B. Surfen, Tauchen und Geländefahrten sind im Schutzgebiet nicht oder nur eingeschränkt möglich. Entsprechende Hinweise finden sich vor Ort.

◁◁ Die Große Maräne liebt die Kälte. Im Schaalsee ist eines ihrer letzten natürlichen Vorkommen.

Attraktion Kulturlandschaft

Einerseits ist die Schaalsee-Landschaft ein riesiges Freilichtmuseum der regionalen Kulturgeschichte, andererseits bietet sie in ihren Kernbereichen faszinierende Wildnis und ursprüngliche Natur. Noch heute ist vielerorts die einst großflächige Gutswirtschaft von der kleinflächigen Bewirtschaftung in den ehemaligen Bauerndörfern zu unterscheiden.
Exemplarisch für diese kleinteilige Agrarstruktur ist die von Kesselmooren, Waldresten, Feuchtwiesen und kleinen Äckern durchsetzte Techiner Heckenlandschaft. Ein Wanderweg von Techin nach Boissow durch eine der Kernzonen des Naturparks zeigt eindrucksvoll den Unterschied zwischen extensiv bewirtschaftetem Weideland und Kulturland, das langsam wieder von natürlichem Wald in Besitz genommen wird. Sehr schnell erobert sich die Natur das ihr oft mit viel Schweiß abgerungene Terrain wie Wiesen, Äcker, Wege und sogar

bebautes Land zurück. Überall in den Naturschutzgebieten, vor allem in der östlichen Schaalsee-Landschaft, ist dieser seit Jahrzehnten währende Prozeß zu beobachten-am eindrucksvollsten auf dem etwa zehn bis zwanzig Meter breiten ehemaligen „Todesstreifen“, einem mechanisch und mit chemischen Mitteln künstlich vegetationsfrei gehaltenen Bereich der innerdeutschen Grenze. Je nach Bodenverhältnissen und Feuchtigkeitsgrad macht sich dort jetzt eine andere Vegetation breit. Wie in einem riesigen Freilandlabor wird man später feststellen können, daß die Erstbesiedler meist wieder anderen Baum- und Straucharten Platz machen müssen. Am deutlichsten ist das Entstehen verschiedener Pflanzengesellschaften auf den teilweise als Wanderwegen ausgewiesenen Trassen der ehemaligen Grenz-Kontrollwege der DDR.

Eine Feuchtwiese am Hammerbach bei Bantin

Moore und Seen

Auch Moore finden sich in der Schaalsee-Landschaft reichlich. Das bedeutendste ist das Salemer Moor mit dem sich anschließenden Garrenseeholz und eingestreuten Waldseen. Es ist durch Wanderwege erschlossen.

Das „Erlebnis See“ gönnt man sich am besten von Zarrentin aus. Die Uferpromenade bietet Ausblicke auf den zusammenhängenden südlichen Teil des Schaalsees. Mit einem Elektroboot sind etwa einstündige Ausflüge auf den See möglich. Dort bekommt man einen guten Eindruck von der Unberührtheit dieser Landschaft. Wer Interesse an ausgedehnteren Fahrten mit Ausflugsschiffen hat, muß sich dem Ratzeburger See zuwenden. Vom nördlichsten Zipfel des Sees aus, nahe dem kleinen Ort Rothenhusen, kann man sogar die vierzehn Kilometer lange Flußlandschaft der Wakenitz, den „Amazonas des Nordens“, bis Lübeck befahren.

Bei Zarrentin, von der Halbinsel Strangen aus, läßt sich im Herbst ein eindrucksvolles Naturschauspiel beobachten: der Anflug der Kraniche bei Anbruch der Dunkelheit auf ihre Schlafplätze, die in den seichten Buchten am Ostufer des Schaalsees liegen. Für Vogelbeobachtungen ist daneben der Röggelliner See, ein altes Naturschutzgebiet im nordöstlichen Teil des Naturparks Schaalsee, ein sicherer Tip. Die Wahrscheinlichkeit, hier einen Seeadler auf Beutezug oder beim Ansitz zu Gesicht zu bekommen, ist sehr hoch. Ein Beobachtungshochstand in der Nähe der Badestelle von Klocksdorf erleichtert dem Besucher den Ausblick. Auch eine Kolonie von Kormoranen, die ihres hohen Fischkonsums wegen bei den Fischern wenig beliebt sind, befindet sich auf einer Insel des Sees.

Geologisch Interessierte werden sich für die drei mächtigen Kerbtäler bei Utecht begeistern, die im Laufe von Jahrtausenden von Quellwässern in den Geschiebelehm gegraben wurden. Vom Wind gebrochene Buchenstämme liegen kreuz und quer über den in feuchten Jahreszeiten wasserdurchflossenen Tälern.

Störche in malerischen Dörfern

Als Schutzgebiet einer Kulturlandschaft zeichnet sich die Region durch eine noch gut erhaltene historische Siedlungsstruktur aus. Zum Teil liebevoll restaurierte Bauernkaten, Gutshäuser und Kirchen fallen im dörflichen Bild der Gemeinden

◁◁
In den Schwimmblattzonen oder im Uferbereich der Seen ist die Schwanenblume anzutreffen.

auf. Auch der Verfall der Dörfer und die Entvölkerung auf östlicher Seite der ehemaligen Grenze kehren sich allmählich um. Fast jedes Dorf im Naturpark hat noch sein Storchenpaar, einigen kann man sogar in die Kinderstube schauen. Lohnend ist auch ein Besuch der Städte Gadebusch, Zarrentin, Mölln und der Inselstadt Ratzeburg. Alle haben einen sehenswerten historischen Stadtkern und halten vielfältige touristische Angebote bereit.
Wer sich möglichst umfassend informieren möchte, kann das Informationszentrum des Naturparkamtes Schaalsee besuchen. Es befindet sich derzeit am Zugang zur Insel Kampenwerder in der Nähe von Lassahn, ab Herbst 1997 in Zarrentin, am Ortsausgang Richtung Lassahn.

Wanderungen in der Schaalsee-Landschaft

Zahlreiche Rad- und Wanderwege führen durch die Schaalsee-Landschaft. Einige von ihnen folgen romantischen alten, von Bauern angelegten, mit bewachsenen Feldsteinmauern gesäumten Hohlwegen.

Route 1: Mitten im Schaalsee

Wie eine Insel liegt der Seedorfer Werder am nordwestlichen Ende des Schaalsees. Alte Bäume beschatten den Weg des Wanderers. Herrliche Ausblicke erwarten ihn auf diesem Rundweg. Man kann weit sehen, z.B. über den Zipfel der Teufelsbrücke, einer markanten Steinaufschüttung an der Spitze des Werders von Groß Zecher, hinweg bis nach Mecklenburg.
Nach einer Weile steht man direkt an einem Steilufer und kann den Blick über das klare Wasser des Sees genießen. Vorbei an einem Erlenbruch mit Niedermoorvegetation gelangt der Besucher durch den Wald an seinen Ausgangspunkt zurück.

i Länge 6 km lang; ca. 2 Stunden Gehzeit (Markierung Delphin).
✕ Einkehr in Seedorf möglich.

Route 2: Idylle in der Stille

Die Tour beginnt am nordwestlichen Ufer des Garrensees. Junge Erlen säumen einem grünen, durchsichtigen Vorhang gleich das Ufer und geben gelegentlich den Blick auf den See frei. Entlang der Ostseite des Sees gelangt der Wanderer zum Plötschersee. Beide Seen gehören zu den wenigen heute noch erhaltenen Klarwasserseen. Auf östlicher Seite erreicht man den Verbindungsgraben zur Schwarzen Kuhle. Dieser naturnahe moorige Braunwassersee liegt tief eingesenkt in einer Bodenrinne und wurde 1927 unter Naturschutz gestellt. An seinem Nordufer kann man den natürlichen Verlan-

◁
Eine Bekassine mit frisch geschlüpften Küken

dungsvorgang erkennen. Beidseitig von Hecken begleitet führt der Weg nach Salem. Von hier aus kann das Salemer Moor erreicht werden, ein immer noch wachsendes Waldhochmoor. Da es Brutgebiet von Kranichen ist, sind Störungen der Brutplätze verboten.

i Zum Teil Rundweg, (Markierung Eule, außer Salemer Moor); Länge 12 km; Gehzeit 4 Stunden. ✕ Einkehr in Salem.

Im Spätsommer leuchtet aus den Feldhecken das Rot der Pfaffenhütchen-Früchte.

Route 3: Ohne zu stören Vögel beobachten

Ausgangspunkt dieser Wanderung für Vogelfreunde ist das Dorf Boissow. Vom Ufer des Boissower Sees erblickt man in der Mitte des Gewässers eine künstlich aufgeschüttete Insel. Sie wird, wie auch der Schilfgürtel, von verschiedenen Vogelarten als Brutplatz genutzt. Haubentaucher, Bläßrallen und Schellenten gehören zu den wichtigsten Vertretern in diesem Lebensraum. Ein Beobachtungsstand ermöglicht es, die Tiere unbemerkt zu betrachten. Nach kurzem Weg erreicht man das Ufer des Neuenkirchner Sees. Von Juni bis August blüht hier am Südufer die Weiße Seerose. Die naturnahen Buchenwaldbestände am Ostufer sind begehrte Brutreviere, zum Beispiel für den Kolkraben. Dieser bussardgroße schwarze Singvogel fällt durch sein tiefes „Kolk“ und seinen im Flug deutlich sichtbaren, keilförmigen Schwanz auf. An der Nordspitze des Sees kehrt man auf dem gleichen Weg zum Ausgangspunkt zurück oder wählt zwischen zwei weiteren Möglichkeiten, Boissow wieder zu erreichen.

i Dorf Boissow bis zur Nordspitze des Sees: Länge 5 km; Gehzeit 2 Stunden; auch für Radtouren geeignet.
✕ Einkehr in Neuenkirchen.

Aktivitäten für Kinder und Jugendliche

Auf geführten Wanderungen oder an Projekttagen können Kinder und Jugendliche das Schutzgebiet erkunden (Anmeldungen im Naturparkamt Schaalsee). Im Gebiet gibt es zwei Jugendbegegnungsstätten: die Jugendbegegnungsstätte am Goldensee „Alte Schule e.V.“, 19205 Gr. Thurow, Tel. 038876/20164 und das Freizeitheim Dargow, Schaalseeweg 1, 23883 Dargow, Tel. 04545/241.

Kultur und Museen

Thandorf

Stickereiausstellung, Uhlenhof Stickereien, 19217 Thandorf, Tel. 038875/3990; Gruppenführungen auf Wunsch. (Geöffnet Mo–Fr 10–18 Uhr, langer Sa 10–18 Uhr, Sa 10–14 Uhr, So geschlossen, Eintritt frei)

Zarrentin

Kloster Zarrentin, Gruppenführungen sind auf Wunsch möglich (Anmeldung bei Dr. Christoph Prösch, Tel. 038851/25426)

Route 4: Von Inseln und Halbinseln

Auf der alten Uferpromenade Zarrentins wandert man in nördliche Richtung vorbei an Bootsstegen und Bootshäusern sowie an großen und kleinen Weiden. Das auffällige Gebäude links des Weges mit den noch zu erkennenden gotischen Stilelementen war das einstige Kloster zu Zarrentin. Wenig später erscheint auch die in unmittelbarer Nähe des Klosters stehende Kirche des Städtchens im Blickfeld. Vom Ufer aus sieht man auf den Schaalsee mit einer seiner kleinsten Inseln, der Möwenburg. Zu winzig, um von Menschen genutzt zu werden, dient sie Silbermöwen, Haubentauchern, Graugänsen und Höckerschwänen als Brutplatz.

Praktische Informationen

Informationszentren

Informationszentrum mit Dauerausstellung über den Naturpark Schaalsee. Stintenburg Insel, 19246 Lassahn, Tel. 038858/21215, Fax 038856/21207 (ab Herbst 1997 in Zarrentin); Geöffnet Mo-Fr 10-16, Sa und So 12-17 Uhr. Infostelle Zweckverband „Schaalsee-Landschaft“, Wittingsbeck, Tel. 04541/888416.

Adressen und Auskünfte

Naturparkamt Schaalsee und Förderverein Naturpark Schaalsee e.V., beide zu erreichen unter: Stintenburg Insel, 19246 Lassahn, Tel. 038858/21215 (ab Herbst 1997 neue Adresse in Zarrentin).
Zweckverband „Schaalsee-Landschaft“, Am Markt 10, 23909 Ratzeburg, Tel. 04541/888399.
WWF Naturschutzstelle Nord, Hauptstraße 144, 23879 Mölln, Tel. 04542/2016.

Anreise

Mit Bahn oder Bus bis Ratzeburg bzw. Zarrentin. Der öffentliche Personennahverkehr im Schutzgebiet ist noch unzureichend. Im Westteil des Schutzgebietes (Naturpark Lauenburgische Seen) verkehrt in der Saison ein Wanderbus. Nähere Auskünfte bei den Stadtverwaltungen Ratzeburg (Tel. 04541/80000) oder Mölln (Tel. 04542/8030). Mit dem Auto ist das Schutzgebiet aus Richtung Süden über die A 24 (Abfahrt Zarrentin) zu erreichen, aus dem Norden über die B 207.

Führungen

Es werden ganzjährig Gruppenführungen nach Anmeldung organisiert. Öffentliche Wanderungen und weitere Angebote sind dem Veranstaltungskalender (beim Naturparkamt Schaalsee) zu entnehmen.

Danach erreicht der Weg über einen aufgeschütteten Damm und eine Holzbrücke die schmale Halbinsel Strangen. Verweilt man auf der Brücke, erblickt man linker Hand den Kirchensee und rechter Hand, mitten im Schaalsee, die Techiner Halbinsel. Den Strangen betretend, sieht man eine märchenhafte Lindenallee vor sich. Vielfach trifft man auf Zeichen der einstigen Besiedlung des Strangen: alte Fundamente aus deren Spalten und Rissen bereits junge Bäume wachsen.

Der Wanderweg führt nun durch das Strangenmoor mit seiner reichen Tier- und Pflanzenwelt. Über einen Wiesenweg gelangt man auf den südlichen Seeweg, der an der Straße nach Marienstedt vorbei zur Uferpromenade zurückführt.

i Länge 3 km (Rundweg); Gehzeit 1 Stunde.
✕ Einkehr in Zarrentin.

Eine kleine Bucht tut sich auf und lädt zum Verweilen ein. Weiden am Ufer geben Sichtschutz, um ungesehen Graugänse, schwarzweiße Reiherenten, elegante Haubentaucher, braunköpfige Tafelenten sowie die kleinste Ente unserer Breiten, die Krickente, zu beobachten. Mit etwas Glück sieht man auch, wie der Seeadler majestätisch seine Kreise zieht. Weiter geht die Tour vorbei an einem Buchenwald, an nahe dem See gelegenen Feuchtwiesen und zahlreichen Hecken. In Klocksdorf angekommen folgt man der Ausschilderung zu einer Badestelle, die idyllisch gelegen ist und Möglichkeiten zum Schwimmen, Ausruhen und Spielen bietet. Tierbeobachtungen sind von einem Hochstand an der Grenze des Naturschutzgebietes mit einem Fernglas möglich. Über Kuhlrade, Stove, Klein und Groß Molzahn kann die Radtour wieder in Dechow beendet werden.

i Länge 15 km; Fahrzeit mit dem Rad 2 Stunden.
✕ Einkehr in Carlow; Imbiß in Klocksdorf auf dem Anger; Fischerei im Ort.

Unterkunft

Privatunterkünfte gibt es in fast allen Gemeinden des Schutzgebietes; Hotels in den Orten Zarrentin, Roggendorf, Salem und Seedorf sowie in den Städten um das Schutzgebiet.

Camping

Campingplätze am Schaalsee in Zarrentin und Groß Zecher, am Pipersee, Salemer See und Ratzeburger See in Römnitz und Kalkhütte. Innerhalb des Schutzgebietes ist das Campen und das Abstellen von Wohnmobilen nicht gestattet.

Wandern und Radfahren

Die Wander- und Radwege sind gut markiert. Innerhalb des Schutzgebietes gibt es ein ausgewiesenes Streckennetz von rund 120 km.
Effizielle Wander- und Radkarte mit Tourenvorschlägen für den Naturpark Schaalsee sind in der Informationsausstellung des Naturparkamtes oder per Post über den Förderverein Naturpark Schaalsee e.V. erhältlich.

Baden und Wassersport

In Zarrentin befindet sich ein Strandbad. Daneben gibt es in allen Gemeinden am See einfache Badestellen. Diese sind jedoch oft nur mit dem Rad oder zu Fuß zu erreichen.
In der offiziellen Wander- und Radkarte des Naturparks Schaalsee sind diese Badestellen eingezeichnet.
Surfbretter, ortsfremde Segelboote und Motorboote sind auf den Seen des Schutzgebietes nicht zugelassen, auch für Kanus gibt es Beschränkungen.
Ruderboote, Tretboote und Kanus können in Zarrentin ausgeliehen werden.
Gruppenfahrten (max. 14 Personen) mit Elektrobooten ebenfalls ab Zarrentin.

Das Zisterzienser-Kloster in Zarrentin wurde bereits 1251 gegründet.

Route 5: Mit dem Rad unterwegs

Der Röggeliner See liegt im Nordosten des Naturparks. Er ist im Durchschnitt fünf bis sechs Meter tief und zeichnet sich durch eine interessante Tier- und Pflanzenwelt aus, die nicht nur erfahrene Botaniker oder Zoologen in ihren Bann zieht. Die stattliche Anzahl von 71 Brutvogel- und 76 Gastvogelarten ist nur ein Beispiel für die Vielfalt des Gebietes. Die Radtour beginnt in Dechow am Südufer des Röggeliner Sees. Von hier aus fährt man in östlicher Richtung zunächst in weitem Abstand zum See, bis man hinter einem links an der Straße gelegenen Wohnhaus in seine unmittelbare Nähe kommt.

Jarmatz

Lüneburger Heide

Wo Moor und Heide blühen

Heide und Heidschnucken sind ihr Aushängeschild, aber die Lüneburger Heide hat noch viel mehr zu bieten: weite Kiefernwälder, stille Moore und alte Gehöfte, eine historische Kulturlandschaft – lebendiger Ausdruck jahrtausendelangen Umgangs mit der Natur.

Vor nicht einmal 200 Jahren war die Heide in weiten Teilen Norddeutschlands ein alltäglicher Anblick: Scheinbar unendliche Heideflächen bedeckten damals die kargen Sandböden zwischen Ems und Elbe. An einem Ort hat sich diese typische Landschaft bis heute in einzigartiger Ausdehnung erhalten – in der Lüneburger Heide, mit über 23 000 Hektar Fläche eines der größten Naturschutzgebiete Deutschlands. Neben den Heiden sind es auch die weiten Wälder und lichten Haine, die zahlreichen Moore und Bachniederungen, die historischen Siedlungen mit der sie umgebenden Feldmark, die dem Besucher das Bild einer lebendigen Kulturlandschaft mit langer Geschichte vor Augen führen.

Wer den Wilseder Berg, die höchste Kuppe der nordwestdeutschen Geest, besteigt, erkennt die Strukturen eines eiszeitlich gestalteten Reliefs. Die Gletscher haben hier Sand und Gestein zu Endmoränen zusammengeschoben, die von flachwelligen Platten (den Grundmoränen), Trockentälern, Mulden und weiten sandigen Flächen umgeben sind.

Mehrere typische nordwestdeutsche Heidebäche, wie Este, Seeve, Böhme und Wümme haben ihren Ursprung in diesem bewegten Gelände. Einige gehören zum Stromsystem der Elbe, andere fließen in Richtung Aller und Weser.

Die Geländestruktur der Lüneburger Heide beeinflußt auch das Klima: Es regnet hier mehr, und die Temperaturen schwanken stärker als in den umliegenden Gebieten. Die besonderen klimatischen Verhältnisse tru-

Kurzprofil

Das Naturschutzgebiet Lüneburger Heide ist eines der ältesten und größten Naturschutzgebiete Deutschlands.

Träger:	Land Niedersachsen, Obere Naturschutzbehörde in Lüneburg
Gegründet:	1922; schon 1906 erste Schutzkäufe durch „Heidepastor“ Wilhelm Bode
Fläche:	23 440 Hektar (davon 13 000 Hektar Wald, 3000 Hektar Heide, 3000 Hektar ehemaliges Panzerübungsgelände)
Besucher:	4–5 Millionen jährlich
Wanderwege:	Das Wegenetz ist gut ausgebaut und wird um das hinzugekommene Militärgelände erweitert. 250 km Reitwege; das Wegegebot gilt im gesamten Naturschutzgebiet.

▷ **Schafställe sind Teil der historischen Kulturlandschaft.**

gen dazu bei, daß sich nach der letzten Eiszeit in vielen Geländesenken Hochmoore entwickeln konnten, die oft allerdings nur sehr klein waren. Typisch für die Lüneburger Heide sind außerdem zahlreiche Quellmoore, die in offener Landschaft dort entstanden, wo extrem nährstoffarmes Grundwasser hervortritt. Die im Sommer leuchtend gelb blühende Moorlilie prägt diesen Moortyp, der hier Heidemoor genannt wird.

Die ersten Heiden des Gebietes entstanden schon vor Tausenden von Jahren. In der Jungsteinzeit und besonders in der frühen Bronzezeit begannen die seßhaft gewordenen Menschen durch Auflichtung und Vernichtung der Wälder ihren Lebensraum zu gestalten. Äcker und Viehweiden entstanden, und auf dem kargen Boden bildete sich als Folgevegetation die Heide: Sandheide auf trockenem, sandigem Grund, die artenreiche Lehmheide auf den etwas besser versorgten Standorten und Moorheide auf moorigen Flächen. Die Heidebauern wußten die Heiden zu nutzen – als Schafweide, zur Bienenhaltung und seit dem Mittelalter auch als Nährstoffquelle für den Ackerbau. Heideplaggen oder mit Dung versetztes Mahdgut gelangten als Dünger auf die vorwiegend mit Roggen bestellten Felder. Auch Hafer und Buchweizen gediehen unter diesen Verhältnissen.

Dort, wo die Heide zu intensiv genutzt wurde, entstanden Dünenlandschaften, die im 18. und frühen 19. Jahrhundert zu einer wachsenden Bedrohung für die Menschen dieses Raumes wurden. Noch heute kann man die unruhigen Dünenformen unter der Vegetation erkennen. Die Heidebauernwirtschaft in traditioneller Form lohnte sich bald nicht mehr. Der Staat reagierte um die Mitte des 19. Jahrhunderts, indem er Land kaufte und planmäßig aufforstete: So entstanden die weiten Kiefernwälder der Lüneburger Heide.

Als sich die Heideflächen rapide verringerten, gewannen sie in den Augen vieler Menschen an Wert. Die Heide wandelte sich von einer bedrohlich kargen Einöde zum schützenswerten Relikt heimischer Kulturlandschaft. Schon 1909 wurde der Verein Naturschutzpark gegründet, Ausdruck der neuen Begeisterung für den Natur- und Heimatschutz. Die Vereinsmitglieder kauften großräumig Flächen auf, und binnen weniger Jahre war das Ziel erreicht, in der Lüneburger Heide einen Naturschutzpark zu errichten, der die Vielfalt der nordwestdeutschen Geestlandschaft repräsentiert.

Weitläufige, mit Wacholder durchsetzte Zwergstrauchheiden prägen große Teile des Naturschutzgebietes.

Zwischen Elbe und Weser

Heute verfolgt der Naturschutz in verschiedenen Teilen der Lüneburger Heide unterschiedliche Strategien. Drei ausgewiesene Naturwälder werden ohne weitere Eingriffe ihrer Entwicklung überlassen. Auch die meisten Bachtäler und die großen Hochmoore des Schutzgebietes sollen sich nach dem Abschluß von Renaturierungsarbeiten ohne menschliches Zutun weiterentwickeln.

In der historischen Kulturlandschaft steht der Arten- und Biotopschutz im Vordergrund, denn sie beherbergt viele Tiere und Pflanzen, die heute sehr selten geworden sind. Zu dieser Landschaft gehören vor allem verschiedene Arten von Magerböden, die anderswo infolge von Überdüngung und dem hohen Stickstoffgehalt der Luft weitgehend verlorengegangen sind. Auch die aktuelle Kulturlandschaft wird sich jedoch weiterentwickeln, und die im Schutzgebiet erhaltenen Arten bekommen, wenn es gelingt, sie über die Zeit zu retten, vielleicht wieder eine Chance, sich zu verbreiten.

Die historische Kulturlandschaft wird vom Verein Naturschutzpark durch Pflegemaßnahmen erhalten, die sich

▷▷ **Heidschnucken, eine anspruchslose, alte Rasse, bei der beide Geschlechter Hörner tragen, sind typisch für die Lüneburger Heide.**

Informationshäuser des Vereins Naturschutzpark

Wilsede

Im Heidemuseum „Dat ole Huus“ wird gezeigt, wie man bis zu Beginn dieses Jahrhunderts in den stillen Heidedörfern wohnte und arbeitete, Tel. 04175/445. (Geöffnet Mai bis Oktober 10–13 und 14–17 Uhr sowie nach Vereinbarung; Eintritt: 2 DM, Jugendliche 1 DM)

Döhle

Im Haus der Natur sind die Tierarten des Naturschutzgebietes in Schaukästen zu sehen, Tel. 04175/1615. (Geöffnet Mai bis September Di–So und an Feiertagen 10–13 und 14–17 Uhr sowie nach Vereinbarung; Eintritt: 2 DM, Jugendliche 1 DM)

an der Wirtschaftsweise der früheren Heidebauern orientieren. Beweidung mit Heidschnucken, kontrollierter Feuereinsatz und Mahd sind die heute gebräuchlichen Methoden. Auf stark überalterten Heideflächen wird die Vegetation mitsamt der Humusschicht abgeschoben, ein Vorgang, der dem „Plaggen" der Heidebauern nachempfunden ist. So entstehen immer wieder Böden, auf denen sich junge Heide entwickeln kann. Auf großen Flächen, besonders in großen Teilen des Waldes, wird das Land naturschonend und nachhaltig bewirtschaftet. Eintönige Kiefernwälder wandeln sich dabei zunehmend in artenreiche Mischbestände. Aufgeforstete Kiefern der ersten Waldgeneration bilden heute lichte Altbestände, unter deren Schirm vielfach Ebereschen, Birken, Eichen und Buchen nachwachsen.

In der Landwirtschaft betreibt der Verein Naturschutzpark einen eigenen Landschaftspflegehof, der ohne Einsatz von Spritzmitteln, ohne Beregnung und teilweise mit alten Sorten von Feldfrüchten auf etwa 260 Hektar Fläche einen schonenden Anbau erprobt.

Eine Besonderheit dieses Naturschutzgebietes sind die etwa 3000 Hektar militärischen Übungsgeländes, die bis Sommer 1994 von britischen Streitkräften für Panzerübungen genutzt wurden. Diese jetzt frei gewordenen, stark verwüsteten Flächen sollen zu einer heidetypischen „Offenlandschaft" entwickelt und damit umfassend saniert werden.

◁◁◁ **Heidelibellen zählen zu den schönsten Insekten.**

Flora und Fauna in der Lüneburger Heide

Typische Vogelarten

Birkhuhn, Ziegenmelker, Grünspecht, Wendehals, Heidelerche, Schwarzkehlchen, Braunkehlchen, Raubwürger, Neuntöter, Steinschmätzer (auf Heiden, auf offenem Sand und in lichten Wäldern); Krickente, Bekassine, Kiebitz, Großer Brachvogel (in Mooren und Bachtälern); Schwarzspecht, Hohltaube, Rauhfußkauz, Dohle (im Altholz).

Typische Bäume und Sträucher

Kiefer, Fichte, Rot-Buche, Stiel- und Traubeneiche, Moor- und Sandbirke, Vogelbeere, Wacholder.

Charakteristische Blütenpflanzen

Besenheide, Glockenheide, Preiselbeere, Behaarter Ginster, Englischer Ginster, Niedrige Schwarzwurzel, Quendelseide (auf Heiden); Moorlilie, Lungenenzian, Rundblättriger und Mittlerer Sonnentau, Weißes Schnabelried (in Mooren).

Weite Heide, stille Moore, große Wälder

Obwohl die Lüneburger Heide zwischen den Ballungsräumen Hamburg, Bremen und Hannover liegt, konnte hier durch das frühe Engagement der Naturschützer der Bau von Straßen und Siedlungen stark eingeschränkt werden. Heute gehört das Gebiet deshalb zu den großräumig unzerschnittenen Flächen innerhalb Deutschlands. Ein gut angepaßtes Wegenetz erschließt dem Wanderer die unverbaute Weite des Naturschutzgebietes.

In seinem Zentrum liegen die Heiden. Sie reichen von den jüngst vom Militär befreiten Flächen bei Schneverdingen und Soltau über Nieder- und Oberhaverbeck, Wilsede, Undeloh und Wesel bis vor die Tore Hanstedts im Norden des Gebietes. Hier und da eingesprengt finden sich die traditionsreichen Einzelhöfe der früheren Heidebauern, kleine Weiler und Dörfer. Viele Baudenkmäler konnten hier erhalten werden – reetgedeckte Fachwerkhäuser mit Nebengebäuden wie Treppenspei-

Der Raubwürger benutzt häufig Dornbüsche als „Schlachtbänke" für seine Beute.

◁ **Der Englische Ginster ist eine typische Begleitpflanze der Besenheide.**

▷ Ein Blick in den „Totengrund“ läßt niemanden erschrecken.

chern, Backhäusern und Schafställen. Sie sind oft umgeben von knorrigen Eichen und Buchen, sogenannten Hofgehölzen. Auch in der Umgebung kleiner Weiler und Dörfer haben sich diese mächtigen Relikte der historischen Kulturlandschaft erhalten. Früher nutzte man die Gehölze zur Waldweide, zur Gewinnung von Bau- und Brennholz und als Brandschutz in den weiten Heiden; heute werden sie als seltene Waldstandorte mit reicher Tier- und Pflanzenwelt erhalten. Schwarz- und Grünspecht siedeln hier ebenso wie die Höhlenbrüter Hohltaube und Dohle.

Sehr vielfältig treten die Heiden in Erscheinung: als offene Flächen oder in markanten Geländeformen wie dem Toten- und Steingrund bei Wilsede, als dichte Wachholderheiden oft in der Nähe von Einzelhöfen und Siedlungen, als verbuschte Heiden im Übergang zu Wäldern, im Verbund mit Ackerflächen, reich blühenden Brachen und Magerrasen oder als Feuchtheiden im Umfeld der Moore. Bienenzäune zeugen von der unverändert großen Bedeutung der Heiden für die Imkerei.

Mehrere Herden der Grauen Gehörnten Heidschnucke werden auf den Flächen gehütet. Die Beweidung trägt wesentlich zur Erhaltung der Heiden bei.

Von den zahlreichen Mooren ist eines von herausragender Größe und Gestalt für den Besucher sehr gut erschlossen: nämlich das Pietzmoor bei Schneverdingen. Dieses einst für den Torfstich der Bauern genutzte, entwässerte und bewaldete Hochmoor wird seit Mitte der siebziger Jahre wieder „vernäßt“. Die Folge: auf den jetzt wieder nassen Flächen stirbt der Wald. Skurrile Baumgestalten ragen empor, Torfmoospolster, Wollgras und Sonnentau weisen den Weg in eine neue Phase der Moorentwicklung. Auch die Tierwelt hat sich auf die neuen Verhältnisse eingestellt. Besonders auffällig sind die zahllosen Heidelibellen, Moosjungfern und Azurjungfern, die den Wanderer an warmen Sonnentagen begleiten.

Dem, der Erholung in den Wäldern sucht, erschließt sich ein weites Netz von Reit- und Wanderwegen. Weithin ziehen sich Kiefernwälder, oft noch die erste Generation des 19. Jahrhunderts. Nur verstreut finden sich dagegen Inseln alter Laubholzbestände. Doch auch die früher eintönigen Aufforstungswälder gewinnen an Vielfalt. Vogelbeeren, Faulbaum und Birken siedeln sich an und gedeihen. Der Eichelhäher, dem Wanderer ein steter Begleiter, hilft bei der Entwicklung der Wälder. Besonders in jungen Kiefernwäldern – auch weit entfernt vom nächsten Samenbaum – wachsen junge Eichen auf, Folge unermüdlicher Pflanzung durch den Häher.

Überall dort, wo die Waldwege sich weiten und mehr Licht an den Boden dringt, stellt sich am Wegesrand schnell die Heide ein. So können auch Wege Verbindungen schaffen und wärmeliebenden Tierarten wie Eidechsen und Schlangen Lebensraum bieten. Totholz verbleibt vermehrt im Wald und schafft Lebensmöglichkeiten für eine Fülle von kleinen Organismen, die organische Substanzen zersetzen und damit ihren Teil zum Erhalt des Biotops beitragen.

Der Verein Naturschutzpark (VNP)

1909 in München gegründet.
Sitz: Niederhaverbeck, 29646 Bispingen; eigene Forst- und Landschaftspflegeverwaltung für das NSG Lüneburger Heide; eigener Landschaftspflegehof.
Herausgabe der Zeitschrift „Naturschutz- und Naturparke“, 3 Informationshäuser und 1 Museum des VNP in der Lüneburger Heide.

Die Alfred Toepfer Akademie für Naturschutz NNA

1981 als Landeseinrichtung gegründet (damals Norddeutsche Naturschutzakademie).
Sitz: Hof Möhr, 29640 Schneverdingen.
Aufgaben: Bildung; Öffentlichkeitsarbeit: Herausgabe der „NNA-Berichte“ und der „Mitteilungen aus der NNA“; Forschung.

Das Staatliche Forstamt Sellhorn

Sitz: Sellhorn, 29646 Bispingen
Fläche: ca. 5200 ha; fast vollständig im Naturschutzgebiet; 5 Revierförstereien, 1 Funktionsstelle für Waldökologie und Naturschutz, 1 Jugendwaldheim, 3 Naturwälder;
Aufgaben: Grundlegende Arbeiten zu Fragen der Waldbiotopkartierung und des naturschutzgemäßen Waldbaus; Waldführungen nach Absprache.

Praktische Informationen

Adressen und Auskünfte

Verein Naturschutzpark, Niederhaverbeck, 29646 Bispingen, Tel. 05198/408; Staatl. Forstamt Sellhorn, 29646 Bispingen, Tel. 05114/896; Alfred Toepfer Akademie für Naturschutz NNA, Hof Möhr, 29640 Schneverdingen, Tel. 05199/9890. Kommentierte Wandervorschläge gibt es im Hans-Pforte-Haus, Niederhaverbeck, Tel. 05198/379 und im Seume-Haus, Undeloh, Tel. 04189/294.

Wandern in der Lüneburger Heide

Wer das Naturschutzgebiet Lüneburger Heide besuchen möchte, sollte sich zuvor die amtliche topographische Karte 1 : 50 000 beschaffen: Sie liefert alle nötigen Informationen über den Verlauf der Wander- und Radwege, über Lehrpfade und Informationshäuser. Für Reiter gibt es eine Sonderkarte, auf der die insgesamt etwa 250 Kilometer Reit- und Kutschwagenwege markiert sind. Im Naturschutzgebiet darf nur auf denjenigen Wegen geritten werden, die ausdrücklich dafür vorgesehen und entsprechend markiert sind.

Route 1: Durch die hohe Heide

Von Niederhaverbeck aus führt der Weg über Heidetal durch weite, offene Sandheiden auf den Wilseder Berg (169 Meter), die höchste Erhebung des nordwestdeutschen Tieflandes. Von hier öffnet sich ein weiter Blick über die Heiden und Wälder des Gebietes. Über den Schlangengrund erreicht man Wilsede. Im Heidemuseum wird das Leben früherer Generationen plastisch vor Augen geführt. Der Weg zurück führt über Totengrund, Steingrund und die Oberhaverbecker Heide.

ℹ Länge etwa 12 km; 3–4 Stunden Gehzeit; Einkehrmöglichkeit in Wilsede.

◁◁ Eine Besteigung des Wilseder Berges bedarf keiner besonderen bersteigerischen Leistung.

◁◁◁ Das Hauptgebäude von Hof Möhr, errichtet 1891, ist heute Sitz der „Alfred Toepfer Akademie für Naturschutz".

Auf wiedervernäßten Handtorfstichen im Pietzmoor zieht sich der Birkenwald zurück.

Route 2: Weite Heide, alter Wald

Von Undeloh aus folgt der Weg dem Tal des Radenbachs in Richtung Döhle. Auf Höhe der Döhler Fuhren, einem zum Teil durch „Anflug" entstandenen (also nicht aufgeforsteten) Kiefernwald, folgt man dem Pastor-Bode-Weg in westlicher Richtung. Durch die weite Heidelandschaft geht es auf die traditionsreiche Siedlung Wilsede zu. Von Wilsede führt der Weg nach Norden an einem historischen Wald, dem Heinköpen, vorbei über die Heimbucher Heide zurück nach Undeloh.

ℹ Länge etwa 15 km; 4 Stunden Gehzeit; Einkehrmöglichkeit in Wilsede.

Route 3: Die neue Heide

Von Schneverdingen aus führt der Weg am Südrand der bis vor kurzem als Militärgelände genutzten Schneverdinger Osterheide entlang zum Hof Möhr, dem Sitz der Alfred Toepfer Akademie für Naturschutz. Folgt man dem Weg weiter nach Osten, gelangt man durch eine vielgestaltige Feldflur, vorbei am Baudenkmal Hof Bockheber, zum Hof Tütsberg. Hier betreibt der Verein Naturschutzpark einen Landschaftspflegehof, der alle seine Ackerflächen ohne Einsatz von Spritzmitteln bewirtschaftet. Über den Handorfer Weg geht es dann nordwärts zum Wümmeberg mit Blick über das Quellgebiet der Wümme. Durch den Niederhaverbecker Wald führt der Weg zurück nach Schneverdingen.

ℹ Länge etwa 18 km; 6 Stunden Gehzeit; Einkehrmöglichkeit am Hof Tütsberg.

Prüter/Lütkepohl

Unterkunft

Auskünfte und Prospekte beim Fremdenverkehrsverband Lüneburger Heide, Lüner Weg 22, 21337 Lüneburg, Tel. 04131/52063, Fax 04131/52442. Jugendherbergen gibt es in Bispingen (Tel. 05194/2375) und Handeloh (Tel. 04188/342). Campen im Naturschutzgebiet nicht erlaubt; mehrere Campingplätze in Soltau, Bispingen, Egestorf und Schneverdingen.

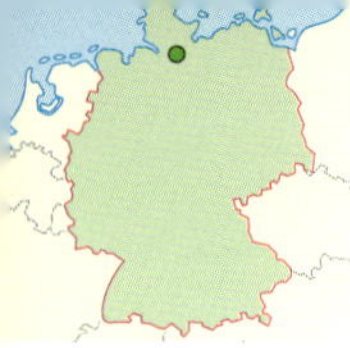

Der Duvenstedter Brook

Hirsche in der Hafenstadt

Kaum glaublich, aber wahr: Im nördlichsten Teil des Hamburger Stadtgebiets kann man brütende Kraniche beobachten und das Rotwild bei der herbstlichen Brunft erleben.

Der Brook, wie er im Volksmund einfach genannt wird, ist eine Naturlandschaft mit vielen, zum Teil sehr selten gewordenen Lebensräumen. In dem rund 780 Hektar umfassenden Gelände finden sich Nieder- und Hochmoore, Teiche und kleine Flußläufe, Heiden und feuchtes Grünland. Auch Röhrichte, Laub- und Auenwälder sind vertreten. Ein solches Mosaik der verschiedensten Standorte bildet die ideale Voraussetzung für eine artenreiche Tier- und Pflanzenwelt.

Obwohl der Boden hier teilweise sehr feucht ist, wurde der Brook seit dem Mittelalter landwirtschaftlich genutzt. Im Zuge der damit verbundenen Waldrodung entstanden im Laufe der Jahrhunderte die Landschaftselemente, die ihn bis heute prägen. Seit 1958 steht das Gebiet vollständig unter Naturschutz, ebenso wie der in Schleswig-Holstein gelegene, sich westlich anschließende Kleinhansdorfer Brook.

Das Bodenrelief des Brook wurde bereits am Ende der Eiszeit vor rund 15 000 Jahren geschaffen. Damals entstand am Rande einer Gletscherzunge ein Stausee, der sich mit Schmelzwasser füllte. Das ständig zufließende Wasser transportierte nach und nach Lehm, Kies und Sand in den See. So bildeten sich Ablagerungen von bis zu zwanzig Metern Dicke. Die ursprünglichen Erhebungen und Senken haben sich im Laufe der Zeit angeglichen, an anderen Stellen entstanden durch Verwehungen aufgehöhte Dünen. Das Flüßchen Ammersbek lagerte zusätzliche Gesteinspartikel ab. Nach der Eiszeit glich das Gebiet zunächst einer Tundra, später folgten Wälder aus Birken und Kiefern und – mit zunehmender Erwärmung – Mischwälder aus Buchen und Eichen. Die Wasserflächen entwickelten sich zu Mooren.

Neben der abwechslungsreichen Landschaft und Vegetation ist der Duvenstedter Brook für seine artenreiche Vogelwelt bekannt. Bei einem Besuch in der Dämmerung kann man durchaus einmal einen abfliegenden Uhu ausmachen. Für Krickente, Wespenbussard, Baumfalke, Habicht, Neuntöter, Gebirgsstelze und Eisvogel stellt der Brook ein interessantes Brutrevier dar. Insgesamt sind hier rund einhundert Brutvogelarten nachgewiesen worden.

Eine ganz besondere Attraktion nicht nur für Vogelkundler sind die Krani-

Kurzprofil

Das Naturschutzgebiet Duvenstedter Brook liegt im Norden Hamburgs.

Träger:	Umweltbehörde Hamburg
Gegründet:	1935, besteht im heutigen Umfang seit 1958
Fläche:	780 Hektar
Saison:	ganzjährig

Flora und Fauna im Duvenstedter Brook

Typische Pflanzen

Kiefer, Sand- und Moorbirke, Erlen, Rot-Buche, Eiche, Hudeeichen, Sommerlinde, Pfeifengras, Wollgras, Glocken- und Besenheide, Geflecktes Knabenkraut, Sumpfcalla, Sonnentau, Kriechweide.

Charakteristische Tiere

Baumfalke, Kranich, Graureiher, Habicht, Sperber, Eisvogel, Heidelerche, Brachvogel, Waldohreule, Rebhuhn, Gras-, Moor- und Laubfrosch, Erdkröte, Ringelnatter, Kreuzotter, Fuchs, Dachs, Marder, Iltis, Reh, Dam- und Rotwild.

Praktische Informationen

Auskünfte

Wer sich genauer über die Naturschönheiten des Duvenstedter Brook informieren möchte, dem steht von April bis Oktober täglich ab 10 Uhr das Informationszentrum am Rand des Schutzgebietes zur Verfügung. Weitere Auskünfte erteilt auch

◁◁
Teiche und Moore des Duvenstedter Brook sind die Reste eines nacheiszeitlich entstandenen Stausees.

che im Duvenstedter Brook. Unter strenger Beobachtung und Bewachung ehrenamtlicher Helfer schreiten jedes Jahr etwa zwei bis vier Vogelpaare in den unwegsamen Moorbruchwäldern zur Brut. Die gerade in dieser Zeit sehr scheuen Vögel lassen sich mit ein wenig Glück von den Wanderwegen aus beobachten, und am Abend hallt der Brook von ihren Trompetenrufen wider.

Auch im Frühling kurz nach Ende der Frostperiode lohnt sich abends ein Besuch im Brook, weil man hier in dieser Zeit fast alle Amphibienarten Norddeutschlands auf ihrer Wanderschaft beobachten kann. Künstlich angelegte Teiche in unmittelbarer Nähe der Wege sichern langfristig das Überleben der heimischen Frösche und Kröten. Zugleich geben sie den Brookbesuchern die Gelegenheit, aus nächster Nähe einem Abendkonzert der Gras-, Grün- und Moorfrösche beizuwohnen; später im Jahr gesellen sich auch noch die Laubfrösche dazu.

Wenn im September der Altweibersommer die Landschaft in Nebel hüllt, dann beginnt im Brook die imposante Brunft des Rotwildes. Am späten Nachmittag werden dann zwar die bekannten Kampfarenen der großen und zum Teil kapitalen Hirsche weiträumig für Besucher gesperrt, doch gibt es eigens eingerichtete Beobachtungsstände. Hier läßt sich aus nächster Nähe bis weit in die Dunkelheit hinein das von lautem Röhren begleitete Imponiergehabe der Platzhirsche verfolgen, ohne daß diese sich gestört fühlen. Um das Geschehen besonders gut betrachten zu können, empfiehlt sich unbedingt die Mitnahme eines lichtstarken Fernglases, das für die Nacht geeignet ist.

Jedes Frühjahr kommen zahlreiche Amphibien, wie diese Erdkröten, zur Laichablage ans Brook.

◁
Dieser stolze Damhirsch hat die Brunftzeit im Herbst siegreich überstanden.

Wandern im Duvenstedter Brook

In den Duvenstedter Brook zieht es aufgrund der großen Nähe zur Stadt viele Besucher aus Hamburg und Umgebung. Nur durch geschickte Wegeführung und jahreszeitliche Sperrung einzelner Routen ist es möglich, das idyllische Gebiet der Naherholung zu erschließen, ohne die Natur nachhaltig zu schädigen. Um die empfindlichen Wildbestände nicht unnötig zu beunruhigen, ist es grundsätzlich verboten, im Duvenstedter Brook Hunde mitzuführen.

Janke

der direkt neben dem Informationszentrum ansässige hauptamtliche Naturwart.

Anfahrt

Mit dem Auto über die B 434 Richtung Bargteheide oder Bad Oldeslohe. Mit der U-Bahn (Linie U1) bis Ohlsted.

Das Heuckenlock

Zweimal am Tag „Wald unter“

Wo man es am wenigsten erwarten würde – im Süden Hamburgs, direkt an der Elbe und gekreuzt von der Bundesautobahn A 1 – liegt ein Kleinod der Natur: Europas letzter Überrest eines von Ebbe und Flut geformten Süßwasser-Auenwaldes.

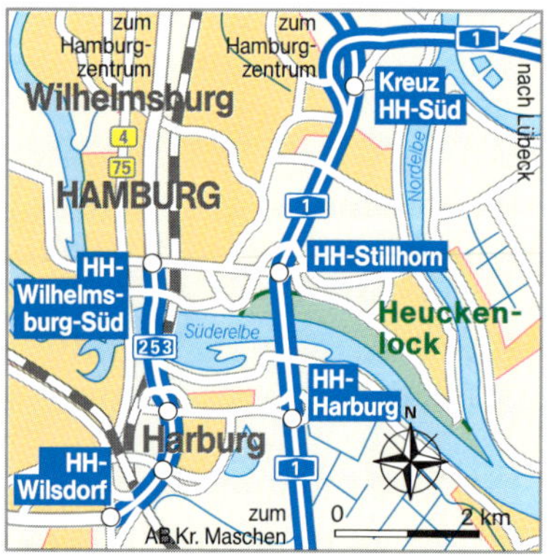

Zweimal am Tag schwappt das Hochwasser der Nordsee die Elbe hinauf. Bis Geesthacht reicht die über drei Meter hohe Flut und überströmt dabei teilweise auch die letzte naturnahe Uferlandschaft der Unterelbe: das Heuckenlock, ein rund drei Kilometer langer und 300 bis 400 Meter breiter Uferstreifen im Süden von Hamburg. Bis zu hundert Mal im Jahr versinkt das Heuckenlock sogar vollständig in den Fluten, nämlich immer dann, wenn starke Westwinde das Wasser der Nordsee in die Elbmündung drücken, oder bei Springflut, wenn alle zwei Wochen Mond und Sonne mit gemeinsamer Anziehungskraft die Flutwelle verstärken. Obwohl die Flut vom Meer kommt, wird das Heuckenlock dann von Süßwasser überschwemmt, das sich vor der Flutwelle aufstaut.

Bevor die Elbe in ihrem Unterlauf immer stärker eingedeicht und dadurch kanalisiert wurde, durchzog sie ihre Niederungen mit sich ständig ändernden Nebenarmen, blind endenden Prielen, Sandbänken und Flußinseln, in Hamburg „Werder“ genannt. Vom Ober- und Mittellauf des Flusses wurden Nährstoffe und Sedimente, kleine Gesteinspartikel, herangetragen. Die Nährstoffe sorgten für sehr gute Wachstumsbedingungen, während die Sedimentablagerung die Ansiedlung vieler Pflanzenarten erschwerte.

Unter diesen Bedingungen entwickelte sich eine Auenlandschaft, die von ihren Besiedlern besonders große Anpassungsfähigkeit verlangte. Trotzdem gilt das Heuckenlock mit über 700 registrierten Pflanzenarten als ein sehr formenreiches Schutzgebiet. Unter anderem wachsen hier der Schierlings-Wasserfenchel und die extrem gefährdete und nur noch an der Elbe verbreitete Wiebel-Schmiele, eine Süßgrasart.

Daß sich in einem Ballungsraum wie Hamburg überhaupt Reste eines Auwaldes erhalten konnten, ist in erster Linie den seit dem Mittelalter verbrieften Streitigkeiten zwischen der Hanse, Lüneburger Fürsten und dem Königreich Hannover zu verdanken. Da sich die Streithähne über ihre Gebietsansprüche nicht einig wurden, konnte sich die Natur trotz landwirtschaftlicher Beweidung weitgehend ungestört entwickeln. Einer der beiden alten Bauernhöfe, errichtet auf einem Erdhügel, der „Warft“, ist ganz im Westen des Gebietes erhalten geblieben.

Das Landschaftsbild des Heuckenlock wird von tiefen Prielen geprägt, die bei Ebbe oft ganz trockenliegen und mit der Flut wieder völlig überspült werden. An ihren Rändern und in angrenzenden Senken steht das Schilfröhricht über fünf Meter hoch. Zwischen den Prielen haben sich parallel zur Elbe sandige Uferwälle gebildet, auf denen sich ein Auwald aus verschiedenen Weiden- und Pappelarten erhalten hat. Ein Teil der Pappeln wurde erst in den dreißiger bis fünfziger Jahren dieses Jahrhunderts angepflanzt und ist auf eine Höhe von über dreißig Metern herangewachsen. Die alten Kopfwei-

Kurzprofil

Träger:	Umweltbehörde Hamburg
Gegründet:	1948, erweitert 1977
Fläche:	ca. 100 ha
Saison:	ganzjährig
Wanderwege:	ca. 1 km im Schutzgebiet, 3 km am umgebenden Hauptdeich

Praktische Informationen

Auskunft

Die Hamburger Umweltbehörde (Tel. 040/78800) hält zum Naturschutzgebiet Heuckenlock ein informatives Faltblatt mit Übersichtsskizze bereit.

den hingegen stammen aus dem letzten Jahrhundert.

An einigen Orten wachsen auch dichte Eschenbestände. Der imposanteste Einzelbaum des ganzen Auwaldes ist gewiß die über 400 Jahre alte Flatterulme, die in unmittelbarer Nähe eines der großen Priele steht. Sie selbst und die dereinst vermutlich noch zahlreicheren Eschen weisen darauf hin, daß im Heuckenlock früher auch Hartholz-Auwälder gestanden haben.

Die artenreichen Fluren des Heuckenlock versprechen vom Frühling bis in den späten Herbst hinein eine reizvolle Blütenschau. Einen urwaldähnlichen Charakter erhält die scheinbar undurchdringliche Krautschicht durch zahlreiche Schlingpflanzen, die sich auch an den Bäumen hinaufranken. Wo es etwas feuchter ist, leuchtet im Frühling die üppige Blüte der Sumpfdotterblume. Zum Sommer treten das Fluß- und Sumpf-Greiskraut, der Blutweiderich und auch das in Norddeutschland sehr seltene Langblättrige Ehrenpreis auf.

Weil sie im Heuckenlock viele Nährstoffe erhalten, wachsen einige Pflanzen hier zu Riesenformen heran – ein besonders eindrucksvolles Phänomen. Neben dem Schilfrohr erreichen auch die Brennessel, einige Kletten- und Greiskrautarten sowie die Engelwurz eine geradezu gigantische Größe. Gleichzeitig ist ein übermäßiger Schneckenfraß zu beobachten: Was hier schnell wächst, vergeht auch rasch wieder.

Pappeln, Kopfweiden und Eschen bewachsen die sandigen Uferwälle der Elbe im Heuckenlock.

◁
Die Baumschnecke ist nur eine von vielen Schneckenarten, für die das Heuckenlock ein wahres Schlaraffenland ist.

◁◁◁
Auf einer streng nach Gesichtspunkten des Naturschutzes gemähten Wiese wächst die vom Aussterben bedrohte Schachblume.

Flora und Fauna im Heuckenlock

Typische Pflanzen

Esche , Ulme, Korbweide, Weißdorn, Pfaffenhut, Wiesenkerbel, Fluß-Geiskraut, Teich-Wasserstern, Zaunwinde, Knoblauchrauke, Sumpfdotterblume, Schilf, Blutweiderich, Schwanenblume, Beinwell, Pestwurz, Schachblume, Schierlings-Wasserfenchel, Wiebel-Schmiele, Ehrenpreis, Pfeilkraut.

Charakteristische Tiere

Rohrammer, Weißstorch, Rohrdommel, Rohrweide, Rohrsänger, Kormoran.

Anfahrt

Mit dem Auto auf der A 1, Abfahrt Hamburg-Stillhorn. Mit der S-Bahn (Linie S3) bis Wilhelmsburg, von dort weiter mit dem Bus (Linie 151) bis Heuckenlock.

Wandern im Heuckenlock

Für das seit 1948 ausgewiesene Naturschutzgebiet gelten strenge Bestimmungen, die auch ein Betreten des Geländes untersagen. Eine Ausnahme bilden zwei Wege im östlichen Bereich des Heuckenlock, die dem Besucher alles Sehenswerte erschließen. Ein etwa 150 Meter langer Stichweg führt vom umgrenzenden Hauptdeich direkt an einen der beiden großen Priele; hier befindet sich die 400jährige Flatterulme.

Ein weiterer, etwa 800 Meter langer Wanderweg beginnt ein Stück weiter östlich an der Holzbrücke, die über einen der Hauptpriele gespannt ist. Hier machen sich Ebbe und Flut besonders deutlich bemerkbar, und man blickt über das hohe und dichte Schilfröhricht. Anschließend führt der Pfad direkt durch den Auwald mit einigen umgestürzten Pappeln bis hin zum Elbufer. Im weiteren Verlauf gelangt man durch Hochstaudenfluren zu einigen unmittelbar am Weg stehenden Kopfeichen und der empfindlichen Schachblumenwiese, bis der Pfad wieder an den Hauptdeich stößt.

Janke

Das Steinhuder Meer

Ein Meer für Nichtschwimmer

Viel Tiefgang besitzt er nicht gerade, Nordwestdeutschlands größter Binnensee, doch dafür bietet er 300 Vogelarten ebenso eine Heimat wie zahllosen Moor- und Sumpfpflanzen. Wer seine Ufer erwandert, kann das gleich mit einer herrlichen Bootsfahrt verbinden.

Keine Gefahr für Nichtschwimmer: Das Steinhuder Meer ist zwar 32 Quadratkilometer groß und damit der größte Flachsee Deutschlands, besitzt aber eine durchschnittliche Tiefe von nur 1,35 Metern. Tiefer als knapp drei Meter wird es nirgends. Der See entstand vor etwa 15 000 Jahren; seitdem ist etwa ein Viertel seiner Fläche verlandet und bildet Feuchtwiesen – den „Meerbruch" – und weites Grünland.

Der See und sein Umland umfassen drei Ökosysteme: das Steinhuder Meer, die Feuchtwiesen (ehemalige Niedermoore) und die Hochmoore, die mit 3500 Hektar die größte Fläche darstellen. Diese Vielfalt an Lebensräumen und die Nähe zur Nordsee führen dazu, daß bisher rund 300 Brut- und Gastvogelarten beobachtet werden konnten. Tausende von Wat- und Wasservögeln aus ganz Nord- und Osteuropa rasten und überwintern hier. Deshalb genießt auch das Steinhuder Meer als „Feuchtgebiet von internationaler Bedeutung" besonderen Schutz.

Das 3300 Hektar große Tote Moor im Osten wird zwar in großen Teilen noch zur Abtorfung genutzt, doch etwa ein Viertel davon konnte als Naturschutzgebiet gesichert werden. Hier soll sich von neuem ein typisches Hochmoor entwickeln können. Erste Erfolge zeichnen sich bereits ab: Torfmoose und Moorpflanzen wie Rundblättriger und Mittlerer Sonnentau, Rosmarienheide, Weißes Schnabelried und Rauschbeere breiten sich wieder aus. Über einen vom sauren Moorwasser geprägten nährstoffarmen Sumpf geht das Moor in den See über. Hier wachsen Wassernabel und Sumpfziest; Vögel wie Rohrammer und Feldschwirl singen ihr Lied. Zum Wasser hin wird der Schilfgürtel immer dichter und bildet den Lebensraum für Schilfrohrsänger und Rohrschwirl.

Schließlich öffnet sich die Verlandungszone und bildet zahlreiche Buchten. Hier dominieren als Pflanzen Rohrkolben, Schilfrohr, Igelkolben und Schwimmblattpflanzen wie Teich- und Seerose. In der Übergangszone zum offenen Wasser bremsen Teichsimsen mit ihren elastischen Sprossen Wind und Wellenschlag. In diesem Lebensraum quaken die Wasserfrösche, fliegen zahlreiche Libellen wie der seltene Spitzenfleck, ziehen Bartmeisen, Rohrschwirle, Wasserrallen, Haubentaucher und viele Entenarten ihren Nachwuchs auf.

Im flachen Wasser oder auf den Reusenpfählen der Fischer sieht man Kormorane, die nach dem Fischfang mit ausgebreiteten Flügeln ihr Gefieder trocken. Dem aufmerksamen Besucher begegnet hier nicht selten der Fischadler.

Einen ganz anderen Charakter besitzt die Landschaft im Westen des Steinhuder Meeres. Dort dehnen

Kurzprofil

Gesamtfläche des Sees:	32 qkm
durchschnittliche Tiefe:	1,35 m
größte Tiefe:	2,75 m
Naturschutzgebiete:	1500 Hektar
Hochmoore:	3500 Hektar
Feuchtwiesen:	ca. 2000 Hektar

Praktische Informationen

Adressen und Auskünfte

Informationszentrum der Ökologischen Schutzstation Steinhuder Meer, Hagenburger Str. 16, 31547 Rehburg-Loccum, Tel. 05037/9670; Fremdenverkehrsamt Steinhude, Meerstr. 2, 31515 Wunstorf, Tel. 05033/95010, Fax 05033/950120; Verkehrsverein Mardorf, Mardorfer Str. 6, 31535 Neustadt, Tel. 05036/655; Naturpark Steinhuder Meer, Mardorfer Str. 69, 31535 Neustadt, Tel. 05036/889.

Museen

Fischer- und Webermuseum, Alter Winkel, 31515 Wunstorf, Tel. 05033/5599;

sich offene Feuchtwiesen aus, die Landwirte im Laufe von Jahrhunderten auf verlandeten Seegebieten angelegt haben. Gegenwärtig bemüht man sich hier, die intensive landwirtschaftliche Nutzung zu begrenzen und den Grundwasserstand wieder anzuheben. Kiebitze, Brachvögel, Uferschnepfen, Bekassinen und Braunkehlchen sollen ihren Lebensraum behalten und erweitern.

Wandern am Steinhuder Meer

Route 1: Durch Sümpfe ins Tote Moor

Östlich von Steinhude gelangt man durch die Wiesen auf einem ausgeschilderten Wanderweg zum Naturschutzgebiet Ostufer Steinhuder Meer. Hier führt eine Abzweigung zum Beobachtungsturm mitten im Zentrum des Schutzgebietes, wo man zahlreiche Vogelarten beobachten kann. Der Wanderweg verläuft weiter durch das Naturschutzgebiet ins Tote Moor, ein typisches Hochmoor, bis zum Nordufer. Von dort kann man sich mit einem Boot über den See zum Ausgangspunkt zurückbringen lassen.

Torfmuseum, Schloßstr. 1, 31535 Neustadt, Tel. 05032/899156.
Spielzeug- und Kinderweltmuseum Steinhude, Unter den Hestern 3, 31515 Wunstorf, Tel. 05033/2299.

Anfahrt

Mit dem Auto auf der A 2 bis Abfahrt Luthe oder Kolenfeld, von dort nach Steinhude oder Mardorf; auf der B6 über Neustadt am Rübenberge nach Mardorf. Mit der Bahn über Hannover nach Wunstorf, von dort mit dem Bus nach Steinhude; oder über Hannover nach Neustadt, von dort mit dem Bus nach Mardorf.

Flora und Fauna am Steinhuder Meer

Charakteristische Pflanzen

Torfmoose, Moos-, Preisel- und Rauschbeere, Sonnentau, Rosmarin-, Glocken- und Besenheide, Wollgräser, Moorbirke (Hochmoor);
Teich-, Seerose, Wurm- und Sumpffarn, Bittersüßer Nachtschatten, Flatterbinse, Schilfrohr, Rohrkolben, Sumpfschwertlilie, Sumpfwurz, Weiden, Erle, Sandbirke (Uferzone);
Seggen, Sumpfdotterblume, Wiesenschaumkraut, Kuckuckslichtnelke, Mädesüß, Wasserschierling, Wasserdost, Blumenbinse, Zweizahn (Feuchtwiese).

Typische Vogelarten

Ziegenmelker, Waldschnepfe, Braun- und Schwarzkehlchen, Krick-, Knäk-, Stock-, Tafel-, Reiher-, Löffel- und Schnatterente, Wasserralle, Sumpf-, Teich- und Schilfrohrsänger, Feld- und Rohrschwirl, Graureiher, Kormoran, Höcker-, Sing- und Zwergschwan, Grau-, Bleß- und Saatgans, Brachvogel, Uferschnepfe, Kiebitz, Weißstorch, div. Sing- und Greifvögel.

i Länge rund 14 km; Dauer der Wanderung etwa ein halber Tag; vorher bei den Berufsseglern nach den Fahrzeiten erkundigen.

Route 2: Niedermoor und feuchte Wiesen

Von Steinhude aus folgt man dem Wanderweg nach Westen. Schon bald bietet sich ein Blick über den ganzen See und auf die ehemalige Festungsinsel Wilhelmstein. Graureiher, Haubentaucher, Enten und Möwen halten sich auf dem Wasser auf. Der Weg führt durch eine Niedermoorlandschaft zu einem Aussichtsturm. Ein kurzer Abstecher nach Winzlar ist lohnend: Hier befindet sich die Ökologische Schutzstation Steinhuder Meer mit ihrer informativen Naturausstellung in einem umweltschonend sanierten Bauernhaus. Die Flachwasserzonen am Wegesrand werden von seltenen Löffel-, Schnatter- und Knäkenten bevölkert. Hier balzen Kiebitze, Uferschnepfen und Brachvögel. Von Mardorf aus kann man sich wieder mit einem Boot zum Ausgangspunkt übersetzen lassen oder den See ganz umrunden (Route 1).

◁◁ **Gut zu erkennen ist hier die ausgedehnte Verlandungszone, die seit Entstehen des Steinhuder Meeres bereits von einem Viertel des Flachsees Besitz ergriffen hat.**

Singender Rohrschwirl im Schilf an dem Übergang vom Moor zum See

i Von Steinhude nach Mardorf: Länge etwa 15 km; der gesamte Rundwanderweg um den See: 30 km; Gehzeit etwa 8 Stunden für die gesamte Strecke. Der Lichtverhältnisse wegen empfiehlt es sich, vormittags von Steinhude nach Mardorf zu wandern, nachmittags besser umgekehrt. Auch hier gilt: sich rechtzeitig nach den Fahrzeiten der Segler erkundigen.

Garberding

Das Gildehauser Venn

Moore und Heide

Auf eine besonders vielfältige Landschaft trifft man im Gildehauser Venn. In seinen Weihern und Mooren, Dünen, Heiden und Wäldern haben sich zahlreiche gefährdete Pflanzen- und Tierarten angesiedelt.

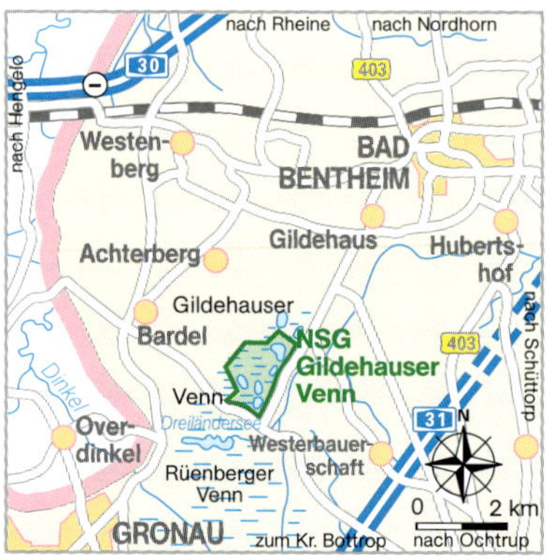

Im äußersten Südwesten des westfälischen Tieflandes, etwa fünfzehn Kilometer nordwestlich von Gronau, liegt eines der bedeutendsten Naturschutzgebiete Norddeutschlands: das Gildehauser Venn. Es wurde bereits 1938 unter Schutz gestellt und umfaßt heute eine Fläche von insgesamt 650 Hektar. Davon entfallen 300 Hektar auf die sogenannten Pufferzonen, die das Gebiet vor schädlichen Einflüssen schützen sollen.

Eis- und Nacheiszeit haben in der Landschaft deutliche Spuren hinterlassen. Charakteristisch sind die aufgewehten Dünen und die Heidetümpel, die sogenannten „Schlatts". Die tiefsten und daher dauerhaft wasserführenden Schlatts verlandeten im Laufe der Zeit, und es bildeten sich Hochmoore. Typisch ist auch das atlantische Klima mit kühlen Sommern und milden Wintern.

Heute gibt es im Gildehauser Venn über neunzig Kleingewässer. Neben den rundlichen, meist sehr flachen Schlatts sind auch einige durch Torfstich entstandene Gewässer auszumachen, erkennbar an den rechteckigen Umrissen. Echte Hochmoore findet man allerdings nicht mehr. Sie sind durch Torfabbau und Entwässerung in früherer Zeit zerstört worden. An einigen Gewässerufern lassen sich jedoch Ansätze einer neu entstandenen Hochmoorvegetation entdecken.

Diese flachen Gewässer sind arm an Nährstoffen. Die kargen Bedingungen haben bewirkt, daß vor allem „Spezialisten" unter den Pflanzen hier heimisch wurden.

Besonders schutzwürdig sind im Gildehauser Venn die sogenannten Strandlingsgesellschaften, die in ganz Deutschland als hochgradig gefährdet gelten. Dazu zählen das Sumpfhartheu, die Vielstengelige Sumpfsimse, der Reinweiße Hahnenfuß und der Flutende Sellerie.

An den Gewässerrändern sind unterschiedliche Verlandungsstadien zu erkennen. Einen schönen Anblick bieten zum Beispiel die ausgedehnten Rasenflächen des Schmalblättrigen Wollgrases, welches die im Wasser schwimmenden Torfmoose mit seinen Ausläufern verwebt. Auf der dunklen Wasseroberfläche der Torfstiche bilden die hellen Blüten der Weißen Seerose einen reizvollen Kontrast.

Kurzprofil

Träger (Verordnungsgeber):	Bezirksregierung Weser-Ems
Schutzverordnung:	1938
Fläche:	650 ha
Saison:	ganzjährig
Wanderwege:	im Kerngebiet ca. 2,5 km

Flora und Fauna im Gildehauser Venn

Typische Pflanzen

Glockenheide, Rasensimse, Beinbrech, Lugenenzian, Sonnentau, Schmalblättriges Wollgras, Weißes und Braunes Schnabelried (in der Feuchtheide); Besenheide, Zypressenbärlapp (in der Sandheide);
Pfeifengras, Scheidiges Wollgras (in den Birkenmoorwäldern);
Sumpfhartheu, Reinweißer Hahnenfuß, Vielstengelige Sumpfsimse, Weiße Seerose (in den Gewässern).

Charakteristische Tiere

Moorfrosch, Kreuzotter, Medizinischer Blutegel, Brachvogel, Kranich (als Rastvogel), Jagdspinne, Libellen.

Praktische Informationen

Anreise

Mit der Bahn bis Bad Bentheim oder Gildehaus.

Mit dem Auto von Norden/Osten über die A 30 Osnabrück – Hengelo, Ausfahrt Nordhorn/Bad Bentheim; von Süden über

Zahlreiche Libellen lassen sich an den Ufern der Weiher beim Beutefang, der Eiablage und auch beim Schlüpfen beobachten. Eine Besonderheit ist das Vorkommen des Medizinischen Blutegels.
Die Gewässer des Gildehauser Venn sind umgeben von Heidemoorflächen – den größten zusammenhängenden Heidemoorflächen des westlichen Münsterlandes. Diese Feuchtheiden werden dominiert von der rosa blühenden Glockenheide. Eingestreut in die dichten Bestände der Heide findet man die Bulten der Rasensimse, den gelbblühenden

◁
Die Blüten der Weißen Seerose überziehen einen Torfstich mit ihrer ganzen Pracht.

◁◁◁
Besenheide trifft man häufig am Rücken der Flugsanddünen an.

Beinbrech und vereinzelt Exemplare des seltenen Lungenenzians.
In feuchten Senken wächst das Weiße und das Braune Schnabelried. Gemeinsam mit zahlreichen Leber- und Torfmoosen kann an diesen Stellen auch der Sonnentau in teilweise dichten Teppichen gedeihen.
Die Feuchtheiden und die Ufer der Gewässer sind ein beliebter Aufenthaltsort der Kreuzottern, die man beim Sonnenbad beobachten kann.
Mehrere Dünenrücken ziehen sich durch das Naturschutzgebiet. Diese Flugsanddünen sind heute mit Heiden sowie Eichen-Birken-Wäldern bewachsen. Eine Besonderheit dieser Sandheiden ist der Zypressenbärlapp, der in Niedersachsen vom Aussterben bedroht ist.
Neben den trockenen, sandigen Dünenzügen sind auch weite Bereiche der grundwassernahen Standorte bewaldet. Im Südteil des Naturschutzgebietes sind es lichte Birkenmoorwälder, in denen das Pfeifengras und das Scheidige Wollgras dicht den Boden bedecken. Im Norden dagegen bilden Grauweiden und Öhrchenweiden fast undurchdringliche Gebüsche. Am Rande dieser Weidengebüsche ist häufig der Gagelstrauch anzutreffen, dessen Laub sehr aromatisch duftet.

die A 31 Bottrop – Gronau, Ausfahrt Ochtrup Nord. Von der Kreisstraße, die südlich der Ortschaften Gildehaus und Bad Bentheim verläuft, ist das Naturschutzgebiet über kleine befestigte Wirtschaftswege zu erreichen.

Wandern im Gildehauser Venn

Für den Erholungssuchenden ist das Gildehauser Venn ein Ort, an dem er naturnahe Landschaft erleben, seltene Pflanzen und Tiere ungestört beobachten und historische Nutzungsformen erahnen kann. Das Naturschutzgebiet ist für den Autoverkehr in einem Umkreis von etwa einem Kilometer gesperrt. Ausgewiesene Parkplätze gibt es nicht, man stellt sein Fahrzeug daher am Rand der Wirtschaftswege ab. Wer lange Fußmärsche vermeiden möchte, dem empfiehlt sich das Rad als geeignetes Fortbewegungsmittel, um zum Gildehauser Venn zu gelangen.
Das Gebiet selbst erkundet man am besten zu Fuß. Ein schmaler Wanderweg verbindet zwei Aussichtsplattformen im Norden und Süden.

Eine Jagdspinne bei der Arbeit

Er führt an Dünenzügen entlang, durch Feuchtheiden, vorbei an Heideweihern und Birkenmoorwäldern.
Um das Kerngebiet zu durchwandern, benötigt man etwa eine Stunde. Die Wege in der weiteren Umgebung laden darüber hinaus zu ausgedehnten Radtouren ein. Gasthäuser sind in den nahegelegenen Ortschaften Gildehaus und Bad Bentheim zu finden.

Stabenow

Das Heilige Meer

Löcher in der Heide

Das Große Heilige Meer macht seinem Namen keine Ehre, denn weder ist es ein Meer, noch ist es heilig. Vielmehr ist es bis auf den heutigen Tag „hillig“, was im Niederdeutschen soviel bedeutet wie „schlimm, arg“: In seiner Nähe ist dem Boden nicht zu trauen!

Was sich am 14. April 1913 an der Chaussee von Ibbenbüren nach Hopsten ereignete, war in viel größerem Ausmaß schon einmal vor über tausend Jahren geschehen: Die Erdoberfläche brach durch ausgedehnte „Erdfälle“ ein. Am frühen Abend jenes Apriltages senkte sich – urplötzlich und ohne Vorwarnung – eine mit Birken und Krüppelkiefern durchsetzte Heidefläche um mehr als zehn Meter ab, so daß sich eine trichterförmige Mulde von über hundert Metern Durchmesser ergab. In den folgenden Tagen füllte sie sich mit Wasser; der Erdfallsee war entstanden.

Auf ähnliche Weise muß irgendwann zwischen 400 und 900 n. Chr. das Große Heilige Meer entstanden sein: das größte natürliche Binnengewässer Westfalens. Es umfaßt etwa elf Hektar und ist bis zu elf Meter tief. Wie der viel kleinere und flachere Heideweiher liegt es in unmittelbarer Nachbarschaft des Erdfallsees.

Diese drei Gewässer bilden den Kernbereich des schon 1930 ausgewiesenen Naturschutzgebietes nordwestlich der Ausläufer des Teutoburger Waldes, wo die Münsterländische Bucht in das norddeutsche Tiefland übergeht. Auf alten Karten findet man noch den Flurnamen „Heiliges Feld“: Er bezeichnet einen von Südwest nach Nordost verlaufenden Landstrich, den rund sechzig ähnliche, wenn auch kleinere Mulden als eine zusammenhängende Senkungszone kennzeichnen. Dieses Gebiet ist 4,5 mal 1,5 Kilometer groß.

Die Erdfälle im Heiligen Feld kommen durch den Einbruch unterirdischer Hohlräume zustande: Unter eiszeitlichen Sanden liegen hier mehrere Meter dicke Schichten aus Anhydrit und Gips, dazu bis zu 130 Meter mächtige Steinsalzlager. Wenn die wasserlöslichen Salze vom Grundwasser ausgewaschen werden, entstehen Hohlräume, die

Kurzprofil

Das an unterschiedlichen Biotopen besonders reiche Naturschutzgebiet liegt in einer geologischen Senkungszone mit Heidelandschaft und natürlichen Seen, die durch Erdeinbrüche entstanden sind.

Träger:	Eigentümer des Naturschutzgebietes und der Biologischen Station ist der Landschaftsverband Westfalen-Lippe.
Gegründet:	1930, erweitert 1988
Fläche:	121 ha, Kerngebiet 55 ha
Saison:	ganzjährig
Besucher:	mehrere 10 000 jährlich
Wanderwege:	ca. 5 km

sich allmählich ausweiten und schließlich einstürzen, wenn die Decke nicht mehr trägt. Diese bis in unsere Zeit andauernden geologischen Vorgänge – die jüngsten Senkungen datieren aus den Jahren 1958 und 1980 – haben der ehemals kargen Heidelandschaft südlich von Hopsten jene natürlichen Gewässer beschert, die heute mit Fug und Recht als die weit und breit am intensivsten untersuchten Ökosysteme gelten.

Das ursprünglich nur 55 Hektar große Naturschutzgebiet mit seinen

drei Gewässern wurde 1988 im Rahmen des Feuchtwiesenschutzprogramms des Landes Nordrhein-Westfalen auf 121 Hektar erweitert. Leider wird es durch die Landstraße von Ibbenbüren nach Hopsten zweigeteilt. An ihr liegt die über die Landesgrenzen hinaus bekannte Biologische Station Heiliges Meer. Sie leistet in Forschung und Lehre wertvolle Arbeit, vor allem auf hydrobiologischem Gebiet. Der hydrobiologische Schwerpunkt ist naheliegend, weil in unmittelbarer Nachbarschaft mehrere sehr unterschiedliche Gewässertypen wissenschaftlich untersucht werden können.

Das über tausend Jahre alte Große Heilige Meer, das früher von einem Bach, der Meerbeke, durchflossen wurde, ist ein typisches nährstoffreiches (eutrophes) Gewässer mit geradezu „schulbuchmäßig" aufeinander folgenden Vegetationszonen: vegetationsfreie Tierwasserbereiche – Schwimmblattgesellschaften aus Spiegellaichkraut, See- und Teichrosen –, Röhrichte aus Teichsimse, Schilf und (landeinwärts) Schmalblättrigem Rohrkolben – Ansätze von Großseggenried –, Weidengebüsch und Erlenbruchwald. Teichrohrsänger und Rohrammern, Wasserrallen und Bleßhühner, aber auch Stock- und Reiherenten, Hauben- und Zwergtaucher brüten in der vor allem auf der Nordseite üppig ausgebildeten Verlandungsvegetation.

Seine dichte Vegetation kennzeichnet das Große Heilige Meer als nährstoffreich.

Der Erdfallsee dagegen ist ein typisches nährstoffarmes (oligotrophes) Gewässer. Ein Vegetationsprofil vom Wasser zum Land ergibt hier ein ganz anderes Bild: Auf Armleuchteralgen folgt im etwa 50 Zentimeter tiefem Wasser die Lobelien-Gesellschaft. Im nur zeitweilig überfluteten Bereich geht sie in Strandlingsrasen und dann in Kleinseggen-Sümpfe über. Wie alle ursprünglich nährstoffarmen Gewässer in Nordwestdeutschland wird auch der Erdfallsee zunehmend mit Stickstoff angereichert: Die Verschmutzung der Luft und des Grundwassers durch Verkehr, Industrie und Landwirtschaft (Überdüngung) sind die Ursachen dafür, daß sich die Vegetation dieser Gewässer grundlegend verändert. So ist die Lobelien-Gesellschaft generell nur noch sehr selten anzutreffen. Auch am Erdfallsee befindet sie sich bereits deutlich nachvollziehbar auf dem Rückzug.

Der Heideweiher hingegen ist ein „dystroph-mesotrophes" Flachgewässer mit durchschnittlich einem Meter Wassertiefe. Seine Wasserfläche bedeckt nur zwei Hektar. Zu den charakteristischen Kennzeichen dieses Gewässertyps gehören Torfschlamm und braungefärbtes Wasser, hier finden sich die Zwergform der Weißen Seerose, Torfmoose und Strandlings-Gesellschaften. Auf dem Lande grenzt ein nur ein bis zwei Meter breiter Gürtel aus Gagelgebüsch an, und schließlich folgt Birkenbruchwald.

◁◁◁◁
Der Fieberklee ist eine typische Pflanze der Uferzone.

◁
Der Zwergtaucher liebt Gewässer mit reichem Röhricht.

Flora und Fauna im Heiligen Meer

Typische Pflanzen

Nährstoffarme Gewässer: Armleuchteralgen, Wasser-Lobelie, Schmalblättriger und Kleiner Igelkolben, Kleinseggen.
Nährstoffreiche Gewässer (Großes Heiliges Meer): Spiegellaichkraut, See- und Teichrose, Teichsimse, Schmalblättriger Rohrkolben, Großseggen.
Nährstoffarme Heideflächen: Fieberklee, Strauß-Gilbweiderich, Sumpf-Blutauge, Lungen-Enzian, Rundblättriger Sonnentau, Moosbeere, Gagelstrauch.

Charakteristische Tiere

Heidschnucken, Muffelwidder, Bisam, Teichrohrsänger, Rohrammer, Wasserralle, Bläßhuhn, Stock- und Reiherente, Hauben- und Zwergtaucher, Spechte und Höhlenbrüter.

▷ Der nährstoffarme Erdfallsee hat eine fast vegetationslose Uferzone.

Als das Gebiet um das Große Heilige Meer, den Erdfallsee und den Heideweiher unter Naturschutz gestellt wurde, gab es rund um die Gewässer noch große Heideflächen. Sie sind als Folge frühmittelalterlicher Rodungen und der Übernutzung durch Holzeinschlag aus feuchten und trockenen Eichen-Birkenwäldern hervorgegangen. Heute nimmt die Heide nur noch rund ein Viertel der Fläche des etwa 55 Hektar großen Kern-Naturschutzgebietes ein. Die trockeneren Standorte beheimaten neben der Besenheide stellenweise auch die Krähenbeere, während sich an feuchteren Stellen Glockenheide und Torfmoose ausbreiten.

▷ Im April schmücken den Gagelstrauch leuchtendrote Blüten.

Östlich der Landstraße im Bereich des Großen Heiligen Meeres grenzen an das Röhricht Erlenbruchwälder, westlich der Landstraße prägen vor allem Eichen-Birkenwälder das Landschaftsbild. Diese Gehölze haben sich erst nach Einstellung der Heidewirtschaft wieder ausgebreitet: Nach Alter und Struktur hat die Vegetation noch keineswegs ihr Endstadium erreicht. Ob auch die im Gebiet vorhandenen Waldkiefern ursprünglich hier heimisch sind, ist umstritten. Sie werden aber, ebenso wie alle anderen Waldbestände, schon seit langem nicht mehr forstlich genutzt und stattdessen sich selbst, das heißt der natürlichen Entwicklung, überlassen bis hin zum Zerfall. Dadurch hat der Totholzanteil bereits deutlich zugenommen – und mit ihm die an totes und morsches Holz gebundenen Tierarten, vor allem Insekten, aber auch Höhlenbrüter und Spechte, die davon profitieren.

Schwindende Paradiese

Im Naturschutzgebiet Heiliges Meer wurden insgesamt 397 verschiedene Pilzarten nachgewiesen, von denen hier 195 mehr oder weniger regelmäßig vorkommen. Auch 109 Moos- und 102 Flechtenarten belegen die beachtliche Artenvielfalt – in einem Gebiet, das außer einer Mauer im Stationsbereich keine „Felsen" aufweist. Am intensivsten untersucht sind aber zweifellos die zahlreichen Blütenpflanzen und Farngewächse. Von den 350 nachgewiesenen Arten stehen 22 auf der Roten Liste der gefährdeten Pflanzen des Landes Nordrhein-Westfalen in den ersten beiden Kategorien.

Zu den seltensten Arten und größten Kostbarkeiten zählen vor allem Pflanzen nährstoffarmer Standorte, weil deren Lebensräume unter dem Einfluß der Nährstoffanreicherung durch Luftschadstoffe, belastete Gewässer, Mineraldünger und Massentierhaltung immer weiter schrumpfen. Trotz der Umleitung der Meerbeke und der Ausweisung von Pufferflächen bleibt auch das Naturschutzgebiet Heiliges Meer von dieser Entwicklung leider nicht verschont. Gerade die bedeutendsten Raritäten nährstoffärmerer Gewässer – wie die Wasser-Lobelie, der Schmalblättrige und der Kleine Igelkolben – leiden unter der Nährstoffanreicherung, weil sie durch andere Arten, die nun Fuß fassen können, verdrängt werden. Dem Fieberklee und dem äußerst seltenen

Praktische Informationen

Adressen und Auskünfte

Fremdenverkehrsverband Tecklenburger Land, Tel. 0 54 82-7 08 10.
Biologische Station Heiliges Meer, Tel. 0 54 53-9 96 60

Anreise

Mit Bahn und Bus: Der nächstgelegene Bahnhof an der Strecke Osnabrück-Amsterdam ist in Ibbenbüren. Von Montag bis Samstag verkehren regelmäßig Busse in Richtung Hopsten (Haltestelle „Heiliges Meer").
Mit dem Auto: Das Heilige Meer liegt an der Landstraße Ibbenbüren- Hopsten, rund 10 km von der Autobahn E 30, Abfahrt Ibbenbüren.

Dichtung oder Wahrheit?

Der Name „Heiliges Meer" hat zu allerlei Spekulationen angeregt. Seit 1825 sind Sagen belegt, nach denen am Ort des heutigen Großen Heiligen Meeres ein Kloster stand und mit dem Erdfall in die Tiefe sank. Die Mönche sollen ein ausschweifendes, lasterhaftes Leben geführt haben. Tatsächlich wird im ältesten Heberegister des Klosters Werden von 890 n.Chr. für die Gegend ein Klostergut erwähnt, von dem später nicht mehr die Rede ist. Der Grund des ursprünglich wohl 16 bis 18 Meter tiefen Sees ist mit einer bis zu acht Meter mächtigen Schlammschicht bedeckt; diese ist jedoch wohl kaum die Ursache dafür, daß bislang noch nichts von dem ehemaligen Klostergebäude in Erscheinung trat.

Strauß-Gilbweiderich schadet offenbar der starke Verbiß durch den Bisam, der schon vor längerer Zeit in dieses Gebiet eingewandert ist.

Die bemerkenswertesten Pflanzenarten der feuchten Bereiche in den nährstoffarmen Heiden sind das Sumpf-Blutauge und der Lungen-Enzian, der Rundblättrige Sonnentau und die Moosbeere sowie – im Randbereich des Erdfallsees und des Heideweihers – große Bestände des Gagelstrauchs mit seinen würzig duftenden Blättern.

Unterkunft

Camping, Jugendherberge
Übernachtungsmöglichkeiten gibt es in Landgasthäusern und Hotels in Hopsten und Recke. Die nächste Jugendherberge befindet sich in Tecklenburg, der nächstgelegene Campingplatz am Herthasee in Hörste.

Gaststätten

Gasthof „Forsthaus zum Heiligen Meer" (nur 1 km vom Naturschutzgebiet entfernt)

Busverkehr

Mo – Sa von Ibbenbüren Richtung Hopsten (Haltestelle Heiliges Meer)

Auch die malerischen Heideflächen mit ihren seltenen und schutzwürdigen Pflanzenarten sind bedroht. Es gäbe sie wohl nicht mehr, wenn hier nicht schon vor über dreißig Jahren massiv eingeschritten worden wäre: Um der Verbuschung und der Wiederbewaldung zu begegnen, wurden die meisten Kiefern und Birken aus den Heideflächen entfernt. Zugleich stellte man eine Heidschnuckenherde „in Dienst". Sie soll den Birkenjungwuchs durch Verbiß kurz halten und das überalterte Heidekraut verjüngen. Während westlich der Landstraße eine reine Heidschnuckenherde weidet, erinnern die Böcke und Mutterschafe im Bereich des Großen Heiligen Meeres stark an Muffelwild. Hier wurden nach 1970 mehrfach Muffelwidder zugesetzt, weil man von ihnen einen stärkeren Verbiß der Birken erwartete. Sowohl die „Mufflons" als auch die Heidschnucken halten zu den Besuchern Distanz und bieten auf den Heideflächen oft einen besonders urwüchsigen Anblick.

Wandern am Heiligen Meer

Man betritt das Gelände an der Biologischen Station des Landschaftsverbandes Westfalen-Lippe. Dessen Vorgänger, der Westfälische Provinzialverband, erwarb 1927 die drei größeren Gewässer samt Umfeld. In der Station befindet sich eine Ausstellung über die Lebensgemeinschaften des Naturschutzgebietes.

Ein Rundwanderweg, der zunächst außen am Gebietsrand verläuft, gestattet Durchblicke auf das Große Heilige Meer und die Röhrichte und führt unmittelbar an den Erlenbruchwäldern entlang, die teilweise im Wasser stehen. Nördlich des Sees teilt sich der Weg: Man kann wahlweise über die Heide oder durch Eichen-Birkenwälder zurückkehren. Auch westlich der Landstraße besteht Gelegenheit zu einem kleinen Rundgang durch die Heide bis zum Rand des Erdfallsees.

Stichmann

Die „Mufflons" helfen bei der Heidepflege.

Diepholzer Moorniederung mit Neustädter Moor

Feuchte Wüsten

Mitten in Niedersachsen haben sich die Reste zahlreicher Hochmoore erhalten. Doch sie sind durch den industriellen Torfabbau stark gefährdet. Naturschützer kämpfen um ihren Erhalt. Als hervorragende Landschaftspfleger haben sich dabei die Moorschnucken erwiesen.

Zwischen Dümmer und Weser, in der über 100 000 Hektar großen Diepholzer Moorniederung, sind im Laufe der letzten 5000 bis 6000 Jahre fünfzehn größere Hochmoore emporgewachsen. Mit ihren zusammen 24 000 Hektar Fläche haben sie das Gebiet entscheidend geprägt.

Ein hoher Grundwasserstand und relativ hohe Niederschläge im Sommer sind die Voraussetzungen für die Ansiedelung von Torfmoosen. Diese natürlichen Baumeister der Hochmoore speichern viel Wasser, kommen mit wenig Nährstoffen aus und säuern das umgebende Moorwasser stark an. Die wurzellosen Moose sterben unten ab, während sie oben weiterwachsen. Die abgestorbenen, unzersetzten Pflanzenteile werden zu Torf. Im Durchschnitt wächst die Torfschicht um etwa einen Millimeter pro Jahr. Wächst ein Moor durch Torfbildung über seine Umgebung hinaus, spricht man von einem Hochmoor. Übrigens: Das Volumen lebender Hochmoore besteht zu über 95 Prozent aus Wasser!

Schon im Mittelalter nutzte der Mensch den Torf der Hochmoore als Brennmaterial. Besonders begehrt war der stark zersetzte, tiefer liegende Schwarztorf. Doch erst in unserem Jahrhundert erfolgte die großflächige Entwässerung und landwirtschaftliche Kultivierung der Hochmoore. Dadurch schrumpften die Moorflächen auf einen Bruchteil ihrer einstigen Größe. Weitere Moore fielen dem industriellen Torfabbau zum Opfer.

Kurzprofil

Träger:	Land Niedersachsen, Bezirksregierungen Hannover und Weser-Ems
Gegründet:	Erste Ausweisungen als Naturschutzgebiet 1969
Fläche:	100 000 ha, 24 000 ha Hochmoor, bisher 12 000 ha als Naturschutzgebiet
Saison:	Frühjahr bis Herbst

Seit den siebziger Jahren kämpfen niedersächsische Naturschützer darum, die Hochmoore der Diepholzer Moorniederung und des Neustädter Moores zu erhalten und wiederzubeleben. Ein erster Erfolg war die Aufnahme eines etwa 15 000 Hektar großen Kerngebietes in die Liste der „Feuchtgebiete internationaler Bedeutung." Auch konnte bis heute die Hälfte der Hochmoorfläche als Naturschutzgebiet ausgewiesen werden. Bei vielen Mooren fehlen aber noch die rechtlichen und finanziellen Voraussetzungen, um den Verfall aufzuhalten. Immerhin hat der Slogan „Torf gehört ins Moor" bewirkt, daß heute viele Gartenbesitzer durch Verzicht auf die Verwendung von Torf ihren Beitrag zum Schutz der Moore leisten.

Hochmoore bieten Pflanzen und Tieren sehr schwierige Lebensbedingungen. Daher haben sich hier ausgesprochene „Spezialisten" angesiedelt, die an anderen Orten kaum noch anzutreffen sind. So findet man noch den sehr seltenen Goldregenpfeifer, das gefährdete Birkhuhn und den Großen Brachvogel. Zu den Pflanzen, die mit den kargen Bedingungen zurechtkommen, gehört auch der fleischfressende Sonnentau. Das charakteristische Bild des

Hochmoores prägen Wollgräser, Rosmarinheide und Moosbeere.

Wegen seiner herausragenden Bedeutung als Brutgebiet vieler gefährdeter Vogelarten ist das Neustädter Moor bereits frühzeitig renaturiert worden. Es bildet das Herzstück der den die Moorschnucken – eine der kleinsten deutschen Schafrassen – als vierbeinige Naturschützer wiederentdeckt. Die Tiere halten Birkenwuchs und Pfeifengras kurz und sind heute als Landschaftspfleger der Hochmoore unentbehrlich.

Die wiedervernäßten Handtorfstiche mit dem typischen Wollgrasbewuchs vermitteln einen guten Eindruck vom ursprünglichen Hochmoor.

Diepholzer Moorniederung und war Ausgangspunkt für die Wiederbesiedlung der Nachbarmoore. Wie kaum ein anderes Hochmoor vermittelt es heute wieder den Eindruck einer unberührten Hochmoorlandschaft.

Dazu waren einschneidende Maßnahmen notwendig, von denen der Besucher kaum etwas ahnt: So galt es nicht nur, die ursprünglichen Wasserstände wiederherzustellen, sondern auch die nach der Trockenlegung zahlreich eingewanderten Birken zu entfernen. Schließlich wur-

Benachbarte Hochmoore sind in den letzten Jahren ebenfalls systematisch renaturiert worden. Dabei hat jedes Gebiet seine eigene Geschichte, Entwicklung und seinen besonderen Reiz.

Wandern in der Diepholzer Moorniederung

Wegen seiner Ebenheit und Weitläufigkeit bietet es sich an, den Naturraum per Rad zu erkunden. Die Verbindungswege zwischen den Mooren sind gut befahrbar; größere Straßen (Land- und Bundesstraßen) haben häufig eigene Radwege. Mit geeigneten Wanderkarten läßt sich die Landschaft auch auf eigene Faust entdecken. Die Freizeitkarte vom Landkreis Diepholz enthält ausgeschilderte Radwege. Beschränkungen für Radwanderer halten sich in Grenzen, doch müssen die Schutzgebietsverordnungen unbedingt beachtet werden.

Wege, die an den Rand mancher Moore führen, sind gekennzeichnet. Hier kann der aufmerksame Wanderer die typische Moor- und Heidelandschaft erleben. Das Betreten wiedervernäßter Bereiche außerhalb gekennzeichneter Wege ist für Unkundige nicht ungefährlich: Aufgeschwommene Torfschichten und Schwingrasen täuschen festen Bo-

den vor. Die Moorschäfer können ein Lied davon singen, verlieren sie doch ab und zu Schafe, die in den vernäßten Handtorfstichen steckengeblieben und ertrunken sind.
Es empfiehlt sich, ein gutes Fernglas mitzunehmen. Der kilometerweite Blick über offenes Hochmoor ist ein Erlebnis, das man in unserem dichtbesiedelten Land so nicht erwarten würde.

▷▷ **Eine Fahrt mit der Moorbahn zählt zu den angenehmsten Arten, das Goldenstedter Moor zu erkunden.**

Die kleinwüchsigen Moorschnucken fressen Birkentriebe und Gräser und tragen so zum Erhalt des Moores bei.

Flora und Fauna in der Diepholzer Moorniederung

Typische Pflanzen

Sumpfblutauge, Fieberklee, Straußgilbweiderich, Sumpfcalla, Seggen, Weiden, Erlen (im Niedermoor); Torfmoose, Scheidiges und Schmalblättriges Wollgras, Rundblättriger und Mittlerer Sonnentau, Weißes Schnabelried, Moosbeere, Rosmarinheide, Gagel (im Hochmoor); nach der Entwässerung auch Moorbirke und Pfeifengras.

Charakteristische Tiere

Bekassine, Uferschnepfe, Kiebitz, Löffelente, Braunkehlchen, Schafstelze, Wiesenpieper, Gras- und Moorfrosch, Sumpfheuschrecke (im Niedermoor und auf Feuchtwiesen); Goldregenpfeifer, das fast ausgestorbene Birkhuhn, Großer Brachvogel, Krickente, Schwarzkehlchen und Raubwürger, Neuntöter, Sturmmöwe, Moorfrosch, Schlingnatter, Hochmoormosaikjungfer, Hochmoorbläuling, Heidebürstenbinder (im Hochmoor).

Die beste Jahreszeit für einen Besuch ist das Frühjahr, wenn Mitte Mai das Wollgras fruchtet und moortypische Brutvögel das Gebiet mit ihrer Stimmgewalt beleben. In der Morgendämmerung sind das Trillern des Großen Brachvogels, das Meckern der Bekassine, das Wispern des Wiesenpiepers und das Schnurren des Ziegenmelkers deutlich zu unterscheiden. Hunderte frisch geschlüpfter Libellen wärmen sich auf Wegschneisen im frühen Sonnenlicht. In den Schäfereien ist die Lammzeit beendet, und die Moorschnuckenherden ziehen mit dem Nachwuchs zurück ins Moor. Birkentriebe und Bentgras sind jetzt ihre Lieblingsnahrung.
Im stilleren Spätsommer gibt die blühende Besenheide den Mooren ihren typischen violetten Glanz. Unzählige Schmetterlinge, darunter viele Wanderfalter, tanken beim Blütenbesuch Energie auf. Am Moorrand haben Imker Bienenvölker aufgestellt, die den begehrten Heidehonig sammeln.
Im Herbst dominieren das Kupferrot des Schmalblättrigen Wollgrases und das Gelb der Moorbirkenblätter. Zwischen den vergilbenden Bentgrasstengeln hängen bizarre Spinngewebe.

Bei feuchter Witterung ist wasserfestes Schuhwerk ratsam, am besten Gummistiefel. Im Moor ausgewiesene Wanderwege sind nicht zum Radfahren geeignet.

Neustädter Moor

Das Neustädter Moor bildet des Kernstück des Naturraums; Zufahrt über den „Langen Berg" vom Südostrand her. Ein Aussichtsturm bietet einen Blick über eines der eindrucksvollsten Hochmoore. Die Wege sind nur am Rand des demnächst etwa

Praktische Informationen

Adressen und Auskünfte

BUND-Projekt Diepholzer Moorniederung, Langer Berg 15, 49419 Wagenfeld, Tel. 05774-371; (Öffnungszeiten telefonisch erfragen).
Fremdenverkehrsverband Dümmerland e.V., Lange Str. 51, 49356 Diepholz, Tel. 05441-8468.
Naturschutz- und Informationszentrum NIZ, Arkeburger Str. 20, 49424 Goldenstedt, Tel. 04444-2786.
Verein Naturpark Dümmer e.V., Niedersachsenstr. 2, 49356 Diepholz, Tel. 05441-95652.

Anreise

Mit der Bahn bis Diepholz oder Rahden. Mit dem Auto von Westen über A 1,

2000 Hektar großen Naturschutzgebietes begehbar; Informationen im Büro des BUND-Projekts. Dort sind Voranmeldungen für Gruppenführungen möglich, auch in Verbindung mit dem Besuch einer Moorschnuckenschäferei. Vor allem empfehlenswert ist ein Abstecher zum Naturtierpark und Arabergestüt Ströhen; im August zur Heideblütenzeit auch in die Kuppendorfer Heide, südlich von Sulingen.

Oppenweher Moor oder Stemmer Moor

In dem 600 Hektar großen Gebiet lassen sich Handtorfstiche hautnah erleben. Besonders interessant sind die unterschiedlichen Regenerationsstadien einer Hochmoorlandschaft. Eine Schafherde pflegt das Moor und hält Birke und Bentgras kurz. Am Süd-, Ost- und Westrand befinden sich Parkplätze, von denen ausgeschilderte Wanderwege ausgehen (ein bis acht Kilometer lang). Wege, die auch tiefer ins Moor führen, sind streckenweise mit Bohlen befestigt. Der große Rundweg führt um das baumfreie Hochmoorzentrum herum und offenbart die Vielfalt der Moorlandschaft, auch in den verbuschten Randbereichen. Das Gebiet ist zum Radfahren nicht geeignet. Zwei Restaurants in Oppenwehe bieten Planwagenfahrten an.

Geestmoor bei Rehden

500 Hektar Abtorfungsfläche werden derzeit in dem 1780 Hektar großen Naturschutzgebiet renaturiert. Ein spannender Prozeß der Wiederbelebung setzt ein. Auch ältere Renaturierungsmaßnahmen (Wiedervernässung, Dämme) sind gut zu erkennen. Schafherden einer privaten Stiftung pflegen Teile des Naturschutzgebietes. Von den beiden das Moor durchquerenden Nebenstraßen erhält man tiefe Einblicke in das Gebiet. Eine Rundtour mit dem Rad ist besonders zu empfehlen; Wanderwege sind nicht gekennzeichnet. Zufahrt mit dem Auto von der B 239 in Höhe der Gaststätte „Zur Post“ zwischen Wagenfeld und Rehden.

◁ **Die Raupe eines Heidebürstenbinders tut sich am Wollgras gütlich.**

Eine besondere Morgenstimmung herrscht in der feuchten Kühle des Hochmoores.

Großes Moor bei Vechta, Goldenstedter Moor

Fläche rund 2000 Hektar; Attraktionen sind Moorbahnfahrten sowie ein Moorerlebnispfad (800 Meter). Das Große Moor steht noch vor der Renaturierung. Auskünfte im Naturschutz- und Informationszentrum (NIZ) am Goldenstedter Moor.

Niemeyer

Abfahrt Holdorf, auf die B 214 Richtung Diepholz;
von Süden auf der B 51, B 239 oder B 61;
von Osten auf der B 214; von Norden über die B 69, B 51 oder B 61.

Führungen

Nach Voranmeldung vom BUND-Projekt in Wagenfeld-Ströhen und vom Naturschutz- und Informationszentrum in Goldenstedt; von hier aus auch Fahrten mit der Moorbahn.

Mit dem Rad

Ausgeschilderte Radwanderwege sind vorhanden. Radwander- und Freizeitkarten sind in den örtlichen Buchhandlungen erhältlich.

Der Dümmer

Ein Anblick wie in Afrika

Der Dümmer, der zweitgrößte See Niedersachsens, ist ein vor allem für die Vogelwelt wichtiger Lebensraum. Dieser flache See mit seinen feuchten Wiesen gehört zu den artenreichsten Landschaften Mitteleuropas.

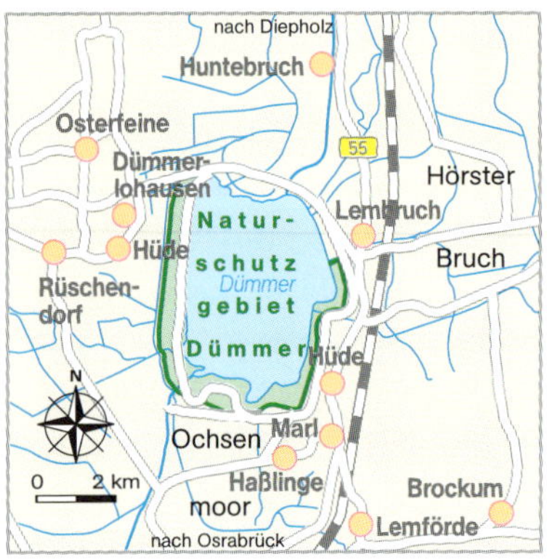

Manch einer fühlt sich an Bilder aus Afrika erinnert, wenn in der herbstlichen Abenddämmerung ein großer Trupp Reiher in das flache Wasser der Südbucht einfällt. Schon lange zuvor kamen die ersten Stare, die in schier endlosen Bändern zu Zehntausenden vorbeiziehen, um sich im Schilf einen Schlafplatz zu suchen. Gegen den roten Himmel zeichnen sich scharf die Silhouetten der Graugänse ab, die das letzte Licht nutzen, um ihre Nahrungsplätze im Umland anzusteuern.

Flaches Wasser und feuchte Wiesen machen die Dümmerniederung nicht nur im Sommer zum Vogelparadies, wenn das Kreischen aus der Lachmöwen-Kolonie schon von weitem zu hören ist, man auf Schritt und Tritt vom Schwätzen der Rohrsänger begleitet wird und die zänkische Uferschnepfe die Rohrweihe vertreibt.

Im Winter, wenn der See ganz allein den Vögeln gehört, findet sich unter den Zehntausenden von überwinternden Stockenten so mancher seltene Gast. Ein schneeweißer Zwergsäger leuchtet aus der Schar der Enten, in der das geübte Auge über ein halbes Dutzend Arten unterscheiden kann. Wenn die Enten und Gänse im Frühjahr den See größtenteils verlassen haben, kündigt das melancholische Flöten des Brachvogels bereits die Rückkehr der Wiesenvögel an.

Doch das Paradies ist bedroht. Seit der Eindeichung des Sees und der großflächigen Entwässerung des Umlandes setzte eine fortschreitende Intensivierung der Landwirtschaft ein. Heute belastet ein Übermaß an Nährstoffen die gesamte Region.

Nach jahrelangen Bemühungen der Naturschutzverbände hat sich aber allgemein die Erkenntnis durchgesetzt, daß das Ausweisen von Schutzgebieten oder die Bezeichnung als „Feuchtgebiet internationaler Bedeutung" in keiner Weise ausreicht, um Tieren und Pflanzen ihren Lebensraum zu erhalten. Erstes

Kurzprofil

Träger:	Bezirksregierung Hannover, Lkr. Diepholz
Gegründet:	1952
Fläche:	1895 ha
Besuchersaison:	ganzjährig
Wanderwege:	am Dümmer 18 km; im Naturschutzgebiet zur Zeit 36 km

sichtbares Zeugnis hierfür ist die vom Land Niedersachsen eingerichtete Naturschutzstation, die vor allem die Landwirtschaft in den Schutzgebieten steuert. Die Sanierung des Dümmer selbst kommt aber nur schleppend in Gang.

Der Flachsee hat eine durchschnittliche Tiefe von einem Meter und 13 qkm Wasserfläche. Im Süden und Westen schließt sich eine Verlandungszone mit Schwimmblatt-Teppichen und einem breiten Röhricht-Gürtel an. Seit der letzten Eiszeit entstanden durch die Verlandung des ehemals viel größeren Sees die umliegenden Niedermoore.

Praktische Informationen

Informationszentren

Naturschutzstation Dümmer, Am Ochsenmoor 40, 49448 Hüde. Bezirksregierung Hannover, Tel.: 05443/1393, Fax: 05443/8145. Naturschutzring Dümmer e.V., Tel.: 05443/1367, (Führungen); Öffnungszeiten des Ausstellungsraumes: 1.5. bis 31.8. tägl. außer montags 15–17 Uhr; 1.9. bis 30.4. donnerstags 15–17 Uhr und nach Vereinbarung.

Adressen und Auskünfte

Verein Naturpark Dümmer e.V., Niedersachsenstr. 2, 49356 Diepholz, Tel. 05441/95-667.

Anreise

Mit der Bahn: bis Bahnhof Lemförde; mit dem Auto: über die B 51 Osnabrück-Diepholz oder die A 1, Anschluß-

Wandern in der Dümmerniederung

Der Dümmer ist ein beliebtes Ausflugsziel. Im Sommer herrscht auf dem Wasser und in den Ortschaften Hochbetrieb. Boot fahren (ohne Motor) ist außerhalb der Naturschutzgebiete vom 1. April bis 31. Oktober erlaubt. Für das Naturschutzgebiet Ochsenmoor wird eine flexible Besucherregelung angestrebt, abhängig vom Verhalten der Brut- und Rastvögel. Informationen erteilt die Naturschutzstation. Wanderungen durch das Gebiet unter fachkundiger Leitung werden ganzjährig angeboten.

Route: Rund um den Dümmer

Die vollständige Umrundung des Dümmer auf dem Deich lohnt sich vor allem im Winter. Günstiger Startpunkt ist Hüde. Folgt man dem Deich in südlicher Richtung, gelangt man schnell zu dem besonders interessanten Abschnitt, wo die ausgedehnten Feuchtwiesen des Ochsenmoores an die breite Verlandungszone stoßen, so daß sowohl die Wiesen- als auch die Wasservögel vom Deich aus beobachtet werden können. Nach Überquerung des Flusses Hunte versperrt der Erlenbruchwald „Dobben" den Blick auf den See, das Westufer und die Nordbucht bieten dann wieder eine gute Sicht. Das Ostufer wird zwar weitgehend von Fremdenverkehrseinrichtungen ein-

Die durchschnittliche Tiefe des Dümmer beträgt nur einen Meter.

◁ **Die Uferschnepfe ist ein häufiger Brutvogel am Dümmer.**

genommen, dennoch sind hier im Winter viele Wasservögel anzutreffen. Im Sommer lohnt sich dieser Abschnitt kaum; es empfiehlt sich dann, den Rückweg von Dümmerlohausen mit dem Schiff zurückzulegen. Die Boote verkehren vom 1. April bis 31. Oktober (Anmeldung erforderlich).

i Dümmerdeich-Rundweg: 18 km; 4 Stunden Gehzeit. Bei Rückfahrt mit dem Schiff: 9 km; 2 Stunden Gehzeit; ca. 45 Min. Bootsfahrt. Der Deichweg ist für Radtouren nicht geeignet.

Richter

stellen Neuenkirchen-Vörden bzw. Holdorf.

Führungen

Ganzjährig kostenlos durch die Naturschutzverbände im Naturschutzring Dümmer e.V.

Unterkunft, Camping, Gaststätten

Zahlreiche Hotels, Pensionen, Gaststätten, Campingplätze und Unterkünfte für Jugendgruppen in Hüde, Lembruch und Dümmerlohausen.

Kultur und Museen

Dümmer-Museum Lembruch: Naturkundliche, archäologische und Kunstausstellungen; Öffnungszeiten: 16.3. bis 15.10. tägl. außer montags 10–18 Uhr, Tel. 05447/341 oder 412.

Flora und Fauna am Dümmer

Charakteristische Pflanzen

See- und Teichrose (als Schwimmblatt-Teppiche); Seebinse (Binseninseln); Sumpffarn (in der Verlandungszone); Sumpfdotterblume, Kuckucks-Lichtnelke, Wasser-Greiskraut, Mädesüß, Gelbe Wiesenraute (im Grünland); Schwarzerle, Schwarze Johannisbeere (im Bruchwald).

Typische Brutvögel

Haubentaucher, Lachmöwe, Graugans, Trauerseeschwalbe, Rohrweihe; Teich- und Schilfrohrsänger (in der Verlandungszone); Uferschnepfe, Bekassine, Großer Brachvogel, Kiebitz, Schafstelze (im Grünland); Weißstorch.

Typische Gastvögel

Pfeifente, Gänsesäger, Bläß- und Saatgans; Kornweihe (Überwinterer); Kormoran (ganzjährig); Kampfläufer und Goldregenpfeifer (Durchzügler); Stockente (Überwinterer und Brutvogel); Löffel-, Krick-, und Knäkente (Durchzügler und spärliche Brutvögel).

Das Wattenmeer

Zwischen Himmel und Küste: Das Watt

Entlang der deutschen Nordseeküste erstreckt sich eine Landschaft, bei deren Anblick sich unweigerlich die Frage stellt: Ist das nun noch Land, oder ist es schon Meer? Das Wattenmeer ist einmalig auf der Welt. Zweimal am Tag legt hier die Tide bei Ebbe auf einer Breite von bis zu zwanzig Kilometern den Meeresboden frei; mit der Flut verschlingt der „Blanke Hans", wie die Küstenbewohner die Nordsee nennen, die Landschaft wieder, um sie sechs Stunden später erneut freizugeben.

Das Wattenmeer, das mit einer Ausdehnung von 450 Kilometern zwischen Den Helder und Esbjerg auch die benachbarten Küsten der Niederlande und Dänemarks prägt, ist erdgeschichtlich gesehen eine sehr junge Landschaft. Noch vor rund 9000 Jahren lag der Meeresspiegel der Nordsee etwa hundert Meter tiefer als heute. Die Küste erstreckte sich von Dänemark entlang der Doggerbank hinüber bis nach England, und die heutige Straße von Dover ließ sich problemlos zu Fuß überqueren. Als die Eiskappen zu schmelzen begannen, stieg der Wasserpegel und das Meer drang immer weiter in das Land ein. Unter den schwindenden Eismassen Skandinaviens hob sich die Erdscholle, und im Gegenzug senkte sich das gesamte Nordseebecken – eine Entwicklung, die bis heute nicht abgeschlossen ist. Mit Ebbe und Flut sowie durch die großen Ströme Elbe, Weser und Rhein wurden große Sedimentmengen herangetragen. Zum Teil lagerten sie sich ab und bildeten parallel zur Küstenlinie mächtige Strandwälle. Ehemals feuchte Marschen und Moore wurden von Sand bedeckt, und die Wälle wuchsen immer höher. Sie entwickelten sich teilweise zu Inseln und schützten so die Flachwassergebiete entlang der Küste vor allzu starker Erosion. So konnten sich dort weitere Sedimente ablagern und die langsame Absenkung der Küstenregion ausgleichen. Alle diese Faktoren schufen zusammen das Ökosystem Wattenmeer.

Auch heute noch wandern die Inseln oder brechen an ihren unbefestigten Kanten ab, und bis heute verlagern sich Sandbänke und Tiefen. Die Naturgewalten, die das Wattenmeer ständig neu gestalten, sollen sich dort, wo die Sicherheit der Menschen es zuläßt, ungestört entfalten können. Dazu leisten die drei deutschen Wattenmeer-Nationalpark einen wertvollen Beitrag.

Die offenen Watten – Lebensraum auf den zweiten Blick

Watt ist nicht gleich Watt. Das Wattenmeer bietet, auch wenn es auf den ersten Blick nicht so scheinen mag, einen außerordentlich vielfältigen Lebensraum. Wer genauer hinschaut, kann in der freien, scheinbar eintönigen Landschaft ganz unterschiedliche Materialien und Oberflächen erkennen.

Dort, wo starke Strömungen herrschen und die Sedimente umwälzen, findet man das grobkörnige, feste „Sandwatt" vor. In geschützten Ge-

◁ **Der Vollmond zaubert eine geheimnisvolle Stimmung über die einzigartige Welt des Wattenmeeres.**

bieten lagern sich dagegen vor allem sehr feine Körnchen ab, aus denen zum Beispiel auch Ton besteht. Dieses weiche und nährstoffreiche Sediment bezeichnet man als „Schlickwatt". Zwischen den beiden Wattformen bestehen, je nach Strömungsverhältnissen, zahlreiche Übergangsformen, die sogenannten „Mischwatten".

Das Vorurteil, die Wattfläche sei ein besonders lebensfeindlicher Raum, eine Wüste im Meer gewissermaßen, läßt sich schnell entkräften. Denn das Gegenteil ist wahr: Das Wattenmeer gehört zu den produktivsten Lebensräumen, die es auf der Welt gibt. Schon ein kurzer Blick über das Watt verrät viele Bewohner, die sich selten an der Oberfläche, umso zahlreicher aber im Boden tummeln und ihre charakteristischen Spuren hinterlassen.

Neben diesen frei umherwandernden Würmern, Krebsen und Schnekken haben sich andere Wattbewohner einem festen Standort angepaßt. Diese Tiere wohnen in einer selbst gegrabenen und zum Teil auch ausgekleideten Wohnröhre. Mit feinen Armen oder Tentakeln suchen sie bei hohen Wasserständen den Wattboden nach organischen Teilchen oder mikroskopisch kleinen Kieselalgen ab. Die winzigen Algen bilden, obwohl sie selbst für den geübten Betrachter nur als feiner, bräunlicher Schleier auf dem Wattboden auszumachen sind, die Nahrungsgrundlage für alle Lebewesen des Watts.

Eine dritte Gruppe von Bewohnern hat sich darauf spezialisiert, im Wasser selbst nach Nahrung zu suchen. So bilden viele Muschelarten, die tief verborgen im Boden eingegraben leben, zwei lange, bis zur Wattoberfläche reichende Röhren aus. Mit ihrer Hilfe saugen sie das Wasser an und schleusen es anschließend durch aufwendig konstruierte Kiemenfilter. Das Plankton

▷ **Miesmuschelbänke bilden mit ihren Höhlen und Spalten ein felsenartiges Biotop, auf dem viele andere Arten überleben können.**

und andere verwertbare Nahrungspartikel werden auf diese Weise zurückgehalten und verdaut.
Eine vierte Gruppe, zu der auch der Wattwurm gehört, schluckt ganz einfach den mit nährstoffreichen Teilchen und Kleinstlebewesen durchsetzten Wattboden. Das Sediment wird verdaut, der unverdauliche Rest wieder ausgeschieden. Solche Rückstände bilden die an der Wattoberfläche sichtbaren sogenannten Kotsandhäufchen.

Felsenbiotop im Watt – die Miesmuschelbank

Die auf der Wattoberfläche lebenden Strandkrabben oder die nur wenige Millimeter messenden Wattschnekken bilden Panzer oder Gehäuse aus, um sich gegen die Austrocknung bei niedrigem Wasserstand zu schützen. Die Miesmuschel schafft es sogar, sich auf dem Watt in großen, mehrere Etagen umfassenden Bänken fest anzusiedeln. Bereits eine kleine Muschelschale reicht aus, damit sich die junge Pioniermuschel mit zahlreichen Eiweißfäden fest anheften kann. Ist der Anfang einmal gemacht, heften sich schnell weitere Jungmuscheln zunächst zu langen Ketten und später in großen Haufen zusammen. Nach kurzer Zeit siedeln sich größere Algen wie der Blasentang an. Ihm folgen Polypen und Blumentiere, Schnecken und Würmer, zahlreiche Flohkrebse und Seepocken, Seesterne und sogar kleine Seescheiden. Mitten in der vermeintlichen Sandwüste entsteht so, wenn die Muschelbank nicht geerntet oder von harten Eiswintern aufgerieben wurde, eine arten- und formenreiche Oase für Lebensformen, die eigentlich an Felsenküsten beheimatet sind.

Die Priele – Schaufenster des Küstenmeeres

Priele und Baljen, die tiefen Abfluß- und Einstromrinnen des Meeres, bie-

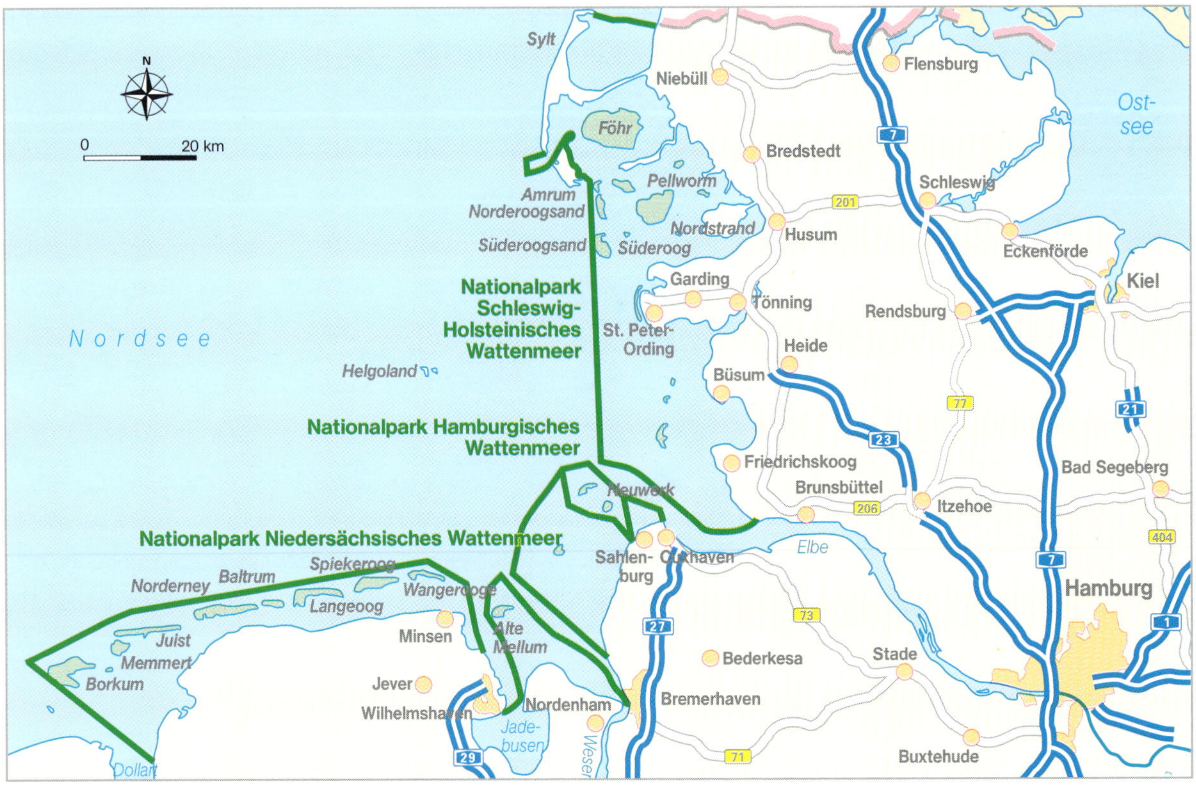

ten ein ganz anderes Bild als das übrige Watt. Das in den höheren Regionen stets drohende Austrocknen ist für die Bewohner der Priele kein Problem; sie müssen also auch keine besonderen Anpassungsmechanismen entwickeln. Einsiedlerkrebse, Seesterne, Seeigel, Blumen- und Polypentiere sowie zahlreiche Fischarten bereichern hier das Artenspektrum des Wattenmeeres. Für viele Fischarten der Nordsee sind die Priele eine ideale Kinderstube, geschützt vor Feinden und voller Nahrung für ein rasches Wachstum. Die für die Priele charakteristischen Plattfische lauern meist, oberflächlich eingegraben und hervorragend getarnt, regungslos auf vorbeischwimmende Kleinfische und Krebse. Die bekanntesten und besonders von Feinschmeckern geschätzten Prielbewohner aber sind sicherlich die Nordseegarnelen (auch „Krabben“ oder „Granat“ genannt), die mit einem speziell konstruierten, leichten Fanggeschirr von kleinen Kuttern aus gefangen werden.

weiten Weg nach Norden oder Süden.

Besonders für das Überleben vieler europäischer Wat-, Enten- und Gänsevögel sowie für Seeschwalben und Möwen ist das Wattenmeer – und zuweilen nur ganz eng begrenzte Teile davon – von existentieller Bedeutung.

◁◁◁
Mit lautem Geschrei und schnellen Flügelschlägen macht sich der Austernfischer, der Charaktervogel der Nordsee, bemerkbar.

Im nördlichsten Zipfel des Schleswig-Holsteinischen Wattenmeeres, dem Königshafen auf Sylt, liegt dieses Priel.

Gedeckte Tafel für hungrige Schnäbel

Die Speisetafel Wattenmeer ist reichlich gedeckt. In einem Quadratmeter Schlickwatt wurden schon bis zu 100 000 Wattschnecken gezählt. Im Schnitt produziert ein Quadratmeter Wattboden jährlich 300 Gramm Biomasse.

◁
Einer der hurtigsten Bewohner der freien Wattoberfläche ist die Strandkrabbe.

Wen kann es da wundern, daß das Wattenmeer sich zu einem besonderen Lebensraum für Vögel entwickelt hat? Millionen von ihnen nutzen das Watt jedes Jahr als Brutplatz, als Mausergebiet, zur Überwinterung oder ganz einfach als Rastplatz und „Tankstelle“ auf dem

Drei Beispiele sollen erläutern, wie wichtig das Wattenmeer für die europäische Vogelwelt ist. Von Mitte Juni bis September mausern in der Elbmündung rund um die Inseln Trischen und Scharhörn etwa 200 000 Brandgänse ihr Gefieder – das entspricht wenigstens drei Vierteln ihres Bestandes in ganz Europa. Für rund die Hälfte der stark gefährdeten europäischen Brandseeschwalben und ein Viertel der vom Aussterben bedrohten Zwergseeschwalben ist das Wattenmeer angestammtes Brutgebiet. Wenn die Ringelgänse aus ihrem Brutgebiet auf der Taymir-Halbinsel in Nordruß-

Wattenschutz ohne Grenzen

Das Ökosystem Wattenmeer kennt keine politischen Grenzen. Um diesen weltweit einzigartigen Lebensraum zu erhalten, haben sich die Niederlande, Deutschland und Dänemark entschlossen, einen möglichst weitreichenden und einheitlichen Schutz des gesamten Wattenmeeres zu betreiben. Im Rahmen der alle drei Jahre stattfindenden „Trilateralen Regierungskonferenz zum Schutz des Wattenmeeres“ entscheiden die zuständigen Umweltminister über ökologische Entwicklungsziele und deren Umsetzung, eine effiziente Umweltbeobachtung und weitere Schutzmaßnahmen. Dadurch soll die Lebenskraft des Wattenmeeres als Ganzes gesichert und seine nachhaltige Nutzung durch den Menschen in Teilbereichen ermöglicht werden.

land südwärts ziehen, nutzen sie das Wattenmeer als überlebenswichtigen Rastplatz und zugleich dazu, um sich die nötigen Fettreserven für den Weiterflug anzufressen.

Für den Besucher des Wattenmeeres wird die Vogelwelt besonders im Frühling und Herbst zu einem Naturerlebnis. Während die meisten Brutvogelkolonien vor Besuchern geschützt und daher weiträumig gesperrt bleiben müssen, lassen sich die Scharen von Zugvögeln auf und über den Wattflächen leicht beobachten. Ein besonderes Naturschauspiel bieten die Knutts oder Island-Strandläufer, die sich in der Luft zu riesigen Wolken sammeln. Wenn sie ihre Flugrichtung ändern und ihre Körper synchron schwenken, verändert sich schlagartig die Farbe des gesamten Schwarms von Braun nach Rot und Weiß.

▷▷ **Zu den „Spezialisten" der Salzwiesen gehört die Strandaster.**

Finger weg von Heulern

Als Ende der achtziger Jahre die Schreckensnachricht vom Seehundsterben die Runde machte, wurde auch den bis dahin zögerlichen Politikern klar: Für den Schutz des Wattenmeeres muß mehr als bisher geschehen. Die von einer Virusepidemie heimgesuchte Seehundpopulation hat sich mittlerweile erholt, aber der Vorfall bleibt ein mahnendes Beispiel dafür, wie schnell und dramatisch Veränderungen in einem Ökosystem eintreten können, wenn seine Selbsterhaltungskräfte nicht ausreichend gesichert bleiben.

Die neugierigen Robben sind überall im Wattenmeer vom Frühling bis in den späten Herbst zu beobachten. Bei Niedrigwasser suchen sie die steilen Hänge der Sandbänke auf, um sich dort von ihrer Jagd nach Fischen, Krabben und Krebsen zu erholen. Anfang Juni bis etwa Mitte Juli bringen die Weibchen an abgelegenen Ruheplätzen bei Niedrigwasser jeweils ein einzelnes Junges zur Welt, das ihnen unmittelbar mit der nächsten Flut bereits folgt und noch etwa vier bis fünf Wochen gesäugt wird. Während dieser Zeit lassen die Mütter ihren Nachwuchs zeitweilig auf Sandbänken und an geschützten Küstenstrichen zurück. Diese nach ihrer Mutter rufenden „Heuler" dürfen keinesfalls gestört oder womöglich berührt werden. In fast allen Fällen wird die von der Jagd heimkehrende Mutter ihr Junges wieder aufnehmen und weiterhin bis zur Selbständigkeit begleiten.

Salzwiesen – Bunte Teppiche am Meer

Dort, wo die Küste naturnah erhalten ist, endet eine Wanderung über das offene Watt nicht direkt am Deich, sondern in einer artenreichen, angenehm duftenden und den Sommer über bunt blühenden Wiese, Salzwiese genannt. Dieser Randstreifen des Wattenmeeres beherbergt nicht nur das mit Abstand größte Spektrum an Tieren und Pflanzen; viele seiner Arten sind ganz auf diesen engen Lebensraum beschränkt. Besonders an den Rändern der Priele und in Salzlachen gedeiht eine blütenreiche Pflanzenwelt. Auffällig sind der wohlriechende Strandwermut, Strandflieder, Strandaster und die selbst bei starker Beweidung noch auftretende Strandnelke.

Pflanzen, die an diesem ständig von Salzwasser überfluteten Ort überleben können, besitzen ganz besondere Anpassungsmechanismen. Für die meisten Blütenpflanzen bedeutet Salzwasser den sicheren Tod, nicht jedoch für die Pflanzen der Salzwiese. Je dichter am Watt sie wachsen, umso kleiner werden die Pflanzenblätter, bis schließlich nur noch der Queller auftritt: ein Pionier, der überhaupt keine Blätter mehr hat.

Dieses Phänomen ist leicht zu erklären: Wer über eine möglichst kleine Blattoberfläche möglichst wenig Wasser aufnimmt, bekommt die geringsten Salzprobleme. Auf Dauer muß aber trotzdem das in erheblichen Mengen eindringende Salz aus dem Pflanzenkörper entfernt werden. Deshalb bilden viele Pflan-

Der Wattwurm

Kaum ein Tier wird so sehr mit dem Watt in Verbindung gebracht wie der Wattwurm, auch Pier- oder Köderwurm genannt. Überall auf den offenen Wattflächen verrät er durch typische Kotsandhaufen und die direkt benachbarten Sandtrichter seine Anwesenheit. Der bis zu dreißig Zentimeter lange Wurm lebt kopfüber in einer U- bis L-förmigen Röhre. Dort bildet er eine kleine Freßtasche und verschlingt das darin liegende Sediment. Da der Sand von oben immer nachrutscht, bildet sich an der Oberfläche der bekannte Einsturztrichter. Alles, was von dem aufgenommenen Sediment nicht verdaut werden kann, wird abtransportiert. Hierzu steigt der Wurm rückwärts im aufsteigenden Ast seiner Röhre nach oben und entsorgt den verdauten Sand in bekannter Manier als Kotsandhaufen auf der Wattoberfläche. Doch einmal dicht unter der Wattoberfläche, wird der Wurm plötzlich zu einer leichten Beute für nahrungssuchende Vögel. Mit etwas Glück können die Wattwürmer entkommen, indem sie ihr vom Vogelschnabel bereits erfaßtes Endstück abreißen lassen. Das bedeutet keinen unwiederbringlichen Verlust: Nach und nach wird das verlorengegangene Körperende wieder nachwachsen.

◁ **Dorado für Freunde langer Strandspaziergänge: Wanderdünen mit Strandhafer auf Amrum**

zen Salzdepots (zum Beispiel spezielle Haare oder Blätter), die dann geschlossen abgestoßen werden, oder sie schwitzen das Salz einfach über spezielle Poren aus. Die simpelste Lösung haben der Queller und die Strandsode entwickelt: Sie speichern das Salz einfach so lange in ihrem Körper, bis die Pflanzen am Ende der Vegetationsperiode im Herbst absterben.

Vom Winde verweht – Dünen

Dünenlandschaften gibt es vor allem auf den vorgelagerten Inseln des Wattenmeeres. Vom Sandstrand aus betrachtet lassen sie sich in verschiedene Gruppen unterteilen.
Nicht weit vom Ufer entfernt entsteht zunächst die „Vordüne" mit ihrer noch spärlichen Kräutervegetation. Dann folgt eine meist steil ansteigende „Weißdüne", die locker von Halmpflanzen wie Strandhafer und Strandroggen besiedelt ist. Häufig werden diese Halme auch von Menschen angepflanzt, da sie einen wichtigen Beitrag zur Festigung der Düne und damit zum Küstenschutz leisten. Die im Windschatten abfallende, humusreiche „Graudüne" ist zwar vergleichsweise dicht bewachsen, durch Wind oder starken Vertritt kann aber auch sie wieder aufgebrochen und zum weiteren Wandern veranlaßt werden. Hier wachsen besonders die Kriechweide und Sandsegge, und im Sommer bilden Sandglöckchen und Dünenveilchen bunte Blütentupfer. Wenn sich unter dem dichteren Pflanzenkleid der Graudüne weiter Humus bildet, entsteht die „Braundüne", auf der sich Zwergsträucher wie Krähenbeere und Besenheide ansiedeln.
Die örtlich vorkommenden feuchten Dünentäler bilden besonders schützenswerte Lebensräume für seltene Pflanzen. Hier wachsen Glockenheide, Sonnentau und Moosbeere noch in größerer Zahl. Ein besonderes Schauspiel ereignet sich regelmäßig im Frühjahr, wenn sich die Kreuzkröten aus den umliegenden Dünen auf die Wanderung machen, um sich in den tieferen Feuchtbiotopen zu paaren und anschließend ihre Laichschnüre abzulegen.

Janke

Flora und Fauna im Wattenmeer

Typische Pflanzen

Salzwiese: Queller, Strandaster, Halligflieder, Strandwermut, Milchkraut, Portulak-Keilmelde.
Dünen: Strandhafer, Strandroggen, Silbergras, Besen- und Glockenheide, Krähenbeere, Kriechweide, Dünenglöckchen, Strand-Platterbse, Dünenveilchen.
Watt: Seegras, Meersalat, Darmtang.

Charakteristische Tiere

Watt: Wattwurm, Seeringelwurm, Schlickkrebs, Nordseegarnele, Strandkrabbe, Miesmuschel, Sandklaffmuschel, Herzmuschel, Plattmuschel, Schwertmuschel, Wattschnecke, Strandschnecke, Scholle (freies Watt), Seehund, Schweinswal.
Vögel: Brandgans, Austernfischer, Säbelschnäbler, Sandregenpfeifer, Rotschenkel, Zwergseeschwalbe, Brandseeschwalbe, Silbermöwe, Kiebitz.

Nationalpark Niedersächsisches Wattenmeer

Beständig ist nur der Wandel

Der Natur ihren Lauf lassen – diese Maxime gilt nicht nur für die Gezeitenlandschaft mit ihren Sandbänken, Prielen und Watten, sondern auch für weite Teile der Dünen und Salzwiesen der Küste und der Ostfriesischen Inseln.

Täglich wird die Wattenlandschaft des zweitgrößten deutschen Nationalparks auf natürliche Weise umgestaltet: Unter dem Einfluß von Ebbe und Flut verlagern sich kontinuierlich Priele und Sandbänke. Auf den ständig trockenen Teilen der Strände entstehen Dünenketten, in deren Brandungsschutz sich Salzwiesen entwickeln können. Prägend sind die Winterstürme, die durch Erosion und Ablagerung auch menschliche Spuren verwischen oder überdecken.

Bei der Ausweisung des Nationalparks wurden mit den bewohnten Ostfriesischen Inseln und dem Deichvorland der Küste alle Lebensräume des Wattenmeeres einbezogen. Der Naturschutz mußte damit zwar den Ausgleich mit traditioneller Wirtschaft und Tourismus suchen, konnte aber dennoch viel erreichen: Herzmuschelfischerei und Wattenjagd finden nicht mehr statt; rund 60 Prozent der Salzwiesen werden nicht mehr landwirtschaftlich genutzt. Die für die Dünen wichtige Winderosion und -sedimentation erfolgt vielerorts wieder ungehindert.

Die Vielfalt des Lebensraumes Düne wird auf den Ostfriesischen Inseln und, einzigartig an der niedersächsischen Küste, am natürlichen Geesthang bei Cuxhaven erhalten. Seltene Pflanzen wie die Krähenbeerenheide und das Sumpfherzblatt sowie bedrohte Tiere wie Zwergseeschwalbe und Seeregenpfeifer können sich hier ungestört entfalten.

Die Inseln Memmert, Lütje Hörn und Mellum sind Musterbeispiele für die Entwicklung von Strandinseln im Wechselspiel von Wasser, Wind und Wetter. Großräumige natürliche Veränderungen lassen sich zum Beispiel in den Watt- und Prielsystemen des Elbe-Weser-Dreiecks und des Randzel südlich von Borkum beobachten.

Die Idylle ist jedoch bedroht. Luft- und Wasserverschmutzung kennen keine Schutzgebietsgrenzen. Ihre Reduzierung bildet ein wesentliches Anliegen der Nationalparkverwaltung. Die ökologischen Wirkungszusammenhänge werden in Forschungsprogrammen untersucht.

Die Weite der Landschaft bestimmt das Bild der Küste. Dies erschwert die Beobachtung von Wildtieren, da Annäherung oft bereits auf große Entfernung mit Flucht quittiert wird. Dennoch gibt es viele Gelegenheiten zur Begegnung mit Tieren im Wattenmeer – man muß nur Ruhe, etwas Geduld und ein Fernglas mitbringen.

Kurzprofil

Der Nationalpark Niedersächsisches Wattenmeer umfaßt das Gebiet zwischen Ems und Elbe und schließt die Ostfriesischen Inseln ein.

Träger:	Land Niedersachsen
Verwaltung:	Nationalparkverwaltung Niedersächsisches Wattenmeer
Gegründet:	1986
Fläche:	ca. 240 000 ha (davon mehr als 70 Prozent weitgehend der natürlichen Entwicklung überlassen)

◁
An den Prielen lassen sich die Wechselwirkungen der Elemente am besten ablesen.

Die Vielfalt der Lebensformen im Watt erschließt sich am besten bei einer Wattwanderung: mit beiden Füßen im Schlick, Salzgeschmack auf den Lippen, Wattknistern und Möwengekreische im Ohr und vor sich die endlose Weite des Meeres. Auf eigene Faust sollte man das freie Watt allerdings nicht betreten: zu groß ist die Gefahr, durch tiefe Priele und schnell aufziehenden Seenebel in Lebensgefahr zu geraten.

Fast überall werden von staatlich geprüften Wattführern Wanderungen im Watt angeboten. Die scheinbar tote Schlammwüste erweist sich dabei schnell als äußerst lebendig. Der Wattführer gräbt unter anderem Pier- und Seeringelwürmer aus und erklärt ihre Daseinsform. Beim Weg über Sand- und Schlickwatten zeigt sich, daß jede Wattfläche ihre eigenen Lebensgemeinschaften hat. Je nach Route geht der Weg vorbei an Miesmuschelbänken oder Seegrasfeldern; aus der Ferne sind Seehunde, Wat- und Seevögel zu beobachten. Durchquert man barfuß die Priele, spürt man Schwärme von durchscheinenden, hellgrauen Garnelen an den Beinen kribbeln. Strandkrabben, „Dwarslöper" genannt, machen ihrem Namen alle Ehre und suchen seitwärtslaufend das Weite. Gelegentlich scheucht man eine kleine, gut getarnte Scholle oder einen Butt auf. Ohne viel Mühe läßt sich also eine ganze Menge beobachten. Was aber spielt sich unter der Wasseroberfläche der tiefen Priele, Baljen und Gaten ab? Einblicke bieten Fahrten mit Netzfischfang, die von fast allen Häfen aus mit Ausflugsschiffen oder Krabbenkuttern angeboten werden. Wird das Netz an Deck gehievt und aufgebunden, fallen neben Plattfischen und Garnelen auch Kabeljau, Seesterne, Strandkrabben, Algen und anderes an Deck.

Die Flußseeschwalben gehören zu den bedrohten Arten, die in der Dünenlandschaft ihre Heimat haben.

◁◁◁
Die Vogelinsel Mellum ist für Besucher tabu.

Der Werbeträger für Fremdenverkehr und Naturschutz schlechthin ist der Seehund. Mit großen Augen und

▷ **Die Fahrt mit Krabbenkuttern wie diesen, die hier bei Dorum vor Anker liegen, erschließt dem Besucher die Wasserwelt des Wattenmeeres.**

Da muß man hin

- ☐ Nationalparkhäuser und Nationalparkzentrum
- ☐ Geführte Wattwanderung
- ☐ Seehundaufzuchtstation
- ☐ Seewasseraquarium
- ☐ Salzwiesen und Dünen auf Norderney
- ☐ Blüte des Strandflieders am östlichen Jadebusen
- ☐ Historischer Ortskern der Insel Spiekeroog
- ☐ Leuchttürme und Aussichtsdünen im Nationalpark

„Kindchengesicht" löst er überall Sympathie aus. Manchmal zuviel, so daß der Naturschutz ihn vor allzu großer Zuneigung bewahren muß. Ein Kuscheltier ist er nämlich nicht – und der Nationalpark kein Streichelzoo. Will man ihm begegnen, nimmt man am besten an einer der Schiffstouren zu den Seehundliegeplätzen teil, die an vielen Stellen angeboten werden. Auf den nicht überfluteten Watten am Fahrwasser suchen Scharen von Vögeln ihre Nahrung. Mit dem Fernglas lassen sich oft Arten wie Großer Brachvogel, Säbelschnäbler oder Rotschenkel ausmachen. Wie gerupft aussehende Kormorane breiten ihre Flügel zum Trocknen aus. Eiderenten dümpeln am Rande des Fahrwassers. An der Seehundbank angekommen, heißt es ruhig sein. In gleichmäßiger, langsamer Fahrt steuert der Kapitän an der Sandbank vorbei, auf der die Seehunde in großen Rudeln liegen.

Auch wenn es manchmal so aussieht: die Tiere liegen nicht nur aus Bequemlichkeit herum. Sie brauchen den Aufenthalt auf den steilen, schnell trockenliegenden Bänken und Stränden für Geburt und Jungenaufzucht und das Sonnenbad für den Haarwechsel. Die größten Bestände mit vielen Jungtieren finden sich in den Sommermonaten übrigens auf dem Randzel bei Borkum, der Kachelotplate bei Juist, dem Hohe-Weg-Watt bei Mellum und dem Knechtsand östlich der Weser.

Nationalparkeinrichtungen

NP-Haus Baltrum, Haus Nr. 177, 26579 Baltrum, Tel. 04939/469.
NP-Schiff „Feuerschiff Borkumriff", 26757 Borkum, Tel. 04922/2030.
NP-Haus Carolinensiel, Alte Pastorei, Pumphusen 3, 26409 Wittmund-Carolinensiel, Tel. 04464/8403.
NP-Haus Dangast, Zum Jadebusen 179, 26316 Varel-Dangast, Tel. 04451/7058.
NP-Haus Dornumersiel, Oll Deep 7, 26553 Dornumersiel, Tel. 04933/1565.
NP-Haus Dorum-Neufeld, Strandhalle, Dorumer Tief, 27632 Dorum-Neufeld, Tel. 04741/2826.
NP-Haus Fedderwardersiel, Am Hafen 1, 26969 Butjadingen, Tel. 04733/8517.
NP-Haus Greetsiel, Schatthauser Str. 6, 26736 Greetsiel, Tel. 04926/2041.
NP-Haus Juist, Carl-Stegmann-Str. 5, 26560 Juist, Tel. 04935/1595.
NP-Haus Norderney, Am Hafen, 26548 Norderney, Tel. 04932/ 2001.
NP-Haus Wangerland, Zum Hafen 1, 26434 Horumersiel, Tel. 04426/987156.
NP-Haus Wangerooge, „Rosenhaus", Friedrich-August-Str. 18, 26486 Wangerooge, Tel. 04469/8397.
NP-Zentrum Cuxhaven, Hans-Claußen-Str. 19, 27476 Cuxhaven, Tel. 04721/28681.

Wandern im Niedersächsischen Wattenmeer

Neben den beliebten Wanderungen mit geprüften Wattführern laden insbesondere die endlos langen Strände der Ostfriesischen Inseln zu Spaziergängen ein. Der genaue Verlauf der Wege ist aus den Gebietsfaltblättern der Nationalparkverwaltung zu ersehen und im Gelände durch Markierungen (grüner Pfahl: Wanderweg; roter Pfahl: Reitweg) gekennzeichnet.

Route 1: Borkum: Insel der Walfänger

Einen guten Eindruck von der Insel erhält man auf einer Rundtour mit dem Fahrrad. Vom Bahnhof führt die Route zunächst zum 65 Meter hohen „Neuen" Leuchtturm. Von hier bietet sich ein herrlicher Blick über die gesamte Insel. Über die Strandpromenade in südliche Richtung fahrend gelangt man zur Greunen Stee, einer der naturkundlich interessantesten Bereiche Borkums. In diesem Anlandungsgebiet kann bei höheren Fluten Salzwasser eindringen, so daß verschiedene Übergänge von Salzwiesen zur Süßwasservegetation entstehen. Schilfröhrichte, Flachmoore und Birkenbuschwälder wechseln ab mit Salzwiesen und Salzsümpfen.

◁ **In den Prielen tummeln sich Millionen von Sandgarnelen.**

Nach Durchquerung dieses Feuchtgebietes geht es auf dem Neuen Seedeich weiter in Richtung Osten. Die Tour führt vorbei am binnendeichs gelegenen Tüskendörsee, einem ehemaligen natürlichen Salzwasserdurchlaß der Insel, und den außendeichs gelegenen Salzwiesen. Am Ende des Seedeiches fährt man in nordwestlicher Richtung die Dünen entlang nach Ostland und von hier weiter in westlicher Richtung durch die Waterdelle (ein feuchtes Dünental mit seltenen Pflanzen) zurück zum Ort.

Lohnenswert ist auch ein Besuch des Heimatmuseums „Dykhus" und ein Abstecher zum historischen Ortskern von Borkum beim alten Leuchtturm. Hier erinnern Zäune aus Knochen und Kinnladen von Walen an die Grönlandfahrten der Borkumer Walfänger im 18. Jahrhundert.

Ein gut getarnter Steinbutt im Schlick

◁◁ **Ein Wunderwerk der Natur ist der Gewöhnliche Seestern – ebenfalls ein Bewohner der Priele.**

i Auf der Insel gibt es zahlreiche Fahrradverleihstellen sowie gut ausgeschilderte und ausgebaute Rad- und Wanderwege; Länge der Route 20 km; 2 Stunden reine Fahrzeit.
✕ Einkehrmöglichkeit im Ostland sowie im Ort selbst.

Route 2: Juist: Zwischen Hammersee und Billriff

Vom Nationalparkhaus im alten Inselbahnhof führt dieser Rundwanderweg über den Westteil der längsten (17 Kilometer) und schmalsten (stellenweise nur 500 Meter breiten) der Ostfriesischen Inseln. In Richtung Westen, durch den alten Inselort Loog, geht es vorbei am sehenswerten Inselmuseum bis zum Hammersee, einem aus einem ehemaligen Inseldurchbruch entstandenen Süßwassersee. An der Südseite des Hammersees wandert man nach kurzem Abstecher über die Augustendüne weiter in Richtung Domäne Bill. Im Bereich der Bill haben sich neben schmalen Primärdünen vor allem Grau- und Buschdünen entwickelt. In den feuchten Dünentälern wächst heute ein künstlich angepflanzter Sumpfwald mit kleineren Teichen und Sümpfen. Von der Domäne Bill führt der Weg vorbei am Billpolder bis zum Westkopf, dem Billriff. Südlich vorgelagert der Insel Juist ist die Vogelinsel Memmert zu erkennen, die nur vom Vogelwart bewohnt ist und nicht betreten werden darf. Am Fuße der Haakdünen entlang geht es nun um den Westkopf bis zum Strand, dem man in östlicher Richtung bis auf Höhe der Aussichtsdüne folgt. Einen Rundblick über das Watt sollte man sich nicht entgehen lassen. Von hier führt ein Dünenüberweg wieder ins Inselinnere, wo man entlang der Nordseite des Hammersees weiter über den Loog und dann auf der Strandpromenade zurück zum Inselort gelangt.

▷ **Seehunde ruhen bei Niedrigwasser auf einer Sandbank.**

i Länge 18 km; etwa 6 Stunden Gehzeit.
✕ Die Domäne Loog und die Domäne Bill sind bewirtschaftet; sie können auch per Fahrrad oder Kutsche erreicht werden.

Route 3: Norderney: Der Ostteil der Insel

Der Ostteil von Norderney ist weitgehend natürlich erhalten. Hinter einem breiten Strand mit Sandbänke, Muscheln und großen Dünenfeldern schließen sich Weiß- und Graudünen an. Dazwischen liegen Dünentäler mit offenen Brackwasserflächen und Salzwassersümpfen. Eine Besonderheit ist die engräumige Verzahnung von Dünen und Salzwiesen mit der für diesen Übergangsbereich typischen artenreichen Strandwiese. An der Südseite der Insel haben sich Salzwiesen ungestört entwickeln können; im August verwandelt sie der Strandflieder in ein violettes Blütenmeer.

Vom Ostparkplatz aus, der mit dem Bus, der Kutsche oder dem Fahrrad erreichbar ist, führt der Weg in Richtung Osten durch die natürliche Dünenlandschaft. Auf Höhe der Peilbake (Besuch der Aussichtsdüne) verläuft die Route nördlich bis zum Strand und hier dem Spülsaum folgend über die Sandplate (ausgepflockter Weg) bis zum Ostende.

Von hier aus geht es an der Wattseite wieder zurück in Richtung Peilbake. Von der Kreuzung führt der Weg etwa 500 Meter in südlicher Richtung bis zu den Salzwiesen, und dann Richtung Westen auf dem ausgewiesenen Weg durch die Wiesen zurück zum Parkplatz. Empfehlenswert auf Hin- oder Rückweg ist ein Besuch des Leuchtturms, von dem man einen sehr guten Überblick über das Insel-Wattensystem bekommt.

i Länge 15 km; etwa 5 Stunden Gehzeit.

◁ **Die Brandgans hat ihre sommerliche Mauser im Elbmündungsgebiet hinter sich und kann wieder fliegen.**

Route 4: Baltrum: Durchs Watt zu Dornröschen

Baltrum ist die einzige der Ostfriesischen Inseln, die während der Saison vom Festland aus regelmäßig für geführte Gruppen zu Fuß erreichbar ist. Ein Wattführer sorgt nicht nur für die Sicherheit der Besucher, er kann auch während des Weges anschauliche Erläuterungen geben. Man wandert zunächst vom Neßmersieler Hafen parallel zur Küste und entlang der Salzwiesen in Richtung Osten. Vorbei an zahllosen nahrungsuchenden Wat- und Wasservögeln führt die Route auf der Wattwasserscheide in Richtung Insel. Mehrere Priele und das Wattfahrwasser müssen passiert werden, bis Baltrum im Bereich des Hafens erreicht wird. Nach einem mehrstündigen Inselaufenthalt, bei dem die Dünenlandschaft und der Strand bequem zu Fuß erkundet werden können, erfolgt der Rückweg mit der Fähre nach Neßmersiel.

i Diese Tour niemals ohne Wattführer unternehmen! Die Termine der Wattführungen sind in Neßmersiel und Dornumersiel ausgehängt; sie können auch bei der Kurverwaltung erfragt werden. Länge 7 km; Gehzeit etwa 2 Stunden 30 Minuten.

Das Wilhelmshavener Wattenmeerhaus

Eine zentrale Rolle in der Informations- und Bildungsarbeit wird das Nationalparkzentrum in Wilhelmshaven „Das Wattenmeerhaus“ einnehmen, das im Mai 1997 seinen Betrieb voll aufnimmt. Direkt am Wilhelmshavener Südstrand gelegen, bietet das Wattenmeerhaus auf sechs Ebenen mit insgesamt 3500 Quadratmetern Fläche genügend Platz für Dauer- und Sonderausstellungen, Bildungs- und Kulturveranstaltungen, Workshops und Tagungen. Natur soll hier nicht nur aus wissenschaftlicher Sicht beschrieben werden; es sollen vielmehr Erlebnisse des Menschen mit der Natur aufgegriffen und Geschichten erzählt werden. Zu den Hauptattraktionen zählen daher auch der im Haus integrierte Krabbenkutter „Daggi“, die mehr als 130 Jahre alte Vogelwärterhütte des Jens Wand oder das Skelett eines 1994 vor Baltrum gestrandeten Pottwals – Objekte, die den Besuchern den Lebensraum Wattenmeer nahebringen sollen.

Route 5: Langeoog: Ostfriesische Gipfeltour

Eine gute Möglichkeit, die 11 Kilometer lange Insel Langeoog zu erkunden, bietet eine Radtour zu ihrem Ostende. Vom Inselort fährt man in Richtung Osten, vorbei am ehemaligen Inseldurchbruch, dem Großen Schlopp. Lohnenswert ist ein Zwischenstopp an der Möwenkolonie, die von einer Aussichtsdüne oder bei einer der vom Nationalparkwart regelmäßig angebotenen Führungen eingesehen werden kann. Weiter geht es vorbei an der Meierei zum Ostende der Insel. Von einer Aussichtsplattform können mit etwas Glück Seehunde und das Brutgeschäft der geschützten Seeregenpfeifer und Zwergseeschwalben beobachtet werden. Auf dem Rückweg bietet sich ein Abstecher zur Melk-

Das Wahrzeichen von Langeoog ist der Wasserturm.

hörndüne an, der mit 21 Metern und 10 Zentimetern höchsten natürlichen Erhebung Ostfrieslands. Von hier aus hat man einen guten Überblick über die Dünenlandschaft Langeoogs und die angrenzenden Inseln Baltrum und Spiekeroog. Durch das Pyrolatal führt die Route zurück in die Ortschaft.

i Auf der Insel gibt es zahlreiche Fahrradverleihstellen sowie gut ausgeschilderte und ausgebaute Rad- und Wanderwege.
Die Meierei ist auch mit der Kutsche erreichbar. Länge der Route 20 km; 2-3 Stunden Fahrzeit, je nach Windstärke.
✕ In der Meierei am Ostende von Langeoog.

Kultur und Museen

Borkum

Im Heimatmuseum „Dykhus" gibt es Sammlungen zu Geschichte, Volkskunde, Seefahrt und Badewesen der Insel sowie zur Tier- und Vogelwelt; beachtenswert ist das Eingangstor aus Walkieferknochen (siehe Foto). (Geöffnet Di-So 10-12.30 und 15.30-18 Uhr)

Carolinensiel

Das Museum am alten Sielhafen informiert über die Segelschiffahrt an der niedersächsischen Nordseeküste, zeigt Originalteile alter Schiffe, Dokumente zur Geschichte der Sielhäfen, der Schiffahrt und Fischerei sowie wechselnde Sonderausstellungen; angeschlossen ist ein historischer Hafen mit Traditionsseglern. (Geöffnet Mitte März bis Mitte November sowie in den Weihnachtsferien täglich 10-18 Uhr)

Fedderwardersiel

Das Museum Butjadingen, eine einmalige Kombination aus Heimatmuseum und Nationalparkhaus, zeigt unter anderem Ausstellungen über Krabbenfang einst und heute, Siedlungsgeschichte, Warfen- und Deichbau, eine Wohnküche um 1900 und Schiffsmodelle. Angeschlossen sind ein Museumsgarten und ein Seenot-Rettungsschuppen mit altem Boot und Gerät. (Geöffnet Di-So 10-18 Uhr)

Juist

Das Küstenmuseum im Inselwesten bietet unter anderem Wissenswertes über Friesische Warfenkultur, Sturmfluten und Deichbau, Küstenschutz und die Inselgeschichte; Kunstgalerie mit wechselnden Ausstellungen. (Geöffnet Mai bis September Mo-Fr 9-12 und 14.30-18 Uhr, Sa 9-12 Uhr, oder nach Vereinbarung)

Wilhelmshaven:

Direkt am Südstrand liegt das Seewasser-Aquarium mit allen typischen Nordseetieren wie Fischen, Krebsen, Muscheln, Seesternen, Seepferdchen und Seehunden. (Geöffnet Juli und August täglich 10-18 Uhr, September bis Juni täglich 10-17.30 Uhr)
Das Küstenmuseum im Cityhaus informiert über die Erschließung der Nordseeküste, Deichbau, Seeschiffahrt und die Stadtgeschichte Wilhelmshavens. (Geöffnet Di-Fr sowie an Sonn- und Feiertagen 10-13 und 14-17 Uhr, Sa 10-13 Uhr)

Route 6: Spiekeroog: Mit dem Krabbenkutter zur „Grünen Insel"

Von Neuharlingersiel aus werden in der Hauptsaison regelmäßig Sonderfahrten mit dem Krabbenkutter zur Insel Spiekeroog angeboten. Häufig wird die Überfahrt zum Netzfischfang genutzt. Auch mit einem Abstecher zur Seehundbank kann sie verbunden werden. Bei einem Aufenthalt von etwa vier Stunden kann das historische Inseldorf mit der ältesten Inselkirche der Ostfriesischen Inseln besichtigt und eine Wanderung über die Insel und zum Strand unternommen werden.
Bei einem mehrtägigen Besuch ist die Teilnahme an einer geführten Wanderung über die Ostplate Spiekeroogs empfehlenswert. Aufgrund seiner großen Bedeutung für die Vogelwelt darf dieses Gebiet allerdings nur zwischen dem 1. August und dem 30. März betreten werden.

i Information bei der Kurverwaltung Neuharlingersiel oder in den Informationskästen am Hafen bzw. auf der Insel.

Route 7: Wangerooge: Mit der Inselbahn durch Salzwiesen

Ein Naturschauspiel der besonderen Art erwartet den Besucher auf Wangerooge gleich nach Erreichen der Insel von Carolinensiel aus. Vom Westanleger geht es mit der alten Inselbahn mitten durch die natürlichen Salzwiesen im Westaußengroden, vorbei an Säbelschnäblern, Austernfischern, Rotschenkeln und Lachmöwen, die unbeirrt von der vorbeifahrenden Bahn ihrem Brutgeschäft nachgehen.
Im Inselort Wangerooge selbst empfiehlt sich ein Besuch im Nationalparkhaus „Das Rosenhaus". Hier ist

◁ Der Wind baut die Dünen auf und zerstört sie auch wieder.

auch der Ausgangspunkt für eine Rundwanderung über die Insel. Vom Bahnhof verläuft die Route zunächst in südlicher Richtung entlang des Dorfgrodens und dann weiter auf der Deichkrone des Ostinnengrodens. Vorbei an den Salzwiesen des Ostaußengrodens mit seiner Kolonie von Brandseeschwalben, geht es durch den schmalen Dünenkamm zum Strand. Am Strand führt der Weg in Richtung Westen bis auf Höhe der Saline (einem ehemaligen Salzgewinnungswerk) und von dort durch das Küstenheidengebiet der Altdünen zurück zum Ort.

i Länge 9 km; reine Gehzeit etwa 2–3 Stunden. Eine besondere Übernachtungsmöglichkeit bietet die Jugendherberge im 56 m hohen Westturm, dem Wahrzeichen der Insel.

Route 8: Leybucht: Ein gut besuchter Lebensraum

Die Leybucht bildet eine der letzten durch Meereseinbrüche entstandenen Salzwasserbuchten. Wegen ihrer besonderen Bedeutung als Brut- und Rastgebiet für Wat- und Wasservögel und ihrer umfangreichen Salzwiesen blieb sie von der geplanten Totaleindeichung verschont. Diese Fahrradtour führt

durch Natur und Landschaft der Leybucht und der Krummhörn. Sie beginnt am malerischen Fischer- und Künstlerort Greetsiel, der mit dem gut erhalten historischen Sielhafen, der großen Kutterflotte und den Zwillingswindmühlen allein schon eine Reise wert ist. Von dort geht es entlang der Salzwiesen am Fuße des Störtebekerdeichs bis zur Südostecke der Leybucht; dann Richtung Südwesten durch den erst 1950 eingedeichten Leybuchtpolder über die alten Warfdörfer Eilsum, Jennelt, Visquard und Pilsum zurück zum Deich. Vorbei am Pilsumer Leuchtturm folgt die Route der neuen Deichnase, die die Zufahrt zum Greetsieler Hafen sichert, bis nach Leyhörnsiel.

◁◁ Abweisend ist die Stranddistel mit ihren gezackten Blättern.

Sowohl im Watt als auch binnendeichs bieten sich vom Weg aus zahllose gute Möglichkeiten zum Beobachten von Vögeln. Die Leybucht ist während der Zugzeit unter anderem Rastplatz für bis zu 10 000 Alpenstrandläufer und Tausende von Nonnengänsen. Da die Ostseite des Leyhörn für Besucher gesperrt ist, geht es an der Westseite wieder zurück und dann über Hauen zum Ausgangspunkt in Greetsiel.

i Länge 35–40 km; reine Fahrzeit etwa 4 Stunden.

✕ Café und Gaststätte in den Zwilllingswindmühlen.

▷ Von der Südseite von Wangerooge blickt man über Salzwiesen und Priele zum Westturm, in dem die Jugendherberge untergebracht ist.

Route 9: Schillig: Durchs Watt zum Minsener Oog

Von Schillig oder Horumersiel aus führt eine Wattwanderroute durch das Wanger Watt zur Insel Minsener Oog. Die als Strombauwerk zur Freihaltung des Jadefahrwassers aufgespülte Insel hat sich inzwischen zu einer bedeutenden Vogelkolonie entwickelt. Auf der Insel informiert der Vogelwart über die zahlreichen Brut- und Rastvögel und gibt einen Einblick in das Brutgeschäft der Seeschwalben.

Geheimnisvolles Knistern im Watt

An windstillen Tagen kann man es besonders gut hören: das Watt knistert! Aber in Wirklichkeit ist es nicht das Watt selbst, sondern der nur einen Zentimeter große Schlickkrebs, der dieses Knistern verursacht. Schlickkrebse ernähren sich von Kleinstlebewesen und Algen, die sie mit ihrem langen Antennenpaar aus dem Boden scharren. Dabei platzt das zwischen den Antennen gespannte hauchdünne Wasserhäutchen und erzeugt ein leises Geräusch. Und da der Schlickkrebs auf einem einzigen Quadratmeter sage und schreibe bis zu 40 000 mal vorkommt, führt die Masse der kleinen platzenden Wasserhäutchen zu dem wahrnehmbaren Knistern im Watt.

i Diese Tour niemals ohne Wattführer unternehmen! Länge 10 km; Gehzeit mit Inselaufenthalt etwa 5 Stunden. Die Termine der Wattführungen werden in Horumersiel und Schillig ausgehängt (oder Anfrage bei der Kurverwaltung).

Route 10: Fedderwardersiel: Kutterfahrt zur Seehundbank

Vom gut erhaltenen Sielhafen Fedderwardersiel startet das Ausflugsschiff ins Hohe-Weg-Watt zwischen Weser und Jade. Nahe dem Leuchtturm Hohe Weg fährt es hinein in einen Priel und wird dort auf Grund gesetzt. Zu Fuß kann man jetzt über das feste Sandwatt in Richtung eines der

Praktische Informationen

Adressen und Auskünfte

In allen Nationalparkzentren und -häusern sowie bei der Nationalparkverwaltung Niedersächsisches Wattenmeer, Virchowstr. 1, 26382 Wilhelmshaven, Tel. 04421/9110, Fax 04421/911280. Gebietsfaltblätter sind dort oder bei den Gemeinde- und Kurverwaltungen erhältlich.

Anreise

Größere Zielbahnhöfe sind Emden (von dort zur Insel Borkum), Norden / Norddeich (Inseln Juist und Norderney), Wilhelmshaven, Nordenham, Bremerhaven und Cuxhaven. Von dort sowie von den Bahnhöfen in Norden (Insel Baltrum) Esens (Langeoog und Spiekeroog) und Jever (Wangerooge) sind alle Küstenbadeorte und Inseln mit öffentlichen Verkehrsmitteln erreichbar. Auf den autofreien Inseln übernehmen Kutschen den Personentransport zu verschiedenen Ausflugszielen.

Unterkunft

Zimmervermittlung direkt bei den Kurverwaltungen oder beim Fremdenverkehrs-

größten Seehundliegeplätze des Wattenmeeres laufen. Unterwegs informiert der Wattführer über Nationalpark und Wattenmeer. Zurückgekehrt zum Schiff und in den Hafen, bietet sich ein Besuch im Nationalparkhaus Fedderwardersiel an, das zugleich Heimatmuseum ist.

i Dauer der Fahrt etwa 2–3 Stunden.
✕ Diverse Gaststätten in Fedderwardersiel, Imbißstand im Hafen; in der Verkaufsstelle der Fischereigenossenschaft werden die Garnelen fangfrisch vom Kutter verkauft.

◁ Das „Schwimmende Moor" von Sehestedt ist das einzige Außendeichmoor der Welt und kann von einer Plattform aus besichtigt werden. Bei Orkanfluten hebt es vom Grund ab und schwimmt auf.

Route 11: Sahlenburg: Küste aus Heide und Wald

Bei Cuxhaven, zwischen Sahlenburg und Berensch, befindet sich Niedersachsens einziger Ort, an dem die Küste ohne Deich direkt in das Wattenmeer übergeht. Hier ist das Meer zeitweise bis zum Rand der Geest vorgedrungen und hat steile Kliffs geschaffen. Die Rundwanderung vermittelt einen Eindruck davon, wie der Übergang zwischen Küste und Wattenmeer ursprünglich einmal ausgesehen hat. Startpunkt ist das Nationalparkzentrum Cuxhaven in Sahlenburg, dessen Ausstellung einen Besuch wert ist. Von dort führt die Wanderung zunächst etwa 200 Meter in Richtung Strand und dann weiter auf dem „Dünenweg" entlang der Geestkante in Richtung Duhnen. In Höhe der Duhner Heide ist der Geest eine Salzwiese vorgelagert: der Duhner Anwachs, ein bedeutendes Rastgebiet für Vögel. Über die Geestkante führt der Wanderweg in die Duhner Heide.

Hier prägen der schüttere Bewuchs mit Krähenbeere und Besenheide die karge Landschaft der Küstendünen. Die Route verläuft zunächst in südlicher Richtung landeinwärts, passiert wiederum die Gemeinde Sahlenburg und mündet schließlich am bis zum Meer reichenden Wernerwald. Nachdem der Wald auf dem Sahlenburger Waldweg durchquert wurde, führt die Route längs des Waldrandes in westlicher Richtung zur Geestkante und von hier aus entlang des Strandes wieder zurück zum Ausgangspunkt am Nationalparkzentrum.

◁ Mit ihren dickfleischigen Blättern ist die Salzschuppenmiere an den hohen Salzgehalt des Bodens angepaßt.

i Länge 9 km; reine Gehzeit 2–3 Stunden.

Zander/Bunje/Abel

verband Nordsee, Postfach 1820, 26008 Oldenburg, Tel. 0441/921710, Fax 0441/9217190.

Camping

Möglich in allen Küstenbadeorten sowie auf den Inseln Borkum, Norderney und Spiekeroog (dort nur Zeltplatz); vorherige Anmeldung ist unbedingt erforderlich.

Gaststätten

Empfehlenswert sind besonders Fischrestaurants mit Spezialitäten aus frischem Nordseefisch und Muscheln. Unbedingt probieren: „selbstgepulte" Krabben, fangfrisch vom Kutter am Hafen. Am Westende von Juist und Ostende von Langeoog bilden die Meiereien beliebte Ausflugsziele.

Mit dem Rad

Gut ausgebautes Radwegenetz und Fahrradverleihstellen auf allen Inseln (außer Baltrum, Spiekeroog) und entlang der Küste. Die Linienbusse zwischen den Badeorten der Küste sind teilweise mit Fahrradanhängern ausgestattet.

Nationalpark Hamburgisches Wattenmeer

Drei Inseln im Watt

In unmittelbarer Nähe einer der meistbefahrenen Schiffahrtsstraßen der Welt liegen drei Inseln, die Tausende von Wat- und Seevögeln als Brut- und Rastplatz nutzen. Besucher schätzen die Wanderungen und Kutschfahrten im Watt.

Wie ein Keil ragt der Nationalpark Hamburgisches Wattenmeer südwestlich von Cuxhaven in das Watt hinein. Seewärts erstreckt sich das Gebiet über rund zwanzig Kilometer. In seiner Mitte liegen die bewohnte Insel Neuwerk sowie die Vogelschutzinseln Scharhörn und Nigehörn. Auf neunzig Prozent seiner Fläche hat die Entwicklung der Natur absoluten Vorrang, die restlichen zehn Prozent stehen Erholung, Naturgenuß und Landwirtschaft zur Verfügung.

Das Tor zum Nationalpark: die Insel Neuwerk

Bis zum Stadtzentrum Hamburgs sind es immerhin 120 Kilometer. Dennoch kann der hamburgische Landbesitz in der Elbmündung auf eine lange Tradition zurückblicken. Während die Inseln Scharhörn und Nigehörn erst vor relativ kurzer Zeit entstanden, gibt es Neuwerk bereits seit über 900 Jahren. Aus einer zunächst unbefestigten und wandernden Sanddüne entstand ein begrüntes Eiland, das von den Bauern des Festlands gern als Sommerweide für das Vieh genutzt wurde. Den Elbfischern diente Neuwerk als Umschlagplatz. Bereits 1276 gelangte es als „Nige Wark", das heißt Neue Insel, in den Besitz der aufstrebenden Hansestadt Hamburg. Damit festigte die Stadt ihren Einfluß in der Elbmündung und sicherte den ungehinderten Zugang zum eigenen Hafen. Ihre damaligen Ansprüche dokumentiert noch heute der 45 Meter hohe Wehrturm (erbaut 1301 bis 1310), der zu Beginn des 19. Jahrhunderts die Funktion eines Leuchtturms übernahm.

Nach der großen Sturmflut von 1825 wurden die bestehenden Deiche erhöht und das Vorland durch einen flacheren Sommerdeich gesichert: Neuwerk erhielt seine heutige Form.

Kurzprofil

Der Nationalpark Hamburgisches Wattenmeer an der Elbmündung umfaßt die Inseln Neuwerk, Scharhörn und Nigehörn.

Träger:	Nationalparkverwaltung Hamburgisches Wattenmeer
Gegründet:	1990
Fläche:	11 700 Hektar, davon 90 Prozent streng geschützt (Zone I).
Saison:	März bis Oktober
Besucher:	etwa 150 000 jährlich

Nur etwa ein Drittel der 300 Hektar großen Insel ist durch einen Hauptdeich vor schweren Sturmfluten geschützt, der größte Teil des Vorlandes wird trotz des Sommerdeiches regelmäßig überflutet. Der Besucher erlebt Neuwerk – ganz entgegen der wahren Entstehungsgeschichte – als eine typische Marscheninsel mit Viehwirtschaft und Pferdehaltung.

Zu Fuß und mit dem Wagen durchs Watt

Drei Wege führen in den Nationalpark Hamburgisches Wattenmeer.
Vom Cuxhavener Ortsteil Sahlenburg aus kann man sich bei Niedrigwasser entweder gemütlich mit einem Pferdewattwagen nach Neuwerk (und zurück) kutschieren lassen, oder man macht sich entlang der gleichen Route zu Fuß auf (Dauer etwa zwei Stunden). Achten Sie in diesem Fall unbedingt auf die täglich am Strand bekanntgegebenen Wattwanderzeiten, sonst besteht Lebensgefahr! Der Weg ist für Wattwagen und Wanderer mit Reisigbüscheln markiert.
Am bequemsten ist sicherlich die Schiffsreise von Cuxhaven aus. Von April bis Ende Oktober verkehrt fast täglich das Fahrgastschiff MS Flipper vom Anleger „Alte Liebe" nach Neuwerk und zurück (Aufenthalt etwa 3 Stunden). Wer möchte, kann Schiffsreise, Kutschfahrt und Wattwanderung wahlweise miteinander kombinieren. Bei der Planung hilft die Reederei Cassen Eils.

◁◁ **Vom fast 700 Jahre alten Wehrturm hat man einen guten Rundblick über die Insel Neuwerk.**

Trockenen Fußes gelangen Wattbesucher mit einer Pferdestärke von Cuxhaven nach Neuwerk.

Auf der Insel ist zunächst die Besteigung des alten Wehrturms ein Muß. Von hier aus genießt man einen weiten Blick über den gesamten Nationalpark und die Elbmündung bis hin zur Dithmarscher Küste. Zeitweilig kann man auch die umfangreiche Bernsteinsammlung des Insellehrers mit einigen schönen Einzelstücken besichtigen. Direkt unterhalb des Turmes unterhält der „Verein Jordsand zum Schutz der Seevögel und der Natur" eine kleine naturkundliche Informationsstelle, die sich besonders der Vogelwelt in der direkten Umgebung widmet. Für Tagesbesucher empfiehlt sich ein Rundgang über den Hauptdeich, der sowohl einen Blick auf das Vorland mit seinen Seevogelkolonien gestattet als auch über das idyllische Inselinnere. Besonders für vogelkundlich interessierte Gäste lohnt sich eine Wanderung auf dem durch rote Holzpfähle gekennzeichneten Pfad durch das östliche Vorland. Da dieses Gebiet in der streng geschützten Zone I des Nationalparks liegt, verbietet sich jegliches Abweichen vom Weg. Ein Fernglas leistet daher gute Dienste. In den Frühlings- und Sommermonaten wird das Gebiet von brütenden Watvögeln, Möwen und Seeschwalben aufgesucht. Im Winter sind die immer zahlreicher auftretenden Ringelgänse eindrucksvoll, dazu die zu Tausenden zusammenstehenden Austernfischer. Bei Niedrigwasser schwärmen die Vögel auf die freien Wattflächen aus und suchen dort nach Muscheln, Krebsen und Würmern. Zur Hochwasserzeit sammeln sie sich dagegen in dichten Trupps auf dem Inselvorland und finden eng aneinandergedrängt im Schatten des Nachbarn Schutz vor den ständig wehenden Winden.

Für botanisch interessierte Besucher bietet sich ganz im Osten Neuwerks ein Paradebeispiel für eine unbeweidete Salzwiese mit ihren charakteristischen Pflanzen Strandflieder und Strandaster sowie wohlriechendem Strandwermut. Sie darf nur an wenigen Stellen und im Rahmen von Führungen betreten werden.
Neuwerk kann auch deshalb als Tor zum Nationalpark betrachtet werden, weil hier die geführten Exkursionen der Nationalparkverwaltung oder des Vereins Jordsand beginnen. Wer sämtliche Schönheiten des Wattenmeeres kennenlernen möchte, sollte sich ohnehin für mehrere Tage in einem der Neuwerker Pensionsbetriebe oder Heulager einquartieren.

Wo der Himmel voller Vögel hängt: die Vogelschutzinsel Scharhörn

Die Vogelschutzinsel Scharhörn entstand erst Mitte der zwanziger Jahre dieses Jahrhunderts. Damals bemerkte der Neuwerker Inselhehrer, daß sich auf der nördlich gelegenen

großen Scharhörnplate kleine Dünen aufhäuften. Er konnte den Hamburger Senat davon überzeugen, Sandfangzäune zu errichten, um die sich langsam bildende Insel in ihrer Entwicklung zu unterstützen. Scharhörn ist heute etwa 15 Hektar groß und wandert ständig, durch Sandflug, Wellen und Wind getrieben, in südöstliche Richtung. Während im Westen die Wellen bei hohen Wasserständen das Land fortreißen, wächst die Insel im Osten durch Sandflug und die sich weiter ausdehnende Dünenvegetation. Strandroggen, Rotschwingel und in geringerem Maße auch der Strandhafer prägen ihr Gesicht. Im Schutz dieser

▷▷ **Aus der Luft gut auszumachen ist der Sandfangring um die Insel Nigehörn.**

Auch eine Kolonie Kormorane brütet auf den Inseln.

Pflanzen haben sich zahlreiche kleinere Dünenkräuter wie die Salzmiere, die Sandplatterbse, der Meersenf und der Klappertopf angesiedelt.

In ganz Europa bekannt geworden ist Scharhörn durch seine Seevogelkolonien. Diese hatten bereits 1939 zur Ausweisung der „Vogelfreistätte Scharhörn" und einer ständigen Betreuung durch ehrenamtliche Vogelwarte des Vereins Jordsand geführt. Besonders erwähnenswert sind Fluß- und Küstenseeschwalben, die hier zu Tausenden brüten. Auch Brutpaare der seltenen Brand- und Zwergseeschwalben sind in vergleichsweise großer Zahl zu beobachten. Zudem hat die Scharhörnplate in den letzten Jahren dadurch an Bedeutung gewonnen, daß jährlich bis zu 50 000 Brandgänse zwischen Juli und September ihre Mauser durchführen. Während dieser Zeit können die Vögel nicht fliegen und dürfen deshalb keinesfalls gestört werden.

Einen Besuch darf man der Insel nur nach vorheriger Anmeldung beim Vogelwart abstatten. Am besten schließt man sich von Neuwerk aus einer Führung entlang des mit „Pricken" (Reisigbüscheln) ausgesteckten Weges nach Scharhörn an. Dort angekommen, gelangt man auf einem schmalen, nicht gekennzeichneten Inselpfad zu der auf Pfählen errichteten Schutzhütte und kann von hier aus den Blick über die Insel und das Elbfahrwasser genießen. Insgesamt dauert der Fußmarsch rund vier Stunden.

Aus dem Meer gespült: die Insel Nigehörn

Weil durch die ständige Wanderung Scharhörns in Richtung des tiefen Elbfahrwassers die Brutplätze auf der Insel langfristig gefährdet waren, wurde 1989 auf der Südseite der zungenförmigen Scharhörnplate eine neue Insel künstlich aufgespült: Nigehörn. Das zunächst kreisrunde Eiland hat einen Durchmesser von rund 500 Metern. Es wurde von einem riesigen Spülbagger aufgeworfen und anschließend rundherum mit Sandfangzäunen und drei künstlichen Dünenzügen im Inneren befestigt. Anschließend wurden Dünenpflanzen wie zum Beispiel Strandhafer und Strandroggen gepflanzt und gesät, damit der einmal angelandete und angewehte Sand auch festgehalten werden konnte. Das überaus gewagte Experiment ist gelungen. Die Insel hat seit ihrem Bestehen erfolgreich allen Stürmen getrotzt und

Praktische Informationen

Adressen und Auskünfte

Nationalparkverwaltung Hamburgisches Wattenmeer, Umweltbehörde Hamburg, Billstraße 84, 20539 Hamburg, Tel. 040/7880-3945, Fax 040/7880-2579; Nationalparkstation Neuwerk, 27499 Insel Neuwerk, Tel. 04721/69271, Fax 04721/28860; Informationszentrum des Vereins Jordsand zum Schutz der Seevögel und der Natur e.V., 27499 Insel Neuwerk, Tel. 04721/28594 (auch Führungen); Kurverwaltung Cuxhaven, Cuxhavener Straße 92, 27472 Cuxhaven, Tel. 04721/4040, Fax 04721/49080.

sich nach und nach wie das benachbarte Scharhörn zu einer bedeutenden Vogelschutzinsel gemausert. So ist zum Beispiel die seltene Kolonie der Scharhörner Brandseeschwalben zeitweise vollständig nach Nigehörn umgezogen.
Für die Besucher des Nationalparkes ist die Insel tabu. Nur die Scharhörner Vogelwarte dürfen die neue Insel betreten, um die Entwicklung der Inselvegetation und das Brutgeschäft der Seevögel zu verfolgen. Bei einem Besuch auf Scharhörn hat man jedoch einen schönen Blick hinüber zur Nachbarinsel, die mit den Jahren ihre kreisförmige Gestalt verlieren wird. Während im Südwesten bereits die Sturmfluten an den äußeren Dünenkämmen genagt haben, wächst Nigehörn im Norden und Osten deutlich über den begrenzenden Sandfangring hinaus.

◁ **Im Windschatten höherwachsender Dünengräser auf Scharhörn finden sich vermehrt Kräuter wie der Meersenf.**

Wandern im freien Watt

Der Weg von Neuwerk nach Scharhörn unter weitem Himmel und über offene, endlos erscheinende Wattflächen ist ein Naturerlebnis für sich. Im hamburgischen Wattenmeer ist der Wattboden relativ arm an Arten, aber dafür umso reicher an Individuen. Ursache ist der hohe Nährstoffgehalt des Bodens, verbunden mit einem – durch das Wasser der Elbe – relativ niedrigen Salzanteil. Ein Bodenbewohner, den Wanderer leicht erkennen können, ist die bis zu 25 Zentimeter lange Sandklaffmuschel, die besonders an den Rändern der mäandernden Priele freigespült wird; dort tritt sie in großen Mengen in sogenannten Muschelgräbern auf. Entlang der Wattwege lassen sich auch die typischen Wattwurmhaufen und die von Möwen und Brandgänsen erzeugten „Trampelkuhlen" beobachten. Diese entstehen, wenn die schweren Vögel auf der Stelle treten, um Muscheln und Würmer aus dem Boden herauszuspülen.
Wie bedrohlich aber die scheinbar gefahrlose Idylle binnen weniger Augenblicke werden kann, erfährt man auf den geführten Wanderungen: Quer zur Wanderrichtung verlaufen Priele, die verspätete Wanderer bei steigender Flut im Handumdrehen vom sicheren Land abschneiden. Nicht umsonst säumen Rettungskäfige auf hohen Pfählen den Weg zwischen Neuwerk und dem Festland.

Janke

Anreise nach Neuwerk

Mit dem Schiff:
Kartenreservierung über Reederei Cassen Eils, Bei der Alten Liebe 12, 27472 Cuxhaven, Tel. 04721/32211, Fax 04721/31161.
Mit der Pferdekutsche: Vermittlung durch die Kurverwaltung Cuxhaven (Tel. 04721/4040) oder direkt auf Neuwerk bei den Familien
K. Fischer (Tel. 04721/29161)
Th. Fischer (Tel. 04721/28770),
C. Fock (Tel. 04721/29043),
V. Griebel (Tel. 04721/29076).

Nationalpark Schleswig-Holsteinisches Wattenmeer

Leben vor den Deichen

Zwischen Küste und Meer haben die Gezeiten einen unverwechselbaren Lebensraum geschaffen. Schnecken und Krebse leben im Bereich des nördlichsten deutschen Nationalparks, ferner Sandgarnelen, Schollen und Heringe zu Millionen, aber auch Seehunde – und der winzige Halligfliederspitzmausrüsselkäfer, den es sonst nirgendwo gibt.

Der Nationalpark Schleswig-Holsteinisches Wattenmeer: das sind 273 000 Hektar streng geschütztes Watt. Schlick-, Sand- und Mischwatten, Priele, Buchten und Flußmündungen, Sände, Strände, Dünen und Salzwiesen bilden eine faszinierende Küstenlandschaft im stetigen Wandel: der regelmäßige Wechsel von Überflutung und Trockenheit zweimal ma Tag geben dieser Welt zwischen Land und Meer ein immer neues Gesicht.

Hier können nur Pflanzen leben, die sich auf diese besonderen Bedingungen eingestellt haben: Queller und Schlickgras, Strandaster, Keilmelde, Rotschwingel, Strandflieder und Strandnelke zählen zu den heimischen Arten. Dazu eine unvorstellbar große Zahl an Tieren: Würmer und Schnecken, Krebse, Garnelen,

◁ **Auf Amrum landet eine Sturmmöwe am Nest. Diese Art kommt als Brutvogel im Schleswig-Holsteinischen Wattenmeer nur in kleineren Beständen vor.**

Fische, unzählige Vogelarten, Kegelrobben, Schweinswale und die vielleicht bekanntesten Wattbewohner, die Seehunde. Sie alle stehen direkt oder indirekt – oft über die Nahrungskette – in Beziehung zueinander; sie sind Teile eines komplizierten Geflechts wechselseitiger Abhängigkeiten.

Das schleswig-holsteinische Wattenmeer ist Natur- und Kulturlandschaft zugleich: geprägt von der Eiszeit, vom Auf und Ab der Gezeiten, von Wind und Wellen wie von den Menschen, die hier seit etwa tausend Jahren siedeln. Fischerei, Landwirtschaft und – in jüngster Zeit – der Tourismus sind die Erwerbsquellen der Küstenbewohner im Nationalpark und in seiner Umgebung. Da gilt es, einen Ausgleich zwischen dem Schutz der Natur und den Interessen der hier lebenden Menschen zu finden – ein Ziel, das nur gemeinsam mit den Betroffenen zu erreichen ist.

Landschaftsgestalter Ebbe und Flut

Wo das Festland von Deichen geschützt ist, beginnt das Reich zwischen Küste und Meer unmittelbar hinter dem Damm. An vielen Stellen hat sich Vorland gebildet, oft durch Gräben und Sedimentfangzäune, sogenannte „Lahnungen", unterstützt. Es ist der extrem salzverträgliche Queller mit seinen grünfleischigen Stengeln, der sich auf den Wattflächen zuerst ansiedelt und darum als „Pionierpflanze des Watts" bezeichnet wird. Wenn das Vorland höher anwächst, wurzeln dort Andel und Keilmelde, Strandwegerich, Rotschwingel, Strandnelke und Strandflieder. Nach und nach bildet sich so ein dichter Pflanzenteppich: die Salzwiese.

An das Vorland schließt sich die eigentliche Gezeitenzone an, also das Gebiet, dem Ebbe und Flut seinen Charakter geben. Mineralische und organische Teilchen werden hier herangetragen, wieder abgetrieben oder abgelagert. Wo die Bewegung des Wassers stärker ist, finden nur schwerere (Sand-)Partikel Halt. In strömungsarmen Bereichen dagegen bleiben auch die ganz feinen Sedimente liegen, die das schlammige, dunkle Schlickwatt bilden. Das Watt ist durchzogen von Prielen und Strömen, einige davon so tief, daß sie bei Niedrigwasser sogar mit Schiffen befahren werden können. Muschelbänke, Seegraswiesen und sich verändernde Strömungen beeinflussen die Gestalt des Wattenmeeres und lassen ein vielfältiges Landschaftsmosaik entstehen.

Stürme und Fluten

Im schleswig-holsteinischen Wattenmeer sind nur auf den nordfriesischen Inseln Sylt, Amrum und Föhr Reste der Endmoränen der vorletzten Eiszeit als „Geestkerne" erhalten geblieben.

Durch die allmähliche Ablagerung von Sinkstoffen aus der Elbe und anderen Flüssen entstanden die Sandstrände auf Sylt, Amrum und Föhr, in St.Peter-Ording und bei Büsum sowie die Vogelinsel Trischen und die Außensände.

Ihr heutiges Gesicht erhielten die „Uthlande" – das Außenland, wie die Kulturflächen vor der Festlandsküste noch heute genannt werden – und das schleswig-holsteinische Wattenmeer vor allem durch die großen Sturmfluten der vergangenen Jahrhunderte. In die Annalen eingegangen sind besonders die Marcellus-Flut von 1362, bei der Zehntausende von Menschen ertranken und die sagenhafte Siedlung Rungholt zerstört wurde, sowie die Flut von 1634, die Alt-Nordstrand auseinandergerissen hat. Mit Nordstrand und Pellworm sowie der Hallig Nordstrandischmoor und der Hamburger Hallig als Bruchstücken existiert heute nur noch gut ein Drittel dieser ehemals 22 000 Hektar großen Insel.

Kurzprofil

Der Nationalpark Schleswig-Holsteinisches Wattenmeer ist der größte deutsche Nationalpark.

Träger:	Land Schleswig-Holstein
Gegründet:	1985
Fläche:	273 000 Hektar
Saison:	ganzjährig
Besucher:	ca. 1,3 Millionen Sommergäste, dazu 5 Millionen Tagesgäste jährlich

▷ **Ein Wahrzeichen der Küste und des Nationalparks ist der Leuchtturm im Vorland von Westerhevers.**

Der Nationalpark im Überblick

Mit dem Nationalpark Schleswig-Holsteinisches Wattenmeer wird das Wattenmeer des nördlichsten deutschen Bundeslandes in seiner ganzen Ausdehnung von der Deutschen Bucht bis zur dänischen Grenze geschützt. Rund ein Drittel davon ist als Zone I ausgewiesen, die nicht betreten werden darf. Die festländische Grenze bildet eine imaginäre 150-Meter-Linie vor den Küstendeichen, die selbst also noch nicht zum Schutzgebiet gehören. Zur See hin orientiert sich die Nationalparkgrenze etwa an der 10-Meter-Tiefenlinie. Einbezogen sind die fünf kleineren der insgesamt zehn nordfriesischen Halligen. Die bewohnten Halligen Hooge, Gröde, Langeneß, Oland und Nordstrandischmoor sowie die Inseln Pellworm, Amrum, Föhr und Sylt liegen zwar im, gehören aber nicht zum Nationalpark. International gestärkt wurden die Schutzbemühungen durch die Anerkennung des Nationalparks als Biosphärenschutzgebiet der UNESCO im Jahr 1990.

Lebensraum der Extreme

Strandflieder und Strandaster verwandeln die Salzwiesen im Spätsommer in lila Blütenteppiche. Keilmelde, Portulak, Strandwermut und Strandnelke haben sich hier angesiedelt und in ihrem Gefolge eine Vielzahl von Kleintieren, die diese Pflanzen zum Leben brauchen: ein einzigartiges Ökosystem.

Rund 10 000 Hektar Salzwiesen gibt es in Schleswig-Holstein. Da der Nationalpark nicht direkt am Deich beginnt, liegen aber nur etwa 60 Prozent von ihnen innerhalb seiner Grenzen. In den vergangenen Jahrzehnten sind die Salzwiesen Schleswig-Holsteins durch Eindeichungen stark dezimiert worden, und intensive Beweidung durch Schafe hat ihre Vegetation zurückgedrängt. Ein Schutzkonzept reduziert seit 1991 Schritt für Schritt die Beweidung, so daß sich in den Vorländern wieder die ursprüngliche, typische Tier- und Pflanzenwelt entwickeln kann. Die Deiche und der 150 Meter breite Salzwiesenstreifen davor werden aber weiterhin beweidet, denn nur ein dichter Pflanzenteppich gewährleistet die Stabilität der Deiche.

Salzwiesen sind geprägt durch den wechselnden Einfluß von Trockenheit und Salzwasser. Viele Pflanzen haben sich in diesem besonderen Milieu eingerichtet: Rotschwingel, Strandwegerich, Strandwermut und die blühenden Strandflieder, Strandaster und Strandnelke als charakteristische Arten der oberen, Keilmelde, Andel und Strandsoden der unteren Salzwiese. Im Gefolge dieser Pflanzen siedeln sich Kleintiere an, die ebenfalls völlig an diese speziellen Bedingungen angepaßt, ja oft sogar auf eine bestimmte Salzwiesenpflanze als Lebensraum angewiesen sind, wie z.B. der höchstens drei Millimeter kleine Halligfliederspitzmausrüsselkäfer. Das Weibchen dieses Käfers legt im Hochsommer seine Eier ausschließlich in freiliegende Wurzelteile des Halligflieders und verschließt sorgfältig die Öffnung. Nach zehn Tagen schlüpft die Larve, die in ihrem Winterquartier gut vor Überflutung geschützt bleibt, bis sie sich dann im Juni verpuppt und zu einem neuen Käfer wird.

◁ Der Queller ist eine Pionierpflanze: Sie wächst an der Grenze zwischen Watt und Salzwiese.

Der Salzkäfer, ein Bewohner von Salzwiesen und sandigen Küsten, baut Gänge unter der Erdoberfläche, deren Öffnungen er bei Hochwasser verschließen kann.

Drehscheibe des Vogelzugs

Der Nationalpark ist ein Dorado für Vögel, die das nahrungsreiche Watt als Futterreservoir nutzen und hier brüten, mausern und rasten. Erhebliche Bestände von rund 160 ver-

Zu Gast im Nationalpark

Damit der Besuch im Nationalpark zu einem wirklichen Naturerlebnis wird, sollten Besucherinnen und Besucher folgende Regeln beachten:

- ☐ Betreten Sie Salzwiesen nur auf ausgewiesenen Wegen.
- ☐ Gehen Sie nie allein ins Watt; schließen Sie sich einer Wattführung an.
- ☐ Respektieren Sie das Betretungsverbot für die Zone I, alle Beschilderungen sowie gekennzeichnete Rast- und Brutgebiete.
- ☐ Halten Sie Abstand zu brütenden und rastenden Vögel und zu den Liegeplätzen der Seehunde, um die Tiere nicht zu beunruhigen und aufzuscheuchen.
- ☐ Die Pflanzen im Nationalpark stehen unter Schutz und dürfen nicht gepflückt werden.

Und noch ein paar Tips für den ungetrübten Naturgenuß:

- ☐ Wo meist ein kühler Wind geht, ist die Kraft der Sonne kaum zu spüren. Darum: Am Strand und im Watt an Sonnenschutz denken!
- ☐ Vergessen Sie Ihr Fernglas nicht – dann können Sie die Natur beobachten, ohne zu stören.
- ☐ Nehmen Sie Ihren Hund möglichst nicht mit in den Nationalpark, oder führen Sie ihn an der Leine.
- ☐ Lassen Sie im Nationalpark keine Drachen steigen, denn diese schrecken Vögel auf.
- ☐ Hinterlassen Sie keinen Müll.

schiedenen Vogelarten verbringen wichtige Abschnitte ihres Jahreszyklus an der schleswig-holsteinischen Nordseeküste – Watvögel und Austernfischer ebenso wie Gänse- und Entenarten und die in ihrem Bestand bedrohten Zwergseeschwalben. Besondere Bedeutung hat das Wattenmeer als Drehscheibe des Vogelzugs, als Rastplatz auf dem ostatlantischen Flugweg. Nonnen- und Ringelgänse sowie verschiedene Watvögel, die in arktischen Breiten brüten und weit im Süden überwintern, schöpfen hier neue Kraft für ihren anstrengenden Flug. Inbegriff des Vogelzugs ist der Knutt oder Islandstrandläufer, der im schleswig-holsteinischen Nationalpark zur Zugzeit in riesigen Schwärmen anzutreffen ist. Die nur etwa amselgroßen, 120 Gramm leichten Vögel brüten auf der Taimyr-Halbinsel in Sibirien und verbringen den Winter in Südafrika, müssen also zweimal im Jahr die unglaubliche Strecke von weit über 13 000 Kilometern zurücklegen. Ohne nahrungsreiche Rastplätze unterwegs wäre dies unmöglich. Das schleswig-holsteinische Wattenmeer ist eine dieser wichtigen Stationen: Hier frißt sich der Knutt fast noch einmal die Menge seines ursprünglichen Gewichtes an und rüstet sich so für den Weiterflug.

Ringelwurm und Wattschnecke

Die Gezeitenzone ist das Reich der Würmer, Schnecken, Muscheln und Krebse. Sie leben hier in enormer Zahl und Dichte, Wattschnecken beispielsweise mit bis zu 60 000 Tieren pro Quadratmeter. Trockenheit bei Ebbe, Strömung bei Flut – angesichts dieser Wechsel haben sich viele der Wattbewohner unter der Oberfläche eingerichtet. Pierwurm und Seeringelwurm leben in Röhren oder Gängen im Watt. Auch wenn sie selbst meist unsichtbar bleiben: ihre Kothäufchen sind an der Wattoberfläche leicht auszumachen. Die Würmer nehmen Wattboden auf, verwerten die darin enthaltenen Nahrungsteile und scheiden den Rest wieder aus. Auch die meisten Muscheln leben im Wattboden. Nur die Miesmuschel verankert sich mit starken Haftfäden an der Oberfläche. Strandschnecken dagegen saugen sich auf festem Untergrund fest, während sich die Wattschnecke einfach vom Wasser forttreiben läßt und sich so neue Nahrungsgebiete erschließt.

Priele sind das Element der Strandkrabben und der Garnelen, die im Volksmund oft als „Krabben" bezeichnet werden. Crangon crangon ist der wissenschaftliche Name dieser kleinen Räuber, die sich von jungen Würmern, Muschellarven und winzigen Krebsen ernähren und die beim Menschen selbst als Leckerbissen gelten.

Auch Ameisen leben im Watt

Wer mit dem Wattenmeer vertraut ist, hat meist Bekanntschaft mit Würmern, Schnecken und Muscheln gemacht. Wer aber weiß schon, daß auch Ameisen zu den durchaus typischen Bewohnern dieser Lebenssphäre zählen, daß mehr als 40 Spinnen- und Milbenarten sowie der

▷▷ **Der Blasentang ist die häufigste Algenart im Schleswig-Holsteinischen Wattenmeer. Seine Blasen dienen als Auftriebskörper.**

◁ Zweimal am Tag wird das Watt überflutet, so daß nur die Inseln und Halligen, wie hier Langeneß, aus dem Wasser ragen.

Strandfloh im Vorland leben? Die gelbe Wiesenameise zum Beispiel baut ihre Bulten genannten Hügel in der Salzwiese. Von „richtigen" Ameisenhaufen unterscheiden sich diese Bulten dadurch, daß sie dick mit Erde bedeckt sind. Die Wiesenameisen leben gut geschützt gegen Sturm und Überflutung tief im Inneren dieser „Burg". Hier haben sie ein verzweigtes, gut organisiertes Nest eingerichtet, mit speziellen Kammern für die Ablage von Eiern, für Pflanzenreste oder für die Brut der Wurzelläuse, mit denen sie in Symbiose leben: Die Ameisen ernähren sich von den Ausscheidungen der Wurzelläuse – und hegen und pflegen diese dafür wie ihre eigene Brut.

Sandbänke als Lebenselement

Seehunde sind die bekanntesten Bewohner des Nationalparks. 1988 wurden sie zum Symbol für die Gefahren, die den Ökosystemen Wattenmeer und Nordsee durch die Belastung mit Giften und Schadstoffen drohen, als allein in Schleswig-Holstein über 5000 von ihnen an den Folgen einer Infektion starben. Die durch Schadstoffe geschwächten Tiere konnten nicht genug Immunstoffe gegen ein Virus bilden. In Seehunden aus anderen, weniger verschmutzten Meeresregionen wie Spitzbergen hingegen wurden entsprechende Antikörper nachgewiesen. Heute hat sich der Seehundbestand in Schleswig-Holstein mit etwa 5000 Tieren dem ursprünglichen Stand wieder genähert.

Im Wasser und auf den Sandbänken weit draußen im Watt sind die Seehunde in ihrem Element. Ihr stromlinienförmiger Körper macht diese Robben zu ganz ausgezeichneten Schwimmern und Tauchern. Kleine Plattfische – ihre Hauptnahrung – sind für sie darum leichte Beute. Ihre angestammten Plätze auf den Sandbänken suchen die Rudeltiere auf, wenn diese noch gar nicht zu sehen sind: Bei ablaufender Flut dümpeln sie im Bereich ihrer „Lieblingsbank" im Wasser und lassen sich dann

◁ Der Steinpicker lebt auf Muschelschill und steinigem Grund und ernährt sich von Ringelwürmern und Garnelen.

langsam trockenfallen. Die Sandbänke sind die Wiege und der wichtigste Lebensraum der Seehunde. Hier werden bei Ebbe die Jungen geboren und dann die nächsten vier bis fünf Wochen von den Müttern gesäugt. So können sie eine Speckschicht aufbauen, die vor allem in der rauhen und kalten Jahreszeit für ihr selbständiges Überleben notwendig ist. Es ist daher wichtig, die auf den Sandbänken ruhenden Tiere nicht zu stören.

Seehunde sind übrigens nicht die einzige Robbenart, die im Nationalpark Schleswig-Holsteinisches Wattenmeer heimisch ist: Auf Sandbänken westlich der Insel Amrum lebt eine kleine Kolonie von Kegelrobben, deren Lebensraum sonst vor allem in der Ostsee und nahe den Britischen Inseln liegt. Kegelrobben sind größer als Seehunde und haben einen kegelförmigen Kopf.

▷▷ **Die Hallig Habel liegt in Zone I des Nationalparks und wird nur zeitweise von einem Vogelwart bewohnt.**

▷ **Mit einer Länge von 10–15 cm ist die Sandklaffmuschel die größte Muschel im Watt. Sie gräbt sich bis zu 30 cm tief in den Wattboden ein; die Verbindung zum Wasser hält sie über lange Röhren (Sipho).**

Inseln und Halligen

Die Halligen im nordfriesischen Wattenmeer sind eine einzigartige Erscheinung: kleine Flecken Land, ohne Seedeiche, mitten im Meer. Zum Teil sind sie Überreste der bei den schweren Sturmfluten von 1362 und 1634 zerschlagenen Uthlande, zum Teil durch Ablagerungen neu entstanden. Die kleineren Halligen Habel, Südfall, Süderoog, Norderoog und die Hamburger Hallig gehören zum Nationalpark Schleswig-Holsteinisches Wattenmeer, darum gelten hier Beschränkungen für Besucher. Sie haben herausragende internationale Bedeutung für Rast- und Brutvögel, die hier auf gering beweideten Flächen Ruhe, Nahrung und Brutraum finden.

Die größeren bewohnten Halligen Nordstrandischmoor, Gröde, Oland, Langeneß und Hooge liegen ebenfalls im Nationalpark, sind aber nicht in das Schutzgebiet einbezogen.

Noch stärker als anderswo an der Küste wird das Leben auf den Halligen vom Rhythmus der Gezeiten bestimmt. „Land unter" ist ein fast alltägliches Phänomen: Wenn die Nordsee höher steigt als gewöhnlich und die Halligen überflutet, schauen nur noch die „Warften" aus dem Wasser. Warften heißen die Erdhügel, auf denen Wohnhäuser und Ställe errichtet sind und die Menschen und Tieren Zuflucht vor der Flut bieten.

Viehhaltung und Fischfang waren früher die wichtigste Einnahmequelle der Menschen auf den Halligen und Inseln, jahrhundertelang auch der Walfang. Heute haben Küstenschutz und Tourismus diese Funktion weitgehend übernommen: Ein Großteil der männlichen Bevölkerung auf den Halligen ist beim Amt für Land- und Wasserwirtschaft beschäftigt und verdient seinen Lebensunterhalt mit der Instandhaltung der Küstenschutzanlagen. Auf Föhr, Amrum und Sylt stellen mittlerweile der Fremdenverkehr und die mit ihm verbundene Erwerbszweige wie Gastronomie und Handel die wichtigsten Wirtschaftszweige dar.

Von Sprotten und Walen

Der Nationalpark Schleswig-Holsteinisches Wattenmeer ist Kinderstube für Schollen, Heringe, Seezungen und Sprotten. Diese Fische laichen in der offenen Nordsee. Die Larven werden dann mit der Strömung ins Wattenmeer getrieben, wo die Jungfische heranwachsen. Aber es gibt im Nationalpark auch „Standfische", das heißt Arten, die hier dauerhaft leben. Butterfisch und Steinpicker gehören dazu. Insgesamt kommen rund 20 Fischarten regelmäßig vor. Und sogar Wale leben hier: Die Gewässer westlich der Knobsände und der Insel Sylt spielen eine wichtige Rolle als Aufzuchtgebiet für Schweinswale.

Zwischen Schutz und Nutzung

Wenn große Flächen unter Naturschutz gestellt werden, kann dies in einem dichtbesiedelten Raum wie Mitteleuropa kaum geschehen, ohne die Interessen von Menschen zu berühren. Das gilt in besonderem Maße für alle Wattenmeer-Nationalparke, stehen hier doch die Lebensräume in ihrer Gesamtheit unter Schutz.

Da in Deutschland praktisch alle Wattflächen unter Nationalparkschutz stehen, soll das Landesamt für den Nationalpark Schleswig-Holsteinisches Wattenmeer, eine dem Umweltministerium des Landes direkt unterstellte Behörde, für einen Ausgleich zwischen den Bedürfnissen der Menschen und der Natur sorgen.

Menschen haben den Küstenraum seit Jahrhunderten besiedelt, haben am und vom Watt gelebt: Fischerei und Landwirtschaft gehören zu den überlieferten Formen, die Ressourcen der Natur zu nutzen. Doch nicht alle wirtschaftlichen Interessen im Wattenmeer sind mit den Schutzbestimmungen vereinbar, nicht alle gelten als „traditionelle", durch das Gesetz geschützte Nutzungen. So wurde die Herzmuschelfischerei im Nationalpark beendet, die Miesmuschelfischerei eingeschränkt. Die Pachtverträge für die Jagd im Nationalpark wurden nicht erneuert, und die Beweidung der Salzwiesen in den Vorländern wird nach und nach eingestellt.

Die Interessen von Mensch und Natur im Nationalpark miteinander in Einklang zu bringen, ist nur in Zusammenarbeit mit den Betroffenen möglich. Oft sind dabei Einschränkungen unvermeidbar, die aber am Ende häufig sogar wirtschaftliche Vorteile bringen.

Beispiel Hamburger Hallig: Hier haben sich Vertreter von Gemeinde, Naturschutzverbänden und Behörden zusammengesetzt und gemeinsam ein Konzept entwickelt. Die Zahl der Autos wurde durch Schranke und Gebühr begrenzt, gleichzeitig wurden ein kostengünstiger Fahrradverleih und der Naturpfad Salzwiese eingerichtet, so daß die Tour Richtung Badestelle und Gaststätte zum echten Naturerlebnis wird.

Oder St.Peter-Ording: Eine Ausnahmegenehmigung erlaubte hier bis 1997 das Parken auf den im Nationalpark gelegenen Sandstränden. Jetzt muß der Verkehr in der Gemeinde neu gestaltet werden – eine Chance für fußgänger- und radfahrerfreundliche Lösungen.

Nicht alle Probleme sind gelöst

Nicht alle Interessenkonflikte im Nationalpark jedoch können vor Ort gelöst werden. So bleibt die Bohrinsel nahe der Insel Trischen noch bis ins Jahr 2011 bestehen: Alte Verträge sichern einem Firmenkonsortium die Förderung von Öl aus dem Wattboden. Auch die Schießübungen in der Meldorfer Bucht bleiben ein Dorn im Auge aller Naturfreunde: Im Auftrag der Bundeswehr erproben hier Rüstungsfirmen ihre Munition. Alle Bemühungen, diese Störungen zu beenden, waren bisher erfolglos.

In anderen Fragen dagegen fand die Westküstenregion in Bonn Gehör: 1995 wurde die lange geforderte Geschwindigkeitsbegrenzung für Schiffe im Wattenmeer eingeführt. Auf freiwilliger Basis hat sich die Bundeswehr zudem zu einer Mindestflughöhe von 1000 Metern über dem Nationalpark verpflichtet. Der zivile Luftverkehr ist auf 600 Meter Flughöhe begrenzt.

Zu den unbewältigten Problemen zählt die nach wie vor hohe Belastung der Nordsee und des Wattenmeeres mit Schad- und Nährstoffen. Öl wird über den Schiffsverkehr, giftige Substanzen wie Schwermetalle und chlorierte Kohlenwasserstoffe werden über die Gewässer und die Atmosphäre eingetragen. Dünge-

Waldreste vor der Küste nahe Gröde: Wo sich heute das Watt erstreckt, wuchsen noch nach der letzten Eiszeit Bäume. Der Anstieg des Meeresspiegels und Sedimentation haben die Küste im Laufe der Jahrtausende verändert.

▷▷▷
Nordseegarnelen, im Volksmund Krabben oder Porren genannt, gehören zu den Langschwanzkrebsen.

stoffe gelangen über die Luft und aus landwirtschaftlichen Flächen ins Wattenmeer. Hier kann der Nationalpark lediglich Signale nach außen setzen und Argumentationshilfen bieten für Forderungen nach verstärktem Schutz.

Urlaub im Nationalpark

Auch der Fremdenverkehr gehört zu den „Nutzungen“ im Nationalpark und muß mit den Erfordernissen des Naturschutzes in Einklang gebracht

▷
Der Butterfisch lebt im tieferen Wasser.

werden, denn die schleswig-holsteinische Nordseeküste ist ein beliebtes Ferienziel: Rund 13 Millionen Übernachtungen zählt der Nordseebäderverband Schleswig-Holstein jedes Jahr von Mai bis Ende Oktober. Das Bedürfnis der Menschen nach Erholung in möglichst unberührter Natur ist groß. Seit Jahren setzt sich darum der Verband, in dem Fremdenverkehrs-Vereine und Gemeinden der Westküste organisiert sind, für den Schutz von Nordsee und Wattenmeer ein, wobei er eng mit den Naturschutzverbänden und dem Nationalparkamt zusammenarbeitet. Damit sich Mensch und Natur im Nationalpark vertragen, ist eine Lenkung des Besucherstroms notwendig. Dafür hat das Nationalparkamt ein Konzept entwickelt: Einige Bereiche des Nationalparks werden den Menschen erschlossen – hier können sie Natur hautnah erleben und den Tieren und Pflanzen des Wattenmeeres in ihrem angestammten Lebensraum nahekommen – andere, besonders sensible Regionen hingegen sind der Natur vorbehalten. Dazu zählen vor allem die Zone I, die nicht betreten werden darf, sowie ausgewiesene Rast- und Brutplätze von Küstenvögeln. Wissen vertieft das Naturerlebnis. Die Informationszentren des Nationalparks bieten daher viele Möglichkeiten, sich Kenntnisse über das Wattenmeer anzueignen. Das Team des Nationalpark-Service und die ehrenamtlichen Nationalparkwartinnen und -warte sind Ansprechpartner vor Ort. Die zahlrei-

chen Angebote der im Nationalpark tätigen Naturschutzverbände sowie Einrichtungen wie Naturpfade, Pavillons, Schilder und Tafeln sind weitere Teile des dichten Informationsnetzes. Umfangreiches Schriftenmaterial ist in den Zentren oder im Nationalparkamt selbst zu erhalten.

Nationalpark-Infozentren: Alle auf einen Blick

- ☐ Waldmuseum Burg, 25712 Burg/Dithmarschen, Tel. 04825/2985.
- ☐ Nationalpark-Infozentrum, Koogstraße, 25718 Friedrichskoog, Tel. 04854/1005.
- ☐ Schutzstation Wattenmeer, Am Hafen, 25718 Friedrichskoog, Tel. 04854/1648.
- ☐ Nationalpark-Infozentrum Otto-G.-Meier-Haus, Meldorferhafen, 25704 Meldorf, Tel. 04832/6264.
- ☐ Nationalpark-Infozentrum Altes Schleusenhaus, 25761 Büsum, Tel. 04834/6375.
- ☐ Schutzstation Wattenmeer, Kurzentrum, 25761 Büsum, Tel. 04634/8730.
- ☐ Naturzentrum Katinger Watt, Lina-Hähnle-Haus, Katingsiel 14, 25832 Tönning, Tel. 04862/8004.
- ☐ Schutzstation Wattenmeer, Dorfstraße 40, 25826 St.Peter-Ording, Tel. 04863/5303.
- ☐ Nordfriesisches Museum Nissenhaus, Herzog-Adolf-Straße 25a, 25813 Husum, Tel. 04841/2545.
- ☐ Nationalpark-Infozentrum, Kurzentrum Norderhafen, 25845 Nordstrand, Tel. 04842/8009.
- ☐ Schutzstation Wattenmeer, Anton-Heimreich-Haus, 25849 Pellworm, Tel. 04844/720.
- ☐ Schutzstation Wattenmeer, Hanswarft, 25859 Hallig Hooge, Tel. 04849/229.
- ☐ Naturzentrum Nordfriesland, Bahnhofstraße 23, 25821 Bredstedt, Tel. 04671/4555.
- ☐ Nationalpark-Infozentrum, Rixwarft, 25863 Hallig Langeneß, Tel. 04684/216.
- ☐ Schutzstation Wattenmeer, Peterswarft, 25863 Hallig Langeneß, Tel. 04684/216.
- ☐ Verein Jordsand, 25842 Schlüttsiel, Tel. 04674/229.
- ☐ Schutzstation Wattenmeer, Mittelstraße, 25946 Wittdün/Amrum, Tel. 04682/2718.
- ☐ Nationalpark-Infozentrum, Naturzentrum, 25946 Norddorf/Amrum, Tel. 04682/1635.
- ☐ Nationalpark-Infozentrum Rathaus, 25938 Wyk/Föhr, Tel. 04681/4290.
- ☐ Umweltzentrum Wattenmeer, Sandwall 38, 25938 Wyk/Föhr, Tel. 04681/3556.
- ☐ Naturkundemuseum Niebüll, Hauptstraße 108, 25899 Niebüll, Tel. 04661/5691.
- ☐ Schutzstation Wattenmeer, Kuno-Ehlfeldt-Haus, 25997 Hörnum/Sylt, Tel. 04653/1093.
- ☐ Verein Jordsand, Eidum-Vogelkoje, 25980 Rantum/Sylt, Tel. 04651/5812.
- ☐ Nationalpark-Infozentrum, Naturzentrum Braderup, M.-T.-Buchholz-Stieg 1, 25996 Wenningstedt/Sylt, Tel. 04651/44421.
- ☐ Biologische Station List, Hafenstraße 39, 25992 List/Sylt, Tel. 04652/1385.

Wandern im Nationalpark

Route 1: *Zu Fuß auf die Insel Föhr*

Eine Wanderung von Südwesthörn nach Föhr führt mitten durch die Zone 1 des Nationalparkes. „Betreten verboten" heißt es dort eigentlich, aber eine Sondergenehmigung macht dreißig begleitete Touren im Jahr möglich.
Der Ausflug ist etwas für echte Wattfans, die dafür einen ganzen Tag Zeit mitbringen müssen. Hinüber zur Insel ist es ein strammer Fußmarsch, wobei einige Priele und eine Fahrrinne zu durchqueren sind– kein Problem bei gutem Wetter und wenn man, wie es nur routinierte Wattführer können, die Gezeitenverhältnisse richtig einschätzt. Schlickige Füße holt man sich auf den ersten zweihundert Metern nach dem Einstieg im sehr weichen Watt und noch einmal kurz vor Föhr, der Rest ist bequemes Wandern über festen Sand.
Auf Föhr, auf einem Bauernhof nahe der Ankunftsstelle bei Oevenum, können sich die Wanderer die Füße waschen und sanitäre Anlagen benutzen. Dann geht es per Bustransfer nach Wyk, von dort mit der Fähre nach Dagebüll und mit dem Bus zum Startpunkt zurück.

i Länge 12–14 km; ca. 3 Stunden Gehzeit. Wegen der begrenzten Teilnehmerzahl ist eine Anmeldung unbedingt notwendig: entweder bei Wattführer Boy Boysen (Tel. 04668/92000, Infoband 04668/920012) oder bei einem der folgenden Fremdenverkehrsvereine: Wiedingharde/Emmelsbüll (Tel. 04665/776), Dagebüll (Tel. 04667/95000) oder Niebüll (Tel. 04661/60190).

Route 2: *Durch Salzwiesen zur Warft*

Die Hamburger Hallig ist bereits seit 1930 Naturschutzgebiet; heute liegt sie mitten im Nationalpark. Ein Fußmarsch oder eine Radtour führt entlang des Verbindungsweges hinaus zur Warft mit der Gastwirtschaft und zur Badestelle. Der Weg wird den

◁ Krabbenkutter im Wattenmeer: Der Garnelenfang ist eine der anerkannten traditionellen Nutzungen im Nationalpark.

▷ Zwergseeschwalben zählen zu den stark gefährdeten Brutvogelarten. Sie bauen ihre Nester in ungestörten Strand- und Dünenbereichen.

▷▷ Die Herzmuschel ist eine typische und häufige Muschelart im Schleswig-Holsteinischen Wattenmeer.

Flora und Fauna im Schleswig-Holsteinischen Wattenmeer

Typische Pflanzen:

Queller, Schlickgras (im Watt); Andelgras, Keilmelde, Löffelkraut, Milchkraut, Rotschwingel, Strandaster, Strandflieder, Strandnelke, Strandwegerich, Strandwermut (in der Salzwiese); Dünenrose, Dünenwinde, Krähenbeere, Kriechweide, Meersenf, Sanddorn, Stranddistel, Strandhafer (in den Dünen).

Charakteristische Tiere:

Säugetiere:Seehund, Kegelrobbe, Schweinswal.
Brutvögel: Austernfischer, Säbelschnäbler, Rotschenkel, Sand- und Seeregenpfeifer, Lach-, Silber-, Herings- und Sturmmöwe, Fluß-, Küsten-, Brand- und Zwergseeschwalbe, Brandgans, Eiderente.
Rastvögel: Nonnen- und Ringelgans, Pfeifente, Kiebitzregenpfeifer, Knutt, Sanderling, Sichel- und Alpenstrandläufer, Pfuhlschnepfe, Großer Brachvogel, Dunkler Wasserläufer, Grünschenkel und die meisten Brutvögel.
Fische: Flunder, Scholle, Seezunge, Kliesche, Hering, Kabeljau, Aalmutter, Sandgrundel, Sandaal, Butterfisch, Stint, Meeräsche.
Wirbellose: Herz-, Mies-, Tell-, Sandklaff-, Scheiden-, Pfeffer- und Plattmuschel, Seesterne, Strandkrabbe, Seepocke, Strand-, Watt- und Wellhornschnecke, Nordseegarnele, Pier-, Bäumchen- und Seeringelwurm.

Besuchern zusätzlich durch den Naturpfad Salzwiese schmackhaft gemacht, denn im Sommer führt er mitten durch blühende Salzwiesen. Schautafeln informieren über den Lebensraum und seine Tiere und Pflanzen. Die Beschilderung beginnt etwa auf halber Strecke, wo an der Vogelwelt Interessierte auch auf einen „Schnack" beim Vogelwart des Naturschutzbundes Station machen können.
Ein weiterer Naturpfad führt im Westerhever Vorland rund um den Leuchtturm (Parkplatz am Deich).

i Länge ca. 4 km; 1 Stunde Gehzeit, 20 Minuten mit dem Fahrrad (einfacher Weg). Einen günstigen Fahrradverleih gibt es am Deichübergang im Sönke-Nissen-Koog; Überfahrten mit dem Auto sind eingeschränkt und kosten pro Fahrzeug 10 Mark.
✕ auf der Warft

Route 3: Besuch beim „Bürgermeister"

Südfall, eine der zum Nationalpark gehörenden Halligen, ist nur im Sommer von einem Vertreter des

Praktische Informationen

Adressen und Auskünfte

Landesamt für den Nationalpark Schleswig-Holsteinisches Wattenmeer, Schloßgarten 1, 25832 Tönning, Tel. 04861/6160, Fax 04861/459. Nordseebäderverband Schleswig-Holstein, Parkstraße 7, 25813 Husum, Tel. 04841/89750, Fax 04841/4843.

Anreise

Größere Zielbahnhöfe sind Heide, Husum, Niebüll und Westerland; Bahnstationen gibt es auch in Büsum, in Tönning, Garding und St.Peter-Ording, in Bredstedt, Klanxbüll sowie Dagebüll (Fähranschluß). Andere Küstenorte sind mit Bussen zu erreichen, die Insel Sylt per Bahn (auch Autozug), Pellworm, Föhr, Amrum, Hooge und Langeneß per Fähre, die kleineren Halligen mit Ausflugsdampfern. Häfen und Fähranleger gibt es in Büsum, Eidersperrwerk, Tönning, Husum, Strucklahnungshörn auf Nordstrand, Schlüttsiel, Dagebüll sowie in List und Hörnum (Sylt), Wittdün (Amrum), Wyk (Föhr), auf Pellworm und den Halligen.

Mit dem Rad

Das Radwegenetz ist gut ausgebaut, viele der Wege vor und hinter dem Deich dürfen befahren werden. Fahrradverleihe sind in allen Küstenorten zu finden. Es gibt zahlreiche Radwandertouren und gute Karten. In Nordfriesland (Föhr und einige Linien auf den Festland) verkehren Busse mit Fahrradanhängern (Auskunft: „Nordfriesland Regional", Tel. 0130/845300). Empfehlenswert sind die Kirchenrundwanderwege auf der Halbinsel Eiderstedt (Auskunft: Fremdenverkehrsgemeinschaft Eiderstedt, Am Markt 26, 25836 Garding, Tel. 04862/469).

Unterkunft

Zimmervermittlung über die Kurverwaltungen vor Ort oder den Nordseebäder-

Wasserbauwerkes und vom Nationalparkwart bewohnt. Kutschfahrten und Wattwanderungen sind nur begrenzt und in Gruppen möglich. Startpunkt der Kutschfahrt ist die Badestelle Fuhlehörn rund einen Kilometer südlich vom Hafen Strucklahnungshörn auf Nordstrand (Parkplatz vorhanden). Der Weg durchs Watt auf einem von robusten Norweger- und Haflingerpferden gezogenen Wagen ist ebenso ein Erlebnis wie der Besuch auf der Hallig Südfall selbst, wo die Gruppen vom „Bürgermeister" Robert Brauer, wie der einzige Bewohner sich selbst nennt, empfangen werden. In einem Info-Raum gibt es viele interessante Details über den Nationalpark, seine Tiere und Pflanzen, über Halligen und Halligleben zu erfahren, und Robert Brauer hält auch eine kleine Stärkung für die Gäste bereit.

i Länge ca. 7 km; 1 Stunde Fahrzeit. Anmeldung (vormittags) bei der Firma Andresen, Tel. 04842/300.

Eine der ersten Blütenpflanzen im Jahr auf der Salzwiese ist die zartrosa blühende Strandgrasnelke.

Wattwandern – ein gesunder Spaß

Wer es ganz ernst meint mit dem Naturerlebnis, läuft barfuß, aber Gummistiefel tun's auch: Wattwandern macht Spaß und hält fit – wenn man einige Regeln beachtet. Die wichtigste: auf keinen Fall ohne sachkundige Begleitung hinauslaufen ins Watt. Denn der Eindruck einer scheinbar so harmlosen Landschaft kann sich als trügerisch erweisen. Die auflaufende Flut füllt erst die Priele, die den Wanderer dann vom Festland abschneiden können. Plötzlich aufkommender Seenebel kann die eben noch zum Greifen nahe Küste verschwinden lassen und die Orientierung erschweren.

Mit Ortskundigen ins Watt zu gehen, hat einen weiteren Vorteil: Es verleiht dem Vergnügen eine lehrreiche Note. Denn die vielen Wattführerinnen und Wattführer sind meist echte Kenner der Landschaft. Viele von ihnen arbeiten mit dem Nationalparkamt zusammen und bilden sich laufend fort. Geschichten von Strandkrabben und Sturmfluten oder auch mal ein Blick unter die Wattoberfläche mit Hilfe einer Grabegabel gehören da ganz selbstverständlich zum Programm.

Wells

verband in Husum. Es gibt viele Campingplätze auf den Inseln, in den Küstenbadeorten und im Binnenland.

Gaststätten

Empfehlenswert ist ein Besuch in einem der vielen Fischrestaurants (Krabbengerichte und frischer Fisch). Wer Hochprozentiges mag, sollte in einer der Hafenkneipen „Pharisäer" (Kaffee mit Rum und Sahnehaube) oder Teepunsch (Tee mit Köm, einem Kümmelschnaps) probieren.

Baden an der Küste

Eine Spezialität der Nordsee: Die meisten Badestellen an der schleswig-holsteinischen Westküste liegen „im Grünen" vor den Deichen. Ausnahmen machen die Sandstrände auf Sylt und Amrum, auf Föhr, in St.Peter-Ording und Büsum. Ausgewiesene Badestellen sind: Friedrichskoog-Spitze, Elpersbüttler Strand, Nordermeldorf, Büsumer Deichhausen, Büsum, Westerdeichstrich/Stinteck, Hedwigenkoog, Heringsand, Wesselburener Koog, Vollerwiek, St.Peter-Ording, Westerhever, Norderheverkoog (Tetenbüllspieker), Lundenbergsand südlich Husum, Dockkoog Husum, Schobüll, Lüttmoorsiel (Beltringharder Koog), Hamburger Hallig, Schlüttsiel, Dagebüll, Südwesthörn; auf allen Inseln an zahlreichen Stellen sowie auf den Halligen Nordstrandischmoor, Hooge, Langeneß, Gröde und Oland.

Schiffstouren

Fahrten mit Info-Programm oder Seetierfang, Rundreisen, Touren zu Halligen und Inseln oder zu Seehundsbänken. In Abstimmung mit dem Nationalparkamt werden ausgewählte Sände angefahren; andere Ruheplätze der Seehunde bleiben ungestört. Zahlreiche Schiffseigner und Reedereien bieten, oft nur in der Sommersaison, Schiffstouren von den unter „Anreise" genannten Häfen aus an.

Helgoland

Vogelfelsen Skitten Hörn

An der Westklippe der Insel Helgoland befindet sich der einzige Seevogelfelsen der Nordsee. Von März bis Juli bietet er Besuchern ein Naturschauspiel ersten Ranges.

▷ **Bevor sie vom Klippensaum auffliegen, recken die Baßtölpel Hals und Schnabel zum Himmel.**

Inseln sind wie kleine Kontinente: Abgeschnitten von den Festländern entwickeln sie ihre unverwechselbare Eigenart. Bei Helgoland ist das nicht anders, obwohl das eineinhalb Quadratkilometer kleine Eiland auf einer Nordseekarte lediglich als Punkt erscheint und nur 45 Kilometer von der schleswig-holsteinischen Küste entfernt ist.

Helgoland und die Nachbarinsel Düne bestehen als einzige Inseln der südlichen Nordsee aus festem Gestein. Mit den Sand- und Schlickaufschüttungen der friesischen Inselketten haben sie geologisch also nichts gemeinsam. Bis zu 60 Meter hoch ragt der rote Felssockel aus Buntsandstein aus dem Meer – jeder Reisende, der darauf zusteuert, wird von dieser Kulisse in Bann gezogen. Ein besonderer Anziehungspunkt ist die Westklippe mit ihren deutlich sichtbaren, schräggestellten Schichtablagerungen.

In der Zeit von März bis Juli verwandeln sich die Steilklippen des Naturschutzgebietes Lummenfelsen – auf „helgoländisch" Skitten Hörn – in eine „Vogel-Großstadt": Zehntausende Seevögel haben hier ihren einzigen Brutplatz in Deutschland. Sie finden sich auf engstem Raum zusammen, um ihren Nachwuchs aufzuziehen, bis er flügge ist. Den größten Teil des Jahres verbringen diese Felsbrüter auf offener See, meist irgendwo im nördlichen Atlantik zwischen Skandinavien und Grönland. Nur zur Fortpflanzung und Brut kehren die Meeresvögel in ihr Herkunftsgebiet zurück.

Von dem Weg aus, der randnah am Klippensaum verläuft und das Oberland umrundet, kann man den lautstarken Betrieb in der Brutkolonie leicht beobachten. Es empfiehlt sich, ein Fernglas mitzunehmen.

Eine Vogelart dominiert das Bild an der Westklippe: Die gelbschnäbelige, schwarzfüßige Dreizehenmöwe mit etwa 6000 Brutpaaren.

Kurzprofil

Träger:	Verein Jordsand e.V.
Gegründet:	1964
Fläche:	1,2 ha
Saison:	März bis Juli
Besuche:	ca. 250.000 jährlich
Wanderwege:	Gesamtlänge 3 km

Wo immer sich in der steilen Klippe ein winziger Vorsprung bietet, bauen die Vögel ein aus Tang, Erde und Schlamm verkittetes Nest, das die Form eines tiefen, relativ engen Napfes hat und bis zu zehn Kilo schwer sein kann. Das laute Kreischen der Dreizehenmöwen kann man kilometerweit hören. Die ähnlich aussehenden Eissturmvögel sind weniger zahlreich. Etwa zwei Dutzend Brutpaare nisten locker verteilt inmitten der Möwenquartiere.

Wo durch Verwitterung Galerien in den hellen, sandig-kalkigen Partien des Buntsandstein-Schichtverbandes entstanden sind, richten die Trottellummen ihren Brutplatz ein. Sie gehören zu den Alken und sehen mit ihrem schwarzen Frack wie kleine Pinguine aus, können aber mit raschen Flügelschlägen recht gut flie-

Die Fauna auf dem Lummenfelsen

Charakteristische Tiere

Dreizehenmöwe, Eissturmvogel, Trottellumme, Tordalke, Baßtölpel.

Praktische Informationen

Adressen und Auskünfte

Helgoland-Touristik GmbH, Lung Wai 28, 27498 Helgoland, Tel. 04725/19433, Fax 04725/426; hier erhält man auch Informationen über naturkundliche Führungen und Vorträge. Der Verein Jordsand e.V.

◁◁ **Auf dem Lummenfelsen, Brutplatz der Dreizehenmöwen und Trottellummen, wird es eng.**

gen. Etwa 2500 Brutpaare umfaßt der Helgoländer Bestand. Trottellummen bauen keine Nester, sondern legen ihr einziges Ei auf dem nackten Fels ab. Dank seiner Birnenform rollt es nur hin und her und ist deshalb gut gegen das Herunterfallen geschützt. Jedes Ei wird an seinem Fleckenmuster von den Eltern eindeutig als das ihre erkannt.

Während die flüggen Dreizehenmöwen zu ihren ersten Flugversuchen vom Nest aus starten, lernen die Lummen das Fliegen von der Wasseroberfläche aus. Dazu müssen die ungefähr drei Wochen alten Küken – von den Eltern gelockt – aber erst einmal von der hohen Felswand in die Tiefe springen. Dieses Schauspiel ist etwa ab Mitte Juni während der Abendstunden zu beobachten. Um den freien Zugang der Vögel zum Felswatt nicht zu verbauen, befindet sich die sonst vor dem Klippenfuß verlaufende große Uferschutzmauer in diesem Bereich hinter der Klippenfront.

Den Trottellummen recht ähnlich, aber deutlich dickschnäbeliger sind die Tordalken, die man nur mit Mühe zwischen den Lummenscharen auf den Brutgalerien entdeckt.

Erst seit 1991 brüten an der Westklippe einige Baßtölpel: große, in der Jugend braune, später weiße Vögel mit schwarzen Flügelspitzen, blauen Augen und einem großen, kräftigen Schnabel. Das bisher runde Dutzend bewohnt den Klippensaum und damit die „Top-Lage“ des Lummenfelsens. Baßtölpel leben in Dauerehe, ihr Nest ist ein unordentlicher Bau aus Tang und Gras.

Nicht nur die Aufzucht der Jungen, auch die besonderen Techniken der Seevögel beim Nahrungserwerb lassen sich auf Helgoland hervorragend beobachten. Während Lummen und Tordalken mit ihren kurzen, schmalen und sehr steifen Flügeln nach Pinguin-Manier gleichsam unter Wasser „fliegen“, zeigen Stoßtaucher wie die Baßtölpel bei ihren Tauchmanövern eine andere Technik: aus dem Flug stürzen sie sich nahezu senkrecht ins Wasser. Sofern sie die angepeilte Beute nicht

Eine Zweigkolonie haben die Brüter an der Nordflanke von Helgolands Wahrzeichen eröffnet, dem Felsturm „Lange Anna“.

schon beim Eintauchen erfassen, jagen sie sie auf dem Rückweg nach oben, beschleunigt durch den Auftrieb. Die deutlich kleineren Brandseeschwalben der Helgoländer Düne tauchen dagegen nur im Bereich der Wasseroberfläche.

Kremer/Janke

betreibt von April bis September im Südhafengelände (Hummerbuden) eine Informationsstelle. Die „Vogelwarte Helgoland“ (Oberland) bietet im Sommerhalbjahr regelmäßig Führungen an:
Tel. 04725/306.
Radfahren ist verboten!

Wichtige Naturschutzorganisationen und -kategorien

Im Jahr 1994 hat die IUCN, die Internationale Union zum Schutz der Natur, nach jahrelangen Diskussionen weltweit gültige Richtlinien für Management-Kategorien von Schutzgebieten veröffentlicht. Ziel dieser Richtlinien ist es vor allem, die unterschiedlichen Kategorien von Schutzgebieten, die es heute in der Welt gibt, klar und verständlich darzustellen. Das Spektrum der Schutzgebiete reicht von solchen, die ihres großartigen Naturerbes wegen streng geschützt werden, bis zu landschaftlich und kulturell besonders reizvollen geschützten Regionen. Derzeit gibt es in den einzelnen Ländern mindestens 140 verschiedene Begriffe für Schutzgebiete. Die IUCN hat sie in sechs Kategorien zusammengefaßt. Dabei reichen die Schutzziele von strengem Naturreservat bzw. Wildnisgebiet (Kat I) über Nationalpark (Kat. II), Naturmonument (Kat. III), Biotop- bzw. Artenschutzgebiet (Kat. IV) und geschützte Landschaft (Kat. V) bis zum Ressourcen-Schutzgebiet (Kat. VI). Alle drei bis vier Jahre veröffentlicht die IUCN eine neue „United Nations List of National Parks and Protected Areas", in der sämtliche Schutzgebiete mit einer Fläche von über 1.000 Hektar übersichtlich der jeweiligen Kategorie zugeordnet sind. Die Eintragung zum Beispiel eines Nationalparks in Kategorie II der Liste gilt als dessen internationale Anerkennung. Die IUCN hofft, mit ihren Richtlinien und der darauf aufbauenden „UN-Liste" dazu beizutragen, daß bei der Ausweisung neuer Schutzgebiete oder bei der Betreuung bestehender sowohl diese allgemein gültigen Regeln Anwendung finden, als auch generell eine Verbesserung der Qualität der Schutzgebiete erreicht wird.

Biosphärenreservat (Biosphere Reserve)

Biosphärenreservate werden durch die UNESCO im Rahmen des Programms „Der Mensch und die Biosphäre" (MAB) ausgewiesen. Eine bindende völkerrechtliche Übereinkunft gibt es dafür nicht. Geschützt werden großräumig die wertvollsten Teile von Kulturlandschaften nationaler Bedeutung. Gleichzeitig dienen Biosphärenreservate als Beispiele für Gebiete, die modellhaft dem Schutz, der Pflege, der Entwicklung und der Wiederherstellung von Kulturlandschaften mit reichem Natur- und Kulturerbe dienen sollen.
Biosphärenreservate sind in Zonen unterschiedlicher Zweckbestimmung gegliedert. Neben wertvollen Kulturlandschaftsteilen (Pflegezone) sollen sie auch Naturschutzgebiete (Kernzone) einschließen, in denen die Entwicklung natürlicher Lebensgemeinschaften gesichert wird. In der Entwicklungszone können degradierte Kulturlandschaften enthalten sein, die durch Regenerierungsmaßnahmen in nachhaltig nutzbare, alle sozio-ökonomischen Funktionen erfüllende, intakte Landschaften zurückentwickelt werden sollen.
Nachhaltige und umweltverträgliche Bodennutzungen, insbesondere durch ökologischen Landbau, extensive Weidewirtschaft und naturgemäße Waldwirtschaft in Verbindung mit einer naturverträglichen Erholungsnutzung sind Prinzipien, die in Biosphärenreservaten gelten.

BUND

Der „Bund für Umwelt und Naturschutz in Deutschland e.V." (BUND) wurde 1975 gegründet. Rund 22 0.000 Mitglieder in 16 Landesverbänden und über 2 200 Kreis- und Ortsgruppen machen ihn zu einem der größten Umweltverbände Deutschlands. In der Bundesrepublik ist er die Partner-Organisation von „Freunde der Erde" (Friends of the Earth International, FOEI).
Der wirkungsvolle Schutz des Lebens und der natürlichen Umwelt in einer alles Leben fördernden, gesunden Landschaft ist oberstes Ziel. Dieses Ziel erreicht der BUND durch politische Einflußnahme, breite Öffentlichkeitsarbeit und konkrete Einzelmaßnahmen. Die ehrenamtlichen Helfer pflegen in praktischer Arbeit schützenswerte Biotope und setzen sich in zahllosen konkreten Projekten für bedrohte Tier- und Pflanzenarten ein. Auf Gesetzesvorhaben, die den Bereich unserer Lebensgrundlagen berühren, wird Einfluß genommen und intensiv Öffentlichkeitsarbeit betrieben, um die Gedanken des Natur- und Umweltschutzes zu verbreiten. Arbeitsschwerpunkte sind die Vermeidung von Verpackungsabfall, die Vermeidung und Reduzierung des Verkehrs, der Schutz des Erdklimas durch den sparsamen Umgang mit Energie und die Förderung der regenerativen Energien, aber auch die Gentechnologie und der klassische Naturschutz.

Europa-Diplom

Das Europa-Diplom wird seit 1965 vom Europarat an Schutzgebiete von europäischer Bedeutung verliehen, die sich durch vorbildliche Schutzmaßnahmen auszeichnen. Das Diplom genießt europaweit hohes Ansehen und wird, auf Vorschlag einer besonderen Kommission, jeweils für einen Zeitraum von fünf Jahren verliehen. Eine Verlängerung ist zwar möglich, wird jedoch jeweils neu geprüft. Schutzgebieten, die ernsthaften Schaden genommen haben oder zu nehmen drohen, kann die Auszeichnung jederzeit wieder entzogen werden. Das Europa-Diplom der Kategorie A wird an Naturschutzgebiete, das der Kategorie B an geschützte Landschaften verliehen.

FNNPE

Die „Föderation der Natur- und Nationalparke Europas" (FNNPE) ist eine gesamteuropäische, politisch unabhängige, nichtstaatliche Organisation, die das breite Spektrum von Schutzgebieten in Europa unterstützt und fördert. Seit über 20 Jahren setzt sie sich dafür ein, Qualität und Management der Schutzgebiete zu verbessern, damit die Natur Europas in ihrer Vielfalt auch für zukünftige Generationen erhalten bleibt.
Die FNNPE hat derzeit 250 Mitglieder in 34 verschiedenen Ländern Europas. Zu diesen Mitgliedern gehören vor allem Schutzgebietsverwaltungen auf nationaler und regionaler Ebene, aber auch andere staatliche Institutionen, die für Schutzgebiete verantwortlich sind, sowie unabhängige Naturschutzorganisationen und akademische Einrichtungen, die sich mit Schutzgebietsfragen befassen.
Ziel der FNNPE ist es, den Austausch von Erfahrungen, Informationen und Personal zwischen ihren Mitgliedern auf praktischer Ebene zu ermöglichen, um das Netz europäischer Schutzgebiete zu stärken und zu erweitern. Zu diesem Zweck organisiert die Föderation unter anderem Partnerschafts- und Austauschprogramme zwischen Parken und Reservaten in verschiedenen Ländern, Trainings-Seminare für Parkangestellte und jährliche Fachtagungen über parkbezogene Themen. Die Ergebnisse und Empfehlungen, die aus all diesen Aktivitäten entstehen, werden von der FNNPE in verschiedenen Publikationen herausgegeben.

In sechs Ländern existieren inzwischen nationale Sektionen der FNNPE, in Deutschland die FÖNAD.
Die Geschäftsstelle hat ihren Sitz in Grafenau/Bayerischer Wald:
FNNPE
Kröllstraße 5, Postfach 11 53
D-94475 Grafenau

FÖNAD

Die „Deutsche Sektion der Föderation der Natur- und Nationalparke Europas" (FÖNAD) wurde 1991 mit dem Ziel gegründet, den Aufbau und die Entwicklung von Großschutzgebieten in Ost- und Westdeutschland zu unterstützen.
Die Bedeutung dieses bislang einzigartigen nationalen Dachverbandes, in dem Schutzgebietsfachleute für die Zukunft der deutschen Naturparke, Nationalparke und Biosphärenreservate zusammenarbeiten, ergibt sich auch daraus, daß durch die föderalistische Struktur Deutschlands eine bundesländerübergreifende Zusammenarbeit der Schutzgebiete von Amts wegen kaum möglich ist.
Mitglieder der FÖNAD sind rund 50 Parkverwaltungen und für Schutzgebiete zuständige staatliche Stellen sowie private Naturschutzverbände.
Ziel der FÖNAD ist der Erhalt, die Entwicklung und die Verbesserung der Schutzgebiete sowie die Zusammenarbeit und der Austausch zwischen Schutzgebietsfachleuten. Die vielfältigen Aktivitäten und Projekte reichen von der Organisation von Tagungen über die Entwicklung eines gemeinsamen Corporate Design für die Nationalparke bis hin zur Durchführung von Besucherbefragungen und einer konkreten Zusammenarbeit in der Umweltbildung.
Föderation der Natur- und Nationalparke Europas,
Sektion Deutschland e.V. (FÖNAD)
Postfach 11 53, D-94475 Grafenau

IUCN

Die „Internationale Union zum Schutz der Natur" (International Union for Conservation of Nature), 1948 gegründet, arbeitet eng mit den Vereinten Nationen zusammen. Zu den derzeit über 800 Mitgliedern aus 126 Ländern gehören Staaten, staatliche Stellen und ein breites Spektrum regierungsunabhängiger Organisationen. Die IUCN hat es sich zur Aufgabe gemacht, weltweit den Schutz der Integrität und Vielfalt der Natur zu verbessern und dazu beizutragen, daß jedwede Nutzung der natürlichen Lebensgrundlagen dem Prinzip der Nachhaltigkeit folgt.

Landschaftsschutzgebiet

Nach § 15 des Bundesnaturschutzgesetzes vom 20.12.1976 sind Landschaftsschutzgebiete „rechtsverbindlich festgesetzte Gebiete, in denen ein besonderer Schutz von Natur und Landschaft zur Erhaltung oder Wiederherstellung der Leistungsfähigkeit des Naturhaushalts oder der Nutzungsfähigkeit der Naturgüter, wegen der Vielfalt, Eigenart oder Schönheit des Landschaftsbildes oder wegen der besonderen Bedeutung für die Erholung erforderlich ist".

NABU

Der „Naturschutzbund Deutschland" (NABU) ist mit 230 000 Mitgliedern einer der größten Umweltverbände in Deutschland. In über 1.200 Orts- und Kreisgruppen leisten NABU-Mitglieder ehrenamtlich Naturschutzarbeit.
Als Lobby für die Natur engagiert er sich auf vielen Ebenen: Er kauft und pachtet ökologisch wertvolle Gebiete, um sie optimal zu schützen und damit den Lebensraum für bedrohte Pflanzen und Tiere zu erhalten. Er entwickelt Schutzkonzepte für bedrohte Arten und übernimmt in Schutzgebieten Betreuungs- und Pflegeaufgaben. Als Lobby für die Natur setzt sich der NABU bei Behörden und Politikern für wirksamen Natur- und Umweltschutz ein. Nicht zuletzt leistet er entscheidende Beiträge zur Umweltbildung für Erwachsene, Kinder und Jugendliche.

Nationalpark

Nationalparke schützen das wertvollste Naturerbe eines Landes in repräsentativen Ausschnitten. Sie umschließen großräumige, natürliche oder naturnahe Landschaften, in die der Mensch weder lenkend noch nutzend eingreift. Die Lebensgemeinschaften und Ökosysteme sollen sich entsprechend den natürlichen Gesetzmäßigkeiten entwickeln. Soweit es der Schutzzweck erlaubt, stehen Nationalparke für naturnahe Erholung, für Naturerleben, für die Begegnung mit ursprünglicher Natur offen. Gleichzeitig dienen sie der naturkundlichen Bildung: Naturbegegnung und Naturerfahrung sind Quellen für mehr Naturverständnis. Soweit durch Nutzung veränderte Landschaften zu Nationalparken erklärt werden, müssen bestehende Nutzungen eingestellt werden. Land- und Forstwirtschaft, Jagd und Fischerei, Bergbau und andere Bodennutzungen sind in Nationalparken grundsätzlich nicht zulässig. Auf begrenzter Fläche ist es dagegen zulässig, kulturhistorisch interessante Landschaftselemente und Kulturdenkmäler zu erhalten, aber auch lenkende Maßnahmen für die Sicherung bestimmter, sehr seltener und gefährdeter Arten durchzuführen.

Natura 2000

"Natura 2000" ist der Name für ein Netzwerk aus Tausenden von Schutzgebieten, das durch die Europäische Union gegenwärtig aufgebaut wird. Die Mitgliedsstaaten der EU sind aufgrund zweier Richtlinien, der sogenannten Habitat-Richtlinie und der Vogelschutz-Richtlinie (92/43 EWG und 79/409 EWG), verpflichtet, zunächst der Europäischen Kommission „Gebiete mit gemeinschaftlicher Bedeutung" vorzuschlagen und in der Folge ausgewählte „besondere Schutzgebiete" zu errichten. Bis zum Jahr 2004 soll das Netz fertiggestellt sein. Deutschland liegt leider in der nationalen Umsetzung des Programms „Natura 2000" noch weit zurück.

Naturdenkmal

Nach § 17 Bundesnaturschutzgesetz vom 20.12.1976 sind Naturdenkmale „rechtsverbindlich festgesetzte Einzelschöpfungen der Natur, deren besonderer Schutz aus wissenschaftlichen, naturgeschichtlichen oder landeskundlichen Gründen oder wegen ihrer Seltenheit, Eigenart oder Schönheit erforderlich ist. Die Festsetzung kann auch die für den Schutz des Naturdenkmals notwendige Umgebung einbeziehen".

Naturpark

Naturparke sind großräumige, abwechslungsreiche Kulturlandschaften von besonderem landschaftlichem Reiz und von regionaler Bedeutung, die sich für die Erholung besonders eignen und dafür erschlossen werden. Naturparke dienen vornehmlich der Erhaltung der Vielfalt, Schönheit und Eigenart von Kulturlandschaften, dem Schutz des Landschaftsbildes und des Landschaftshaushaltes. Sie werden durch Naturparkverordnungen begründet. Diese sollen sicherstellen, daß durch gezielte Schutz- und Pflegemaßnahmen der Charakter der Landschaft auf Dauer erhalten wird.

Naturschutzgebiet

Nach § 13 Bundesnaturschutzgesetz vom 20.12.1976 sind Naturschutzgebiete „rechtsverbindlich festgesetzte Gebiete, in denen ein besonderer Schutz von Natur und Landschaft in ihrer Ganzheit oder in einzelnen Teilen zur Erhaltung von Lebensgemeinschaften oder Biotopen bestimmter wildlebender Tier- oder Pflanzenarten, aus wissenschaftlichen, naturgeschichtlichen oder landeskundlichen Gründen oder wegen ihrer Seltenheit, besonderen Eigenart oder hervorragenden Schönheit erforderlich ist". Soweit es der Schutzzweck erlaubt, können Naturschutzgebiete der Allgemeinheit zugänglich gemacht werden.

Ramsar-Gebiet

Ramsar-Gebiete sind Schutzgebiete, die im Rahmen der Umsetzung des nach der iranischen Stadt Ramsar benannten „Übereinkommens zum Schutz von Feuchtgebieten von internationaler Bedeutung, insbesondere als Lebensraum für Wat- und Wasservögel" von 1975 errichtet werden. Die Unterzeichnerstaaten benennen ihrer Auffassung nach bedeutende Feuchtgebiete für die Aufnahme in die beim Sekretariat des Abkommens geführte Ramsar-Liste; Beispiele aus Deutschland sind Steinhuder Meer, Dümmer, Starnberger See, Ammersee und Chiemsee.

Welterbe-Gebiet (World Heritage Site)

Im Jahr 1972 wurde durch die UNESCO, die Organisation der Vereinten Nationen für Erziehung, Wissenschaft und Kultur, das „Übereinkommen zum Schutz des Kultur- und Naturerbes der Welt" beschlossen. Hinter diesem Übereinkommen steht der Gedanke, daß auf der Erde viele unersetzliche Kultur- und Naturwerte von so einzigartiger und universeller Bedeutung existieren, daß ihr Schutz der Menschheit insgesamt und nicht einzelnen Staaten obliegt. Dieses „Erbe der Welt" wird von der UNESCO in einer Liste der „World Heritage Sites", gegliedert nach Kulturerbe- und Naturerbegebieten, erfaßt. Besondere Schutzmaßnahmen für bedrohte Natur- oder Kulturgüter und finanzielle Unterstützung der World Heritage Sites sind nach dem Abkommen möglich. In Deutschland gibt es leider keine Welt-Naturerbegebiete.

WWF

Der „World Wide Fund for Nature" (WWF), 1961 gegründet, ist die führende private internationale Naturschutzorganisation mit weltweit mehr als fünf Millionen regelmäßigen Förderern/Mitgliedern und über 3 000 Mitarbeitern. Neben dem in Gland bei Genf ansässigen WWF International mit fast 5 000 geförderten Projekten in rund 130 Ländern gibt es 31 eigenständige nationale WWF-Organisationen (einschließlich sechs assoziierter Organisationen) und 22 Programmbüros in Ländern ohne eigene WWF-Stiftung.

Die Umweltstiftung WWF-Deutschland – kurz auch WWF-Deutschland genannt – besteht seit 1963 und betreut zur Zeit mit mehr als 80 festangestellten Mitarbeitern 120 nationale und internationale Projekte.So wie der WWF International konzentriert auch der WWF-Deutschland seine Naturschutzarbeit auf die drei Großlebensräume Meere und Küsten, binnenländische Feuchtgebiete und Wälder. Er führt in Deutschland, in Osteuropa und in der Dritten Welt konkrete Projekte und konstruktive Aktionen zum Schutz bedrohter Naturlandschaften sowie von gefährdeten freilebenden Pflanzen- und Tierarten durch.Die Umweltstiftung WWF-Deutschland ist eine gemeinnützige, unabhängige und überparteiliche Stiftung des bürgerlichen Rechts mit Sitz in Frankfurt am Main. Zum überwiegenden Teil finanziert sich die WWF-Naturschutzarbeit durch Spenden und Beiträge der Mitglieder und Förderer. Die Verwaltungskosten werden durch Erträge aus dem Stiftungskapital und durch Lizenzerlöse aus der Nutzung des WWF-Symbols „Panda-Bär" abgedeckt.

Management-Kategorien der IUCN für Schutzgebiete von 1994

Kategorie I

Strenges Naturgebiet/Wildnisgebiet: Schutzgebiet, das hauptsächlich zum Zwecke der Forschung oder des Schutzes der Wildnis verwaltet wird.

Kategorie Ia

Strenges Naturgebiet: Schutzgebiet, das hauptsächlich zum Zwecke der Forschung verwaltet wird.

Definition
Landgebiet oder marines Gebiet, das herausragende oder beispielhafte Ökosysteme, geologische oder physiologische Merkmale und/oder Arten aufweist und dessen Management in erster Linie wissenschaftlicher Forschung und/oder dem Umwelt-Monitoring dient.

Management-Ziele
- Schutz von Lebensräumen, Ökosystemen und Arten in möglichst ungestörtem Zustand.
- Schutz der genetischen Ressourcen in einem dynamischen, evolutionären Zustand.
- Schutz der ökologischen Prozesse.
- Bewahrung der Landschaftsstrukturen oder Gesteinsformationen
- Sicherung exemplarischer natürlicher Umwelt für wissenschaftliche Studien, Umwelt-Monitoring und -bildung einschließlich von Referenz-Gebieten, deren Betretung grundsätzlich ausgeschlossen ist.
- Minimierung der Störungen durch sorgfältige Planung und Durchführung von Forschungsvorhaben und anderen zulässigen Aktivitäten.
- Beschränkung des Zutritts

Auswahlkriterien
- Das Gebiet muß so groß sein, daß die Integrität seiner Ökosysteme und die Erreichung der Managementziele, derentwegen es unter Schutz steht, gewährleistet werden.
- Das Gebiet muß in hohem Maße frei von menschlichen Eingriffen jeder Art bleiben und Gewähr dafür bieten, daß sich das nicht ändert.
- Die Erhaltung der biologischen Vielfalt des Gebiets kann durch bloßen Schutz erzielt werden. Management in Form von wesentlichen Eingriffen oder Manipulation von Lebensräumen ist nicht erforderlich (vgl. Kategorie IV).

Zuständigkeiten
Eigentum und Verwaltung liegen in den Händen der Zentralregierung oder der eines Teilstaats. Ausführendes Organ ist eine mit qualifiziertem Personal ausgestattete Dienststelle, eine privatrechtliche Stiftung, eine Universität oder sonstige Einrichtung, die offiziell mit Schutz- oder Forschungsaufgaben betraut ist oder aber Eigentümer, die mit einer öffentlichen oder privaten Organisation der vorgenannten Art zusammenarbeiten. Vor der Ausweisung eines Schutzgebiets nach Kategorie Ia muß durch geeignete Maßnahmen der langfristige Schutz garantiert werden. Ausnahmen können sich aus völkerrechtlichen Vereinbarungen ergeben, die Gebiete betreffen, auf die mehrere Staaten Hoheitsansprüche erheben (z. B. Antarktika).

Entsprechende Kategorie im System von 1978
Wissenschaftliches Reservat/Strenges Naturschutzgebiet

Kategorie Ib

Wildnisgebiet: Schutzgebiet, das hauptsächlich zum Schutz der Wildnis verwaltet wird.

Definition
Ausgedehntes ursprüngliches oder leicht verändertes Landgebiet und/oder marines Gebiet, das seinen natürlichen Charakter bewahrt hat, in dem keine ständigen oder bedeutenden Siedlungen existieren und dessen Schutz und Management dazu dienen, seinen natürlichen Zustand zu erhalten.

Managementziele
- Sicherstellung mit dem Ziel, künftigen Generationen das Verständnis und das Erleben von Gebieten zu ermöglichen, die lange Zeit weitgehend ungestört von menschlicher Aktivität geblieben sind.
- Erhaltung der wesentlichen natürlichen Merkmale und Qualitäten der natürlichen Umwelt auf lange Sicht.
- Erschließung für die Öffentlichkeit in der Weise, die optimal für das körperliche und geistige Wohlergehen der Besucher ist und zugleich den Wildnischarakter des Gebiets für heutige und kommende Generationen am besten bewahrt.
- Sicherung der Möglichkeiten für eingeborene Völker, in geringer Dichte und im Gleichgewicht mit den verfügbaren Ressourcen ihre Lebensweise beizubehalten.

Auswahlkriterien
- Das Gebiet muß über natürliche Qualitäten von besonderem Rang verfügen, darf nur den Kräften der Natur unterworfen sowie menschlichen Einflüssen so gut wie nicht ausgesetzt sein und bietet Gewähr, daß beim Management in der vorgeschlagenen Weise diese Kriterien Bestand haben.
- Das Gebiet muß ökologische, geologische, physiographische oder andere charakteristische Merkmale von Bedeutung für Wissenschaft, Bildung oder Geschichte aufweisen oder sich durch besondere landschaftliche Schönheit auszeichnen.
- Es ist zulässig, das Gebiet mit einfachen, leisen, sauberen und unaufdringlichen Verkehrsmitteln (d.h. keine Motorfahrzeuge) aufzusuchen und dort in besonderem Maße Stille und Einsamkeit zu begegnen.
- Das Gebiet muß so groß sein, daß ein derartiger Schutz und die genannten Nutzungsformen nebeneinander möglich sind.

Zuständigkeiten
Wie bei Unter-Kategorie Ia.

Entsprechende Kategorie im System von 1978
Diese Unter-Kategorie war im System von 1978 nicht enthalten, wurde jedoch, entsprechend Resolution 16/34 der IUCN-Generalversammlung über Schutz von Ressourcen und Werten der Wildnisgebiete, auf der Generalversammlung von Madrid (Spanien) 1984 in Kraft gesetzt.

Kategorie II

Nationalpark: Schutzgebiet, das hauptsächlich zum Schutz von Ökosystemen und zu Erholungszwecken verwaltet wird.

Definition
Natürliches Landgebiet oder marines Gebiet, das ausgewiesen wurde um (a) die ökologische Unversehrtheit eines oder mehrerer Ökosysteme im Interesse der heutigen und kommender Generationen zu schützen, um (b) Nutzungen oder Inanspruchnahme, die den Zielen der Ausweisung abträglich sind, auszuschließen und um (c) eine Basis zu schaffen für geistig-seelische Erfahrungen sowie Forschungs- Bildungs-, Erholungsangebote für Besucher zu schaffen. Sie alle müssen umwelt- und kulturverträglich sein.

Managementziele
- Schutz natürlicher Regionen und landschaftlich reizvoller Gebiete von nationaler und internationaler Bedeutung für geistige, wissenschaftliche, erzieherische, touristische oder Erholungszwecke.
- Erhaltung charakteristischer Beispiele physiographischer Regionen, Lebensgemeinschaften, genetischer Ressourcen und von Arten in einem möglichst natürlichen Zustand auf Dauer, damit ökologische Stabilität und Vielfalt gewährleistet sind.
- Besucherlenkung für geistig-seelische, erzieherische, kulturelle und Erholungszwecke dergestalt, daß das Gebiet in einem natürlichen oder beinahe natürlichen Zustand erhalten wird.
- Beendigung und sodann unterbinden von Nutzungen oder Inanspruchnahme, die dem Zweck der Ausweisung entgegenstehen.
- Respektierung der ökologischen, geomorphologischen, religiösen oder ästhetischen Attribute, die Grundlage für die Ausweisung waren.
- Berücksichtigung der Bedürfnisse der eingeborenen Bevölkerung einschließlich deren Nutzung bestehender Ressourcen zur Deckung ihres Lebensbedarfs mit der Maßgabe, daß diese keinerlei nachteilige Auswirkungen auf die anderen Managementziele haben.

Auswahlkriterien
- Das Gebiet muß ein charakteristisches Beispiel für Naturregionen, Naturerscheinungen oder Landschaften von herausragender Schönheit enthalten, in denen Pflanzen- und Tierarten, Lebensräume und geomorphologische Erscheinungen vorkommen, die von besonderer Bedeutung sind in geistig-seelischer Hinsicht sowie für Wissenschaft, Bildung, Erholung und Tourismus.
- Das Gebiet muß groß genug sein, um eines oder mehrere vollständige Ökosysteme zu erfassen, die durch die laufende Inanspruchnahme oder menschlichen Nutzungen nicht wesentlich verändert wurden.

Zuständigkeiten
Die oberste zuständige Behörde eines Staates sollte im Normalfall Eigentümer des Schutzgebiets und dafür verantwortlich sein. Die Verantwortung kann aber auch einer anderen Regierungsstelle, einem Gremium von Vertretern der eingeborenen Bevölkerung, einer Stiftung oder einer anderen rechtlich anerkannten Organisation übertragen werden, die das Gebiet einem dauerhaften Schutz gewidmet hat.

Entsprechende Kategorie im System von 1978
Nationalpark

Kategorie III

Naturmonument: Schutzgebiet, das hauptsächlich zum Schutz einer besonderen Naturerscheinung verwaltet wird.

Definition
Gebiet, das eines oder mehrere besondere natürliche oder gemischt natürlich-kulturelle Erscheinungen enthält, die, außerordentlich oder einzigartig, wegen der ihnen eigenen Seltenheit, Beispielhaftigkeit, ästhetischen Qualität oder kulturellen Bedeutung schützenswert sind.

Managementziele
- Dauerhafter Schutz und Sicherung besonderer herausragender Naturerscheinungen nach ihrer natürlichen Bedeutung und/oder ihres einzigartigen oder beispielhaften Charakters und/oder ihrer geistig-seelischen Bedeutung.
- Schaffung von Möglichkeiten für Forschung, Bildung, Interpretation und Freizeitgestaltung in einem Umfang, daß sie mit dem vorgenannten Ziel vereinbar sind.
- Beendigung und sodann Unterbindung jeder Art von Nutzung oder Inanspruchnahme, die den Zielen der Ausweisung entgegensteht.
- Verschaffen von Vorteilen für die eingeborene Bevölkerung, soweit sie mit den anderen Managementzielen vereinbar sind.

Auswahlkriterien
- Das Gebiet muß eine oder mehrere Naturerscheinungen von außerordentlicher Bedeutung einschließen (z.B. Wasserfälle, Höhlen, Krater, Fossilienlagerstätten, Dünen oder außergewöhnliche Meereserscheinungen sowie eine einzigartige oder repräsentative Fauna und Flora. zu den Kulturerscheinungen gehören z.B. Höhlenwohnungen, Festungen auf Berggipfeln, archäologische Stätten oder traditionelle Kultstätten natürlichen Ursprungs eingeborener Völker).

- Das Gebiet muß groß genug sein, um die Unversehrtheit des Monuments und seiner unmittelbaren Umgebung zu gewährleisten.

Zuständigkeiten
Eigentum und Zuständigkeit für das Management liegen bei der Zentralregierung oder, beim Vorhandensein entsprechender Sicherheits- und Kontrollmechanismen, auf einer nachgeordneten staatlichen Ebene, bei einem Gremium der einheimischen Bevölkerung, einer nicht gewinnorientiert arbeitenden Organisation oder einem Verband, oder aber ausnahmsweise bei einer privaten Vereinigung unter der Voraussetzung, daß der dauerhafte Schutz des Gebietscharakters schon vor der Ausweisung sichergestellt ist.

Entsprechende Kategorie im System von 1978
Naturmonument

Kategorie IV

Biotop-/Artenschutzgebiet mit Management: Schutzgebiet, für dessen Management gezielte Eingriffe erfolgen.

Definition
Landgebiet oder marines Gebiet, in dem Eingriffe mit dem Ziel stattfinden, den Fortbestand von Lebensräumen zu sichern und/oder die Bedürfnisse bestimmter Arten zu befriedigen.

Managementziele
- Sicherung und Aufrechterhaltung des Zustandes von Lebensräumen, der für den Schutz von Arten, Artengruppen, biotischen Gemeinschaften oder Naturerscheinungen erforderlich ist, durch menschliche Eingriffe.
- Ermöglichung von Forschung und Umwelt-Monitoring als Hauptaktivitäten, die mit nachhaltigem Management einhergehen.
- Widmung begrenzter Zonen für Umweltbildung und Naturerleben mit dem Ziel, der Öffentlichkeit die Eigentümlichkeiten dieser Lebensräume und das Management wildlebender Arten nahezubringen.
- Beendigung und sodann Unterbindung jeder Art von Nutzung oder Inanspruchnahme, die den Zielen der Ausweisung entgegenstehen.
- Sicherstellung von Vorteilen für die im Schutzgebiet ansässige Bevölkerung, die mit den anderen Managementzielen vereinbar sind.

Auswahlkriterien
- Das Gebiet muß eine wichtige Bedeutung für den Naturschutz und das Überleben von Arten besitzen (indem es gegebenenfalls Brut- und Feuchtgebiete, Korallenriffe, den Gezeiten ausgesetzte Flußmündungen, Grasländer, Wälder, Laichgebiete einschließlich maritimer Jagd- und Weidegründe umfaßt).
- Der Schutz des betreffenden Lebensraumes ist entscheidend für den Erhalt der national oder örtlich bedeutsamen Flora oder von heimischen oder durchziehenden Tierarten.
- Der Schutz dieser Arten und Lebensräume erfordert aktive Eingriffe seitens der für das Management zuständigen Stelle, falls notwendig durch Einwirken auf den gesamten Lebensraum (vgl. Kategorie la).
- Die Größe des Gebiets hängt von den Anforderungen der zu schützenden Arten an ihren Lebensraum ab und kann deshalb relativ klein bis sehr ausgedehnt sein.

Zuständigkeiten
Eigentümer und für das Management zuständig ist die Zentralregierung oder, beim Vorhandensein von Kontrollmechanismen und Sicherheitsvorkehrungen, eine nachgeordnete Behörde, eine nicht gewinnorientierte Organisation oder Verbände oder private Personen oder Vereinigungen.

Entsprechende Kategorie im System von 1978
Naturschutzgebiet/Naturschutzgebiet mit Management/Wildtierschutzgebiet

Kategorie V

Geschütze Landschaft/Geschützes marines Gebiet: Gebiet, dessen Management hauptsächlich auf den Schutz einer Landschaft oder eines marinen Gebietes ausgerichtet ist und der Erholung dient.

Definition
Landgebiet, gegebenenfalls unter Einbeziehung von Küsten und marinen Gebieten, in dem das Zusammenwirken von Mensch und Natur im Lauf der Zeit eine Landschaft von besonderem Charakter geformt hat mit herausragenden ästhetischen, ökologischen und/oder kulturellen Werten und oft außergewöhnlicher biologischer Vielfalt. Die ungestörte Fortführung dieses traditionellen Zusammenwirkens ist für Schutz, Erhalt und Weiterentwicklung des Gebiets unerläßlich.

Managementziele
- Aufrechterhaltung des harmonischen Zusammenwirkens zwischen Natur und Kultur durch den Schutz von Landschaften und/oder marinen Gebieten sowie die Fortführung der überkommenen Formen der Landnutzung und traditionellen Bauweisen, aber auch die Bewahrung sozialer und kultureller Eigenart.
- Förderung von Lebensweisen und Wirtschaftsformen, die sich in Einklang mit der Natur befinden und Erhaltung des sozialen und kulturellen Gefüges der betroffenen Gemeinden.
- Erhaltung der Vielfalt von Landschaft und Lebensraum sowie der darin vorkommenden Arten und Ökosysteme.
- Wo nötig, Beendigung und sodann Unterbindung solcher Formen der Nutzung oder Inanspruchnahme, die nach ihrer Dimension oder nach ihrer Art unangemessen sind.
- Schaffung eines Tourismus- und Erholungsangebotes, das nach Art und Umfang den besonderen Merkmalen des Gebiets gerecht wird.
- Förderung solcher Aktivitäten im Rahmen von Wissenschaft und Bildung, die nachhaltig Vorteile für die einheimische Bevölkerung mit sich bringen und die die öffentliche Unterstützung des Natur- und Umweltschutzes zu fördern geeignet sind.
- Sicherstellung von Vorteilen für die einheimische Bevölkerung und Erhöhung ihres Wohlstandes durch die Bereitstellung natürlicher Produkte (etwa aus Forstwirtschaft und Fischerei) und Dienstleistungen (wie z.B. sauberes Wasser oder Einkünfte aus sanftem Tourismus).

Auswahlkriterien
- Das Gebiet umschließt eine Landschaft und/oder ein an eine Küste und/oder eine Insel anschließendes marines Gebiet, das sich durch außerordentliche landschaftliche Schönheit auszeichnet. Es beherbergt verschiedene Lebensräume sowie Pflanzen- und Tierarten ebenso wie einzigartige oder überlieferte Formen der Landnutzung, aber auch ein soziales Gefüge, das sich in den Siedlungen, örtlichen Sitten und Gebräuchen oder religiösen Traditionen manifestiert.
- Das Gebiet bietet Erholungsmöglichkeiten die jedoch mit der Lebensweise und den hergebrachten Wirtschaftsweisen seiner Bewohner vereinbar sein müssen.

Zuständigkeiten
Eigentümer des gesamten Gebiets kann zwar der Staat sein, doch wird es im Normalfall aus einem Mosaik privaten und öffentlichen Eigentums bestehen, das jeweils unterschiedliches Management bedingt. Das unterschiedliche Management muß einer gemeinsamen Planung oder aber anderen Kontrollmechanismen unterliegen und, soweit erforderlich, finanzielle Unterstützung von staatlicher Seite oder andere Anreize erhalten. Nur so können die Qualität der Landschaft und die bestehenden Sitten, Gebräuche und Wertvorstellungen auf Dauer erhalten werden.

Entsprechende Kategorie
im System von 1978
Geschützte Landschaften oder Geschützte marine Landschaften

Kategorie VI

Ressourcenschutzgebiet mit Management: Schutzgebiet, dessen Management der nachhaltigen Nutzung natürlicher Ökosysteme dient.

Definition
Gebiet, das überwiegend natürliche Systeme in ihrem Urzustand enthält und dessen Management einen dauerhaften Schutz und den Erhalt der Artenvielfalt gewährleistet, zugleich aber auch Naturprodukte und -dienstleistungen zur Befriedigung der Bedürfnisse der Gesellschaft nach dem Prinzip der Nachhaltigkeit verfügbar machen soll.

Managementziele
- dauerhafte Sicherung der biologischen Vielfalt und anderer natürlicher Werte des Gebiets.
- Förderung verantwortungsbewußter Wirtschaftsweisen für eine nachhaltige Produktion.
- Schutz der natürlichen Ressourcen vor Produktionsmethoden, die die Biodiversität des Gebiets beeinträchtigen würden.
- Förderung einer regionalen und landesweiten Entwicklung.

Auswahlkriterien
- Mindestens zwei Drittel des Gebiets müssen sich in natürlichem Zustand befinden. auf begrenzter Fläche können auch von Menschenhand veränderte Ökosysteme vorkommen, nicht aber größere Anbaugebiete, die wirtschaftlichen Zwecken dienen.
- Das Gebiet verlangt eine Größe, die die nachhaltige Nutzung seiner Ressourcen erlaubt, ohne daß diese – auch auf lange Sicht – seine natürlichen Werte beeinträchtigt.

Zuständigkeiten
Die Verwaltung obliegt staatlichen Stellen, die einen eindeutigen Auftrag im Sinne des Schutzes des Gebiets haben. Das Management selbst erfolgt in Zusammenarbeit mit der örtlichen Bevölkerung und kann auf örtliche Gebräuche zurückgreifen, unterstützt und beraten durch staatliche oder private Stellen. Eigentümer ist die öffentliche Hand und/oder Privatpersonen oder -organisationen.

Entsprechende Kategorie
im System von 1978
Es gibt keine direkte Entsprechung mit einer Kategorie des Systems von 1978, jedoch kommt die Aufnahme einiger Gebiete in Frage, die vormals als Mehrfachnutzen-Gebiete oder Ressourcenschutzgebiet eingeordnet waren.

Autorenverzeichnis

Koautoren und Mitarbeiter sind bei den jeweils erstgenannten Autoren aufgeführt.

BARTH, Dr. Wolf-Eberhard, geb. 1941, ist Forstdirektor. Am Harz aufgewachsen, war er von 1974 bis 1994 Leiter des Staatlichen Forstamtes Oderhausen, das im Nationalpark Harz aufgegangen ist. Seit 1994 ist er Leiter des Nationalparks Harz. Am Teil „Wandern" seines Beitrags haben mitgewirkt Katja JOHN und Ingrid NÖRENBERG.

BIBELRIETHER, Dr. Hans, geb. 1933, ab 1969 Leiter des Nationalparkamts und seit 1978 Leiter der Nationalparkverwaltung Bayerischer Wald, ist Präsident der Föderation der Natur- und Nationalparke Europas (FNNPE), Vorsitzender von deren deutscher Sektion (FÖNAD) sowie Mitglied der Nationalpark-Kommission der Internationalen Union zum Schutz der Natur (IUCN) und des wissenschaftlichen Beirats des World Wide Fund for Nature (WWF). Der Mitarbeiter am Beitrag über den Nationalpark Bayerischer Wald, Alexander HOSCH, geb. 1963, ist freier Journalist.

BLESSING, Karin, geb. 1959, ist Stellvertretende Leiterin der Umweltakademie Baden-Württemberg und Stellvertretende Vorsitzende des Bundesweiten Arbeitskreises der staatlich getragenen Umweltbildungsstätten in Deutschland. Sie arbeitet vor allem im Bereich der Umwelterziehung und auf dem Gebiet des Biotopschutzes.

DEXHEIMER, Werner F., geb. 1948, ist seit 1983 Geschäftsführer des Vereins Naturpark Pfälzerwald e. V., der im Auftrag des Landes Rheinland-Pfalz auch Träger des Biosphärenreservats ist. Koautor Arno WEISS, geb. 1960, ist seit 1990 Stellvertretender Geschäftsführer des Trägervereins.

DIETZEN, Wolfgang, geb. 1948, war nach dem Studium der Forstwissenschaft Mitgründer der Wildbiologischen Gesellschaft München. Er betreibt in Breitbrunn am Chiemsee ein Büro für Umweltplanung und setzt sich als Initiator und Berater verschiedenster Umweltprojekte in Deutschland für die ökologische Ausrichtung der praktischen Naturschutzarbeit ein.

EINSTEIN, Jost, geb. 1954, arbeitete nach dem Studium der Landespflege zunächst als Landschaftsarchitekt in Wirtschaft und Verwaltung. Er ist Mitherausgeber der Ornithologischen Jahreshefte für Baden-Württemberg und seit 1986 hauptberuflicher Leiter des NABU-Naturschutzzentrums Federsee.

FABER, Dr. Ralf, geb. 1951, Leitender Forstdirektor und ab 1983 Leiter des Forstamts Brake des Landesverbandes Lippe, ist seit 1995 Leiter der Forstabteilung des Landesverbands Lippe.

FÖRSTER, Dietrich, geb. 1959, arbeitet seit 1988 bei der Ökologischen Bildungsstätte Oberfranken, Naturschutzzentrum Wasserschloß Mitwitz, deren wissenschaftlicher Leiter er 1990 wurde. Mitgearbeitet haben an seinen Beiträgen: Hubertus HABEL, geb. 1960, Pädagogischer Mitarbeiter der Bildungsstätte seit 1995, sowie Yvonne OELMANN, geb. 1972, und Christoph WILLIGALLA, geb. 1973, beide Mitarbeiter beim Naturschutzbund Münster.

GARBERDING, Karl-Heinz, geb. 1937, ist Realschullehrer, Autor und Produzent von Naturfilmen sowie Vorsitzender des Vereins Ökologische Schutzstation Steinhuder Meer e.V.

GRÜTZMACHER, Gerhard, geb. 1942, ist Diplom-Mathematiker. Schon während der Studienzeit im Naturschutz tätig, wirkte er zunächst mit bei der Ausweisung des Naturparks Märkische Schweiz. Seit dessen Festsetzung durch die letzte DDR-Regierung im Jahr 1990 ist er Leiter der Naturparkverwaltung.

GÜNTHER, Egbert, geb. 1953, war von 1978 bis 1990 Assistent im vogelkundlichen Museum Heineanum in Halberstadt. Seither ist er Leiter der Unteren Naturschutzbehörde des Landkreises Halberstadt. Koautor Klaus GEORGE, geb. 1957, leitet die Untere Naturschutzbehörde des Landkreises Quedlinburg.

HENNE, Dr. Eberhard, geb. 1943, studierte Veterinärmedizin und arbeitete über zwanzig Jahre als Tierarzt. Ab Anfang der achtziger Jahre Naturschutzbeauftragter, dann Umweltdezernent des Kreises Angermünde, legte er den Grundstock für das Biosphärenreservat Schorfheide-Chorin, dessen Leiter er seit 1992 ist.

HENNICKE, Dr. Frank, geb. 1961, war von 1990 bis 1993 Assistent am Zoologischen Institut der Universität Greifswald. Seither ist er Leiter des Naturschutzprojektes „Peenetal-/Peenehaff-Moor" in Anklam.

HENTSCHEL, Dr. Peter, geb. 1933, nach dem Studium der Biologie und Chemie freier Bearbeiter verschiedener Projekte an der Universität Halle. Ab 1957 arbeitete er am Institut für Landschaftsforschung und Naturschutz in Halle. Er wirkte mit am Nationalparkprogramm der DDR und ist seit 1991 Leiter der Biosphärenreservatsverwaltung Mittlere Elbe.

HEYNE, Peter, geb. 1960, ab 1986 Wissenschaftlicher Assistent im Tierpark Görlitz, wurde 1990 mit dem Aufbau des Biosphärenreservats Oberlausitzer Heide- und Teichlandschaft betraut. Seit 1994 ist er Leiter der Biosphärenreservatsverwaltung

JACOBY, Harald, geb. 1940, bis 1991 Grund- und Hauptschullehrer, wurde 1991 als Leiter des Bodensee-Umweltschutzprojekts der Deutschen Umwelthilfe e.V. beurlaubt. Seit 1994 ist er Geschäftsführer der Bodensee-Stiftung in Konstanz.

JANKE, Dr. Klaus, geb. 1958, ab 1984 als ständiger Gastforscher, dann als Koordinator an der Meeresstation der Biologischen Anstalt Helgoland tätig, ist seit Oktober 1991 Leiter des Nationalparks Hamburgisches Wattenmeer.

JARMATZ, Klaus, geb. 1957, von 1983 bis 1990 Wissenschaftlicher Mitarbeiter am Institut für Umweltüberwachung in Berlin, ist seit 1991 Leiter des Staatlichen Naturparkamts Schaalsee.

KEGEL, Jens, geb. 1965, ist seit 1996 Sachgebietsleiter Öffentlichkeits- und Bildungsarbeit der Verwaltung des Nationalparks Hochharz. Koautor seines Beitrags ist Peter GAFFERT, geb. 1960, seit 1994 Leiter der Nationalparkverwaltung.

KLAUS, Dr. Siegfried, geb. 1942, arbeitete ab 1965 als Molekular- und Bodenbiologe an der Akademie der Wissenschaft in Jena. Seit 1991 Leiter des Referats für Artenschutz an der Thüringer Landesanstalt für Umwelt, ist er u.a. beauftragt mit Planungen für den Nationalpark Hainich.

KNAPP, Dr. Hans Dieter, geb. 1950, war 1989/1990 Mitinitiator und Bearbeiter des Nationalparkprogramms der DDR. Er war maßgeblich beteiligt am Aufbau der Internationalen Naturschutzakademie Insel Vilm und ist heute Direktor und Professor am Bundesamt für Naturschutz und Leiter der Außenstelle Vilm.

KONOW, Dr. Helga, geb. 1951, war im Lehrberuf tätig, bevor sie 1993 in der Verwaltung des Nationalparks Vorpommersche Boddenlandschaft arbeitete, wo sie heute für das Sachgebiet Info-Zentren, Ausstellungen und Publikationen zuständig ist.

KRATZ, Dr. Reinhold, geb. 1954, Wissenschaftlicher Mitarbeiter am Zoologischen Institut der TU Braunschweig, ist Pressesprecher der „Aktion Drömling Schutz". Koautor Hansgeorg PUDACK, geb. 1957, Mitarbeiter des Umweltamtes von Wolfsburg, ist Vorsitzender der „Aktion Drömling Schutz".

KREMER, Dr. Bruno P., geb. 1946, ist seit 1980 Dozent am Institut für Biologie und ihre Didaktik, der Universität zu Köln. Er ist Autor, Herausgeber oder Übersetzer von bisher über siebzig Buchpublikationen.

MEWES, Dr. Wolfgang, geb. 1942, ab 1965 Lehrer in Karow, leitet die Arbeitsgemeinschaft Kranichschutz Deutschland (NABU und WWF). Seit 1990 ist er Leiter des Naturparks Nossentiner/Schwinzer Heide. Koautor Jörg GAST, geb. 1951, bis 1990 in einer LPG tätig, ist seit 1991 zuständig für Landwirtschaft und Öffentlichkeitsarbeit des Naturparks.

MEYER, Prof. Dr. Wilhelm, geb. 1932, ist seit 1969 Professor am Geologischen Institut der Universität Bonn. Schwerpunkt seiner Arbeiten sind Struktur und Vulkanismus im Rheinland, speziell in der Eifel.

MÜLLER, Hartmut, geb. 1945, arbeitete nach der Wiedervereinigung Deutschlands u.a. in staatlichen Ämtern für Umwelt und Natur in Mecklenburg-Vorpommern. Zwischen 1994 und 1996 war er Leiter des Nationalparks Unteres Odertal. Koautor des Beitrags über den Großen Stechlinsee, Dirk TREICHEL, geb. 1968, ist seit November 1994 Leiter der Naturwacht im Nationalpark Unteres Odertal.

NEUSCHULZ, Dr. Frank, geb. 1954, seit 1980 an verschiedenen regionalen Naturschutzprojekten mitwirkend, ist Mitarbeiter für Großschutzgebiete des Landes Brandenburg und Leiter des Naturparks Elbtalaue.

NIEMEYER, Friedhelm, geb. 1953, studierte Biologie und Chemie und ist seit 1983 Leiter des BUND-Projektes Diepholzer Moorniederung.

PANEK, Norbert, geb. 1954, ist seit 1978 als Landschaftspfleger in der Hessischen Agrar- und Naturschutzverwaltung in Korbach tätig. Seit 1992 ist er Vorsitzender des Fördervereins „Pro Nationalpark" für den Kellerwald.

PRAUTZSCH, Hans-Joachim, geb. 1941, studierte Landschaftsplanung und Landschaftsarchitektur und ist seit 1974 Stellvertretender Sachgebietsleiter Naturschutz im Regierungsbezirk Unterfranken in Würzburg.

PRÜTER, Dr. Johannes, geb. 1957, ist seit 1988 Stellvertretender Direktor der Alfred Toepfer Akademie für Naturschutz in Schneverdingen und dort für den Fachbereich Forschung zuständig. Koautor Manfred LÜTKEPOHL, geb. 1955, leitet seit 1987 die Forst- und Landschaftspflegeverwaltung des Vereins Naturschutzpark in Wilsede.

RAPP, Hermann-Josef, geb. 1944, ist stellvertretender Forstamtsleiter in Reinhardshagen und setzt sich besonders für das Naturschutzgebiet „Urwald Saburg" ein.

RICHARZ, Dr. Klaus, geb. 1948, war zunächst in der Forschung an der Universität Gießen tätig, dann von 1980 bis 1991 im Regierungsbezirk Oberbayern für Arten- und Naturschutz zuständig. Seither leitet er die Staatliche Vogelschutzwarte für Hessen, Rheinland-Pfalz und Saarland in Frankfurt.

RICHTER, Dr. Markus, geb. 1964, studierte Chemie und ist seit 1995 als hauptamtlicher Mitarbeiter beim Naturschutzring Dümmer e.V. zuständig für Öffentlichkeitsarbeit und Koordination.

SIEBERT, Dr. Horst, geb. 1941, ist seit 1979 Leiter des Hessischen Forstamts Bad Sooden-Allendorf. Nebenamtlich arbeitet er seit 1984 im Rahmen der Technischen Zusammenarbeit an einem Aufforstungsprojekt in der Provinz Shanxi, Volksrepublik China, mit.

SPICHER, Volker, geb. 1960, befaßte sich nach dem Studium zunächst mit ressourcenschonender Landnutzung von Dornbuschsavannen in Afrika. Ab 1994 im Nationalparkamt Mecklenburg-Vorpommern tätig, ist er seit 1996 Sachgebietsleiter im Nationalparkamt Müritz.

STABENOW, Beate, geb. 1960, ab 1988 wissenschaftliche Angestellte am Botanischen Institut der Universität Kiel, ist seit 1991 freiberufliche Biologin. Sie gründete die Gesellschaft für Landschafts-Informationssysteme und arbeitet heute vor allem in den Bereichen Landschaftsplanung und Luftbildinterpretation.

STEIN, Dr. Jürgen, geb. 1957, ab 1984 Naturschutzmitarbeiter und ab 1990 Leiter des Aufbaustabs des Nationalparks, ist seit 1991 Leiter der Nationalparkverwaltung Sächsische Schweiz. Koautor Frank RICHTER, geb. 1945, ursprünglich Elektroingenieur, ist seit 1991 bei der Nationalparkverwaltung verantwortlich für die Öffentlichkeitsarbeit.

STEINBACH, Gunter, geb. 1938, war u.a. Schriftsetzer, Layouter, Redaktionsleiter und Geschäftsführer in verschiedenen Verlagen, bevor er 1976 freier Schriftsteller wurde. Er ist einer der erfolgreichsten Autoren und Herausgeber von Naturbüchern in führenden deutschen Verlagen.

STETS, Prof. Dr. Johannes, geb. 1932, lehrt am Geologischen Institut der Universität Bonn. Seine Arbeitsschwerpunkte sind u.a. Regionale Geologie Mitteleuropas, hierbei vor allem die Geologie des Rheinischen Schiefergebirges.

STICHMANN, Prof. Dr. Wilfried, geb. 1934, lehrt Didaktik der Biologie an der Universität Dortmund. Die Schwerpunkte seiner Lehr- und Forschungstätigkeit liegen vor allem im Bereich Naturschutz, Umweltschutz und Umwelterziehung.

STOCK, Birgit, geb. 1959, studierte Landwirtschaft und ist seit 1991 Mitarbeiterin des Landesnationalparkamts Mecklenburg-Vorpommern und zugleich Leiterin des im Aufbau befindlichen Naturparks Usedom.

WEISSER, Horst, geb. 1955, studierte Agrarbiologe. Seit 1985 ist er Leiter des Naturschutzzentrums Bad Wurzach und zugleich ehrenamtlicher Naturschutzbeauftragter im Landkreis Ravensburg.

WELLS, Heike, geb. 1957, studierte Amerikanistik, Anglistik und Kulturanthropologie. Seit 1983 arbeitet sie als freie Journalistin u.a. für die dpa, den Schleswig-Holsteinischen Zeitungsverlag und das Landesamt für den Nationalpark Schleswig-Holsteinisches Wattenmeer.

WERBAN, Dr. Manfred, geb. 1940, ursprünglich Waldarbeiter, studierte im Fernstudium Forstwirtschaft, später auf dem Zweiten Bildungsweg Agrarwissenschaft. Zunächst in der Lausitzer Braunkohle tätig, dann von 1968 bis 1990 als Bodenkartierer und Naturraumerkunder in Brandenburg, leitet er seit 1991 das Biosphärenreservat Spreewald.

WOLF, Reinhard, geb. 1950, studierte Geographie und ist seit zwanzig Jahren in der Staatlichen Naturschutzverwaltung Baden-Württemberg tätig, derzeit als Landeskonservator und Leiter der Bezirksstelle für Naturschutz und Landespflege in Karlsruhe.

ZAHLHEIMER, Dr. Willy, geb. 1949, studierte Biologie und war zunächst ehrenamtlich im Naturschutz tätig. Seit 1985 ist er im Sachgebiet „Fachfragen des Naturschutzes" der Regierung von Niederbayern u.a. mit Schutzgebieten, Artenschutz und geobotanischen Problemstellungen befaßt.

ZANDER, Reinhard, geb. 1953, studierte Landespflege und ist seit 1986 Dezernent bei der Nationalparkverwaltung Niedersächsisches Wattenmeer. Koautoren sind Jürn BUNJE, geb. 1963, Geograph, und Christian ABEL, geb. 1959, Biologe. Beide sind Wissenschaftliche Angestellte bei der Nationalparkverwaltung.

ZIERL, Dr. Hubert, geb. 1936, nach dem Studium zunächst Mitarbeiter im Bayerischen Staatsministeriums für Ernährung, Landwirtschaft und Forsten, dann Leiter des Nationalparkforstamts Bayerischer Wald, ist seit 1978 Leiter der Nationalparkverwaltung Berchtesgaden.

Register

Bildnachweis

Angermayer 181 ul; Archiv der Alfred Toepfer Akademie für Naturschutz, Schneverdingen 368; 372 om, 372, 372, mr 373 l; Archiv des Biosphärenreservats Spreewald 272, 273 o; Archiv des Nationalparkamts Tönning/Kock 418 u, /Quedens 422 o, 423; Archiv des Nationalparks Berchtesgaden 35, 37 r, 41 o, /Henkel 43 o, /Seidenschwarz 36; Archiv des Nationalparks Sächsische Schweiz 263 o, /Sachsenluftbild 258/259; Archiv Naturschutzamt/Umweltbehörde Hamburg 375 ol; Arend 181 r; Barth 216, 218, 219 mr, 221 u, 223 o, 223 u, 224, 225 o; BHB-Photo/Helfrich 202, 203 ml; Bibelriether 19, 21, 23, 25, 26/27, 28 o, 28 u, 29, 63/64, 64 o, 64 u, 65, 67 o, 67 u, 68 o, 69 o, 69 ul, 69 ur, 70 l, 70 r, 71 l, 71 r, 72 l, 72 r, 73, 74, 75; Blessing 137 r; BMBF-Verbundvorhaben Ökosystem Management für Niedermoore 237; Borger 155 u; Bunje 404; Dexheimer 145, 146, 147 o, 147 u, 148, 149 u, 150 ml, 152 u, 153; Dietzen 49 u, 50 u, 51 r, 51/52, 190/191, 194 ml, 194 o, 194 ur, 196/197, 198, 199 u; Eichler 225 u; Einstein 116/117; Feldrapp 101, 103 o, 104, 107; Förster 108; Garberding 379 o; Gast 323 o, 323 u; Gebauer 281 o, 282, 324; Georg 129 u; Gettmann 151; Groß 2, 80, 83 u, 97 mu, 131 o, 136 l, 136 r, 137 um, 138, 139 o, 141 o, 142, 152 o, 162 u, 165 r, 166, 173 r, 192 u, 195, 196 m, 201 o, 203 mr, 206, 214 l, 221 o, 230, 244 u, 272 u, 274 u, 275 o, 301 o, 316 o, 320 o, 354 o, 359 o, 366; Grützmacher 304/305, 305, 306, 307 u; Günther 235 o; Habel 105 o; Hafen 111 o, 111 u, 112 o, 112 u, 113 o, 113 u, 114 o, 114 u, 114; Heers 398/399, 399 o, 400, 403 u, 405 o, 406, 407 o, 407 u; Henne 294, 295, 296 u, 297, 298 o, 298 u, 299, 300, 301 u; Heyne 281 u, 281, 283 o, 283 u; Hieble 121 or, 123 o; Hoffmann 109; Hullen 217, 219 ol, 220; Hutter 128, 139 u; Ibe 242, 243, 244 o, 245 o, 245 u, 246 u, 247, 248, 249 o, 249 u; Informationszentrum Naturpark Altmühltal 89 o; Janke 335 u, 336 u, 338, 350 o, 356 u, 375 or, 377 l, 377 or, 377 ur, 394, 395 m, 395 o, 395 u, 396 l, 397 om, 397 r, 401 mr, 401 o, 401 u, 405, 409 o, 409 u, 410 o, 410 u, 411, 417 u, 424; Jarmatz 360, 361 o, 361 u, 363 o, 363 u, 364, 367; Jeschke 310/311, 311 ul, 312 u, 314 o, 315, 326/327, 329 l, 330, 333, 334, 337, 339, 341 o, 341 u, 343, 348, 350 u; Karste 227 o, 228, 232, 233 o; Klauke 279, 280 o; Klaus 207 o, 207 u, 208 l, 208/209, 209 r, 211, 212, 213 o, 215; Knapp 344/345, 346 u, 347, 349 u, 351, 352/353, 355, 356 o, 357, 358, 359 u; König 332 u, 414, 415 o, 415 u, 416, 417 o, 417 u, 419, 420 o, 420 u, 421, 422 u; Kratz 238, 240, 241 u; Kremer 140, 141 u, 157 r, 159, 160 o, 161, 165 m, 165 o, 167 u, 172/173, 174 o, 174 u, 175; Kur- und Verkehrsverein e.V. Olsberg/Eppmann 177 u; Landesverand Lippe, Forstamt Horn 183 o; Landkreis Quedlinburg, Abt. Wirtschaftsförderung, Quedlinburg 235 u; Legler 157 l, 183 u; Limbrunner 30, 45 r, 53 l, 55 l, 55 r, 56, 57 u, 58, 59 u, 60, 79 u, 87 o, 87 u, 88, 89 u, 91 o, 91 u, 92, 93 u, 94 l, 95 r, 98, 99 l, 100, 105, 106, 124, 125, 126, 127 ol, 129 o, 131 mr, 132, 134 o, 150 o, 160 u, 162 o, 163, 170, 177 o, 179 u, 199 o, 201 u, 203 o, 205 u, 210 o, 210 u, 213 u, 214 r, 222, 239 o, 246 , 260 o, 264 o, 268 o, 271 u, 275 u, 276, 286, 290 u, 296 o, 302, 303 u, 307 o, 309 or, 309 ur, 314 u, 318 ml, 320 u, 325, 331 o, 336 o, 362, 365 o, 382, 383 u, 418 o; Ludwig 121 ol, 123 ul, 188; Lünterbusch 176, 178; Lütkepohl 369, 370, 371 u; Meyer 171 o; Müller 284/285, 287 o, 287 u, 288, 289 o, 289 u, 290 o, 291, 292, 293 o, 293 u, 303 o; Neuschulz 250, 251 o, 251 u, 252, 253 u, 254, 255 u, 256, 257 o, 257 u; Niemeyer 387, 388 l, 388 r, 389 o, 389 u; Panek 186/187, 189 o; Prautzsch 205 o; Pretscher 20, 168, 168, 169 o, 171 u; Rehage 383 o, 384 o, 384 u, 385; Richter 11, 260 u, 261, 262 o, 262 u, 263 u, 264 u, 265, 266 o, 266 u, 267, 268 u, 269; Sacher 229 u; Schenkel 127 mr; Schmelzenbach 99 r; Schubert 49 o; Schumann 204, 184, 185 o, 185 u; Schuster 199 ml, 199 mr, 199 o; Siebert 181 ol; Silvestris/Brosette 167 o; Spicher 308/309, 316 u, 317, 318/319, 319, 321; Sporns 329 r; Stabenow 381 m, 381 o, 381 u; Sudhölter 134 u, 253 o, 270, 391 o, 391 u; Theel 226, 230/231; Tönnießen 22; Tourismuszentrale Fränkische Schweiz 86; Voß 255 o; Walter 12/13, 53 u, 57 o, 59 o, 61 u; Weber 312 o; Werban 271 o, 272 o, 277; Wernecke 179 o, 229 o, 229 o, 233 u; Wolf 93 o, 94/95, 97 o, 97 r, 125 u, 143 o, 143 u; Zahlheimer 77, 78 l, 78 or, 79 o, 81 u, 81/82, 82 m, 84, 85 o, 85 u; Zierl 37 l, 38 l, 38 r, 39, 40, 41 u, 42, 43 u, 43 u, 44, 45 l, 46 o, 47; Ziesler 16, 46 u, 48, 54, 61 o, 68 u, 78 ur, 81 o, 102, 103 u, 110, 117 r, 121 ur, 123 um, 130, 133 o, 133 u, 135, 149 o, 155 o, 169 u, 189 u, 192 o, 197 u, 219 u, 227 u, 239 u, 242 o, 311 ur, 313, 328, 331 u, 332 o, 335 o, 342, 346 o, 349 o, 354 u, 365 u, 371 ml, 371 mr, 375 u, 379 u, 392/393, 397, 399 u, 402, 403 o, 412/413, 425 mr, 425 ol; Zintl 53 or.